13.7.2018

Für meine liebe
Kollegin Mara.
Lass' es dir
gutgehen!

Mit den besten Wünschen,

Susanne

Schriftenreihe

Studien zur Geschichtsforschung des Altertums

Band 18

ISSN 1435-6600

Verlag Dr. Kovač

Susanne Sigismund

**Der politische Mord in der
späten Römischen Republik**

Verlag Dr. Kovač

**Hamburg
2008**

VERLAG DR. KOVAČ
FACHVERLAG FÜR WISSENSCHAFTLICHE LITERATUR

Leverkusenstr. 13 · 22761 Hamburg · Tel. 040 - 39 88 80-0 · Fax 040 - 39 88 80-55

E-Mail info@verlagdrkovac.de · Internet www.verlagdrkovac.de

Bibliografische Information der Deutschen Nationalbibliothek
Die Deutsche Nationalbibliothek verzeichnet diese Publikation
in der Deutschen Nationalbibliografie;
detaillierte bibliografische Daten sind im Internet
über http://dnb.d-nb.de abrufbar.

ISSN: 1435-6600
ISBN: 978-3-8300-4064-4

Zugl.: Dissertation, Universität Wuppertal, 2006

© VERLAG DR. KOVAČ in Hamburg 2008

Printed in Germany
Alle Rechte vorbehalten. Nachdruck, fotomechanische Wiedergabe, Aufnahme in Online-Dienste
und Internet sowie Vervielfältigung auf Datenträgern wie CD-ROM etc. nur nach schriftlicher
Zustimmung des Verlages.

Gedruckt auf holz-, chlor- und säurefreiem Papier Munken Book. Munken Book ist
alterungsbeständig und erfüllt die Normen für Archivbeständigkeit ANSI 3948 und ISO 9706.

Vorwort

Die vorliegende Monographie ist die geringfügig überarbeitete Fassung meiner Dissertation, die im Jahr 2006 vom Fachbereich A der Bergischen Universität Wuppertal angenommen wurde.

Mein Dank gilt zuerst meinem Doktorvater Herrn Prof. Dr. W. Orth, der die Arbeit nicht nur mit großem Interesse betreut hat, sondern mir auch die nötigen Freiräume für eigene Positionen einräumte. Ebenfalls danke ich Herrn Prof. Dr. R. von Haehling für die Übernahme des Zweitgutachtens. Erwähnt werden muß an dieser Stelle auch Herr Prof. Dr. M. Ohst, der mich während meines Studiums stets gefördert hat, und der meine Entscheidung für die Alte Geschichte mit großem Verständnis unterstützt hat.

Besonderen Dank schulde ich meinen Eltern Volker und Gisela Jahn, ohne deren finanzielle und ideelle Unterstützung weder mein Studium noch meine Promotion möglich gewesen wäre. Ebenso danke ich meiner Schwester Stefanie Jahn, mit der ich viele Inhalte dieser Arbeit in zahlreichen anregenden Gesprächen erörtern durfte. Vor allem gilt mein Dank meinem Ehemann Marcus, der nicht nur mit großer Sorgfalt das Korrekturlesen übernommen hat, sondern der mich auch während der gesamten Promotionszeit und darüber hinaus stets zum Durchhalten ermunterte und mich tatkräftig unterstützte. Meinem Sohn Lukas danke ich dafür, daß er mich jeden Morgen mit einem Lächeln begrüßt.

Remscheid, im September 2008　　　　　　　　　　Susanne Sigismund

Inhaltsverzeichnis

I. Vorüberlegungen
A) Einleitung ... 1
B) Rechtliche Rahmenbedingungen
  1. Das Tötungsdelikt ... 15
  2. Die Todesstrafe ... 21
  3. Der Schutz der öffentlichen Ordnung ... 25

II. Fälle von politischem Mord in der späten römischen Republik
A) Der Mord an Ti. Sempronius Gracchus 133 v.Chr.
  1. Die Darstellung in den Quellen ... 31
  2. Zusammenfassung und Bewertung ... 74
B) Der Fall P. Cornelius Scipio Aemilianus 129 v.Chr.
  1. Die Darstellung in den Quellen ... 89
  2. Zusammenfassung und Bewertung ... 100
C) Der Mord an Quintus Antyllius 121 v.Chr.
  1. Die Darstellung in den Quellen ... 107
  2. Zusammenfassung und Bewertung ... 112
D) Die Ermordung des C. Sempronius Gracchus und seiner Anhänger 121 v.Chr. ... 115
  1. Die Darstellung in den Quellen ... 140
  2. Zusammenfassung und Bewertung
E) Der Mord an Aulus Nunnius 101 v.Chr.
  1. Die Darstellung in den Quellen ... 149
  2. Zusammenfassung und Bewertung ... 154
F) Der Mord an Gaius Memmius 100 v.Chr.
  1. Die Darstellung in den Quellen ... 163
  2. Zusammenfassung und Bewertung ... 165
G) Die Morde an L. Appuleius Saturninus und C. Servilius Glaucia 100 v.Chr.
  1. Die Darstellung in den Quellen ... 173
  2. Zusammenfassung und Bewertung ... 187

H) Der Mord an Publius Furius 99 bzw. 98 v.Chr.
    1. Die Darstellung in den Quellen   199
    2. Zusammenfassung und Bewertung   202

I) Der Mord an M. Livius Drusus 91 v.Chr.
    1. Die Darstellung in den Quellen   205
    2. Zusammenfassung und Bewertung   216

J) Der Mord an A. Sempronius Asellio 89 v.Chr.
    1. Die Darstellung in den Quellen   223
    2. Zusammenfassung und Bewertung   227

K) Der Mord an Q. Pompeius Rufus d.J. 88 v.Chr.
    1. Die Darstellung in den Quellen   233
    2. Zusammenfassung und Bewertung   240

L) Der Mord an P. Sulpicius Rufus 88 v.Chr.
    1. Die Darstellung in den Quellen   247
    2. Zusammenfassung und Bewertung   254

M) Der Mord an Q. Pompeius Rufus d.Ä. 88 v.Chr.
    1. Die Darstellung in den Quellen   261
    2. Zusammenfassung und Bewertung   266

N) Die Morde an den Gegnern des Marius und des Cinna 87 v.Chr.
    1. Die Darstellung in den Quellen   271
    2. Zusammenfassung und Bewertung   300

O) Der Mord an Sextus Lucilius 86 v.Chr.
    1. Die Darstellung in den Quellen   313
    2. Zusammenfassung und Bewertung   316

P) Die Morde an P. Antistius, C. Papirius Carbo, L. Domitius Ahenobarbus und Q. Mucius Scaevola 82 v.Chr.
    1. Die Darstellung in den Quellen   319
    2. Zusammenfassung und Bewertung   330

Q) Die Morde an den Gegnern Sullas 82 v.Chr.
    1. Die Darstellung in den Quellen   339
    2. Zusammenfassung und Bewertung   382

R) Die Hinrichtung der Anhänger Catilinas 63 v.Chr.
   1. Die Darstellung in den Quellen   391
   2. Zusammenfassung und Bewertung   431
S) Der Mord an Gaius Vibienus 58 v.Chr.
   1. Die Darstellung in den Quellen   439
   2. Zusammenfassung und Bewertung   440
T) Der Mord an Marcus Papirius 58 v.Chr.
   1. Die Darstellung in den Quellen   447
   2. Zusammenfassung und Bewertung   449
U) Der Mord an P. Clodius Pulcher 52 v.Chr.
   1. Die Darstellung in den Quellen   455
   2. Zusammenfassung und Bewertung   477
V) Die Morde an den *boni* 52 v.Chr.
   1. Die Darstellung in den Quellen   483
   2. Zusammenfassung und Bewertung   485

III. Schlußfolgerungen
A) Kategorisierung
   1. Opfer und Täter   489
   2. Tatmotive   491
   3. Die Chronologie des politischen Mordes in der späten römischen Republik   498
           507
B) Die Beurteilung der politischen Morde aus der Sicht der Zeitgenossen
   1. Die politischen Morde im Zeitalter der Gracchen   513
   2. Die politischen Morde im Zeitalter des Marius   517
   3. Die politischen Morde in der Zeit der Catilinarischen Verschwörung und der Demagogie des P. Clodius Pulcher   523
   4. Die juristischen Rechtfertigungen der Morde durch die Zeitgenossen   530
C) Schluß   535

IV. Quellen und Literatur
A) Quellen
   1. Textausgaben   539
   2. Kommentare und ausgewählte Übersetzungen   542
B) Sekundärliteratur   543

I. Vorüberlegungen

A) Einleitung

Der Anfang vom Ende der römischen Republik wird in der modernen wie in der antiken Literatur im allgemeinen im Jahr 133 v.Chr. angesetzt. Der Grund dafür sind die turbulenten Ereignisse um den reformwilligen Volkstribun Ti. Sempronius Gracchus, der auf die politisch-sozialen Entwicklungen der vorangegangenen Jahrzehnte durch verschiedene (keineswegs ganz neuartige) Gesetzesvorschläge reagierte. Jedoch bediente er sich zur Durchsetzung seiner Ziele Mittel, die weit außerhalb des verfassungsmäßig Üblichen und Anerkannten lagen. Der Erfolg des Ti. Gracchus und seine damit einhergehende häufige Mißachtung des Althergebrachten versetzten die herrschende Aristokratie in Aufruhr. Die Lage eskalierte schließlich und gipfelte in der Ermordung des sacrosancten Volkstribuns durch den Pontifex Maximus und Privatmann Scipio Nasica. So sehr auch das Vorgehen des Ti. Gracchus als Bedrohung für die *res publica* angesehen wird, so sehr wird für die antiken Autoren vor allem der politische Mord an dem Volkstribun -der übrigens der erste politische Mord der römischen Republik seit mehreren Jahrhunderten war- als Wendepunkt der Geschichte geschildert. Durch die Tötung eines Volkstribuns im Amt, zudem ohne daß irgend ein Prozeß stattgefunden hat, wird den antiken Autoren zufolge der Verfall des Staates sichtbar und das Ende der Römischen Republik eingeläutet.

Die letzte Phase der Republik wird demnach durch einen am Anfang stehenden politischen Mord determiniert. Die in der Forschung häufig wahrgenommene Eskalation der Gewalt als eines Mittels der Politik ist unbestreitbar eines der auffälligsten Symptome des Niedergangs in der späten Republik. Diese Gewalt gab es jedoch im Grundsatz schon vor dem Volkstribunat des Ti. Gracchus.[1] Erst durch die Ermordung des Tribuns kam eine neue Dimension der politischen Gewalt ins Spiel, welche als ein Charakteristikum des politischen Klimas der späten Republik angesehen werden kann. Dennoch hat der politische Mord der späten Republik als eigenstän-

---

[1] Hierzu: LINTOTT, Violence, 209.

diges historisches Phänomen in der Forschung bislang wenig Beachtung erfahren. Lediglich mit dem größeren Phänomen der Gewalt in der späten römischen Republik haben sich verschiedene Forscher bisher befaßt. Hervorzuheben sind in diesem Zusammenhang vor allem die Arbeiten von LINTOTT[2], GRUEN[3] und NIPPEL[4].

LINTOTT zeigt auf, daß Gewalt als ein Mittel der Politik in Form der *Lapidatio, Occentatio, Flagitatio, Quiritatio* und des *Squalor* in der Tradition der römischen Republik fest verankert war. „There is sufficient evidence to show that the forms of popular justice were still alive in the late Republic and that the old traditions could be adapted and used by those who wished to employ violence, whether they were *populares* agitating among the plebs against the senate or *optimates* calling on the Roman people to rally round the senate."[5] Die grundsätzlich legitime Gewalt, die eingesetzt werden konnte, um die eigenen Rechte durchzusetzen, hatte ihren Grund in der ursprünglich privatrechtlich organisierten Struktur der römischen Gesellschaft. Die Einforderung der eigenen Rechte durch Gewalt wurde als Teil der römischen *libertas* verstanden. Anders verhielt es sich mit solcher Gewalt, die sich nicht innerhalb des etablierten Systems bewegte, sondern sich gegen den römischen Staat wandte. Diese Gewalt wurde als illegitim angesehen und bekämpft - jedoch wiederum durch vermeintlich legitime Gewalt. Nicht Gewalt an sich wurde also abgelehnt, sondern nur die illegitime Gewalt. Ein Problem für die späte römische Republik bestand nach LINTOTT vor allem darin, daß jede Gruppe die von ihr angewendete Gewalt als legitime Gewalt betrachtete, die Gewalt der Gegner jedoch als gegen den Staat gerichtet und als potentielle oder faktische Tyrannis.

LINTOTT subsumiert den politischen Mord unter dieser von ihm erklärten politischen Gewalt. Dabei vernachlässigt er jedoch, daß sich die Gewalt der späten Republik von der früheren nicht nur dadurch unterschied, daß sie als gegen den Staat gerichtet verstanden werden konnte. Die politische

---

[2] Violence in Republican Rome, Oxford 1968.
[3] The Last Generation of the Roman Republic, Berkeley 1974; hier vorliegend in der Paperback-Ausgabe von 1995.
[4] Aufruhr und Polizei in der römischen Republik, Stuttgart 1988.
[5] LINTOTT, Violence, 20f.

Gewalt der späten römischen Republik nahm vielmehr auch dadurch eine neue Dimension an, daß sie sich seit 133 v.Chr. nicht mehr in bloßen Schlägereien und ähnlichen Ausbrüchen erschöpfte, sondern von nun an des Öfteren in die äußerste Form von politisch gebrauchter Gewalt ausartete - den politischen Mord. Der gezielte politische Mord stellt somit einen Sonderfall von politischer Gewalt dar, der vor den Ereignissen um Ti. Gracchus keinen Platz in der römischen Gesellschaft hatte und daher nicht allein als Teilphänomen allgemeinerer politischer Gewalt betrachtet werden kann.

Einen ähnlichen Ansatz wie LINTOTT verfolgt GRUEN. Auch er erklärt die Gewalttätigkeit im Rahmen der Politik der späten Republik aus dem „fundamental principle of self-help."[6] In der Zeit von den Gracchen bis zu Sulla sei die Gewalt in der Politik aus der bisherigen Bahn geraten und das Vertrauen der Bürgerschaft in die alten etablierten Institutionen sei verloren gegangen. Die Reaktion Sullas und weiterer Gesetzgeber auf dieses schwindende Vertrauen sei eine umfangreiche Gesetzgebung *de vi* gewesen, welche die bedenklichen Auswüchse der Gewalt, wie sie in den vorangegangenen Jahren vorgekommen waren, eindämmen sollte. GRUEN nimmt hier zwar nicht ausdrücklich zum politischen Mord Stellung, doch kann argumentiert werden, daß gerade die Tatsache, daß die Gewalt in der Politik seit 133 v.Chr. vereinzelt und in den 80er Jahren v.Chr. häufig zum politischen Mord führte, ein Grund für das Verschwinden des Vertrauens in das Funktionieren des *mos maiorum* war.

Die ausladende gesetzgeberische Tätigkeit gegen Gewalt sieht GRUEN nicht als ein positives Zeichen der Abkehr von der Anerkennung der Gewalt in der Politik, sondern vielmehr als ein Zeichen dafür, daß die etablierte Art und Weise, Politik zu treiben, abgeschafft und somit das Wesen der *res publica* entscheidend verändert wurde. „The direction of post-Sullan society moved from flexible institutions towards strictly defined

---

[6] GRUEN, Last Generation, 224; 433: „[T]he notions of popular justice and self-help were deeply ingrained in Roman character, sanctioned by ritualized practices, acknowledged and adopted even in legal structure. The lack of an organized police force in the Republic possesses significance. It does not stem from oversight or miscalculation. Roman leaders wanted no part of such an institution."

practices. The structure was tighter but more brittle. Roman statesmen were, on the whole, sincere and assiduous in attacking contemporary problems. But the means employed, a proliferation of statutory law, may have contributed to the Republic's undoing."[7] Nicht durch die anwachsende Gewalt von unten wurde nach GRUEN die Republik zerstört, sondern durch das Nicht-Ernst-Nehmen dieser Gewalt durch die Oberschicht, die nicht nach den Ursachen fragte und Gesetze gegen Mord und Gewalt sowie Strafprozesse, die sich mit politischen Morden beschäftigten, in erster Linie nutzte, um sich zu profilieren oder der gegnerischen *factio* zu schaden, jedoch nicht an den Fällen selbst interessiert war.[8] GRUEN untersucht also unter anderem den Umgang der Oberschicht mit dem Phänomen des politischen Mordes, betrachtet dieses Phänomen jedoch allein von dieser Warte aus und schenkt ihm ansonsten -wie LINTOTT- nur insofern Beachtung, als es eine von vielen Formen der Gewalt in der Politik darstellt. Der politische Mord als solcher findet demnach auch hier keine Bearbeitung.

NIPPEL geht -angesichts der Tatsache, daß die römische Republik keine Polizeiinstitution kannte- der Frage nach, auf welche Weise in der späten römischen Republik Unruhen und Aufstände niedergehalten wurden, und benennt verschiedene traditionelle Weisen, durch die illegitime Gewalt bekämpft werden konnte. Er untersucht dahingehend auch die Morde an den Gracchen und an Saturninus, die Hinrichtung der Catilinarier und die Unruhen um Milo und Clodius in den 50er Jahren. NIPPEL kommt zu dem Schluß, daß der Senat in Zeiten, in denen die Oberschicht zur Konsensbildung fähig war (Gracchen, Saturninus, Catilinarier), durch Bürgerbewaffnung oder andere nicht-militärische Maßnahmen in der Lage war, solche Unruhen erfolgreich zu bekämpfen. Anders als LINTOTT sieht er im Mangel an Polizei nicht von Anfang an das große Problem der späten Republik. Erst als sich mit dem Auftreten von Clodius die *plebs* als eigenständiger Faktor der Politik etablierte, konnte man mit den alten Mitteln nicht mehr Herr der Unruhen werden. Nach NIPPEL war ein grundsätzliches Problem

---

[7] GRUEN, Last Generation, 259.
[8] GRUEN, Last Generation, 287; außerdem: Ders., Roman Politics and Criminal Courts 149-78 B.C., Cambridge 1968.

der römischen Republik, daß eine Körperschaft wie eine Polizei ideologisch nicht ins Konzept der Oberschicht paßte. Der Einsatz von Militärtruppen zur Niederhaltung von Gewaltorgien, von dem seit den 50er Jahren oft Gebrauch gemacht wurde, widersprach -unabhängig von ihrer zweifellosen Sinnhaftigkeit- der Auffassung, daß jede Form von Militär in der Hauptstadt nichts zu suchen habe. „Dies ist wiederum nur vor dem Hintergrund einer über viele Generationen gewachsenen politischen Kultur zu verstehen, für die der Ausschluß militärischer Befehlsgewalt in der Stadt konstitutiv für eine Freiheit war, die immer auch gleichbedeutend war mit einer Machtbalance innerhalb der Aristokratie. Dieses Problem hätte sich in gleicher oder ähnlicher Weise auch dann stellen müssen, wenn man die Aufstellung eines ständigen Ordnungsapparates im Sinne einer ‚Polizei' überhaupt hätte denken können."[9] NIPPEL geht in seiner Schrift auf verschiedene politische Morde ein, wenn diese die Niederhaltung von Gewaltausbrüchen in der Stadt Rom zum Zweck hatten. Anders als LINTOTT und GRUEN betrachtet er also weniger die Morde von unten, sondern die Morde von oben.[10] Eine Untersuchung des Gesamtphänomens findet jedoch nicht statt.

Über die hier genannten Schriften, die sich mit dem Phänomen der politischen Gewalt befassen, hinaus sind verschiedene Arbeiten anderer Autoren, bei denen dieses Phänomen nur eine untergeordnete Rolle spielt, ebenfalls von Bedeutung.

Die Unruhen der späten Republik und ihre Ursachen untersucht BRUNT in seinem Aufsatz „Der römische Mob".[11] Die Ursachen für die Gewalt von unten sieht er in der Verelendung[12] und gleichzeitigen relativen politischen

---

[9] NIPPEL, Polizei, 144.
[10] Eine Betrachtung der Gewalt von unten nimmt NIPPEL in seinem Aufsatz „Die plebs urbana und die Rolle der Gewalt in der späten römischen Republik" (1981) vor. Er sieht in der gesteigerten Gewalt der späten Republik ein Zeichen des Autoritäts- und Machtverlusts der Aristokratie.
[11] Englischer Originaltitel: The Roman Mob. Past and Present, JHS 35, 1966, 3-27. In deutscher Übersetzung erschienen in H. Schneider (Hrsg.), Zur Wirtschafts- und Sozialgeschichte der späten römischen Republik, 1976, 271-310.
[12] Hierzu auch: BRUNT, Social Conflicts in the Roman Republic, London 1986.

Machtlosigkeit der *plebs*,[13] sowie in dem Fehlen einer etablierten staatlichen Polizeimacht. In einer Schilderung von Einzelfällen geht BRUNT auf die Morde an den Gracchen, an Saturninus, an Q. Pompeius d.J. und auf die Hinrichtung der Catilinarier ein. Seine Sympathie gilt eher der Gruppe der *plebs* als der Oberschicht, denn er betont, daß mit der Ermordung des Ti. Gracchus „der erste offene Akt illegaler politischer Gewalt [...] von der Nobilität"[14] kam. Obwohl BRUNT die Gewalt, die von der *plebs* ausging, untersucht, und nicht die Gewalt der Oberschicht, ist er bemüht, nicht den Eindruck zu erwecken, es habe eine zivilisierte Oberschicht im Gegensatz zu einer wild meuchelnden *plebs urbana* gegeben. Er vertritt jedoch -im Gegenatz zu GRUEN- die Ansicht, daß letztlich die Gewalttätigkeit der *plebs urbana* zum Zerbrechen der Republik geführt habe. „Und die Gewalttätigkeiten in der Stadt von 58 bis 52 [...] verursachten ein solches Chaos, daß sich Pompeius und der Senat schließlich miteinander versöhnten, und sie trugen dazu bei, daß sein Bündnis mit Caesar zerbrach; daraus ergaben sich die Bürgerkriege, in denen die Republik unterging. [...] Die Einmischung des Volkes in Staatsangelegenheiten führte zur Monarchie."[15] Besonders wichtig ist UNGERN-STERNBERGS Monographie über das Notstandsrecht der späten Republik.[16] Der Autor zeigt die Entwicklung des Notstandsrechts in der späten römischen Republik auf und untersucht dabei die rechtlichen Implikationen der Fälle, in denen das Notstandsrecht angewendet wurde. Die Untersuchung ist aus diesem Grund von entscheidender

---

[13] „Ohne die Mittel zur Veränderung hat ein Staat [...] keine Mittel zur Selbsterhaltung. In Rom gab es zu viele Kontrollmechanismen in der Verfassung, die in der Praxis nur im Interesse der herrschenden Klasse funktionierten. Reformer mußten Gewalt anwenden oder sie mußten zumindest Situationen schaffen, in denen der Senat mit Recht die Anwendung von Gewalt befürchten mußte [...]. Dies war der erste Grund für die zunehmende Gewalttätigkeit in Rom" (BRUNT, Mob, 280).
[14] BRUNT, Mob, 297. Ähnlich argumentiert LABRUNA, der aus seinen Sympathien für die verarmte *plebs* und die popularen Politiker und aus seiner kritischen Haltung gegenüber der Senatsaristokratie keinen Hehl macht.: LABRUNA, Ennemis et non plus citoyens. Réfléxions sur la ‚Révolution romaine', et les rapports gouvernants/ gouvernés dans la crise de la République, in: Marie-Madeleine Mactoux/ Evelyne Geny (Hrsgg.), Mélanges Pierre Lévêque, Bd. 7: Anthropologie et société, Paris 1993, 161-168; Ders., La violence, instrument de la lutte politique à la fin de la Republique, DHA 17/1 (1991), 119-137.
[15] BRUNT, Mob, 309f.
[16] Untersuchungen zum spätrepublikanischen Notstandsrecht. Senatus consultum ultimum und hostis-Erklärung, München 1970.

Bedeutung für die Morde an den Gracchen und an Saturninus, sowie für die Hinrichtung der Catilinarier.

Wie NIPPEL, BRUNT und andere geht auch NOWAK auf das Phänomen der Gewalt in der späten römischen Republik ein.[17] Er schildert die späte Republik vor dem Hintergrund des Gebrauchs bewaffneter Garden durch führende Politiker. Dabei kommen auch einige der politischen Morde zur Sprache; jedoch nur am Rande und im Detail nicht immer sauber recherchiert.[18] NOWAK unterscheidet in seiner Untersuchung nicht zwischen spontanen Ansammlungen von gewaltbereiten Personen und feststehenden Trupps. Seine Untersuchung zeigt jedoch, daß der Einsatz von privaten Schutztruppen in der späten Republik unumgänglich wurde. „Hierin sieht man, wie weit die Radikalisierung des politischen Kampfes fortgeschritten war und wie schwach die legale Gewalt bei inneren Unruhen war."[19]

Neben der Literatur, die sich mit dem Phänomen der Gewalt in der späten römischen Republik befaßt, müssen auch solche Werke beachtet werden, in denen nicht das allgemeinere Phänomen der Gewalt, sondern der politische Mord selbst in der gesamten (meist abendländischen) Geschichte untersucht wird. Bereits 1931 verfaßte NOBEL eine -erbaulich zu lesende aber moralisierende und historisch nicht akkurat gearbeitete- Monographie zu dem Thema.[20] Aus der uns interessierenden Epoche schildert er die Morde an den Gracchen und die Proskriptionen Sullas. NOBELS grundlegende These ist, daß politische Morde nie Gutes bewirkt haben und in jedem Fall verurteilt werden müssen. Dieser Gedanke wird hier insofern aufgenommen, als unter anderem untersucht werden soll, ob die Mörder im Einzelfall ihre Ziele erreichen konnten, und welche -positiven und negativen- Auswirkungen die Morde auf die Politik hatten.

---

[17] Der Einsatz privater Garden in der späten römischen Republik, München 1973.
[18] So ist NOWAK beispielsweise der Ansicht, Nunnius sei zum Zeitpunkt seiner Ermordung Volkstribun gewesen und habe gegen ein Gesetz des Saturninus interzediert: NOWAK, Garden, 19. Vgl. das Kapitel II (E) dieser Arbeit.
[19] NOWAK, Garden, 85.
[20] Mord in der Politik, Hamburg - Berlin 1931.

1985 veröffentlichte F. L. FORD eine weitere Darstellung der Geschichte der politischen Morde,[21] beginnend mit der Tötung des moabitischen Königs Eglon durch den Israeliten Ehud[22] ca. 1200 v.Chr. und abschließend mit der Ermordung Martin Luther Kings im Jahr 1976. Unter sehr vielen anderen politischen Morden der Weltgeschichte behandelt FORD auch die Morde an den Gracchen und an Julius Caesar, die er als Eckpfeiler der Geschichte der späten Republik ansieht. Zwischen diesen beiden Fällen erwähnt der Autor sehr knapp die Morde an Memmius, Saturninus und Glaucia, Sempronius Asellio, Pompeius Rufus und Cn. Octavius. FORD schildert die Geschichte der späten Republik als eine Geschichte des politischen Mordes, wobei er eine stetige Entwicklung zu mehr Brutalität und Hemmungslosigkeit bei der Anwendung dieses Mittels bis zur Ermordung Caesars behauptet. Dieser These soll hier ebenfalls auf den Grund gegangen werden.

Zu erwähnen ist auch der jüngst erschienene Sammelband zum Thema „Politische Morde: Vom Altertum zur Gegenwart"[23]. Wie der Titel vermuten läßt, werden in dem Band mehrere einzelne politische Morde der gesamten Geschichte dargestellt und untersucht. Allerdings hat -sieht man von dem Mord an C. Iulius Caesar ab- kein einziger politischer Mord der römischen Republik Eingang in diesen Sammelband gefunden. Obwohl unsere Epoche keine Beachtung findet, ist der Band für diese Untersuchung nicht ohne Bedeutung. In einer sorgfältigen Einleitung entwirft der Herausgeber Maßstäbe, nach denen politische Morde sinnvoll untersucht werden können. So nennt er die z.B. die Untersuchung des Verhältnisses von beabsichtigter zu tatsächlicher Wirkung einer solchen Tat und gibt zu bedenken, daß politische Morde fast immer „eine Kettenreaktion von Folgeereignissen aus[lösen], die sich in ihrer Komplexität vorausschauender Planung entziehen. [...] Auch bei noch so bedachtsamer Planung hat, spätestens ab dem Moment, in dem das Opfer am Boden liegt, der Zufall seine Hand im Spiel. Insofern gleicht die Kugel des Attentäters einer Billardku-

---

[21] Hier vorliegend in der deutschen Ausgabe von 1992: „Der politische Mord. Von der Antike bis zur Gegenwart."
[22] Der Fall ist entnommen aus dem alttestamentlichen Richterbuch (Richter 3, 12-30).
[23] Hrsg. v. M. SOMMER, Darmstadt 2005.

gel, deren Kurs sich, wenn überhaupt, nur einige wenige Geraden vorausberechnen läßt."[24]

Ebenfalls von Bedeutung für die Kategorien einer Analyse des politischen Mordes ist die soziologische Untersuchung von HAVENS.[25] Ein entscheidender Vorteil dieser Monographie gegenüber ähnlichen ist, daß der Autor nicht der Versuchung erliegt, alle Attentate und politischen Morde in ein allgemeingültiges System zu drängen. Zwar bezieht sich HAVENS in seinen Überlegungen vor allem auf die jüngere Zeit und beachtet das Altertum nicht, doch sind diese für die Antike nichtsdestoweniger relevant.[26]

Einzelnen politischen Morden der späten Republik sind ohne Frage bereits etliche historische Untersuchungen gewidmet worden. Diese Werke sind auch hier für die Betrachtung der einzelnen Fälle von Bedeutung und werden, wo es sinnvoll ist, an entsprechender Stelle diskutiert, ebenso wie verschiedene Gesamtdarstellungen zur späten römischen Republik, die sich unter anderem mit einzelnen politischen Morden dieser Zeit befassen. Doch auch wenn jeder einzelne Mord in der Forschung bereits einmal Gegenstand einer (oft unzureichenden) Untersuchung war, so fehlt bislang eine Gesamtanalyse aller Fälle, eine Analyse des Phänomens des politischen Mordes in der späten römischen Republik. Die ausgesprochen knappe Behandlung der Morde der späten römischen Republik bei FORD und die fast durchgehende Mißachtung dieser Fälle im Sammelband SOMMERS sind ein weiteres Indiz dafür, daß die Bedeutung des politischen Mordes in dieser Epoche bislang offenkundig nicht hinreichend gewürdigt worden ist. Eine solche Analyse soll nun in dieser Arbeit versucht werden. Der Begriff des politischen Mordes ist hier zu unterscheiden von dem enger gefaßten Begriff des Attentats. Attentate definiert der Soziologe MAX LERNER in der Encyclopedia of the Social Sciences als „killing of a person in public life from a political motive and without legal process."[27] Abgrenzend von dem

---

[24] SOMMER, Politische Morde, 15.
[25] The Politics of Assassination, Englewood Cliffs 1970.
[26] Vgl. die Diskussion um die Kategorisierung der politischen Morde am Beginn des Kapitel III (A).
[27] LERNER, Assassination, 271. Eine vergleichbare Definition bringt HAVENS: „Assassination refers to those killings or murders, usually directed against individuals in public life, moti-

allgemeineren Begriff des politischen Mordes schränkt LERNER ein: „Assassination is to be distinguished from the death of political figures in civil conflicts which are tantamount to warfare and from the execution of political offenders where, although the political purpose served may be similar to that of assassination, the act is performed by the group in de facto political power and with at least the semblance of legal process."[28] Die hier genannte Einschränkung kann in dieser Untersuchung nicht vorgenommen werden, da gerade die Morde der späten römischen Republik zum großen Teil halb- oder pseudolegal waren und von Personen verübt wurden, die politische Kompetenzen besaßen und diese Kompetenzen zur rechtlichen Grundlage ihrer Tat machten. Die Ermordung eines politischen Beamten (wie eines Volkstribuns) im Auftrag einer weiteren staatlichen Autorität (wie des Senats) beispielsweise fände in der Definition LERNERS keinen Platz.

Für unser Anliegen besser geeignet ist deshalb der Begriff des politischen Mordes, der weit mehr Formen der Tötung umfaßt als der Begriff des Attentats, diesen aber mit einschließt. Der politische Mord wird von JÁSZI/ LEWIS definiert als „the premeditated killing of an individual or group of individuals in order to get, maintain, or extend the power of the state in the interests of an individual or group. When the killing is directed to well-defined individuals, it would be more correct to speak of ‚political assassination'."[29] Der politische Mord richtet sich nach JÁSZI/ LEWIS also gegen Individuen oder Gruppen von Individuen und beinhaltet die gezielte Tötung solcher Individuen aus politischen Gründen. Dabei spielt es -anders als beim Attentatsbegriff LERNERS- keine Rolle, ob die Tötungen ein legales Gesicht bekamen oder nicht.[30]

---

vated by political rather than by personal relationships [...]. [It] is the deliberate, extralegal killing of an individual for political purposes" (HAVENS, Politics of Assassination, 4).

[28] HAVENS, Politics of Assassination, 4
[29] JÁSZI/ LEWIS, Tyrant, 150f.
[30] Auf die vielfältige lateinische und griechische Terminologie zum Begriff „töten" wird in dieser Arbeit nicht gesondert eingegangen, da unsere Autoren in den allermeisten Fällen die Begriffe synonym verwenden. Wo die Formulierung und die verwendeten Begriffe Rückschlüsse auf die Haltung des jeweiligen Autors ermöglichen, wird dies am Ort besprochen. Das lateinische *interficere* entspricht -wie die griechischen Begriffe κτείνειν, καίνειν, ἀποκτείνειν, πεφνεῖν- dabei am ehesten dem deutschen Wort „töten" da es keinerlei Wertung ent-

Vor diesem Hintergrund werden in die vorliegende Untersuchung Tötungen, die als Handlungen eines Krieges oder Bürgerkriegs begangen wurden, nicht einbezogen. Da sich die Arbeit ausschließlich mit stadtrömischer Politik befassen will, werden zudem Morde, die keinen unmittelbaren stadtrömischen Bezug haben (etwa in den römischen Provinzen), ganz ausgeklammert. Ziel dieser Arbeit ist es nicht, das Phänomen des politischen Mordes als Ursache des Untergangs der römischen Republik zu schildern. In diesem Fall wäre es auch nicht sinnvoll, die politischen Morde allein, und nicht auch die anderen Formen der politischen Gewalt zu untersuchen. Ob und inwieweit die einzelnen Fälle den Niedergang des Republik bestärkt haben, wird zwar in den einzelnen Fällen eine Rolle spielen, ist aber nicht das zentrale Thema dieser Arbeit. Vielmehr soll umgekehrt die Geschichte des politischen Mordes innerhalb des verfallenden und ums Überleben kämpfenden Systems betrachtet werden, wobei der politische Mord in erster Linie als ein Symptom unter vielen für die Krankheit der *res publica* betrachtet wird, und nicht so sehr als Urheber und Antreiber dieser Krankheit. Deshalb soll hier die Entwicklung dieses Krankheitssymptoms in chronologischer Reihenfolge untersucht werden. Zunächst müssen -um die Fälle in das rechtliche System der *res publica* einordnen zu können- in einem ersten Teil dieser Untersuchung die juristischen Rahmenbedingungen dargestellt werden. Dies geschieht auf der Basis der grundlegenden Arbeiten von KUNKEL,[31] UNGERN-STERNBERG,[32] GRUEN,[33] LINTOTT,[34] FLACH[35] und ELSTER.[36]

---

hält. Ähnliches gilt für *interimere* und ἀναιρεῖν. *Occidere* und ἀποκτείνειν/ κατακτείνειν bedeuten gewaltsames Töten, jedoch beinhalten diese Begriffe ebenfalls kein moralisches Urteil. Dagegen können *necare*, *enecare* und *trucidare* (im Griechischen φονεύειν, ἀποσφάττειν und σφάζειν) mit dem deutschen Wort „morden", d.h. sie stehen für ein unrechtmäßiges, oft brutales Töten. Zur Synonymik des Wortfeldes „töten" vgl. allgemein: SCHMIDT, Synonymik, 331-335; MENGE, Synonymik, 12f.

[31] Untersuchungen zur Entwicklung des römischen Kriminalverfahrens in vorsullanischer Zeit, München 1962.
[32] Notstandsrecht, vgl. Anm. 16.
[33] Last Generation, vgl. Anm. 3; Roman Politics, vgl. Anm. 8.
[34] Violence, vgl. Anm. 2.
[35] Die Gesetze der frühen römischen Republik, Darmstadt 1994.
[36] Die Gesetze der mittleren römischen Republik, Darmstadt 2003.

Im zweiten Teil dieser Arbeit wird jeder Fall einer eigenen Untersuchung unterzogen, indem die Quellen -von den zeitgenössischen Autoren bis zu den Autoren der Kaiserzeit[37]- einzeln betrachtet werden. Besondere Relevanz besitzen dabei natürlich in erster Linie zeitgenössische Autoren, welche die geschilderten Ereignisse zum Teil selbst miterlebt haben. Von zentraler Bedeutung sind hier vor allem die Schriften Ciceros, insbesondere seine Reden.[38] Ebenfalls wichtig sind kaiserzeitliche Autoren, welche die Epoche der ausgehenden römischen Republik schildern. Zu nennen ist hier vor allem Velleius Paterculus, der die Phase der späten Republik als einen ständigen Niedergang beschreibt, dessen einzelne Stufen durch politische Morde markiert sind. Auch spätere Darstellungen wie die Werke Plutarchs, Appians und des Cassius Dio, die oft keine grundsätzliche Haltung der Autoren erkennen lassen, müssen beachtet werden, da wir aus diesen umfassenderen Darstellungen Einzelheiten zum Hergang der Morde erfahren und viel über die politischen Umstände lernen. Außerdem werden weitere Quellen herangezogen, die von Fall zu Fall mehr oder weniger bedeutend

---

[37] Spätantike Autoren werden bei der Quellenanalyse zunächst nicht beachtet, da diese in ihren Wertungen der einzelnen Fälle von einem ganz anderen hermeneutischen Horizont bestimmt sind als die Autoren der Republik oder der Kaiserzeit. Für sie sind der traditionelle Begriff der *res publica* sowie die Bedeutung der stadtrömischen Politik in sehr weite Ferne gerückt. Autoren spätantiker Werke finden deshalb nur da Berücksichtigung, wo sie Informationen zu einem Fall liefern können, der durch frühere Autoren nicht überliefert werden konnte (z.B. können aus dem Werk des Orosius verlorene Livius-Texte rekonstruiert werden).

[38] Zwar geben Ciceros Briefe einen deutlicheren Eindruck von seinen persönlichen Auffassungen zum Thema der Gewalt in der Politik, jedoch äußert sich der Redner gerade in seinen Briefen fast nie direkt zu den hier behandelten Mordfällen. Daher sind die Briefe erst bei der Untersuchung der zeitgenössischen Wahrnehmung der politischen Morde von größerer Bedeutung. Ähnliches gilt für die politischen und ethischen Abhandlungen Ciceros. Diese Schriften gehen -anders als die Briefe- mehrfach auch auf bestimmte politische Morde ein, weshalb sie im zweiten Teil dieser Untersuchung mehr Beachtung erfahren als die Briefe. Die in diesen Schriften allgemein und unabhängig von konkreten politischen Situationen geäußerten Auffassungen Ciceros sind hier jedoch von weniger Interesse. Sie geben zwar Ciceros eigene -theoretische- Ansichten zum Thema Mord und Gewalt wieder, sie sprechen aber nicht in derselben Weise wie die Reden in konkrete Situationen hinein. Es geht in dieser Arbeit allerdings nicht darum, ein Bild von Ciceros allgemeiner politischer Meinung zur Gewalt in der Politik zu erstellen, sondern um konkrete Morde und die Ansichten -in diesem Fall Ciceros- zu eben diesen bestimmten Fällen. Mehr als in den theoretischen Abhandlungen muß Cicero in seinen Reden Position zu bestimmten Fällen beziehen. Daß er dabei oft gezwungen ist, Rücksicht auf die aktuelle politische Situation zu nehmen, muß selbstverständlich beachtet werden.

sind.[39] Auf diese Weise sollen die Darstellungsweisen und Urteile über die Fälle der einzelnen Autoren voneinander geschieden und miteinander verglichen werden. Auf dieser Basis erhält jeder einzelne Fall eine eingehende Betrachtung hinsichtlich der Gründe für die Tat, der Erfolge der Täter und weiterer Fragen, die von Fall zu Fall unterschiedlich sein können und sich jeweils aufgrund der Quellenanalyse ergeben. Die Rechtfertigung der Tat durch die Mörder und rechtliche Einordnung spielt ebenfalls eine Rolle, da diese Frage vor allem für die zeitgenössische Bewertung und das Verhältnis von Recht und Billigkeit in der Krise der Republik von Bedeutung ist. Auch was dieser einzelne Fall über das Stadium des Verfalls der *res publica* aussagt, und in welcher Weise der einzelne Fall mit den anderen zusammenhängt, wird -wo es sinnvoll ist- untersucht.

Die Untersuchung beginnt aus den oben dargelegten Gründen mit dem Mord an Ti.Gracchus im Jahr 133 v.Chr. und endet mit dem Ausbruch des Bürgerkrieges zwischen Caesar und Pompeius 48 v.Chr., da nach dem Beginn des Bürgerkriegs die Republik nicht mehr wiederhergestellt werden konnte. Die Iden des März 44 v.Chr. werden deshalb ebenfalls vernachlässigt, zumal sich die Ermordung Caesars vom Charakter her stark von den Fällen der Republik unterscheidet und eher an die Morde der Kaiserzeit erinnert.[40] Der Mord an einem faktischen Alleinherrscher durch eine Gruppe von Verschwörern bewegt sich nämlich innerhalb einer Sphäre, in welcher die Republik faktisch bereits zusammengebrochen ist. Somit endet unsere Untersuchung mit dem letzten politischen Mord vor dem Bürgerkrieg, den Morden an den *boni* im Jahr 52 v.Chr. bei der Leichenfeier des P. Clodius Pulcher.

Auf der Basis der chronologischen Analyse der einzelnen Fälle soll in einem dritten Teil eine Kategorisierung der Fälle und eine Darstellung der Entwicklung des Phänomens des politischen Mordes in der späten Republik ermöglicht werden. In diesem Kontext soll zunächst die methodische

---

[39] Z.B.:Livius, Valerius Maximus, Lucan, Seneca, u.v.m.
[40] Wie in späterer Zeit haben wir hier einen in aller Stille geplanten Mord und eine Verschwörung gegen einen Herrscher, also einen Mord mit fast höfischem Charakter. Mit Recht nimmt deshalb MEIJER den Mord an Caesar in seine Darstellung zur Kaiserzeit: Kaiser sterben nicht im Bett, 17-20, auf.

Problematik einer Erstellung von Kategorien diskutiert werden. Sodann wird auf der Grundlage der Ergebnisse des zweiten Hauptteils eine Kategorisierung erstellt, in die sich die Morde der späten Republik möglichst sinnvoll einordnen lassen.

Wichtig für die Bedeutung des zu untersuchenden Phänomens ist außerdem eine Untersuchung der Beurteilung des politischen Mordes durch die Zeitgenossen, die sich ebenfalls aus dem zweiten Hauptteil ergeben und im dritten Hauptteil durchgeführt werden soll. Dabei ist vor allem die Frage von Bedeutung, ob es in der späten Republik politisch motivierte Morde gegeben hat, die von allen relevanten Gruppen der Gesellschaft gebilligt bzw. mißbilligt wurden, oder ob die Beurteilung der Fälle immer vom eigenen politischen Standpunkt abhing. Die Beantwortung dieser Frage ist methodisch diffizil, da nur wenige zeitgenössische antike Quellen vorliegen. Die wichtigste Quelle hierfür sind ohne Frage die Schriften, Reden und Briefe Ciceros. Mit diesen Werken besitzen wir oft konkrete Aussagen eines Zeitgenossen, der zudem die Umwälzung der *res publica* als Politiker hautnah miterlebt hat. Doch auch andere zeitgenössische Autoren, wie der Autor der Schrift an Herennius oder Sallust, lassen Schlüsse auf Sichtweisen der Zeitgenossen zu. Zudem besitzen wir einige wenige fragmentarische Aussagen weiterer Zeitgenossen und können aus den zum Teil apologetischen Tendenzen oder argumentativen Aussagen unserer spätrepublikanischen Autoren auf die Meinungen und Ansichten dritter schließen. Spätere Autoren sind in diesem Abschnitt nicht mehr von Bedeutung, es sei denn sie überliefern Ansichten aus der Zeit der geschilderten politischen Morde. Die eigenen Ansichten dieser Autoren sind hier nicht von Interesse, da es nicht darum geht, die Meinungen aller Autoren zum Phänomen des politischen Mordes in der späten römischen Republik zu schildern, sondern die Wirkung der Mordfälle auf die Zeitgenossen zu untersuchen.

B) Rechtliche Rahmenbedingungen

Das Thema des politischen Mordes in der ausgehenden römischen Republik berührt verschiedene rechtshistorische Fragestellungen. Zunächst sind vor allem die Bestimmungen zu Tötungsdelikten an sich relevant. Da die Tötung politischer Gegner in der späten Republik jedoch nicht selten als notwendige Maßnahme gegen gefährliche Umstürzler aufgefaßt wurde, sind darüber hinaus auch Regelungen der Todesstrafe, sowie Gesetze zur Bekämpfung von Aufständen, öffentlicher Gewalt und Gefährdungen des Staates von Bedeutung. Anders als die römischen Kaiserzeit kennt die Republik kaum Gesetzessammlungen, die dem Juristen als ein systematisches Rechtskorpus zur Verfügung standen. Einzige Ausnahme bildet das -uns nur in Fragmenten erhaltene- Recht der Zwölftafeln, die im Jahr 450 v.Chr. das bestehende Recht nach griechischem Vorbild kodifizierten.[41] Die Zwölftafeln bildeten die gesamte römische Republik hindurch das maßgebliche Gesetzeswerk, wenn auch nicht alle Bestimmungen unangefochtene Gültigkeit behielten. Ergänzt bzw. geändert wurden diese Bestimmungen durch zahlreiche *leges*, die von Magistraten oder Volkstribunen in Volksversammlungen[42] erwirkt wurden. Da uns auch diese *leges* nicht in kodifizierter Form vorliegen, muß deren Inhalt aus Zitaten und Bemerkungen antiker Autoren erst rekonstruiert werden.[43] Eine letzte Sicherheit hinsichtlich der Nuancen der einzelnen Bestimmungen ist deshalb nicht immer gegeben.

1. Das Tötungsdelikt

Die älteste überlieferte römische Rechtsbestimmung, die sich mit dem Phänomen des Mordes auseinandersetzt, stammt noch aus der Königszeit.

---

[41] Zur Problematik der Rekonstruktion der Zwölftafeln: BERGER, IV A/2, Tab., 1906-1908; CRIFÒ, Legge delle XII tavole, 115-133.

[42] Daß diese Volksversammlungen nicht als ‚demokratisch' im modernen Sinn verstanden werden können, ist hinreichend bekannt. Hierzu: LINTOTT, Constitution, 40-64.

[43] Eine Sammlung dieser Gesetze (und der nicht erfolgreichen Gesetzesanträge) bietet G. ROTONDI, Leges publicae populi Romani, Mailand 1912. Diese bis dato einzige Sammlung republikanischer *leges* ist neuerdings durch die exakteren und kritisch kommentierten Bände: FLACH, Die Gesetze der frühen römischen Republik, Darmstadt 1994 und ELSTER, Die Gesetze der mittleren römischen Republik, Darmstadt 2003 übertroffen worden.

Nach Festus lautete ein Rechtssatz des Königs Numa: „*Si quis hominem liberum dolo sciens morti duit, paricidas esto.*"[44] Diese Bestimmung regelt nur die Definition des Tatbestandes, enthält aber keine Strafregelung. Die einzige gesetzlich festgelegte Folge des Tötens ist nach dieser Bestimmung, daß der Täter zum *parricidas*, zum Mörder wird. Der Mord[45] wird hier definiert als das absichtliche Töten eines freien Menschen. Weitere Voraussetzungen sind nicht notwendig, um den Tatbestand des Mordes zu erfüllen.[46] Das Fehlen einer Strafnorm für den Mord läßt sich leicht dadurch erklären, daß der Strafvollzug zu dieser Zeit Privatsache war. „Dem

---

[44] Fest. 278. Vgl. hierzu die Ausführungen von KUNKEL, Kriminalverfahren, 39-45.

[45] Daß mit *parricidium* hier nicht nur der Verwandtenmord, sondern der Mord im allgemeinen gemeint ist, wird schon durch die Definition des Mörders deutlich. Warum dieser Rechtssatz den terminus *parricidium* und nicht *homicidium* benutzt, ist jedoch nicht mit letzter Sicherheit zu klären. MOMMSEN, Strafrecht, 631, ist der Ansicht, daß dadurch für den Mord dasselbe Strafmaß wie für den Verwandtenmord festgelegt wird, nämlich die Tötung durch den Sack. Bei diesem Verfahren wurde der Verurteilte zusammen mit giftigen Schlangen in einen Sack eingeschnürt und in den Tiber geworfen. Jedoch wissen wir von Cicero, daß diese Strafe von alters her allein als Strafe für den Verwandtenmord angewendet wurde (Cic. Rosc. Am. 70). KUNKEL, Kriminalverfahren, 39f. schlägt die einfache Lösung vor, daß der Begriff *parricidium* im frühen römischen Sprachgebrauch nicht nur Verwandtenmord, sondern Mord im Allgemeinen beinhaltete. Darin stimmt er mit seiner Quelle Festus überein, der den Begriff *parricidium* erklärt und feststellt, in früherer Zeit sei mit dieser Bezeichnung auch der Mord im allgemeinen gemeint gewesen (Fest. 278: „Nam parricida non utique is, qui parentem occidisset, dicebatur, sed qualemcumque hominem indemnatum"). KUNKELS Argumentation beruht auf der Feststellung, daß die in den Zwölftafeln erwähnten *quaestores parricidii* mit Sicherheit nicht „auf die Verfolgung des Vatermordes beschränkt gewesen" sind. „In [dem Zwölftafelrecht] kann *parricidium* nur den Mord im allgemeinen bedeuten, nicht dagegen, wie späterhin, den Vater- oder Aszendentenmord." Diese an sich einleuchtende Erklärung ist jedoch von CANTARELLA, Peines de mort, 289f. noch übertroffen worden. Die Autorin nimmt an, daß die Hinrichtung als Strafe für den Verwandtenmord bereits in frühester, von Privatjustiz geprägter Zeit etabliert war. Die königliche Bestimmung, daß ein Mörder *parricidas* sein solle, sei dazu angetan, die Privatrache unter ein staatliches Regelwerk zu bringen. Ein solches Regelwerk schränkt Rache nicht nur ein, sondern gebietet sie an manchen Stellen. Der Rechtssatz: *Si quis hominem liberum dolo sciens morti duit, paricidas esto*, zielte demnach darauf, daß jeder Mord -genau wie der Verwandtenmord- immer durch die Sippe des Opfers mit dem Tod des Mörders geahndet werden mußte. Die Familie hatte demnach nicht mehr das Recht, sich statt dessen einen Sühnepreis auszahlen zu lassen, sondern fungierte als Werkzeug des Rechts, das einem Mörder die gerechte (Todes)strafe zukommen ließ.

[46] Damit ist der frühe römische Mordbegriff weniger eng gefaßt als die heute gültige Definition, nach der ein Mord auch immer von Arglist und niederen Beweggründen gekennzeichnet sein muß STGB März 1999, § 211: „Mörder ist, wer aus Mordlust, zur Befriedigung des Geschlechtstriebs, aus Habgier oder sonst aus niederen Beweggründen, heimtückisch oder grausam oder mit gemeingefährlichen Mitteln oder um eine andere Straftat zu ermöglichen oder zu verdecken, einen anderen Menschen tötet."

Staate kam in einem derartigen System nur die Funktion zu, darüber zu wachen, daß die von ihm gesetzten Regeln und Schranken der Rache innegehalten wurden, mit anderen Worten: die richterliche Funktion. [...] Der Spruch [des] Gerichtes kann nur ein bloßer Schuldspruch gewesen sein, der die Rache entweder freigab oder ausschloß. Der Vollzug der Rache war dann Sache des siegreichen Klägers."[47] Daß keine Strafnorm in dem Gesetz festgelegt wurde, bedeutet nicht, daß es keine solche Norm gab.[48] Da der Strafvollzug jedoch nicht Sache des Gerichtes war, mußte für die Richter nur feststehen, unter welchen Bedingungen jemand als Mörder schuldig gesprochen werden und zur Rache freigegeben werden sollte.[49] Diese Form mit dem Tötungsdelikt zu verfahren hat sich aller Wahrscheinlichkeit nach auch im Zwölftafelgesetz nicht verändert. Zwar ist keine Norm zu diesem Tatbestand überliefert, doch da die Zwölftafeln eine richterliche Einrichtung, die sich mit allen Arten von Kapitaldelikten befaßte, kannte,[50] ist es offensichtlich, daß auch der Mord in der frühen römischen Republik als Straftatbestand weiter existierte.[51] Aus der Anwendung des Talionsrechts in anderen und überlieferten Sätzen der Zwölftafeln[52] läßt sich mit großer Sicherheit schließen, daß der Mord von den Angehörigen des Opfers im Sinne der Blutrache mit dem Tod bestraft wurde. In welcher Form diese Rache ausgeübt wurde, stand jedoch nicht im Ermessen des Rächers, sondern das Strafmaß wurde vom Gesetz eingeschränkt, bzw. vorgeschrieben. „Bei leichteren Delikten war [das Recht physische Rache zu üben] [...]

---

[47] KUNKEL, Kriminalverfahren, 43.
[48] RÜPKE, You Shall not Kill, 60f. geht jedoch davon aus, daß es vor dem sullanischen Gesetz keine festgestzte Strafnorm gab.
[49] Die enorme Bedeutung des privaten Rechtsgebrauchs in der römischen Republik legt LINTOTT, Violence, 6-34 dar: „Roman legal procedure was originally modelled on ritualized self-help, and for its successful funtioning it relied on self-help. Private action was its foundation, and so it cannot be surprising that it allowed the individual so much scope to right his own wrongs, nor that this permissiveness survived the disappearance of the old rituals" (LINTOTT, Violence, 34).
[50] Varr. l. Lat. V 81.
[51] Diese Feststellung mag banal erscheinen. Dennoch existiert innerhalb der Forschung die Ansicht, die frühe römische Republik habe keine formalgesetzlichen Regeln zum Mord gekannt (vgl. z.B.: ROBINSON, Criminal Law, 41). Zudem ist die Existenz von Gesetzen, die uns heute selbstverständlich erscheinen, nicht zwangsläufig für alle anderen Epochen und Gesellschaften als gegeben vorauszusetzen.
[52] FLACH, Gesetze, 166.

überhaupt ausgeschlossen. Bei den schwereren [wie dem Mord, Anm. d. Verf.] war die Art und Weise der Rache für eine Reihe von Fällen durch die Anordnung bestimmter ‚Strafen' (Feuertod, Erhängen, Talion) vorgeschrieben."[53]

Bis zu Sullas bekannter *lex Cornelia de sicariis et veneficis* im Jahr 81 v.Chr. nennen unsere Quellen keine weiteren Gesetze, die sich mit dem Tötungsdelikt befassen. Zwar nimmt ROTONDI in Anlehnung an LANGE[54] und WILLEMS[55] die Existenz eines solches Gesetzes bereits vor Sulla an - als Urheber wird C. Sempronius Gracchus vermutet-, da es bereits vor 81 v.Chr. *quaestiones de sicariis et de veneficis* gegeben habe.[56] Allerdings hat KUNKEL gezeigt, daß vor Sullas Gesetz beide Tatbestände in getrennten *quaestiones* verhandelt wurden.[57] Es handelte sich also um zwei unterschiedliche Tatbestände. Ein Gesetz, welches Messerstecherei und Giftmischerei unter einem Tatbestand subsumiert, hat es vor Sulla wahrscheinlich nicht gegeben. Da es aber *quaestiones* für die Tatbestände gegeben hat, können wir mit Sicherheit davon ausgehen, daß es auch Gesetze gab, welche diese Straftaten definierten und Strafnormen festlegten. Aufgrund fehlender Quellenzeugnisse müssen Vermutungen hinsichtlich der Inhalts und der Form solcher Gesetze jedoch Spekulation bleiben.[58]

---

[53] KUNKEL, Kriminalverfahren, 97f.
[54] LANGE, Römische Alterthümer, II 664.
[55] WILLEMS, Sénat, II 219.
[56] „La esistenza di un plebiscito di C. Sempronius Gracchus su questo argomento, non direttamente attestata, e ritenuta de Willems [...] e Lange [...] non è improbabile. Le quaestiones de sicariis et de veneficiis preesistevano alla legislazione Sillana" (ROTONDI, Leges, 310).
[57] KUNKEL, Kriminalverfahren, 63f.
[58] Eine *quaestio de sicariis* ist für das Jahr 142 v.Chr. bekannt. Hier handelt es sich jedoch nicht um ein Gremium, das einen Mord untersucht, sondern das sich mit Schlägern und Randalierern auseinandersetzt. Zudem war diese *quaestio* keine ständige, sondern eine sog. *quaestio extraordinaria*. Hierzu: GRUEN, Roman Politics, 29f. Zurecht schließt ROBINSON, „that the crime was seen more as an offence against public order than against the life or limb of the individual victim" (ROBINSON, Criminal Law, 42). Eine *quaestio de veneficis* existierte jedenfalls als *quaestio perpetua* (ROBINSON, Criminal Law, 42 in Anlehnung an Cic. Rosc. Am. 11; CIL VI 1283). Es deutet jedoch nichts darauf hin, daß diese *quaestio* sich mit dem Mord im allgemeinen und nicht -wie die Bezeichnung es andeutet- allein mit dem Tatbestand des Giftmischens befaßte. In welcher Weise beide Vergehen geahndet wurden, wissen wir nicht.

Mit Ciceros Rede *Pro Cluentio* dagegen besitzen wir eine zeitgenössische Bemerkung über den Inhalt des sullanischen Gesetzes, die sogar eine Zitation der *lex* enthält:

> „Iubet lex ea qua lege haec quaestio constituta est iudicem quaestionis, hoc est Q. Voconium, cum iis iudicibus qui ei obvenerint (vos appellat, iudices) quaerere de veneno. In quem quaerere? Infinitum est. Quicumque fecerit vendiderit emerit habuerit dederit [...] deque eius capite quaerito. [...] Quid ergo est? Dic. Qui tribunus militum legionibus quattuor primis quive quaestor tribunus plebis (deinceps omnes magistratus nominavit), quive in senatu sententiam dixit, dixerit. Quid tum? Qui eorum coiit coierit convenit convenerit quo quis iudicio publico condemnaretur."[59]

Nach Cicero richtete sich die *lex* also nicht gegen diejenigen, die durch Gift oder Waffen töten, sondern gegen solche, die -in diesem Fall tödliches Gift- bloß herstellen, verkaufen oder besitzen. Außerdem fiel der Mißbrauch eines Kapitalprozesses durch Falschaussage oder anderweitige absichtliche Herbeiführung eines ungerechten Kapitalurteils unter dieses Gesetz. Nicht die Tat selbst, sondern die Absicht oder die Vorbereitung wurde durch das sullanische Gesetz unter Strafe gestellt. Daß das Gesetz sich nicht mit der Tötung, sondern mit der Beförderung von Mordabsichten befaßt, äußert Cicero auch in der Rede *Pro Milone*:

> „Etsi persapienter et quodammodo tacite dat ipsa lex potestatem defendendi, quae non hominem occidi, sed esse cum telo hominis occidendi causa vetat, ut cum causa, non telum quaereretur, qui sui defendendi causa telo esset usus, non hominis occidendi causa habuisse telum iudicaretur."[60]

Zwar dient diese Auslegung des sullanischen Gesetzes hier Ciceros Verteidigungsstrategie, d.h. sie muß nicht zweifellos die tatsächliche Intention der *lex Cornelia* widerspiegeln, doch scheint es kaum denkbar, daß Cicero sich in dieser Weise auf die *lex* bezogen hätte, wenn sie eine eindeutige Bestimmung zur durchgeführten Tötung eines Menschen enthalten hätte. Offensichtlich erließ Sulla also kein Gesetz, das den Mord neu definierte, indem es Absicht, Beihilfe und Tat unter denselben einen Tatbestand faß-

---

[59] Cic. Cluent. 148.
[60] Cic. Mil. 11.

te.⁶¹ Er reorganisierte vielmehr bereits bestehende, zeitlich jedoch begrenzte Bestimmungen und Gremien hin zu einer permanenten Institution. Auch richtet sich die *lex Cornelia de sicariis et veneficis* nicht gegen das Tötungsdelikt selbst, sondern gegen Machenschaften, die zu einem solchen Delikt führen sollten. „Sie sollte wohl eine Handhabe zur wirksamen Bekämpfung des Verbrechertums sein, das die Ordnung und Sicherheit in der mit allen möglichen Elementen angefüllten Großstadt umsomehr bedrohte, als die Organisation des Polizeiwesens in einem für heutige Begriffe kaum vorstellbaren Maße rückständig war. [...] Wir vermuten demnach, daß die Vorgeschichte der sullanischen quaestio de sicariis et veneficis nicht im Zusammenhang einer Fortbildung des Rechts der Zwölftafelzeit, sondern [...] in der Entwicklungslinie einer außerordentlichen Kriminaljustiz zu suchen ist."⁶² Bedenkt man, wie viele blutige Auseinandersetzungen die Stadt Rom in der 80er Jahren v.Chr. gesehen hat, so erscheint die Durchsetzung eines Gesetzes, das die Unruhen und die daraus folgenden Bluttaten bereits in ihren ersten Anfängen ersticken will, folgerichtig. Übrigens richtet sich die *lex Cornelia de sicariis et veneficis* zwar nicht unmittelbar, jedoch zwangsläufig mittelbar auch gegen die begangene Tat, da es nicht gut möglich ist, einen Menschen absichtlich zu ermorden, ohne sich mit einer Tö-

---

⁶¹ Hierzu: CLOUD, Law *de Sicariis*, 140-143; Primary Purpose, 258-86. Vgl. RIGGSBY, Crime and Community, 55.
⁶² KUNKEL, Kriminalverfahren, 67. Die Juristen der Spätklassik jedoch fassen im 2. Jh. n.Chr. die Mordtat selbst mit unter die Bestimmungen der lex *Cornelia* (Iust. Dig. XLVIII 8). Julius Paulus schildert sie als eine Bestimmung, die Tötungsabsicht bzw. Beihilfe und Mord als einen Tatbestand zusammenfaßt und mit der Verbannung bestraft: „Lex Cornelia poenam deportationis infligit ei qui hominem occiderit eiusve rei causa furtive faciendi cum telo fuerit et qui venenum hominis necandi causa habuerit vendiderit paraverit, falsum testimonium dixerit, quo quis periret, mortisve causam praestiterit." (Paulus, Sent. V 23, 1). Die Auffassung, daß die Absicht zu töten vor dem Gesetz ebenso behandelt werden müsse, wie die vollendete Tat, äußert bereits Cicero in seiner Rede für Milo: „Nisi vero quia perfecta res non est, non fuit poenienda; proinde quasi exitus rerum, non hominum consilia legibus vindicentur. Minus dolendum fuit re non perfecta, sed poeniendum certe nihilominus." (Cic. Mil. 19; vgl. außerdem Iust. Dig. XLVIII 8, 14). KUNKEL schließt aus den Angaben der spätklassischen Juristen, daß die *lex Cornelia* entgegen den Äußerungen Ciceros die Ausführung der Tötung -dem „Waffentragen in verbrecherischer Absicht" jedoch untergeordnet- mit berücksichtigte (Kriminalverfahren, 65). M.E. spricht jedoch die Argumentation Ciceros in *Pro Milone* 11 deutlich gegen diese Möglichkeit. Wahrscheinlich wurde der Gesetzestext ab irgend einem Zeitpunkt in der Überlieferung um den inhaltlich logischen Zusatz ergänzt und lag Ulpian nur in dieser überarbeiteten Fassung vor.

tungsabsicht getragen oder Waffen besessen zu haben. Es ist deshalb nicht überraschend, daß Mordfälle auch vor der *quaestio de sicariis et veneficis* verhandelt wurden. Das eigentliche Vergehen bestand jedoch nicht in der vollendeten Tötung eines anderen Menschen -diese kann ja auch, wie Cic. Mil. 11 betont, unabsichtlich oder in Notwehr erfolgen-, sondern in der verbrecherischen Absicht. Daß die *lex*, wie Ulpian meint, den Mord an einem Freien mit dem Mord an einem Unfreien strafrechtlich gleichsetzt,[63] ist dagegen kaum vorstellbar. Zwar unterscheidet sie nicht zwischen dem Stand der Opfer, doch liegt das in der Natur der Bestimmung begründet, welche die Tat vom Täter und nicht vom Opfer aus behandelt.

2. Die Todesstrafe

Aus den Quellen zur römischen Republik geht unmißverständlich hervor, daß die Hinrichtung in der Republik als Strafe für verschiedene Vergehen existierte. Daß ihre Vollstreckung im Zwölftafelrecht wahrscheinlich privatrechtlich geregelt wurde, ist bereits dargelegt worden. Einen wertvollen, mit reichlichen Quellenbelegen versehenen Überblick über die verschiedenen Formen der Todesstrafe und ihre Bestimmungen gibt EVA CANTARELLA in ihrer Monographie „I supplizi capitali in Grecia e a Roma".[64] Für den Zusammenhang des politischen Mordes ist vor allem die Kapitalstrafe für das Vergehen des Verrats von Interesse, da mit großer Wahrscheinlichkeit davon auszugehen ist, daß als Rechtfertigung für politisch motivierte Morde oft das Argument der gerechten Strafe für Hochverräter angeführt wurde. Die klassische Todesstrafe für einen Verräter war der Sturz vom Tarpeischen Felsen.[65] Wir kennen jedoch auch einen Fall, in dem Verräter -die Söhne des Brutus, die sich mit dem König Tarquinius Superbus verbündet hatten- mit dem Beil enthauptet wurden.[66] Verschie-

---

[63] Ulp. Coll. I 3, 2.
[64] Hier vorliegend in der französischen Fassung: Les peines de mort en Grèce et à Rome. Origines et fonctions des supplices capitaux dans l'Antiquité classique, Paris 2000. Vgl. auch: RIEß, Hinrichtungspraxis, 214-220.
[65] CANTARELLA, Peines de mort, 221-242. Durch Sen. ir. I 16, 5 wissen wir, daß der Sturz vom Tarpeischen Felsen nicht nur für Verräter vorgesehen war. Auch andere Vergehen -die für uns hier jedoch nicht von Interesse sind- wurden auf diese Weise bestraft.
[66] Liv. II 5, 5-8; Val. Max. V 8, 1.

dene weitere Fälle von Verrat und Hinrichtung aus der frühen römischen Republik sind uns vor allem durch Livius überliefert, von denen manche nach unserem heutigen Rechtsverständnis sicher unangemessen hart erscheinen. So wurde z.B. 491 v.Chr. C. Marcius Coriolanus als Verräter hingerichtet, weil er sich als Patrizier geweigert hatte, sich vor den Volkstribunen für seine Handlungen zu rechtfertigen.[67] Bereits seine Mißachtung des Volkstribunats, die aus seinem Standesdünkel herrührte, hatte genügt, um ihn als Verräter zu charakterisieren.[68] 348 v.Chr. wurde Manlius Capitolinus vom Tarpeischen Felsen gestürzt, weil er angeklagt wurde, eine Monarchie errichten zu wollen;[69] 214 v.Chr. wurden 370 Deserteure ebenfalls vom Felsen gestürzt.[70] Wichtig für den Vergleich mit den Fällen der späten Republik ist, daß die uns bekannten Hinrichtungen von Verrätern der frühen und mittleren Republik niemals auf Initiative von Privatleuten vorgenommen wurden. Es hat immer eine formale Verurteilung und eine auf irgendeine Weise ritualisierte Hinrichtung gegeben: die Verräter der frühen Republik wurden nicht auf offener Straße erschlagen.

MOMMSEN ging davon aus, die Todesstrafe sei in der späten römischen Republik zwar nicht offiziell abgeschafft worden, jedoch faktisch durch die

---

[67] Plut. Coriol. 18, 3.
[68] Auf den ersten Blick noch härter erscheint uns das Urteil über den Volkstribun Spurius Cassius, der 486 v.Chr. als erster ein Agrargesetz durchzubringen versuchte. Dionysios von Halikarnassos berichtet, der Tribun sei deshalb 485/5 nach einer öffentlichen Verurteilung vom Tarpeischen Felsen gestürzt worden (Dion. Hal. VIII 78-79). Livius berichtet jedoch, Spurius Cassius sei wegen des allzu reformerischen Ansinnens von seinem Vater, der sein unangefochtenes Recht als *pater familias* ausübte, mit dem Tod bestraft worden. Insgesamt erscheint die Version des Livius glaubhafter. Es ist kaum anzunehmen, daß die frühe Republik einen Volkstribun schon zum Verräter erklärte, wenn er nur einen unbeliebten Gesetzesantrag einbrachte. Er hatte sich damit schließlich -anders als zuvor Coriolanus- in keiner Weise gegen bestehende Institutionen der *res publica* gestellt. Der *pater familias* dagegen konnte durchaus der Ansicht sein, sein Sohn habe durch seine eigenmächtigen politischen Schritte die Familie mißachtet. Aus der Sicht der frühen römischen Republik ist solches Vorgehen Recht und Pflicht des Familienoberhaupts. Noch im ersten Jh. n.Chr. findet Valerius Maximus lobende Worte für das Verhalten des Vaters (Val. Max. V 8, 2). Es ist denkbar, daß die Version, auf die Dionysios sich bezieht, im Zuge der Diskussion über die Morde an den Gracchen (133 und 121 v.Chr.) -sozusagen als nachträglich gedeuteter Präzedenzfall, der weitaus mehr Relevanz hat, wenn er in einem öffentlichen Prozeß entschieden wurde- entstand.
[69] Liv. VI 10-20.
[70] Liv. XXIV 20, 6.

Strafe der Verbannung ersetzt worden.[71] Obwohl auch die Zeitgenossen anscheinend von ihrer faktischen Nichtexistenz ausgegangen sind, kennen wir in der Tat kein einziges republikanisches Gesetz, welches die Todesstrafe abschafft und durch die Strafe des Exils ersetzt. Allerdings ist auch für die Zeit nach den Gracchen -bis auf die Hinrichtung der Catilinarier- kein Fall aus der späten Republik bekannt, in dem diese äußerste Form der Strafe an einem freien Römer vollzogen wurde, zumindest nicht unter politisch normalen Umständen. Die ‚Säuberungen' der 80er Jahre durch Marius und Sulla können sicher nicht als Indiz für die fortdauernde Existenz der Todesstrafe angeführt werden. LEVY ist deshalb ebenfalls der Ansicht, daß die Todesstrafe zwar nicht offiziell abgeschafft, aber in der späten Republik de facto nicht mehr angewendet wurde.[72] Ähnlich argumentiert in jüngster Zeit BAUMAN, der bemerkt, Caesar habe sich in der Senatsdebatte des 5. Dezember 63 v.Chr. auf diese faktische Beseitigung der Todesstrafe bezogen.[73] Für die These der faktischen Abschaffung der Todesstrafe spricht auch eine Äußerung Ciceros aus seiner ersten Catilinarischen Rede:

„Quid tandem te impedit? Mosne maiorum? At persaepe etiam privati in hac re publica perniciosos civis morte multarunt. An leges, quae de civium Romanorum supplicio rogatae sunt? At numquam in hac urbe, qui a re publica defecerunt, civium iura tenuerunt."[74]

Hier spricht Cicero davon, daß staatsfeindliche Bürger bislang niemals ihre bürgerlichen Rechte behalten durften, und sie aufgrund des Verlustes dieser Rechte hingerichtet werden konnten. Es drängt sich also die Vermutung auf, daß eine Hinrichtung mit den Rechten eines freien römischen Bürgers nicht ohne weiteres vereinbar war. Bei den Gesetzen zum Schutz römischer Bürger, die Cicero erwähnt, handelt es sich aller Wahrscheinlichkeit

---

[71] MOMMSEN, Strafrecht, 941: „Formell hat die römische Republik die Todesstrafe nicht abgeschafft [...]. Nichtsdestoweniger wird das letzte Jahrhundert der Republik beherrscht durch die Tendenz der Abschaffung der Todesstrafe und die Gesetze haben dieselbe praktisch im Wesentlichen durchgeführt."
[72] LEVY, Kapitalstrafe, 17f.
[73] „[...] Caesar was not contending for any formal abolition of the death penalty, he was merely claiming its de facto cessation. The record of punishments over the last fifty years of the Republic bears him out. It does not display any executions, only exiles" (BAUMAN, Human Rights, 46).
[74] Cic. Cat. I 28.

nach aber nicht um Gesetze zur kompletten Abschaffung der Todesstrafe, sondern um solche Gesetze, die die Rechte der Bürger stärken und sie vor magistratischer Willkür schützen sollten. Solche Gesetze waren z.B. die sogenannten Provokationsgesetze, wie die *lex Sempronia de capite civis Romani ne de capite civium Romanorum iniussu populi iudicaretur* von 123 v.Chr. Die *lex Sempronia* bestimmte, daß ein Kapitalprozeß -also ein Prozeß, bei dem im Falle einer Verurteilung eine besonders schwere Strafe verhängt wurde- nur in einem Komitialverfahren (einem Verfahren vor dem Volk) angestrengt werden durfte.[75] Auch hier ist von keiner wirklichen Abschaffung der Todesstrafe die Rede, allenfalls von einer Erschwernis im Verfahren, welches zur Todesstrafe führen konnte. Obwohl wir keinerlei dahingehende Überlieferung besitzen, ist es fraglich, ob es im Rom der späten Republik tatsächlich keine rechtlich unbedenklichen Hinrichtungen mehr gegeben hat. Ein mittelloser Meuchelmörder aus der Schicht der *plebs urbana* ist möglicherweise ebenso zum Tod verurteilt worden wie in der frühen Republik.[76] Daß wir von solchen Fällen nichts wissen, liegt wahrscheinlich in erster Linie an der geringen Bedeutung der Verbrecher und ihrer Opfer. Vermutlich bekamen *nobiles* und *equites* im Fall einer Verurteilung die Möglichkeit, sich der Hinrichtung durch Selbstverbannung zu entziehen. Ob diese Chance auch der *plebs* immer eingeräumt wurde, ist sehr zweifelhaft, vor allem da einem verurteilten Besitzlosen wohl die Mittel fehlten, sich in eine sichere Gegend abzusetzen. Daß Cicero in seinen Bemerkungen zum Recht der römischen Bürger davon nie etwas zu wissen scheint, liegt wohl vor allem daran, daß er sich in diesen Bemerkungen immer auf Angehörige der oberen Stände bezieht. Die Todesstrafe für römische Bürger hat es wahrscheinlich nicht nur offiziell, sondern auch faktisch noch gegeben. Für die politischen Morde der späten Republik haben diese Fälle jedoch keine Relevanz.

---

[75] Cic. Rab. perd. 12. Das Provokationsrecht hat KUNKEL, Kriminalverfahren, 9-32 eingehend untersucht und die These MOMMSENS, das Provokationsrecht sei ein Widerspruchsrecht gegen bereits gefällte Urteile, widerlegt. Eine übersichtliche Zusammenfassung der Ergebnisse Kunkels bietet: ERMANN, Strafprozeß, 1-5.

[76] Hinzuweisen ist in diesem Zusammenhang auch auf die Bedenken von KUNKEL, Kriminalverfahren, 67, Anm. 253.

3. Der Schutz der öffentlichen Ordnung

Livius berichtet für das Jahr 509 v.Chr. -also unmittelbar nach der Abschaffung der Königsherrschaft- von einem Gesetz des Konsuls P. Valerius, welches besagte, daß jeder, der nach der Königsherrschaft strebe, enteignet und verflucht werden solle.

> „Ante omnes de provocatione adversus magistratus ad populum sacrandoque cum bonis capite eius, qui regni occupandi consilia inisset, gratae in vulgus leges fuere."[77]

Plutarch erklärt die von Livius erwähnte Verfluchung in seiner Biographie des Valerius Poplicola genauer. Derjenige, der das Königsamt anstrebe, sei diesem Gesetz nach für vogelfrei erklärt worden; jedem sei es erlaubt den Geächteten zu töten.[78] Diese *lex* ist in FLACHS Sammlung der Gesetze der frühen römischen Republik unter der an Livius angelehnten Bezeichnung *lex de sacrando cum bonis capite eius, qui regni occupandi consilia inisset* aufgenommen.[79] Der Herausgeber beurteilt die Erzählung des Livius kritisch. In der rechtlichen Bestimmung, die den Möchtegern-Tyrannen zum Töten freigibt, sieht FLACH eine Legende, die dem viel späteren Eid der Caesarmörder, eine Königsherrschaft nicht mehr zuzulassen, entsprang.[80] Den bei Liv. II 1, 9 berichteten Eid des römischen Volkes, keinen König mehr in Rom zu dulden, verweist FLACH damit ebenfalls -wenn auch nicht explizit- in das Reich der Mythen. Ganz anders beurteilt v. LÜBTOW die Livius-Stelle. Sowohl den Eid des Volkes als auch das Gesetz des Valerius Poplicola hält er für historisch.[81] Tatsächlich spricht einiges für die Historizität des Eides. Zunächst beriefen sich ja die Caesarmörder tatsächlich auf dieses Ereignis der Vergangenheit, um ihre eigene Handlungsweise zu

---

[77] Liv. II 8, 2.
[78] Plut. Popl. 12, 1. Daß der terminus „sacer esto", der bereits in den *leges regiae* des öfteren vorkommt, grundsätzlich die Erklärung des Verurteilten für vogelfrei bedeutete, weist CANTARELLA, Peines de mort, 267-276 nach.
[79] FLACH, Gesetze, 62f.
[80] FLACH, Gesetze, 63: „Die Legende, ein förmliches Gesetz habe das Vorhaben, die Königsherrschaft wiederzuerrichten, zum todeswürdigen Verbrechen erklärt, rankte sich um den feierlichen, von den Caesarmördern zum Vermächtnis einer fernen Vergangenheit geadelten Schwur, nicht zuzulassen, daß in Rom jemals wieder ein König herrsche. In dieser legalistischen Nachbesserung drückte sich wieder einmal die weit verbreitete Neigung aus, das Verfassungsleben der späten Republik in die Anfänge zurückzuverlegen."
[81] LÜBTOW, Volk, 165.

legitimieren. Sie stellten sich bewußt in die Tradition der Vertreibung des tyrannischen Königs Tarquinius Superbus. Es ist also nicht unwahrscheinlich, daß ein Eid des Volkes, wie Livius ihn schildert, in der Zeit der späten römischen Republik glaubhaft überliefert war. Eine konkrete Handlungsanweisung, wie mit jemandem zu verfahren sei, der nach der Königsherrschaft strebte, hat es jedoch mit großer Sicherheit nicht gegeben, schon gar nicht in Form eines Gesetzes. Gegen die Existenz eines solchen Gesetzes spricht vor allem, daß es von den *boni* niemals argumentativ angeführt wurde, wenn es um die Ermordung der Gracchen und Saturninus oder die Hinrichtung der Catilinarier ging. Zwar rühmten sich die Täter in jedem dieser Fälle des Mordes an einem potentiellen Tyrannen, von einer legalen Bestimmung, welche ihr Vorgehen absegnete und die zudem von den *maiores* auf sie gekommen sei, sprechen sie jedoch nicht.

Dennoch haben die von Livius geschilderten Ereignisse in den Anfängen der Republik eine große Bedeutung für unsere Thematik. Mit der Vertreibung des Königs und der Neugestaltung der Staatsordnung gewann auch das Bewußtsein der Freiheit eine immense Bedeutung im politischen Denken Roms. Daß diese Freiheit als höchstes Gut betrachtet wurde, das unbedingt verteidigt werden mußte, spiegelt sich in den politischen Auseinandersetzungen der späten Republik wieder. Erst in der neuen Auseinandersetzung mit politischen Reformern, die verdächtigt wurden, nach der Alleinherrschaft zu streben, sah sich die römische Aristokratie gefordert, notfalls mit nicht legalen Mitteln die Freiheit zu verteidigen. Oft wußte sie sich dabei nicht anders zu helfen als durch das Mittel des politischen Mordes.

Eine wichtige Gruppe von Gesetzen, die dem Schutz der öffentlichen Ordnung dienen sollten, sind zunächst die *leges de vi*, die in der nachsullanischen Zeit aufkamen.[82] Auffällig ist, daß wir für die frühe und mittlere Zeit der Republik derartige Gesetze nicht bezeugt finden. Obwohl es auch vor 80 v.Chr. viele Fälle von Gewalt innerhalb der öffentlichen Ordnung gegeben hatte, existierte bis in die 70er Jahre hinein keine *quaestio de vi*. Wie

---

[82] Die Entwicklung der *leges de vi* schildern LINTOTT, Violence, 107-124; GRUEN, Last Generation, 224-239; RIGGSBY, Crime and Community, 79-119.

oben dargelegt wurde, kann jedoch die *lex Cornelia de sicariis et veneficis* zumindest inhaltlich als ein Gesetz verstanden werden, welches sich gegen Gewalttätigkeit in der Öffentlichkeit richtete. Während Sullas Gesetz dem Wortlaut nach jedoch nur die Gewalt mit Tötungsabsicht behandelte, richtete sich das früheste uns bekannte Gesetz über Gewalt, die *lex Lutatia* bzw. *Plautia de vi*, direkt gegen die Gewalt als solche.[83] Die *lex Lutatia de vi* entstand Cicero zufolge im Rahmen des Aufstandes des Lepidus 78/77 v.Chr. Der damalige Konsul Q. Lutatius Catulus habe das Gesetz erlassen, welches bewaffnete Aufstände unter Strafe stellte:

> „De vi quaeritis. Quae lex ad imperium, ad maiestatem, ad statum patriae, ad salutem omnium pertinet, quam legem Q. Catulus armata dissensione civium rei publicae paene extremis temporibus tulit, quaeque lex sedata illa flamma consulatus mei fumantis reliquias coniurationis extinxit"[84]

> „Si quis, iudices, forte nunc adsit ignarus legum, iudiciorum, consuetudinis nostrae, miretur profecto quae sit tanta atrocitas huiusce causae, quod diebus festis ludis que publicis, omnibus forensibus negotiis intermissis, unum hoc iudicium exerceatur, nec dubitet quin tanti facinoris reus arguatur ut eo neglecto civitas stare non possit. Idem cum audiat esse legem quae de seditiosis conscelaratisque civibus qui armati senatum obsederint, magistratibus vim attulerint, rem publicam oppugnarint cotidie quaeri iubeat"[85]

Der hier von Ciceros hergestellte Zusammenhang ist der einzige Beleg, der die *lex de vi* dem Konsul von 78 v.Chr. zuschreibt. Das Gesetz, nach dem Caelius, den Cicero hier verteidigt, angeklagt wurde, war jedoch die *lex Plautia de vi*. Auch die Catilinarier, von denen Cicero in *Pro Caelio* 70 spricht, wurden nach der *lex Plautia de vi* und nicht nach einer *lex Lutatia*

---

[83] Vgl. GRUEN, Last Generation, 225, Anm. 64; Roman Politics, 259f. 261f., der die *lex Cornelia* als Gesetz versteht, das sich in erster Linie mit dem Tatbestand des Mordes und nicht mit Gewalttätigkeit befaßt. Andernfalls, so argumentiert Gruen, sei die spätere *lex Plautia* eine unnötige Einrichtung. Gruen geht so weit, aus der Existenz der *lex Plautia* darauf zu schließen, daß es nicht das Hauptanliegen der *lex Cornelia* gewesen sei, die Bürger vor Gewalt zu schützen, daß es sich hierbei also nicht in erster Linie um ein Gesetz zum Schutz der öffentlichen Ordnung handelte. „Cloud [...] has argued that Sullas *lex de sicariis* was designed primariliy not to punish murder but to protect citizens from private gangsters and hoodlums. If so, however, this makes it more difficult to understand the need of a lex *Plautia de vi*" (Last Generation, 225, Anm. 64). Beachtet man jedoch, daß die *lex Cornelia* sich dem Wortlaut nach nur gegen zum Töten motivierte Gewalt richtete, und nicht gegen einschüchternde Gewalt in Volksversammlungen, zeigt sich schnell, daß das sullanische Gesetz einer Ergänzung bedurfte. Diese erhielt es in Form der *lex Plautia de vi*.
[84] Cic. Cael. 70.
[85] Cic. Cael. 1.

angeklagt.[86] Offensichtlich behandelt Cicero hier beide Gesetze so, als handele es sich um ein einziges Gesetz. Das Verhältnis der *lex Lutatia* und der *lex Plautia* ist in der Forschung vielfältig diskutiert worden.[87] Diese Diskussion soll hier nicht wiederholt werden, doch erscheint mir die Lösung HOUGHS am meisten überzeugend. HOUGH schlägt vor, daß es sich bei der *lex Lutatia* um die Einrichtung einer zeitlich beschränkten *quaestio* handelte, die sich mit dem Aufstand des Lepidus befaßte und Gewalt gegen den Staat als Straftatbestand verhandelte. Die *lex Plautia* habe diesen Ansatz später aufgegriffen und eine *quaestio perpetua* eingerichtet.[88] Der Ansatz HOUGHS erscheint deshalb besonders überzeugend, weil er alle Fragen, die durch Ciceros vermeintliche Verwechslung der *leges* aufgeworfen werden, beantworten kann. Cicero könnte dann zurecht behaupten, Lutatius Catulus habe das Gesetz, nach dem Caelius und zuvor die Catilinarier angeklagt wurden, eingeführt. Die Tatsache, daß uns nach 78 v.Chr. kein einziges Verfahren überliefert ist, das nach einer *lex Lutatia de vi* verhandelt wurde,[89] läßt ebenfalls nur zwei Möglichkeiten offen: entweder hat es niemals eine solche *lex* gegeben, und dann hätte Cicero in seiner Rede einen ungewöhnlich groben Fehler gemacht, oder diese *lex* hatte nur zeitlich beschränkte Auswirkungen und wurde nach Beendigung der Krise von 78/77 v.Chr. nicht mehr angewendet, sondern erst später durch die *lex Plautia* hin zu einer immerwährenden Einrichtung erneuert. Die römische Republik kannte also seit dem Jahr 87/77 v.Chr. eine Gesetzgebung, die Gewalt in der Öffentlichkeit unter Strafe stellte. Die *lex Plautia*, welche eine dahingehende *quaestio perpetua* einrichtete, stammt wahrscheinlich aus dem Jahr 70 v.Chr.[90] Im Jahr 52 v.Chr. wurde sie durch die *lex Pompeia de vi* reformiert. Die *lex Pompeia* sah ein schnelleres und härteres Strafverfahren für diejenigen vor, die sich gegen das Gesetz vergangen hatten. Tatsächlich war der Anlaß dieser Reform ein ganz bestimmter Fall, nämlich die Ermordung des P. Clodius Pulcher durch T. Annius Milo. Um

---

[86] Sall. Cat. 31, 4.
[87] Hierzu: GRUEN, Last Generation, 225-227.
[88] HOUGH, Lex Lutatia, 135-147.
[89] GRUEN, Last Generation, 226.
[90] GRUEN, Last Generation, 227.

die politisch heikle Situation unter Kontrolle zu bringen, sah sich Pompeius, der zu dieser Zeit das quasi-diktatorische Amt des *consul sine collega* innehatte, gezwungen, dieses spezielle Vergehen gegen die *res publica* konsequenter zu ahnden als dies in *der lex Plautia de vi* vorgesehen war.[91] Die *lex Pompeia de vi* ersetzte die *lex Plautia* jedoch nicht, sondern ergänzte sie nur für einen beschränkten Zeitraum. Wie zuvor die *lex Lutatia*, diente auch die *lex Pompeia* nur zur Eindämmung einer momentanen Krise und wurde zu keiner dauerhaften Einrichtung.

Eng verwandt mit den Gesetzen, die in Zeiten der Krise *quaestiones extraordinariae* einrichteten, sind solche Gesetze, die zum Schutz der öffentlichen Ordnung die Freiheiten und Rechte der römischen Bürger teilweise massiv einschränkten, die sogenannten Notstandsgesetze.[92] Die Notstandsgesetze entstanden als Abwehrmittel gegen teilweise radikale Reformbestrebungen in der späten Republik. Erster Anlaß war das politische Handeln des Volkstribuns Ti. Gracchus, der in seinem Reformwillen mehrere Male die vorgegebenen Grenzen seines Amtes überschritt.[93] Zehn Jahre nach dem Wirken und der Ermordung des Ti. Gracchus etablierte sich die Einrichtung des *senatus consultum ultimum*, einer Erklärung des Staatsnotstands, die in Zeiten der Krise den amtierenden Konsuln besondere Vollmachten erteilte. Gegen Aufrührer und Unruhestifter konnten durch das *senatus consultum ultimum* Maßnahmen ergriffen werden, welche die sonst geltenden Bürgerrechte nicht beachteten. Im Falle des Staatsnotstandes durften römische Bürger außerdem -was sonst innerhalb des Pomeriums verboten war- Waffen tragen, um damit die Aufrührer zu bekämpfen. Damit verbunden war spätestens ab 100 v.Chr. die *hostis*-Erklärung. Durch diese Maßnahme konnten Unruhestifter zu Staatsfeinden erklärt werden. Sie verloren damit ihre bürgerlichen Rechte; ihr Recht auf einen Prozeß oder das Provokationsrecht galt in diesem Fall nicht mehr. Gegen einen

---

[91] Mit diesem Fall beschäftigt sich das Kapitel II (U) dieser Untersuchung.
[92] Die noch immer wichtigste Untersuchung zum Thema der Notstandsgesetze ist die Monographie von v. UNGERN-STERNBERG, Untersuchungen zum spätrepublikanischen Notstandsrecht. Senatusconsultum ultimum und hostis-Erklärung, München 1970. VON UNGERN-STERNBERG stellt die Entstehung und die Inhalte der Notstandsgesetze dar, indem er die bekannten Fälle ihrer Anwendung untersucht.
[93] Hierzu: Kapitel II (A).

Staatsfeind konnte mit den gleichen Mitteln vorgegangen werden wie gegen einen auswärtigen Feind. Wann eine solche Notsituation bestand, die ein *senatus consultum ultimum* und/ oder eine *hostis*-Erklärung rechtfertigte, lag im Ermessen des Senats. Somit hatte der Senat ein Mittel zur Selbstverteidigung in der Hand, das die bürgerlichen Rechte, die gerade zum Schutz gegen mögliche Senats- und Magistratswillkür bestanden, außer Kraft setzen konnte. Da auf diese Weise die Bürgerrechte nicht mehr dasselbe Gewicht hatten wie in der frühen und mittleren Republik, wurden Notstandsmaßnahmen von Aristokratiekritikern in der späten Republik oft kritisiert und als Abschaffung der Bürgerrechte angeprangert.[94] Die konservativen Kräfte ihrerseits sahen in den Notstandsgesetzen keinen Verfassungsbruch: Ihrer Ansicht nach konnte ein Aufrührer, der die republikanische Gesellschaftsordnung nicht akzeptierte und umstürzen wollte, nicht die Errungenschaften dieser Ordnung für sich in Anspruch nehmen. Wer sich selbst als Feind der Bürgerschaft -also der konservativen *res publica*- verhielt, konnte nicht die gleiche Behandlung erwarten wie jemand, der sich in die *res publica* eingliederte.[95]

---

[94] Daß die Anwendung von Notstandsgesetzen zudem häufig die Wut der *plebs* provozierte, wird in den folgenden Kapiteln deutlich.
[95] „At vero C. Caesar intellegit legem Semproniam esse de civibus Romanis constitutam; qui autem rei publicae sit hostis, eum civem esse nullo modo posse; denique ipsum latorem Semproniae legis iussu populi poenas rei publicae dependisse." Cic. Cat. IV 10.

II. Fälle von politischem Mord in der späten römischen Republik

A) Die Ermordung des Volkstribuns Tiberius Sempronius Gracchus 133 v.Chr.

1. Die Darstellung in den Quellen
a) Die Rhetorikschrift an Herennius

Das älteste erhaltene Zeugnis über den Tod des Volkstribuns Tiberius Gracchus finden wir in der *Rhetorica ad Herennium*, einem Rhetoriklehrbuch eines unbekannten Autors aus dem 1. Jh. v.Chr. Als Beispiel für eine anschauliche Schilderung (*demonstratio*) gibt der Autor einen bereits auf den ersten Blick recht parteilichen Bericht über den Tod des Tiberius Gracchus:

> „Quod simul atque Graccus prospexit, fluctuare populum, verentem, ne ipse auctoritate senatus commotus sententia desisteret, iubet advocari contionem. Iste interea scelere et malis cogitationibus redundans evolat e templo Iovis: sudans, oculis ardentibus, erecto capillo, contorta toga, cum pluribus aliis ire celerius coepit. Illei praeco faciebat audientiam; hic, subsellium quoddam excors calce premens, dextera pedem defringit et hoc alios iubet idem facere. Cum Graccus deos inciperet precari, cursim isti impetum faciunt et ex aliis ali partibus convolant atque e populo unus : 'fuge, fuge,' inquit, 'Tiberi. Non vides? Respice, inquam'. Deinde vaga multitudo, subito timore perterrita, fugere coepit. At iste, spumans ex ore scelus, anhelans ex infimo pectore crudelitatem, contorquet brachium et dubitantei Gracco, quid esset, neque tamen locum, in quo constiterat, relinquenti, percutit tempus. Ille, nulla voce delabans insitam virtutem, concidit tacitus. Iste viri fortissimi miserando sanguine aspersus, quasi facinus praeclarissimum fecisset circum inspectans, et hilare sceleratam gratulantibus manum porrigens, in templum Iovis contulit sese."[96]

Der Mord an Tiberius Gracchus spielte sich nach dieser Schilderung folgendermaßen ab: Auf einer von ihm selbst einberufenen Volksversammlung wurde Gracchus getötet. Der Mörder wird hier an keiner Stelle mit Namen genannt, sondern nur durch das Demonstrativpronomen *iste* gekennzeichnet. Allein aufgrund des Hinweises, daß der Mörder aus dem Jupitertempel kam und nach der Tat wieder dorthin zurückging, läßt sich vermuten, daß es sich bei dem Täter um einen Jupiterpriester handelte. Das Fehlen des Namens bedeutet nicht nur eine Geringschätzung des Mörders,

---

[96] Rhet. ad Her. IV 68.

sondern der insgesamt sehr knapp gehaltene Stil zeigt zudem, daß der Autor ein seinen Lesern offenbar wohlbekanntes Ereignis schildert. Der Mörder kam der Schilderung zufolge mit einer Anhängerschaft aus dem Jupitertempel, brach einen Fuß einer Sitzbank ab, und forderte die anderen (*alios*) auf, es ihm gleichzutun. Diese folgten dem Beispiel des Priesters: Als Gracchus zu den Göttern zu beten begann, stürmten sie auf das Forum und griffen ihn an. Das Volk, das auf der Seite des Tribuns gestanden hatte, floh, und der Priester tötete den überraschten Ti. Gracchus, indem er ihm den abgebrochenen Fuß der Sitzbank in die Schläfe stieß. Daraufhin begab sich der Mörder wieder in den Tempel.

Die hier wiedergegebene Schilderung ist eindeutig gracchusfreundlich. Der Volkstribun erscheint als an den Ereignissen völlig unschuldig. Er wurde angegriffen, während er zu den Göttern betete, also während einer frommen Handlung. Damit allein setzt sich der Mörder, auch wenn er ein Priester war -die Priesterschaft des Täters wird vom Autor niemals explizit bestätigt-, ins Unrecht. Gracchus wurde der Schilderung zufolge von dem Angriff völlig überrascht. Er floh nicht, wie das Volk, welches in diesem Zusammenhang tadelnd als unstet (*vaga*) bezeichnet wird. Der angeborenen Tapferkeit (*insita virtus*) des Volkstribuns schreibt der Autor zu, daß Gracchus starb, ohne einen Laut von sich zu geben. Die Motive des Täters dagegen sind geprägt von Grausamkeit und verbrecherischen Gedanken. Kein auch noch so geringer rationaler Grund für die Tat wird genannt. Der Täter erscheint als wilde Bestie, die allein aus Lust am Verbrechen den Volkstribun tötete (*iste interea scelere et malis cogitationibus redundans evolat e templo Iovis: sudans, oculis ardentibus, erecto capillo, contorta toga, cum pluribus aliis ire celerius coepit*). Allerdings weiß der Autor auch um eine gegenteilige Interpretation dieser Ereignisse, da er erwähnt, daß der Mörder der Ansicht gewesen sei, er habe eine großartige Tat begangen, und daß er für seinen Mord beglückwünscht wurde. Der *Auctor ad Herennium* stellt in seiner Schilderung jedoch fest, daß diese Interpretation verfehlt sei, und daß Gracchus und nicht der Mörder der größere Held (*vir fortissimus*) dieser Geschichte, und der Mord keine große Tat, sondern ein Verbrechen gewesen sei.

Die augenfällige Parteilichkeit des Autors ist in diesem Fall allerdings nicht als antioptimatische politische Propaganda zu verstehen.[97] Schließlich ergeht an keiner Stelle ein Vorwurf an die Senatorenschaft des Jahres 133. Im Gegenteil erscheint die ganze Tat als Einzelaktion des vermeintlichen Jupiterpriesters und seiner persönlichen Klientel. Daß dieser mit Unterstützung des Senats handelte, wird überhaupt nicht erwähnt. Die extreme Tendenz dieser Rede dient dazu, zu verdeutlichen, wie ein Redner seinen Zuhörern ein Ereignis wieder lebendig machen kann, indem er an die Emotionen und an das Mitleid des Auditoriums appelliert:

> „Haec exornatio plurimum prodest in amplificanda et conmiseranda re huiusmodi enarrationibus. Statuit enim rem totam et prope ponit ante oculos."[98]

Die subjektive Schilderung dient demnach hier zur Demonstration der Wirkungsmöglichkeit einer Rede und wird vom Autor der Schrift selbst als Einseitigkeit entlarvt. Dem Autor der *Rhetorica ad Herennium* kann hier also kein politischer Manipulationsversuch unterstellt werden. Dennoch läßt die Auswahl des Themas auf eine grundsätzliche Sympathie mit Ti. Gracchus schließen, da es ebensogut möglich gewesen wäre, eine emotional ansprechende Schilderung derart zu gestalten, daß nicht dem Mörder, sondern dem Opfer die niedrigsten Motive unterstellt werden. Eine gewisse Mitschuld am Schicksal des Ti. Gracchus (und seines Bruders) gibt der Autor auch dem Volk, für das der Tribun sich so eingesetzt hatte, daß es ihn das Leben kostete. Er weist nämlich darauf hin, daß das Volk, obwohl es hinter Gracchus gestanden hatte, versäumt habe, diesen zu rächen. Dies dient ihm als Argument, sich nicht auf die Unterstützung des Volkes zu verlassen:

> „Per similitudinem, cum aliqua re simili allata nihil amplius dicimus, sed ex ea significamus, quid sentiamus, hoc modo: 'noli, Saturnine, nimium populi frequentia fretus esse: inulti iacent Gracci'. Haec exornatio plurimum festivitatis habet interdum et dignitatis; sinit enim quiddam tacito oratore ipsum auditorem suspicari."[99]

---

[97] GELZER, Politische Tendenz, S. 211-221; allerdings ist in der gesamten Schrift eine Tendenz des Autors zur Sympathie für reformfreudige Politiker zu erkennen: UNGERN-STERNBERG, Populare Beispiele, 143-162.
[98] Rhet. ad Her. IV 69.
[99] Rhet. ad Her. IV 67.

Der Autor verrät hier selbst, was er rhetorisch mit einem derartigen Vergleich bezweckt: Er will etwas andeuten, was durch den Vergleich allein an Deutlichkeit gewinnt, so daß er den eigentlich intendierten Gedanken nicht weiter ausführen muß. In seiner Warnung an Saturninus, sich nicht auf die Unterstützer im Volk zu verlassen, weil die Gracchen bis heute ungerächt seien, liegt demnach ein Tadel am Volk, das sich zwar schnell zur Anhängerschaft gegenüber denen überzeugen lasse, die sich für seinen Vorteil einsetzten, das jedoch nicht bereit sei, seinerseits dem Volksführer die notwendige Unterstützung zukommen zu lassen, wenn dieser sie benötigte. Sich auf das Volk zu stützen, um seine eigene Karriere zu fördern, hält der Autor der *Rhetorica* für ein aussichtsloses Unternehmen.

b) Cicero

M. Tullius Cicero liefert in seinen erhaltenen Reden, Schriften und Briefen erwartungsgemäß keinen historischen Bericht über das Ende des Ti. Gracchus. Allerdings kann aus seinem Werk einiges über seine eigene Sicht der betreffenden Ereignisse entnommen werden. Da es sich hierbei in erster Linie um beiläufige Äußerungen handelt, die in den meisten Fällen eine bestimmte Wirkung erzielen, nicht aber explizit über Ciceros Sicht der Dinge informieren sollen, ergeben seine verschiedenen Aussagen nicht immer ein einheitliches Bild. Grundsätzlich lehnt vor allem der frühe Cicero die Gewalt als Mittel der Politik ab, auch wenn derjenige, der sich dieses Mittels bedient, im Recht ist.[100] Selbst wenn Cicero später Zugeständnisse an die Gewaltanwendung aus politischen Gründen machen muß,[101] zieht er im Grundsatz Zeit seines Lebens die Milde der Strenge vor.[102] Der

---

[100] Z.B. Cic. Quinct. 51: „Iugulare civem ne iure quidem quisquam bonus vult, mavolt commemorari se cum posset perdere pepercisse, quod cum parcere potuerit perdidisse"; Caec. 33: „Convocari homines propter possessionis controversiam non oportet, armari multitudinem iuris retinendi causa non convenit; nec iuri quicquam tam inimicum quam vis nec aequitati quicquam tam infestum est quam convocati homines et armati."
[101] Dies wird bei der Untersuchung von Ciceros Äußerungen über die Morde an Saturninus oder Clodius (Kapitel II (G) und (U) dieser Arbeit) besonders deutlich werden.
[102] Z.B. Sull. 8: „Me natura misericordem, patria severum, crudelem nec patria nec natura esse voluit." Mit dieser Aussage charakterisiert sich Cicero selbst als mitfühlend. Allerdings ist auch hier das oben erwähnte Zugeständnis an die zum Schutz der Republik notwendige Gewalt enthalten. Äußerungen Ciceros, welche die Gewalt als Mittel der Politik so grundlegend

Mord an Ti. Gracchus -Cicero heißt die Tat grundsätzlich gut- stößt dementsprechend ebenfalls auf Kritik. Noch in seiner Rede *Pro Milone* weist er auf die schädlichen Wirkungen hin, die der Mord an Gracchus für den römischen Staat hatte:

> „Quia nulla vis umquam est in libera civitate suscepta inter civis non contra rem publicam –non enim est ulla defensio contra vim umquam optanda, sed non numquam est necessaria,-nisi vero aut ille dies quo Ti. Gracchus est caesus, aut ille quo Gaius, aut arma Saturnini non, etiam si e re publica oppressa sunt, rem publicam tamen volnerarunt."[103]

Cicero gesteht also die Notwendigkeit der Ermordung des Ti. Gracchus ein, doch auch das kleinere Übel hat seiner Ansicht nach dem Gemeinwesen geschadet. Eine unblutige Lösung zu finden, wäre seiner Ansicht nach die bessere Alternative gewesen. In seiner Schrift *De re publica* erläutert er, in welcher Weise der Mord an Gracchus der römischen Gesellschaft geschadet hat:

> „Nam ut videtis mors Tiberii Gracchi et iam ante tota illius ratio tribunatus divisit populum unum in duas partis".[104]

---

ablehnen wie die oben genannten, sind seit den 50er Jahren nicht mehr zu finden. BERRY weist darauf hin, daß dieser Sinneswandel Ciceros eine Folge der Vorkommnisse ist, die sich während Ciceros Konsulatsjahr ereigneten (BERRY, Sulla, 146). WOOD erklärt die grundsätzliche Härte, mit der der Redner seit seinem Konsulat seinen Gegnern begegnete, nicht mit dessen Erlebnissen als Konsul, sondern damit, daß Cicero in extrem gewalttätigen Zeiten lebte, und daß die Idee einer prinzipiellen Ablehnung von Gewalt in der Politik ihm fremd gewesen sei. „Violence was one of the principal instruments at the disposal of the political actor of the age. Far from defending the rule of law at all costs or abhorring violence, Cicero, living in extremely violent times, seldom hesitates to recommend its use when necessary, to employ it himself, or to praise others compelled to resort to it. He was obviously no stranger to violence" (WOOD, Political Thought, 85f.; diese Ansicht korrespondiert mit LINTOTT, Violence, 175: „[V]iolence [...] was a recognized political weapon, which in recent years had been used rarely, but was nevertheless a necessary sanction, should law and its associated physical power prove inadequate"). Dabei mißachtet WOOD allerdings die oben zitierten früheren Aussagen Ciceros, in denen er sich klar gegen Gewalt als politisches Mittel ausspricht. Seine positiven Äußerungen zur Gewalt, die er während der Diktatur Sullas getan hat, erklären sich nicht aus Ciceros politischer Überzeugung, sondern aus dem Druck, unter dem er als Redner zur Zeit der Diktatur Sullas gestanden hatte.

[103] Cic. Mil. 13f.
[104] Cic. r. p. I 31. Es fällt auf, das Cicero hier das Zerbrechen der Einheit von Volk und Senat auf den Mord an Gracchus zurückführt, wärend er in Lael. de am. 41 der Politik des Ti. Gracchus die Schuld an der Zerstörung dieser Einheit gibt. Im einen Fall war also das Handeln der Gegner des Ti. Gracchus entscheidend für die Spaltung der römischen Gesellschaft, im anderen Fall war Gracchus selbst dafür verantwortlich.

An anderer Stelle verbindet Cicero den Mord an Gracchus mit dem Zorn der Göttin Ceres:

> „Itaque apud patres nostros atroci ac difficili rei publicae tempore, cum Tiberio Graccho occiso magnorum periculorum metus ex ostentis portenderetur, P. Mucio L. Calpurnio consulibus aditum est ad libros Sibyllinos; ex quibus inventum est Cererem antiquissimam placari oportere."[105]

Cicero stellt hier eine Verbindung zwischen der Ermordung des Ti. Gracchus und einer zeitweiligen großen Gefahr für den römischen Staat her. Er erwähnt ein Ereignis aus dem Jahr 133 v.Chr., in dem P. Mucius und L. Calpurnius Konsuln waren und in dem der Volkstribun Ti. Gracchus getötet wurde. Offenbar hatten die Konsuln in den Zeiten der Unruhe die sibyllinischen Bücher befragen lassen und waren zu dem Schluß gekommen, daß die Göttin Ceres versöhnt werden müsse. Cicero berichtet allem Anschein nach von einer Begebenheit, die seinen Zuhörern bekannt war, denn er verschweigt erklärende Details. Es wird nicht klar, was die Göttin zum Zorn gereizt hatte. Lediglich daß sich Gefahr angekündigt hatte, berichtet Cicero. Möglicherweise wurden die durch Gracchus verursachten Unruhen als Signal des Zornes der Göttin gedeutet.[106] Denkbar ist aber auch, daß es sich bei der Formulierung *Tiberio Graccho occiso* nicht nur um eine Angabe zur Datierung handelt, sondern gleichfalls um einen Grund für den Unmut der Ceres. Zur Datierung hätte der Hinweis *P. Mucio L. Calpurnio consulibus* ausgereicht. In diesem Fall würde hier ausgedrückt, daß die alte italische Gottheit die Ermordung des sakrosankten Volkstribunen mißbilligte. Wenn aber ein Mord die Götter in Zorn versetzt, ist es schwierig, diese Tat uneingeschränkt zu loben.[107]

Dennoch schätzt Cicero Ti. Gracchus als eine Bedrohung für den römischen Staat ein. Der Volkstribun strebte in seinen Augen nach der Allein-

---

[105] Cic. Verr. II 4, 108.
[106] So ist wahrscheinlich die Parallelstelle Val. Max. I 1,3 zu verstehen.
[107] Allerdings darf von der Tatsache, daß Cicero davon erzählt, daß Ceres versöhnt werden mußte, nicht zu stark auf Ciceros eigene Ansicht über die Ermordung des Ti. Gracchus geschlossen werden. Der Redner bedient sich hier lediglich eines Beispiels aus der stadtrömischen Politik, um die Bedeutung, welche die Göttin Ceres, deren Heiligtum von Verres geplündert worden war, auch für die römische Gesellschaft hatte, zu verdeutlichen. Außerdem sagt Cicero selbst nichts darüber, daß Ceres über den Mord an Gracchus erzürnt gewesen sei.

herrschaft und hatte diese sogar eine zeitlang inne.[108] Da Cicero nicht von ein paar Stunden, sondern von wenigen Monaten spricht, waren seiner Ansicht nach offenbar die letzten Monate im Leben des Gracchus eine Königsherrschaft. Wahrscheinlich spielt er auf die Zeit nach der Absetzung des Volkstribuns Octavius durch Gracchus an.[109] Das Beispiel des Ti. Gracchus ist für Cicero ein Zeichen dafür, daß der Brauch der Vorfahren im Untergang begriffen ist.[110] Das Tribunat des Gracchus ist für ihn der Beginn der chaotischen Zeiten, in denen politische Entscheidungen nicht mehr von Senat und Volk, sondern von der Masse des Pöbels getroffen werden. Mit Recht urteilt GAILLARD deshalb, Cicero sehe in Gracchus den Anfang allen Übels in der römischen Politik, den Beginn von Aufruhr und Rebellion. „Da la foute originelle à l'adversaire du jour, l'orateur évoque une véritable dynastie de séditieux dont les Gracques, sont, en quelque sorte, les fondateurs"[111]. Tatsächlich nennt Cicero Gracchus gerne als Beispiel eines schlechten Staatsmannes[112] und stellt ihn in eine Reihe mit Saturninus und den Catilinariern sowie seinem Erzfeind P. Clodius Pulcher, wenngleich er letzteren bescheinigt, schlimmer zu sein als Gracchus und andere Aufrührer.[113] Überhaupt erscheint in allen Vergleichen, zu denen

---

[108] Cic. Lael. de am. 41: „Tib. Gracchus regnum occupare conatus est vel regnavit is quidem paucos menses."
[109] M. Octavius hatte einen Gesetzesentwurf des Ti. Gracchus durch sein Veto blockiert. Daraufhin ließ Gracchus seinen Kollegen mit der Begründung, ein Volkstribun, der sich nicht für, sondern gegen das Volk einsetze, habe das Recht auf sein Amt verwirkt, absetzen. Hierzu: BADIAN, Revolution, 706-716; STOCKTON, Gracchi, 65-67; PERELLI, Gracchi, 97-123.
[110] Cic. Lael. de am. 40: „Deflexit iam aliquantum de spatio curriculoque consuetudo maiorum." Im Anschluß an diese Behauptung geht Cicero auf das Tribunat des Ti. Gracchus ein, das er, wie oben gezeigt wurde, als Alleinherrschaft bezeichnet, und bescheinigt diesem, der Anfang des Untergangs der römischen Republik gewesen zu sein. „Num quid simile populus Romanus audierat aut viderat?" Bedenkt man, daß Cicero diese Schrift erst im Jahr 44 v.Chr. verfaßte, wird deutlich, daß er dem Tribunat des Ti. Gracchus eine Schlüsselrolle in der Geschichte der römischen Republik zukommen läßt: Gracchus war der erste, der eine Alleinherrschaft für kurze Zeit an sich riß, und brachte damit eine Entwicklung in Gang, die letztlich zur Alleinherrschaft Caesars führen sollte.
[111] GAILLARD, Que représentent les Gracques, 506.
[112] Z.B.: Cic. Vat. 23.
[113] Cic. Cat. IV 4. 13; Cic. Sest. 105. GAILLARD stellt in diesem Zusammenhang fest, daß Gracchus Ciceros Ansicht nach eine Lawine losgetreten habe, die mit jeder weiteren Etappe, die sie erreichte, schlimmer wurde und größeren Schaden anrichtete. „[C]haque ‚trublion' est plus haissable que celui qui l'a précédé, l'on progresse désespérement dans la démagogie et

Ti. Gracchus herangezogen wird, der Volkstribun von 133 als der bessere Teil.[114] Beispielsweise vergleicht er ihn mit dem Volkstribun P. Servilius Rullus, gegen dessen Siedlergesetze Cicero als Konsul agiert hatte. Rullus wollte zum Zweck der Landverteilung eine Zehnmännerkommission einrichten, die mit ähnlichen Befugnissen ausgestattet gewesen wäre, wie die Dreimännerkommission, die Ti. Gracchus zum selben Zweck ins Leben gerufen hatte. Cicero unterstellt Rullus, daß er auf diese Weise den zehn Männern die Macht von Königen verschaffen wolle.[115] Dasselbe war Ti. Gracchus 133 v.Chr. von seinen Gegnern vorgeworfen worden.[116] Allerdings erscheint Gracchus in der Bewertung Ciceros weit weniger niederträchtig als Rullus, dem der Redner bescheinigt, er sei vom Ehrgefühl eines Ti. Gracchus weit entfernt.[117] Auch über die Ursachen für Gracchus' staatsschädigende Politik äußert sich Cicero nachsichtig:

> „Nam Ti. Graccho invidia Numantini foederis, cui feriendo, quaestor C. Mancini consulis cum esset, interfuerat, et in eo foedere improbando senatus severitas dolori et timori fuit, eaque res illum fortem et clarum virum a gravitate patrum descisere coegit."[118]

Nicht Ruhmsucht oder die Lust an der Zerstörung des römischen Staatswesens machten Gracchus zum Feind des Senats, sondern die Verbitterung über die Mißachtung seiner eigenen politischen Leistung. Trotz allem besteht aber Cicero darauf, Gracchus sei zu Recht ermordet worden. Er war

---

dans la crime" (506). Gracchus war zwar der erste, aber bei weitem nicht der schlimmste Unruhestifter.

[114] Dies ist allerdings nicht weiter verwunderlich, wenn man bedenkt, daß Cicero derartige Vergleiche immer dann heranzieht, wenn er einen seiner Gegener besonders negativ charakterisieren will. Selbstverständlich dient es seiner Argumentation dann eher, wenn derjenige, den er zum Vergleich mit seinem Gegner heranzieht, weniger niederträchtig ist als derjenige, gegen den sich Cicero eigentlich richtet. Dies stellt MURRAY z.B. für den Vergleich des Gracchus mit Catilina (Cat. I 3) fest: „In this last instance, description of Tiberius' crime is softened (*mediocriter*), presumably to make Catiline appear so much more monstrous" (MURRAY, Gracchi, 293). Daß die Kritik an Ti. Gracchus im Ganzen eher maßvoll gestaltet ist, liegt wohl nicht zuletzt daran, daß sich die gracchischen Unruhen nicht zu Lebzeiten Ciceros abgespielt haben. Er befindet sich nicht selbst in der Auseinandersetzung mit Gracchus, sondern allenfalls mit dessen Nachahmern. Diese Nachahmer, nicht die Gracchen selbst sind es, die im Zentrum seiner Kritik stehen.

[115] Cic. leg. agr. II 20.
[116] Val. Max. III 2, 17.
[117] Cic. leg. agr. II 31.
[118] Cic. harusp. 43.

zwar das kleinste der vielen Übel, von denen die *res publica* im Laufe der Zeit bedrückt wurde, aber dennoch ein Übel. Er beurteilt den von Ti. Gracchus abgesetzten Volkstribun M. Octavius als einen Bürger, der politisch immer zur Sache der Guten gehalten habe.[119] Dem Pontifex Maximus P. Scipio Nasica, der die Ermordung des Ti. Gracchus veranlaßt hatte, stellt Cicero ein besonders gutes Zeugnis aus. Er bezeichnet ihn als den tatkräftigsten Mann, den der römische Staat jemals hervorgebracht hatte[120], und stellt ihn in eine Reihe mit Servilius Ahala, dem Mörder des potentiellen Tyrannen Sp. Maelius.[121] In den catilinarischen Reden erwähnt Cicero mehrere Male den Mord an Ti. Gracchus als lobenswertes Beispiel. Um darzulegen, daß er das Recht hätte, die Bedrohung für den Staat, die von Catilina ausgeht, abzuwenden, indem er letzteren tötet, nennt er als Präzedenzfall den Scipio Nasica, der als Privatmann Ti. Gracchus getötet hatte, um den Staat vor einer Gefahr zu schützen.[122] Cicero beruft sich auf das Beispiel des Privatmanns Nasica, also heißt er das Handeln dessen, der ohne Amtsbefugnis agiert hatte, gut. Noch deutlicher wird dies in den Tuskulanischen Gesprächen, wo Cicero Nasica als Beispiel stoischer Philosophie anführt, an dem sich der Satz *„numquam privatum esse sapientem"* be-

---

[119] Cic. Brut. 95.
[120] Cic. Planc. 51. Vgl. Cic. Brut. 100.
[121] Cic. Cat. I 3; Mil. 8. 72. PERELLI stellt deshalb zurecht fest: „Cicerone giustifica [...] [l'assassino] di Tiberio come azion[e] patriotich[a].: un tiranno o aspirante tale non può in nessun modo appellarsi alla giustizia ordinaria, e chi li uccide rende un servizio allo Stato" (PERELLI, Gracchi, 136). Besonders bemerkenswert ist hier die Gleichsetzung eines potentiellen mit einem tatsächlichen Tyrannen. Gegen beide muß nach Cicero mit gleicher Schärfe vorgegangen werden. Durch die Assoziation Nasicas mit einem Tyrannenmörder tritt dessen eigentlich unbefugtes Handeln in ein neues Licht: Zwar hatte er kein Amt, das ihn zu einer solchen Maßnahme autorisiert hätte, doch auch als Privatmann hatte er im Fall der Bedrohung des Staates durch die Tyrannis das Recht, ja sogar die Pflicht, mit allen Mitteln gegen diese Bedrohung vorzugehen. Die Tradition des Tyrannenmordes erlaubte, daß der Tyrann vom einem Privatmann getötet wurde. „Tyrannicide is [...] a permissible form of private violence" (LINTOTT, Violence, 58). In seiner Rede *Pro Sestio* wird deutlich, was Cicero in Zeiten der Bedrohung, vor allem wenn die eigentlichen Machthaber nichts gegen die Gefahr unternahmen, von einem Privatmann erwartete (Cic. Sest. 86; 92). Nasica wird von Cicero in die Reihe der Tyrannenmörder gestellt. Auf diese Weise begegnet der Jurist etwaigen rechtlichen Problemen, die mit der Ermordung des Volkstribuns durch einen Privatmann zusammenhängen.
[122] Cic. Cat. I 3.

wahrheite.[123] An einer weiteren Stelle in der ersten Catilinarischen Rede verweist er darauf, daß die Mörder des Ti. Gracchus und anderer staatsgefährdender Agitatoren um dieser Taten willen geehrt wurden. Damit gibt er nicht nur seine eigene Ansicht über den Mord an Ti. Gracchus, sondern auch die vieler anderer einflußreicher Leute wieder:

> „Summi viri et clarissimi cives [...] Gracchorum [...] sanguine non modo se non contaminarunt sed etiam honestarunt".[124]

In der Rede *De domo sua* lobt er noch einmal ausdrücklich die Handlungsweise des Privatmannes Nasica. Im selben Atemzug aber liefert er die staatsrechtliche Legitimation der Tat nach, indem er darauf hinweist, daß der damalige Konsul P. Mucius Nasicas Aktion nachträglich unterstützt hatte:

> „Sed publicam causam contra vim armatam sine publico praesidio suscipere nolui, non quo mihi P. Scipionis, fortissimi viri, vis in Ti. Graccho, privati hominis, displiceret, sed Scipionis factum statim P. Mucius consul, qui in gerenda re publica putabatur fuisse segnior, gesta multis senatus consultis non modo defendit, sed etiam ornavit".[125]

Die Ermordung des Ti. Gracchus war nach Cicero also nicht nur -wie er wiederholt zum Ausdruck gebracht hat- politisch gebührend, sondern auch rechtlich legitimiert.[126] Die Erwähnung der Zustimmung zum Mord an Gracchus durch den Konsul zeigt jedoch auch, daß Cicero sich der rechtlichen Problematik einer solchen Tat bewußt war. Zudem erfährt der Leser

---

[123] Cic. Tusc. IV 51.
[124] Cic. Cat. I 29.
[125] Cic. dom. 91; vgl. auch Cic. Planc. 88.
[126] Vor diesem Hintergrund muß GAILLARD widersprochen werden, der behauptet, es ginge Cicero bei der Frage nach der Rechtmäßigkeit der Ermordung des Ti. Gracchus nicht um Legalität, sondern um Legitimität. „Le problème n'est donc pas de la légalité de l'acte, au sens strict du terme, mais de sa légitimité vis-à-vis de l'intérêt de l'état" (GAILLARD, Que représentent les Gracques, S. 525). Zwar hat GAILLARD dahingehend recht, daß Cicero in erster Linie mit dem Staatswohl und nicht mit den geltenden Gesetzen argumentiert, doch zeigt das Bestehen des Redners auf einer nachträglichen Legitimierung durch den Konsul doch, daß für Cicero auch die formaljuristische Seite des Falls von Bedeutung ist. Zudem hütet sich Cicero insgesamt davor, das Handeln Nasicas jemals als zwar gute, aber dennoch illegale Tat zu bezeichnen. Auch an den Stellen, wo Cicero die Betonung darauf legt, daß Nasica als Privatmann die Initiative ergriffen hatte, stellt er ihn in die Tradition der Vorfahren. Der Gedanke, daß es einem Privatmann verboten sein könnte, den Staat durch eigene Tatkraft vor dem schlimmsten Unheil zu bewahren, wird von Cicero nicht thematisiert.

von Ciceros Reden auch etwas über den Hergang der Tat: Der Konsul P. Mucius, der mit den Problemen um Ti. Gracchus konfrontiert worden war, hatte gezögert, sich der Sache anzunehmen. Scipio Nasica hat daraufhin als Privatmann die Initiative ergriffen und die Stadt Rom von dem aufrührerischen Volkstribun befreit, indem er diesen tötete.[127] Später billigte auch der Konsul die Tat und der Senat lieferte dementsprechende Beschlüsse nach. Bei allem Lob für Nasicas Entschlossenheit ist sich Cicero aber auch darüber im Klaren, daß die Ermordung des Ti. Gracchus letztendlich nicht die erhoffte Wirkung nach sich gezogen hat, denn schließlich mußte auch er sich noch mit ähnlichen, sogar schlimmer gewordenen aufrührerischen Elementen herumschlagen. Vor diesem Hintergrund ist die Begründung Ciceros in seiner ersten Catilinarischen Rede, den Umstürzler Catilina nicht sofort zu töten, zu verstehen:

> „Nunc si ex tanto latrocinio iste unus tolletur, videbimur fortasse ad breve quoddam tempus cura et metu esse relevati, periculum autem residebit et erit inclusum penitus in venis atque in visceribus rei publicae."[128]

Der Mord an Tiberius Gracchus war nach Ciceros Ansicht also eine gute und richtige Tat, obwohl sie nicht zum Erfolg geführt hatte. Dies zeigt wiederum, daß die Legitimität (und Legalität) einer -umstrittenen- Handlung nach Cicero nicht vom langfristigen Erfolg, sondern von der Intention des Täters abhängig ist.

c) Caesar

Zu Beginn seines Werks über den Bürgerkrieg erwähnt Ceasar die Ermordung der Gracchen. er beklagt sich in diesem Zusammenhang über das gegen ihn selbst ergangene *senatus consultum ultimum* und betont, daß von ihm keine Bedrohung für die Stadt Rom ausgehe. Er unterzieht sich selbst

---

[127] Das Zögern des Konsuls und das Ciceros Ansicht nach lobenswerte Eingreifen des Privatmannes Nasica wird auch in Tusc. IV 51 erwähnt.
[128] Cic. Cat. I 31. Diese Äußerung darf allerdings nicht so verstanden werden, als plädiere Cicero hier für die Verschonung von Aufrührern und für eine soziale Reform, welche der Rebellion den Nährboden entziehen würde. Vielmehr will Cicero, anstatt nur den Anführer einer Verschwörung zu beseitigen, alle unverbesserlichen aufrührerischen Elemente der Gesellschaft liquidieren. Vgl. BERNETTS Ausführungen über Ciceros Erklärungsmodelle des politischen Aufruhrs: BERNETT, Causarum cognitio, 92-119.

einem Vergleich mit den Gracchen (und mit Saturninus), wobei er darauf hinweist, diese hätten das Volk abgespalten und Plätze der Stadt Roms gewaltsam besetzt. In diesem Zusammenhang hält Caesar offenbar ein außerordentliches Vorgehen des Senats gegen die Unruhestifter für angemessen:

> „Quotienscumque sit decretum Darent operam magistratus ne quid res publica detrimenti caperet qua voce et quo senatus consulto populus Romanus ad arma sit vocatus factum in perniciosis legibus in vi tribunicia in secessione populi templis locisque editioribus occupatis atque haec superioris aetatis exempla expiata Saturnini atque Gracchorum casibus docet."[129]

Allerdings muß die Tatsache beachtet werden, daß Caesar hier vor allem in seinem eigenen Interesse spricht. Er erwähnt das Vorgehen gegen die Gracchen nur, um zu beweisen, daß von ihm selbst keine solche Gefahr ausgehe. Die grundsätzlich Akzeptanz des Vorgehens gegen Ti. und C. Gracchus (sowie der Einrichtung des *senatus consultum ultimum*) hat in erster Linie argumentative Funktion und muß nicht zwangsläufig Caesars wirkliche Meinung wiedergeben.[130]

d) Sallust

Der römische Historiker und Zeitgenosse Ciceros und Caesars, Sallust, erzählt in seinen Geschichtswerken nichts näheres über die Ereignisse von 133 v.Chr. Er geht kurz auf die Ermordung des Ti. (und C.) Gracchus ein, indem er in seiner Schrift über den Iugurthinischen Krieg auf die Parteiungen und Ungerechtigkeiten innerhalb der römischen Gesellschaft zu sprechen kommt. Durch Cliquenbildungen innerhalb der Nobilitas sei diese zu immer mehr Macht und Reichtum gelangt, während das Volk unterdrückt wurde und im sozialen Elend zu versinken drohte.[131] Diese Schilderung zeigt bereits, daß die Sympathien des Historikers auf der Seite des Volkes und nicht auf der Seite der Nobilität liegen. In diesem Sinne bezeichnet er die Gracchen, die selbst aus der Adelsschicht kamen, sich aber für die

---

[129] Caes. civ. I 7, 5.
[130] Anders: BURCKHARDT, Strategien, 107f., der aus Caesars Aussage auf eine generelle Akzeptanz der Notstandsmaßnahmen des Senats schließt.
[131] Sall. Iug. 41.

Rechte des Volkes einsetzten, als Männer, die nicht nach einer ungerechten Machtposition, sondern nach dem wahren Ruhm strebten:

> „Nam ubi primum ex nobilitate reperti sunt, qui veram gloriam iniustae potentiae anteponerent, moveri civitas et dissensio civilis quasi permixtio terrae oriri coepit."[132]

Zwar lag nach dieser Beurteilung die Ursache für die Unruhe der Folgezeit im Handeln der Gracchen, doch die Schuld daran, daß es überhaupt soweit kommen mußte, lag eindeutig in der Gier und dem Machtstreben der Nobilitas. Immerhin stimmt Sallust insofern mit Cicero überein, als er den Ereignissen um die Gracchen (Sallust unterscheidet nicht zwischen Tiberius und Gaius Gracchus) bescheinigt, für eine Spaltung innerhalb der römischen Bürgerschaft gesorgt zu haben. Tiberius und Gaius Gracchus erscheinen hier als diejenigen, die für das Volk eintreten und sich der Nobilität entgegenstellen. Der Grund für die Ermordung der beiden Brüder war nach Sallusts Schilderung, daß die Gracchen die Verbrechen der Nobilität aufdeckten:

> „Nam postquam Ti. et C. Gracchus, quorum maiores Punico atque aliis bellis multum rei publicae addiderant, vindicare plebem in libertatem et paucorum scelera patefacere coepere, nobilitas noxia atque eo perculsa modo per socios ac nomen Latinum, interdum per equites Romanos, quos spes societatis a plebe dimoverat, Gracchorum actionibus obviam ierat; et primo Tiberium, dein paucos post annos eadem ingredientem Gaium, tribunum alterum, alterum triumvirum coloniis deducundis, cum M. Fulvio Flacco ferro necaverat."[133]

Die Gracchen wurden demnach allein aus dem Eigeninteresse einer verbrecherischen Führungsschicht getötet, und nicht etwa, damit der Staat gerettet würde. Jedoch übt Sallust auch leichte Kritik an den Gracchen, indem er ihnen vorwirft, nicht maßvoll genug gehandelt zu haben:

> „Et sane Gracchis cupidine victoriae haud satis moderatus animus fuit."[134]

Diese Kritik wird allerdings im Folgesatz bereits wieder relativiert. Die Gracchen haben, obwohl sie gescheitert sind, und obwohl sie durch das fehlende Maß ihr Scheitern selbst verschuldet haben, den besseren Teil als die vermeintlich siegreiche Führungsschicht:

---

[132] Sall. Iug. 41, 10.
[133] Sall. Iug. 42, 1.
[134] Sall. Iug. 42, 2.

„Sed bono vinci satius est quam malo more iniuriam vincere."[135]

Nach der Ansicht Sallusts hat der Sieg über die Gracchen nicht dem Staatswohl gedient, sondern im Gegenteil die *res publica* in allerhöchste Gefahr gebracht. Er weist darauf hin, daß die Unnachgiebigkeit der Sieger schon oft dazu beigetragen habe, daß große Staaten zugrunde gerichtet wurden:

„Quae res plerumque magnas civitatis pessum dedit, dum alteri alteros vincere quovis modo et victos acerbius ulcisci volunt."[136]

SYME weist zurecht darauf hin, daß dieser von Sallust aufgestellte Grundsatz „für die jüngsten mörderischen Vorgänge und für die Zeit der Abfassung der Schrift [42/40 v.Chr] nicht ohne Bedeutung ist."[137] Auch wenn Sallust in der Ermordung des Ti. Gracchus noch nicht den Beginn der Bürgerkriege seiner Zeit sieht, so stellt sich aus seiner Sicht die Härte, mit der die Nobilitas gegen den Volkstribun und seine Anhänger vorgegangen ist, als Vorzeichen für diese Ereignisse dar. „[D]opo l'uccisione dei Gracchi, la

---

[135] Sall. Iug. 42, 3. HEUBNER geht in seinem Aufsatz „Das Ende der Gracchen im Urteil Sallusts" auf die Problematik beim Verständnis dieses Satzes ein. Er spricht sich dafür aus, daß auch hier eine Kritik an den Gracchen mitschwingt. Demnach würde Sallust meinen, daß *bono vinci* und *malo more iniuriam vincere* die einzigen Alternativen für die Gracchen gewesen seien. „Sallust will also sagen: die Gracchen haben den wahren Ruhm höher gestellt als ungerechte Macht, aber die Begierde nach Sieg hat sie zu Maßlosigkeit verführt, und damit haben sie sich dessen begeben, was ihre wirkliche Chance gewesen wäre, nämlich den Widersacher *bono more* zu überwinden. [...] Hätten [...] die Gracchen [...] den Grundsatz befolgt, den Gegner nicht quovis modo, sondern bono more zu besiegen, wäre es zu einer anderen und besseren Lösung gekommen" (280f.). HEUBNER meint also, daß der Sieg, von dem hier die Rede ist, nicht der schlechte Sieg der Nobilitas über die Gracchen ist, sondern der mögliche Sieg der Gracchen über die Nobilitas auf ungerechte Weise. Diese Argumentation hat zwar einiges für sich, wenn sie sich allein auf den vorhergehenden, kritischen Satz über die Gracchen stützt. Allerdings knüpft Sallust selbst an seine Behauptung *bono vinci satius est quam malo more iniuriam vincere* an, indem er den Sieg nocheinmal aufgreift und näher beschreibt: „Igitur ea victoria nobilitas ex lubidine sua usa multos mortalis ferro aut fuga extinxit plusque in relicuom sibi timoris quam potentiae addidit" (Sall. Iug. 42, 4). Da das Demonstrativpronomen (*ea*) sich immer auf eine vorher genannte Sache bezieht, und mit *ea victoria* eindeutig der Sieg der Nobilitas gemeint ist, muß angenommen werden, daß sich auch die Formulierung *malo more iniuriam vincere* auf die Nobilitas und nicht auf die Gracchen bezieht. Zudem paßt eine solche Interpretation auch zur sonstigen Charakterisierung der Gracchen durch Sallust, als diejenigen, die das wahre Gute dem vermeintlich Guten vorziehen. Demnach enthält Sall. Iug. 42, 3 keine Kritik, sondern ein Lob der Gracchen.
[136] Sall. Iug. 42, 4.
[137] SYME, Sallust, 166.

nobilitas tornò ad abusare ancora più crudelmente del potere e conì agendo portò gli animi ad un punto tale de esasperazione che da ciò derivarono i successivi mali della città."[138] Somit erstellt Sallust offenbar als erster eine Verbindung zwischen dem Mord und den Bürgerkriegen, die das Ende der römischen Republik einläuteten.

Deutlicher wird Sallusts Einstellung zum Mord an Ti. Gracchus in der von ihm wiedergegebenen Rede des Volkstribunen C. Memmius. Dieser wird von Sallust äußerst positiv beurteilt; er ist der einzige, der in einer schwierigen Zeit der römischen Öffentlichkeit die Augen über die Verbrechen Jugurthas öffnet. In diesem Zusammenhang bezeichnet Sallust ihn als *„tribunus plebis designatus, vir acer et infestus potentiae nobilitatis."*[139] Dieser vorbildliche Charakter des Memmius bildete auch den Hintergrund für die Rede des Volkstribuns. Der Konsul und seine unredlichen Vertrauten hatten mit Jugurtha einen Frieden geschlossen, der dem römischen Volk ein Dorn im Auge war, weil es vermutete, daß der Vertrag mit Jugurtha auf unlautere Weise zustandegekommen war, und sich der römische Adel daran bereichert habe. Um die Aufhebung des Vertrags durchzusetzen, zählt Memmius dem Volk die vergangenen Schandtaten des Adels auf, die der *plebs* stets schadeten. Unter anderem wirft er der Nobilität die Ermordung des Ti. Gracchus und seiner Anhänger vor:

„Occiso Ti. Graccho, quem regnum parare aiebant, in plebem Romanam quaestiones habitae sunt; [...] Utriusque cladis non lex, verum lubido eorum finem fecit."[140]

Der -vorgeschobene- Grund für die Ermordung des Ti. Gracchus wird hier genannt, nämlich daß er nach der Königsherrschaft gestrebt haben soll. Gleichzeitig wird aber klargestellt, daß die Tat jeder rechtlichen Grundlage entbehrte und der Willkür entsprang. Dem Vorwurf, Ti. Gracchus habe nach der Tyrannis gestrebt, entgegnet Memmius ironisch: *„Sed sane fuerit regni paratio plebi sua restituere".*[141] Den Mächtigen bescheinigt er, daß

---

[138] D'ANNA, L'utopia politica, 75.
[139] Sall. Iug. 27, 2.
[140] Sall. Iug. 31, 7-8.
[141] Sall. Iug. 31, 8.

sie die *res publica* besetzt hätten,[142] also die Macht im Staat - unrechtmäßig- an sich gerissen haben. Er charakterisiert sie als verbrecherische, grausame und habgierige Menschen (*homines sceleratissimi, cruentis manibus, immani avaritia, nocentussimi et idem superbussimi.)*[143] Schließlich nimmt Memmius noch einmal auf die Ermordung des Ti. Gracchus und anderer Reformer und ihrer Anhänger Bezug, indem er die tiefe Kluft zwischen dem mächtigen despotischen Adel und dem darunter leidenden Volk aufzeigt:

> „Pars eorum occidisse tribunos plebis, alii quaestiones iniustas, plerique caedem in vos fecisse pro munimento habent."[144]

Nach der von Sallust wiedergegebenen Auffassung des Memmius war demnach die Ermordung des Ti. Gracchus ein abscheuliches Verbrechen, welches sich nicht allein gegen Gracchus selbst, sondern auch gegen das Volk richtete. Der Vorwurf, der Ermordete habe nach der Alleinherrschaft gestrebt, wird als haltlos angesehen.

e) Diodor

Diodor charakterisiert Ti. Gracchus als einen besonders talentierten und klugen Mann, der alle anderen Angehörigen seiner Generation bei weitem übertraf:

> „῞Οτι Τιβέριος ὁ Γράκχος ἦν υἱὸς Τιβερίου τοῦ δὶς ὑπατευκότος καὶ πολέμους ἐπιφανεῖς καὶ μεγάλους κεχειρικότος, ἔτι δὲ καλῶς πεπολιτευμένου, θυγατριδοῦς δὲ Ποπλίου Σκιπίωνος τοῦ καταπεπολεμηκότος ᾽Αννίβαν καὶ Καρχηδονίους. ἐξ ἀμφοτέρων δὲ τῶν γονέων ἐπισημοτάτου γένους πεφυκὼς ἰδίᾳ πολὺ προεῖχε τῶν ἡλικιωτῶν τῇ συνέσει τε καὶ λόγου δεινότητι καὶ τὸ σύνολον πάσῃ παιδείᾳ, καὶ δυνάμενος παρρησίαν ἄγειν πρὸς τὴν ὑπεροχὴν τῶν ἀντιπραττόντων."[145]

Die verarmte Bevölkerung setzte nach Diodor alle ihre Hoffnungen auf den Tribun, der seine Reformziele ohne Zögern verfolgte:

---

[142] Sall. Iug. 31, 12.
[143] Ebd.
[144] Sall. Iug. 31, 13.
[145] Diod. XXXIV/XXXV 5.

„Καὶ συνέρρεον εἰς τὴν Ῥώμην οἱ ὄχλοι ἀπὸ τῆς χώρας ὡσπερεὶ ποταμοί τινες εἰς τὴν πάντα δυναμένην δέχεσθαι θάλατταν. οἱ δὲ ὄχλοι μετεωρισθέντες πρὸς τὸ βοηθεῖν ἑαυτοῖς, νόμον μὲν ἔχοντες ἡγεμόνα καὶ σύμμαχον, προστάτην δὲ ἄρχοντα τὸν μήτε χάριτος μήτε φόβου δοῦλον, ὑπὲρ δὲ τοῦ τὴν χώραν ἀνακτήσασθαι τῷ δήμῳ πάντα πόνον καὶ κίνδυνον ὑπομένειν κεκρικότα μέχρι τῆς ἐσχάτης ἀναπνοῆς."[146]

Die hier durchscheinende Bewunderung des Ti. Gracchus durch Diodor wandelt sich jedoch im Lauf der Erzählung. Der Historiker beschreibt, wie sich in Rom zwei gleich starke Fronten bildeten, eine unter der Führung des Ti. Gracchus, die andere unter dessen Tribunatskollegen Octavius, die mit heftiger Gewalt gegeneinander kämpften.[147] Die Schilderung der Ermordung des Ti. Gracchus ist nicht vollständig erhalten, doch bezeichnet Diodor das Ende des Tribuns als verdient und außerdem vorhersehbar. Gracchus sei seinem Tod geradezu entgegengeeilt, und sein Mörder Scipio Nasica habe aus (gerechter) Wut über das Treiben des Tribuns alle Bedenken beiseite geschoben und den Unruhestifter seiner verdienten Strafe zugeführt:

„Οὗτος μὲν οὖν ἀμετάπτωτον ἔχων τὴν ἐπὶ τὸν ὄλεθρον ὁρμὴν ταχὺ τῆς προσηκούσης κολάσεως ἔτυχεν. καὶ ὁ Σκιπίων ξύλον ἁρπάσας ἐκ τῶν παρακειμένων, ὁ γὰρ θυμὸς παντὸς τοῦ δοκοῦντος εἶναι δυσκόλου περιεγένετο."[148]

Die Angemessenheit des Mordes an Ti. Gracchus betont Diodor außerdem, indem er eine Anekdote wiedergibt, nach der sich der in Africa weilende Scipio Aemilianus erleichtert über den Tod des Tribuns geäußert habe:

„Ὅτι προσέπεσε τοῖς περὶ τὸ στρατόπεδον ἡ τοῦ Γράκχου τελευτή, καὶ τὸν Ἀφρικανόν φασιν ἐπιβοῆσαι τοιαῦτα, ὡς ἀπόλοιτο καὶ ἄλλος ὅτις τοιαῦτά γε ῥέζοι."[149]

f) Livius

In der Zusammenfassung des nicht erhaltenen 58. Buches von Livius' Geschichtswerk *Ab urbe condita* wird dargestellt, wie der Volkstribun Tiberius Gracchus ein Ackergesetz gegen den Willen des Senats und des Ritterstandes[150] einbringt. Nicht nur der Inhalt der *lex*, die Landreformpläne be-

---

[146] Diod. XXXIV/XXXV 6, 1.
[147] Diod. XXXIV/XXXV 6, 2.
[148] Diod. XXXIV/XXXV 7, 2.
[149] Diod. XXXIV/XXXV 7, 3.
[150] Liv. per. LVII 1.

inhaltete, mißfiel den beiden Ständen, sondern vor allem die Tatsache, daß Gracchus ein Dreimännerkollegium zur Verteilung des Landes einsetzte, welches aus ihm selbst, seinem Schwiegervater und seinem jüngeren Bruder Gaius bestand. Zudem setzte er seinen Amtskollegen, den Volkstribun Marcus Octavius, ab, weil dieser die Gegenpartei unterstützte. Als Tiberius sich am Ende des Jahres als Volkstribun wiederwählen lassen wollte, wurde er von den Optimaten und Nasica auf dem Kapitol getötet.[151] Seine Leiche wurde mit denen seiner getöteten Anhänger in den Tiber geworfen und nicht begraben. Die von Julius Obsequens überlieferten Liviusfragmente berichten zudem davon, daß Gracchus an seinem Todestag Unheil verheißende Vorzeichen mißachtet habe. Ihm sei beim Opfern Unglück angekündigt worden. Zudem habe er sich beim Verlassen des Hauses den Zeh gestoßen und auf dem Weg zum Kapitol hätten ihm Raben einen Dachziegel vor die Füße geworfen.[152] Eine Beurteilung, die Livius vorgenommen haben könnte, ist nicht erhalten.

g) Valerius Maximus

In seiner Beispielsammlung *Facta et dicta memorabilia* beschreibt Valerius Maximus die Ermordung des Tiberius Gracchus unter der Rubrik *De fortitudine*. Dies allein deutet schon darauf hin, daß er in Übereinstimmung mit Cicero die gewaltsame Beseitigung des Volkstribuns positiv beurteilt. Tatsächlich beginnt er seine Schilderung mit einer Beschreibung der Tätigkeit des Ti. Gracchus als Volkstribun, die er als revolutionär und tyrannisch charakterisiert.[58] Valerius Maximus betrachtet also das Tribunat des Ti. Gracchus als Quasi-Alleinherrschaft. Ihm wird vorgeworfen, er habe sich durch Bestechungen die *res publica* unterworfen und zudem den Senat aufgelöst. Auf diese Weise stellt sich Gracchus nicht nur als potentieller, sondern sogar als tatsächlicher Tyrann dar. Folgerichtig erscheint der Mord an Gracchus als Befreiungstat:

„Cum Ti. Gracchus in tribunatu profusissimis largitionibus favore populi occupato rem publicam oppressam teneret palamque dictitaret interempto senatu omnia per plebem agi

---

[151] Liv. Per. LVII 7.
[152] Obseq. 27.

debere, in aedem Fidei Publicae convocati patres conscripti a consule Mucio Scaevola quidnam in tali tempestate faciendum esset deliberabant, cunctisque censentibus ut consul armis rem publicam tueretur, Scaevola negavit se quicquam vi esse acturum. Tum Scipio Nasica, 'quoniam' inquit 'consul, dum iuris ordinem sequitur, id agit, ut cum omnibus legibus Romanum imperium corruat, egomet me privatus voluntati vestrae ducem offero', ac deinde laevam manum ima parte togae circumdedit sublataque dextra proclamavit: 'qui rem publicam salvam esse volunt me sequantur', eaque voce cunctatione bonorum civium discussa Gracchum cum scelerata factione quas merebatur poenas persolvere coegit."[153]

Valerius beschreibt hier, wie es zu dem Entschluß, den aufmüpfigen Volkstribun zu töten, gekommen war. Der gesamte Senat verlangte vom Konsul Mucius Scaevola, die aus den Fugen geratene Republik durch Waffengewalt zu schützen, d.h., die Senatoren erwarteten, daß der Konsul gewaltsam gegen Gracchus vorgehen solle. Der Konsul weigerte sich jedoch, zum Mittel der Gewalt zu greifen. Den Grund hierfür nennt Valerius nicht explizit, jedoch wird aus der Reaktion Nasicas deutlich, daß ein gewaltsames Vorgehen gegen Gracchus wohl dem geltenden Recht entgegengestanden hätte. Hier wäre ein Ansatzpunkt, wo der Autor die Legalität der Gewalt gegen den Volkstribun diskutieren könnte.[154] Daß er dies aber nicht tut, und nicht einmal versucht, die Tat durch den Hinweis auf irgendwelche rechtlichen Sonderregelungen zu legalisieren, ja sogar betont, daß Nasica nicht borniert am Buchstaben des Gesetzes hing, zeigt, daß es Valerius Maximus tatsächlich nicht um die Legalität, sondern um die Legitimität dieser Tat geht, die er uneingeschränkt befürwortet. Nach Valerius Maximus wäre es ein Fehler gewesen, sich in diesem Fall an das geltende Recht zu halten. Dies wird deutlich in Nasicas Vorwurf an den Konsul, er würde so engstirnig an der Gesetzesordnung festhalten, daß das Römische Reich mit eben diesen Gesetzen unterginge. Seinem Aufruf *„qui rem publicam salvam esse volunt me sequantur"* seien alle guten Bürger gefolgt. Auch

---

[153] Val. Max. III 2, 17.
[154] Vgl. UNGERN-STERNBERG, Notstandsrecht, S. 8-16, der aus der Weigerung Scaevolas, Gewalt anzuwenden, überzeugend zu beweisen vermag, daß der Mord an Ti. Gracchus nicht durch ein formales Notstandsgesetz rechtlich abgesichert, also formaljuristisch illegal war. Ob es im Jahr 133 v.Chr. bereits die juristische Möglichkeit eines Notstandsgesetzes wie des SCU gegeben hat, wogegen sich UNGERN-STERNBERG ausspricht, hat demnach keine Relevanz für die Frage nach der Legalität des Mordes an Ti. Gracchus. Der Mord war allein deshalb illegal, weil ein solches Gesetz hier nicht angewendet wurde.

die Formulierung, die der Autor wählt, indem er berichtet, daß Gracchus und seine Anhänger (die als verbrecherische *factio* bezeichnet werden) ihre Strafe (*poena*) erhalten haben -er spricht nicht einfach von einer Tötung, sondern von einer Bestrafung-, verdeutlicht die positive Beurteilung des Mordes bei Valerius Maximus. Besonders viel Gewicht hat auch die Tatsache, daß Valerius den Mord an Gracchus als erstes stadtrömisches Beispiel für Tapferkeit anführt. Damit wird gerade auf diesen Fall die besondere Aufmerksamkeit des Lesers gelenkt. Das Urteil, zu dem der Leser bezüglich der Tat kommen soll, ist der Schilderung der Begebenheit vorangestellt:

> „Togae quoque fortitudo militaribus operibus inserenda est, quia eandem laudem foro atque castris edita meretur."[155]

Der Autor gestattet seinem Leser nicht, die geschilderte Begebenheit aus einem Gracchusfreundlichen Blickwinkel zu betrachten. Diese negative Beurteilung des Volkstribuns von 133 v.Chr. zieht sich durch die gesamte Schrift.

Es wurde bereits in der Betrachtung der Darstellung des Falles durch Cicero darauf hingewiesen, daß Valerius Maximus vom Zusammenhang zwischen den gracchischen Unruhen und der Notwendigkeit einer Versöhnung der Göttin Ceres berichtet. Diese Unruhen hätten die *imperatores* veranlaßt, die sibyllinischen Bücher zu befragen, die ihnen sagten, daß es nötig sei, die alte Göttin Ceres zu versöhnen. Zudem sei die Göttin um den Sieg, bei dem es sich offenbar um den Sieg gegen Ti. Gracchus und/oder seine Anhänger handelt, gebeten worden:

> „Cuius cum in urbe pulcherrimum templum haberent, Gracchano tumultu moniti Sibyllinis libris ut vetustissimam Cererem placerent, Hennam, quoniam sacra eius inde orta credebant, XV viros ad eam propitiandam miserunt. Item Matri Deum saepenumero imperatores nostri compotes victoriarum suscepta vota Pessinuntem profecti solverunt."[156]

Die Darstellung des Valerius Maximus erweckt den Eindruck, als habe sich diese Begebenheit irgendwann zu Lebzeiten des Ti. Gracchus oder zur Zeit der politischen Aktivität seines jüngeren Bruders Gaius abgespielt (der

---
[155] Val. Max. III 2, 17.
[156] Ebd.

Autor macht keine näheren Angaben darüber, von welchem der Gracchen er erzählt). Wie oben gezeigt wurde, handelt es sich hier jedoch um das Jahr 133 v.Chr., in dem Mucius Scaevola und Calpurnius Piso Konsuln waren, also um Ti. Gracchus' Volkstribunat. Valerius Maximus äußert sich nicht weiter zur Politik des Gracchus. Da dieser im erwähnten Kontext jedoch nur mit Tumult in Zusammenhang gebracht wird und seine Gegner diejenigen sind, die sich vorbildlich an die Göttin wenden, erscheint auch hier das Bild des Ti. Gracchus recht negativ. Ebenso urteilt Valerius Maximus auch an anderer Stelle über die Tötung des Volkstribuns:

„Par illa sapientia senatus. Ti. Gracchum tribunum pl. agrariam legem promulgare ausum morte multavit. Idem ut secundum legem eius per triumviros ager populo viritim divideretur egregie censuit, si quidem gravissimae seditionis eodem tempore et auctorem et causam sustulit."[157]

Die Ermordung des Ti. Gracchus war eine Notwendigkeit, da dieser als Aufrührer angesehen werden mußte. Die Ursache für den Mord lag in der anstößigen Gesetzgebung des Volkstribuns. Dieses Urteil korrespondiert mit der Schilderung des Mordes an Ti. Gracchus aus Buch III 2, 17.
Politisch verurteilt Valerius Maximus Ti. (und C.) Gracchus also auf das schärfste, hält sie, wie WEILEDER ausdrückt, für den „Inbegriff des Verderbens und Aufruhrs"[158]; aus diesem Grund unterstützt er auch deren Ermordung. Obwohl Valerius Maximus die Maßnahme Nasicas aus politischer Ratio unterstützt, sieht er auch die Problematik, die mit der Tötung eines Feindes, der gleichzeitig Mitbürger ist, zusammenhängt:

„Verum quamuis quis praeclaras res maximeque utiles rei publicae ciuili bello gessisset, imperator tamen eo nomine appellatus non est, neque ullae supplicationes decretae sunt, neque aut ouans aut curru triumphauit, quia, ut necessariae istae, ita lugubres semper existimatae sunt uictoriae utpote non externo, sed domestico partae cruore. Itaque et Nasica Ti. Gracchum et G. Metellus Opimi factiones maesti trucidarunt."[159]

Grundsätzlich wäre es nach Ansicht des Autors falsch gewesen, Gracchus zu schonen. Dennoch ist es nicht erlaubt, sich über den Sieg gegen einen Landsmann ebenso zu freuen, wie über den gegen einen auswärtigen

---
[157] Val. Max. VII, 2, 6.
[158] WEILEDER, Valerius Maximus, S. 179.
[159] Val. Max. II 8, 7.

Feind. Valerius Maximus bezeichnet den Kampf gegen Gracchus in diesem Zusammenhang als Bürgerkrieg und schließt sich damit offenbar der Deutung, mit dem Mord an Gracchus seien die Bürgerkriege ausgebrochen, an.

h) Velleius Paterculus
Nach der Darstellung des Velleius Paterculus lag der Anlaß für die politische Karriere des Ti. Gracchus nicht in dessen Eintreten für das Volk, sondern in der Auslieferung des Konsuls Hostilius Mancinus an die Feinde, mit denen dieser verwerfliche Verträge geschlossen hatte.[160] Ti. Gracchus, der an den Vertragsabschlüssen beteiligt gewesen war, habe sich aus Furcht vor einem ähnlichen Schicksal und aus persönlicher Kränkung dazu entschlossen, für die Wahl des Volkstribunen zu kandidieren. So brachten ihn persönliche Motive dahin, daß er sich von den Interessen der Aristokratie verabschiedete und zum Volksfreund wurde. Gracchus entwickelt sich in dieser Schilderung vom Sohn eines hochangesehenen Mannes[161] zum Gegner der *boni*. SCHMITZER weist in diesem Zusammenhang darauf hin, daß Velleius Paterculus der Geschichtsinterpretation der Historiker Sallust und Livius folgt und die Spätzeit der Republik als durch den Verlust alter römischer Werte und Tugenden charakterisiert sieht.[162] Er erkennt in Velleius' Charakterisierung des Ti. Gracchus ein „individualisierte[s] Paradigma der tiefgreifenden Krise des römischen Staates."[163] „[D]ie Abkehr Roms von den alten Werten [spiegelt sich] im Verhalten des Ti. Gracchus."[164] Demnach ist Tiberius Gracchus als Abbild des Verfalls der römischen Republik zu verstehen. Velleius folgt also im Ganzen der negativen Beurteilung des Ti. Gracchus, von der sich auch Valerius Maximus leiten läßt.

Gracchus' Maßnahmen als Volkstribun brachten nach Velleius' Ansicht den römischen Staat in Gefahr. Die Absetzung seines Amtsgenossen Octavius während dessen Amtszeit und die Einrichtung des Dreierkollegiums

---

[160] Vell. Pat. II 1, 4.
[161] Vall. Pat. II 2, 1.
[162] SCHMITZER, Velleius Paterculus, 103-110.
[163] SCHMITZER, Velleius Paterculus, 113.
[164] Ebd.

zur Verteilung der Ländereien und zur Gründung von Kolonien (bestehend aus ihm selbst, seinem Schwiegervater Appius und seinem Bruder Gaius)[165] bewogen den Privatmann Publius Scipio Nasica zum Eingreifen. Nasica stellte sich auf dem Kapitol hin und appellierte an alle, denen das Wohl der *res publica* am Herzen liege, ihm zu folgen.[166] Daraufhin stürmten die Angehörigen aller Stände, Adel, Ritter und Volk, auf das Kapitol, wo Gracchus seine Anhänger aufhetzte. Mit einem Stück von einer Sitzbank wurde der Tribun im Tumult von seinen Feinden erschlagen.

Insgesamt übt Velleius Paterculus scharfe Kritik an Gracchus. Schon die oben erwähnten Motive des Protagonisten, die diesen zur Kandidatur bei den Tribunatswahlen veranlaßten, sprechen nicht für ihn. Die Maßnahmen, die Ti. Gracchus traf, kritisiert Velleius Paterculus; das gesamte Tribunat war aus seiner Sicht eine Gefährdung für den Staat:

> „In praeruptum atque anceps periculum adduxit rem publicam."[167]

Offenbar ist also Ti. Gracchus keinesfalls im Recht gewesen; sein Tod war demnach auch nicht der eines Märtyrers. Dem entsprechend charakterisiert Velleius den Anführer der Ermordung äußerst positiv:

> „optimus vir a senatu iudicatus erat [...] patriam cognationi praeferens et quidquid publice salutare non esset, privatim alienum existimans."[168]

Nasica handelte also, auch wenn er sich nicht an das geltende Recht hielt, aus guten und edlen Motiven: Er wollte das Gemeinwohl verteidigen, welches er -nach den vorherigen Ausführungen des Velleius zu Recht- durch Ti. Gracchus gefährdet sah. Bis zur Ermordung des Tribunen waren Nasica und seine Gesinnungsgenossen also auf der Seite des Rechts.[169]

---

[165] Vell. Pat. II 2, 3. Dies konnte Ti. Gracchus natürlich nicht aus eigener Vollmacht tun, sondern er mußte solche Beschlüsse durch die Volksversammlung erwirken. Eine diesbezügliche Erläuterung fehlt aber in der Darstellung des Velleius Paterculus. Seine Schilderung erweckt den Anschein, als habe der Volkstribun alle Maßnahmen eigenmächtig getroffen.
[166] Vell. Pat. II 3, 1. Velleius benutzt für den Aufruf Nasicas die gleiche Formulierung, die auch Valerius Maximus wiedergibt.
[167] Vell. Pat. II 2, 3.
[168] Vell. Pat. II 2, 1.
[169] Die recht eindeutige anti-gracchische Haltung des Velleius Paterculus veranlasst SCHMITZER zu der Schlußfolgerung, der Geschichtsschreiber gebe die Schuld an den begin-

Trotz seiner grundsätzlich negativen Hatung zu Gracchus und der Sympathie für dessen politische Gegner, sieht Velleius Paterculus jedoch in der Tötung des Ti. Gracchus den Beginn einer neuen Ära, in der politische und persönliche Ziele weitaus ungehemmter als früher durch die Anwendung von Gewalt verfolgt wurden:

> „Hoc initium in urbe Roma civilis sanguinis gladiorumque impunitatis fuit. Inde ius vi obrutum potentiorque habitus prior, discordiaeque civium antea condicionibus sanari solitae ferro diiudicatae".[170]

Vier für die Gesellschaft negative Folgen hatte nach Velleius' Interpretation der gewaltsame Tod des Volkstribuns: Bürgerblut wurde von nun an ungestraft vergossen, das Recht war durch die Gewalt niedergedrückt worden, je mächtiger jemand war, desto angesehener war er und Streitigkeiten unter den Bürgern endeten nicht vor Gericht, sondern wurden mit Gewalt ausgetragen.[171] Durch dieses Ereignis ist nach Velleius der Beginn der Bürgerkriege markiert, die erst mit der Etablierung des Prinzipats ein Ende nahmen. Diese unerfreulichen Veränderungen in der römischen Gesell-

---

nenden Bürgerkriegen ganz dem Unruhestifter Ti. Gracchus. „Velleius [...] macht Ti. Gracchus zum πρῶτος εὑρετής der Übel, die in der Zeit der ‚Roman Revolution' die Römer quälen sollten" (SCHMITZER, Velleius Paterculus, 117). Auch versuche er in seinem abschließenden Kommentar, „Scipio Nasica von Schuld rein zu waschen. [...] So habe sich aus dem Beispiel des Scipio Nasica, das unausgesprochen, aber unverkennbar als geringfügiges, durch die außerordentlichen Umstände legitimiertes Abweichen vom rechten Weg den Keim in sich trägt, [...] die schreckliche Zeit der Bürgerkriege [entwickelt]: *ubi semel recto deeratum est, in praeceps pervenitur*" (119). SCHMITZER will damit sagen, daß zwar Nasicas Beispiel für die Bürgerkriege maßgeblich war, ihn selbst aber keine Schuld daran treffe, da sein Vorgehen gegen Gracchus durch die außerordentlichen Umstände legitimiert war. Insgesamt beachtet diese Interpretation aber zu wenig, daß Velleius an keiner Stelle den Volkstribun Ti. Gracchus explizit für den Ausbruch der Bürgerkriege verantwortlich macht, wohl aber den Privatmann Scipio Nasica. Dieser und nicht Gracchus war es nämlich, der als erster Bürgerblut ungestraft vergoß: Vell. Pat. II 3, 3.
[170] Vell. Pat. II 3, 3.
[171] Hier stellt Velleius Paterculus die römische Gesellschaft seit der Ermordung des Ti. Gracchus mißverständlich dar. Tatsächlich ist die privatrechtliche Anwendung von Gewalt in der frühen Zeit der Republik noch ein selbstverständliches Recht des freien römischen Bürgers, das erst im Laufe der Zeit mit der Verrechtlichung der Gesellschaft immer mehr eingeschränkt wird. Daß jeder bürgerliche Rechtsfall vor einem ordentlichen Gericht ausgetragen wurde, ist nicht Teil des *mos maiorum*, sondern etablierte sich erst in der Kaiserzeit. Hierzu: LINTOTT, Violence, S. 125-131. An dieser Stelle handelt Velleius jedoch nicht von privaten Streitigkeiten, sondern spielt, wie gezeigt wird, auf die blutigen Bürgerkriege der späten Republik an.

schaft nahmen in den Augen des Historikers durch den Mord an Gracchus nicht bloß ihren Anfang, sondern wurden durch diesen gleichsam ausgelöst. Es handelt sich also nicht um einen zufällig ersten Fall unter vielen folgenden. Vielmehr setzt dieser Mord eine Entwicklung in Gang, die im Abgrund enden muß. Indem einmal das Recht mit der Begründung, einem höheren Ziel zu dienen, gebeugt wurde, wurde nach Ansicht des Autors der Gewalttätigkeit Tür und Tor geöffnet, sobald der Täter irgendeinen guten Grund zu nennen wußte:

> „ubi semel recto deerratum est, in praeceps pervenitur, nec quisquam sibi putat turpe, quod alii fuit fructuosum."[172]

Zwar gesteht Velleius Nasica zu, daß sein Beispiel sich noch innerhalb des politisch Legitimen befand[173], doch im selben Atemzug bescheinigt er diesem, vom rechten Weg abgewichen zu sein. Sein Beispiel, nicht das des Ti. Gracchus war es, das andere -oft in weniger staatstreuer Gesinnung- nachahmten. So sehr auch Velleius den Politiker Ti. Gracchus ablehnt - für den Ausbruch der Bürgerkriege macht er nicht ihn verantwortlich, sondern dessen Mörder. Velleius Paterculus verurteilt nicht die Feindschaft gegen Gracchus -er lobt sie vielmehr-, sondern das eigenmächtige Handeln einer privaten Initiative. Er betont in seiner Vorstellung des Nasica, daß dieser Privatmann war, also kein öffentliches Amt innehatte.[174] Daß Nasica den Mord für das Wohl des Staates verübte, rechtfertigt seine Tat nicht, denn es ist ja gerade dieses Beispiel gewesen, dem in den Bürgerkriegen gefolgt wurde. Der Mord für eine vermeintlich gute Sache wurde nach Velleius Paterculus von nun an zur Regel. Den staatsgefährdenden Gracchus nach einem Urteil in einem ordentlichen Prozeß zu töten, wäre aus der Sicht des Velleius Paterculus mit Sicherheit legitim gewesen. Doch dem Privatmann Nasica stand nicht zu, zum Mord an dem Aufrührer aufzurufen.

Insgesamt beurteilt Velleius Paterculus die Ermordung des Gracchus von zwei sehr unterschiedlichen Blickrichtungen aus. Er kann sowohl das Opfer des Mordes hart kritisieren und den Täter würdigen als auch die Tat

---

[172] Vell. Pat. II 3, 4.
[173] Ebd.: in tenuem receptum tramitem.
[174] Vell. Pat. II 3, 1.

selbst verabscheuen. Der Zweck heiligt seiner Ansicht nach nicht die Mittel; die Motive mögen noch so edel sein, einen derartigen Rechtsbruch rechtfertigen sie nicht. Daß solche Taten, selbst wenn sie in wohlmeinender Absicht verübt wurden, falsch sind, wird durch die Folgen, die ein solcher Mord nach sich zieht, erwiesen.

i) Quintilian

Der Rhetoriklehrer Quintilian bedient sich in seiner *Institutio oratoria* mehrmals der Person des Ti. Gracchus als Beispiel. Daraus kann seine Bewertung der Ermordung des Volkstribuns entnommen werden, auch wenn ein dahingehendes Verständnis, daß Quintilian alle Aussagen, die ihm als rhetorische Beispiele dienen, auch selbst vertritt, sicher nicht zulässig ist. Im speziellen Fall von Ti. Gracchus jedoch lassen die Hinweise des Rhetorikers Rückschlüsse auf dessen Sicht der Ereignisse von 133 v.Chr. zu. So stellt er Ti. Gracchus in den großen Kreis der Aufrührer der Zeit der späten Republik. Er nennt ihn in einem Atemzug mit Saturninus und Glaucia als Beispiele für schlechte Amtsträger.[175] Was er von der Ermordung des Gracchus hält, wird klar, wenn man in seiner Darlegung über die Beweisführung den Unterpunkt der Beispiele, die zur Beweisführung dienen sollen, betrachtet. An dieser Stelle bedient er selbst sich nämlich ebenfalls eines Beispiels, um das Prinzip der Ähnlichkeit zu erläutern:

„iure occisus est Saturninus sicut Gracchi."[176]

Zwar handelt es sich in diesem Fall tatsächlich nur um ein Beispiel und nicht um eine Aussage, die Quintilian selbst trifft, doch korrespondiert diese Ansicht mit dem zuvor erwähnten Urteil Quintilians, der Gracchus als Beispiel eines schlechten Staatsmannes, der die Rhetorik zum Schaden der *res publica* gebraucht hat, nennt. Allerdings übt Quintilian auch Kritik an der leichtfertigen Vergleichung des Nasica mit dem legendären Tyrannen-

---

[175] Quint. Inst. II 16, 5. Quintilian will an dieser Stelle beweisen, daß die Rhetorik grundsätzlich nützlich ist, auch wenn sie zum Schaden einer Gesellschaft angewandt werden kann. Deshalb nennt er schlechte Beispiele von Staatsmännern, Feldherren usw., da von diesen Ämtern niemand behaupten würde, sie seien unnütz.
[176] Quint. Inst. V 11, 6.

mörder Servilius Ahala, wie Cicero sie vertritt. Hier tritt zutage, daß Gracchus offenbar weniger negativ beurteilt wird als der nach der Tyrannis strebende Maelius. Quintilian hält beide Fälle auch aus weiteren Gründen für nicht vergleichbar:

> „Si Nasica post occisum Ti. Gracchum defendatur exemplo Ahalae, a quo Maelius est interfectus, Maelium regni adfectatorem fuisse, a Graccho leges modo latas esse popularis, Ahalam magistratum equitum fuisse, Nasicam privatum esse dicantur."[177]

Obwohl er seine Ermordung für gerechtfertigt hält, unterstellt Quintilian Gracchus offenbar nicht, dieser habe versucht, die Tyrannis zu erlangen. Die Schuld des Volkstribuns lag lediglich darin, daß er das Volk aufgewiegelt und damit für Unruhe gesorgt hatte.

j) Lucan

Der Dichter Lucan wirft in seinem Bürgerkriegsepos dem Senat vor, durch seine Politik, welche die Gesetze mit Füßen getreten hatte, Caesars Anhängerschaft geschaffen zu haben. Als Beispiel für das unrechtmäßige Handeln des Senats nennt er unter anderem die Ermordung des Ti. Gracchus und seines Bruders Gaius:

> „iustos Fortuna laborat
> esse ducis motus et causas invenit armis.
> Expulit ancipiti discordes urbe tribunos
> victo iure minax iactatis curia Gracchis."[178]

Lucan stellt an dieser Stelle einen Zusammenhang zwischen der Ermordung des Gracchus und dem Bürgerkrieg Caesars her. Er behauptet zwar nicht, daß mit dieser Tat der Krieg begonnen habe, doch er weist darauf hin, daß ohne sie der Bürgerkrieg, den Caesar vom Zaun brach, nicht zustande gekommen wäre. Durch derartige Taten der Optimaten wurde nach Lucans Interpretation eine große Anhängerschaft in Caesars Arme getrieben, mit deren Hilfe er dann seinen Krieg gegen Rom führen konnte.

---

[177] Quint. Inst. V 13, 24.
[178] Luc. Phars. I 264-267.

k) Seneca

Eine besondere Anschauung des Mordes an Gracchus liefert der Zeitgenosse Lucans Seneca d.J. Er betrachtet in seiner Trostschrift an Marcia den Tod des Tiberius -und des Gaius- Gracchus aus der Warte Cornelias, der Mutter der Gracchen. Er verweist auf das Leid, das die Mutter durch den Tod ihrer beiden Söhne erfahren mußte. Im selben Atemzug weist er auf die Bedeutsamkeit der Gracchen hin, aber auch darauf, daß deren Politik nicht immer gutgeheißen werden kann:

> „Tiberium Gaiumque, quos etiam qui bonos viros negaverit magnos fatebitur, et occisos vidit et insepultos. Consolantibus tamen miseramque dicentibus: ‚Numquam, inquit, non felicem me dicam, quae Gracchos peperi.'"[179]

Hier liefert Seneca übereinstimmend mit anderen Autoren Informationen über die näheren Umstände der Ermordung des Gracchus, indem er erwähnt, daß diese nicht begraben wurden. Besondere Beachtung aber verdient die von Seneca überlieferte Aussage der Cornelia, sie würde, da sie die Mutter der Gracchen sei, sich nicht als unglücklich bezeichnen. Damit verdeutlicht der Philosoph die Größe, mit der die leidgeprüfte Mutter ihr Schicksal trägt, indem sie nicht darüber verzweifelt, daß ihre Söhne getötet wurden, sondern froh ist, die Mutter solcher Söhne zu sein. Das äußerst positive Licht, in dem Cornelia hier erscheint, fällt zurück auf Ti. und C. Gracchus, deren Bedeutsamkeit an dieser Stelle betont wird. Im folgenden Satz schließt sich Seneca der Bewertung der Gracchen als achtbarer Staatsmänner an, indem er darauf hinweist, daß der Volkstribun Livius Drusus, den er als *clarissimus iuvenis* bezeichnet, in die Fußstapfen der Gracchen trat.[180] Somit erscheint die Politik der Gracchen nützlich und die Morde an ihnen waren vor diesem Hintergrund unangebracht.

---

[179] Sen. Marc. cons. 16, 3.
[180] Sen. Marc. cons. 16, 4.

l) Plutarch

Anders als die meisten bisher genannten Autoren beurteilt der Biograph Plutarch Tiberius Gracchus fast ausnahmslos positiv.[181] Das wird bereits im zweiten Paragraphen der Agis-Biographie deutlich -Plutarch vergleicht Ti. und seinen Bruder C. Gracchus mit den spartanischen Volksführern Agis und Kleomenes- , wo den Gracchen bescheinigt wird, daß sie nicht aus eitlem Ruhmstreben eine volksfreundliche Politik verfolgten, sondern sich dem Volk gegenüber verpflichtet fühlten, dessen Erwartungen an sie nicht zu enttäuschen.[182] Mit keinem Wort erwähnt Plutarch die Möglichkeit, Ti. Gracchus habe aus persönlichen Motiven, wie sie etwa Velleius Paterculus darstellt, den Weg in die Politik beschritten. Der Gegensatz zwischen Gracchus und seinen Kontrahenten besteht in Plutarchs Darstellung nicht zwischen Optimaten und Popularen, zwischen *boni* und *improbi*, sondern zwischen Armen und Reichen. Ti. Gracchus steht hierbei auf der Seite der Armen und zieht die Feindschaft der Reichen auf sich. Dementsprechend sieht Plutarch die Ursache für Gracchus' Ermordung weniger in der Absetzung des Octavius oder der erneuten Kandidatur bei den Tribunatswahlen als in der Einbringung der Ackergesetze. Der Autor deutet die Gefahr, die sich für den Volkstribun aus den Landreformplänen ergab, schon in seiner Darstellung des Beginns von Gracchus' Volkstribunat an, indem er auf das Beispiel des C. Laelius hinweist, der ähnliche Pläne verfolgt und aus Furcht vor den möglichen Unruhen[183] davon wieder abgelas-

---

[181] Diese positive Haltung behält Plutarch bei, obwohl er auch gracchenfeindliche Quellenvorlagen benutzt hat: SCARDIGLI, Römerbiographien, 62f.
[182] Plut. Ag. 2, 4-5. Zwar faßt der Biograph die Gracchen zusammen mit Agis und Kleomenes unter den Begriff der -heute oft irrtümlich negativ verstandenen- Ruhmsucht, doch wird diese Ruhmsucht bei den beiden Brüdern Plutarch zufolge eben nicht durch eitles Geltungsstreben motiviert, sondern aus dem edlen Wunsch, das in sie gesetzte Vertrauen nicht zu enttäuschen. „Plutarch sagt, die Gracchen hätten das ihnen entgegengebrachte Wohlwollen des Volkes als eine Art Schuld empfunden, die es zu begleichen gelte. So hätten sie die ihnen gezollten Ehrungen durch Leistungen für das Volk übertroffen, das Volk habe durch weitere Ehrungen reagiert und dieser wechselseitige Ansporn habe dazu geführt, daß der Punkt erreicht wurde, an dem ein Fortfahren nicht mehr gut, ein Aufhören aber bereits schimpflich war" (INGENKAMP, Leben der Gracchen, 4303). Plutarch erkennt demnach sehr wohl, daß Ti. Gracchus sich in einen Ablauf hineinbegeben hatte, den er selbst nicht wirklich kontrollieren konnte, und der bald eine negative Richtung einschlug. Eine Schuld trifft den Volkstribun, der nur von guten Motiven geleitet wurde, Plutarch zufolge jedoch nicht.
[183] Plut. Ti. Gracch. 8, 4.

sen hatte. Zudem erklärt Plutarch explizit, daß es genau diese Reformpläne waren, die den Gracchen Unheil brachten.[184] Im Gegensatz zur Schilderung des Velleius Paterculus sind aber die Maßnahmen des Ti. Gracchus aus Plutarchs Sicht ganz und gar nicht staatsgefährdend und revolutionär, sondern besonders milde und gemäßigt gewesen:

„καὶ δοκεῖ νόμος εἰς ἀδικίαν καὶ πλεονεξίαν τοσαύτην μηδέποτε πρᾳότερος γραφῆναι καὶ μαλακώτερος"[185]

Der Haß, den die Reichen (πλούσιοι καὶ κτηματικοὶ πλεονεξίᾳ)[186] gegen Tiberius entwickelten, und der schließlich zu dessen Ermordung führte, war nach Plutarchs Ansicht keineswegs gerechtfertigt und gründete sich allein auf Habgier. Der Vorwurf gegen Tiberius, den Staat umstürzen zu wollen, erscheint hier nur als ein Vorwand, hinter dem die eigentlichen aus purer Raffgier entspringenden Motive für eine Feindschaft gegen den Volkstribun stehen.[187] Der Widerstand der Reichen veranlaßte Ti. Gracchus schließlich, das alte Gesetz zurückzuziehen und ein neues, härteres Gesetz einzubringen. Daraufhin wurden nach Plutarch die ersten Mordpläne gegen den Reformer geschmiedet, der sich dadurch veranlaßt sah, selbst eine Waffe zu tragen:[188]

„ἐπεβούλευον δὲ τῷ Τιβερίῳ κρύφα καὶ συνίστασαν ἐπ' αὐτὸν τοὺς ἀναιρήσοντας, ὥστε κἀκεῖνον οὐδενὸς ἀγνοοῦντος ὑποζώννυσθαι ξιφίδιον λῃστρικόν, ὃ δόλωνα καλοῦσιν."[189]

Auch die Absetzung des Amtskollegen Octavius durch Ti. Gracchus, wodurch dieser gegen festgefügte Prinzipien der römischen Verfassung verstieß, ist Plutarch bemüht zu rechtfertigen, indem er darauf hinweist, daß Gracchus keinen anderen Weg sah, dem Volk zu helfen und sich zudem

---

[184] Plut. Ti. Gracch. 8, 7.
[185] Plut. Ti. Gracch. 9, 2.
[186] Plut. Ti. Gracch. 9, 3.
[187] Ebd.
[188] Hier stellt Plutarch also nicht nur dar, wie sich der Haß der Reichen gegen Ti. Gracchus allmählich in Mordabsichten verwandelt, sondern der Rechtsbruch des Gracchus, der innerhalb des *Pomeriums* eine Waffe trägt, wird außerdem gerechtfertigt.
[189] Plut. Ti. Gracch. 10, 7.

sehr um ein Einvernehmen mit Octavius bemüht hatte.[190] Der Autor ist sich also der damaligen Rechtslage, die gegen Gracchus sprach, bewußt; er legt in seiner Bewertung aber nicht den Schwerpunkt auf staatsrechtliche Fragen, sondern auf Fragen der politischen Billigkeit. Dennoch berichtet er, daß das Ansehen des Tribunen dadurch sehr gelitten hatte.[191] Für die Mordpläne der Reichen jedoch war seiner Ansicht nach nicht Gracchus' Rechtsbruch, sondern dessen Folgen, nämlich die Bestätigung des Ackergesetzes, verantwortlich.

Auch Tiberius' Streben nach einer Wiederwahl als Volkstribun kennzeichnet ihn nach Plutarchs Darstellung nicht als potentiellen Tyrannen, sondern entsprang einer Notwendigkeit. Die Mordabsichten gegen Gracchus seien nämlich inzwischen so offensichtlich geworden, daß dieser, wenn ihn nicht die *sacrosanctitas* des Volkstribunats schützte, seines Lebens nicht mehr sicher sein konnte. Plutarch berichtet in Kapitel 13 vom plötzlichen Tod eines Freundes des Gracchus, von dem das Volk annahm, er sei von den Feinden des Volkstribuns vergiftet worden. Dieser Verdacht scheint aus Sicht des Biographen nicht von der Hand zu weisen zu sein, da mehrere Indizien für einen Tod durch Vergiftung sprachen:

„καὶ φίλου τινὸς τῷ Τιβερίῳ τελευτήσαντος αἰφνιδίως καὶ σημείων τῷ νεκρῷ μοχϑηρῶν ἐπιδραμόντων, βοῶντες ὑπὸ φαρμάκων ἀνῃρῆσϑαι τὸν ἄνϑρωπον ἐπὶ τὴν ἐκφορὰν συνέδραμον καὶ τὸ λέχος ᾖραντο καὶ ϑαπτομένῳ παρέστησαν, οὐ φαύλως ὑπονοῆσαι τὴν φαρμακείαν δόξαντες. ἐρράγη γὰρ ὁ νεκρὸς καὶ διεφϑορότων ὑγρῶν πλῆϑος ἐξέβλυσεν, ὥστε ἀποσβέσαι τὴν φλόγα· καὶ φερόντων ἄλλην αὖϑις οὐκ ἐκάετο πρὶν εἰς ἕτερον τόπον μετακομισϑῆναι, καὶ πολλὰ πραγματευσαμένων μόλις ἥψατο τὸ πῦρ αὐτοῦ."[192]

So war das, was Gracchus' Gegner als Grund für die Ermordung vorschoben -nämlich das vermeintliche Streben nach der Tyrannis, das sich in der Kandidatur zur Wiederwahl zeigte- nach Plutarch in Wahrheit Folge der bereits ausgereiften Mordpläne. Andererseits erscheint Gracchus hier nicht nur als Opfer der Mordpläne, sondern er weiß, wie schon bei der -

---

[190] Plutarch berichtet darüber in Ti. Gracch. 11, 2b-12,5. Konsequenterweise vergißt Plutarch auch nicht, darauf hinzuweisen, daß die Gewalttätigkeit des Volkes, die sich gegen Octavius entlud, in Abwesenheit und ohne Zustimmung des Ti. Gracchus zustande kam.
[191] Plut. Ti. Gracch. 15, 1.
[192] Plut. Ti. Gracch. 13, 4-5.

vermeintlichen- Vergiftung seines Freundes, diese auch für seine Politik zu instrumentalisieren:

„καὶ πρῶτον μὲν εἰς τὴν ἀγορὰν καταβὰς ὁ Τιβέριος ἱκέτευε τοὺς ἀνθρώπους ταπεινοὺς καὶ δεδακρυμένος, ἔπειτα δεδοικέναι φήσας μὴ νυκτὸς ἐκκόψωσι τὴν οἰκίαν οἱ ἐχθροὶ καὶ διαφθείρωσιν αὐτόν. οὕτω τοὺς ἀνθρώπους διέθηκεν ὥστε περὶ τὴν οἰκίαν αὐτοῦ παμπόλλους τινὰς αὐλίσασθαι καὶ διανυκτερεῦσαι παραφυλάττοντας."[193]

Im folgenden berichtet Plutarch in aller Ausführlichkeit vom Ende des Ti. Gracchus und von den Umständen, welche es begleiteten. In Kapitel 17 erzählt er von verschiedenen Vorzeichen, die das Unheil, das den Volkstribun erwartete, ankündigten. In Gracchus' geschmücktem Kriegshelm hatten Schlangen Eier gelegt und ausgebrütet. Zudem nahmen am Morgen seines Todestages die Vögel, die den Auguren zur Zukunftsdeutung dienten, ihr Futter nicht an. Obendrein stieß sich Ti. Gracchus beim Verlassen seines Hauses heftig den Zeh, so daß dieser blutete und auf dem Weg zum Kapitol, wo das Volk die Wahl zum Volkstribunen abhalten sollte, fiel ihm ein Rabe, den ein Stein getroffen hatte, vor die Füße.[194] Er störte sich an all diesen Unheil verheißenden Vorzeichen nicht, sondern machte sich auf den Weg zum Kapitol. Die Bedrohung seines Lebens steht in Plutarchs Schilderung aber ständig im Raum. Das Volk sah es als notwendig an, sich schützend vor ihm aufzustellen,[195] der Senator und Freund des Ti. Grac-

---

[193] Plut. Ti. Gracch. 16, 3. Diese Instrumentalisierung -zum Teil vermeintlicher- Mordanschläge auf die eigene Person machen sich in der Folgezeit auch andere römische Politiker zu eigen, so zum Beispiel Pompeius Magnus. Hierzu: MARSHALL, Pompeius' Fear of Assassination, Chiron 17, 1987, 119-133.
[194] Plut. Ti. Gracch. 17, 1-3. In diesem Zusammenhang berichtet Plutarch von den Äußerungen des Blossius von Kyme, der Gracchus warnt, wenn er sich von derartigen Vorzeichen abschrecken ließe, würde er beim Volk schnell als Tyrann gelten, der nicht dem Willen des Volkes diene, sondern nach seinem eigenen Gutdünken zu den Wahlen erscheinen oder ihnen fernbleiben würde (Ti. Gracch. 17, 4). Hier wird der Begriff des Tyrannen nicht, wie er von Senatorenseite in der Römischen Republik gern verstanden wurde, für eine Person verwendet, die mit dem Althergebrachten bricht, sondern für einen Politiker, der mit dem Volk umspringt wie es ihm beliebt und nicht bemüht ist, sein gutes politisches Programm durchzusetzen. Hätte Gracchus sein Programm nicht weitergeführt, wäre er als Tyrann zu bezeichnen gewesen. Da Ti. Gracchus, wie der weitere Verlauf der Ereignisse gezeigt hat, sich nicht in diesem Sinne verhielt, ist es offenkundig, daß seine Ermordung nach dieser Interpretation auch nicht als Tyrannenmord gelten kann.
[195] Plut. Ti. Gracch. 17, 5.

chus, Fulvius Flaccus, warnte ihn, daß seine Feinde bereits Truppen aufgestellt hätten, um ihn zu töten.[196]
Der letzte Anstoß zur Ermordung des Volkstribuns lag nach Plutarch in einem Mißverständnis: Ti. Gracchus legte, nachdem er die Warnung des Flaccus erhalten hatte, die Hand an seinen Kopf, um den weiter weg Stehenden, die ihn nicht hören konnten, anzuzeigen, daß Gefahr drohe. Seine Gegner legten ihm diese Bewegung so aus, als habe er das Diadem, also die Königsherrschaft, verlangt und berichteten sogleich dem Senat davon.[197]
Hier folgte die bekannte Szene: Der Konsul Mucius Scaevola, der nach Plutarch selbst zu den Reformern und Sympathisanten des Tiberius Gracchus gehörte,[198] weigerte sich, trotz der Aufforderung, die an ihn erging, einen römischen Bürger ohne Prozeß dem Tod preiszugeben, woraufhin Scipio Nasica die Anwesenden aufrief: „Ἐπεὶ τοίνυν, προδίδωσιν ὁ ἄρχων τὴν πόλιν, οἱ βουλόμενοι τοῖς νόμοις βοηθεῖν ἀκολουθεῖτε."[199]
Hier dokumentiert Plutarch nicht nur die Unnachgiebigkeit des Pontifex Maximus, sondern auch, daß in einigen Kreisen die Ansicht vertreten wurde, Gracchus zu töten sei ein Dienst für den Staat, ihn aber zu verschonen sei Verrat. In einem unbarmherzigen und rücksichtslosen Angriff werden über dreihundert Anhänger und Ti. Gracchus selbst erschlagen. Als Mörder des Gracchus nennt Plutarch den Volkstribun Publius Satureius, der ihm mit dem Stück einer Sitzbank[200] den ersten Schlag versetzte, und einen nicht näher bestimmten Mann namens Lucius Rufus, der Gracchus den zweiten, tödlichen Schlag versetzte, und sich dessen rühmte, als wäre dies eine gute Tat gewesen (ὡς ἐπὶ καλῷ τινι σεμνυνόμενος).[201] Der Biograph berichtet, daß Gracchus erschlagen wurde, als er den Versuch unternahm, vor

---

[196] Plut. Ti. Gracch. 18.
[197] Plut. Ti. Gracch. 19, 1-2.
[198] Plut. Ti. Gracch. 9, 1.
[199] Ebd.
[200] Vgl. Vell. Pat. II 3, 2.
[201] Plut. Ti. Gracch. 19, 6. Diese Formulierung erinnert stark an Rhet. ad Her. IV 68: „quasi facinus praeclarissimum fecisset circum inspectans, et hilare sceleratam gratulantibus manum porrigens", so daß anzunehmen ist, daß Plutarch seine Informationen aus derselben oder einer verwandten Gracchusfreundlichen Quelle entnommen hat, wie der Autor der Rhetorikschrift *ad Herennium*.

seinen Mördern zu fliehen. Er stolperte und wurde beim Bemühen, aufzustehen, getötet. Der Mord an dem Volkstribun ist in Plutarchs Schilderung also ein Mord an einem Wehrlosen. Jegliche Gewaltanwendung von Seiten des Gracchus oder seiner Anhänger verschweigt der Autor.
Plutarch stimmt mit Velleius Paterculus darin überein, daß die Ermordung des Ti. Gracchus einen Schnitt in der Geschichte der römischen Republik markiert. Hier sei eine Schwelle zur Gewalt überschritten worden, die zuvor immer vermieden worden war:

„Ταύτην πρώτην ἱστοροῦσιν ἐν Ῥώμῃ στάσιν, ἀφ' οὗ τὸ βασιλεύεσθαι κατέλυσαν. αἵματι καὶ φόνῳ πολιτῶν διακριθῆναι· τὰς δὲ ἄλλας οὔτε μικρὰς οὔτε περὶ μικρῶν γενομένας ἀνθυπείκοντες ἀλλήλοις, φόβῳ μὲν οἱ δυνατοὶ τῶν πολλῶν, αἰδούμενοι δὲ τὴν βουλὴν ὁ δῆμος, ἔπαυον."[202]

Plutarch sieht durch diese Tat nicht sogleich den Bürgerkrieg heraufziehen, doch er hält die Ermordung des Volkstribuns nicht nur für moralisch falsch, sondern auch für völlig unangemessen. Tiberius hätte, so behauptet er, nachgegeben, wenn man ihm freundlicher begegnet wäre.[203] In seiner abschließenden Beurteilung besteht Plutarch nochmals darauf, daß die Motive für die Tat nicht in der Sorge um das Heil der Republik lagen, wie es die oben aufgeführten Autoren darstellen, sondern allein in der Habgier der Reichen. Daß Tiberius' Leiche nicht begraben, sondern in den Tiber geworfen wurde, liefert seiner Ansicht nach den Beweis dafür. Die Möglichkeit, daß diese Aktion eine politische Aussage, nämlich daß Ti. Gracchus ein Tyrann gewesen sei, beinhaltete, erwähnt Plutarch mit keinem Wort. Sie ist seiner Ansicht nach als bloße Leichenschändung aus Haß zu verstehen.[204] Der tumultuarischen Ermordung des Gracchus und seiner Anhänger folgte zudem noch die systematische Verfolgung und Hinrichtung weiterer seiner Freunde. Plutarch nennt namentlich einen gewissen Gaius Villius, der durch Schlangen getötet wurde.[205] Auch diese Erwähnung zeigt die Grausamkeit der Feinde des Gracchus, während dieser selbst von Plutarch auffallend positiv beurteilt wird.[206]

---

[202] Plut. Ti. Gracch. 20, 1.
[203] Plut. Ti. Gracch. 20, 1-2.
[204] Plut. Ti. Gracch. 20, 2.
[205] Plut. Ti. Gracch. 20, 3.
[206] So z.B. Plut. comp. Ag. et Cl. cum Ti. et C. Gracch. 5, 6.

Für die Mörder und deren Sympathisanten habe die Ermordung des Volkstribuns keinerlei positiven Effekt gehabt. Damit unterstreicht Plutarch die Unsinnigkeit der Tat. Die Ackergesetze wurden, um das Volk zu beschwichtigen, weitergeführt. Publius Nasica mußte wegen des Hasses des Volkes vom Senat nach Asien geschickt werden, was in Plutarchs Schilderung wie eine Verbannung erscheint.[207] Sogar ein verdienter und siegreicher Feldherr, der jüngere Scipio Africanus, konnte sich vor dem Volk nicht mehr sehen lassen, weil er den homerischen Vers „ὡς ἀπόλοιτο καὶ ἄλλος ὅ τις τοιαῦτά γε ῥέζοι"[208] auf Ti. Gracchus bezog. Durch den Mord am Volkshelden wurde nach Plutarchs Ansicht also das Verhältnis zwischen Volk und Adel für lange Zeit schwer getrübt, die reichen Senatoren wurden an ihrer Politik gehindert. Dieses Verbrechen hat also den Tätern nicht nur den Nutzen versagt, sondern ihnen sogar geschadet.

m) Florus

Florus überschreibt die Ereignisse des Jahres 133 v.Chr. mit *Seditio Tiberi Gracchi*. Schon hier wird deutlich, daß der Autor nicht zu den Sympathisanten des Volkstribuns zu rechnen ist. Als denkbare Motive des Gracchus für seine Reformvorhaben nennt Florus gleichberechtigt die bereits von Velleius Paterculus angeführten Möglichkeiten, wahre Sorge um das Wohlergehen der römischen *plebs* oder egoistische Gründe, die sich aus der Mancinus-Affäre ergeben hatten:

> „Primam certaminum facem Ti. Gracchus accendit, genere forma eloquentia facile princeps. Sed hic sive Mancinianae deditionis, quia sponsor foederis fuerat, contagium timens et inde popularis, sive aequo et bono ductus, quia depulsam agris suis plebem miseratus est, ne populus gentium victor orbisque possessor laribus ac focis suis exularet, quacumque mente rem ausus ingentem [est]."[209]

Die Reformvorhaben des Gracchus beurteilt Florus negativ. Er geht nicht auf deren Inhalt ein, kommt aber im Laufe seiner Schilderung darauf zu sprechen, daß einige durch den Tribun von ihren Ländereien vertrieben

---

[207] Plut. Ti. Gracch. 21, 2-3.
[208] Plut. Ti. Gracch. 21, 4. Es handelt sich um ein Zitat aus Hom. Od. I 47. Vgl. Diod. XXXIV/XXXV 7, 3.
[209] Flor. II 14, 2f.

woren seien.[210] Der Geschichtsschreiber berichtet von dem Widerstand der Nobilitas gegen die Landreformpläne und von der Reaktion des Gracchus, die in der Absetzung des Octavius bestand. Diese Suspendierung des Octavius setzte Gracchus Florus zufolge unter massiver Androhung von Gewalt durch.[211] Dies und die Versuche des Gracchus, sein Tribunat um ein Jahr zu verlängern, seien die ausschlaggebenden Gründe für das Vorgehen des Senat gegen den Reformer gewesen.

Die Ermordung des Gracchus wurde Florus zufolge durch ein Mißverständnis ausgelöst. Der Historiker berichtet von der auch bei Plutarch erwähnten Geste des Gracchus, der seine Hand zur Stirn führte, was von der Nobilität als Verlangen nach dem Diadem gedeutet worden sei, und von der dann folgenden Tötung des Tribuns durch Scipio Nasica:

> „Caedes a foro coepit; inde cum in Capitolium profugisset plebemque ad defensionem salutis suae manu caput tangens hortaretur, praebuit speciem regnum sibi et diadema poscentis atque ita duce Scipione Nasica, concitato in arma populo quasi iure oppressus est."[212]

In der Erzählung des Florus war das gewaltsame Vorgehen gegen Gracchus und seine Anhänger bereits im Gange, als der Tribun die für ihn verhängnisvolle Geste machte. Somit wurde die Gewalt nicht durch das Mißverständnis ausgelöst, es gab den Gegnern des Ti. Gracchus jedoch die letzte Motivation zur Tötung des Tribuns.

Obwohl Florus das Tribunat des Ti. Gracchus durchweg kritisch sieht, findet er für den Mord keine lobenden Worte. Zwar hält sich der Autor mit einem Urteil hier generell sehr zurück, doch die Anordung der Ereignisse in seiner Schilderung lassen den Schluß zu, daß er die Tötung des Tribuns als problematische Maßnahme ansieht. Dafür spricht auch sein kurzer Hinweis auf die rechtlichen Implikationen des Falles. Florus erwähnt, daß Gracchus *quasi iure* (nicht *iure*[213]) vernichtet wurde.

---

[210] Flor. II 14, 6.
[211] Flor. II 14, 4f.
[212] Flor. II 14, 7.
[213] Vgl. im Gegensatz dazu Quint. Inst. V 11, 6.

n) Appian

Der Geschichtsschreiber Appian beginnt seine Bücher über die römischen Bürgerkriege nach einem einleitenden Kapitel mit der Darstellung der römischen Landverteilung. Er schildert die Probleme der entstehenden Großgrundbesitze und der daraus resultierenden sozialen Schwierigkeiten.[214] In diese Schilderung hinein stellt er die Landreformpläne des Volkstribuns Ti. Gracchus. Im Gegensatz zu Plutarch oder Velleius Paterculus unterläßt Appian eine Vorstellung der Person des Gracchus, die über seine Herkunft und seinen bisherigen Werdegang Auskunft gibt. Er charakterisiert ihn als bedeutenden Mann, der rhetorisch geschickt war und nach Ruhm strebte (ἀνὴρ ἐπιφανὴς καὶ λαμπρὸς ἐς φιλοτιμίαν εἰπεῖν τε δυνατώτατος καὶ ἐκ τῶνδε ὁμοῦ πάντων γνωριμώτατος ἅπασι)[215], zeigt aber in seiner weiteren Darstellung mehr Interesse für die Politik als für den Charakter des Reformers. Die Pläne des Gracchus werden vergleichsweise ausführlich vorgestellt.[216] Der Volkstribun selbst ist in der Erzählung Appians vor allem von den Inhalten seines Reformprogramms überzeugt, weshalb er alle Überzeugungskunst aufwendet, um bei den Reichen, die durch seine Pläne Land verlieren würden, für die Richtigkeit seiner Ideen zu werben. Ebenso wie Plutarch sieht auch Appian die Fronten weniger zwischen konservativen und reformfreudigen Politikern als zwischen Armen und Reichen.[217] Auch Appian begreift die Opposition gegen Ti. Gracchus nicht als Sorge um den Staat, den man durch allzu kühne Maßnahmen des Volkstribuns in Gefahr wähnte, sondern als Sorge um den Erhalt und die Vermehrung des eigenen Besitzes. Die Einrichtung des Dreimännerkollegiums war den Mächtigen ein Dorn im Auge, aber nicht, weil dadurch Gracchus und seinen Verwandten besondere Vollmachten gegeben wurden, die den Gracchanern die

---

[214] App. civ. I 7-8.
[215] App. civ. I 9.
[216] Ebd.
[217] Für Appian ist die späte Zeit der Republik geprägt durch Verarmung und Verelendung. Dazu steht die Zeit des Prinzipats, die nach Appian durch allgemeinen Wohlstand gekennzeichnet ist, im Kontrast (App. civ. IV 64). Das Ende der Römischen Republik beginnt nach dieser Darstellung nicht mit dem Ausbruch der Bürgerkriege, der sich auch bei Appian im Mord an Ti. Gracchus manifestiert, sondern in der Verarmung der *plebs*, die im alten republikanischen System keine Zukunft mehr hatte.

Alleinherrschaft ermöglichen konnten, sondern weil sie fürchteten, unter einer solchen Aufsicht die bereits bestehenden und neuen Ackergesetze nicht mehr wie bisher mißachten zu können.[218] Diese Mißachtung der Gesetze, und kein übermäßiges Machtstreben war nach Appian auch der Grund, warum Gracchus sich selbst und zwei seiner Verwandten als *tresviri* bestimmte:

„πάνυ τοῦ δήμου καὶ ὡς δεδιότος, μὴ τὸ ἔργον ἐκλειφθείη τοῦ νόμου, εἰ μὴ Γράκχος αὐτοῦ σὺν ὅλῃ τῇ οἰκίᾳ κατάρχοιτο."[219]

Für die Ermordung des Ti. Gracchus nennt Appian zwei Gründe. Zum einen das Verhalten des Volkstribuns und seiner Anhänger bei den Wahlen im Sommer 133 v.Chr. und zum anderen den Haß der Reichen aufgrund der Durchbringung der Ackergesetze.[220] In diesem Zusammenhang erzählt der Geschichtsschreiber nämlich zum ersten Mal von heimlichen Racheplänen gegen Ti. Gracchus:

„οἱ δ' ἡσσημένοι δυσφοροῦντες ἔτι παρέμενον καὶ ἐλογοποίουν οὐ χαιρήσειν Γράκχον, αὐτίκα ὅτε γένοιτο ἰδιώτης, ἀρχήν τε ὑβρίσαντα ἱερὰν καὶ ἄσυλον καὶ στάσεως τοσήνδε ἀφορμὴν ἐς τὴν Ἰταλίαν ἐμβαλόντα."[221]

Bis hierher stimmt Appian in seiner Beurteilung mit dem äußerst positiven Gracchusbild Plutarchs weitgehend überein.[222] Das Verhalten des Tribuns und seiner Anhänger bei den Wahlen im Sommer 133 v.Chr. jedoch, welches nach Appian für den Mord an Gracchus ausschlaggebend war, beurteilt der Geschichtsschreiber weitaus kritischer als Plutarch. Die Tatsache, daß sich Gracchus überhaupt zum zweiten Mal in Folge zum Volkstribun wählen lassen will, scheint aus Appians Sicht eher unproblematisch zu sein. Genau wie Plutarch begründet er die Kandidatur des Gracchus mit der

---

[218] App. civ. I 10.
[219] App. civ. I 13.
[220] Appian berichtet in civ. I 12 auch von der Absetzung des Octavius, stellt aber keinen Zusammenhang zur späteren Ermordung des Ti. Gracchus her. Die rechtswidrige Aktion des Tiberius wird von Appian in keiner Weise kommentiert; allerdings erzählt er, Gracchus habe die Götter zu Zeugen angerufen, also die Absetzung seines Amtskollegen nicht leichtfertig vorgenommen.
[221] App. civ. I 13.
[222] Zum Verhältnis des appianischen Werks zu Plutarch: MEYER, 397-438; CARCOPINO, Gracques, 3-45; SCARDIGLI, Römerbiographien, 64f.; ASTIN, Scipio Aemilianus, 332-334

Gefahr, die diesem drohe, wenn er im folgenden Jahr kein Amt innehabe.[223] Zwar berichtet Appian vom Widerspruch der Reichen, die darauf bestanden, daß niemand ein Amt zwei Jahre in Folge bekleiden dürfe, doch scheint seiner Darstellung zufolge die Rechtslage diesbezüglich nicht eindeutig gewesen zu sein. Der Volkstribun Rubrius, der den Vorsitz bei den Wahlen führte, sei unsicher gewesen, wie er zu verfahren hatte. Durch den massiven Widerstand gegen seine Kandidatur habe Gracchus sich in Gefahr gesehen und Vorbereitungen für seinen Tod getroffen:

„πάντα δ' ἀπογνοὺς ἐμελανειμόνει τε ἔτι ὢν ἔναρχος καὶ τὸ λοιπὸν τῆς ἡμέρας ἐν ἀγορᾷ τὸν υἱὸν ἐπάγων ἑκάστοις συνίστη καὶ παρετίθετο ὡς αὐτὸς ὑπὸ τῶν ἐχθρῶν αὐτίκα ἀπολούμενος."[224]

Noch immer ist die Charakterisierung des Gracchus, der -den Tod vor Augen- nicht in Hysterie verfällt, sondern besonnen Maßnahmen für die Zeit nach seinem Ableben trifft, sehr positiv. Letztendlich sind es die Armen, für die sich Gracchus eingesetzt hatte, die ihn dazu brachten, von diesem vorbildlichen Verhalten abzuweichen.[225] Als diese zu seinem Haus kamen und ihn baten, nicht aufzugeben, entschloß sich der Volkstribun, mit seinen Anhängern in der Nacht den Ort der wählenden Volksversammlung, das Kapitol, zu besetzen. Als ihm Widerstand geleistet wurde, kam es auf sein Zeichen hin zu Gewalttätigkeiten. Gracchus und seine Anhänger vertrieben alle Tribunen und versetzten auch die Priester in Angst, welche aus Furcht alle Tempel verschlossen. In diesem Zusammenhang erwähnt Appian auch Gerüchte, die Tiberius tyrannische Verhaltensweisen unterstellen:

„λόγον οὐκ ἀκριβῆ, τῶν μὲν ὅτι καὶ τοὺς ἄλλους δημάρχους ὁ Γράκχος παραλύσειε τῆς ἀρχῆς (οὐ γὰρ ὁρωμένων αὐτῶν εἴκαζον οὕτως), τῶν δ' ὅτι αὐτὸς ἑαυτὸν ἐς μέλλον δήμαρχον ἄνευ χειροτονίας ἀποφαίνοι."[226]

Wie aus civ. I 15 deutlich zu ersehen ist, gibt Appian die Schuld am Ausbruch der Gewalttätigkeiten dem Ti. Gracchus. Von daher sind auch die im

---

[223] App. civ. I 14.
[224] Ebd.
[225] Allerdings sieht Appian auch im Verhalten der Armen eine gewisse Berechtigung, denn diese hatten Sorge, so schreibt er, daß sich ihre Situation weiter verschlimmern würde, wenn Gracchus nicht mehr für sie da wäre, der ihre Interessen vertrete (App. civ. I 15).
[226] App. civ. I 15.

folgenden Kapitel geschilderten Maßnahmen, die zu seiner Ermordung führen, nicht so negativ geschildert wie bei Plutarch. Den Gerüchten um angebliche tyrannische Verhaltensweisen des Volkstribuns schließt sich der Geschichtsschreiber zwar nicht an, widerspricht ihnen aber auch nicht. Er erzählt von ihnen, da sie seiner Ansicht nach für die Stimmung im Senat verantwortlich waren, welche den Tod des Gracchus zur Folge hatte.

In seinem Bericht über die Senatsversammlung, auf der Nasica zum Widerstand gegen Ti. Gracchus aufrief, erwähnt Appian nicht die Weigerung des Konsuls, gegen den Aufrührer vorzugehen, auch wird nicht eindeutig erwähnt, daß es sich bei Nasicas Aufruf um eine Aktion handelte, die der rechtlichen Legitimation entbehrte. Auf der einen Seite beurteilt Appian die Situation, in die der Staat durch Gracchus geraten ist, als sehr gefährlich, da er seiner Verwunderung darüber Ausdruck gibt, daß der Senat keinen Diktator bestellte. Auf der anderen Seite erscheint Nasicas Aktion als zweifelhaft, denn im Rahmen seiner Überlegungen, aus welchem Grund sich der Pontifex Maximus die Toga um den Kopf gelegt hat, nennt Appian als eine Möglichkeit, Nasica habe sich in Anbetracht seines Vorhabens vor den Göttern verbergen wollen.[227] Zwar ist Appian hier durchaus der Ansicht, daß Maßnahmen gegen Ti. Gracchus unerläßlich waren, doch hält er eine Diktatur, also eine rechtlich abgesicherte Handlungsweise für die bessere Alternative.[228]

Der Geschichtsschreiber berichtet nun vom Tumult, in dem Gracchus und viele seiner Anhänger[229] erschlagen wurden. Gracchus selbst wurde beim Tempel des Jupiter Capitolinus in der Nähe der Königsstatuen getötet.[230] Daß Appian die Stelle, an der Gracchus getötet wurde, gesondert erwähnt, zeigt, daß er die Möglichkeit zumindest in Betracht zieht, daß aus Ti.

---

[227] App. civ. I 16.
[228] Vor allem muß hinsichtlich Appians Beurteilung der Maßnahmen des Senats beachtet werden, daß der Historiker einer Monarchie grundsätzlich positiv gegenübersteht. Von daher ist es nicht weiter verwunderlich, wenn er in diesem Fall die Einrichtung einer Diktatur für die bessere Alternative hält.
[229] Appian nennt hier keine bestimmte Zahl, sondern spricht nur von vielen Gracchanern. Im Vergleich mit Plut. Ti. Gracch 19-20 wirken die Gegner des Gracchus in Appians Schilderung weit weniger rücksichtslos.
[230] App. civ. I 16.

Gracchus ein Tyrann hätte werden können. Der Ort, an dem Gracchus gestorben war, beinhaltet für Appian allem Anschein nach eine gewisse Symbolik. Der Mord kann demnach durchaus als Strafe für dessen Streben nach Alleinherrschaft verstanden werden.[231]

In Appians Darstellung wird der Haß gegen Tiberius durch seine Landreformpläne geweckt, hat also seinen Ursprung in der Besitzgier der Reichen, nicht in der Sorge um das Wohl des Staates. Seine Ermordung aber sei durch seine eigene Gewalttätigkeit verursacht worden, die wiederum den Staat gefährdete. Dies spricht Appian zwar nicht explizit aus, doch die Tatsache, daß Gracchus seine Wiederwahl offenbar mit Gewalt und Terror durchsetzen wollte, kann nur als staatsgefährdend angesehen werden. Diese Gewaltanwendung wiederum entspringt nicht einer niederen Gesinnung des Gracchus, sondern ist sein letzter verzweifelter Versuch, gegen den unlauter motivierten Widerstand der Reichen die Rechte des Volkes durchzusetzen und eine soziale Katastrophe zu verhindern. So wurde Gracchus durch dieselben Gegner in die potentielle Tyrannis getrieben, die ihn schließlich dafür töteten.

Wie für nicht wenige andere Autoren ist auch für Appian die Ermordung des Gracchus der Beginn der Bürgerkriege. Das wird nicht nur dadurch deutlich, daß die Bürgerkriegsbücher seiner Römischen Geschichte mit den Ereignissen um den reformfreudigen Volkstribun ihren Anfang nehmen,

---

[231] Dies muß der richtigen Interpretation HOSES, der der Ansicht ist, Appian gestalte seine Geschichte der Bürgerkriege von einer eindeutig pro-monarchischen Sicht her, hinzugefügt werden. Sowohl Appians Kritik am Verhalten der Senatorenschaft, als auch seine Mißbilligung der letzten Aktionen des Ti. Gracchus führt HOSE -wenn auch in sehr vorsichtigen Worten- auf eine derartige Sichtweise zurück. „Wenn diese Analyse zutrifft, hat Appian seine Darstellung vom Kampf und Ende des Tiberius Gracchus vom Standpunkt seines Monarchie-Konzepts aus gestaltet" (HOSE, Erneuerung, 301). Es geht Appian allerdings nicht darum, die Monarchie an sich zu vertreten -denn auch eine Tyrannis ist eine Monarchie-, sondern eine Monarchie wie sie in der Ideologie des Prinzipats propagiert wird. Die Prinzipats-Monarchie will nichts mit der alten römischen Königsherrschaft, die ideologisch mit einer ungerechten Tyrannis gleichgesetzt wird, gemein haben. Wenn Appian kritsch eine Verbindung zwischen Gracchus und den Königen herstellt, so beinhaltet dies keine allgemeine Mißbilligung der Monarchie, sondern eine Mißbilligung der alten Königsherrschaft. Aufgabe des Senates wäre es gewesen, einen Diktator zu bestimmen, der sich der mißlichen Lage des Staates angenommen hätte. Der Griff des Gracchus nach der Alleinherrschaft dagegen, die aus dessen Sicht ebenfalls dem Staat dienen sollte, war in keiner Weise legitimiert und ähnelte deshalb eher der Idee einer mit Tyrannis gleichzusetzenden Königsherrschaft.

sondern auch in seiner eigenen abschließenden Beurteilung dieser Ereignisse, in der er darlegt, daß der Mord an Gracchus der erste, aber keineswegs der letzte war, der bei einer Volksversammlung stattfand. Diesem Beispiel sei in der späteren Zeit nicht selten gefolgt worden.[232]

Ein weiterer Effekt der Ermordung des Ti. Gracchus ist nach Appian, daß diese Tat die Stadt Rom polarisierte: Die einen trauerten um Gracchus und um die *res publica*, die sie mit der illegalen Ermordung eines Volkstribuns verloren glaubten, die anderen freuten sich übermäßig über den Tod ihres unbequemen Gegners.[233]

o) Cassius Dio

Das Buch XXIV des Geschichtswerks des Cassius Dio, welches die Ereignisse um Tiberius Gracchus behandelt, ist nur teilweise erhalten. Die Passagen, in denen der Tod des Volkstribuns behandelt wird, fehlen. Dennoch lassen die erhaltenen Aussagen Rückschlüsse auf das Urteil, das der Historiker über den Mord fällt, zu. Ti. Gracchus erscheint hier als Verräter seines Standes:

„῞Οτι ὁ Γράκχος ὁ Τιβέριος ἐτάραξε τὰ τῶν Ῥωμαίων, καίπερ καὶ γένους ἐς τὰ πρῶτα πρὸς τὸν πάππον τὸν Ἀφρικανὸν ἀνήκων, καὶ φύσει ἀξίᾳ αὐτοῦ χρώμενος, τὰ τε τῆς παιδείας ἔργα ἐν τοῖς μάλιστα ἀσκήσας, καὶ φρόνημα μέγα ἔχων."[234]

Den Grund für Gracchus' Politik sieht Cassius Dio nicht in der Notwendigkeit von Reformen, sondern im Opportunismus des Volkstribuns begründet. Als ihm nach dem Numantinischen Krieg ein Triumph verweigert wurde, habe er sich entschlossen, den Ruhm, nach dem er strebte, nicht mehr auf dem redlichen, sondern auf dem einfachen Weg zu begründen. Letztlich sei es Gracchus egal gewesen, auf welche Weise er zu Ansehen

---

[232] App. civ. I 17.
[233] Ebd. Diese Deutung sieht in der Ermordung des Gracchus nicht allein den Beginn der blutigen Bürgerkriege, sondern auch davon zunächst unabhängig eine Fortführung des Untergangs der Römischen Republik. (Dieser Untergang hatte für Appian bereits mit dem Versagen des alten Wirtschaftssystems begonnen). Das alte System funktionierte nicht mehr; die republikanische Einheit und die allgemeine Akzeptanz der etablierten politischen Strukturen waren von nun an nicht mehr gegeben.
[234] Cass. Dio XXIV 83, 1.

gelangte, nur daß er es erreichte, habe eine Rolle gespielt.[235] Den Konflikt mit Ti. Gracchus' Amtskollegen M. Octavius schildert Cassius Dio als mit allen Mitteln (ὥσπερ ἐν δυναστείᾳ τινὶ ἀλλ' οὐ δημοκρατίᾳ, [...] ὥσπερ ἐν πολέμῳ τινὶ ἀλλ' οὐκ εἰρήνῃ)[236] ausgetragenen Streit, der keine normale Politik mehr zuließ. Alle Maßnahmen, die Gracchus während seines Tribunats traf, sieht der Geschichtsschreiber als Streben nach eigenem Vorteil an.[237] Auch die Wiederbewerbung um das Tribunat diente nicht der Verwirklichung seiner Pläne, sondern sollte ihn vor den Angriffen seiner Feinde schützen.[238] Cassius Dio berichtet, Ti. Gracchus habe gemeinsam mit seinem Bruder das Volkstribunat 132 bekleiden und seinen Schwiegervater zum Konsul desselben Jahres machen wollen.[239] Um dies zu erreichen, habe er dem Volk allerhand Versprechungen gemacht und an dessen Emotionen appelliert, indem er sich in Trauerkleidung zeigte und seine Mutter und Kinder in den Wahlkampf mit einbezog.[240]

Hier endet der überlieferte Teil der Schilderung Cassius Dios. Der Geschichtsschreiber berichtet darin allein von der Gefahr, die durch Gracchus ausging, wie er sich um jeden Preis Vorteile verschaffen wollte, wie sein Streit mit Octavius die Politik gefährdete und wie er seine nächsten Verwandten in die verschiedenen Machtpositionen setzen wollte. Von einer konkreten Bedrohung des Gracchus selbst, die vom Senat ausging, erwähnt Cassius Dio nichts. Nur an einer Stelle ist von möglichen Angriffen auf Ti. Gracchus die Rede, nämlich als sich dieser zum zweiten Mal in Folge um

---

[235] Cass. Dio XXIV 83, 1-3.
[236] Cass. Dio XXIV 83, 4.
[237] Cass. Dio XXIV 83, 8.
[238] Hier stimmt Cassius Dio mit Plutarch und Appian überein, die jedoch weit mehr Gewicht auf die Bedrohung von Gracchus' Leben durch die Wohlhabenden legen.
[239] Andere Autoren (z.B. Velleius Paterculus, Plutarch, Appian) nennen diese drei Personen nicht im Zusammenhang mit irgendwelchen zu bekleidenden Ämtern des Jahres 132, sondern als die drei Mitglieder des Kollegiums, welches für die Ackerverteilung zuständig war.
[240] Cass. Dio XXIV 83, 8: „καὶ πενθίμην ἐσθῆτα πολλάκις ἐνεδύετο, τήν τε μητέρα καὶ τὰ παιδία ἐς τὸ πλῆθος παρῆγε συνδεόμενα." Der Autor erwähnt hier nicht den Grund für das Anlegen der Trauerkleidung. Plutarch berichtet jedoch, wie oben gezeigt wurde, seinerseits von der zur Schau gestellten Trauer des Volkstribuns. Da in seiner Schilderung Ti. Gracchus dadurch die Furcht um sein eigenes Leben ausdrückt, liegt die Vermutung nahe, daß Cassius Dio hier darlegt, wie der Volkstribun mit der Lebensgefahr, in die er sich selbst gebracht hatte, kokettierte.

das Volkstribunat bewarb, weil er fürchtete, den Angriffen seiner Feinde ausgesetzt zu sein.[241] Diese Aussage ist aber vergleichsweise unspezifisch: Cassius Dio erklärt nicht, was genau Gracchus' Feinde mit ihm vorhatten, er vermeidet es, explizit von Mordplänen zu berichten. Erst recht unterstellt er den Gegnern des Gracchus keine unlauteren Beweggründe, wie zum Beispiel Habgier und Gewinnsucht. Über die Gründe, die Cassius Dio für Gracchus' Ermordung nennt, kann nur spekuliert werden. Angesichts der erhaltenen Passagen ist es jedoch wahrscheinlich, daß Gracchus in dieser Darstellung nicht aufgrund seiner längst notwendigen Reformen von raffgierigen Adeligen, sondern aufgrund seiner aufrührerischen, gesellschaftsschädigenden Politik von rechtschaffenen Staatsmännern zum Wohl der *res publica* getötet wurde. Da Cassius Dio ihm keinerlei ehrenhafte Motive für seine Reformpolitik zugesteht, kann ebenfalls ausgeschlossen werden, daß Gracchus' Tod hier dem eines Märtyrers gleichkommt. Allem Anschein nach heißt Cassius Dio die Ermordung des Volkstribuns Ti. Gracchus gut.[242]

2. Zusammenfassung und Bewertung

Bei vergleichender Betrachtung der untersuchten Quellen zeigt sich, daß die antiken Autoren in einigen Punkten sehr einig, in anderen dagegen recht verschiedener Ansicht sind. Einigkeit herrscht zunächst darüber, daß Tiberius Gracchus als Volkstribun Landreformpläne verfolgte, welche die bestehende Landverteilung stark zu Ungunsten der wohlhabenden Schichten verändert hätte.[243] Auch daß der Volkstribun mehrere Maßnahmen er-

---

[241] Cass. Dio XXIV 83, 8.
[242] Diese Annahme wird auch gestützt von der allgemeinen Einstellung des Cassius Dio zum Volkstribunat, wie sie in seinem Geschichtswerk immer wieder zum Tragen kommt, und die von FECHNER mit folgenden Worten treffend beschrieben wird: „Jedenfalls begriff Dio das Volkstribunat als seditiöses, beinahe verfassungsfeindliches Element der Ordnung der Römischen Republik. Er hat somit eine zentrale Einrichtung der republikanischen Verfassung durch und durch negativ gesehen und seine Erkenntnisse auch konsequent in seiner fortlaufenden Darstellung zum Ausdruck gebracht, damit aber einen Wesenszug der Republik nicht richtig verstanden" (FECHNER, Cassius Dios Sicht, 209 f.). Hierzu außerdem: FECHNERS Aufzählung von illustrierenden Beispielen aus Cassius Dios Geschichtswerk (208f.).
[243] Zum Inhalt des Gesetzes: LINTOTT, Political History, 63-65; CHRIST, Krise und Untergang, 123-125; BADIAN, Foreign Clientelae, 169-173; Astin, Scipio Aemilianus, 192-194. 196-199. Zum Problem der Landverteilung in der späten römischen Republik: MEYER, Staatsgedanke,

griff, die so ungewöhnlich waren, daß deren Legalität stark in Zweifel stand -z.B. die Absetzung des Octavius oder die Kandidatur zur Wiederwahl-, wird von keinem der Autoren bestritten. Zudem stimmen die Quellen darin überein, daß die Aktivitäten des Ti. Gracchus als Volkstribun schließlich zu dessen Ermordung geführt haben, daß also seine Maßnahmen die Senatorenschaft in so große Sorge versetzten, daß sie zu diesem äußersten Mittel griff. Gracchus wurde wegen seiner Politik getötet - soweit sind sich die Autoren einig.

Was die Bewertung der Tat angeht, so herrscht zumindest in einem Punkt große Einmütigkeit[244]: Durch den Mord an Gracchus wurde das Ende der römischen Republik eingeläutet. Cicero und Sallust sehen in diesem Punkt das Zerbrechen der alten Ordnung manifestiert, die Spaltung des Volkes in zwei einander entgegengesetzte Teile.[245] Diesem Urteil schließt sich Lucan an, wenn er den Bürgerkrieg Caesars letztlich durch das Vorgehen gegen die Gracchen ins Rollen gebracht sieht.[246] Velleius Paterculus, Plutarch und Appian halten die Tat und die damit verbundenen Unruhen für den Beginn der Bürgerkriege, die erst endeten, als auch die Republik am Ende war. Dieser Ansicht nach haben die Gegner des Ti. Gracchus die extrem gewalttätige Politik der Folgezeit durch den Mord, durch den eine bisher nicht gekannte Dimension der Gewalt in der Innenpolitik erreicht wurde, heraufbeschworen.[247] Von Valerius Maximus können wir zumindest feststellen, daß er den Mord an Ti. Gracchus als Mord in einem Bürgerkrieg betrachtet.[248] Da jedoch bei den sicher etwas unruhigen, aber kaum kriegsähnlichen Zuständen vor der Ermordung des Ti. Gracchus noch nicht von

---

281-288; NICOLET, Crise agraire, 92-99; BRUNT, Army and Land, 69-86; GRUEN, Roman Politics, 46-49; BADIAN, Revolution, 670-673; RICHARDSON, Ownership of Roman Land, 1-11; BRINGMANN, Agrarreform, 35-48. Zu den Versuchen eines Landreform vor Ti. Gracchus: NICOLET, Crise agraire, 99f.; GRUEN, Roman Politics, 45f., ASTIN, Scipio Aemilianus, 191f.

[244] Im Wesentlichen einig sind sich die antiken Autoren auch bei der Beschreibung des Tathergangs. Abweichungen begründen sich meist entweder aus unterschiedlichen Gewichtungen innerhalb der Darstellungen oder aus Sympathien des Autors bzw. der Quelle, die dem Autor zugrunde liegt. Die Unterschiede in der Schilderung des Hergangs sind jedenfalls nicht gravierend.

[245] Cic. r. p. I 31; Sall. Iug. 30, 13.

[246] Luc. Phars. I 264-267.

[247] Vell. Pat. II 3, 3f; Plut. Ti. Gracch. 20, 1; App. civ. I 17.

[248] Val. Max. II 8, 7.

einem Bürgerkrieg gesprochen werden kann, ist es sehr wahrscheinlich, daß Valerius nicht die Umstände um den Mord, sondern die Tat selbst als Bürgerkriegsakt versteht. Nach dieser Interpretation beginnt auch für Valerius Maximus der Bürgerkrieg mit der Ermordung des Ti. Gracchus (auch wenn der Autor die Schuld am Ausbruch des Krieges dem Volkstribun selbst anlastet).

Das Urteil über den Mord an Gracchus als Beginn der Bürgerkriege oder zumindest als Beginn der hemmungslosen Gewaltanwendung in der späten römischen Republik scheint auf den ersten Blick so einmütig von den antiken Autoren vertreten zu werden, daß auch die moderne Forschung dieser These bisweilen folgt. Als Beispiele seien hier NICOLET[249], BERNSTEIN[250] und SHOTTER[251] genannt. Hier fällt sogleich auf, daß die Spaltung der römischen Gesellschaft durch die revolutionären Handlungen des Ti. Gracchus und durch seine Ermordung argumentativ kaum vom Beginn der übermäßigen Gewaltanwendung als Mittel der römischen Innenpolitik und damit vom Ausbruch der Bürgerkriege unterschieden wird. Zurecht wird darauf hingewiesen, daß der Mord an Ti. Gracchus eine Spaltung zwischen Senat und Volk verursachte, und daß das Volk mit dem getöteten Volkstribun nun seinen Märtyrer hatte. Durch dieses Zerbrechen der Einheit von Senat und Volk wurde es immer schwieriger, Politik im traditionellen Sinn zu treiben.[252]

---

[249] „En l'espace de quelques mois, de décembre 134 à juin ou juillet 133, l'action politique de Tibérius Graccchus et de ses partisans, menée dans la fièvre de l'espoir pour les uns, dans la haine et la crainte pour les autres, terminée dans les massacres d'une émeute qui était presque une guerre civile, avait inauguré pour Rome l'ère des révolutions. Pour la première fois depuis des siècles, les citoyens s'étaient affrontés dans la violence, le sang avait coulé" (NICOLET, Crise agraire, 8).
[250] „This was the legacy of the tribunate of Tiberius Sempronius Gracchus, which ushered in an era of growing anarchy. Calm would return only after the destruction of Republican government. The violence endemic in Roman society during the hundred years between the Gracchi and Augustus, together with the corrosive social problems underlying attempts at land reform, give the age its revolutionary character" (BERNSTEIN, Ti. Gracchus, 226).
[251] „Thus the year 133 BC had brought the leading factions into violent opposition and had set a tone of political hooliganism that was to characterise the last century of the republic" (SHOTTER, Fall, 22).
[252] „The tribunate of Tiberius Gracchus had divided the State into two hostile parties: the oligarchy, for the first time for many years, had lost control of the Plebs and, for the first time ever, did not seem to be securely re-establishing it" (BADIAN, Foreign Clientelae, 179).

Diese Polarisierung der römischen Gesellschaft ist vor allem bei denjenigen antiken Autoren zu bemerken, die den Ereignissen des Jahres 133 v.Chr. zeitlich am nächsten stehen. Zur Zeit der *Rhetorica ad Herennium*, Ciceros und Sallusts war der Mord an Ti. Gracchus offenkundig ein Thema, das auf beiden Seiten, vor allem aber von Seiten des Volkes sehr emotional behandelt wurde. Die Leidenschaft, die aus dem Bericht der *Rhetorica ad Herennium* und aus der von Sallust wiedergegeben Rede des Volkstribuns C. Memmius spricht, macht dies ebenso deutlich wie die Tatsache, daß Cicero in den Reden, die er vor der *plebs* gehalten hat, sehr bemüht ist, Ti. (und C.) Gracchus möglichst positiv zu charakterisieren, obwohl er selbst die Gracchen sehr kritisch sieht. Auf diese Weise bescheinigen Cicero und Sallust die Spaltung der römischen Gesellschaft nicht allein direkt durch ihre wörtliche Feststellung dieser Tatsache, sondern auch indirekt - und dadurch um so glaubwürdiger - durch ihre Art und Weise, mit Gracchus umzugehen. In Hinblick darauf kann mit Sicherheit festgehalten werden, daß der Mord an Ti. Gracchus Jahr 133 v.Chr. einen großen Teil zum Verfall der alten republikanischen Ordnung beigetragen hat, und daß hier - ob durch den Mord oder bereits durch die unorthodoxe Politik des Ti. Gracchus- eine Entwicklung in Gang gesetzt wurde, die tatsächlich ihr Ende im Prinzipat nahm.

Allerdings bedeutet diese Tatsache nicht, daß mit dem Mord an Ti. Gracchus auch gleichzeitig das Zeitalter der Bürgerkriege begann. Sieht man einmal vom Tod des Scipio Aemilianus 129 v.Chr. ab, so kommt man zu der Erkenntnis, daß der nächste (überlieferte) innenpolitische Mord erst 121, also 12 Jahre nach 133, verübt wurde. Der Krieg zwischen Marius und Sulla, der erste Bürgerkrieg, brach sogar erst 45 Jahre nach dem Tod des Ti. Gracchus aus. Bei genauerem Hinsehen fällt zudem auf, daß nur die kaiserzeitlichen Autoren die These vom Beginn der hemmungslosen Ge-

---

LINTOTT, Political History, 74f., hat sicher recht, wenn er die Feststellung, daß die Gesellschaft in zwei perfekt voneinander geschiedene Teile als „over-simplification" bezeichnet, da es weiterhin Personen gab, die sich zwischen den Fronten bewegten. Dies ändert jedoch nichts daran, daß die bereits von den antiken Autoren festgestellte Uneinigkeit der römischen Gesellschaft seit dem Mord an Ti. Gracchus tatsächlich bestand.

walt und der Bürgerkriege vertreten.²⁵³ Das liegt nicht allein daran, daß diese Autoren bereits wußten, wo die ganze Entwicklung ihr Ende nehmen sollte -denn von Bürgerkriegen und von Caesars Diktatur wußten auch Cicero und Sallust-, sondern in erster Linie daran, daß diese Autoren einen so großen zeitlichen Abstand zur späten römischen Republik haben, daß aus ihrer Sicht die Jahre 133, 121 und 88 v.Chr. viel näher beisammenliegen als aus der Sicht eines früheren Beobachters. Die kaiserzeitlichen Autoren suchen außerdem -anders als die republikanischen- einen Auslöser für das Ende der römischen Republik, das sich für sie als eine Welle von Gewalttaten und Bürgerkriegen darstellt. So setzen sie das Wanken der alten Ordnung und den Beginn der Bürgerkriege gleich.

Uneinigkeit herrscht unter den verschiedenen antiken Autoren hinsichtlich der Frage, was genau Nasica und seine Mitstreiter zu dem Mord an Ti. Gracchus veranlaßt hat. Festzuhalten ist zunächst, daß sich alle antiken - und diesen folgend auch alle modernen- Beurteilungen des Mordes entweder dafür aussprechen, daß die Mörder aus purem Egoismus und reiner Habgier gehandelt haben, oder daß -ob zurecht oder zu Unrecht- die Tat die *res publica* vor einer drohenden Revolution und einer möglichen Alleinherrschaft des Ti. Gracchus bewahrt werden sollte. Alle weiteren Überlegungen zu der Intention des Mordes bewegen sich zwischen diesen beiden Extremen. Nur nach dem Bericht des Autors der *Rhetorica ad Herennium* wurde der Mörder von gar keinen sachlichen Motiven geleitet, sondern handelte allein aus Grausamkeit.²⁵⁴ Sallust bescheinigt den Mördern, durch ihre Tat ihre ungerecht erworbene Machtposition verteidigt zu ha-

---

[253] Der erwähnte Ansatz Sallusts, der ebenfalls einen Zusammenhang zwischen den Bürgerkriegen und dem Mord an Gracchus herstellt, kann zwar als Vorläufer dieser kaiserzeitlichen Geschichtsdeutung angesehen werden, er vertritt jedoch nicht die gleiche Anschauung wie sie. Die von ihm dargestellte Verknüpfung zwischen dem Mord und dem Bürgerkrieg wird nicht explizit gemacht, ist zudem sehr rudimentär und beschäftigt sich mehr mit der Mildtätigkeit oder Grausamkeit der Sieger als mit dem Beginn der innenpolitischen Gewaltanwendung. Die Bürgerkriege wurden dieser Interpretation nach nicht durch Nasica und seine Anhänger losgetreten. Allein ihre Verhaltensweise als Sieger erinnert an die Grausamkeit der Sieger des marianisch-sullanischen Bürgerkrieges und steht im Gegensatz zur *clementia Caesaris* im Krieg Caesars gegen Pompeius.
[254] Rhet. ad. Her. IV 68.

ben.[255] Der Mord geschah seiner Ansicht nach aus machtpolitischen Gründen; der Senat sah durch die Maßnahmen der Gracchen seinen eigenen Einfluß gefährdet. Davon, daß Gracchus nach der Alleinherrschaft gestrebt habe, will Sallust aber nichts wissen. Nach Plutarch verteidigten die Mörder nicht ihre Macht, sondern ihren Besitz.[256] Das Motiv für den Mord an Gracchus liegt demnach in der Habgier der Reichen, die ihre Besitztümer durch die Politik des Volkstribuns in Gefahr sahen.

Ciceros Ansicht nach sollte der Mord an Tiberius Gracchus den Staat vor einer drohenden Gefahr schützen. Er unterstellt den Mördern keinerlei niedere Beweggründe, sondern stilisiert Nasica, indem er ihn mit Servilius Ahala gleichsetzt, und indem er sein Beispiel anführt, um sein Vorgehen gegen die Catilinarier zu rechtfertigen, zum Tyrannenmörder.[257] Ähnlich äußern sich Livius[258], Valerius Maximus[259] und Velleius Paterculus[260]. Auch ihren Schilderungen zufolge wurde Gracchus getötet, da die Nobilitas durch seine Maßnahmen den Staat in Gefahr wähnte und vor der drohenden Tyrannis schützen wollte. Appian bewegt sich zwischen den Extremen, indem er darlegt, daß sowohl die Habgier der Reichen als auch die Sorge um die *res publica*, die durch das Verhalten des Gracchus bedroht schien, Gründe für den Mord an dem Volkstribun lieferten.[261] Tatsächlich ist es aus heutiger Sicht schwer, zu entscheiden, was die Gegner des Gracchus letztlich zu dem Mord getrieben hat. Tatsache ist, daß sich die Streitigkeiten zwischen dem Volkstribun und der Nobilitas an der Frage der Ackergesetze entzündet haben. Dies bedeutet jedoch nicht zwingend, daß diese Gesetze auch den Mord verursacht haben.

Eng damit verbunden ist die Frage nach den tatsächlichen Motiven des Volkstribuns. Dabei können Vermutungen hinsichtlich der möglichen formalen Rechtmäßigkeit der Absetzung des Octavius oder der Kandidatur

---

[255] Sall. Iug. 42, 1.
[256] Plut. Ti. Gracch. 9, 3.
[257] Cic. Cat. I 3.
[258] Liv. per. LVII 1f.
[259] Val. Max. III 2, 17.
[260] Vell. Pat. II 2, 3-3, 2.
[261] App. civ. I 10-15.

zur Wiederwahl vernachlässigt werden,[262] da für die Frage nach den Motiven für den Mord nur berücksichtigt werden muß, daß das Verhalten des Gracchus als revolutionär und zumindest in der Tendenz als Streben nach der Alleinherrschaft verstanden werden konnte und offensichtlich verstanden wurde. Für die Frage nach dem Motiv für den Mord ist nicht entscheidend, ob Ti. Gracchus tatsächlich gegen das Gesetz verstoßen hatte, sondern ob sein Verhalten als ungesetzmäßig interpretiert wurde. Selbst wenn seine Maßnahmen im Einzelnen als legal anerkannt werden konnten, mußte die Häufung fragwürdiger Aktionen, wie die Mißachtung des Senats bei der Vorlegung seiner *lex agraria*, die Absetzung des Octavius[263] und seine Kandidatur zur Wiederwahl bei seinen Feinden einen äußerst gefährlichen Eindruck machen. „It is obvious that Tiberius' attempt at least broke a convention of long standing and was in that sense as unconstitutional as the veto of Octavius had been: it asserted a right that had perhaps never been legislated against, simply because it had never occurred to anyone that it

---

[262] In der modernen Forschung wird die Absetzung des Octavius durch Gracchus häufig als legale Aktion gewertet. Dabei folgen die Autoren der von Plutarch überlieferten Rechtfertigung des Gracchus, Octavius habe sich nicht, wie es einem Volkstribun gebührt, für die Interessen des Volkes eingesetzt, und damit das Recht auf sein Amt verwirkt (EARL, Gracchus, 88f.; ASTIN, Scipio Aemilianus, 205-208; STOCKTON, Gracchi, 70f.; BADIAN, Revolution, 711; PERELLI, Gracchi, 111; anders: SCHUR, Marius und Sulla, 23; SORDI, Sacrosanctitas, 124-130). Allerdings wäre ein Volkstribun generell in einer sehr schwachen Position, wenn er durch eine einzige Abstimmung, die zudem noch von seinem politischen Gegner veranlaßt wurde, absetzbar wäre (GRUEN, Roman Politics, 54). Es muß in diesem Zusammenhang vielmehr festgehalten werden, daß die Absetzung eines jeden Magistrats während seiner einjährigen Amtszeit nicht in Frage kam, ob er seinem Amt gerecht wurde oder nicht. Erst nach Beendigung seiner Amtszeit konnte über etwaige Rechtsbrüche verhandelt werden. Dies ist eines der tragenden Prinzipien der römischen Verfassung. Schon gar nicht konnte ein Magistrat aus seiner eigenen politischen Gesinnung das Recht ableiten, einen Kollegen des Amtes zu entheben, der ihm nicht einmal unterstellt war. Daß vor Gracchus niemals ein Volkstribun versucht hat, einen Kollegen oder einen anderen Magistrat durch eine Volksversammlung abzusetzen, spricht für sich, wenngleich das Urteil MEYERS, der die Absetzung des Octavius als „reine Revolution" bezeichnet, ein wenig überzogen ist (MEYER, Staatsgedanke, 294).

[263] Auch die Tatsache, daß es bei der Absetzung des Octavius zu verschiedenen Gewaltausbrüchen seitens der Anhänger des Gracchus gekommen war, muß die Ängste der konservativen Senatoren geschürt haben. „Thus the affair seems to have been a brawl rather than a riot, and it had no immediate impact on the course of events. Nevertheless its psychological impact must have been considerable. The temper of the mob, the potential for violence, had been revealed. [...] If no one was planning to initiate violence, many must have been thinking in terms of defending themselves" (ASTIN, Scipio Aemilianus, 209f.).

could be used."²⁶⁴ Zudem hatten seine Gegner Grund zu der Annahme, daß Gracchus die angestrebte Alleinherrschaft tatsächlich erreichen würde, da er im Verlauf seines Tribunats zu sehr viel Macht gekommen war, was sich wiederum darin spiegelt, daß er unbehelligt seinen Amtskollegen absetzen und seine Gesetzesvorschläge durchbringen konnte. Also galt es, seine Wiederwahl als Volkstribun zu verhindern. BERNSTEIN hat recht, wenn er aus den Vorgängen des Tages, an dem Gracchus getötet wurde, schließt, daß der Mord keineswegs von langer Hand geplant war.²⁶⁵ Die Situation, in der sich die römische Republik nun befand, war, wie BADIAN zurecht feststellt, bis dahin ohne Beispiel,²⁶⁶ deshalb kann es auch nicht verwundern, daß zu ungewöhnlichen Abwehrmaßnahmen gegriffen wurde. Es ist also überhaupt nicht abwegig, daß die Mörder des Ti. Gracchus tatsächlich in erster Linie politisch motiviert handelten, daß sie durch den Mord die *res publica* zu erhalten versuchten. Allerdings schließt diese Überlegung nicht aus, daß auch egoistische Motive eine Rolle spielten, und daß die Sorge um den eigenen Besitz den Eifer für die *res publica* verstärkte, wenn nicht sogar bei einigen erst auslöste. Die Frage nach der Gewichtung der Motive muß aber in jedem Fall Spekulation bleiben, da uns erstens die Gedanken der Nobilitas von 133 v.Chr. verborgen sind, und zweitens die Mörder des Ti. Gracchus aus einer Vielzahl an Individuen bestehen, die mit Sicherheit nicht alle von denselben Motiven getrieben wurden.

Diese Frage führt uns zur Diskussion über die formale Rechtmäßigkeit der Tötung des Tiberius Gracchus. Auffällig ist hier, daß die Autoren, die mit Nasica sympathisieren, die Frage der juristischen Komponente des Mordes meist vernachlässigen. Valerius Maximus, der ein scharfer Kritiker des Ti. Gracchus ist, und der Nasica für den Mord in den höchsten Tönen lobt, thematisiert sogar die Frage nach der Legalität dahingehend, daß er zugibt,

---

[264] BADIAN, Revolution, 72. Außerdem LINTOTT, Political History, 72; GRUEN, Roman Politics, 91f.; MEIER, Res publica, 129.
[265] BERNSTEIN, Gracchus, 224. Ebenso zutreffend konstatiert ASTIN, daß der Ausbruch der Gewalt wahr-scheinlich weder von der einen Seite, noch von der anderen Seite geplant war: „Thus each side accused the other not only of initiating violence but of planning it; yet the indications are, that neither did so. For it is evident that both sides were unprepared for violence, that both had to improvise weapons" (ASTIN, Scipio Aemilianus, 220).
[266] BADIAN, Revolution, 723.

die Tat sei rechtlich nicht abgesichert, aber dennoch notwendig gewesen.[267] Cicero, der als Rechtsgelehrter gezwungen ist, eine Tat, die er uneingeschränkt gutheißt, auch für legal zu halten, konstruiert aus diesem Grund eine nachträgliche Legalisierung des Mordes durch den Konsul Mucius Scaevola.[268] Die Befürworter des Gracchus bestehen dagegen darauf, daß der Mord unrechtmäßig und illegal war.

Bis auf Velleius Paterculus machen alle antiken Autoren ihre moralische und politische Bewertung des Mordes von ihrer Sympathie für Gracchus abhängig. Wer Gracchus für einen schädlichen Politiker hält, der heißt auch seine Ermordung gut, wer seine Politik lobt, kritisiert den Mord. Nur Velleius Paterculus gelingt es, sich von diesem Zusammenhang zu lösen. Er kritisiert die Person und die Politik des Gracchus und sieht dennoch in seiner gewaltsamen Beseitigung den ersten Schritt zu einer von Gewalt und Ungerechtigkeit bestimmten Politik. Die Frage der Legalität beschäftigt ihn dabei weniger als die Lawine der Gewalt, die durch diese Tat angestoßen wurde.

Hinsichtlich der formalrechtlichen Beurteilung der Tat kann aus dem Abstand des 21. Jahrhunderts nur festgestellt werden, daß der Mord eindeutig nicht legal war: Selbst wenn es zum damaligen Zeitpunkt bereits die Möglichkeit eines *senatus consultum ultimum* oder ein ähnliches Notstandsrecht gegeben hätte[269] -was von Ungern-Sternberg überzeugend widerlegt worden ist[270]-, ist es in diesem Fall nicht angewendet worden. Es ist eindeutig überliefert, daß der Konsul Mucius Scaevola, dem die Sorge um die Republik angetragen wurde, sich weigerte, gewaltsame Maßnahmen gegen Gracchus und seine Anhänger zu ergreifen. Damit ist die Tat Nasicas in jedem Fall formaljuristisch nicht korrekt. Selbst wenn der Konsul den Mord nachträglich gutgeheißen hat, wie Cicero behauptet, war er zu dem Zeitpunkt, als er begangen wurde, illegal. Einen Mord im Nachhinein für legal -also juristisch einwandfrei- zu erklären, wäre außerdem ein sehr kühnes Unterfangen. Möglicherweise hat der Konsul später eingeräumt,

---

[267] Val. Max. III 2, 17.
[268] Cic. dom. 91.
[269] LABRUNA, Violence, 124f. geht noch davon aus.
[270] UNGERN-STERNBERG, Notstandsrecht, 8-16.

daß die Handlungen des Privatmannes Nasica politisch angebracht waren; legalisieren konnte er sie zu diesem Zeitpunkt wohl kaum mehr. Überdies bestand gerade für einen Volkstribun durch die *sacrosanctitas* ein noch größerer rechtlicher Schutz als für andere Beamte oder Privatpersonen der römischen Republik.

Selbst wenn man einem Privatmann grundsätzlich die Möglichkeit des Tyrannenmordes zugute halten will[271], kann diese Argumentation nicht auf Nasica und Gracchus angewendet werden.[272] Daß die Zeitgenossen des Ti. Gracchus, die von seiner Politik unmittelbar betroffen waren, seine Maßnahmen als Streben nach der Tyrannis interpretieren konnten, heißt nicht, daß diese Interpretation korrekt war. Ti. Gracchus war offensichtlich ein Politiker, der mit allen Mitteln seine Politik durchsetzen wollte, er war jedoch mit Sicherheit kein Tyrann.[273] Möglicherweise strebte er nach mehr

---

[271] LINTOTT, Violence, 58.

[272] Allerdings hat Nasica sein Handeln selbst wohl als eine Art von Tyrannenmord verstanden oder wollte es zumindest von den Augenzeugen so verstanden haben. Ein deutlicher Hinweis darauf ist die bei mehreren Autoren überlieferte Verhüllung seines linken Arms (Val. Max. III 2, 17; Vell. Pat. II 3, 2) oder seines Kopfes (Plut. Ti. Gracch. 19, 4; App. civ. I 16). Diese Geste bedeutete wohl nicht -wie Appian sie interpretiert-, daß Nasica sein Handeln vor den Göttern verbergen wollte, sondern, daß er bewußt als Pontifex Maximus, als oberster Juppiterpriester handelte (KORNEMANN, Gracchenzeit, 5; EARL, Gracchus, 118f.; vgl. LINTOTT, Political History, 72, der außerdem die Möglichkeit nennt, daß Nasica sich einer Geste bediente, die normalerweise von Konsuln vollführt wurde, wenn sie im Staatsnotstand gegen einen auswärtigen Feind Soldaten rekrutierten). EARL schließt aus dieser Haltung Nasicas, daß Ti. Gracchus wie ein Opfertier getötet werden sollte. Diese Ansicht ist jedoch von BADIAN (Three Fragments, 4f.) widerlegt worden. Eine überzeugende Interpretation der Geste Nasicas liefert LINDERSKI, der unter Berücksichtigung von ähnlichen Fällen zu dem Ergebnis kommt, daß Nasica sich als Ausführer des göttlichen Willens, als Vollstrecker der göttlichen Strafe an Ti. Gracchus verstand: „[H]e was loudly proclaiming that he, the *pontifex maximus*, was proceeding to consecrate Tiberius and his followers to the wrath of the gods. The old religious and public regulations of the Republic, the *leges sacratae*, prescribed that the heads of those who attempted to establish tyranny [...] and of those who iniured the tribunes of the plebs, be forfeited to Jupiter, the guarantor of the constitution. And who was better qualified to pronounce the curse than the *pontifex maximus, iudex atque arbiter rerum divinarum humanarumque?*" (LINDERSKI, Pontiff and Tribune, 364f.).

[273] Dagegen sieht VON LÜBTOW, indem er dem Urteil MOMMSENS (Gracchus hatte „nach der Krone gegriffen, ohne selbst es zu wissen, bis die unerbittliche Konsequenz der Dinge ihn unaufhaltsam drängte in die demagogisch-tyrannische Bahn [...]": MOMMSEN, Römische Geschichte, II 96) folgt, in der Tötung des Volkstribuns einen Tyrannenmord (Volk, 337f.). VON LÜBTOW interpretiert dabei die bei Plutarch (Ti. Grach. 19, 1f.) überlieferte Handbewegung des Gracchus als Verlangen des Tribuns nach dem königlichen Diadem. Diese Version ist jedoch äußerst unglaubhaft und entstammt mit großer Sicherheit anitgracchischer Propaganda.

Macht als seinen Zeitgenossen lieb sein konnte, doch tat er dies im Rahmen der römischen Staatsordnung; wo er von Traditionen oder gar der Verfassung abwich, wie im Falle der Absetzung des Octavius, versuchte er zumindest, seine Maßnahmen staatsrechtlich zu begründen.[274] Insgesamt war seine Politik von starkem Reformstreben geprägt; alle seine Aktivitäten als Tribun können als Maßnahmen zur Durchsetzung seiner Reformpolitik verstanden werden und machen in diesem Zusammenhang den größeren Sinn, als wenn man sie als Streben nach der Alleinherrschaft versteht. Selbst wenn Ti. Gracchus -was äußerst zweifelhaft ist- die römische Verfassung zu einer reinen Volkssouveränität hätte umändern wollen, wobei er selbst als Sprachrohr des Volkes fungiert hätte,[275] hätte dies nicht als Streben nach Tyrannis im klassischen Sinn verstanden werden können.[276] Vor allem aber kann die Akzeptanz des Tyrannenmordes im römischen Rechtsverständnis nicht bedeuten, daß jeder, von dem eine Gruppe -bei dieser Gruppe handelte es sich zu allem Überfluß noch um Personen, die von der angestrebten Politik des Ermordeten Schaden gehabt hätten- annimmt, er strebe nach zu viel Macht, für vogelfrei erklärt wird. Insgesamt war der Mord an Tiberius Gracchus eher die Überreaktion einer Führungsschicht, die sich durch die Politik des Volkstribuns politisch und persönlich bedroht fühlte, als ein Tyrannenmord.

Eng mit der Frage nach der Absicht des Mordes ist das Urteil über den Erfolg der Tat verbunden. Wenn es bei dem Mord um nichts weiter gegangen ist als den politischen Aufstieg des Ti. Gracchus zu stoppen, dann hat die Tat eindeutig den gewünschten Erfolg gebracht. Allerdings hatte Nasica

---

[274] PETZOLD, Revolution oder Krise, 238, stellt treffend fest, daß der Verstoß gegen Prinzipien und Ordnungen der Republik nicht mit dem Versuch, diese Ordnung umzustürzen, identisch ist. Zudem war der politische Ansatz des Ti. Gracchus keineswegs revolutionär, sondern allenfalls die Art und Weise seines Vorgehens, indem er seine Ziele an der Senatsautorität vorbei zu verwirklichen versuchte. BURCKHARDT setzt deshalb wohl zurecht mit Ti. Gracchus „die Entstehung der popularen Methode" an (BURCKHARDT, Strategien, 36. Außerdem: BRUNT, Fall, 19).
[275] Davon geht z.B. PERELLI, Gracchi, 97-123 aus.
[276] Vgl. BÉRANGER, Tyrannus, 85-94, der aufgrund der Definition eines Tyrannen bei Platon und Cicero sogar bezweifelt, daß der Begriff des Tyrannen auf Caesar angewendet werden kann. Die in dem Aufsatz gesammelten Anhaltspunkte für eine Tyrannis machen mehr als deutlich, daß Gracchus mit einem klassischen Tyrannen nicht das geringste gemeinsam hatte.

sicher nicht nur vor, eine mögliche Revolution des Ti. Gracchus zu verhindern, sondern jede Revolution, die in eine ähnliche Richtung ging. Vor diesem Hintergrund muß festgestellt werden, daß die Mörder auf lange Sicht nicht verhindern konnten, daß Gracchus Nachahmer finden würde. Zwar kehrte durch den Mord an Ti. Gracchus und die Verfolgung seiner Anhänger zunächst Ruhe ein, doch von C. Gracchus bis hin zu Julius Caesar standen auch in der Folgezeit immer wieder Reformer auf, die sich erstens der Frage der Landreformen annahmen und zweitens mit Mitteln vorgingen, die sich weiter und weiter von der alten römischen Ordnung entfernten. Den Zusammenbruch der römischen Republik und ihren Weg zur Monarchie hat der Mord an Gracchus nicht aufgehalten. Diese Entwicklung wäre wohl eher zu stoppen gewesen, wenn ein vergleichsweise harmloser Reformer wie Gracchus nicht blockiert und schließlich ermordet, sondern angehört und unterstützt worden wäre.[277] Ging es also den Mördern darum, die alte römische Republik zu bewahren und sie in ihrer traditionellen Form zu erhalten, so ist es offensichtlich, daß die Tat nicht ihren Zweck erfült hat, die Täter also gescheitert sind.

Sollte es den Mördern jedoch nur darum gegangen sein, ihren eigenen Besitz zu sichern und nichts von ihrem Grund und Boden abgeben zu müssen, so hatten sie auch langfristig Erfolg. Es ist allerdings fraglich, ob Ti. Gracchus das hätte durchsetzen können, was selbst Caesar während seiner Diktatur nicht versuchte, nämlich die Enteignung von Großgrundbesitzern zugunsten verarmter Bevölkerungsschichten. Eine derartige Landreform, die die Vermögensverhältnisse der reichen Oberschicht angegriffen hätte, hat es in der römischen Republik und auch danach nicht gegeben. Es ist mehr als zweifelhaft, ob zur Verhinderung solcher Pläne wirklich ein Mord vonnöten gewesen ist. Zudem wurden die Gesetze des Ti. Gracchus nach

---

[277] Das Problem der Unreformierbarkeit Roms, das Chr. MEIER in seiner Untersuchung zum Ende der römischen Republik „Res publica amissa" als „Krise ohne Alternative" (201-205) ausführlich schildert, hat E. MEYER bereits 1948 vorformuliert: „Doch scheint man sich in den führenden Kreisen Roms dieser Entwicklung gegenüber (i.e. Probleme der Landverteilung und deren wirtschaftliche sowie gesellschaftliche Folgen) eher einer fatalistischen Resignation hingegeben zu haben und zum mindesten der Meinung gewesen zu sein, daß man mit politischen Mitteln dagegen nichts unternehmen könne und am Bestehenden nicht rütteln dürfe" (MEYER, Staatsgedanke, 288; hier in der 3. Aufl. von 1964).

dessen Ermordung nicht kassiert, sondern nur allmählich verwässert; ein möglicher Hinweis darauf, daß die Mörder nicht in erster Linie die Verhinderung der Gesetze des Gracchus zum Ziel hatten, sondern in ihm einen echten, gefährlichen Feind der *res publica* sahen.

Zuletzt bleibt noch die Frage zu behandeln, in welchem Zusammenhang der Mord an Ti. Gracchus mit dem bei Cicero und Valerius Maximus berichteten Versöhnungsopfer an die alte römische Göttin Ceres zu verstehen ist. BARBETTE STANLEY SPAETH weist in einem Aufsatz, der sich mit dieser Frage befaßt, zurecht darauf hin, daß Ceres eine Göttin war, von der man annahm, sie wache über die *sacrosanctitas* der Volkstribunen.[278] Daraus schließt sie aber nicht, daß die Mörder des Ti. Gracchus die Göttin aufgrund des Frevels der Ermordung des Volkstribuns gnädig stimmen wollten, sondern daß die Versöhnung der Ceres eine Handlung war, die demonstrieren sollte, daß die Göttin durch die Aktivitäten des Ti. Gracchus beleidigt worden war. "By sending the delegation to Ceres, the Senate signalled that she had been offended by actions of Tiberius and had to be appeased for his violation of the laws which were in her charge. [...] The mission to Ceres at Henna thus represents part of a program by Tiberius' senatorial opponents to discredit him and to justify his murder as a legal form of execution."[279] Gracchus habe demnach die *sacrosanctitas* des Volkstribunats selbst mißachtet, indem er Octavius absetzen ließ. Die These, der Senat habe sein eigenes mögliches Fehlverhalten entschuldigen wollen, lehnt STANLEY SPAETH mit der Begründung ab, daß die Gegner des Gracchus nach dem Mord die Oberhand behalten hatten und deren mögliche Schuld in der Öffentlichkeit möglichst „unter den Teppich gekehrt" wurde.[280] Dieser Ansatz setzt allerdings voraus, daß die Versöhnung der Ceres auf jeden Fall ein rein politischer Akt war, der von echt empfundener Frömmigkeit nicht tangiert wurde. Der Leser sollte sich jedoch vor Augen

---

[278] STANLEY SPAETH, Death of Tiberius Gracchus, 186. Sie weist hier auf Liv. III 55, 7 hin, wo Livius den Wortlaut eines Gesetzes wiedergibt, welches besagt, daß, wer immer einem Volkstribun (oder einem Ädilen oder Decemvir) ein Leid antue, getötet werden solle und seine Güter am Tempel der Ceres verkauft werden sollen.
[279] STANLEY SPAETH, Death of Tiberius Gracchus, 183.
[280] STANLEY SPAETH, Death of Tiberius Gracchus, 184f.

halten, daß die Ermordung eines Volkstribuns ein novum in der römischen Geschichte darstellte, das nicht nur die *plebs*, sondern auch große Teile der Oberschicht in eine Art Schockzustand versetzen mußte. Deshalb kann der Mord auch Gewissensnot bei denen hervorgerufen haben, die ihn politisch billigten. Zumindest mußte jedem Senator klar sein, daß der Mord an Tiberius Gracchus einer Gottheit, die für die Verletzung der *sancrosanctitas* des Volkstribunats grundsätzlich Sühne forderte, nicht gefallen konnte. Die Absetzung eines Kollegen durch einen Volkstribun konnte mit Sicherheit keine größere Verletzung der *sacrosanctitas* bedeuten als die Ermordung eines Volkstribuns. Deshalb ist es kaum anzunehmen, daß die Versöhnung der Ceres tatsächlich eine Demonstration der Schlechtigkeit des Ti. Gracchus und der Unschuld der Senatoren darstellen sollte. Vielmehr ist davon auszugehen, daß die Oberschicht, die erstmalig einem amtierenden Volkstribun das Leben genommen hatte, bemüht war, die Göttin, die für den Mord Rache nehmen mußte, gnädig zu stimmen, auch wenn die Täter der Ansicht gewesen sein mögen, daß ihnen politisch keine andere Wahl geblieben war.[281]

---

[281] Vgl. außerdem ORLIN, Temples, 111 f., der richtig feststellt: „The construction of a temple to Ceres [...] may have been intended to ease tension with the plebs." STANLEY SPAETH betont 1996 in ihrer Monographie über Ceres selbst die enge Verbindung zwischen der Göttin und der plebs: STANLEY SPAETH, Roman Goddess, 81-102.

B) Der Fall P. Cornelius Scipio Aemilianus im Jahr 129 v.Chr.

1. Die Darstellung der Quellen
a) Cicero

Cicero geht unter anderem in seiner philosophischen Schrift *De fato* auf den plötzlichen Tod des Scipio Aemilianus ein.[282] Um die epikureische Lehre von der Unabänderlichkeit der Zukunft zu verdeutlichen, wählt er als Beispiel einer Prophezeiung, die genauso wahr ist, wie die Feststellung eines Ereignisses aus der Rückschau heraus: „*Morietur noctu in cubiculo suo vi oppressus Scipio.*"[283] Cicero macht hier nicht explizit deutlich, daß es sich bei diesem Scipio um denjenigen handelt, der im Jahr 129 v.Chr. plötzlich gestorben ist. Da seine Beschreibung der näheren Umstände des Todes Scipios jedoch den Darstellungen anderer Autoren entsprechen,[284] wird deutlich, daß Cicero den Tod des Scipio Aemilianus Numantinus anspricht. Offenbar bezweifelt Cicero keineswegs, daß Scipio gewaltsam zu Tode kam, denn er stellt diesen Tatbestand als feststehendes Faktum dar. Die oben zitierte Zukunftsprognose ist seiner Ansicht nach ein Beispiel für einen Satz, dessen Inhalt unbestreitbar wahr ist:

> „Sic si diceretur: ‚Morietur noctu in cubiculo suo vi oppressus Scipio', vere diceretur; id enim fore diceretur, quod esse futurum; futurum autem fuisse ex eo, quia factum est, intellegi debet. Nec magis erat verum ‚Morietur Scipio' quam ‚Morietur illo modo', nec magis necesse mori Scipioni quam illo modo mori, nec magis inmutabile ex vero in falsum ‚Necatus est Scipio' quam ‚Necabitur Scipio'."[285]

Darüber, warum, von wem[286] und auf welche Weise der Feldherr umgebracht wurde, schweigt Cicero sich aus. Der Leser erfährt nur, daß der Mord in der Nacht geschah, und daß Scipio in seinem Schlafzimmer er-

---

[282] Das positive Bild, welches Cicero von Scipio Aemilianus hat, tritt nicht zuletzt in re p. 6, 9-29 (*somnium Scipionis*) zutage.
[283] Cic. fat. 18.
[284] Vgl. Liv. per LIX, 16; Plut. C. Gracch. 21, 4-5.
[285] Cic. fat. 18.
[286] In Cic. fam. IX 24, 3 erwähnt Cicero einen Verdacht gegen C. Papirius Carbo, der mit seinem Gesetzesvorschlag an der Redekunst des Scipio Aemilianus scheiterte. Cicero legt sich hier jedoch nicht fest, sondern berichtet nur, daß ein solcher Verdacht existiere. Ob er begründet ist, wird nicht diskutiert. Ähnlich ist Cic. Quint. frat. II 3, 3 zu verstehen. Interessant ist bei der letztgenannten Stelle vor allem, daß der Verdacht gegen Carbo zu Ciceros Zeiten offenbar in der Öffentlichkeit allgemein bekannt war.

mordet wurde. Offenbar konnte Cicero die Tat und ihre näheren Umstände als allgemein bekannt voraussetzen, was darauf schließen läßt, daß im Jahr 44 v.Chr. (in diesem Jahr verfaßte Cicero die zitierte Schrift) der plötzliche Tod des Scipio Aemilianus noch nicht in Vergessenheit geraten war.

Auch in seiner Rede *Pro Milone* erwähnt Cicero den Tod des Scipio Aemilianus. Wiederum verweist er darauf wie auf ein allgemein bekanntes Ereignis, indem er die Trauer über das Ableben des verdienstvollen Bürgers beschreibt und damit hofft, dem Gericht, vor dem der Mörder seines Erzfeindes Publius Clodius Pulcher angeklagt ist, in Erinnerung zu rufen, daß es in der jüngsten Geschichte weitaus bedauernswertere gewaltsame Todesfälle als den des Clodius gegeben hat, die aber keineswegs mit derselben Intensität untersucht wurden:

> „Quantum luctum fuisse in hac urbe a nostris patribus accepimus, cum P. Africano domi suae conquiescenti illa nocturna vis esset illata! Quis tum non ingemuit, quis non arsit dolore, quem immortalem si fieri posset omnes esse cuperent, eius ne necessariam quidem expectatam esse mortem? num igitur ulla quaestio de Africani morte lata est? Certe nulla."[287]

Cicero spricht über den Tod des Scipio wieder so, als gäbe es überhaupt keinen Zweifel daran, daß der Feldherr ermordet wurde. Die Möglichkeit eines natürlichen Todes scheint überhaupt nicht zur Debatte zu stehen. Außerdem äußert sich Cicero einigermaßen bedauernd über die Tatsache, daß im Fall Scipio -im Gegensatz zum Miloprozeß- kein außerordentliches Gericht eingesetzt wurde, daß also der Tod des Übeltäters Clodius offenbar weitaus wichtiger erscheint als der Tod des verdienten Feldherrn Scipio. Nach Cicero hat also der Mord an Scipio Aemilianus zwar große Trauer ausgelöst, ist jedoch von staatlicher Seite nicht weiter verfolgt worden.[288]

---

[287] Cic. Mil. 16.
[288] Cicero verschweigt hier allerdings, daß im Gegensatz zum Fall Scipio beim Tod des Clodius feststand, daß dieser ermordet wurde. Sogar der Täter war eindeutig feststellbar. Beim Tod des Scipio Aemilianus jedoch war nicht einmal die Ursache seines Ablebens, geschweige denn der etwaige Mörder bekannt.
[288] Vgl. Plut. Ti. Gracch. 21, 4.

b) Livius

Auch der Historiker Livius erzählt in seinem Geschichtswerk vom Ende des P. Cornelius Scipio Aemilianus, des Schwagers von Ti. und C. Gracchus.[289] Zunächst berichtet Livius, daß sich Aemilianus, nachdem er siegreich vom Numantinischen Krieg heimgekehrt war, gegen die Politik des getöteten Ti. Gracchus geäußert habe. Dabei habe er zugleich dessen Ermordung gutgeheißen. Livius erzählt von dieser Äußerung im Zusammenhang eines Gesetzesantrages, den der Volkstribun C. Papirius Carbo im Jahr 131/130 v. Chr. einbrachte. Carbo wollte die Möglichkeit durchsetzen, daß ein Volkstribun sich so oft er wollte wiederwählen lassen konnte. Um die Bedeutung dieses Gesetzesantrags zu erfassen, muß man sich in Erinnerung rufen, daß Ti. Gracchus eben bei einem solchen Versuch, sich als Volkstribun wiederwählen zu lassen, getötet wurde. Scipio Aemilianus habe Carbos Antrag widersprochen und dabei zu erkennen gegeben, daß Ti. Gracchus seiner Ansicht nach zu Recht getötet wurde:

> „Rogationem eius P. Africanus gravissima oratione dissuasit; in qua dixit Tib. Gracchum iure caesum videri."[290]

Hier zeigt sich bereits, daß Scipio Aemilianus ein Gegner der gracchischen Politik war. Das ist der Grund, warum Livius die Familie der Gracchen für den plötzlichen und unerwarteten Tod des verdienten Feldherrn verantwortlich macht. Scipio Aemilianus hatte sich nämlich nicht nur in der oben dargelegten Weise geäußert, sondern sich auch dem neuen Dreimännerkollegium, bestehend aus M. Fulvius Flaccus, C. Gracchus und C. Papirius Carbo, das nun für die Landverteilung zuständig war und diese Vollmacht bewußt dazu benutzte, für Aufruhr und Unruhe zu sorgen,[291] entgegengestellt:

> „Cum P. Scipio Africanus adversaretur fortisque ac validus pridie domum se recepisset, mortuus in cubiculo inventus est. suspecta fuit, tamquam ei venenum dedisset, Sempronia

---

[289] Scipio Aemilianus Numantinus war mit Sempronia, der Schwester des Tiberius und des Gaius Gracchus verheiratet.
[290] Liv. per. LIX 11.
[291] Durch die hier gewählte Formulierung ist das Unruhe-Stiften der Ackerkommission tatsächlich als absichtsvolle Handlung beschrieben: „Seditiones a triumviris Fulvio Flacco et C. Graccho et C. Papirio Carbone agro dividendo creatis excitatae" (Liv. per. LIX 15).

uxor hinc maxime, quod soror esset Gracchorum, cum quibus simultas Africano fuerat."[292]

Livius betont, daß Scipio kurz vor seinem plötzlichen Tod noch *fortisque ac validus* war, unterstreicht also, daß sein Ende völlig unerwartet kam. Die einzige mögliche Erklärung, die er liefert, ist, daß der Gegner der Gracchen von seiner Ehefrau, der Schwester seiner politischen Feinde, durch Gift umgebracht wurde. Zwar legt sich der Autor der *Periochae* diesbezüglich nicht fest, doch der Verdacht, daß der unbequeme Gegner der Gracchen ausgerechnet zu diesem Zeitpunkt keines natürlichen Todes starb, wird von ihm in keiner Weise entkräftet.[293] Allerdings berichtet Livius auch, daß es keine Beweise für die Mordthese gegeben hat, da der Fall nicht weiter untersucht wurde.[294] Als Folge des Todes Scipios nennt er die Eskalation des Aufruhrs, den die Triumvirn verursacht hatten.[295] Dies unterstreicht noch einmal die Bedeutung, die Scipio Aemilianus als Gegner der Gracchen hatte. Erst nach seinem Tod konnte die Politik des C. Gracchus und seiner Kollegen wirklichen Schaden anrichten. Mit ihm fiel -so Livius- das letzte Bollwerk gegen die aufrührerische und unruhestiftende Politik des Dreimännerkollegiums.

c) Valerius Maximus

Valerius Maximus erwähnt den Tod des Scipio Aemilianus kurz in seinen Beispielen *Quae cuique magnifica contigerunt*. In dem Abschnitt wird die Karriere des Scipio Aemilianus thematisiert, und die Tatsache, daß er mehrere Male besondere Ämter und Privilegien zugesprochen bekam, ohne daß er sich um diese bemüht hatte. In diesem Zusammenhang wird auch das Ende des Feldherrn erwähnt: So, wie Scipio Aemilianus Zeit seines Lebens durch heimliche Komplotte anderer zu Ehren gekommen sei, sei er auch zu Tode gekommen:

---

[292] Liv. per. LIX 16f.
[293] Vgl. App. civ. I 20, der neben der Mordthese auch die Möglichkeit eines Selbstmords in Betracht zieht.
[294] Liv. per. LIX 18.
[295] Liv. per. LIX 19.

> „Tradunt subinde nobis ornamenta sua Scipiones conmemoranda: Aemilianum enim populus ex candidato aedilitatis consulem fecit. Eundem, cum quaestoriis comitiis suffragator Q. Fabi Maximi, fratris filii, in campum descendisset, consulem iterum reduxit. Eidem senatus bis sine sorte prouinciam, prius Africam, deinde Hispaniam dedit, atque haec neque civi ambitioso neque gratioso senatori, quem ad modum non solum vitae eius severissimus cursus, sed etiam mors clandestinis inlata insidiis declaravit."[296]

Valerius Maximus geht also offenbar davon aus, daß Scipio Aemilianus ermordet wurde. Eine weitere Wertung der Tat wird nicht vorgenommen.

d) Velleius Paterculus

Velleius Paterculus behandelt den Feldherrn Scipio Aemilianus Numantinus in einem Exkurs, den er nach der Schilderung der Ereignisse um Ti. Gracchus einschiebt. Der Historiker berichtet von den militärischen Erfolgen Scipios und davon, daß der zweifache Konsul sich öffentlich als Gegner des ermordeten Volkstribuns Ti. Gracchus zu erkennen gegeben hatte.[297] Den Tod Scipios schildert der Historiker als überraschendes Ereignis. Daß der Feldherr ermordet wurde, steht aus seiner Sicht fest, denn er konstatiert, daß am Hals des Toten Würgemale gefunden wurden.[298] Allein der Grund für die Tat ist für Velleius Paterculus nicht nachvollziehbar. Der Mord an Scipio ist für ihn eine unerhörte Tat, weshalb der Geschichtsschreiber bei seiner Darstellung dieses Falles die hohen Verdienste des Ermordeten betont:

> „Reversus in urbem intra breve tempus, M'. Aquilio C. Sempronio consulibus abhinc annos CLX, post duos consulatus duosque triumphos et bis excisos terrores rei publicae mane in lectulo repertus est mortuus, ita ut quaedam elisarum faucium in cervice reperirentur notae."[299]

Im Gegensatz zu anderen Autoren nennt Velleius Paterculus jedoch keine Verdächtigen, die Scipio Aemilianus getötet haben könnten. Er stellt lediglich fest, daß der Tod des verdienten Feldherrn, der Rom zur Herrin der Welt gemacht hatte,[300] nicht weiter untersucht wurde. Der Historiker be-

---

[296] Val. Max. VIII 15, 4.
[297] Vell. Pat. II 4, 4: „Hic, eum interrogante tribuno Carbone, quid de Ti. Gracchi caede sentiret, respondit, si is occupandae rei publicae animum habuisset, iure caesum."
[298] Diese Darstellung deckt sich nicht mit Liv. per. LIX 16.
[299] Vell. Pat. II 4, 5.
[300] „cuius opera super totum terrarum orbem Roma extulerat caput" (Vell. Pat. II 4, 6).

dauert in diesem Satz das gerichtliche Desinteresse an Scipios Tod, geht jedoch nicht so weit, von einer absichtliche Vertuschung der näheren Umstände des Falles zu sprechen. Dennoch deutet er derartiges an, als er - unter dem Vorwand, verschiedene Deutungsmöglichkeiten für Scipios Tod zu liefern- erzählt, daß die meisten von einem natürlichen Tod ausgingen, andere jedoch an einen Mordanschlag glaubten.[301] Was hier wie zwei gleichberechtigte Möglichkeiten klingt, erscheint, wenn man bedenkt, daß Velleius Paterculus nur wenige Zeilen vorher von den Würgemalen am Hals des Toten berichtet, als Anspielung darauf, daß sich die Wahrheit in Bezug auf diesen Fall, nämlich daß Scipio gewaltsam umgebracht wurde, nicht durchsetzen konnte.

e) Plinius d.Ä.

In der Naturgeschichte des älteren Plinius findet der Tod des Scipio Aemilianus im 10. Buch, welches sich mit den Vögeln befaßt, Erwähnung. Plinius berichtet hier, daß ein vom Kaiser Tiberius und dem Volk sehr geschätzter Rabe von dem Inhaber einer Schusterwerkstatt erschlagen worden sei, woraufhin die römische Bevölkerung so sehr in Wut geriet, daß sie den Schuster aus der Stadt jagte und umbrachte.[302] Plinius gibt seiner Verwunderung darüber Ausdruck, daß die Menschen zwar den Mörder eines Vogels bestraften, aber den Tod des verdienstvollen Scipio Aemilianus ungesühnt ließen:

> „Adeo satis iusta causa populo Romano visa est exequiarum ingenium avis aut supplicii de cive Romano in ea urbe, in qua multorum principum nemo deduxerat funus, Scipionis vero Aemiliani post Carthaginem Numantiamque deletas ab eo nemo vindicaverat mortem."[303]

Offenbar ist Plinius der Überzeugung, daß Scipio Aemilianus keines natürlichen Todes gestorben ist, sondern ermordet wurde, da er wie selbstverständlich davon ausgeht, daß es -wäre alles angemessen vonstatten gegangen- ein Verfahren gegen einen Täter hätte geben müssen. Daß der Tod des Feldherrn nicht gerächt wurde, hält Plinius für ein Versäumnis.

---

[301] Vell. Pat. II 4, 6.
[302] Plin. n. h. X 122.
[303] Plin. n. h. X 123.

f) Plutarch

In Plutarchs Lebensbeschreibung des C. Gracchus wird Scipio in erster Linie als Feind des Fulvius Flaccus (C. Gracchus' Freund und Kollege im Triumvirat zur Landverteilung) vorgestellt.[304] Über den Tod des Scipio Aemilianus berichtet Plutarch, daß er sich plötzlich ereignete, und daß Spuren von Gewaltanwendung am Körper des Verstorbenen gefunden wurden. Der Verdacht fiel auf Fulvius Flaccus, der den Toten am Tag zuvor verbal heftig attackiert hatte. Daß auch gemutmaßt wurde, C. Gracchus sei der Mörder, erwähnt Plutarch im Zusammenhang mit dem begründeten Hauptverdacht gegen Fulvius Flaccus:

„τὸ μὲν πλεῖστον ἐπὶ τὸν Φούλβιον ἦλθε τῆς διαβολῆς, ἐχθρὸν ὄντα καὶ τὴν ἡμέραν ἐκείνην ἐπὶ τοῦ βήματος τῷ Σκηπίωνι λελοιδορημένον, ἥψατο δὲ καὶ Γαΐου ὑπόνοια."[305]

Auf diese Weise erscheint die Verdächtigung des C. Gracchus nur als Folge der unangebrachten Übertragung eines grundsätzlich richtigen Argwohns gegenüber Flaccus auf dessen politischen Verbündeten. Ebenso wie der Haß auf C. Gracchus nur dem begründeten Haß auf Fulvius Flaccus entsprang, ging der Mordverdacht gegen Gracchus allein aus dem begründeten Mißtrauen gegen Flaccus hervor. Daß allerdings ein grundsätzlicher Verdacht auch gegen C. Gracchus nicht ganz unbegründet sein konnte, verrät Plut. Ti. Gracch. 21, 4-5, wo der Biograph berichtet, daß sich Scipio sehr erfreut über den Tod des Tiberius Gracchus geäußert habe, wodurch er den Haß der römischen *plebs* auf sich zog. Es kann also davon ausgegangen werden, daß nicht nur Flaccus, sondern auch C. Gracchus dem Scipio Aemilianus feindlich gesonnen waren.

Plutarch stimmt mit den bisher genannten Autoren darin überein, daß der Tod des Scipio nicht weiter untersucht wurde. In diesem Zusammenhang äußert sich der Biograph sehr bedauernd über den Mord an dem hervorragenden Bürger und darüber, daß die Tat ungesühnt und unbewiesen

---

[304] Fulvius Flaccus ist in Plutarchs Darstellung einer der Hauptschuldigen am Scheitern der Politik des C. Gracchus, da er durch seine Unbesonnenheit und seine Sympathien für die Bundesgenossen Haß beim römischen Volk weckte, welcher im Lauf der Zeit auf seinen weitaus gemäßigteren Mitstreiter C. Gracchus übertragen wurde (Plut. C. Gracch. 10, 3-4).
[305] Plut. C. Gracch. 10, 4.

blieb.[306] Nach Plutarchs Ansicht sorgten die Anhänger des C. Gracchus dafür, daß der Fall nicht untersucht wurde, da sie fürchteten, ihr Idol könne des Mordes angeklagt werden. Plutarch sieht in der Gracchus-Biographie als mögliche Mörder des Scipio Aemilanus also nur den politischen Kreis um C. Gracchus. In der Biographie des Romulus wird der Tod des Scipio Aemilianus jedoch ebenfalls erwähnt. Hier berichtet der Biograph, daß es verschiedene Ansichten zum Ende des Feldherrn gegeben habe: Einige hätten an Selbstmord, andere an ein Attentat durch seine -hier nicht näher spezifizierten- Feinde geglaubt, wieder andere hätten vermutet, daß der ohnehin kränkliche Scipio Aemilianus eines natürlichen Todes gestorben sei:

„οὐ δεῖ δὲ θαυμάζειν τὴν ἀσάφειαν, ὅπου Σκηπίωνος Ἀφρικανοῦ μετὰ δεῖπνον οἴκοι τελευτήσαντος οὐκ ἔσχε πίστιν οὐδ' ἔλεγχον ὁ τρόπος τῆς τελευτῆς, ἀλλ' οἱ μὲν αὐτομάτως ὄντα φύσει νοσώδη καμεῖν λέγουσιν, οἱ δ' αὐτὸν ὑφ' ἑαυτοῦ φαρμάκοις ἀποθανεῖν, οἱ δὲ τοὺς ἐχθροὺς τὴν ἀναπνοὴν ἀπολαβεῖν αὐτοῦ νύκτωρ παρεισπεσόντας. καίτοι Σκηπίων ἔκειτο νεκρὸς ἐμφανὴς ἰδεῖν πᾶσι, καὶ τὸ σῶμα παρεῖχε πᾶσιν ὁρώμενον ὑποψίαν τινὰ τοῦ πάθους καὶ κατανόησιν"[307]

Die von Livius als einzige These genannte Variante, Scipios Frau Sempronia habe ihren Mann getötet, läßt der Biograph völlig unerwähnt. Auch über die Folgen der Tat läßt Plutarch seine Leser im Unklaren.[308]

g) Appian
In Appians Schilderung spielt sich der Konflikt nur am Rande zwischen den Gracchanern und Scipio ab, sondern viel mehr zwischen Scipio, der für die italischen Bundesgenossen eintrat, und den Gegnern dieser Politik. Auslöser für den Konflikt sei allerdings die Praxis der Landverteilung des neugebildeten Dreimännerkollegiums gewesen, die sehr zu Lasten der Bundesgenossen ging. Dies war nach Appian der Grund für die Bundesge-

---

[306] Plut. C. Gracch. 10, 5. Jedoch erwähnt Plutarch in Rom. 27, 4 die ebenfalls von Velleius Paterculus genannten Spuren der Gewaltanwendung am Körper des Toten, die jeder habe sehen können, da die Leiche öffentlich ausgestellt worden war. Die Wahrscheinlichkeit, daß Aemilianus eines natürlichen Todes gestorben sei, hält der Biograph deshalb für sehr gering.
[307] Plut. Rom. 27, 4.
[308] Über die näheren Umstände und Folgen des Mordes an Scipio Aemilianus gab wahrscheinlich die nicht erhaltene Lebensbeschreibung des Scipio Aufschluß. Die Existenz einer solchen Biographie verrät Plut. Ti. Gracch. 21, 5.

nossen, sich hilfesuchend an Scipio Aemilianus zu wenden, den sie im Krieg unterstützt hatten, und der sich deshalb in der Pflicht sah, ihnen beizustehen.[309] Appian betont, daß Scipio sich aus Rücksichtnahme auf die *plebs* nicht direkt gegen die Maßnahmen des C. Gracchus richtete, aber dennoch erreichte, daß die Triumvirn nicht mehr eigenmächtig über das Land der Bundesgenossen entscheiden konnten. Die amtierenden Konsuln erhielten in diesem Fall die richterliche Entscheidungsgewalt. Die römische *plebs* habe sich von Scipio verraten gefühlt, da sie diesen bisher stets unterstützt und mehrfach zum Konsul gewählt hatte und er sich nun im Sinne der Bundesgenossen gegen das Volk zu wenden schien. Die Gegner Scipios nutzten diese Stimmung im Volk, um ihm zu unterstellen, er wolle die gracchischen Gesetze ganz abschaffen. Bevor Scipio eine erklärende Rede vor dem Volk halten konnte, starb er urplötzlich. Appian betont, daß am Körper des Scipio keine Wunde gefunden wurde:[310]

„Ὦν ὁ δῆμος ἀκροώμενος ἐδεδίει, μέχρις ὁ Σκιπίων, ἑσπέρας παραθέμενος ἑαυτῷ δέλτον, εἰς ἣν νυκτὸς ἔμελλε γράψειν τὰ λεχθησόμενα ἐν τῷ δήμῳ, νεκρὸς ἄνευ τραύματος εὑρέθη." [311]

Appian nennt drei mögliche Weisen, auf die Scipio ums Leben gekommen sein könnte. Bei allen drei Möglichkeiten handelt es sich seiner Darlegung nach um Gerüchte, die nach dem Tod des Feldherrn in Rom grassierten. Die erste Möglichkeit ist die, welche auch von Livius genannt wird, nämlich, daß die Schwester der Gracchen und Ehefrau des Toten Scipio getötet habe. Appian sieht in diesem Fall Cornelia, die Mutter der Gracchen, als treibende Kraft an. Ihre Tochter Sempronia habe ihr lediglich als Helferin gedient. Auch die möglichen Motive der beiden Frauen beurteilt Appian unterschiedlich. Sempronia habe sich überreden lassen, den Mord auszuführen, da sie eine unglückliche Ehe führte, weil ihr Mann sie wegen ihrer Häßlichkeit und Unfruchtbarkeit ablehnte,[312] während Cornelias Motive politischer und persönlicher Natur waren. Sie habe für den Tod des Scipio

---

[309] App. civ. I 19.
[310] Damit befindet sich seine Darstellung im Widerspruch zu der Plutarchs, in der von sichtbaren Spuren der Gewaltanwendung berichtet wird.
[311] App. civ. I 20.
[312] „διὰ δυσμορφίαν καὶ ἀπαιδίαν οὔτ' ἐστέργετο οὔτ' ἔστεργεν". App. civ. I 20.

gesorgt, damit die Gesetze, die ihr Sohn Tiberius eingebracht hatte, nicht abgeschafft würden.[313]

Eine weitere Möglichkeit ist nach Appian, daß Scipio in Anbetracht der Aussichtslosigkeit seiner Politik Selbstmord begangen hat. Da er den Bundesgenossen gegenüber verpflichtet war, mußte er ihnen die versprochene Hilfe verschaffen. Dies sei ihm jedoch gegen den massiven Widerstand seiner Feinde und des Volkes nicht möglich gewesen, weshalb er keinen anderen Ausweg sah, als sich das Leben zu nehmen.

Die dritte Möglichkeit, die Appian in Betracht zieht, ist, daß Scipio von Unbekannten erstickt wurde. Er beruft sich auf das Gerücht, einige Sklaven des Toten hätten unter Folter derartiges ausgesagt. Offenbar kam diese Theorie nicht sogleich nach dem Tod des Scipio auf, sondern erst nach einer Weile. Der Grund für die Verzögerung war nach den Gerüchten, die Appian wiedergibt, die Furcht derjenigen, die von der Tat wußten, da nämlich das Volk Scipio haßte und seinen Tod begrüßte.[314] Wahrscheinlich spielt Appian darauf an, daß sich diejenigen, die glaubten, Scipio sei von seinen politischen Gegnern ermordet worden -denn nur die dritte Variante erlaubt eine Verdächtigung der politischen Gegner- fürchteten, das Volk würde den Haß, den es gegen Scipio hegte, auf die übertragen, welche aus ihm einen politischen Märtyrer machen wollten.

Appian bedauert, daß der verdiente Scipio so wenig Ehre bei seinem Tod erfahren habe. Aus Furcht vor dem wütenden Pöbel erhielt der siegreiche Feldherr nämlich nicht einmal ein Staatsbegräbnis, was Appian mit den Worten „μέγιστα δὴ τὴν ἡγεμονίαν ὠφελήσας"[315] kommentiert.

h) Cassius Dio

In den erhaltenen Fragmenten des Buches XXIV von Cassius Dios Geschichtswerk befinden sich einige Bemerkungen über den Tod des Scipio Aemilianus. Möglicherweise teilt der Historiker nicht die Ansicht, Scipio

---

[313] App. civ. I 20.
[314] Ebd.
[315] Ebd.

sei Opfer eines Mordanschlags geworden, denn er behauptet, daß alle, auch die Gegner Scipios, seinen Tod bedauerten:

„οὐκοῦν οὐδὲ τῶν ἀντιστασιωτῶν τις αὐτῷ θανόντι ἐφήσθη, ἀλλὰ καὶ ἐκεῖνοι, καίπερ βαρύτατον αὐτόν σφισι νομίζοντες εἶναι, ἐπόθησαν· χρήσιμόν τε γὰρ πρὸς τὰ κοινὰ ἑώρων, καὶ δεινὸν οὐδὲν οὐδ' ἂν σφεῖς παθεῖν ἀπ' αὐτοῦ προσεδόκων."[316]

Wäre er gewaltsam zu Tode gekommen, so dürften zumindest die Mörder des Scipio Aemilianus dessen Tod nicht beklagen. Cassius Dio sieht also den Konflikt zwischen Scipio und seinen Gegnern offenbar nicht als so scharf an, wie die oben genannten Autoren es tun. Auch der Haß des Volkes, den sich der Verstorbene durch die antigracchische Politik zugezogen hatte, findet bei Dio keinen Widerhall.[317]

Cassius Dio erwähnt verschiedene Zeichen, die seiner Ansicht nach signalisieren, daß auch die Götter den Tod Scipios bedauerten. Er erzählt von einem Steinregen, wahrscheinlich von einem Meteoritenschauer, der Menschen erschlug und viele Tempel beschädigte und davon, daß der Gott Apollo drei Tage lang weinte, woraufhin die Römer die Statue des Apollo in Stücke schlugen und im Meer versenkten.[318] Offenkundig betrachtet also Cassius Dio den Tod des Scipio Aemilianus als Ereignis mit kosmischen Dimensionen, es geht für ihn also um einen weltverändernden Einschnitt in der römischen Geschichte.

Auf welche Weise Scipios Tod eine bedeutende Wendung der Geschichte der römischen Republik herbeiführte, macht Cassius Dio ebenfalls klar: Auch er berichtet davon, daß nach dem Tod des Scipio der Macht-

---

[316] Cass. Dio. XXIV 84, 1.
[317] Diese positive Charakterisiserung des Scipio Aemilianus ist wahrscheinlich kein Zufall, sondern hat ihre Ursache in der Sicht Cassius Dios über die römische Republik, die er von Verfall und „stetig fortschreitende[r] Entartung" (FECHNER, Cassios Dios Sicht, 150) geprägt sieht. „[V]or einem entscheidenden Wendepunkt der Geschichte der Römischen Republik baut Dio noch einmal ein Idealbild auf, das als Hintergrund stehender Vergleichsmaßstab für die Politiker der ausgehenden Republik dienen kann" (FECHNER, Cassios Dios Sicht, 171).
[318] Cass. Dio XXIV 84, 2: „ὡς εἰπεῖν τὴν Ἰταλίαν πορθῆσαι. καί μοι ἐς τοῦτο ὅτι μάλιστα ἀποσκῆψαι δοκεῖ τό τε πλῆθος τῶν λίθων τῶν ἐκ τοῦ οὐρανοῦ κατενεχθέντων καὶ ἐς ναούς τέ τινας ἐμπεσόντων καὶ ἀνθρώπους ἀποκτεινάντων, καὶ τὰ δάκρυα τοῦ Ἀπόλλωνος." Vgl. Obseq. 28: „Apollinis simulacrum lacrimavit per quadriduum." Julius Obsequens bezieht die Tränen des Apollo aber auf das Jahr 130, das Jahr vor dem Tod Scipios. Jegliche Verbindung zum Tod des Feldherrn und Politikers, wie Cassius Dio sie herstellt, fehlt. Auch von einem Meteoritenschauer berichtet Obsequens nichts.

mißbrauch der Landverteilungskommission eskalierte. Mit Scipio verschwand nach Cassius Dio der Einfluß des Adels; den Unruhe stiftenden Elementen um C. Gracchus wurde Raum gegeben. Somit bedeutete das Ende des Scipio Aemilianus einen (weiteren) Meilenstein in der Geschichte des Endes der römischen Republik.

2. Zusammenfassung und Bewertung

Bei Betrachtung und Vergleichung der antiken Berichte zum Tod des Scipio Aemilianus Numantinus ergibt sich ein alles andere als einheitliches Bild. Die wenigen Übereinstimmungen, welche die Quellen aufweisen, beziehen sich auf eine allgemeine Wertschätzung des Toten, sowie auf die Tatsache, daß Aemilianus des Nachts plötzlich und unerwartet starb. Während Cicero, Valerius Maximus und Plinius zwar sicher davon ausgehen, daß Scipio Aemilianus einem Mordanschlag zum Opfer fiel, sich aber nicht weiter festlegen, auf welche Weise dieser Mord begangen wurde, behaupten Velleius Paterculus und Plutarch, am Körper des Toten seien Spuren von Gewaltanwendung gefunden worden, die Velleius näher als Würgemale charakterisiert.[319] Seiner und Plutarchs Ansicht zufolge wurde der Feldherr also im Schlaf überrascht und erwürgt. Darin widersprechen beide jedoch Livius, der als einzige Theorie in diesem Fall einen Giftmord nennt. Vor allem berichtet er, daß es keine Beweise für einen Mord gegeben habe.[320] Hätte es jedoch die von Velleius und Plutarch genannten Zeichen von Gewaltanwendung gegeben, müßten diese als Beweis für einen Mord gelten. Appian hingegen folgt Livius, wobei er Velleius Paterculus und Plutarch explizit widerspricht, indem er darauf hinweist, daß Scipio ohne irgendwelche Verletzungen tot in seinem Schlafzimmer gefunden wurde.[321] Cicero nennt als einzigen möglichen Mörder den damaligen Volkstribun Papirius Carbo[322], Plutarchs einziger Verdächtiger ist Fulvius Flaccus[323],

---

[319] Vell. Pat. II 4, 5; Plut. C. Gracch. 10, 4; Rom. 27, 4.
[320] Liv. per. LIX 16f.
[321] App. civ. I 20.
[322] Cic. fam. IX 24, 3.
[323] Plut. C. Gracch. 10, 4.

während Livius und Appian die Mörder in der Familie des C. Gracchus suchen.[324]

---

[324] Liv. per. LIX 16f.; App. civ. I 20. Angesichts dieser Sachlage verwundert es nicht, daß sich die neuere Forschung schwertut, die Umstände des Todes von Scipio Aemilianus Numantinus zu beurteilen. In der C. Gracchus gewidmeten Sekundärliteratur findet Aemilianus eher wenig Beachtung. BOREN berichtet, daß C. Gracchus nach dem Tod seines politischen Gegners seine Politik einfacher durchsetzen konnte, Überlegungen zum Ableben des Scipio Aemilianus selbst werden nicht angestellt (BOREN, Gracchi, 74). In ähnlichem Sinne berichtet CHRIST, daß der plötzliche Tod des Feldherrn die politische Atmosphäre vergiftete, und daß allerhand Überlegungen dazu angestellt wurden; er selbst enthält sich jedoch jeder Annäherung an eine dieser Überlegungen: „Scipios plötzlicher Tod im selben Jahre vergiftete die Atmosphäre dann noch weiter, denn selbstverständlich wurden C. Gracchus und die Reformer als Schuldige oder zumindest Hintermänner am Tode Scipios verdächtigt. Alle Parteien betrieben eine immer lebhaftere Agitation" (CHRIST, Krise und Untergang, 135). Selbst ASTIN, der die bis heute bedeutendste Monographie zu Scipio Aemilianus verfaßt hat, begnügt sich damit, die Bedeutung von dessen Tod für die römische Politik zu beschreiben und geht nur deskriptiv auf die Mordtheorie ein: „Rumors of murder were rife. [...] The truth cannot now be recovered: possibly no one was certain even at the time" (ASTIN, Scipio Aemilianus, 241). Im Gegensatz dazu legen sich -wie es SCHUR bereits 1942 getan hat (Marius und Sulla, 31)- andere Autoren in der Hinsicht fest, daß Scipio Aemilianus eines natürlichen Todes gestorben sei. CARCOPINO argumentiert dabei vor allem mit den widersprüchlichen Angaben der Quellen und schließt zudem aus dem Fehlen einer gerichtlichen Untersuchung, daß überhaupt kein Verbrechen stattgefunden habe. „On n'a inquiété personne, parce qu'il n'y avait personne à inquiéter. Les *optimates* n'ont point recherché les criminels, parce qu'ils ont dû, quelque désavantage qu'elle comportât pour eux, se rendre à la certitude qu'il n'y avait pas eu de crime" (CARCOPINO, Autour de Gracques, 85-127). Zudem betont er, daß die antiken Vertreter der Attentatstheorie keine einheitliche Version des Mordes aufweisen. Auch GRUEN, Roman Politics, 70f., geht von einem natürlichen Tod aus, da es keine Untersuchung des Falles gegeben habe. Ebenso BADIAN, Foreign Clientelae, 176. PERELLI verweist einfach auf die menschliche Eigenart, den plötzlichen Tod von beliebten und bedeutenden Persönlichkeiten nicht einfach hinnehmen zu können. „Come spesso avviene anche oggi, quando i giornalisti avidi *scoop* e di dietrologia non permettono a nessun uomo politico importante di morire di morte improvvisa naturale, e usano parlare di giallo, di delitto, di complotto e simili, cosí allora della morte di Scipione furono accusati vari presunti nemici"(PERELLI, Gracchi, 150). Tatsächlich kann zu jeder Zeit der Geschichte dieses Phänomen beobachtet werden. Daß jedoch Menschen im allgemeinen dazu neigen, in Fällen des plötzlichen Ablebens einer bedeutenden Persönlichkeit sogleich Mord und Verschwörung zu wittern, bedeutet nicht, daß die Möglichkeit eines Mordes in einem solchen Fall grundsätzlich ausgeschlossen werden kann. Daß Laelius, der Freund des Toten, bei seiner Grabrede von einer Krankheit sprach, und den Mordverdacht nicht erwähnt, kann, wie ASTIN in Anlehnung an Appian zurecht feststellt, auch aus Furcht vor dem wütenden Mob geschehen sein (ASTIN, Scipio Aemilianus, 240). Auch WORTHINGTON, der dem Tod des Scipio Aemilianus eine 4-seitige Miszelle widmet, spricht sich gegen die Mordtheorie aus. Seiner Argumentation zufolge können die verschiedenen von den Quellen genannten Theorien nicht überzeugen. Er kommt deshalb zu dem Schluß: „Death is most likely to have occurred as a result of natural causes" (WORTHINGTON, Death of Scipio Aemilianus, 255).. Auf der anderen Seite scheint WOOD davon überzeugt zu sein, daß Scipio Aemilianus tatsächlich das Opfer einer Gewalttat wurde, denn er spricht von dessen Ermordung, wie von einer feststehenden Gegebenheit „Scipio Aemilianus [...], arch-foe of the Gracchi, was murde-

Auch hier kann und soll der Fall Scipio Aemilianus nicht aufgeklärt werden. Dennoch ist es angebracht, die verschiedenen Mordtheorien, die uns die Quellen liefern, einander gegenüberzustellen und ihre Wahrscheinlichkeit zu prüfen. Dabei muß jedoch stets gegenwärtig bleiben, daß alle Überlegungen zu den verschiedenen Mordthesen immer unter dem Vorbehalt stehen, daß Aemilianus möglicherweise eines natürliches Todes starb.

In den Quellen werden mehrere mögliche Mörder des Scipio Aemilianus genannt: Papirius Carbo, Fulvius Flaccus, Gaius Gracchus, Sempronia, die Schwester, oder Cornelia, die Mutter der Gracchen. Zudem nennt Appian die Variante des Selbstmordes. Diese letzte Möglichkeit erscheint jedoch nicht sehr wahrscheinlich. Appian begründet die Selbstmordtheorie damit, daß Aemilianus vom Scheitern seiner eigenen Politik überzeugt war und den Freitod wählte, weil er die Verantwortung, die er den Bundesgenossen gegenüber angenommen hatte, nicht erfüllen konnte. Allerdings kann von einem Scheitern der Bundesgenossen-freundlichen Politik nicht die Rede sein. Immerhin hatte er erreicht, daß die Gewalt der Landverteilungskommission auf die Konsuln -also auf gewählte und dadurch legitimierte Vertreter- überging, und daß dadurch der Willkür der Triumvirn, die sehr zum Nachteil der Bundesgenossen gehandelt hatten, Einhalt geboten wurde. Selbst wenn er ein Scheitern seiner Politik befürchtet und als Grund für einen Selbstmord angesehen hätte, wäre eine derartige Verzweiflungstat zu diesem Zeitpunkt keineswegs nötig oder angebracht gewesen.[325]

---

red in 129 [...]." (WOOD, Political Thought, 65). Dies liegt allerdings daran, daß WOOD sich hier allein mit der Sicht Ciceros beschäftigt. Die Grundlagen, von denen dieser ausgeht, sind für „Cicero's Social and Political Thought" bestimmend, nicht die historische Wahrheit. Deshalb übernimmt WOOD das Urteil des Redners an dieser Stelle ungeprüft, ohne weitere Überlegungen zu seiner Faktizität anzustellen. Festzuhalten bleibt, daß es WOOD hier nicht darum geht, den Mord an Scipio Aemilianus als historische Tatsache zu erklären. Ähnlich verhält es sich mit WERNER, der in seiner Studie zum Mariusbild antiker Autoren am Rande von Scipio Aemilianus' „plötzliche[m], auch heute noch geheimnisumwitterte[n] Tod, der ihn, vermutlich durch Mörderhand, im Jahre 129 v.Chr. im eigenen Bett ereilte", spricht (WERNER, Mariusbild, 171). Ähnlich urteilt BILZ, Scipio Aemilianus, 77f. Insgesamt müssen wir ASTIN in seiner Einsicht folgen, daß wir heute wie vor über 2000 Jahren keine sichere Aussage darüber machen können, ob Aemilianus ermordet wurde oder nicht.

[325] Zurecht urteilt außerdem WORTHINGTON, daß ein Selbstmord aus so geringfügigen Gründen nicht zum Charakter des Feldherrn paßte, und daß Scipio Aemilianus kaum Vorbereitungen für eine politische Rede getroffen hätte, wenn er vorgehabt habe, den Tag, an dem er die-

Dies führt zurück zu den genannten möglichen Mördern des Scipio Aemilianus. Im Fall, daß Carbo, Flaccus oder Gracchus für die Tat verantwortlich waren, standen wohl eher politische, im Fall, daß Sempronia oder Cornelia ihn getötet hatten, persönliche Motive im Vordergrund. Carbo hätte wohl in erster Linie aus verletztem politischem Stolz gehandelt, erfahren wir doch von Cicero, daß Aemilianus durch sein rhetorisches Geschick Carbos Gesetzesvorschlag -ein deutlich volksfreundliches Gesetz- in der Volksversammlung zum Scheitern brachte.[326] Interessanterweise erscheint der Verdacht gegen Carbo allein bei Cicero; von diesem wird er allerdings so behandelt, als sei die Vermutung, Carbo habe Aemilianus getötet, in Rom allgemein üblich gewesen. Cicero macht sich diese Position allerdings selbst nie zu eigen.

Flaccus und Gracchus hingegen hätten den Mord begangen, um ihren stärksten politischen Gegner auszuschalten, der ihrer Politik bereits mehrere Steine in den Weg gelegt hatte. Sie könnten versucht haben, ihre Macht, die ihnen durch die Übertragung der richterlichen Gewalt in Fragen der Landverteilung genommen worden war, wiederzuerlangen. Außerdem wäre durch die Ermordung des Scipio Aemilianus die Gefahr möglicher weiterer politischer Hindernisse gebannt.[327]

Bedenkt man allerdings, daß Aemilianus des Nachts in seinem eigenen Haus, ja sogar in seinem Schlafzimmer starb, so scheint eine Beteiligung eines der Hausgenossen an der Tat mehr als wahrscheinlich. Wer auch immer Aemilianus getötet hat, hat einen Helfer innerhalb des Hauses gehabt, der ihm Zugang zum Schlafzimmer des Opfers verschaffte. Die Skla-

---

se Rede halten wollte, nicht mehr zu erleben (WORTHINGTON, Death of Scipio Aemilianus, 254).

[326] Cic. Lael. de am. 69.

[327] WORTHINGTONS ‚Widerlegung' der Theorie, Aemilianus sei von seinen politischen Feinden ermordet worden, kann m.E. nicht ganz überzeugen. Nach WORTHINGTONS Ansicht ist diese Annahme nicht haltbar, weil die möglichen Gründe der Feinde des Feldherrn für einen Mord nicht gewichtig genug gewesen seien (Death of Scipio Aemilianus, 254f.). Es gab jedoch in der Geschichte der späten römischen Republik verschiedene Morde, bei denen die Motive der Täter für den heutigen Betrachter nicht immer nachvollziehbar sind (z.B. die Morde an Sempronius Asellio, an P. Furius, an Antyllius etc.), die aber dennoch begangen wurden. Die individuelle Nicht-Nachvollziehbarkeit der Motive kann kein Grund sein, eine Mordtheorie als widerlegt anzusehen. Siehe außerdem BILZ, Scipio Aemilianus, 70-72, der seinen Protagonisten als starken Gegner der gracchischen Reformpolitik zeigt.

ven des Hauses können kaum ein Interesse an der Ermordung ihres Herrn gehabt haben, da sie in einem solchen Fall um ein Verhör unter Folter nicht herumgekommen wären. Außerdem mußten sie, wenn die Beteiligung eines einzigen Sklaven nachgewiesen werden konnte, alle die Kreuzigung fürchten.[328] Angesichts der nicht sehr glücklichen Ehe, die Aemilianus und Sempronia geführt haben, liegt eine (Mit)-Täterschaft der Ehefrau des Getöteten näher.[329] Möglicherweise hat sie die Mörder ins Haus gelassen, vielleicht hat sie ihren Mann auch selbst getötet. Womöglich hat sie auf Anweisung ihrer Mutter oder ihres Bruders gehandelt, eventuell auch aus eigenem Antrieb. Die Möglichkeiten sind vielfältig: Sollte Velleius Paterculus mit seiner Behauptung, am Hals des Toten seien Würgemale gefunden worden, recht haben, muß davon ausgegangen werden, daß Sempronia den Mord nicht selbst ausgeführt hat. Sie wird kaum die Kraft gehabt haben, ihren Mann, der immerhin eine beachtliche militärische Karriere hinter sich hatte, eigenhändig zu erwürgen, es sei denn, sie hatte ihm ein Betäubungsmittel verabreicht. In diesem Fall wäre es aber einfacher und sicherer gewesen, Aemilianus gleich zu vergiften.

Sollte Aemilianus ermordet worden sein, ohne daß man Anzeichen von Gewaltanwendung an seinem Körper entdecken konnte, so erscheint die Möglichkeit eines Mordes durch Gift am wahrscheinlichsten. Sempronia hatte die Möglichkeit, ihrem Mann das Gift zu verabreichen und sie konnte mehrere Gründe haben, ihrem Mann nach dem Leben zu trachten. Viel-

---

[328] Dig. XIX 5, 1.

[329] Auch hinsichtlich dieser Theorie kann WORTHINGTONS Widerlegung nicht überzeugen. Er argumentiert, der Mord habe den politischen Zielen der Gracchen geschadet. Scipio Aemilianus habe sich nie zu direkt gegen die Maßnahmen der Gracchen gewandt, und sei somit keine Bedrohung für deren Sache gewesen. Sempronia (und ihre Mutter Cornelia), so argumentiert WORTHINGTON weiter, hätten nichts getan, was der Politik des verstorbenen Tiberius und seines Bruders C. Gracchus geschadet hätte, also auch keinen Mord an Scipio Aemilianus begangen (Death of Scipio Aemilianus, 254). Daß sich jedoch Scipio Amilianus als politischer Widersacher der Gracchen gezeigt hatte, geht aus den Quellen klar hervor. Damit Sempronia ihn als eine unzulässige Bedrohung für die Politik ihres Bruders ansah, brauchte Aemilianus nicht die Maßnahmen, die zuvor von Ti. Gracchus durchgesetzt worden waren, grundsätzlich zu attackieren. Es genügte, daß er sich offen gegen die jüngsten Agitationen des C. Gracchus und seines Verbündeten Fulvius Flaccus wandte. Vor diesem Hintergrund muß auch GRUEN widersprochen werden, der behauptet: „Every possible candidate is named: not only Carbo, but C. Gracchus, Fulvius Flaccus, Cornelia and Sempronia! None of this can count as decisive evidence for homicide" (GRUEN, Roman Politics, 71).

leicht war sie -wie Appian zu bedenken gibt- von ihrer Mutter dazu angehalten worden, vielleicht von ihrem Bruder. Diese Überlegungen können weder widerlegt noch bewiesen werden. Tatsache ist jedoch, daß Sempronia auch ohne Anweisung ihrer Familie gehandelt haben könnte. Ihr Zusammenleben mit Scipio Aemilianus war alles andere als zufriedenstellend. Zudem stellte er sich politisch gegen ihren einen Bruder und hatte sich zuvor wohlwollend zur Ermordung ihres anderen Bruders geäußert. Sollte Aemilianus wirklich das Opfer eines Mordanschlags geworden sein, erscheint eine Beteiligung der Sempronia an der Tat recht wahrscheinlich.

Folgt man Appian darin, daß die These, Aemilianus sei von Unbekannten erstickt worden, sei erst mit einiger Verzögerung aufgekommen, so wirkt seine eigene Erklärung dieser Tatsache eher schwach. Appian äußert die Ansicht, die Gegner des C. Gracchus seien für diese Verzögerung verantwortlich, da sie fürchteten, vom Volk als Märtyrermacher angesehen und gehaßt zu werden. Diese politischen Feinde des Gracchus mußten in Wahrheit doch jedes Interesse daran gehabt haben, daß Gracchus und sein Umfeld als Mörder gebrandmarkt wurden. Wenn die Gracchaner ihre Politik durch Mordtaten durchsetzten, mußten ihre Gegner diese Taten propagandistisch ausschlachten. Ein Unterdrückung dahingehender Gerüchte kann letztlich nicht in ihrem Interesse gewesen sein. Daß Laelius, der Freund des Toten, bei seiner Grabesrede einen solchen Verdacht nicht äußerte, aus Furcht, der Pöbel könne die Totenfeier in einen Tumult verwandeln, ist verständlich; daß die politischen Gegner des C. Gracchus insgesamt nicht versuchten, den Verdacht publik zu machen, dagegen nicht. Die von Appian bezeugte Verzögerung des Gerüchts, das den Argwohn gegen den Kreis um Gracchus entfachte, läßt sich viel leichter dadurch erklären, daß dieser Verdacht erst nach einer Weile, und nicht sogleich nach dem Ableben des Aemilianus aufkam. Es ist also ebenfalls möglich, daß die These von der Erstickung durch Unbekannte erst später von den Gegnern des C. Gracchus in die Welt gesetzt wurde, um diesen mit dem Makel des Mordverdachts zu behaften.

Was die Folgen des Todes von Scipio Aemilianus angeht, so sind sich die Autoren, die sich überhaupt dazu äußern, einig, daß mit ihm der letzte

Damm, der die Aktivitäten des C. Gracchus aufhalten konnte, gebrochen ist. Von nun an habe der Kreis um Gracchus ungehemmt seine Machenschaften fortsetzen können. Dieses Urteil ist jedoch nicht ganz korrekt, denn auch nach 129 gelang es der Senatsaristokratie, Gracchus Steine in den Weg zu legen. Von der Konkurrenzdemagogie des Livius Drusus bis zum *senatus consultum ultimum* gegen Gracchus, welches zu seiner Ermordung führte, blieben die Gegner des Gracchus ohne die Unterstützung des Scipio Aemilianus nicht so hilflos, wie es manche Quellen nahelegen. Auch war Aemilianus zu seinen Lebzeiten zwar ein arges politisches Ärgernis für Gracchus und seine Verbündeten, aber auch er hatte die Öffentlichkeit nicht fest in seiner Hand. Immerhin hatte er kurz vor seinem Tod die Masse des Volkes gegen sich aufgebracht und stand im Zwang, seine eigenen Maßnahmen zu rechtfertigen.

Grundsätzlich bleibt noch festzustellen, daß keiner der antiken Autoren eine Position einnimmt, die den Tod des Scipio Aemilianus als wünschenswertes Ereignis versteht.[330] Das Bild des Feldherrn bleibt durchweg positiv; sein plötzlicher Tod wird von allen als schlimmer Schicksalsschlag und als Tragödie für die *res publica* bewertet.

---

[330] Auch Plutarch, der von der Intention beseelt ist, die Maßnahmen des C. Gracchus in möglichst positivem Licht zu schildern, beklagt den Tod des Feindes des C. Gracchus. Das positive Bild des C. Gracchus wird hier nicht durch die Diskreditierung von dessen Gegner beibehalten, sondern durch die These, daß Gracchus am Tod des Aemilianus unschuldig war. Zudem betont Plutarch, daß Aemilianus strenggenommen nicht der Feind des Gracchus, sondern des Fulvius Flaccus gewesen sei.

C) Die Ermordung des Quintus Antyllius 121 v.Chr.

1. Die Darstellung in den Quellen
a) Diodor

Diodor berichtet, daß C. Gracchus, nachdem dieser mehrere politische Rückschläge hatte hinnehmen müssen,[331] in eine Art Wahnsinn verfiel.[332] In diesen Zusammenhang stellt Diodor den Mord an Antyllius. Gracchus überredete demnach seine Mitstreiter, allen voran Fulvius Flaccus, gegen die Gegner (damit sind Senat und Konsuln gemeint) mit Waffengewalt vorzugehen. Auf Anraten des Gracchus seien seine Anhänger mit Schwertern bewaffnet losgezogen, um das Kapitol zu besetzen. Dort allerdings befanden sich bereits der Konsul Opimius und mehrere Senatoren. Gracchus habe sich hinter den Tempel zurückgezogen und sei dort von Quintus Antyllius[333] angefleht worden, dem Vaterland keinen Schaden zuzufügen:

„οὕτω δ' αὐτοῦ παροιστρηκότος, Κόιντός τις συνήθειαν ἔχων πρὸς αὐτὸν προσέπεσε τοῖς γόνασιν αὐτοῦ δεόμενος μηδὲν βίαιον ἢ ἀνήκεστον πρᾶξαι κατὰ τῆς πατρίδος."[334]

Gracchus habe den bittenden Antyllius unbarmherzig niedergeschlagen und seinen Anhängern befohlen, ihn zu töten. Dies sollte der Beginn des Angriffs gegen die politischen Gegner sein:

„ὁ δὲ τυραννικῶς ἤδη διεξάγων αὐτὸν μὲν προέωσε πρηνῆ ἐπὶ τὴν γῆν, τοῖς δὲ ἀκολουθοῦσι προσέταξε διαχειρίσασθαι καὶ ταύτην ἀρχὴν ποιήσασθαι τῆς κατὰ τῶν ἐναντιουμένων τιμωρίας."[335]

Diodor bezeichnet das Handeln des Gracchus in diesem Zusammenhang als tyrannisch, woraus hervorgeht, daß er alle Maßnahmen, die der Senat von nun an gegen den Aufrührer ergriff, als Abwehrmaßnahmen gegen einen Tyrannen versteht.

Diodor berichtet weiter, daß der Konsul den Mord und den bevorstehenden Angriff dem Senat meldete. Wie es laut Diodor nach dem Mord an Antyl-

---

[331] Das Kapitel II (D) befaßt sich näher mit der Person des Gracchus.
[332] Diod. XXXIV/XXXV 28a.
[333] Diodor nennt nur den Vornamen Quintus.
[334] Diod. XXXIV/XXXV 28a.
[335] Ebd.

lius für Gracchus weiterging, ist nicht überliefert. Der chronologisch nächste erhaltene Bericht befaßt sich bereits mit den Ereignissen, die direkt nach dem Tod des Aufrührers erfolgten.

Dennoch läßt sich einiges über die Deutung, die Diodor hinsichtlich des Mordes an Antyllius vertritt, sagen: Seiner Ansicht nach handelte es sich bei der Tat um einen exemplarischen Mord, der nur der Auftakt zu weiteren Morden sein sollte. Damit steht das gewaltsame Ende des Antyllius stellvertretend für das rigorose Vorgehen des Gracchus gegen seine politischen Feinde. Zudem stellt Diodor Gracchus als den einzigen Initiator dieser Gewalttat hin. Er habe nicht nur den ersten Schlag gegen Antyllius geführt, er habe auch dessen Ermordung befohlen, so wie er zuvor dafür gesorgt habe, daß seine Anhänger bewaffnet auf dem Kapitol erschienen.

Als Motiv für die Mordtat nennt Diodor nur den Wahnsinn, der C. Gracchus überkommen haben soll. Er erwähnt nicht die Möglichkeit, daß Gracchus mit seinem Handeln irgendwelche politischen Ziele verfolgte. In dieser Hinsicht erinnert die Deutung des Mordes an Antyllius bei Diodor sehr an die Deutung des Mordes an Ti. Gracchus in der Rhetorikschrift an Herennius.[336] Dem Mörder wird völlig irrationales Handeln unterstellt; jegliche Motivation, die nicht dem Wahnsinn entspringt, wird von vornherein ausgeschlossen. Auf diese Weise gelingt es dem Autor, etwaige Sympathien für den Mörder im Keim zu ersticken. Wenn der Täter für sein Handeln keinerlei vernünftige Gründe hatte, konnte auch niemand auf die Idee kommen, die Motive des Mörders nachzuvollziehen und womöglich mit ihm zu sympathisieren.

b) Plutarch
Plutarch berichtet vom Mord an Antyllius in seiner Lebensbeschreibung des C. Gracchus. Dieser hatte in seinen aufeinanderfolgenden Volkstribunaten mehrere Gesetze durchgesetzt, die der senatorischen Oberschicht ein Dorn im Auge waren.

---

[336] Kapitel II (A) 1a.

Opimius, von dem bekannt gewesen sei, daß er ein Gegner des Gracchus war,[337] bekleidete im Jahr 121 das Konsulat. Plutarch berichtet, daß Opimius viele von den Gesetzen des Gracchus wieder aufhob. Dies habe er aber nicht getan, weil ihm die Gesetze selbst ein Dorn im Auge waren, sondern, um den dadurch zurückgesetzten C. Gracchus zu unrechtmäßigen Handlungen zu verleiten und dann gegen ihn vorgehen zu können.[338] Die Politik des Opimius erreichte Plutarch zufolge ihren Zweck: C. Gracchus zog sich nicht aus der Politik zurück, sondern sammelte Anhänger um sich, mit denen er am Tag, als seine Gesetze aufgehoben werden sollten, das Kapitol besetzte. Plutarch betont allerdings, daß diese Handlungsweise nicht Gracchus' eigene Idee war, sondern daß dieser sich erst durch langes Zureden seiner Freunde, allen voran des Fulvius Flaccus, dazu entschloß. Bei der Opferung auf dem Kapitol kam es nun zum Tumult. Als Quintus Antyllius, einer der Liktoren des Opimius, den Pöbel provozierte, sei er von der wütenden Menge erstochen worden. Bei Schilderung dieser Tat besteht Plutarch darauf, daß sie ohne das Einverständnis des C. Gracchus geschah. Allerdings habe Gracchus nicht den Mord als solchen verabscheut, sondern gefürchtet, daß nun seine Gegner eine Handhabe gegen ihn und seine Anhänger hätten. Wie Recht er mit dieser Befürchtung hatte, zeigt Plutarch, indem er sogleich darstellt, wie sich Opimius, der eigentlich erschüttert sein müßte, über den Mord an seinem Liktor freute:

„ὁ μὲν γὰρ Γάιος ἤχθετο καὶ κακῶς ἔλεγε τοὺς περὶ αὑτόν, ὡς αἰτίαν δεομένοις πάλαι καθ' ἑαυτῶν τοῖς ἐχθροῖς δεδωκότας, ὁ δ' Ὀπίμιος ὥσπερ ἐνδόσιμον λαβὼν ἐπῆρτο, καὶ παρώξυνε τὸν δῆμον ἐπὶ τὴν ἄμυναν."[339]

Hier zeigt sich bereits der schlechte Charakter des Konsuls, der sich über den Tod seines eigenen Genossen hämisch freute, nur weil er dadurch einem Feind schaden konnte. Dasselbe Verhalten legte beim Leichenbegängnis des Antyllius nach Plutarch der ganze Senat an den Tag, der nur deshalb übermäßige Trauer zeigte, weil er auf diese Weise um so mehr Rechtfertigung gehabt habe, gegen Gracchus und seine Anhänger vorzuge-

---

[337] Plut. C. Gracch. 11, 3.
[338] Plut. C. Gracch. 13, 1.
[339] Plut. C. Gracch. 13, 4.

hen. Plutarch erzählt, daß das Volk die Trauer, die der Senat um Antyllius zur Schau stellte, zutiefst verabscheute, weil es sich daran erinnerte, wie derselbe Senat Ti. Gracchus getötet und seine Leiche mißhandelt hatte:

„Καὶ τότε μὲν ὄμβρου γενομένου διελύθησαν ἅμα δ' ἡμέρᾳ τὴν μὲν βουλὴν ὁ ὕπατος συναγαγὼν ἔνδον ἐχρημάτιζεν, ἕτεροι δὲ τὸ τοῦ Ἀντυλλίου σῶμα γυμνὸν ἐπὶ κλίνης προθέμενοι, δι' ἀγορᾶς παρὰ τὸ βουλευτήριον ἐπίτηδες παρεκόμιζον, οἰμωγῇ χρώμενοι καὶ θρήνῳ, γιγνώσκοντος μὲν τοῦ Ὀπιμίου τὰ πραττόμενα, προσποιουμένου δὲ θαυμάζειν, ὥστε καὶ τοὺς βουλευτὰς προελθεῖν. κατατεθείσης δὲ τῆς κλίνης εἰς μέσον, οἱ μὲν ἐσχετλίαζον ὡς ἐπὶ δεινῷ καὶ μεγάλῳ πάθει, τοῖς δὲ πολλοῖς ἐπῄει μισεῖν καὶ προβάλλεσθαι τοὺς ὀλιγαρχικούς, ὡς Τιβέριον μὲν Γράγχον ἐν Καπετωλίῳ φονεύσαντες αὐτοὶ δήμαρχον ὄντα καὶ τὸν νεκρὸν προσεξέβαλον, ὁ δ' ὑπηρέτης Ἀντύλλιος, οὐ δίκαια μὲν ἴσως πεπονθώς, τὴν δὲ πλείστην αἰτίαν εἰς τὸ παθεῖν αὐτῷ παρασχών, ἐν ἀγορᾷ πρόκειται, καὶ περιέστηκεν ἡ Ῥωμαίων βουλή, θρηνοῦσα καὶ συνεκκομίζουσα μισθωτὸν ἄνθρωπον ἐπὶ τῷ τὸν ἔτι λειπόμενον ἀνελεῖν τῶν τοῦ δήμου κηδομένων."[340]

Der Tod des Liktors Antyllius habe dazu geführt, daß der Senat den Staatsnotstand ausrief und daß dem Konsul Opimius außerordentliche Vollmachten zur Rettung des Staates erteilt wurden. Der besonderen Vollmacht des Konsuls fiel Gracchus mit mehreren seiner Anhänger zum Opfer, die nun auf Geheiß des Opimius getötet wurden. Die einzige Folge des Mordes an Antyllius, die Plutarch nennt, ist die Ermordung des C. Gracchus und seiner Mitstreiter. Antyllius' Tod habe Opimius erst die Möglichkeit gegeben, mit entsprechenden Härte gegen seine politischen Gegner vorzugehen.

c) Appian

Auch Appian berichtet von der Aufhebung der Gesetze des Gracchus durch den Senat. In diesem Fall handelt es sich jedoch in erster Linie um eine von Gracchus und Fulvius Flaccus geplante Koloniegründung in Karthago, die abgewendet werden sollte. Gracchus und Fulvius wollten die Aufhebung ihrer Maßnahmen jedoch nicht zulassen und zogen deshalb mit einer bewaffneten Menge zum Kapitol:

„οἵ τε θρασύτατοι τῶν δημοτῶν αὐτοῖς συνελάμβανον, ἐγχειρίδια φέροντες ἐς τὸ Καπιτώλιον, οὗ περὶ τῆς ἀποικίας ἐκκλησιάσειν ἔμελλον."[341]

---

[340] Plut. C. Gracch. 14, 1-3.
[341] App. civ. I 24.

In diesem Zusammenhang nun erscheint das erste Todesopfer dieses Tumults längst nicht so überheblich wie in Plutarchs Schilderung. Antyllius provoziert nicht das Volk, sondern er geht (wie in der Version des Diodor) auf C. Gracchus zu und bittet diesen, das Vaterland zu verschonen. Auch wird Antyllius nicht als Liktor des Opimius vorgestellt, sondern es wird nur erwähnt, daß er auf dem Kapitol opferte, als es von Gracchus und seinen Leuten besetzt wurde. Demnach ist er nicht von Anfang an mit der Gruppe der Senatoren zu identifizieren. Es könnte sich ebensogut um einen neutralen Priester handeln, der mit Sorge sah, daß ein bewaffneter Tumult in der Luft lag. Als Gracchus den Priester wütend ansah, habe einer seiner Anhänger dies als Zeichen zum Angriff verstanden und Antyllius mit einem Dolch erstochen.[342] Antyllius war also nicht, wie bei Plutarch, an seinem Tod zum Teil selbst schuld, sondern starb -nach Appian- den Tod eines Patrioten, der versucht hatte, auf diplomatischem Weg die *res publica* vor Aufruhr zu bewahren. Anders als Diodor behauptet Appian aber nicht, daß Gracchus den Mord gutgeheißen oder gar befohlen habe. Nach Appian verursachte der Mord eine Panik bei allen Anwesenden. Jeder, der sich draußen auf dem Kapitol befunden habe, sei in den Tempel geflohen, aus Furcht, ein ähnliches Schicksal zu erleiden wie Antyllius. Die Sympathien der Masse standen also spätestens ab diesem Zeitpunkt nicht mehr auf Seiten des Gracchus.

Auch wenn Appian C. Gracchus mehr Verantwortung an diesen Ereignissen zuschreibt als Plutarch es tut, berichtet der Geschichtsschreiber, daß Gracchus mit diesem Verlauf nicht zufrieden war. Er habe versucht, zu retten, was zu retten war, sich in die Versammlung begeben, um seine Unschuld klarzustellen. Da ihn jedoch jeder als einen Mörder ansah, zogen er und Fulvius Flaccus sich mit ihren Anhängern eilig in ihre Häuser zurück.[343]

Appian erwähnt nichts von einem Staatsnotstand, doch auch in seiner Schilderung löst der Mord an Antyllius letztlich die Situation aus, in der

---

[342] Vgl. Plut. C. Gracch. 13, 4, wo Antyllius nicht mit einem Dolch, sondern mit großen Schreibgriffeln getötet wird.
[343] App. civ. I 25.

die Senatoren das Kapitol und die Gracchaner das Forum besetzten, die Situation, die schließlich zum Tod des Gracchus und vieler seiner Anhänger führte.

2. Zusammenfassung und Bewertung

Bis auf die Darstellungen Diodors, Appians und Plutarchs wird in der antiken Literatur nicht mehr explizit auf den Mord an Antyllius eingegangen. Die angeführten Autoren liefern zudem kein einheitliches Bild vom Hergang der Tat oder von den Motiven der Täter. Auch in ihren Bewertungen des Falles unterscheiden sich alle voneinander. Sicher scheint, daß Plutarch seine Informationen einer Gracchus-freundlichen Quelle, Appian und Diodor ihre Kenntnisse dagegen einer eher Gracchus-feindlichen Quelle verdanken. Einig sind sich die Autoren darin, daß sich der Mord im Zusammenhang mit der Besetzung des Kapitols durch die Gracchaner ereignete. Ob Antyllius in enger Verbindung zu Opimius stand und durch Beleidigungen den Pöbel provozierte, der ihn daraufhin mit Schreibgriffeln tötete, wie Plutarch behauptet[344], oder ob er sich bittend an Gracchus wandte und daraufhin von einem der Gracchaner mit einem Dolch ermordet wurde, wie Diodor[345] und Appian[346] berichten, wissen wir nicht.

Auch in der Forschung findet der Mord an Antyllius nur im Zusammenhang mit den Folgen, die er für C. Gracchus hatte, Beachtung. Dabei folgen die meisten modernen Autoren in der Regel entweder ganz Plutarch oder ganz Appian, ohne die unterschiedlichen Ansätze der antiken Autoren zu diskutieren.[347] Die Version Diodors findet in der Forschung zurecht nur wenig Aufmerksamkeit. Jedoch stellt PERELLI die verschiedenen Berichte einander gegenüber und hält dabei die Version Plutarchs für die glaubwürdigere: „Tra le due versioni la piú attendibile è quella plutarchea: la storia di Appiano, secondo cui mentre si stava per svolgere una drammatica as-

---

[344] Plut. C. Gracch. 13, 3.
[345] Diod. XXXIV/XXXV 28a.
[346] App. civ. I 24.
[347] STOCKTON, Gracchi, 196; BOREN, Gracchi, 122 folgen Plutarch. UNGERN-STERNBERG, Notstandsgesetze, 61, folgt Appian. CHRIST, Krise und Untergang, 143, legt sich nicht fest und spricht ganz allgemein von einem Mißverständnis, welches den Tod des Antyllius zur Folge hatte. BRINGMANN, Revolution, klammert die Person des Antyllius ganz aus.

sembla un umile cittando privato i era messo a fare sacrifici per suo conto nel portico, e poi apostrofò Caio Gracco, invitandolo a desistere dalla sua macchinazione contro la patria, con parole che starebbero bene in un vecchio libro di lettura per le scuole elementari, non è assolutamente degna di fede."[348] Jedoch sollte auch die Version Appians nicht so ohne weiteres als unglaubwürdig angesehen werden. Sicherlich erscheint die Begebenheit, wie Appian sie schildert, nicht sehr überzeugend. Vor allem die Behauptung, ein Anhänger habe einen wütenden Blick des Gracchus als Zeichen zum Angriff aufgrund einer harmlosen Bitte interpretiert, erscheint fragwürdig. Das bedeutet jedoch nicht, daß sie zugunsten von Plutarchs Version völlig aufgegeben werden muß. Es muß vielmehr bedacht werden, daß Gracchus und seine Leute das Kapitol sicher nicht in aller Ruhe besetzt hatten, sondern daß ein quasi-tumualtarischer Zustand bereits in der Luft lag. Es ist sehr wohl möglich, daß der tatsächliche Tathergang Elemente von sowohl Plutarchs als auch Appians Fassung enthielt. Möglicherweise grassierten bereits wenige Stunden nach dem Mord verschiedene Versionen des Mordes. Es ist durchaus denkbar, daß nur wenige Leute Zeugen des genauen Tathergangs waren, weil die Szene erst dann die Aufmerksamkeit der Masse gewann, nachdem der Mord bereits ausgeführt worden war. Womöglich hatte kaum jemand mitbekommen, wie es zu dem Gewaltausbruch gekommen war. Eine genaue Rekonstruktion der Tat war deshalb unter Umständen schon kurz danach nicht mehr möglich, vor allem, wenn man bedenkt, daß diejenigen, die den Mord am besten beobachten konnten, wahrscheinlich zu den Sympathisanten der Mörder gehörten und deshalb eventuell nicht immer die Wahrheit über den Hergang verbreiteten. Absolut glaubwürdig ist das übereinstimmende Zeugnis Plutarchs und Appians, daß Gracchus über den Mord an Antyllius nicht besonders glücklich war. Zurecht nennt keiner der Autoren die Möglichkeit, daß der Mord eventuell im Auftrag des Gracchus begangen wurde. Die Version Diodors, daß der Mord an Antyllius der Auftakt für einen Angriff gegen die Senatoren bilden sollte, und daß Gracchus selbst den Mord begangen, bzw. befohlen hat, ist dagegen, wie PERELLI zurecht feststellt, als absichtli-

---

[348] PERELLI, Gracchi, 240.

che propagandistische Verfälschung anzusehen.[349] Der Reformer hatte sich bis dahin nicht als politisch derart unklug erwiesen, daß er dem Senat eine derartige Handhabe gegen sich zum Geschenk gemacht hätte. Gracchus' Rückzug in sein Haus nach der Tat zeigt außerdem, daß der Reformer erkannt hatte, wie sehr ihm der Mord an Antyllius schaden mußte.

Wie auch immer sich jedoch die Tat abgespielt hat: Sie zeigt die enorme Gewaltbereitschaft der Anhänger des C. Gracchus. Zudem wird dadurch, daß die Anhänger des Gracchus meinten, das politische Wirken ihres Anführers zu fördern, indem sie Antyllius töteten, deutlich, daß Gracchus sicher nicht für die Vermeidung von Gewalt als Mittel der Politik eingetreten ist. Daß er den Mord nicht guthieß, hatte andere Gründe. Selbst der Gracchus-freundliche Plutarch muß einräumen, daß Gaius den Mord vor allem deshalb ablehnte, weil er sah, daß die Tat ihn politisch ausmanövrieren würde.

---

[349] PERELLI, Gracchi, 240f.

D) Die Ermordung des C. Sempronius Gracchus und seiner Anhänger 121 v.Chr.

1. Die Darstellung in den Quellen
a) Cicero[350]
Cicero beurteilt C. Sempronius Gracchus, den Bruder des 133 v.Chr. ermordeten Volkstribuns kritisch. Der Grund für Gaius, sein Leben der Politik zu widmen, war nach Ciceros Ansicht eindeutig der Mord an Ti. Gracchus und der Wunsch des Gaius, den Tod seines Bruders zu sühnen. Bezüglich der Bruderliebe des Gaius Gracchus findet Cicero äußerst lobende Worte:

> „C. autem Gracchum mors fraterna, pietas, dolor, magnitudo animi ad expetendas domestici sanguinis poenas excitavit".[351]

Einschränkend muß an dieser Stelle darauf hingewiesen werden, daß das positive Licht, in dem C. Gracchus hier erscheint, nicht automatisch Ciceros eigene Sicht des Gracchus wiedergibt. In erster Linie dient der Hinweis auf Gracchus' edle Motive dazu, Ciceros Feind P. Clodius Pulcher in ein um so schlechteres Licht zu rücken, da dessen Motive nicht von *pietas*, sondern von Unmoral geprägt seien. Dennoch gesteht Cicero C. Gracchus gute Gründe für sein Verhalten zu. Allerdings gestattet der Redner im allgemeinen niemandem, dem Gemeinwesen irgendwelchen Schaden zuzufügen, auch wenn dies aus noch so hohen Motiven geschieht. In einem anderen Zusammenhang besteht er darauf, daß es nicht angehen könne, daß jemand aus Liebe zu seinem Bruder der *res publica* schade. Es geht in diesem Kontext jedoch nicht um C. Gracchus, sondern um den Halbbruder des von Cicero 62 v.Chr. verteidigten P. Sulla, L. Caecilius Rufus. Diesem wurde vorgeworfen, er habe, nur um seinem Bruder die verdiente Strafe zu ersparen, einen Antrag eingebracht, der an einem rechtskräftigen Urteil rüt-

---
[350] Über die hier vorgestellten Aussagen des Cicero zu C. Gracchus hinaus gelten die meisten seiner im Kapitel zu Ti. Gracchus gezeigten Ansichten ebenfalls für dessen Bruder Gaius. Wie fast alle antiken Autoren sieht auch Cicero die beiden Gracchen als eine Einheit und betrachtet die Brüder selten getrennt voneinander. Zur Darlegung der Sicht Ciceros zum Tod des C. Gracchus sei deshalb an dieser Stelle zusätzlich auf das Kapitel II (A) 1b verwiesen.
[351] Cic. harusp. 43; siehe außerdem Cic. Rab. perd. 14.

teln sollte. Hier konstatiert Cicero, wo die Liebe zu den Verwandten eine Grenze erreichen muß:

> „neque ego tantum fraterno amori dandum arbitror ut quisquam, dum saluti suorum consulat, communem relinquat."[352]

Bruderliebe ist nach Cicero zwar lobenswert, sie darf aber niemanden dazu veranlassen, den Staat in Gefahr zu bringen. Daß aber C. Gracchus' Politik den römischen Staat in Gefahr gebracht hatte, steht für Cicero fest. Durch die Maßnahmen des Gracchus wurde die Staatskasse extrem geschädigt;[353] Cicero wirft ihm ferner vor, mit P. Popilius (einem der Verfolger der Anhänger des Tiberius Gracchus) einen verdienten Bürger verbannt zu haben und bezeichnet ihn in diesem Zusammenhang als besonders aufrührerischen Menschen.[354] Der Konsul, der die Tötung des C. Gracchus erwirkte, L. Opimius, wird von Cicero gelobt, da durch ihn skrupellose Agitatoren bekämpft worden seien,[355] und als *civis egregius*[356] charakterisiert. Opimius steht in Ciceros Rede *Pro Milone* in einer Reihe mit Servilius Ahala und P. Nasica.[357] Hier wird auch deutlich, wie der Redner die Politik des C. Gracchus interpretiert. Der durch Opimius zu Tode Gekommene war in Ciceros Augen ein Hochverräter. Dies bedeutet jedoch nicht, daß Cicero sämtliche Maßnahmen, die C. Gracchus vorgenommen hat, ablehnt. Vielmehr beurteilt er die *lex Sempronia de provocatione* als hervorragende Errungenschaft des damaligen Volkstribuns.[358] Auch ein von Gracchus eingebrachtes Gesetz zur alljährlichen Neubestimmung der konsularischen

---

[352] Cic. Sull. 63.
[353] Cic. Tusc. III 48.
[354] Cic. dom. 82. Zum wiederholten Mal zeigt Cicero seine Einstellung zur gracchischen Bewegung. Die Erbarmungslosigkeit, mit der nach 133 v.Chr. gegen die Unterstützer des ermordeten Volkstribuns Ti. Gracchus vorgegangen war, blendet er in seiner Rede völlig aus. Allerdings ist es mehr als einsichtig, daß Cicero sich aufgrund seiner eigenen Biographie mit einem Politiker, der römische Bürger ohne Prozeß verurteilt hatte und deshalb verbannt worden war, identifizieren muß.
[355] Cic. Planc. 88.
[356] Cic. Sest. 140.
[357] Cic. Mil. 8. Vgl. Cat. I 29. Allerdings darf nicht vergessen werden, daß die Kritik, die Cicero in Mil. 14 an der Ermordung des Ti. Gracchus übt, auch für den Mord an C. Gracchus gilt. So erscheint auch hier eine Lösung, die ohne die Anwendung von Gewalt ausgekommen wäre, als die bessere Alternative.
[358] Cic. Rab. perd. 12; Verr. V 163.

Provinzen findet bei Cicero Anerkennung.[359] Die Kritik Ciceros an C. Gracchus bezieht sich offenbar weniger auf dessen Maßnahmen, die er in der Anfangszeit seines Volkstribunats durchführte, als auf sein aufrührerisches Verhalten in der Folgezeit, das einer staatsrechtlichen Legitimation entbehrte. Bei der Betrachtung des Mordes an Ti. Gracchus wurde bereits gezeigt, daß Cicero die Sammlung gewalttätiger Truppen als Mittel der Politik grundsätzlich scharf ablehnt.[360] Eben solcher Mittel aber hatte sich C. Gracchus nach Ablauf seines Tribunats bedient.

Anders als der Mord an Ti. Gracchus wirft die Tötung des Gaius aus Ciceros Sicht keinerlei juristische Schwierigkeiten auf. Obwohl die von C. Gracchus selbst durchgesetzte *lex* festlegte, daß ein römischer Bürger nicht ohne Verfahren getötet werden dürfe, findet dieses Gesetz nach Cicero auf C. Gracchus keine Anwendung. Cicero schließt sich in seiner vierten Catilinarischen Rede der Meinung C. Julius Caesars an, der in seiner Rede die Ansicht vertreten hatte, daß ein Staatsfeind nicht mehr als Bürger angesehen werden könne und deshalb das Sempronische Gesetz für ihn nicht gelte. Als Beispiel für einen derartigen Sachverhalt dient C. Gracchus selbst, der legal getötet worden sei:

> „At vero C. Caesar intellegit legem Semproniam esse de civibus Romanis constitutam; qui autem rei publicae sit hostis, eum civem esse nullo modo posse; denique ipsum latorem Semproniae legis iussu populi poenas rei publicae dependisse."[361]

Daß Cicero die Tötung des Gaius Gracchus in keiner Weise für Unrecht hält, zeigt sich auch daran, daß er die spätere Verbannung des L. Opimius, zu der dieser allerdings nicht wegen des Todes des C. Gracchus, sondern wegen Bestechung verurteilt wurde, als Beispiel für ein Unrechtsurteil anführt.[362] Das hier begangene Unrecht liegt darin, daß ein durch die Tötung

---

[359] Cic. dom. 24.
[360] Kapitel II (A) 1b.
[361] Cic. in Cat. IV 10. Damit geht Cicero (wie auch Caesar) weit an der Intention der *lex Sempronia* vorbei, die selbstverständlich zu dem Zweck eingebracht wurde, daß keinem politisch unbequemen römischen Bürger ohne Weiteres das Bürgerrecht entzogen werden konnte. Wenn man jedoch C. Gracchus zum Staatsfeind erklärt und damit die *lex* für ihn unbrauchbar macht, bedient man sich exakt der Verhaltensweise, welche die *lex Sempronia* zu unterbinden versucht.
[362] Cic. Pis. 95; Sest. 140.

des Aufrührers Gracchus hochverdienter Bürger in die Verbannung geschickt wird. Auf den Tatbestand der Bestechung geht Cicero in diesem Zusammenhang überhaupt nicht ein. Er erwähnt lediglich, daß es sich hierbei um ein ungerechtes Urteil handele.

Daß Cicero den Mord am jüngeren Bruder des Ti. Gracchus für eine Rettungstat am römischen Gemeinwesen hält, bedeutet jedoch nicht, daß diese Tat seiner Ansicht nach nur heilsame Folgen hatte. Was Cicero für den gewaltsamen Tod des Tiberius festgestellt hat, gilt in seinen Augen auch für den des Gaius: er hat dem Staat, obwohl er notwendig war, geschadet.[363] An anderer Stelle wird deutlich, daß der Tod des C. Gracchus offenbar nicht den erhofften Zweck erreicht hatte: Cicero erwähnt den lodernden Haß, den sich der Konsul Opimius durch seine Rettungstat zugezogen hatte. Daraus kann geschlossen werden, daß der Tod des Gaius nicht für Ruhe, sondern für weiteren Aufruhr in Rom sorgte. Auf der anderen Seite siegte in Ciceros Augen auch beim römischen Volk letztlich die Vernunft und Opimius wurde nicht wegen Mordes an Gracchus verurteilt:

> „Atque hunc tamen flagrantem invidia propter interitum C. Gracchi (semper) ipse populus Romanus periculo liberavit."[364]

Insgesamt kann festgestellt werden, daß Cicero die Schuld am Tod des C. Gracchus dem Getöteten selbst zuschreibt, auch wenn dieser durch äußere Umstände, nämlich den Tod seines Bruders, den er als frommer Bürger sühnen mußte, in die Rolle des Aufrührers gedrängt wurde. In Ciceros Schrift *De divinatione* wird es als unabwendbares Schicksal des C. Gracchus dargestellt, denselben Tod wie sein Bruder zu sterben:

> „Gaius vero Gracchus multis dixit, ut scriptum apud eundem Coelium est, sibi in somnis quaesturam petenti Tiberium fratrem visum esse dicere, quam vellet cunctaretur, tamen eodem sibi leto, quo ipse interisset, esse pereundum."[365]

Hier rührt die Verpflichtung, in der sich C. Gracchus befindet, nicht so sehr von dem Mord an seinem Bruder her, der gesühnt werden muß. C. Gracchus befindet sich vielmehr in der Pflicht, das Werk seines Bruders

---

[363] Cic. Mil. 13f.
[364] Cic. Sest. 140.
[365] Cic. div. I 56.

fortzusetzen und dessen Schicksal zu teilen. Interessanterweise wird hier auch erwähnt, daß C. Gracchus zu Beginn seiner politischen Laufbahn gezögert habe, in die Fußstapfen seines Bruders zu treten. Demnach sei er nicht von Anfang an mit Feuereifer bereit gewesen, für das Volk und seinen ermordeten Bruder einzutreten, sondern er sei erst im Traum von Tiberius Gracchus selbst dorthin gebracht worden. Hier zeigt sich die Tendenz, die auch bei so gut wie allen anderen antiken Autoren festzustellen ist, nämlich, daß der Tod des C. Gracchus niemals losgelöst vom Tod seines älteren Bruders betrachtet wird.[366] Des Weiteren wird aber auch deutlich, daß Gaius offenbar den Ruhm und den Tod des Tiberius dazu benutzte, seine eigene Politik zu legitimieren. Cicero berichtet nämlich, daß C. Gracchus selbst vielen von seinem Traum erzählt habe. Es scheint also ganz in Gaius' Sinn gewesen zu sein, wenn seine Aktivitäten als Fortsetzung der seines Bruders angesehen wurden.[367]

Selbst Cicero, der beiden Gracchen sehr kritisch gegenübersteht, erkennt die Verpflichtung, in der sich Gaius befand, an. Dennoch hat dieser seiner Ansicht nach Unrecht begangen. Das Wohl der *res publica* steht für Cicero immer über jeder Familienbande. Da Gracchus diese Regel nicht beachtet und den Staat in Gefahr gebracht hat, ist er in Ciceros Augen zurecht getötet worden.

b) Caesar
Die Darstellung der Ereignisse in den Werken Caesars ist bereits bei der Untersuchung des Mordes an Ti. Gracchus[368] erfolgt. Bezüglich des Mor-

---

[366] So auch SCHMITZER, Velleius Paterculus, 121: „Offenbar empfand man seine Tätigkeit weitgehend als eine Wiederbelebung der Aktivitäten seines Bruders, auch wenn sie wesentlich länger währte und dementsprechend auch wesentlich umfangreicher war."
[367] Daß Gaius den genannten Traum politisch instrumentalisierte, bedeutet übrigens nicht zwangsläufig, daß er nicht selbst daran glaubte. Cicero selbst zweifelt jedenfalls nicht an, daß Tiberius seinem Bruder tatsächlich im Traum erschienen war. Zurecht weist STOCKTON darauf hin, daß derartige Träume in einer Situation wie der des C. Gracchus nur natürlich sind. „As Cicero observed, there is no good reason to doubt the story. Nothing could be more natural than that the younger brother should have felt strongly drawn, even honor-bound, to follow in his elder brother's footsteps. The perils of that path must have been obvious, and very likely they did from the time to set up a conflict in his mind, if only at the subconscious level" (STOCKTON, Gracchi, 162).
[368] Kapitel II (A) 1c.

des an C. Gracchus macht Caesar keine Angaben, die über die dort genannten hinausgehen.

c) Sallust

Stärker noch als Cicero betrachtet der Historiker Sallust Ti. und C. Gracchus fast ausnahmslos als eine Einheit. Die von ihm geäußerten Ansichten über den Tod des Tiberius Gracchus gelten insgesamt auch für C. Gracchus, da Sallust die Brüder immer in einem Atemzug nennt.[369]

d) Diodor

Diodor vertritt eine extrem Gracchus-feindliche Sicht. Wie bereits bei der Untersuchung des Mordes an Antyllius gezeigt wurde, ist er der Ansicht, daß das Handeln des C. Gracchus zuletzt vom Wahnsinn bestimmt war.[370] Schon das politische Wirken des Volkstribuns C. Gracchus wird von Diodor sehr negativ gesehen. Er habe versucht, die senatorische Herrschaft abzuschaffen, und die Volksherrschaft einzuführen.[371] Dies wird von Diodor nicht als wünschenswerte Entwicklung angesehen, sondern lief seiner Ansicht nach darauf hinaus, daß die Anarchie im Staat Einzug hielt. Gracchus habe dies absichtlich herbeigeführt und auf diese Weise versucht, den Staat zu Fall zu bringen.

Als sich das Blatt wendete und Gracchus der weitere politische Erfolg versagt blieb, sei er in eine Art Wahnsinn verfallen. Es kam zu der versuchten Besetzung des Kapitols und dem Mord an Antyllius.[372] Diese Ereignisse bildeten nach Diodor den Auftakt der Feindseligkeiten zwischen Gracchus und dem Senat. Diodors Beschreibung dieser Vorgänge ist nicht erhalten. Erst mit dem Tod des Gracchus setzt die Erzählung wieder ein. Hier berichtet Diodor, daß Gracchus von seinem eigenen Sklaven getötet wurde, und daß ein gewisser Lucius Vitellius, ein vermeintlicher Freund des Gracchus, den Kopf der Leiche abschlug, mit nach Hause nahm, das Gehirn entfernte und Blei einfüllte, um das Gewicht des Kopfes zu erhöhen. Der

---

[369] Kapitel II (A) 1d.
[370] Diod. XXXIV/XXXV 28a.
[371] Diod. XXXIV/XXXV 25.
[372] Kapitel II (C).

Konsul Opimius hatte nämlich eine Prämie auf Gracchus ausgesetzt, die sich am Gewicht von dessen abgeschlagenem Kopf bemaß.[373] Diodor berichtet, daß Vitellius das ausgesetzte Kopfgeld erhielt. Obwohl der Geschichtsschreiber das Verhalten des Vitellius kritisiert, ist eine gewisse Genugtuung darüber, daß Gracchus am Ende von denen, die ihm nahestehen sollten, verraten wurde, nicht zu überhören. Zu stark ist die Betonung innerhalb eines Satzes, daß Gracchus von seinem eigenen Sklaven (ἴδιος δοῦλος) getötet wurde,[374] und daß sein Freund Vitellius ihn nicht betrauerte und sogar Kapital aus seinem Tod schlug.

e) Livius

Die Zusammenfassungen der Bücher LX-LXI vom Geschichtswerk des Livius berichten vom Volkstribunat des C. Gracchus ab 123 und den von ihm eingebrachten Gesetzen: Gracchus führte verbilligte Getreidepreise ein, stärkte den Einfluß des Ritterstandes und gründete entsprechend der Ackergesetze, die er und zuvor sein Bruder durchgesetzt hatten, Siedlerkolonien in Italien und Karthago. Livius beurteilt die Gesetzgebung des Volkstribuns offenbar negativ, denn die *Periochae* spricht hier von schädlichen Gesetzen (*perniciosae leges*);[375] das Tribunat des Gracchus wird als *seditiosus tribunatus* bezeichnet.[376] Die durch Julius Obsequens überlieferten Fragmente berichten außerdem von Unruhen, die durch die Gesetzesanträge des C. Gracchus ausgelöst wurden.[377] Hier wird zudem erwähnt, daß die bei der Landverteilung gesteckten Grenzmarkierungen durch wilde Tiere verwüstet wurden:

---

[373] Diod. XXXIV/XXXV 29.
[374] Diese Betonung, läßt darauf schließen, daß Diodor in seiner Schilderung der gewaltsamen Auseinandersetzung zwischen Gracchus und dem Senat -anders als andere Autoren- nicht den Gehorsam des Sklaven betont, der dem Befehl seines Herrn nachkommt, indem er diesen tötet. Offenbar liegt sein Augenmerk nicht auf der Treue des Sklaven, der durch seine Tat seinen Herrn vor Schlimmerem bewahrt. Vielmehr sieht er eine gewisse Tragik für Gracchus darin, daß dieser letztlich nicht von einem Feind, sondern von seinem Hausgenossen getötet wurde.
[375] Liv. per. LX 7.
[376] Liv. per. LXI 4.
[377] Obseq. 31: „Tumultus in urbe fuit (C.) Graccho leges ferente."

„Grex luporum limites, qui in agrorum divisione per C. Gracchum depositi erant, dissipavit."[378]

Diese Verwüstung wurde als göttliches Zeichen ausgelegt, welches gegen die Landverteilung, wie sie C. Gracchus plante, sprach. Von Plutarch[379] und Appian[380] erfahren wir, daß dieses Zeichen sich nicht irgendwo in Italien, sondern in Afrika, an der Stelle, wo sich zuvor die von Scipio zerstörte Stadt Karthago befunden hatte, zutrugen. Da das zerstörte Karthago von Scipio in Verbindung mit dem Verbot, dort jemals wieder eine bewohnbare Stätte zu errichten, den Göttern geweiht worden war, liegt es auf der Hand, daß Livius Gracchus' Ansinnen für einen Frevel hält und deshalb von den göttlichen Zeichen, die eindeutig gegen eine Koloniegründung in Karthago sprechen, berichtet.

Der Leser erfährt von Livius, daß sich der oben erwähnte und zunächst abgelehnte Gesetzesantrag des Papirius Carbo, die Dauer des Volkstribunats nicht mehr auf ein Jahr zu beschränken, doch noch durchgesetzt hatte: C. Gracchus bekleidete dieses Amt in den aufeinanderfolgenden Jahren 123 und 122.[381] Vom Ende des Gracchus berichten die Liviusfragmente folgendes: Nach Beendigung des zweiten Volkstribunats besetzte C. Gracchus mit einer bewaffneten Meute den Aventin. Die Gründe, die Livius für dieses Verhalten nennt, sind nicht überliefert. Ein Senatsbeschluß erging gegen den Aufrührer und Gracchus wurde mit vielen seiner Anhänger, darunter auch der Konsular Fulvius Flaccus, der gemeinsam mit C. Gracchus dem Kollegium zur Landverteilung angehört hatte,[382] vom amtierenden Konsul Lucius Opimius erschlagen:

„C. Gracchus seditioso tribunato acto cum Aventinum quoque armata multitudine occupasset, a L. Opimio consule ex senatus consulto vocato ad arma populo pulsus et occisus est, et cum eo Fulvius Flaccus consul(aris), socius eiusdem furoris."[383]

---

[378] Obseq. 33.
[379] Plut. C. Gracch. 10, 2; 11, 1.
[380] App. civ. I 24.
[381] Liv. per. LX 8.
[382] Liv. per. LIX 15.
[383] Liv. per. LXI 4.

Ein juristisches Problem liegt auch in dieser Schilderung nicht vor, da darauf hingewiesen wird, daß alle Maßnahmen des Konsuls durch einen Senatsbeschluß abgesichert waren. Livius berichtet zudem, daß Opimius später durch den Volkstribunen Q. Decius angeklagt wurde, weil er römische Bürger ohne Prozeß hatte einsperren lassen. Der Prozeß endete mit einem Freispruch.[384] Demnach wurde das Vorgehen des Opimius gegen Gracchus auch von einem späteren Gericht gebilligt.

f) Valerius Maximus

In der Beispielsammlung des Valerius Maximus wird auch C. Gracchus erwähnt. Der Autor bescheinigt dem Gaius Gracchus eine hervorragende rhetorische Begabung, welche dieser allerdings zum Schaden des römischen Staates angewendet habe.[385] Somit ist deutlich, daß Valerius Maximus Gracchus lediglich als Aufrührer betrachtet und nicht als Politiker, der überfällige Reformen durchzusetzen versuchte. Bedenkt man das Urteil, daß Valerius bereits über Ti. Gracchus gefällt hatte, überrascht dies wenig. Folglich erscheint auch die Tötung des C. Gracchus als notwendige politische Maßnahme. Wie schon bei der Untersuchung des Falles Ti. Gracchus gezeigt wurde, sieht Valerius Maximus aber auch die Problematik, die sich daraus ergab, daß mit Gracchus ein römischer Bürger getötet wurde, über dessen Ende man nicht dieselbe Freude zeigen durfte wie über den Tod auswärtiger Feinde.[386] Auch die Mißhandlung der Leiche des Getöteten stößt bei ihm auf Kritik. In seinen Beispielen der Habgier nennt Valerius Maximus unter anderem L. Septimuleius, den Freund des Gracchus, der den Kopf des Getöteten abtrennte, um sich vom Konsul Opimius das ausgesetzte Kopfgeld abzuholen.[387] Zum wiederholten Mal weist Valerius hier darauf hin, daß Gracchus sehr wohl zu Recht getötet worden sei. Die Handlungsweise des Septimuleius aber verurteilt der Autor:

---

[384] Liv. per. LXI 9.
[385] Val. Max. VIII 10, 1.
[386] Val. Max. II 8, 7.
[387] Diese Begebenheit wird ähnlich bereits bei Diod. XXIV/XXXV 29 berichtet. Hier heißt der habgierige ‚Freund' des Gracchus aber L. Vitellius.

> „Ceterum auaritia ante omnes L. Septimulei praecordia possedit, qui, cum C. Gracchi familiaris fuisset, caput eius abscidere et per urbem pilo fixum ferre sustinuit, quia Opimius consul auro id se repensurum edixerat. Sunt qui tradant liquato plumbo eum cauatam partem capitis, quo ponderosius esset, explesse. Fuerit ille seditiosus, bono perierit exemplo, clientis tamen scelesta famis in has usque iacentis iniurias esurire non debuit."[388]

Einen Mann, der die *res publica* gefährdet, zu töten, stellt in Valerius' Augen kein moralisches oder rechtliches Problem dar, auch wenn dieser Mann ein römischer Bürger ist. Sich über seinen Tod öffentlich zu freuen oder seine Leiche zu schänden, ist für ihn hingegen unnötig und damit abzulehnen.

Beachtenswerterweise nennt Valerius weder Tiberius noch Gaius Gracchus in seinen Beispielen zu Gewalt und Aufruhr *De vi et seditione*.[389] Offenbar stellten die gracchischen Unruhen seiner Ansicht nach keine übermäßige oder gar einzigartig heftige Bedrohung des römischen Staates dar.

g) Velleius Paterculus

Wie die meisten anderen antiken Autoren, betrachtet auch der Historiker Velleius Paterculus die Aktivitäten des Gaius in engem Zusammenhang mit denen des Tiberius Gracchus:

> „Decem deinde interpositis annis, qui Ti. Gracchum, idem Gaium fratrem eius occupavit furor, tam virtutibus eius omnibus quam huic errori similem, ingenio etiam eloquentiaque longe praestantiorem."[390]

Die Ideen des C. Gracchus, die Velleius abwertend als *furor* und *error* bezeichnet, werden hier schon bei der Vorstellung des Protagonisten in allerengste Verbindung mit denen des Ti. Gracchus gesetzt. Wie Cicero geht auch der Historiker davon aus, daß Gaius' Eintritt in die Politik von dem Wunsch herrührte, seinen Bruder zu rächen. Demnach wären alle Ereignisse um C. Gracchus bis zu seiner Ermordung bereits die Folge eines anderen politischen Mordes, nämlich des Mordes an Ti. Gracchus. Velleius Paterculus läßt es aber nicht bei der These vom nachvollziehbaren und sogar in gewisser Hinsicht legitimen Motiv bewenden, sondern gibt als alternati-

---

[388] Val. Max. IX 4, 3.
[389] Val. Max. IX 7.
[390] Vell. Pat. II 6, 1.

ven Beweggrund des C. Gracchus pures Machtstreben, ja sogar das Streben nach der Königsherrschaft, an.[391] Da Velleius bereits Tiberius Gracchus scharf kritisiert hatte, kann der Leser davon ausgehen, daß über Gaius kein günstigeres Urteil gefällt wird. Tatsächlich geht der Geschichtsschreiber nun dazu über, die gesetzgeberischen Maßnahmen des C. Gracchus darzustellen, an denen er kein gutes Haar läßt.[392] Die Aufzählung endet damit, daß dem Volkstribun bescheinigt wird, er habe nichts in Frieden gelassen und nichts so gelassen, wie es war:

> „Nihil immotum, nihil tranquillum, nihil quietum, nihil denique in eodem statu relinquebat".[393]

Der gewaltsame Tod des C. Gracchus ist für Velleius eine direkte Folge seiner politischen Maßnahmen. Gracchus' Ende wird von Velleius Paterculus mit wenigen Worten geschildert:

> „Hunc L. Opimius consul, qui praetor Fregellas exciderat, persecutus armis unaque Fulvium Flaccum, consularem ac triumphalem virum, aeque prava cupientem, quem C. Gracchus in locum Tiberii fratris triumvirum nominaverat eumque socium regalis adsumpserat potentiae, morte adfecit."[394]

Hier erwähnt Velleius Paterculus auch zum ersten Mal den Konsular Fulvius Flaccus, den Komplizen des C. Gracchus, der diesen in seinem Streben nach der Königsherrschaft unterstützt und mit ihm den Tod gefunden hat. Den Tod des Flaccus schildert Velleius einige Zeilen später, indem er darstellt, daß dieser auf dem Aventin gemeinsam mit seinem Sohn erschlagen wurde. Was Velleius oben nur als eine Möglichkeit dargestellt hatte, wird hier als Tatsache präsentiert: Gaius Gracchus strebte nach der Alleinherrschaft. Offenbar hat sich der Geschichtsschreiber zwischen den beiden von ihm selbst vorgestellten möglichen Motiven des Gracchus für das zweite entschieden. Diese Entscheidung ist für die Beurteilung des Mordes

---

[391] Vell. Pat. II 6, 2.
[392] Vell. Pat. II 6, 2f. Der Geschichtsschreiber berichtet, daß C. Gracchus das römische Bürgerrecht auf alle italischen Bürger übertragen wollte, daß er den Großgrundbesitz beschränkte, Zölle einführte, Kolonien in den Provinzen gründete, dem Ritterstand die Gerichtsbarkeit übergab und Getreide an das Volk verteilte. Die meiste Kritik des Velleius erntet Gracchus für seine Koloniegründungen außerhalb Italiens (Vell. Pat. II 7, 6f.).
[393] Vell. Pat. II 6, 3.
[394] Vell. Pat. II 6, 4.

an Gracchus von entscheidender Wichtigkeit: Wenn der Getötete nach der Tyrannis gegriffen hatte, dann war sein Tod absolut gerechtfertigt. Dennoch übt Velleius Paterculus Kritik an den Maßnahmen des Konsuls Opimius. Dieser hatte -wie auch Diodor und Valerius Maximus berichten- ein Kopfgeld auf C. Gracchus ausgesetzt, was von Velleius Paterculus nicht gutgeheißen wird. Der Historiker betont allerdings, daß er nicht an der Praxis Anstoß nimmt, daß ein Kopfgeld auf einen Feind ausgesetzt wird, sondern daran, daß eine solche Maßnahme einem römischen Bürger galt:

> „id unum nefarie ab Opimio proditum, quod capitis non dicam Gracchi sed civis Romani pretium se daturum idque auro repensurum proposuit."[395]

Über die näheren Umstände des Todes von C. Gracchus berichtet Velleius Paterculus folgendes: Von den Leuten des Opimius gejagt, wies er, als er den Verfolgern nicht mehr entkommen konnte, seinen Sklaven Euporos an, ihn zu töten. Dieser gehorchte seinem Herrn und beging daraufhin Selbstmord. Ein weiterer Anhänger des C. Gracchus, der Ritter Pomponius, bekämpfte zunächst die Verfolger und nahm sich dann ebenfalls aus Treue zu Gracchus selbst das Leben. Velleius Paterculus, der, wie gezeigt wurde, der Politik des Gracchus mehr als kritisch gegenübersteht, findet anerkennende Worte für die Treue des Euporos und Pomponius. Ebenso, wie er die Grausamkeit der Sieger, die sich darin äußert, daß die Leiche des Gaius Gracchus in den Tiber geworfen wurde, mißbilligt:

> „Flaccus in Aventino armatos ad pugnam ciens cum filio maiore iugulatus est; Gracchus profugiens, cum iam comprehenderetur ab iis quos Opimius miserat, cervicem Euporo servo praebuit, qui non segnius se ipse interemit quam domino succurrerat. Quo die singularis Pomponii equitis Romani in Gracchum fides fuit, qui more Coclitis sustentatis in ponte hostibus eius, gladio se transfixit. Ut Ti. Gracchi antea corpus, ita Gai mira crudelitate victorum in Tiberim deiectum est. "[396]

Zudem berichtet Velleius Paterculus, daß dem notwendigen Tod des Aufrührers C. Gracchus grausame Verfolgungen von dessen Freunden und Anhängern folgten.[397] Opimius, der zunächst, indem er C. Gracchus bekämpfte, als eher positive Gestalt aufgetreten war, erscheint nun selbst wie

---

[395] Vell. Pat. II 6, 5.
[396] Vell. Pat. II 6, 6f.
[397] Vell. Pat. II 7, 3.

ein erbarmungsloser Tyrann. Nicht nur, daß er das oben erwähnte Kopfgeld auf einen römischen Bürger ausgesetzt hatte, er ließ auch einen Sohn des Fulvius Flaccus, der zu ihm als Unterhändler gesandt worden war, hinrichten[398] und zeigte nach dem Tod des Aufrühreres Gracchus kein Erbarmen mit dessen Anhängern. Die Prozesse gegen die Gracchaner erregten offenbar großes Mißfallen, denn dem Initiator Opimius wurde vorgeworfen, er handle nicht im Interesse des Staates, sondern führe einen persönlichen Rachfeldzug gegen die Freunde des C. Gracchus.[399] Anders als Cicero sieht Velleius auch einen Zusammenhang zwischen der späteren Verurteilung des Opimius und seinen Maßnahmen im Zusammenhang mit dem Ende des Gracchus. Opimius' Grausamkeit in den Prozessen gegen die Gracchaner habe dafür gesorgt, daß er, als er selbst vor Gericht stand, mit keiner Nachsicht rechnen konnte:

> „Crudelesque mox quaestiones in amicos clientesque Gracchorum habitae sunt. Sed Opimium, virum alioqui sanctum et gravem, damnatum postea iudicio publico memoria ipsius saevitiae nulla civilis prosecuta est misericordia."[400]

Wie schon beim Fall von Tiberius Gracchus präsentiert Velleius Paterculus seinem Leser ein auffällig differenziertes Urteil. Zwar werden C. Gracchus und seine Politik pauschal verurteilt, doch die Maßnahmen seiner Gegner, die politisch im Recht waren, erscheinen in einem ebenso negativen Licht. Anders als der Mord an Tiberius Gracchus war die Tötung des C. Gracchus, da dieser (nach Meinung des Velleius) die Königsherrschaft anstrebte, sogar rechtmäßig. Doch auch die *boni* hatten sich letztlich als tyrannisch erwiesen, indem sie es nicht dabei beließen, den Staatsfeind zu verurteilen und zu töten, sondern auch dessen Leiche schändeten und mit unnachgiebiger Härte seine Anhänger verfolgten und Unschuldige töteten. SCHMITZER stellt in diesem Zusammenhang zutreffend fest: „All das zeigt, wie sehr auch die *boni* vom Pfad der Tugend abgewichen sind. Eine klare Zuteilung von Schuld und Unschuld ist in der verworrenen Situation auch retrospektive nicht mehr möglich."[401]

---

[398] Vell. Pat. II 7, 2.
[399] Vell. Pat. II 7, 6.
[400] Vell. Pat. II 7, 3.
[401] SCHMITZER, Velleius Paterculus, 125.

Eine weitere Parallele zu Tiberius Gracchus zieht Velleius Paterculus, indem er darauf hinweist, daß es Opimius ebenso erging, wie Rupilius und Popilias Laenas, die ihrerseits die Anhänger des Ti. Gracchus verfolgt hatten und später vor Gericht verurteilt wurden.[402] In beiden Fällen wurde den Angeklagten kein Mitleid seitens des Volkes zuteil, weil diese in der Verfolgung der Gracchaner ebenfalls kein Mitleid gezeigt hatten. Von juristischen Fragen, welcher Verbrechen Opimius und die anderen angeklagt wurden und ob sie schuldig waren, ist hier interessanterweise überhaupt nicht die Rede. Der Prozeß an Opimius und seinen Gesinnungsgenossen erscheint hier allein als Folge des gewaltsamen Todes der Gracchen.

h) Lucan

Der Dichter Lucan spricht in der in Kapitel II (A) 1i nicht nur von Ti. Gracchus, sondern von beiden Gracchen.[403] Somit gelten die Tiberius betreffenden Feststellungen auch für dessen Bruder Gaius.

i) Seneca

Seneca erwähnt in der Trostschrift an Marcia Tiberius und Gaius Gracchus.[404] Ebenso wie den Tod des Tiberius betrachtet er also auch den Tod des Gaius Gracchus aus einer unpolitischen Sichtweise.[405]

In seiner Schrift *De beneficiis* erwähnt Seneca die Praxis des C. Gracchus, seine Anhänger in Klassen aufzuteilen. Gracchus habe Freunde erster und zweiter Klasse und aus diesem Grund niemals wahre Freunde gehabt:

> „Apud nos primi omnium C. Gracchus et mox Livius Drusus instituerunt segregare turbam suam et alios in secretum recipere, alios cum pluribus, alios universos. Habuerunt itaque isti amicos primos, habuerunt secundos, numquam veros."[406]

Diese Äußerung steht zwar nicht in direktem Zusammenhang mit dem Tod des C. Gracchus, doch wenn man die von Valerius Maximus und Plutarch überlieferte Begebenheit, daß ein Freund des Gracchus dessen Kopf zu

---

[402] Vell. Pat. II 7, 4.
[403] Luc. Phars. I 264-267.
[404] Sen. Marc. cons. 16, 3-4.
[405] Hierzu: Kapitel II (A)1j.
[406] Sen. benef. VI 34, 2.

Opimius brachte, um ein Kopfgeld zu kassieren, bedenkt, scheint Senecas Unterstellung, Gracchus habe keine wahren Freunde gehabt, zumindest durch diese Geschichte bestätigt.[407]

j) Plinius d.Ä.

Plinius der Ältere erwähnt in seiner *Naturalis historia* ebenfalls den Tod des C. Gracchus, wenn auch in einem recht ungewöhnlichen Zusammenhang. Plinius weist darauf hin, daß das Jahr 121 v. Chr. ein ganz vorzüglicher Jahrgang bezüglich der Weinernte war. Die Jahresangabe, nämlich daß es sich bei dem betreffenden Jahrgang um das Konsulatsjahr des L. Opimius handelte, präzisiert Plinius dadurch, daß in diesem Jahr auch C. Gracchus als Unruhestifter ums Leben kam:

> „Anno fuit omnium generum bonitate L. Opimio cos., cum C. Gracchus tribunus plebem seditionibus agitans est interemptus."[408]

Aus dieser Bemerkung können mehrere Informationen gewonnen werden. Offensichtlich betrachtet Plinius den gewaltsamen Tod des Gracchus nicht nur als das wichtigste Ereignis des Jahres 121, sondern als besonderes Ereignis überhaupt. Eine Datumsangabe wie *L. Opimio cos.* auf diese Art weiter auszuführen ist unnötig, vor allem wenn es sich nicht um die Darstellung von politischen Entwicklungen, sondern um den Hinweis auf einen guten Wein handelt; ein Autor tut so etwas nur dann, wenn er einem Ereignis in diesem Jahr ganz besondere Bedeutung zumißt und wenn er davon ausgehen kann, daß seinen Lesern dieses Ereignis ebenfalls bekannt ist. Weiterhin gibt Plinius seine eigene Auffassung vom Tod des C. Gracchus zu erkennen. Dieser sei gestorben, weil er Aufruhr stiftete (*seditionibus agitans*). Die Rechtmäßigkeit von Opimius' Maßnahmen steht für Plinius offenbar nicht zur Diskussion, ebenso wie die Unrechtmäßigkeit von Gracchus' politischen Aktivitäten.

---

[407] Auf der anderen Seite wird aber auch davon berichtet, daß zwei Freunde ihr Leben opferten, um C. Gracchus die Flucht zu ermöglichen. Vell. Pat. II 6, 6. Velleius Paterculus erwähnt nur einen Freund namens Pomponius. Plut. C. Gracch. 17, 1 spricht von Pomponius und Licinius.
[408] Plin. n. h. XIV 55.

k) Plutarch

Plutarch betrachtet in seiner Biographie des Gaius Gracchus die gewaltsamen Ereignisse um seinen Protagonisten als Folge des Mordes an Tiberius Gracchus: Er erwähnt zunächst den von Livius, Velleius Paterculus und anderen Gracchus-feindlichen Autoren geäußerten Verdacht, C. Gracchus habe sich nicht so sehr aus Pflichtbewußtsein, sondern vielmehr aus Machtstreben für eine volksfreundliche Politik entschieden. Diese Nachrede versucht Plutarch durch den oben erwähnten Traum des C. Gracchus zu widerlegen, von dem auch Cicero und Valerius Maximus berichten. Der Biograph beruft sich sogar ausdrücklich auf den Redner Cicero:

„ἱστορεῖ δὲ καὶ Κικέρων ὁ ῥήτωρ ὡς ἄρα φεύγοντι πᾶσαν ἀρχὴν τῷ Γαΐῳ καὶ μεθ᾽ ἡσυχίας ᾑρημένῳ ζῆν ὁ ἀδελφὸς ὄναρ φανεὶς καὶ προσαγορεύσας, 'Τί δῆτα,'φαίη ' Γάϊε, βραδύνεις; οὐκ ἔστιν ἀπόδρασις, ἀλλ᾽ εἷς δὲ θάνατος ὑπὲρ τοῦ δήμου πολιτευμένοις πέπρωται."[409]

Das gewaltsame Ende des Gaius Gracchus erscheint durch Plutarchs Hinweis auf diese Begebenheit als unausweichlich; der politische Weg des Gaius erwuchs aus einer Verpflichtung und war ihm vom Schicksal vorgegeben. Diese Verbindung zwischen Gaius und seinem Bruder hat nach Plutarch auch die Oberschicht erkannt, die aus diesem Grund sehr darauf erpicht war, C. Gracchus nicht zum Tribunat gelangen zu lassen.[410]

Plutarch zeigt nun, in welcher Weise der Tod des Tiberius der politischen Karriere des Gaius förderlich war. Als C. Gracchus trotz des Widerstands der Nobilität zum Volkstribun gewählt wurde, erlaubte ihm die Erinnerung an den gewaltsamen Tod seines Bruders mehr Offenheit im Reden als anderen.[411] Gracchus nahm in seinen Reden des öfteren Bezug auf das

---

[409] Plut. C. Gracch. 1, 6.
[410] Die Leben der beiden Brüder werden von Plutarch so parallel geschildert, daß INGENKAMP zurecht feststellen kann, es handle sich bei der vom Biographen dargestellten Karriere des Gaius um einen „zweiten Durchgang des Gracchenschicksals" (INGENKAMP, Leben der Gracchen, 4312). „Plutarch hat, wie es im Traum des Gaius hieß, das eine Leben und den einen Tod der Brüder schildern wollen [...]" (Ebd., 4319). Die Gleichsetzung von Tiberius und Gaius Gracchus durch Plutarch zeigt sich auch darin, daß der Biograph den beiden Brüdern eine gemeinsame Vita widmet. Seine Komposition beruht allerdings auf der Vorlage historischer Quellen. Die These WISEMANS, die von Plutarch verfaßte Biographie des C. Gracchus fuße auf einem inzwischen verlorengegangenen Theaterstück (WISEMAN, Historiography, 1-22), ist aus den Quellen in keiner Weise ableitbar. Hierzu: KEAVENEY, Tragedy, 322-332.
[411] Plut. C. Gracch. 3, 2.

Schicksal seines Bruders, um das Volk zu beeinflussen. Nach Plutarchs Darstellung warf er dem Volk vor, bei der Ermordung des Tiberius untätig zugesehen zu haben, appellierte also an das Schuldgefühl der Menge. In diesem Zusammenhang besteht Plutarchs C. Gracchus auch darauf, daß der Tod des Tiberius durch keinerlei rechtliche Grundlage legitimiert war:

„πορευομένῳ δι' ἀγορᾶς οὐχ ὑπεξέστη μόνος· ὑμῶν δ' ὁρώντων" ἔφη Τιβέριον ξύλοις συνέκοπτον οὗτοι, καὶ διὰ μέσης τῆς πόλεως ἐσύρετο νεκρὸς ἐκ Καπετωλίου, ῥιφησόμενος εἰς τὸν ποταμόν· οἱ δ' ἁλισκόμενοι τῶν φίλων ἀπέθνησκον ἄκριτοι. καίτοι πάτριόν ἐστιν ἡμῖν, εἴ τις ἔχων δίκην θανατικὴν μὴ ὑπακούει, τούτου πρὸς τὰς θύρας ἔωθεν ἐλθόντα σαλπιγκτὴν ἀνακαλεῖσθαι τῇ σάλπιγγι, καὶ μὴ πρότερον ἐπιφέρειν ψῆφον αὐτῷ τοὺς δικαστάς. οὕτως εὐλαβεῖς καὶ φυλαγμένοι περὶ τὰς κρίσεις ἦσαν."[412]

Durch die Rede des C. Gracchus geht Plutarch hier nochmals auf den Mord an Ti. Gracchus ein und gibt dabei dem Volk, das Tiberius seine Unterstützung versagt hatte, einen gewissen Teil der Schuld.[413] Eine ähnliche Szene schildert Plutarch noch einmal am Ende der Biographie des C. Gracchus: In diesem Fall geht es um Gaius, der, wie zuvor sein Bruder, von seinen Mördern verfolgt keine Hilfe beim Volk, für das er sich eingesetzt hatte, findet.[414]

Das Tribunat des C. Gracchus brachte nach Plutarchs Darstellung viele neue und gute Gesetze für das römische Volk. Aus Furcht vor der Beliebtheit des Tribuns ergriff der Senat Gegenmaßnahmen: Er baute den Amtsgenossen des C. Gracchus, Livius Drusus, als Konkurrenzdemagogen auf, der das Volk von Gracchus abziehen sollte. Gleichzeitig versuchte Drusus durch Anschuldigungen gegen C. Gracchus und seinen Mitstreiter Fulvius Flaccus die Sympathien des Volkes ganz von seinen Konkurrenten abzuziehen.[415] In der Darstellung Plutarchs erscheint Fulvius Flaccus zwar als Freund und Gesinnungsgenosse des C. Gracchus, doch steht er in einem weitaus schlechteren Licht als der Volkstribun. Dies zeigt sich vor allem

---

[412] Plut. C. Gracch. 3, 3-4.
[413] Vgl. Rhet. ad Her. IV 67.
[414] Plut. C. Gracch. 17, 2.
[415] Plut. C. Gracch. 9-10. Zu den ausgesprochenen Beschuldigungen zählt auch der Vorwurf gegen Fulvius und Gaius, den verdienstvollen Feldherrn Scipio Africanus Numantinus vergiftet zu haben.

bei der Schilderung vom Tod der beiden Reformer. Zunächst jedoch sollen die Ereignisse, die nach Plutarch dazu geführt haben, erläutert werden: Gracchus war für 121 nicht als Volkstribun wiedergewählt worden;[416] sein persönlicher Gegner Opimius war dagegen zum Konsulat gelangt. Er sorgte für die Aufhebung mehrerer Gesetze, die Gracchus in seinem Tribunat durchgesetzt hatte. Bei einer Volksversammlung, auf der über die Aufhebung dieser Gesetze abgestimmt werden sollte, kam es zu dem im vorigen Kapitel behandelten Mord an Antyllius, dem Liktor des Opimius. Hier nun zeigt sich der bereits erwähnte Unterschied zwischen C. Gracchus und Fulvius Flaccus. Plutarch berichtet, daß C. Gracchus sich schicksalsergeben in sein Haus zurückzog und daß dessen Anhänger die ganze Nacht hindurch als treue Freunde vor seinem Haus Wache hielten. Auch Fulvius Flaccus begab sich in sein Haus, doch er und seine Anhänger tranken die ganze Nacht und verhielten sich bei Weitem nicht so tadellos wie Gracchus' Klientel.[417] In ähnlicher Weise verlief der nächste Tag: Fulvius zog mit seinen Anhängern bewaffnet und lärmend auf den Aventin, während Gracchus nur mit einem Dolch bewaffnet sein Haus verließ. Plutarch schildert, wie Licinia, die Frau des C. Gracchus, versucht, ihren Mann von seinem Vorhaben abzubringen. Dabei legt Plutarch Licinia eine Rede in den Mund, die eine recht traurige Deutung vom Tod des Gracchus beinhaltet. Licinia weist nämlich ihren Mann darauf hin, daß sein Tod für den Staat keinen Nutzen bringen würde, also ein völlig sinnloses Opfer wäre.[418] Gleichzeitig schildert sie den Zustand, in dem sich die römische Republik seit dem Tod des Tiberius Gracchus befände: Gewalt und Waffen gingen

---

[416] Plut. C. Gracch. 12, 4-5. Plutarch favorisiert eine Variante, nach der C. Gracchus sehr wohl die meisten Stimmen vom Volk erhalten hatte, die anderen Tribunen jedoch bei der Wahl die Stimmen bewußt falsch ausgerufen haben. Demnach wäre Gracchus das Opfer eines Wahlbetrugs geworden und die Tatsache, daß der amtslose C. Gracchus weiter wie ein Volkstribun versuchte, politisch zu wirken, wäre zumindest durch das eigentliche Wahlergebnis legitimiert.

[417] Plut. C. Gracch. 14, 4-5. „Es kann kein Zweifel daran bestehen, daß Plutarch die Haltung des jungen Mannes für vorbildlich hält. Ringsherum rüstet man sich, Bürgerblut zu vergießen – da wird es still in der Erzählung, Gaius tritt ins Bild, wie er, selbst kaum noch Partei und schon kaum noch hiesig, sein Scheitern durch eine symbolische Handlung auf sich nimmt. Er bleibt für sich, er will nichts mehr – aber die Menge fühlt sich nunmehr von selbst zu ihm hingezogen und für ihn verantwortlich." (INGENKAMP, Leben der Gracchen, 4323).

[418] Plut. C. Gracch. 15, 2.

vor Recht und die Zeiten seien so instabil, daß weder auf die Götter noch auf die Gesetze Verlaß sei. Das Verhalten des C. Gracchus wird somit einerseits als vollkommen untadelig und andererseits in letzter Konsequenz der Erkenntnis der Licinia als fahrlässig hingestellt.[419]
Auf dem Aventin standen sich zunächst die Partei des Gracchus und die des Opimius gegenüber. Der Anfang der Gewalttätigkeiten ging nach Plutarch von Opimius aus, der den jüngeren Sohn des Fulvius Flaccus, der auf Betreiben des Gracchus als Unterhändler zum Konsul geschickt wurde, verhaften ließ und dann mit seinen Soldaten Fulvius Flaccus angriff. Dieser wurde, nachdem er sich in einem alten Bad versteckt hatte, mit seinem älteren Sohn aufgespürt und getötet. C. Gracchus dagegen -Plutarch erwähnt gesondert, daß Gracchus sich nicht an den Kämpfen beteiligte- erkannte die Auswegslosigkeit der Situation und beschloß, sich das Leben zu nehmen. In diesem Zusammenhang berichtet Plutarch von einem Gebet des Gracchus an die Göttin Diana, von der Gaius erbittet, daß das römische Volk, welches ihm nun die Unterstützung versagte, zur Strafe niemals von der Unterdrückung durch die Oberschicht befreit werden möge.[420] Hier deutet Plutarch das Scheitern der gracchischen Reformpläne nicht als Versagen des C. oder Ti. Gracchus, sondern als göttliche Strafe dafür, daß die römische *plebs* diejenigen, die ihre Anliegen vertraten, so wenig unterstützte, daß sie Gracchus dann, als er sich um des Volkes Willen in Gefahr gebracht hatte, fallenließ. Plutarch findet für die Treulosigkeit des Volkes wenig Verständnis.
Plutarch berichtet von der Flucht des Gracchus und der aufopferungsvollen Hingabe seiner Freunde Pompeius und Licinius, die, indem sie die Verfolger aufhielten, selbst ihr Leben verloren. Zusätzlich zu der Version vom Selbstmord des C. Gracchus, wie sie auch Velleius Paterculus wiedergibt, liefert Plutarch eine zweite mögliche Variante der Geschehnisse, nach der Gracchus und sein Sklave[421] von den Leuten des Opimius Leuten eingeholt und getötet wurden, wobei sich Philokrates durch besondere Treue zu sei-

---

[419] Plut. C. Gracch. 15, 2-3.
[420] Plut. C. Gracch. 16, 5.
[421] Bei Plutarch heißt der Sklave Philokrates, während er bei Velleius Paterculus (Vell. Pat. II 2, 6) Euporos genannt wird.

nem Herrn hervortat. Er habe C. Gracchus fest umschlungen, so daß dieser erst getötet werden konnte, als Philokrates umgebracht worden war:

„ὁ δὲ φθάνει μικρὸν εἰς ἱερὸν ἄλσος 'Ερινύων καταφυγών, κἀκεῖ διαφθείρεται, τοῦ Φιλοκράτους ἀνελόντος ἐκεῖνον, εἶθ' ἑαυτὸν ἐπισφάξαντος· ὡς δ' ἔνιοί φασιν, ἀμφότεροι μὲν ὑπὸ τῶν πολεμίων κατελήφθησαν ζῶντες, τοῦ δὲ θεράποντος τὸν δεσπότην περιβαλόντος, οὐδεὶς ἐκεῖνον ἠδυνήθη πατάξαι πρότερον ἢ τοῦτον ὑπὸ πολλῶν παιόμενον ἀναιρεθῆναι."[422]

Nach dem Tod des C. Gracchus wurde der Kopf von seinem Leichnam abgetrennt und zu Opimius gebracht, der (wie auch Plutarch erzählt) eine Belohnung, entsprechend der Gewichte der Köpfe von Gracchus und Fulvius Flaccus, ausgesetzt haben soll.[423] Plutarchs Schilderung des bereits erwähnten Verhaltens des Septimuleius zeigt in drastischer Weise die Pietätlosigkeit, mit der Gracchus' Leiche behandelt wurde: Plutarch verliert allerdings kein Wort darüber, daß es sich bei diesem Septimuleius um einen Freund des C. Gracchus gehandelt haben soll. Er beziffert die Zahl derjenigen, die an diesem Tag von den Leuten des Opimius getötet wurden, auf 3000. Ihre Leichen seien alle in den Tiber geworfen worden und Trauer um sie sei untersagt worden.

Für Plutarch markiert auch das Ende des C. Gracchus einen weiteren Einschnitt in der Geschichte der römischen Republik, da hier zum ersten Mal ein Konsul diktatorische Vollmachten erhalten habe[424] und römische Bürger unverhört verurteilen konnte, eine Maßnahme, die in der Folgezeit nicht die einzige ihrer Art bleiben sollte. Als direkte Folge des Mordes an

---

[422] Plut. C. Gracch. 17, 2-3.
[423] Vgl. Vell. Pat. II 6, 5, wo Velleius davon berichtet, daß Opimius ein Kopfgeld auf C. Gracchus ausgesetzt habe.
[424] Plutarch meint damit sicher nicht, daß noch nie zuvor eine Diktatur auf Zeit, wie sie in der römischen Verfassung verankert war, verhängt wurde. Er spielt vielmehr auf die erstmalige Anwendung des *senatus consultum ultimum* an, durch welches die Rechte der Bürger außer Kraft gesetzt wurden. In der historischen Forschung hat UNGERN-STERNBERG in seiner Abhandlung zum republikanischen Notstandrecht überzeugend nachgewiesen, daß das *senatus consultum ultimum* und die damit verbundene *hostis*-Erklärung zum ersten Mal im Jahr 121 v.Chr. bei der Tötung des C. Gracchus zur Anwendung kam (UNGERN-STERNBERG, Untersuchungen zum spätrepublikanischen Notstandsrecht, München 1970). Da es vor 121 bereits Diktaturen gegeben hatte (letztmalig 216 v.Chr.), kann Plutarchs Bemerkung nur in dem erläuterten Sinne verstanden werden. Auch liegt Plutarchs Betonung nicht darauf, daß es zum ersten Mal ein Konsul war, der die Diktatur ausübte, sondern darauf, daß der Diktator erstmalig Bürger ungehört verurteilen durfte. Dies weist ebenfalls mehr als deutlich auf die Einführung des *senatus consultum ultimum* hin.

C. Gracchus[425] zeigt Plutarch den Haß auf, dem sich der Konsul Opimius von nun an ausgesetzt sah. Plutarch erwähnt durchaus, daß Opimius später wegen Bestechung und nicht wegen seiner Maßnahmen gegen Gracchus verurteilt wurde. Der Haß des Volkes jedoch, dem Opimius seit seinem Konsulat ausgesetzt war, rührte von der Ermordung des C. Gracchus und seiner Anhänger her. Aus diesem Grund habe man ihm auch die Errichtung eines Concordia-Tempels übel genommen, die als Triumph über die Massenabschlachtung von römischen Bürgern verstanden wurde. Die Anhänglichkeit des Volkes an Ti. und C. Gracchus zeigt sich nach Plutarch vor allem darin, daß beide nach ihrem Tod beinahe wie Götter verehrt wurden:

„εἰκόνας τε γὰρ αὐτῶν ἀναδείξαντες ἐν φανερῷ προυτίθεντο, καὶ τοὺς τόπους ἐν οἷς ἐφονεύθησαν ἀφιερώσαντες, ἀπήρχοντο μὲν ὧν ὧραι φέρουσι πάντων, ἔθυον δὲ καθ᾽ ἡμέραν πολλοὶ καὶ προσέπιπτον, ὥσπερ θεῶν ἱεροῖς ἐπιφοιτῶντες."[426]

Zu beachten ist zudem, daß Plutarch in keiner Weise C. Gracchus selbst für sein unerfreuliches Ende verantwortlich macht. Zwar hatte er, wie auch Plutarch berichtet, den Senat sehr gereizt,[427] doch sei er selbst nie der Initiator von Gewalttaten gewesen. Der Biograph beeilt sich, in diesem Zusammenhang darauf hinzuweisen, daß die mangelnde Gewaltbereitschaft der Gracchen gegen ihre Mitbürger nicht auf Feigheit, sondern auf Behutsamkeit beruhte:

„τῶν δὲ Γράγχων οὐδέτερος μὲν ἤρξατο σφαγῆς ἐμφυλίου, Γάιος δὲ λέγεται μηδὲ βαλλόμενος ὁρμῆσαι πρὸς ἄμυναν, ἀλλὰ λαμπρότατος ὢν ἐν τοῖς πολεμικοῖς ἀργότατος ἐν τῇ στάσει γενέσθαι. καὶ γὰρ προῆλθεν ἄνοπλος, καὶ μαχομένων ἀνεχώρησε, καὶ ὅλως πλείονα τοῦ μή τι δρᾶσαι πρόνοιαν ἢ τοῦ μὴ παθεῖν ἔχων ἑωρᾶτο. διὸ καὶ τὴν φυγὴν αὐτῶν οὐκ ἀτολμίας σημεῖον, ἀλλ᾽ εὐλαβείας ποιητέον ἔδει γὰρ ὑπεῖξαι τοῖς ἐπιφερομένοις, ἢ μένοντας ὑπὲρ τοῦ μὴ παθεῖν τῷ δρᾶν ἀμύνασθαι."[428]

---

[425] Der Tod des Fulvius Flaccus ist aus Plutarchs Sicht zweitrangig. Erstens handelt es sich hier um eine Lebensbeschreibung des Gracchus und nicht das Flaccus, und zweites erscheint Flaccus in der Darstellung Plutarchs weitaus weniger unschuldig als Gracchus. Wenn es zu unrechtmäßigen Handlungen oder gar Gewalttätigkeiten kommt, so ist nach Plutarch niemals Gracchus dafür verantwortlich, sondern immer Flaccus. Flaccus ist vielmehr derjenige, durch dessen Fehlverhalten auch Gracchus in der Öffentlichkeit an Ansehen verliert, und der deshalb mittelbar an seinem eigenen wie auch am Tod des C. Gracchus mitschuldig ist.
[426] Plut. C. Gracch. 18, 2. Hier zeigt sich das Volk, das zuvor aus Furcht den Gracchen die konsequente Unterstützung versagt hatte, von seiner treuen Seite.
[427] Plut. C. Gracch. 5.
[428] Plut., comp. Ag. et Cl. cum Ti. et C. Gracch. 4, 2-3.

Direkte politische Folgen der Tat erwähnt Plutarch nicht. Da allerdings in der oben erwähnten Rede der Licinia der Hinweis auf die Nutzlosigkeit von Gracchus' Tod enthalten ist, Gracchus' Bitte an die Göttin Diana die fortwährende Unterdrückung der römischen Unterschicht impliziert und Plutarch sich über jeglichen Fortgang der gracchischen Reformpläne nach dem Konsulat des Opimius ausschweigt, scheinen seiner Ansicht nach die rigorosen Maßnahmen des Opimius zunächst ihren Zweck nicht verfehlt zu haben. Mit C. Gracchus schienen zumindest für einige Jahre die allzu reformfreudigen Elemente aus der römischen Politik verschwunden zu sein.

l) Florus
Wie viele andere Autoren sieht auch Florus die Ereignisse des Jahren 121 v.Chr. als unmittelbare Folge des Tribunats des Ti. Gracchus 133 v.Chr.[429] Die Schilderung der Reformen des C. Gracchus und der Vorkommen, die zu dem Mord am jüngeren Bruder des Ti. Gracchus führten, sind sehr knapp gehalten.[430] Auslöser der Tat war nach Florus die Reaktion des C. Gracchus auf die drohende Aufhebung seiner Maßnahmen. Gracchus habe zuerst das Kapitol und danach den Aventin besetzt und sei schließlich von mehreren Senatoren unter der Leitung des Konsuls Opimius getötet worden. Die Leiche des Gracchus sei mißhandelt und ein Preis auf seinen abgeschlagenen Kopf ausgesetzt worden:

> „Fretus comitum manu fatale familiae suae Capitolium invasit. Inde proximorum caede depulsus cum se in Aventinum recepisset, inde quoque obvia senatus manu ab Opimio consule oppressus est. Insultatum quoque mortis reliquis, et illud sacrosanctum caput tribuni plebis percussoribus auro repensatum."[431]

Florus enthält sich eines Urteils über die Tat. Doch seine negative Haltung gegenüber C. Gracchus, die in seiner Schilderung zutage tritt, deutet darauf hin, daß er dessen Tötung für angemessen hält.

---

[429] Flor. II 15, 1: „Statim et mortis et legum fratris sui vindex non minore impetu incaluit C. Gracchus."
[430] Flor. II 15, 2f.
[431] Flor. II 15, 4-6.

m) Appian

Der Geschichtsschreiber Appian berichtet, daß die von Tiberius Gracchus vorgesehene Landreform nach dessen Tod nicht recht in Gang kam, obwohl eine Kommission eingesetzt war, die für die Landverteilung zuständig sein sollte. Der Widerstand der besitzenden Oberschicht habe dazu geführt, daß die Reformpläne schließlich aufgegeben wurden.[432] In die daraus resultierende Enttäuschung des Volkes hinein trat C. Gracchus als neuer popularer Politiker bei den Wahlen zum Volkstribunat an. Nach Appians Schilderung war die Mißachtung, welche die Senatoren dem jüngeren Bruder des Tiberius entgegengebracht hatten, der Grund für Gaius, seine politische Tätigkeit den senatsfeindlichen Gruppen zu widmen:

„ὧδε δὲ αὐτοῖς ἔχουσιν ἀσπάσιος ἐκ τῶν τὴν γῆν διαιρούντων ἐς δημαρχίαν ἐπιφαίνεται Γάιος Γράκχος, ὁ Γράκχου τοῦ νομοθέτου νεώτερος ἀδελφός, ἐς πολὺ μὲν ἡσυχάσας ἐπὶ τῇ τοῦ ἀδελφοῦ συμφορᾷ· πολλῶν δ' αὐτοῦ καταφρονούντων ἐν τῷ βουλευτηρίῳ, παρήγγειλεν ἐς δημαρχίαν."[433]

Es war also nicht von Anfang an Gaius' erklärtes Ziel, das Werk seines Bruders fortzusetzen oder dessen Tod zu rächen. Demnach ist der Eintritt des C. Gracchus in die populare Politik aus Appians Sicht keine unmittelbare Folge der Ermordung des Tiberius. Es kann allerdings von einer mittelbaren Folge gesprochen werden, da das Mißtrauen des Senats gegenüber C. Gracchus mit Sicherheit von den Erfahrungen mit Ti. Gracchus herrührte.

Appian berichtet vom zweijährigen Tribunat des C. Gracchus, in dem dieser mit der Unterstützung des Konsulars Fulvius Flaccus mehrere Reformgesetze durchsetzte, und von der Konkurrenzdemagogie des Livius Drusus, die Gracchus die Sympathien des Volkes entzog.[434] Nachdem Gracchus und Fulvius von einem Afrika-Aufenthalt zurückkehrten, wo sie an der Stätte des zerstörten Karthago eine römische Kolonie gründeten,[435] kam es

---

[432] App. civ. I 21.
[433] Ebd.
[434] App. civ. I 22-23.
[435] Nach Appian ging der Gesetzesvorschlag einer Koloniegründung in Afrika nicht eindeutig auf Gracchus zurück (vgl. Plut. C. Gracch. 10, 2, wo Plutarch diesen Vorschlag mit der Person des Livius Drusus, bzw. dessen Amtskollegen Rubrius in Verbindung bringt. Plutarchs Schilderung nach ist also Gracchus völlig unschuldig an dem Frevel; er wird lediglich von Livius Drusus nach Afrika geschickt, um den Plan durchzuführen. Bei Plutarch richten sich

in Rom zu gewaltsamen Ausschreitungen, die in Appians Schilderung zwar nicht von Gracchus selbst, wohl aber von seinen Anhängern begonnen wurden. Aufgrund der Zeichen, die sich in Karthago zugetragen hatten, berief der Senat eine Volksversammlung ein, in der das Gesetz zur Koloniegründung in Afrika aufgehoben werden sollte. Die Aufhebung von Maßnahmen des Gracchus erscheint hier also nicht wie bei Plutarch als bloße Provokation des Konsuls gegen den von edlen Motiven getriebenen C. Gracchus, sondern als vernünftige Einsicht des Senats. Dennoch besetzten Gracchus und Flaccus das Kapitol, um die Aufhebung ihrer Maßnahmen zu verhindern. Dort sei es zum Mord an Antyllius gekommen, was die Ausgangslage für Gracchus verschlechterte, woraufhin sich dieser -wie auch Fulvius Flaccus- in sein Haus zurückzog.

In der Nacht besetzte der Konsul Opimius das Kapitol, während die übrigen Gracchaner das Forum besetzt hatten. Gracchus und Fulvius seien nicht freiwillig und um zu verhandeln zum Kapitol gegangen, sondern sie seien vom Senat vorgeladen worden. Anstatt unbewaffnet dort zu erscheinen, besetzten sie mit einer bewaffneten Menge den Dianatempel auf dem Aventin. Im Gegensatz zu Plutarch und Velleius Paterculus zeigt Appian Verständnis für die Verhaftung des Quintus, des Sohnes des Fulvius Flaccus, der als Unterhändler zu Opimius geschickt worden war. Dieser habe nämlich die zweite Entsendung des Quintus zu Recht als Provokation verstanden, da er bereits beim ersten Mal seine Bedingungen, nämlich die Waffen niederzulegen und sich vor dem Senat zu verantworten, dargelegt hatte und zudem Gracchus und Flaccus aufgefordert hatte, keine weiteren Unterhändler zu senden. Quintus sei also zu Recht verhaftet worden und die Gracchaner seien zurecht von Opimius' Leuten angegriffen worden.[436]

Appian berichtet dann von der gescheiterten Flucht des C. Gracchus, der sich der Aussichtslosigkeit seiner Lage bewußt wurde und sich von seinem

---

also die Zeichen nicht gegen Gracchus', sondern gegen Drusus' Pläne). Allerdings wählten laut Appian Gracchus und Fulvius Karthago als Ort für eine afrikanische Kolonie aus. Die Zerstörung der Grenzmarkierungen durch Wölfe, von denen auch Appian berichtet, ist demnach ein göttlichen Zeichen, das sich gegen eine Maßnahme des Gracchus und nicht des Drusus oder des Senats richtet.

[436] App. civ. I 26. Appian stimmt hier mit Plutarch darin überein, daß der erste Angriff von der Partei des Opimius ausging.

Sklaven das Leben nehmen ließ. Fulvius Flaccus versteckte sich nach Appian nicht in einem verlassenen Bad, sondern wurde zunächst im Haus eines Bekannten verborgen. Als die Verfolger jedoch damit drohten, den gesamten Häuserblock, in dem Flaccus sich befand, niederzubrennen, wurde dieser denunziert und von Opimius' Leuten getötet. Die Mitstreiter des Gracchus und des Fulvius Flaccus wurden auf Opimius' Befehl hin verhaftet und erdrosselt. Quintus wurde ebenfalls getötet.

Von einer Mißhandlung der Leichen des Gracchus und seiner Mitstreiter berichtet Appian nichts. Auf diese Weise erscheinen die Tötungen, die an diesem Tag geschehen sind, weit weniger barbarisch als in der Schilderung des Plutarch oder des Velleius Paterculus. Die erste Folge des Todes des C. Gracchus und des Fulvius Flaccus, die Appian nennt, ist die kultische Reinigung der Stadt, in der Bürgerblut vergossen wurde, und die Errichtung des Concordia-Tempels, der mit der erwähnten Reinigung in engem Zusammenhang steht. Der Bau eines Tempels der Eintracht wird nicht, wie bei Plutarch, als Provokation gegen die übrigen Sympathisanten des Gracchus gedeutet, sondern als Sühnetat des Senats. Somit triumphiert hier nicht einfach die Oberschicht über das Volk, sondern sie betrachtet sowohl den Aufruhr, den Gracchus ausgelöst hat, als auch die notwendige Gewalt, die von ihr selbst verübt wurde, in dem Bewußtsein, daß die Götter mit den Ereignissen um C. Gracchus kaum einverstanden seien.

Eine weitere und weitaus wichtigere Folge des Todes des C. Gracchus ist nach Appian das Scheitern der gracchischen Reformpläne. Durch den Tod des C. Gracchus wurden alle Maßnahmen, die Ti. Gracchus zum Wohl des Volkes eingeleitet hatte, nach und nach abgeschafft. Das Volk versank weiter im Elend, da die gracchischen Reformen, für die Appian sehr lobende Worte findet,[437] nicht weitergeführt wurden:

„καὶ ὁ δῆμος ἀθρόως ἀπάντων ἐξεπεπτώκει. ὅθεν ἐσπάνιζον ἔτι μᾶλλον ὁμοῦ πολιτῶν τε καὶ στρατιωτῶν καὶ γῆς προσόδου καὶ διανομῶν καὶ νομῶν, πεντεκαίδεκα μάλιστα ἔτεσιν ἀπὸ τῆς Γράκχου νομοθεσίας, ἐπὶ δίκαις ἐν ἀργίᾳ γεγονότες."[438]

---

[437] Γράκχειος νόμος ἄριστος καὶ ὠφελιμώτατος, εἰ ἐδύνατο πραχθῆναι (App. civ. I 27).
[438] App. civ. I 27.

n) Cassius Dio

Die Fragmente, die von den Ereignissen um C. Gracchus handeln, beschreiben den popularen Politiker als einen energischen und rhetorisch begabten Mann, der die politische Anschauung seines Bruders teilte.[439] Cassius Dios Schilderung vom Tod des C. Gracchus oder gar des Fulvius Flaccus sind nicht erhalten. Dennoch tritt in den überlieferten Fragmenten eine historische Deutung des Todes des C. Gracchus zutage. Dio behauptet, daß Gracchus, wenn er länger gelebt hätte, den Senat überwunden hätte. Demnach beurteilt Cassius Dio die Tötung des C. Gracchus als Rettung der senatorischen Herrschaft.

C. Grachus scheint seiner Ansicht nach nicht unschuldig an seinem eigenen Tod gewesen zu sein. Der Historiker behauptet nämlich, Gracchus sei mit seinen eigenen Mitteln geschlagen worden. Also sieht Cassius Dio ihn als den Verantwortlichen für die Unruhen des Jahres 121 v.Chr. an. Nicht der Konsul Opimius und der Senat haben das Blutvergießen eingeleitet, sondern die Partei des C. Gracchus.

2. Zusammenfassung und Bewertung

Beim Betrachten der Quellen, die sich zum Tod des C. Gracchus äußern, wird schnell deutlich, daß es sich bei der Tötung des ehemaligen Volkstribuns nicht um einen einzelnen Mord, sondern im Grunde um einen Massenmord handelte, dem unter anderem auch Gracchus zum Opfer fiel. Da jedoch alle anderen Todesopfer nur in ihrer Eigenschaft als Anhänger des Reformers getötet wurden, muß es hier genügen, das Augenmerk auf den Mord an C. Gracchus allein zu richten.[440]

Des Weiteren ist zu bedenken, daß Gracchus strenggenommen gar nicht getötet worden ist, sondern Selbstmord begangen hat. Sein Ende kann dennoch unter der Thematik des politischen Mordes betrachtet werden, da sein

---

[439] Cass. Dio XXV 1-2.
[440] Der Mord an Fulvius Flaccus bildet hier in gewissem Sinne eine Ausnahme. Nach Plutarch wurde Flaccus -wie wir gesehen haben- nicht aufgrund seines Bündnisses mit C. Gracchus getötet, sondern weil er selbst den Aufruhr aktiv gefördert hat. Da er dies aber ebenfalls als Gefolgsmann gracchischer Politik getan hat, und Gracchus immer von seinen Gegnern als Kopf der Unruhestifter angesehen wurde, wird hier der Tod des Fulvius Flaccus dem des C. Gracchus untergeordnet.

Selbstmord allein dazu diente, seiner Ermordung durch seine Feinde zuvorzukommen. Hätte er sich nicht das Leben genommen, so hätten seine Feinde es getan. Nicht zuletzt war schließlich ein Kopfgeld auf ihn ausgesetzt worden. Die Tatsache, daß auch mit den Anhängern des Gracchus nicht anders verfahren wurde, zeigt darüber hinaus, wie recht Gracchus mit der Einschätzung seiner eigenen Lage hatte. Da also C. Gracchus von seinen Feinden in den Selbstmord getrieben wurde, kann dies ebenso behandelt werden wie ein politischer Mord.

Um den Motiven der Mörder gerecht zu werden, muß zunächst festgestellt werden, aus welchen Gründen die Senatorenschaft zu erbitterten Gegnern des C. Gracchus wurde. In den Darstellungen aller Quellen wird das politische Wirken des C. Gracchus von Anfang an durch die Ereignisse des Jahres 133 v.Chr. überschattet. Gaius wird grundsätzlich immer in Verbindung mit seinem älteren Bruder gesehen, weshalb seine Gegnerschaft zu den aristokratisch gesinnten Senatoren, die schließlich in seiner Ermordung gipfelt, vorprogrammiert scheint. Allerdings darf nicht vergessen werden, daß der Vater der Gracchen selbst zur konservativen Führungsschicht gehört hatte. Dessen Sohn Ti. Gracchus war von der Ideologie seines Vaters abgewichen. C. Gracchus hätte nicht der Politik seines Bruders folgen müssen; er hätte ebensogut die Linie seines Vaters vertreten können. Daß er dies nicht tat, brachte ihn in politischen Gegensatz zum Senat. Diese Feindschaft war nicht durch die Familie des C. Gracchus vorprogrammiert. Zwar bestand sicher durch die Erfahrungen mit Ti. Gracchus von Anfang an ein gewisses Mißtrauen der Senatoren gegen Gaius; durch optimatische Politik hätte er dieses jedoch entkräften können. Jedoch ist Cicero sicher zuzustimmen, wenn er behauptet, die Härte, welche die Senatorenschicht gegenüber Ti. Gracchus hatte walten lassen, habe letztlich dazu geführt, daß Gaius den Senat als seine Gegner ansah.[441] Nach Cicero, Velleius Paterculus, Plutarch und Appian betrachtete C. Gracchus sich selbst wegen der Ermordung seines Bruders von Beginn an als Gegner der Senatoren.[442]

---

[441] Cic. harusp. 43.
[442] UNGERN-STERNBERG, Notstandsrecht, 50, weist zurecht darauf hin, daß Gracchus wohl nicht in erster Linie Rache für den Tod seines Bruders wollte, sondern daß ihm daran gelegen war, vernünftige Reformpolitik zu gestalten. Daß er dabei nicht zuletzt durch die Ermordung

Umgekehrt war dies jedoch nicht der Fall. Die Senatorenschaft erkannte wohl erst durch die Politik des Gaius Gracchus, daß der Bruder des 133 v.Chr. getöteten Volkstribuns ebenfalls ihr Feind war.[443]

BOREN unterscheidet in der Gesetzgebung des Gracchus zwei Phasen. Demnach brachte Gracchus in seinem ersten Volkstribunat bis zu seiner Wiederwahl für das Jahr 122 nur gemäßigte Gesetze ein (*lex frumentaria, lex de capite civis Romani, lex agraria*)[444], die nicht als revolutionär bezeichnet werden konnten. Erst nach seiner Wiederwahl setzte er sich für Maßnahmen ein, die von der herrschenden Schicht als gefährlich angesehen werden konnten oder mußten (Kolonialisationspläne, *lex iudiciaria*[445]). Wenn der Senat auch schon zu Beginn von Gracchus' erstem Volkstribunat mißtrauisch gegen ihn gewesen sein mag, so ist es doch sehr wahrscheinlich, daß die Pläne, Gracchus von der Bühne der Politik zu vertreiben, erst nach seiner Wiederwahl für das Jahr 122 v.Chr. reiften. Welches Vorhaben des Gracchus letztlich zum erbitterten Widerstand der Optimaten geführt hat, ist nicht mit Sicherheit feststellbar. Möglicherweise war es die teilweise Entmachtung der Senatoren bei den Gerichten, vielleicht waren es die Kolonialisationspläne in Afrika, oder es war die Häufung mehrerer solcher Faktoren. Für die Bewertung des Mordes an C. Gracchus ist hier vor allem wichtig, daß der Senat die Politik des Reformers offenbar als gefährlich einstufte und deshalb aus seiner Sicht gute Gründe hatte, ihr einen Riegel vorzuschieben.

Die Quellen sind sich darin einig, daß der letzte der Auslöser, der zum Verhängen des *senatus consultum ultimum* geführt hatte, der Widerstand des Gracchus gegen die Aufhebung seiner Gesetze war. Ob der Senat den Aufstand des Gracchus durch diese Maßnahmen absichtlich provozierte, wie Plutarch behauptet, um einen Vorwand zu haben, gegen den Reformer

---

des Tiberius von Beginn an zu den Gegnern des Senats gerechnet werden muß, bleibt dadurch unbeschadet.

[443] Zur umfangreichen Gesetzgebung des C. Gracchus: STOCKTON, Gracchi, 114-161; BOREN, 90-109; PERELLI, Gracchi, 176-225.

[444] ROTONDI, Leges publicae, 307-309.

[445] ROTONDI, Leges publicae, 308.

vorzugehen, kann nicht mit Sicherheit beantwortet werden.[446] Grundsätzlich muß jedoch beachtet werden, daß es außer der Brüskierung des Gracchus noch andere Gründe gab, einige seiner Pläne zu behindern. Von den Quellen erfahren wir nicht eindeutig, welche der Gesetze es waren, die der Konsul Opimius aufheben lassen wollte. Plutarch berichtet nur, daß viele der Gesetze (τῶν νόμων πολλοί) bedroht wurden, unter anderem die karthagische Kolonie[447]; Appian nennt in diesem Zusammenhang nur letzteres[448]. Es scheint also bei der Maßnahme, die den eigentlichen Aufstand des Gracchus verursacht hat, vor allem um die Aufhebung der Pläne gegangen zu sein, welche die Gründung einer Kolonie im von Scipio zerstörten und geweihten Karthago vorsahen. Anscheinend betrachtete Gracchus dies als Provokation, doch es ist zweifelhaft, ob ein solches Verständnis vom Senat wirklich beabsichtigt war. Immerhin war der letzte Punische Krieg erst seit 24 Jahren vorbei. Rom und Karthago hatten sich insgesamt drei erbitterte Kriege geliefert. Karthagos Wiederaufleben nach dem Sieg Roms über Hannibal im zweiten Punischen Krieg (einem für Rom traumatischen Krieg, der sich zu großen Teilen auf italischem Boden abgespielt hatte und mehrere vernichtende Niederlagen der römischen Legionen gefordert hatte) führte zum dritten und letzten Punischen Krieg, an dessen Ende Scipio die Stadt Karthago zerstören ließ. Nicht zuletzt die Erfahrung mit der immer wieder aufstehenden und Widerstand leistenden Stadt führte zu der Entscheidung, daß keine neue Siedlung mehr an der Stelle Karthagos entstehen sollte. Die Bedenken des Senats sind also keineswegs gänzlich von der Hand zu weisen. Die Aufhebung der Pläne, an der Stelle Karthagos eine Kolonie zu gründen, konnte durchaus von echter Sorge geprägt sein, und verlangt keine Hintergedanken hinsichtlich einer Provokation des C. Gracchus.

---

[446] NIPPEL, Polizei, 79 folgt jedenfalls der These Plutarchs. Er weist darauf hin, daß es „für die [...] Hinnahme ihres Vorgehens durch die breiteren Schichten der Bürgerschaft entscheidend [war], daß man von Seiten des Senats so lange zuwarten konnte, bis sich die popularen Politiker eindeutig und endgültig [...] ins Unrecht gesetzt hatten; unter Umständen konnte man den Schritt in die Illegalität auch durch gezielte Provokation herbeizuführen versuchen. Es ließ sich dann mit der Gefährdung des Gemeinwesens insgesamt argumentieren."
[447] Plut. C. Gracch. 13, 1.
[448] App. civ. I 24.

Alle antiken Autoren, die sich mit den Umständen des Mordes näher befassen, gestehen den Senatoren gute Gründe für ihr hartes Vorgehen gegen Gracchus und seine Anhänger zu. Selbst der Gracchus-freundliche Plutarch gibt zu, daß der ehemalige Volkstribun sich zu Handlungen verleiten ließ, die eine Reaktion des Senats nötig machten. Seine Entschuldigung für Gracchus besteht nicht in der Behauptung, Gaius habe sich (wie Tiberius) nichts zuschulden kommen lassen und sei völlig überraschend und ungerechtfertigt angegriffen worden, sondern darin, daß erst der Konsul Opimius und dessen Gesinnungsgenossen Gracchus durch Provokationen absichtlich in die Illegalität getrieben haben.[449] Zudem sei nicht Gaius Gracchus, sondern Fulvius Flaccus die treibende Kraft bei diesem Schritt gewesen. Auch wenn Gracchus an dieser Entwicklung laut Plutarch nicht selbst schuld war, so kann der Biograph doch nicht umhin, festzustellen, daß Gracchus am Ende ungesetzlich handelte.

Nach den Quellen zu urteilen, war der letzte Auslöser für das *senatus consultum ultimum* und die damit zusammenhängenden Morde an Gracchus und seinen Anhängern der im vorigen Kapitel II (C) behandelte Mord an Antyllius. Bedenkt man, daß diese Tat im Zusammenhang mit einer bewaffneten Besetzung des Kapitols begangen wurde, welche jeder Legalität und Legitimität entbehrte, und die zudem noch von einem Mann angeführt wurde, der kein Amt mehr innehatte und demnach vom Senat nicht als legitimer Sprecher irgendeiner Gruppe anerkannt werden konnte, so ist es nicht verwunderlich und absolut folgerichtig, daß der Senat auf diese Situation mit einer besonderen Maßnahme reagieren mußte. Den Staatsnotstand auszurufen war in dieser Lage aus Sicht des Senats sicher angebracht. UNGERN-STERNBERG ist der Ansicht, daß der Staatsnotstand erst ausgerufen wurde, nachdem Gracchus sich weigerte, vor dem Senat zu erscheinen und Rechenschaft abzulegen,[450] weil er ein solches Vorgehen für

---

[449] Plut. C. Gracch. 13, 1.
[450] Darin folgt er App. civ. I 26. Diese Möglichkeit ist sicher nicht auszuschließen. Die Weigerung des C. Gracchus und seines Mitstreiters Flaccus rührte in diesem Fall jedoch wahrscheinlich nicht von einer generellen Respektlosigkeit gegenüber der Senatskörperschaft her, sondern von der -berechtigten- Furcht des C. Gracchus, die vom Senat einberufene Versammlung könne eine ähnliche Wendung nehmen wie die Volksversammlung des Jahres 133 v.Chr., bei der Ti. Gracchus getötet worden war (LINTOTT, Political History, 84).

„sachgemäßer" hält als die Erklärung des Staatsnotstandes im Anschluß an die Ermordung des Antyllius und allem, was damit zusammenhing.[451] Allerdings ist dem Senat in diesem Fall durchaus unsachgemäßes Handeln zuzutrauen. Schon beim Mord an Ti. Gracchus hatten die Täter unsachgemäß gehandelt, und das harte Vorgehen gegen C. Gracchus und seine Anhänger, das immerhin Plutarch zufolge 3000 Todesopfer forderte[452], ist (selbst wenn die von Plutarch genannte Zahl zu hoch wäre) nicht unbedingt als angemessen zu bezeichnen.

Man hatte jedoch aus den Ereignissen des Jahres 133 v.Chr. gelernt und das gewaltsame Vorgehen gegen einen Revolutionär nun in einen rechtlichen Rahmen gebracht. Dies ist sicher der Grund, warum die Frage nach der Legalität des Vorgehens gegen C. Gracchus in den Quellen nicht kontrovers diskutiert wird. Cicero ist der Ansicht, daß Gracchus die Grundrechte eines Bürgers durch sein Verhalten verspielt hatte, und somit das Verhalten des Opimius und der anderen Senatoren juristisch vollkommen in Ordnung war.[453] Auch Valerius Maximus sieht -anders als im Fall von Tiberius- hier keinen Widerspruch zum formal geltenden Recht.[454] Velleius Paterculus kritisiert zwar das harte Vorgehen des Opimius gegen die Anhänger des Gracchus und weist darauf hin, daß auch Unschuldige getötet wurden, den Mord an Gracchus selbst und anderen Anführern der gracchischen Bewegung nimmt er von dieser Kritik aus.[455] Er tadelt die unsachgemäße Grausamkeit des Opimius; der Mord selbst stellt für ihn jedoch kein juristisches Problem dar. Selbst Plutarch behauptet niemals, der Senat sei im Fall von C. Gracchus vom geltenden Recht abgewichen. Auch bei

---

[451] UNGERN-STERNBERG, Notstandsrecht, 61. Die Version Plutarchs, die er mit den Worten „Ohne auch nur einen Versuch zu machen, sich über die Vorfälle Klarheit zu verschaffen, ermächtigten aber die Senatoren den Konsul zu schärferen Maßnahmen" zusammenfaßt, lehnt er als unglaubwürdig, weil unsachgemäß ab. Dagegen unterstellt SCHUR, Marius und Sulla, 44, dem Konsul Opimius, sich über die Ermordung des Antyllius geradezu gefreut zu haben, weil er nun eine Handhabe gehabt habe, gegen Gracchus vorzugehen: „Opimius war am Ziel seiner Wünsche. Er hatte nun die gesetzliche Handhabe, um mit den verhaßten Reformern zugleich ihr Werk zu vernichten."
[452] Plut. C. Gracch. 18, 1.
[453] Cic. Cat. IV 10.
[454] Val. Max. IX 4, 3.
[455] Vell. Pat. II 6, 4.

Appian und Cassius Dio hat das Vorgehen des Senats nichts juristisch Fragwürdiges. Diodor, Sallust und andere befassen sich gar nicht mit der juristischen Seite des Falles, sondern befürworten den Mord oder lehnen ihn ab aus Gründen ihrer politischen Sympathien. Tatsächlich wurden viele der Fehler, welche die Ermordung des Ti. Gracchus juristisch äußerst zweifelhaft werden ließen, im Fall von C. Gracchus vermieden. Es gab eine Rechtsgrundlage, auf der gehandelt wurde; zudem hatte Gaius -anders als Tiberius- zum Zeitpunkt seiner Ermordung kein öffentliches Amt inne. So besaß er keine Immunität mehr und konnte für sein Handeln belangt werden. Das Vorgehen gegen C. Gracchus scheint demnach formaljuristisch in Ordnung gewesen zu sein.

Allerdings drängt sich die Frage auf, ob Grundrechte in Rom so leicht außer Kraft gesetzt werden durften. Immerhin hatte Gracchus selbst die *lex Sempronia de capite civis Romani* durchgesetzt, die für ihn selbst, glaubt man Cicero, jedoch keine Gültigkeit hatte. Konnte Gracchus aber tatsächlich durch sein Fehlverhalten seine Bürgerrechte einbüßen, die ja gerade durch die *lex Sempronia* vor magistratischer Willkür geschützt werden sollten? Sicher ist, daß die römischen Bürgerrechte, wenn sie durch einen einfachen Senatsbeschluß ihre Gültigkeit verloren, dem Bürger keinen besonderen Schutz boten, und damit im Grunde wertlos waren. Besonders problematisch ist dabei die Tatsache, daß die Aufhebung der bürgerliche Grundrechte durch dieselbe Körperschaft vorgenommen werden konnte, vor deren möglicherweise subjektiven und somit ungerechten Urteilen sie schützen sollten.

BOREN argumentiert dagegen, daß prinzipiell jedes Grundrecht von einer Regierung geschützt werden müsse. Dies könne jedoch nur dann erfolgreich geschehen, wenn die Regierung selbst Bestand habe. Daraus leite jede Regierung das Recht ab, den Schutz ihrer eigenen Institution über den Schutz der Rechte, die sie normalerweise garantiert, zu stellen.[456] Demnach könne dem Konsul Opimius und dem Senat kein Vorwurf daraus gemacht werden, daß sie die bürgerlichen Rechte des Gracchus und seiner Anhän-

---

[456] BOREN, Gracchi, 125.

ger außer Kraft setzten.[457] SHOTTER dagegen sieht das Vorgehen des Senats gegen Gracchus als pseudolegal an. Er folgt Plutarch ganz, indem er behauptet, der Senat habe bereits bei der Abschaffung der gracchischen Gesetze allein die völlige Vernichtung des C. Gracchus im Sinn gehabt. „There is little doubt, that the ultimate objective of Gaius Gracchus' opponents was not simply to defeat him but to destroy him completely. [...] Opimius [...] heightened political tension by making out that the republic was in great danger."[458]
Aufgrund der unterschiedlichen Angaben der Quellen, die sich alle in ihrem Urteil von ihrer Sympathie für die gracchische Politik oder deren Ablehnung leiten lassen, ist es heute schwierig, ein Urteil darüber zu fällen, ob die Gefahr, in der sich der Staat 121 v.Chr. durch Gracchus befand, so groß war, daß die Ermordung des ehemaligen Volkstribunen tatsächlich geboten war. Jedoch wird durch das Verhalten, welches Opimius und seine Genossen an den Tag legten, eher der Eindruck erweckt, daß dies nicht der Fall war. Selbst wenn durch Gracchus und dessen Anhänger das Kapitol besetzt worden war und deshalb gewaltsame Handlungen seitens des Senats nötig wurden, so war das Ausmaß dieser Gewalt mit Sicherheit stark übertrieben. Nicht nur Gracchus, Flaccus und die Rädelsführer der Aufrührer verloren ja die Rechte, die ihnen durch ihren Stand als Bürger zuge-

---

[457] In ähnlicher Weine äußert sich STOCKTON, Gracchi, 199: „It could even be argued that any citizen who had resisted a consul while he was carrying out his duty of keeping the state from harm had thereby adjured his citizenship and placed himself in the position of being an enemy of Rome, *hostis rei publicae*, and hence no longer entitled to the protection of the law." RÜPKE, You Shall not Kill, 70, sieht den Ursprung für den Mord an C. (und Tiberius) Gracchus in alten, religiös begründeten Fällen von legaler Tötung: „The particularity of the circumstances cannot be discussed in legal terms, but in terms of public interests and prestige. Religion legitimates the superseding of law. The arch of the tigillum serves for a lustration ad cautelam only. To put it in another way, the common weal is more important than the individual welfare."
[458] SHOTTER, Fall, 26. Außerdem LABRUNA, Ennemis, 166: „Et la question était justement de savoir s'il était possible ou non de déclarer des citoyens *‚hostes rei publicae'*. Cette possibilité n'existait évidemment pas [...]. Et pourtant c'est sur ce sophisme que les optimates essayèrent de donner un fondement juridique à leurs répressions, en feignant d'ignorer le principe ancien selon lequel ‚le citoyen révolutionnaire reste toujours un citoyen' et en agissant avec opiniâtreté en violation des lois qui interdisaient d'abandonner les Romains, même rebelles, à l'exercise incontrôlé du droit de vie et de mort d'un magistrat quelconque, voire du dictateur." Zur Diskussion dieser Frage in der älteren Forschungsliteratur: VON LÜBTOW, Volk, 339-342.

standen hätten, sondern auch viele Mitläufer und -nach Velleius Paterculus- sogar Unschuldige. Zudem war die Schändung der Leichen der Ermordeten zum Schutz der *res publica* ganz gewiß nicht zwingend. Die Tatsache, daß Opimius und seine Leute offenbar beim Vorgehen gegen die Anhänger des Gracchus und bei der Behandlung der Leichen kein Maß gefunden hatten, läßt vermuten, daß sie auch hinsichtlich der Gefahr, die von Gracchus und Flaccus ausging, in übertriebener Weise reagierten, daß also die Ermordung der Kapitolsbesetzer auch zum Schutz der Republik keineswegs notwendig war.

Daß der Mord an Gracchus und seinen Anhängern nicht nur moralisch fragwürdig, sondern auch politisch unangebracht war, zeigt der mangelnde langfristige Erfolg der Tat. Zwar konnte die augenblickliche Bedrohung abgewendet und die Reformbewegung empfindlich geschwächt werden, so daß zunächst die wichtigsten Reformgesetze des C. Gracchus aufgehoben wurden, doch handelte es sich um einen zeitlich sehr begrenzten Erfolg. Zwanzig Jahre später stand mit Saturninus der nächste Revolutionär auf, der sich der verarmten *plebs* annahm, und dessen politisches Wirken weitaus weniger gemäßigt war als das der Gracchen. Auch seine allmähliche Entmachtung konnte der Senat durch sein rigoroses Vorgehen gegen seine politischen Gegner letztlich nicht verhindern.[459]

---

[459] Hierzu: GRUEN, Roman Politics, 78.

E) Der Mord an Aulus Nunnius[460] 101 v. Chr.

1. Die Darstellung der Quellen
a) Livius

In der *Periochae* des Livius wird berichtet, daß sich ein gewisser A. Nunnius für das Volkstribunat des Jahres 100 v.Chr. bewarb. Er wurde jedoch ermordet, und L. Appuleius Saturninus gelangte nun zum Amt des Volkstribuns. In dieser Position habe Saturninus dann ebenfalls vor Gewalt nicht zurückgeschreckt:

> „L. Appuleius Saturninus, adiuvante C. Mario et per milites occiso A. Nunnio competitore tribunus plebis per vim creatus, non minus violenter tribunatum, quam petierat, gessit."[461]

Als einen der Urheber des Mordes an Nunnius sieht Livius offenbar Gaius Marius. Daß der Feldherr und Konsul der Jahre 104-101 eigentlicher Initiator der Tat gewesen sein soll, wird durch zwei Hinweise im Text der Periochae deutlich. Zunächst behauptet der Autor, daß Saturninus sein Amt mit Unterstützung des Marius durch Gewalt erhalten habe. Daraus folgt, daß die Unterstützung, die Marius Saturninus zukommen ließ, wahrscheinlich selbst gewaltsamer Natur war. Ohne diese gewalttätige Unterstützung des Marius wäre Saturninus demzufolge wahrscheinlich kein Tribun mehr geworden (*L. Appuleius Saturninus adiuvante C. Mario [...] tribunus plebis per vim creatus [est]*). Zudem behauptet Livius der *Periochae* zufolge, daß der Mord an Nunnius durch Soldaten (*milites*) vollbracht wurde. Auf wes-

---

[460] Nunnius wird von den hier verwendeten griechischen Quellen Νώνιος genannt, was dem lateinischen häufig bezeugten Gentilnamen Nonius entspricht. Die hier verwendeten lateinischen Quellen nennen hier jedoch den Namen Nunnius. Eine Ausnahme bildet Florus, der den Namen Ninnius nennt. Der Autor der *Periochae* des Livius jedoch (auch Florus bezieht sich auf Livius) nennt den Namen Nunnius. MÜNZER (RE XVII/2 1473-1474, s.v. A. Nunnius) hält eine irrtümliche Gleichsetzung der Namen Nunnius und Nonius durch die griechischen Autoren für wahrscheinlich. Dafür spricht nicht zuletzt, daß noch ein anderer Mann namens Nunnius (für das Jahr 195 n.Chr.) inschriftlich bezeugt ist (CIL VIII 10351; 10364; 9369; 1983), demzufolge es den Namen Nunnius tatsächlich neben dem Namen Nonius gegeben hat (Hierzu: STEIN, RE XVII/2, 1474, s.v. Cn. Nunnius Martialis). Möglicherweise handelt es sich bei der Form Nunnius auch um eine Nebenform von Nonius (so HANSLIK, klP 4, 150). Demnach wäre es trotz der verschiedenen Schreibweisen zulässig, eine Verbindung zwischen Nunnius und der Familie der Nonier herzustellen.
[461] Liv. per. LXIX 1.

sen Anregung hin aber hätten Soldaten in die römische Innenpolitik eingreifen sollen, wenn nicht auf die ihres Oberbefehlshabers Marius? Saturninus selbst jedenfalls hätte ohne Zustimmung des Marius wohl kaum Soldaten dazu bewegen können, seinen Konkurrenten bei der Tribunatswahl auszuschalten. Livius erwähnt übrigens nicht explizit, ob Saturninus anstelle von Nunnius Volkstribun wurde, oder ob mit dem Mord nur ein unbequemer Kollege beseitigt werden sollte. Der Zusammenhang, den er jedoch zwischen dem Mord und der Erlangung des Volkstribunats durch Saturninus herstellt (Saturninus wurde durch Gewalt Volkstribun, nachdem Nunnius ermordet worden war), macht die erste Version wahrscheinlicher. Demnach war der Mord an Nunnius allein auf die Machtgewinnung des Saturninus ausgerichtet. Nunnius wurde in seiner Eigenschaft als Konkurrent des Saturninus um das Volkstribunat getötet. Notwendigerweise sind also die politischen Verhältnisse des Jahres 100 nach Livius die bedeutendste Folge der Tat.[462]

b) Valerius Maximus

Valerius berichtet vom Mord an Nunnius in seinen Beispielen *De vi et seditione*. Diesen Fall bezeichnet er -indem er vom zuvor berichteten Fall überleitet- schon zu Beginn seiner Darstellung als besonders grausam:

„Vaesana haec tantum modo, illa etiam cruenta seditio".[463]

Erst nach dieser Ankündigung kommt Valerius zum eigentlichen Fall: Nunnius, der Mitbewerber des Saturninus um das Volkstribunat, sei, nachdem bereits neun Tribunen gewählt worden waren, also nur noch für einen weiteren Platz war, ermordet worden, um dem Konkurrenten Saturninus Platz zu machen:

„Populus enim Nunnium conpetitorem Saturnini novem iam creatis tribunis unoque loco duobus candidatis restante vi prius in aedes privatas conpulit, extractum deinde interemit, ut caede integerrimi civis facultas apiscendae potestatis taeterrimo civi daretur."[464]

---

[462] Das Volkstribunat des Saturninus ist Gegenstand des Kapitels II (G).
[463] Val. Max. IX 7, 3.
[464] Ebd.

Valerius stellt hier als Hauptverantwortlichen der Tat weder Marius und seine Soldaten noch Saturninus, der von dem Mord am meisten profitierte, hin. Seiner Schilderung nach war es das Volk selbst (*populus*), das Nunnius jagte und tötete. Hier ist keine Rede davon, daß Saturninus den Mord in Auftrag gegeben habe. Daraus ist jedoch nicht zu schließen, daß Valerius Maximus Saturninus für unschuldig an der Tat hält. Diese Art der Darstellung entspricht lediglich der Absicht, die Valerius mit dem Kapitel über Gewalt und Aufruhr verfolgt. Ihm geht es hier darum, darzustellen, wie das Volk als Masse gewalttätig wurde.[465] Den Mord an Nunnius als eine Einzelaktion zu schildern, die der Karriere einer kleinen Gruppe von skrupellosen Politikern förderlich war, paßt hier nicht in das Konzept des Autors. Als einer der wenigen charakterisiert Valerius den Ermordeten näher, indem er ihn als *civis integerrimus* bezeichnet. Allerdings läßt dies keine sicheren Rückschlüsse auf die historische Person des Nunnius zu. Es ist denkbar, daß Nunnius von Valerius nur deshalb so charakterisiert wird, weil er zum Konkurrenten und Opfer des vom Autor eindeutig negativ betrachteten Saturninus wurde, zumal die Bezeichnung *civis integerrimus* der Beschreibung des Saturninus als *civis taeterrimus* gegenübergestellt wird. Es geht Valerius Maximus hier also nicht in erster Linie um eine historische korrekte Charakterisierung des Mordopfers, sondern um die Herstellung eines Kontrasts zum verhaßten Appuleius Saturninus.

c) Plutarch

Plutarch erwähnt den Tod des Nunnius in seiner Lebensbeschreibung des C. Marius nur mit einem Satz. Der Biograph berichtet hier, daß Marius begann, sich in der römischen Öffentlichkeit durch die Verbrechen, die er mit Saturninus verübte, unbeliebt zu machen. Dazu gehöre auch die Ermordung des Nunnius:

„Καὶ μάλιστα περὶ τὴν τελευταίαν ἐφθονεῖτο, πολλὰ συνεξαμαρτάνων τοῖς περὶ τὸν Σατορνῖνον. ὧν ἦν καὶ ὁ Νωνίου φόνος, ὃν ἀντιπαραγγέλλοντα δημαρχίαν ἀπέσφαξεν ὁ Σατορνῖνος."[466]

---

[465] Vgl. auch Val. Max. IX 9, 1-2. 4. Auch in diesen Beispielen ist immer das Volk das handelnde Subjekt.
[466] Plut. Mar. 29, 1.

Auch Plutarch nennt allein machtpolitische Gründe für den Mord an Nunnius. Erst durch diese Tat wurde Saturninus' unerfreuliches Volkstribunat möglich. Wie Livius gibt auch Plutarch für diese Tat nicht allein dem Saturninus, sondern auch dem Feldherrn Marius die Verantwortung, denn er spricht deutlich davon, daß Marius an dem Mord teilhatte. Die Motive des Marius nennt der Biograph nicht explizit, doch scheinen sie seiner Ansicht nach ebenso machtpolitisch gewesen zu sein wie die des Saturninus. Zwar gewann er keinen direkten Vorteil durch Nunnius' Tod, doch benötigte Marius die Hilfe des Saturninus, um zu seinem sechsten Konsulat zu gelangen. Mit Hilfe der Schlägertrupps von Saturninus und dessen Freund Glaucia, sowie durch die Beteiligung seiner eigenen Soldaten bei den Wahlen habe er seinen Mitbewerber Metellus schlagen können:

> „καὶ πρὸς τοῦτο Γλαυκίαν καὶ Σατορνῖνον ἀνθρώπους θρασυτάτους καὶ πλῆθος ἄπορον καὶ θορυβοποιὸν ὑφ' αὑτοῖς ἔχοντας οἰκειωσάμενος, εἰσέφερε νόμους δι' αὐτῶν, καὶ τὸ στρατιωτικὸν ἐπάρας κατεμείγνυε ταῖς ἐκκλησίαις καὶ κατεστασίαζε τὸν Μέτελλον."[467]

Somit habe sich Marius an dem Mord offenbar als Gegenleistung für die Unterstützung des Saturninus bei den Konsulatswahlen beteiligt. Zudem habe er später noch vom Tribunat des Saturninus profitiert, weil dieser die Verbannung des Metellus durchsetzte.[468] Saturninus unterstützte Marius demnach auch während dessen Konsulats 100 v.Chr. Wahrscheinlich geht Plutarch also davon aus, daß Marius ein generelles Interesse daran hatte, daß Saturninus während seines Konsulats Volkstribun war. Somit hatte Marius auch ein direktes Eigeninteresse am Tod des Nunnius und unterstützte den Mord nicht nur aus Loyalität zu Saturninus.[469] Allerdings unterscheidet sich Plutarch insofern von der *Periochae*, als er Saturninus klar als Hauptverantwortlichen des Mordes darstellt. Saturninus, nicht Marius oder

---

[467] Plut. Mar. 28, 5. Überhaupt bildet die Auseinandersetzung zwischen Marius und Metellus in der Beschreibung des 6. Konsulats des Marius den eigentlichen Erzählstrang Plutarchs, „für den die sonstigen Ereignisse des Jahres 100 lediglich die Staffage bilden" (WERNER, Mariusbild, 295).
[468] Plut. Mar. 29, 2-8.
[469] DUFF weist zurecht darauf hin, daß das Bündnis mit Saturninus und Glaucia aus Plutarchs Sicht den Wendepunkt zum Negativen in der Karriere des Marius bedeutete, ein Bündnis, daß er nur eingegangen war, weil er den fatalen Fehler machte, sich mit dem, was er bereits erreicht hatte, niemals zufrieden zu geben (DUFF, Plutarch's Lives, 118-120).

die Soldaten, wird als Mörder des Nunnius genannt (Νωνίο[ν] [...] ἀπέσφαξεν ὁ Σατορνῖνος). Demnach hatte Marius seinen Verbündeten bei dem Mord allenfalls unterstützt, die Tat jedoch nicht selbst initiiert.

d) Florus

Florus behandelt den Mord an Nunnius nur sehr kurz. In seiner Darstellung der Unruhen des Saturninus erwähnt er, daß Nunnius als Rivale des Aufrührers bei den Tribunatswahlen in aller Öffentlichkeit auf dem Forum ermordet wurde:

> „Occiso palam comitiis A. Ninnio conpetitore tribunatus..."[470]

Florus äußert sich nicht weiter zur Person des Nunnius. Die Erwähnung seiner Ermordung dient nur zur Charakterisierung des Saturninus.

e) Appian

Nunnius[471] bewarb sich laut Appian erfolgreich umas Volkstribunat des Jahres 100 v.Chr. Er sei anstelle von Saturninus gewählt worden, der das Amt ebenfalls (aus eher zweifelhaften Gründen, nämlich um sich an seinen aristokratischen Feinden rächen zu können[472]) angestrebt habe. Jedoch sei Nunnius nicht bloß ein Konkurrent des Demagogen gewesen. Nach Appian fürchteten Saturninus und sein Freund Glaucia vor allem, von Nunnius wegen ihrer Verbrechen, die sie in der Vergangenheit begangen hatten, bestraft zu werden, wenn dieser das Tribunat für sich erhielt. Zuvor hatte nämlich Q. Caecilius Metellus bereits versucht, Saturninus und Glaucia wegen ihres unsittlichen Lebenswandels aus dem Senat auszuschließen.[473] Da Nunnius bereits gewählt war, lauerten ihm seine Feinde nach der Volksversammlung mit einer Schlägerbande auf und erstachen ihn:[474]

---

[470] Flor. II 16, 1.
[471] App. civ. I 28 bezeichnet ihn als ἐπιφανὴς ἀνήρ. Vgl. Val. Max. IX 7, 3, wo er als *integerrimus civis* bezeichnet wird.
[472] App. civ. I 28.
[473] Ebd.
[474] Ebd.

„δείσαντες δ' ὁ Γλαυκίας καὶ ὁ Ἀπουλήιος, μὴ δημαρχῶν αὐτοὺς ἀμύναιτο, ὄχλον ἀνδρῶν εὐθὺς ἀπὸ τῆς ἐκκλησίας ἀπιόντι ἐπιπέμπουσι σὺν θορύβῳ καὶ ἔς τι πανδοχεῖον συμφυγόντα κατεκέντησαν."[475]

Nach dem Mord sei Saturninus in aller Eile von seinen Anhängern nachgewählt worden, ohne daß eine Volksversammlung ordentlich einberufen worden war. Dies sei möglich gewesen, da Glaucia, der Verbündete des Saturninus, Prätor gewesen sei und als solcher den Tribunatswahlen vorgesessen habe. Niemand habe gewagt, diese zweifelhafte Wahl in Frage zu stellen, da der Mord an Nunnius einschüchternd gewirkt hatte:

„τοῦ δὲ πάθους οἰκτροῦ καὶ δεινοῦ φανέντος οἱ περὶ τὸν Γλαυκίαν, οὔπω τοῦ δήμου συνελθόντος, ἅμ' ἕῳ χειροτονοῦσι δήμαρχον τὸν Ἀπουλήιον. Καὶ τὸ μὲν Νωνίου πάθος ὧδε ἐσιγήθη διὰ τὴν δημαρχίαν Ἀπουλήιου, δεδιότων αὐτὸν ἔτι ἐξελέγχειν."[476]

So hatte der Mord in doppelter Hinsicht das Volkstribunat des Saturninus zur Folge. Zunächst sei ein bereits gewählter Mann ermordet worden, wodurch Saturninus nachrücken konnte, sodann sei aufgrund der einschüchternden Wirkung des Mordes die Wahl ohne weiteres akzeptiert worden. Marius hatte nach Appians Darstellung -darin unterscheidet er sich von den anderen Autoren- mit dem Tod des Nunnius nicht das Geringste zu tun.

2. Zusammenfassung und Bewertung

Der Mord am designierten Volkstribun Aulus Nunnius erscheint auf den ersten Blick recht unkompliziert: Nunnius wurde für das Jahr 100 v.Chr. zum Volkstribun gewählt, oder er hatte wenigstens äußerst gute Aussichten, das von ihm angestrebte Amt zu erlangen. Bis auf Appian bestätigt keine Quelle explizit die erfolgreiche Kandidatur des Nunnius, doch streiten sie diese, bis auf Valerius Maximus[477], auch nicht ab. Vor dem Hintergrund der späteren Ermordung des Nunnius erscheint die bereits erfolgte Wahl zunächst am wahrscheinlichsten. Wäre er noch nicht durch die *comitia* gewählt gewesen, hätte Saturninus möglicherweise auch die gewaltsame und einschüchternde Beeinflussung der Wähler als gangbaren Weg zur Erreichung seiner Ziele angesehen. Dennoch spricht Valerius Maximus

---
[475] App. civ. I 28.
[476] Ebd.
[477] Val. Max. IV 7, 3.

eindeutig davon, daß die Wahl noch nicht geschehen war, sondern daß Nunnius getötet wurde, so daß nicht er, sondern Saturninus Volkstribun wurde. Welche der Versionen eher zutrifft, kann nicht mit letzter Sicherheit geklärt werden. Die Hauptverantwortlichkeit des Volkes an dem Mord, wie sie Valerius Maximus suggeriert, ist jedoch eher unwahrscheinlich, vor allem da der Autor das Volk als Ganzes (*populus*) nennt. Hätte das römische Volk wirklich so geschlossen hinter Saturninus gestanden, oder so einmütig Nunnius abgelehnt, wie Valerius uns glauben machen möchte, wäre es ein leichtes gewesen, statt Nunnius Saturninus zum Volkstribun zu wählen. Ein Mord an einem der Kandidaten wäre aus Sicht des Volkes so sicher nicht nötig gewesen.[478] Aus seiner mißverständlichen Darstellung ist Valerius Maximus jedoch kein Vorwurf zu machen, da es ihm -wie bereits oben erwähnt wurde- um die Schilderung von aufrührerischen Aktionen des römischen Volkes im Rahmen einer Beispielsammlung geht und nicht um die historisch korrekte Darstellung der Ermordung des Nunnius. Zu diesem Zweck kann er aus der teilweisen Beteiligung der *plebs* (bei diesem Teil handelte es sich aller Wahrscheinlichkeit nach um die Schlägertrupps des Saturninus) eine Gesamtaktion des *populus* machen.

Alle Quellen weisen jedoch einmütig darauf hin, daß Nunnius deshalb getötet wurde, weil er sich (möglicherweise bereits erfolgreich) um das Volkstribunat für das Jahr 100 beworben hatte, und weil Saturninus einen Volkstribun Nunnius nicht akzeptieren wollte. Deutlich wird bei der vergleichenden Quellenbetrachtung ebenfalls, daß Nunnius als Konkurrent des Saturninus sterben mußte, und nicht etwa als künftiger unnachgiebiger Tribunatskollege. Appian berichtet unmißverständlich von einer Nachwahl des Saturninus[479], die erst nach dem Mord möglich wurde; ähnlich äußert

---

[478] Außerdem deutet -wie HACKL zurecht feststellt- die Tatsache, daß Saturninus bis dato noch nicht gewählt war, also der letzte der Kandidaten war, die das Volkstribunat für 100 ergattern konnten, nicht gerade auf eine besonders übermäßige Beliebtheit des Saturninus beim Volk hin (HACKL, Senat und Magistratur, 184).

[479] Appian zufolge war das erste Motiv der Tat dennoch die Sorge des Saturninus und des Glaucia, daß Nunnius sie als Volkstribun für die Schandtaten ihrer Vergangenheit zur Rechenschaft ziehen würde. Allerdings beinhaltet diese Schilderung einige Ungereimtheiten: Nach Appian bewarb sich Saturninus nämlich um das Tribunat, um sich an Metellus, der ihn

sich Valerius Maximus: Seiner Schilderung nach war nur noch ein letzter Tribun (Nunnius oder Saturninus) zu wählen, als der Mord geschah. Auch die anderen Quellen schildern den Mord mit dem Hinweis darauf, daß Saturninus sein Volkstribunat durch Gewalt (*vis*) erlangt habe.[480] Florus spricht eindeutig davon, daß Nunnius als Konkurrent des Saturninus getötet wurde.[481] Daher ist CHRIST zu widersprechen, der in seiner Monographie über den Untergang der römischen Republik den Mord dahingehend schildert, daß Saturninus den Mord beging, um Nunnius nicht zum Kollegen zu haben. „Sein [i.e. Saturninus] designierter und ganz unbequemer Kollege Nonius wurde von den Schlägern und Stechern, die Glaucia und Saturninus mobilisiert hatten, vor aller Augen niedergemacht."[482] Im Grunde wissen wir nicht einmal, ob Nunnius -hätte Saturninus sein Tribunatskollege werden können- wirklich so besonders unbequem für den Demagogen gewesen wäre. Tatsächlich ist über den Ermordeten -außer seinem gewaltsamen Ende und daß er sich für 100 v.Chr. um das Volkstribunat beworben hatte- nichts weiter bekannt. Für die These von einer besonders aristokratischen und antipopularen Tendenz des Nunnius spricht allenfalls seine positive Charakterisierung durch Valerius Maximus und Appian als *civis integerrimus* und ἐπιφανὴς ἀνήρ und die Schilderung Appians, nach der Nunnius sich zuvor gegen Saturninus und Glaucia gestellt hatte. Diese

---

und Glaucia aus dem Senat hatte ausstoßen wollen, zu rächen. Als jedoch Nunnius gewählt wurde, ist plötzlich keine Rede mehr davon, daß Saturninus mit ihm einen Konkurrenten ausschalten wollte, sondern von der oben erwähnen Furcht vor Strafverfolgung. Diese Furcht bezieht sich auch nicht darauf, daß Saturninus im Jahr 100 die Sicherheit der Immunität genießen wollte, so daß Metellus die Hände gebunden wären, was nach Nunnius' Wahl nicht mehr möglich war, sondern einzig und allein auf Nunnius als Volkstribun. Nach Appian tötete Saturninus Nunnius nicht, weil er selbst Tribun sein wollte, sondern weil er ein Tribunat des Nunnius verhindern wollte. Obwohl sich Saturninus nach dem Mord -Appian zufolge- sofort als Volkstribun nachwählen ließ, nennt der Historiker das sich daraus deutlich ablesbare machtpolitische Motiv nicht. Möglicherweise rezipiert Appian Gerüchte, die sich erst ein Jahr nach dem Mord an Nunnius ergaben, nämlich als Saturninus den Konsulatskandidaten Memmius tötete, weil er von dessen Konsulat ein Vorgehen gegen seine eigenen Machenschaften erwartete (Vgl. Kapiel II (F)). Es ist denkbar, daß vor diesem Hintergrund auch der Mord an Nunnius neu bewertet wurde, und daß Saturninus und Glaucia nun ähnliche Motive unterstellt wurden wie für den Mord an Memmius.
[480] Liv. per. LXIX 1.
[481] Flor. II 16, 1.
[482] CHRIST, Krise und Untergang, 164.

Beschreibung könnte jedoch erst aus der Tatsache resultieren, daß Nunnius durch Saturninus ermordet wurde.[483] Es ist zwar äußerst wahrscheinlich, daß Nunnius als Opfer eines Mordanschlags durch Saturninus ein Vertreter der Politik war, die der seines Mörders entgegenstand, erwiesen ist dies jedoch nicht.[484] Wenn es dem Täter nach den gescheiterten Tribunatswahlen nur darum gegangen ist, nachgewählt zu werden, könnte Nunnius auch allein dem Machstreben des Saturninus und nicht seiner eigenen Politik zum Opfer gefallen sein, und er könnte erst nach der Tat zum Vertreter der *boni* stilisiert worden sein.

Nach Appian war Glaucia, der Freund und ständige Verbündete des Saturninus, an dem Mord gleichermaßen beteiligt. Allerdings hatte Glaucia kein eigenes Interesse an der Tat, außer seiner ständigen und selbstverständlichen Unterstützung des Saturninus, die auf Gegenseitigkeit beruhte. Die anderen Quellen streiten die Beteiligung Glaucias nicht ab, bestätigen sie aber auch nicht explizit. Diejenigen jedoch, die Glaucia überhaupt einmal erwähnen, nennen ihn stets in einem Atemzug mit Saturninus,[485] so daß die Beteiligung Glaucias an der hier behandelten Aktion des Saturninus unbestritten ist.

Eine weitere Frage bezüglich des Mordes an Aulus Nunnius ist, ob und inwieweit der Feldherr und Konsul C. Marius an dem Fall beteiligt war. Livius und Plutarch gehen -wie oben gezeigt wurde- von einer aktiven Beteiligung aus[486], Valerius Maximus und Appian erwähnen den Namen Ma-

---

[483] Die Tatsache, daß wir außer seiner Ermordung über Nunnius keinerlei weitere Informationen erhalten, spricht eher dafür, daß es sich bei dem Getöteten um ein politisch eher kleines Licht handelte, „presumibilmente un uomo politico di minor calibro" (CAVAGGIONI, Saturnino, 87).
[484] Nicht nur aus diesem Grund muß die entschiedene Behauptung NOWAKS, Saturninus und Glaucia hätten „den Volkstribun Nonius wegen seiner Obstruktion bei der Veteranenversorgung [...] beseitigen" wollen, sehr in Frage gestellt werden (NOWAK, Garden, 19f.). Vor allem aber ist von einer konkreten politischen Agitation des Nunnius nichts bekannt.
[485] Z.B. Liv. Per. LXIX 5; Vell. Pat. II 12, 6; Plut. Mar. 28, 5; App. civ. I 28.
[486] Die Unterschiede in den Berichten des Livius und des Plutarch müssen übrigens nicht unbedingt als einander widersprechend angesehen werden. Es wurde gezeigt, daß Nunnius nach Livius von Soldaten (wohl des Marius) und nach Plutarch durch Saturninus getötet wurde. Zunächst einmal muß die Behauptung Plutarchs nicht so verstanden werden, als habe Saturninus den Mord mit eigener Hand ausgeführt. Nunnius kann ebenso -wie auch Appian andeutet- durch die Schlägertrupps von Saturninus und Glaucia getötet worden sein. Plutarch berichtet über die Konsulatswahlen für das Jahr 100, daß Marius zur Abstimmung mehrere seiner Sol-

rius im Zusammenhang mit der Tat überhaupt nicht. Sie stellen demnach offenbar keine Verbindung zwischen Marius und dem Mord an Nunnius her. Um die Frage nach der möglichen Mittäterschaft des Marius zu klären, muß in erster Linie nach dem möglichen Vorteil, den der Konsul der Jahre 104-101 vom Tod des Nunnius gehabt haben könnte, gefragt werden. Die moderne Forschung behandelt dieses Problem insgesamt sehr vorsichtig; die meisten Autoren, die sich nur oberflächlich mit Saturninus und/ oder Marius befassen, erwähnen den Mord an Nunnius gar nicht, oder schreiben ihn allein Saturninus zu.[487] Nach Plutarch gab es jedoch zwei Gründe, aus

---

daten unter das Volk mischte (Plut. Mar. 28, 5) und gleichzeitig die Schlägertrupps des Saturninus die Wahl kontrollierten. Also haben bereits hier die Schläger des Saturninus und die Soldaten des Marius zusammengearbeitet (Die Veteranen des Marius dürfen jedoch nicht als fester Bestandteil des Saturninischen Schlägertrupps angesehen werden. Hierzu: NOWAK, Garden, 17). Vor diesem Hintergrund läßt sich der Bericht des Livius mit dem des Plutarch dahingehend übereinbringen, daß Saturninus die Schläger, die Nunnius töten sollten, anführte, sich bei der Rekrutierung der Schläger aber unter anderem der Soldaten des Marius, die bereits in der Stadt waren, bediente. Dies konnte er natürlich nur tun, wenn Marius selbst seine Soldaten dazu anhielt, Saturninus auf diese Weise zu unterstützen.

[487] So GRUEN, Politics, 180; CHRIST, Krise und Untergang, 164. Anders die Autoren, die das Bündnis zwischen Marius und Saturninus intensiver betrachten: z.B. HACKL, Senat und Magistratur, 196, die Marius -indem sie Livius folgt- für den Mord an Nunnius verantwortlich macht, und zudem gerade anhand der Darstellung dieses Mordes die damalige Festigkeit des Bündnisses zwischen Marius und Saturninus betont: „Es ist daher [...] die livianische Tradition vorzuziehen, nach der Marius schon Saturninus' Wahl zum zweiten Tribunat unterstützte und durch seine Soldaten an der Ermordung des Nonius beteiligt war. Es handelt sich also offenbar um langfristige Absprachen, was eher wahrscheinlich ist, wenn man bedenkt, daß Saturninus bereits bei Marius' Bewerbung um das vierte Konsulat eine Rolle gespielt hatte [.....] und daß Marius infolge seiner schwierigen Stellung zur Nobilität überhaupt zu Verbindungen mit den Popularen neigte, denen er schon sein erstes Konsulat verdankte." Interessant, wenn auch wenig überzeugend, ist die Ansicht ROBINSONS, der zwar eine indirekte Beteiligung des Marius an der Tat annimmt, diese jedoch für eine Ausnahme hält, da sich die gewalttätige Art von Saturninus und Glaucia nicht mit dem Charakter des Marius vertrage: „Seinerseits wird Marius niemals beschuldigt (außer bei der Ermordung des Nunnius [...]), sich an ihren Gewaltstreichen beteiligt zu haben. Aber seine ehemaligen Soldaten boten den Volksführern willige Werkzeuge dar, und er selbst legte ihnen nichts in den Weg, so daß es doch seinem Einfluß oder seiner Duldung zu verdanken war, daß sie solche Gewalttaten wagten. [...] Dennoch ist hier noch eins zu betonen: Neumann [i.e. NEUMANN, Geschichte Roms I, 418] hebt mit Recht hervor [...], daß die gewalttätige Art seiner Verbündeten [...] gewiß nicht dem ordnungsliebenden Sinn des Marius entsprach. Seine Duldsamkeit ist also insofern der Notwendigkeit [...] nicht der Neigung zuzuschreiben" (ROBINSON, Marius, Saturninus und Glaucia, 59f.; ähnlich argumentierten in jüngerer Zeit WERNER, Mariusbild, 298 und LETZNER, Sulla, 87). Diese Argumentation ist deshalb problematisch, weil Marius sich auch in späteren Phasen seines Lebens selbst des Mittels der Gewalt bedient (87 v.Chr.) oder Bündnisse mit gewalttätigen Demagogen geschlossen hat (88 v.Chr).

denen Marius bei der Beseitigung des Nunnius geholfen haben soll. Zunächst habe er auf diese Weise Saturninus bei der Erlangung des Tribunats unterstützt, als Gegenleistung für dessen Unterstützung bei den Konsulatswahlen. Marius habe sich also an der Ermordung des Nunnius beteiligt, weil er ohne die Hilfe des Saturninus nicht Konsul geworden wäre. Hier stellt sich die Frage, ob und wie sehr Marius, der immerhin bereits das vierte Konsulat in Folge (und das fünfte insgesamt) bekleidete, auf die Unterstützung des Saturninus angewiesen war. SHERWIN-WHITE ist in seinem Marius-freundlichen Aufsatz „*Violence in Roman Politics*"[488] bemüht, die Verbindung zwischen Marius und Saturninus so lose wie möglich erscheinen zu lassen. Die Allianz der beiden fußte nach SHERWIN-WHITE allein auf der von Marius erkannten Notwendigkeit, die Unterstützung des Saturninus für die Landverteilung an seine Veteranen zu gewinnen.[489] Eine Beteiligung an den obskuren Machenschaften des Saturninus für seine eigenen Zwecke vor 100 v.Chr. lehnt er -in Anlehnung an Vell. Pat. II 12, 6- mit der Begründung ab, Marius habe das Konsulat aufgrund der Dankbarkeit des Senats und des Volkes für seine Siege gegen die Kimbern sicher gehabt, und deshalb nicht auf die zweifelhafte Unterstützung des Saturninus zurückgreifen müssen.[490] Jedoch ist zu bedenken, daß Marius' politischer Stern im Sommer des Jahres 101 bereits zu sinken begann, und zwar gerade *weil* der Kimbernkrieg zu Ende war und deshalb ein Konsul, der gleichzeitig Oberbefehlshaber der Armee war, nicht mehr vonnöten war. Somit wurde der Politiker Marius angreifbar.[491] Es ist also durchaus möglich, daß Marius die Unterstützung eines zweifelhaften Agitators bei den Konsulatswahlen benötigte. Jedoch ist eine alleinige Konzentration auf das möglicherweise gefährdete Konsulat des Marius für die Frage nach seiner

---

[488] JRS 46 (1959), 1-9. Die Seiten 1-5 behandeln Marius und Saturninus.

[489] Einen ähnlichen Tenor hat die Monographie von ROBINSON, Marius, Saturninus und Glaucia, Bonn 1912.

[490] „Marius was given his sixth consulship as the reward of his merits with the approval of the hitherto suspicious *nobilitas*, who admitted that he had saved the State" (SHERWIN-WHITE, Violence, 4).

[491] GRUEN, Roman Politics, 179f.; CHRIST, Krise und Untergang, 163f. Nach EVANS, Marius, 85, war bereits das Bündnis von 103 v.Chr. eine Auswirkung des sinkenden Einflusses des Marius.

Beteiligung an dem Mord nicht notwendig. Aus der Biographie Plutarchs geht noch ein zweiter Grund hervor, der den Feldherrn bewogen haben kann, die Ermordung des Nunnius zu unterstützen: Als Konsul wollte er sich die Unterstützung eines Volkstribuns sichern, so daß er seine Politik ungestört führen konnte. Es muß dabei nicht einmal in erster Linie um egoistische Motive, wie die Verbannung des unbequemen Caecilius Metellus, gegangen sein; Marius benötigte vielmehr Unterstützung bei dem Vorhaben, seine Veteranen des Kimbernkrieges mit Landzuteilungen für ihre Dienste zu belohnen.[492] Gerade in dieser Hinsicht hatte er als Konsul schon einmal mit dem Volkstribun Saturninus gute Erfahrungen gemacht.[493] Festzustellen bleibt also, daß Marius auf jeden Fall vom Mord an Nunnius profitierte, auch wenn diese Erkenntnis seine tatsächliche Beteiligung an der Tat natürlich nicht belegt.

Jedoch spricht auch die auffällige Tatsache, daß der Mord an Nunnius strafrechtlich offenbar überhaupt nicht verfolgt wurde, dafür, daß die Einschüchterung, welche durch die Tat ausgelöst wurde, beträchtlich war. Bedenkt man, mit welcher Entschlossenheit der Senat zwanzig Jahre zuvor nach dem Mord an Antyllius gegen C. Gracchus (zunächst erfolgreich) vorgegangen war, ist es mehr als verwunderlich, daß im Falle der Ermordung des Nunnius gar nichts geschah, zumal man bereits aus dem Jahr 103 wußte, was von einem Volkstribunat des Saturninus zu erwarten war.[494] Die Lähmung des Senats läßt sich nur dadurch erklären, daß die Kräfte, die hinter Saturninus standen, weitaus stärker waren als einige angeheuerte Schläger und ein wütender Mob, der erfahrungsgemäß ohnehin seine Führer nicht unterstützte, sobald der Senat zum Durchgreifen entschlossen war. Offenbar fürchteten die Gegner des Saturninus eine gewaltsame Konfrontation. Eine solche Furcht konnte vor allem dann begründet sein, wenn man den Feldherrn, der vor kurzem die Kimbern bezwungen hatte, und Schlägertrupps, welche von dessen Legionen unterstützt wurden, gegen sich hatte. Immerhin bewies Marius ein Jahr später, daß er -zwar im Sinne

---

[492] EVANS, Marius 89.
[493] EVANS, Marius 117; LINTOTT, Political History, 95.
[494] SMITH, Use of Force, 131; GRUEN, Roman Politics, 164-169; LINTOTT, Political History, 95f.

des Senats- durchaus bereit war, seine Soldaten für innenpolitische Zwecke einzusetzen. Zudem hatte der Senat noch keinerlei Erfahrung mit Feldherren in der Politik, die Berufsarmeen unter sich hatten[495] und zudem (z.B. durch die Unterstützung des Mordes an Nunnius) Gewaltbereitschaft zeigten. Die Handlungsunfähigkeit des Senats im Hinblick auf die Ermordung des Nunnius wäre durch extreme Unsicherheit hinsichtlich des Verhaltens des Marius jedoch nur dann begründbar, wenn Marius ebenfalls an dem Mord beteiligt war.[496] Betrachtet man die Vorteile, die Marius vom Tod des Nunnius hatte, die atypische Zurückhaltung des Senats, und nicht zuletzt die Berichte der Quellen, scheint eine Beteiligung des Feldherrn an der Tat wahrscheinlich.

---

[495] Dies war erst seit der noch jungen Heeresreform des Marius möglich. Hierzu: MEYER, Staatsgedanke, 308f.; KROMAYER/ VEITH, Heerwesen, 467; CARNEY, Marius, 31-34; LETZNER, Sulla, 68-70; AIGNER, Machtfaktor, 159-168; POTTER, Roman Army, 80-85. Vgl. auch DIETER, Soziale Konflikte, 229-233.

[496] Der Unterschied, den die fehlende Unterstützung des Marius bei einem ähnlich gelagerten politischen Mord durch Saturninus und Glaucia machte, zeigt sich deutlich im folgenden Kapitel. Gerade das Schweigen des Senats zu diesen Vorgängen widerlegt auch die Ansicht WERNERS (Mariusbild, 298), der zwar eine Billigung des Mordes durch Marius in Betracht zieht, eine „faktische Mittäterschaft" jedoch ausschließt. Diese Ansicht erklärt nämlich nur, warum Marius Saturninus nicht zur Rechenschaft gezogen hat, nicht aber, wieso auch sonst niemand in dieser Hinsicht aktiv geworden ist. Auch ROBINSONS Ansicht (Marius, Saturninus und Glaucia, 95), der Mord an Nunnius sei nicht verfolgt worden, weil „die verhältnismäßig geringe Bedeutung des Falles [...] nicht den Gebrauch des S. C. ultimum [erlaubte]", überzeugt in diesem Zusammenhang nicht. Erstens kann -z.B. im Vergleich mit dem Mord an Antyllius 121 v.Chr.- bei der Ermordung eines Kandidaten für das Volkstribunat wohl nicht von einer zu geringen Bedeutung des Falls gesprochen werden, und zweitens wäre, um auf den Mord zu reagieren, überhaupt kein Notstandsgesetz nötig gewesen, sondern nur eine Anklage der Mörder. Eine Notstandserklärung wäre nur dann nötig gewesen, wenn man -was ROBINSON ebenfalls erwähnt- die Soldaten des Marius, die sich in der Stadt aufhielten, fürchtete. Diese Soldaten wiederum waren jedoch nur dann zu fürchten, wenn ihr Anführer, nämlich der Konsul Marius, ihr staatsbedrohliches Verhalten unterstützte. Daß sich Marius ein Jahr später bei seinem Vorgehen gegen Saturninus und Glaucia auf seine Veteranen stützen konnte, zeigt deutlich, daß diese sich nicht den beiden Volksführern, sondern ihrem Feldherrn verpflichtet fühlten.

F) Der Mord an Gaius Memmius 100 v.Chr.

1. Die Darstellung in den Quellen
a) Cicero

Cicero spricht den Mord an Gaius Memmius kurz in seiner vierten Catilinarischen Rede an. Die Erwähnung dient hier der näheren Beschreibung des L. Appuleius Saturninus, den der Redner mit anderen Aufrührern der jüngeren Vergangenheit als Vergleich zu den Catilinariern heranzieht. Cicero benennt hier unmißverständlich Saturninus als den Mörder des Memmius. Nähere Angaben zu dem Mord verschweigt er jedoch:

> „Non Ti. Gracchus, quod iterum tribunus plebis fieri voluit, non C. Gracchus, quod agrarios concitare conatus est, non L. Saturninus, quod C. Memmium occidit, in discrimen aliquod atque in vestrae severitatis iudicium adducitur: tenentur ii, qui ad urbis incendium, ad vestram omnium caedem, ad Catilinam accipiendum Romae restiterunt, tenentur litterae, signa, manus, denique unius cuiusque confessio."[497]

Zwar geht es Cicero hier allein darum, die Bedrohung durch die Catilinarier so schrecklich wie möglich erscheinen zu lassen, weshalb die übrigen Übeltäter der Vergangenheit im Vergleich dazu eher harmlos wirken sollen, dennoch kann aus diesem Ausspruch eindeutig geschlossen werden, daß der Redner den Mord an Memmius als solchen verabscheut. Immerhin handelte es sich dabei um die Tat, die ein radikales Vorgehen des Senats gegen Saturninus (gerechterweise) ausgelöst hatte. Nur wenn Cicero die Maßnahmen, die gegen die Gracchen und Saturninus ergriffen wurden, für gerechtfertigt hält, also deren hier genannte Taten aufs schärfste mißbilligt, kann er aus den von ihm angeführten Ereignissen der Vergangenheit sein Recht ableiten, mit eben solcher Härte gegen die Catilinarier vorzugehen. Auch auf das Kapitel II (G) vorgreifend sei hier schon darauf hingewiesen, daß Cicero den Mord an Memmius als den Auslöser für das *senatus consultum ultimum* von 100 v.Chr. und die gegen Saturninus und Glaucia verhängte *hostis*-Erklärung darstellt.

---

[497] Cic. Cat. IV 4.

b) Livius

Auch Livius bezeichnet im Fall der Ermordung des Memmius Saturninus eindeutig als Mörder. Anders als Cicero berichtet er von den Motiven des Saturninus. Er habe C. Memmius umbringen lassen, weil dieser sich um das Konsulat beworben hatte und Saturninus fürchtete, ein Konsul Memmius würde seinen Handlungen einen Riegel vorschieben:

> „Idem Apuleius Saturninus tribunus plebis C. Memmium candidatum consulatus, quoniam adversarium eum actionibus suis timebat, occidit."[498]

Weitere Angaben des Livius hierzu sind nicht erhalten, bis auf den Hinweis, daß der Mord an Memmius das konsequente Vorgehen des Senats gegen den Mörder zur Folge hatte.[499]

c) Florus

Florus berichtet, daß Saturninus Memmius getötet habe, um das Konsulat für seinen Verbündeten Glaucia zu ermöglichen. Als eine Folge der Tat nennt Florus eine allgemeine Verwirrung, in der die Anhänger des Saturninus diesen zum König ausrufen wollten:

> „Quippe ut satellitem furoris sui Glauciam consulem faceret, C. Memmium conpetitorem interfici iussit et in eo tumultu regem ex satellitibus suis se appellatum laetus accepit."[500]

Der Mord an Memmius bedeutete demnach nicht nur den Auftakt der Tötung von Saturninus und Glaucia, er führte auch dazu, daß Saturninus sein ‚wahres' Gesicht zeigte, und demonstrierte, daß er nach der Tyrannis strebte. Auffallenderweise erwähnt Florus keine Beteiligung Glaucias an dem Mord, obwohl er berichtet, daß Glaucia am meisten davon profitiert hätte (wenn Saturninus und Glaucia nicht getötet worden wären).

d) Appian

Appian berichtet ausführlich vom Volkstribunat des Saturninus im Jahr 100 v.Chr. und von den Unruhen, die er und sein Genosse Glaucia verur-

---

[498] Liv. per. LXIX 4.
[499] Liv. per. LXIX 5.
[500] Flor. II 16, 4.

sachten.[501] Die Situation eskalierte bei den Konsulwahlen für das Jahr 99. Als einer der Konsuln stand bereits Marcus Antonius fest; um das zweite Konsulat stritten sich Memmius und Glaucia, der bislang Prätor war. Nach Appian fürchteten Saturninus und Glaucia, daß Memmius die Wahl gewinnen würde und heuerten eine Schlägerbande an, die den Kandidaten während der Volksversammlung zur Konsulatswahl mit Holzknüppeln angriffen und totschlugen:

„προτεθείσης δὲ ὑπάτων χειροτονίας, Μᾶρκος μὲν Ἀντώνιος ἐπὶ τὴν ἑτέραν ἀναμφιλόγως ᾑρέθη, τὴν δὲ ὑπόλοιπον Γλαυκίας ὅδε καὶ Μέμμιος μετῄεσαν. Μεμμίου δ᾽ ὄντος ἐπιδοξοτέρου παρὰ πολύ, δείσας ὁ Γλαυκίας καὶ ὁ Ἀπουλήιος ἐπιπέμπουσί τινας αὐτῷ σὺν ξύλοις ἐν αὐτῇ τῇ χειροτονίᾳ, οἳ τὸν Μέμμιον παίοντες ἐν μέσῳ πάντων ὁρώντων συνέκοψαν."[502]

Dieser Mord war nach Appians Schilderung allein durch Machtstreben motiviert: Glaucia wollte Konsul werden und Memmius war ihm dabei im Weg. Aus diesem Grund ließen Saturninus und Glaucia ihn -wie schon zuvor A. Nunnius[503]- beseitigen. Diesmal erreichten die Mörder ihr Ziel allerdings nicht, da Glaucia kurze Zeit später ebenfalls getötet wurde. Was die Attentäter allerdings erreichten, war, daß durch diese Tat die bestehende Ordnung fast völlig zusammenbrach. Nach Appian blieben für kurze Zeit weder Gesetze noch persönliche Hemmungen bestehen. Der Historiker berichtet, daß die erste Gruppe, die nach dem Tod des Saturninus verlangte, das Volk war:

„Καὶ ἡ μὲν ἐκκλησία θορυβηθεῖσα διελύετο οὔτε νόμων οὔτε δικαστηρίων οὔτε τινὸς αἰδοῦς ἔτι ὑπούσης· ὁ δὲ δῆμος ἀγανακτῶν ἐς τὴν ἐπιοῦσαν ἡμέραν μετ᾽ ὀργῆς συνέτρεχεν ὡς κτενοῦντες τὸν Ἀπουλήιον."[504]

Der Kampf gegen Saturninus und Glaucia, der mit deren Tod endete, war auch nach Appian eine direkte Folge des Mordes an Memmius.

2. Zusammenfassung und Bewertung

Zunächst muß festgehalten werden, daß der Mord an C. Memmius sowohl in der antiken als auch in der modernen Literatur nie vom *senatus consul-*

---

[501] Vgl. Kapitel II (G) 1g.
[502] App. civ. I 32.
[503] Vgl. Kapitel II (E).
[504] App. civ. I 32.

tum ultimum gegen Saturninus und Glaucia und von deren Tod getrennt betrachtet wird. Aus diesem Grund sind für den hier behandelten Mord auch die Ausführungen aus Kapitel II (G) zu beachten.

Der Mord an C. Memmius findet in den Quellen insgesamt keinen großen Widerhall. Auch Autoren und deren Werke, die sich mit den Machenschaften des Saturninus und des Glaucia befassen, vernachlässigen die Tötung des Memmius,[505] was vor dem Hintergrund, daß diese Tat zum *senatus consultum ultimum* und zum Tod der beiden Aufrührer geführt haben soll, recht verwunderlich ist. Aufgrund des geringen Interesses der Quellen an dem Fall wird das Ende des Memmius auch in der Forschungsliteratur nur wenig beachtet.[506] Zudem lassen sich die dürftigen Angaben der Quellen schlecht übereinbringen, so daß es aus heutiger Sicht schwierig ist, sichere Aussagen über den Mord, vor allem über die Motive der Mörder, zu treffen.

---

[505] Z.B. Cic. Rab. perd.; Vell. Pat; Plut. Mar.

[506] SHERWIN-WHITE, Violence, 4f.; UNGERN-STERNBERG, Notstandsrecht, 71, CHRIST, Krise und Untergang, 168, erwähnen -der einzig sicheren Aussage der Quellen folgend- lediglich, daß das gewaltsame Ende des Memmius zur Spaltung der popularen Bewegung führte, und daß der Senat und der Konsul Marius nun mit größter Härte gegen Saturninus und Glaucia vorgingen. GABBA spricht allgemein von „estremismo, [...] violenze e [...] illegalità" des Saturninus, die bei den Konsulatswahlen für das Jahr 99 v.Chr. zum *senatus consultum ultimum* gegen Saturninus und Glaucia geführt haben (GABBA, Mario e Silla, 783), ohne daß der Mord an C. Memmius erwähnt wird. GRUEN hält es angesichts der widersprüchlichen Quellenangaben sogar für möglich, daß es sich bei dem ‚Mord' um ein Versehen handelte (d.h. wohl, daß es den Mördern nicht um den Tod des Memmius gegangen sei, sondern daß dieser bei den Tumulten, welche durch Saturninus und seine Anhänger verursacht wurden, ums Leben kam, ohne daß dies direkt beabsichtigt war), das der Nobilität als Vorwand diente, endlich harte Maßnahmen gegen Saturninus zu ergreifen: „The consular elections of 100 brought further riots, which, among other things, encompassed the death of the candidate C. Memmius. That deed of violence, whether premeditated or accidental, would have split [...] the following of the demagogues. [...] The aristocracy had no intention of letting the opportunity slip." (GRUEN, Roman Politics, 182f). GRUEN stellt jedoch ebenfalls keine weiteren Überlegungen zu den Umständen der Tat an. Ähnlich urteilt BADIAN 1958 in seiner Monographie Foreign Clientelae, 207, revidiert diese Ansicht jedoch 1984 in dem Aufsatz: The Death of Saturninus; DÖBLER, Agitation, 311 erwähnt in einem eingeschobenen Satz kurz den Mord an Memmius, ohne jedoch den Namen des Ermordeten zu nennen, oder die genaueren Hintergründe der Tat zu eruieren; HACKL, Senat und Magistratur, 189-192 diskutiert in erster Linie die Bedeutung der Ermordung des Memmius für das Zerbrechen des Bündnisses zwischen Marius und Saturninus und betrachtet den Mord somit ebenfalls vor allem im Zusammenhang mit dem Vorgehen gegen die Demagogen Saturninus und Glaucia. Eine genauere Untersuchung des Falles nimmt CAVAGGIONI, Saturnino, 137-143, vor, wobei sie die Bedeutung eines weiteren hohen Amtes für Saturninus und Glaucia betont.

So einig sich die Quellen nämlich hinsichtlich der Identität der Mörder und der äußeren Umstände der Tat -daß der Mord bei den Konsulatswahlen geschah und daß mit Memmius ein aussichtsreicher Kandidat getötet wurde- sind, so uneinig sind sie sich, was die Zielsetzung, welche die Mörder verfolgten, betrifft. Cicero nennt gar kein Motiv für die Tat, Livius berichtet von der Sorge der Mörder, unter dem Konsul Memmius ihre Machenschaften nicht mehr weiterführen zu können, und Appian nennt die Konkurrenz des Memmius bei Glaucias Bewerbung um das Konsulat.[507] Bedenkt man, daß auch Memmius -wie seine Mörder- ein beharrlicher Vertreter popularer Politik war, erscheint die Möglichkeit, daß Saturninus und Glaucia fürchteten, Memmius würde als Konsul ihrer Politik einen Riegel vorschieben, zunächst kaum einsichtig. Bisher hatten sie schließlich auch unter dem mächtigen popularen Konsul Marius ihre Möglichkeiten voll ausschöpfen können. Memmius mußte als Konsul für die beiden Demagogen weitaus angenehmer gewesen sein als etwa ein konservativer Vertreter der Senatsaristokratie.[508] Auf der anderen Seite hatte Memmius sich schon in der Vergangenheit dadurch bekannt gemacht, daß er sich vehement für die Bestrafung von Kapitalverbrechern eingesetzt hatte.[509] Zwar zeigen die bekannten Anklagen des Memmius[510] eine Tendenz, eher gegen konservativ gesinnte Vertreter der Aristokratie vorzugehen, doch läßt die Leiden-

---

[507] Die hier genannten Motive erinnern stark an den im vorigen Kapitel behandelten Mord an A. Nunnius. Auch dort werden von den Quellen unterschiedliche Motive genannt: die Furcht vor einem Volkstribun Nunnius und die Konkurrenz des Nunnius gegen Saturninus bei der Bewerbung um das Volkstribunat. Auch hier waren die Mörder Saturninus und Glaucia.
[508] DOBLHOFER, Popularen, 38, bezweifelt die vollständige und radikale antisenatorische Orientierung des Memmius, wie etwa Sallust (Sall. Iug. 27, 2) sie bezeugt. Seine Zweifel beruhen jedoch allein auf der Tatsache, daß Memmius von ebenfalls popular orientierten Agitatoren getötet wurde. DOBLHOFER hält es für „höchst unwahrscheinlich, daß diese [Saturninus und Glaucia] einen echten Gesinnungsgenossen getötet hätten." Dem ist aber entgegenzuhalten, daß es durchaus Machtkämpfe innerhalb einer politischen Gruppe gegeben haben kann. Wenn Glaucia das Konsulat anstrebte, und Memmius ihm dabei im Wege zu sein schien, ist es mehr als nur vorstellbar, daß Saturninus und Glaucia hier zum Mittel des Mordes auch an einem politischen Gesinnungsgenossen griffen. Ein (macht)politisch motivierter Mord an einem Gesinnungsgenossen ist keinesfalls undenkbar. Deshalb können wir aus der Identität seiner Mörder heraus nicht die populare Gesinnung des Memmius entgegen dem Zeugnis der Quellen anzweifeln.
[509] Cic. Brut. 136: „Tum etiam C. L. Memmii fuerunt oratores mediocres, accusatores acres atque acerbi; itaque in iudicium capitis multos vocaverunt, pro reis non saepe dixerunt."
[510] Gegen L. Calpurnius Bestia und gegen M. Aemilius Scaurus.

schaft, mit der Memmius offenbar versucht hatte, Fehlentwicklungen in der römischen Gesellschaft zu bekämpfen, erahnen, daß er die Machenschaften des Saturninus und des Glaucia unter seinem Konsulat wahrscheinlich ebenfalls nicht geduldet hätte. „Alles, was von ihm erzählt wird, läßt zwar auf eine große Bitterkeit gegen die entartete Nobilität und ihr heilloses Regiment schließen [...], nichts aber auf eine Neigung zu gewaltsamem Vorgehen, wie wir es unzweifelhaft bei Saturninus finden."[511]
Es ist zudem denkbar, daß in erster Linie Glaucia fürchtete, im Jahr 99 ohne ein öffentliches Amt und damit ohne rechtliche Immunität zu sein (Saturninus hatte sich bereits erfolgreich um das erneute Volkstribunat für 99 bemüht[512]), und daß Glaucia sich aus diesem Grund um das Konsulat beworben hatte. Es gibt dem zufolge zwei Möglichkeiten, den Tod des C. Memmius zu deuten: Entweder Memmius starb als ein Opfer von vielen in den von Saturninus und Glaucia entfachten Tumulten, die ihren politischen Zielen zugute kommen sollte, oder Memmius wurde gezielt ermordet, weil er ein aussichtsreicher Bewerber um das Konsulat war. Beide Möglichkeiten werden im Folgenden erläutert:
Vell. Pat. II 12, 6 behauptet, Glaucia habe nicht Konsul werden, sondern er und sein Mitstreiter Saturninus hätten in ihrem jeweiligen Amt bleiben wollen. Demnach habe Glaucia vorgehabt, zwei Jahre in Folge die Prätur zu bekleiden, Saturninus das Volkstribunat. Velleius Paterculus nennt diese widerrechtlichen Bestrebungen als Motiv für das gewaltsame Vorgehen der beiden Demagogen. Sie hätten Wahlversammlungen gewaltsam (durch Blutvergießen: „caede") gesprengt, und auf diese Weise das politische Leben der res publica stark beeinträchtigt. Velleius erwähnt den Mord an Memmius nicht explizit (deshalb fehlt seine Version in der Darstellung der Quellen, die diesen Fall betreffen), jedoch erfahren wir von ihm von blutigem Terror, mit dem die Schläger des Saturninus auf den Wahlversammlungen agierten. Angesichts der Tatsache, daß Memmius den anderen Quellen zufolge bei den Konsulatswahlen getötet wurde, ist es wahrscheinlich, daß auch nach Velleius Paterculus der Konsulatskandidat bei einem

---

[511] ROBINSON, Marius, Saturninus und Glaucia, 103.
[512] App. civ. I 32.

derartigen Tumult ums Leben kam. Demnach könnte aber nicht von einem gezielten Angriff gegen Memmius gesprochen werden. Der Version des Velleius Paterculus folgend ist es eher wahrscheinlich, daß Memmius zur falschen Zeit am falschen Ort war,[513] und daß es den Schlägern des Saturninus egal war, wen sie töteten, solange dadurch die Wahlen gesprengt und eine Fortführung der Politik im traditionellen republikanischen Sinn unmöglich gemacht wurde.

Diese These macht jedoch nur dann Sinn, wenn Glaucia tatsächlich nicht das Konsulat, sondern nur die Weiterführung der Prätur anstrebte. Wenn Glaucia jedoch Konsul werden wollte, dann wird man die Ermordung seines aussichtsreichen Konkurrenten kaum als einen Zufall betrachten können. Tatsächlich behauptet jedoch allein Appian, Memmius sei als Konkurrent des Glaucia bei den Konsulatswahlen umgebracht worden. Kein anderer antiker Autor scheint von einer Kandidatur des Glaucia bei den Konsulatswahlen zu wissen. Cicero erwähnt, daß Glaucia sich um die Kandidatur bei den Wahlen bemüht hatte, daß sein diesbezüglicher Antrag jedoch abgelehnt wurde.[514] Demzufolge kandidierte Glaucia also nicht bei den Konsulatswahlen, da er nicht zur Bewerbung zugelassen worden war. Diese Erkenntnis bedeutet jedoch nicht, daß Appians Behauptung, Memmius sei getötet worden, weil Glaucia das Konsulat anstrebte, falsch ist. Immerhin zeigt Ciceros Hinweis deutlich, daß Glaucia sich eben nicht mit einer erneuten Prätur zufrieden geben wollte, sondern versucht hatte, zu den Konsulatswahlen zugelassen zu werden. Daß die Ablehnung seiner Kandidatur eine Konzentration Glaucias auf geringere Ziele zur Folge hatte, ist -wenn man bedenkt, mit welcher Hartnäckigkeit Saturninus und Glaucia ihre politischen Ziele zu verfolgen pflegten- eher unwahrscheinlich. Vermutlich versuchten die Demagogen nun, ihr Ziel auf illegale und gewalttätige Weise zu erreichen.[515] Wahrscheinlich mußte Memmius aber nicht einfach

---

[513] Eine solche Interpretation scheint z.B. bei GRUEN, Roman Politics, 182f., vorzuliegen, denn der Autor sieht die Möglichkeit, daß Memmius nicht absichtlich (also gezielt) getötet wurde.
[514] Cic. Brut. 224: „Is [Glaucia] ex summis et fortunae et vitae sordibus in praetura consul factus esset, si rationem eius haberi licere iudicatum esset."
[515] Zudem war -wie auch CAVAGGIONI, die entgegen den Quellenangaben die Täterschaft von Saturninus und Glaucia nicht für erwiesen hält, betont- ein hohes Amt für Saturninus oder

deshalb sterben, weil er der Konkurrent des Glaucia mit den besseren Erfolgsaussichten war, sondern damit wegen der Ermordung eines Kandidaten die Konsulatswahlen ausgesetzt werden konnten, so daß Glaucia eine weitere Chance bekäme, sich um das Amt zu bewerben.[516] Memmius wurde also getötet, weil er sich um das Konsulat beworben hatte, und weil Saturninus und Glaucia meinten, durch den Mord an Memmius für Glaucia neue Chancen auf das von ihm angestrebte Amt zu eröffnen.[517] Nach den Erfahrungen, die beide bei der Ermordung des Nunnius ein Jahr zuvor gemacht hatten, hatten sie zudem allen Grund, davon auszugehen, daß sie nicht nur straffrei bleiben, sondern auch ihr Ziel erreichen würden.[518]

Glaucia um so wichtiger geworden, als ihr Verhältnis zu dem mächtigen Marius im Laufe des Jahres 100 v.Chr. schlechter geworden war: CAVAGGIONI, Saturnino, 143: „In tale situazione, in cui il tentativo di affrancarsi da Mario e di conquistare il consolato poteva apparire necessario a Glaucia e a Saturnino, la morte di Memmio indubbiamente favoriva i due alleati [...]."
[516] So BADIAN, Death of Saturninus, 106-117, und ihm folgend DOBLHOFER, Popularen, 37. BADIAN zeigt in seinem Aufsatz, daß Glaucia nur dann eine Chance haben konnte, bei den Konsulatswahlen erneut zu kandidieren, wenn die Wahlen ausgesetzt wurden. Ciceros Zeugnis zufolge war Glaucia schließlich zu den Konsulatswahlen für das Jahr 99 vom Senat nicht zugelassen worden, wohl weil Glaucia im Jahr 100 die Prätur innehatte. Um dennoch zu kandidieren hätte nur ein *plebiscitum* die Ablehnung des Senats aufheben können, jede Art von Gesetzgebung war jedoch nach den *leges Aelia et Fufia de iure et de tempore legum rogandarum* (zu diesen Gesetzen: Schol. Cic. Bob. p.148; ELSTER, Gesetze, 401-405) zwischen Ankündigung und Beendigung der Wahlen verboten. „It was only the murder that, in the circumstances, made it possible for the *concilium plebis* to meet. With the elections abandoned and one of the candidates removed, it could even be claimed that the *leges Aelia et Fufia* no longer applied" (BADIAN, Death of Saturninus, 115).
[517] Übrigens wird bei der Betrachtung des Falles mehr als deutlich, daß nicht Saturninus, sondern Glaucia am meisten vom Tod des Memmius profitierte. Dennoch wird in den Quellen immer Saturninus als Hauptverantwortlicher für den Mord genannt. Cic. Cat. IV 4 und Liv. per. LXIX 4 erwähnen Glaucias Beteiligung überhaupt nicht. Dennoch sollte die Möglichkeit in Betracht gezogen werden, daß Glaucia derjenige war, von dem die Initiative zum Mord an Memmius ausging. Die Quellen konzentrieren sich allesamt mehr auf Saturninus, da dieser offenbar derjenige der beiden war, der in der Öffentlichkeit stärker wahrgenommen wurde (was angesichts der Tatsache, daß Saturninus in seinem letzten Lebensjahr Volkstribun war, nicht weiter verwundern kann) und von dem insgesamt mehr Impulse ausgingen. Glaucia wird dagegen eher wie ein treuer Anhänger des Saturninus behandelt, der die Handlungen seines Vorbilds generell mit trägt (ROBINSON, Marius, Saturninus und Glaucia, 47-49 gibt jedoch zu bedenken, daß „das Verhältnis im Anfang wohl umgekehrt und Glaucia der erste [der beiden war], der im antisenatorischen Sinn politisch tätig war, woraufhin Saturninus sich ihm anschloß", und daß Saturninus möglicherweise erst ab 103 v.Chr. die Führung in dem Zweierbündnis übernahm). Die Wahrnehmung der Quellen des Saturninus als des ständigen Anführers im Bündnis mit Glaucia hat auch die Darstellung der Ermordung des Memmius beeinflußt, und muß nicht zwangsläufig die historische Wahrheit wiedergeben.
[518] Vgl. Kapitel II (E).

Es ist jedoch offensichtlich, daß Saturninus und Glaucia keinen Erfolg hatten. Der Mord hatte kein Plebiszit und die Wahl des Glaucia zur Folge, sondern ein *senatus consultum ultimum* gegen Saturninus und Glaucia und deren gewaltsames Ende. Auch der Konsul Marius, der ihnen zuvor zur Seite gestanden hatte, versagte ihnen nun seine Unterstützung. Die Folgen, welche der Mord für die beiden Demagogen hatte, ist Gegenstand des nächsten Kapitels, das sich mit dem Tod von Saturninus und Glaucia befaßt.

G) Die Morde an C. Servilius Glaucia und L. Appuleius Saturninus 100 v.Chr.

1. Die Darstellung der Quellen
a) Cicero

In seiner Rede *Pro Rabirio perduellionis reo* beschäftigt sich Cicero intensiv mit dem Tod des L. Appuleius Saturninus.[519] Er verteidigt hier C. Rabirius, der 37 Jahre später des Mordes an Saturninus angeklagt wurde. Allerdings lautete die Anklage auf Hochverrat (*perduellio*), da Rabirius nicht einfach der Mord an einem römischen Bürger, sondern an einem Volkstribun vorgeworfen wurde.[520] Aufgrund der Tatsache, daß Cicero in dieser Angelegenheit am Fall selbst interessiert ist, erfährt der Leser einiges mehr über den historischen Hergang der Tat als im Fall von Scipio Aemilianus oder der Gracchen. Cicero geht dabei so vor, daß er darlegt, sein Klient sei überhaupt nicht für den Tod des Saturninus verantwortlich. Zudem argumentiert er, daß die gewaltsame Tötung des Demagogen kein Verbrechen war, da sie erstens durch einen Senatsbeschluß gedeckt, also rechtlich legitimiert war, und zweitens durch sie eine große Gefahr vom römischen Staat abgewendet wurde:

Nach Ciceros Schilderung erging ein Senatsbeschluß, nach dem den Konsuln Marius und Valerius die außerordentliche Vollmacht gegeben wurde, alles zu tun, was nötig war, um den römischen Staat zu schützen.[521] Alle Prätoren außer Glaucia, dem Verbündeten des Aufrührers, und alle Volkstribunen außer Saturninus seien zu Hilfe gerufen worden.

---

[519] Hierzu vor allem CAPE, Consular Speeches, 129-140.
[520] Zu den politischen Implikationen des Prozesses formuliert GELZER: „Die Inszenierung war echtester Caesar. Der Schlag sollte geführt werden, indem der angebliche Mörder des sacrosancten Volkstribunen Saturninus, dem überdies der Consul Marius bereits Schonung zugesagt hatte, der greise Senator C. Rabirius, vom Volksgericht zum Tode verurteilt wurde, womit dann auch die ganze auf Grund eines solchen Senatsbeschlusses erfolgte Unterdrückung der Revolution des Jahres 100 als Verletzung der Volksrechte gebrandmarkt gewesen wäre" (GELZER, Cicero, 76).
[521] Der Anlaß zum harten Vorgehen gehen Saturninus war nach Cicero die Ermordung des C. Memmius: „non L. Saturninus, quod C. Memmium occidit, in discrimen aliquod atque in vestrae severitatis iudicium adducitur." (Cic. Cat. IV 4).

„Fit senatus consultum, ut C. Marius L. Valerius consules adhiberent tribunos pl. et praetores quos eis videretur operamque darent, ut imperium populi Romani maiestasque conservaretur. Adhibent omnes tribunos pl. praeter Saturninum, praetores praeter Glauciam; qui rem publicam salvam esse vellent, arma capere et se sequi iubent. Parent omnes; ex aede Sancus armamentariisque publicis arma populo Romano C. Mario consule distribuente dantur."[522]

Hier ist also die Rede von einem offiziellen *senatus consultum ultimum*, welches legal aufgrund einer akuten Bedrohung ausgesprochen wurde, bevor die Konsuln zu irgendwelchen gewaltsamen Handlungen aufgerufen hatten. Die Konsuln haben daraufhin alle Volkstribunen und Prätoren außer den beiden Aufrührern Saturninus und Glaucia mit der Formulierung, die zuerst für Nasicas Aufruf beim Tod des Ti. Gracchus belegt ist,[523] zur Verteidigung des Staates aufgerufen. Cicero berichtet, daß alle römischen Bürger dem Aufruf folgten und sich bewaffneten. Auf dem Quirinal im Tempel des Gottes Sancus seien unter der Organisation des Konsuls Marius Waffen an das Volk ausgegeben worden.[524] Die mehrfache Erwähnung der Rolle der Konsuln bei diesen Ereignissen und der Hinweis auf das *senatus consultum ultimum* zeigen deutlich, daß Cicero die Legalität dieser Aktion betonen will. Die Gegner des Saturninus und des Glaucia befanden sich demnach in völliger Übereinstimmung mit dem geltenden Recht und handelten deshalb in keiner Weise als frevelhafte Mörder, sondern vielmehr als gehorsame Vollstrecker eines durch den Senat gefällten Urteils.[525] Auch in seiner Rede gegen Piso bezeichnet Cicero die Tötung des Saturninus als Urteil des Senats und nicht als Aktion einzelner übereifriger Bürger.[526]

Cicero macht deutlich, daß es sich bei dem Senatsbeschluß nicht um die Willkür eines kleinen Gremiums handelte, indem er darlegt, daß auf der

---

[522] Cic. Rab. perd. 20.
[523] Vgl. Val. Max. II 17.
[524] Cic. Rab. perd. 20.
[525] Cicero spricht sogar wörtlich davon, daß alle gehorsam waren: *Parent omnes* (Rab. perd. 20). Das bedeutet, daß die Mörder des Saturninus nicht selbst die -vielleicht lobenswerte- Initiative ergriffen hatten, sondern als gehorsame Bürger dem Senatsbeschluß nachkamen.
[526] Cic. Pis. 4. Hier macht Cicero auch deutlich, daß er die Anklage gegen Rabirius als Angriff gegen die Senatsautorität versteht (s.u.): Nicht allein den Angeklagten Rabirius will er in seiner Rede verteidigt haben, sondern vor allem die lange vor seinem Konsulat getroffene Entscheidung des Senats.

Seite der Konsuln der gesamte Senat, der Ritterstand und alle anständigen Bürger zu finden waren, von denen er eine ganze Reihe hoch angesehener Namen zu nennen weiß,[527] die er als alle Rechtschaffenen bezeichnet,[528] wohingegen er für die Partei des Saturninus nur den Demagogen selbst, dessen Komplizen Glaucia, den Quästor C. Saufeius, den Onkel des Hauptanklägers im Prozeß gegen Rabirius, Q. Labienus, und einen Betrüger, der sich für den Sohn des Ti. Gracchus ausgegeben hatte, erwähnt.[529] In der Situation, in der alle rechtschaffenen Bürger gegen Saturninus kämpften, habe sich auch Rabirius nicht zurückgehalten. Laut Cicero ist dies das einzige, was sein Klient mit dem Tod des Saturninus zu tun hatte. Der Leser von Ciceros Rede erfährt, daß sich Saturninus und seine Anhänger bewaffnet auf dem Kapitol verschanzt hatten.[530] Um die Aufrührer zu zermürben, hatte der Konsul Marius die Wasserzuflüsse zum Kapitol unterbrochen.[531] Allerdings -das verschweigt Cicero nicht- hatte Marius Saturninus offenbar Unversehrtheit zugesagt, ein Versprechen, das durch den gewaltsamen Tod des Saturninus gebrochen wurde. Nach Cicero scheint dieses Versprechen aber keine Gültigkeit gehabt zu haben, weil der Konsul kein solches Versprechen am Senat vorbei habe geben dürfen. Zudem habe ja nicht Rabirius, sondern Marius dieses Versprechen gegeben, also sei

---

[527] „Cum ad arma consules ex senatus consulto vocavissent, cum armatus M. Aemilius, princeps senatus, in comitio constitisset, qui, cum ingredi vix posset, non ad insequendum sibi tarditatem pedum sed ad fugiendum impedimento fore putabat, cum denique Q. Scaevola, confectus senectute, perditus morbo, mancus et membris omnibus captus ac debilis, hastili nixus et animi vim et infirmitatem corporis ostenderet, cum L. Metellus, Ser. Galba, C. Serranus, P. Rutilius, C. Fimbria, Q. Catulus omnesque, qui tum erant consulares, pro salute communi arma cepissent, cum omnes praetores, cuncta nobilitas ac iuventus accurreret, Cn. et L. Domitii, L. Crassus, Q. Mucius, C. Claudius, M. Drusus, cum omnes Octavii, Metelli, Iulii, Cassii, Catones, Pompeii, cum L. Philippus, L. Scipio, cum M. Lepidus, cum D. Brutus, cum hic ipse P. Servilius, quo tu imperatore, Labiene, meruisti, cum hic Q. Catulus, admodum tum adulescens, cum hic C. Curio, cum denique omnes clarissimi viri cum consulibus essent, quid tandem C. Rabirium facere convenit?" (Cic. Rab. perd. 21). TYRELL, Commentary, 113, weist zurecht darauf hin, daß Cicero hier die Einigkeit eigentlich miteinander verfeindeter Familien betont.
[528] *omnes boni* (Cic. Rab. perd. 21).
[529] Cic. Rab. perd. 20.
[530] Cic. Rab. perd. 20. 23.
[531] Cic. Rab. perd. 31.

auch allein Marius in der Pflicht gewesen, es zu halten.[532] Am Ende wurde Saturninus nicht von der Hand des Rabirius, sondern von Scaeva, einem Sklaven eines gewissen Q. Croto, getötet. Daß es sich bei der Tat nicht um eine gesetzeswidrige Handlung gehandelt habe, geht für Cicero auch daraus hervor, daß Scaeva für den Mord nicht etwa bestraft, sondern mit der Freiheit belohnt wurde.[533] Die Rechtmäßigkeit des Todes des Saturninus wurde laut Cicero nie in Frage gestellt. Vielmehr verfiel der Aufrührer der *damnatio memoriae* und es wurde unter Strafe gestellt, um ihn zu trauern. Cicero nennt einige Beispiele von Bürgern, die sich über dieses Verbot hinweggesetzt hatten:

> „At C. Decianus, de quo tu saepe commemoras, quia, cum hominem omnibus insignem notis turpitudinis, P. Furium, accusaret summo studio bonorum omnium, queri est ausus in contione de morte Saturnini, condemnatus est; at Sex. Titius, quod habuit imaginem L. Saturnini domi suae, condemnatus est. Statuerunt equites Romani illo iudicio improbum civem esse et non retinendum in civitate, qui hominis hostilem in modum seditiosi imagine aut mortem eius honestaret aut desideria imperitorum misericordia commoveret aut suam significaret imitandae improbitatis voluntatem."[534]

Dies zeigt einerseits, wie hart der Senat gegen die Anhänger des Saturninus vorging, andererseits dokumentieren die Beispiele, die Cicero nennt, daß es nach dem Tod des Demagogen durchaus noch einige gab, die sich weiterhin mit Saturninus identifizierten. Durch die Beseitigung der Anführer war das Problem des Aufruhrs also nicht aus der Welt geschafft.

Cicero verteidigt die Tötung des Saturninus jedoch nicht allein durch juristische Argumentation. Bereits zu Beginn seiner Rede stilisiert er den Mord an Saturninus zur politischen Wohltat. Der Prozeß gegen Rabirius bedroht seiner Ansicht nach nämlich die Macht des Senats und der Konsuln, sowie die Verfassung insgesamt.[535] Eine Verurteilung wegen Hochverrats würde dafür sorgen, daß es bald keine Handhabe gegen Feinde der *res publica* mehr gebe:

---

[532] Cic. Rab. perd. 28. Cicero behauptet hier, daß das Sicherheitsversprechen nicht galt, weil es nicht durch einen Senatsbeschluß gedeckt war.
[533] Cic. Rab. perd. 31.
[534] Cic. Rab. perd. 24.
[535] Cic. Rab. perd. 3. Vgl. Cic. Pis. 4.

> „Agitur enim nihil aliud in hac causa, Quirites, nisi ut nullum sit posthac in re publica publicum consilium, nulla bonorum consensio contra improborum furorem et audaciam, nullum extremis rei publicae temporibus perfugium et praesidium salutis."[536]

Als Folge der Ermordung des Saturninus sieht Cicero also die vorläufige Rettung des römischen Gemeinwesens an.[537] Eine nachträgliche Verurteilung der Tat würde den Staat in neuerliche Gefahr bringen. Die Verurteilung des Saturninus und die Verteidigung seiner Feinde bedeutete für Cicero nicht nur die Rechtfertigung einer vergangenen Tat, der er Sympathien entgegenbrachte, sondern bedeutete zugleich einen Schutz des Staates gegen vermeintliche Nachfolger des Aufrührers Saturninus.

Die gesamte Rede *Pro Rabirio perduellionis reo* befaßt sich nur mit dem Mord an Saturninus, nicht aber mit dem an Glaucia. Der Komplize des Saturninus findet jedoch in Ciceros *Brutus* Beachtung. Hier erwähnt Cicero, daß Glaucia zusammen mit Saturninus den Tod gefunden hatte:

> „Seditiosorum omnium post Gracchos L. Appuleius Saturninus eloquentissimus visus est: magis specie tamen et motu atque ipso amictu capiebat homines quam aut dicendi copia aut mediocritate prudentiae. Longe autem post natos homines improbissimus C. Servilius Glaucia, sed peracutus et callidus cum primisque ridiculus. Is ex summis et fortunae et vitae sordibus in praetura consul factus esset, si rationem eius haberi licere iudicatum esset. Nam et plebem tenebat et equestrem ordinem beneficio legis devinxerat. Is praetor eodem die, quo Saturninus tribunus plebis, Mario et Flacco consulibus publice est interfectus."[538]

Der Tod des Glaucia bedeutet aus Ciceros Sicht -ebenso wie das Ende des Saturninus- eine Rettung des römischen Gemeinwesens. Er charakterisiert das politische Treiben Glaucias äußerst negativ, indem er ihn als schändlichsten (*improbissimus*) aller rhetorisch begabten Unruhestifter der Vergangenheit bezeichnet.[539] Sogar Saturninus steht für Cicero hinter der Frevelhaftigkeit des Glaucia zurück. Bemerkenswert ist zudem, daß Cicero dem Freund des Saturninus nicht nur eine große Begabung und bestechen-

---

[536] Cic. Rab. perd. 4.
[537] Vgl. auch Cic. Phil. VIII 15.
[538] Cic. Brut. 224.
[539] Eine ähnliche Charakterisierung findet sich in Cic. Rab. Post. 14. Zurecht weist KLODT auf die ambivalente Sicht, die Cicero bezüglich Glaucia hat, hin. Cicero zeige „Abscheu vor der Person (d.h. vor der politischen Position) Glaucias bei gleichzeitiger Bewunderung seines Rednertalents und Scharfsinns" (KLODT, Pro Rabirio Postumo, 120).

den Witz bescheinigt, sondern auch darauf hinweist, daß Glaucia die Unterstützung des Volkes und der Ritterschaft genoß.

Insgesamt nehmen Saturninus und Glaucia jedoch keine besondere Stellung in der Reihe der Übeltäter, mit denen sich Cicero auseinandersetzt, ein. Der Volkstribun des Jahres 100 v.Chr. taucht des öfteren in Ciceros Aufzählungen von Staatsschädigern auf, ohne daß er in irgendeiner Weise hervorgehoben wird.[540] In der vierten Catilinarischen Rede wird Saturninus als eine von mehreren Gefahren, die in der Vergangenheit den römischen Staat bedroht hatten, die jedoch bei Weitem nicht so schlimm waren wie die catilinarische Bedrohung, dargestellt:

> „Non Ti. Gracchus, quod iterum tribunus plebis fieri voluit, non C. Gracchus, quod agrarios concitare conatus est, non L. Saturninus, quod C. Memmium occidit, in discrimen aliquod atque in vestrae severitatis iudicium adducitur: tenentur ii, qui ad urbis incendium, ad vestram omnium caedem, ad Catilinam accipiendum Romae restiterunt, tenentur litterae, signa, manus, denique unius cuiusque confessio."[541]

b) Caesar

Die bereits bei der Untersuchung des Mordes an Ti. Gracchus[542] erwähnte Zustimmung Caesars zu dem *senatus consultum ultimum* gegen Saturninus und Glaucia entspricht nicht allein wegen des dort genannten argumentativen Zusammenhangs eher nicht Caesars wirklicher Meinung zur Institution des Notstandsrechts. Vor allem die Tatsache, daß Caesar einer derjenigen war, die mit dem Prozeß gegen Rabirius die grundsätzliche Rechtmäßigkeit des Notstandrechts angriffen, spricht eine deutlich andere Sprache.[543]

c) Livius

Der Grund für den Senat, gegen L. Appuleius Saturninus das *senatus consultum ultimum* auszusprechen, aufgrund dessen der Volkstribun getötet

---

[540] Cic. dom. 82; leg. III 26.
[541] Cic. Cat. IV 4.
[542] Kapitel II (A) 1c.
[543] Mit der Ansicht, daß die Handhabe *des senatus consultum ultimum* verfassungsmäßig zumindest zweifelhaft war, standen Caesar und seine Mitstreiter im Rabiriusprozeß wohl nicht allein; andernfalls hätte die Klage wenig Sinn gehabt. „It is perfectly clear, not at least from this very prosecution, that the point was fundamentally disputed in the late Republic" (MILLAR, Crowd, 108).

wurde, lag nach Livius in dessen gewalttätiger Amtsführung. Saturninus habe ein Ackergesetz durch Gewalt durchgesetzt und außerdem Gaius Memmius getötet. Livius berichtet, daß der Konsul Marius sich erst im Laufe des Amtsjahrs gegen seinen früheren Verbündeten richtete.[544] Als der Senat beschloß, gegen Saturninus und seine Kumpanen[545] vorzugehen, war Marius ganz auf der Seite des Senats. Allerdings stellt Livius dem Feldherrn und Konsul in dieser Hinsicht kein gutes Zeugnis aus, denn er kennzeichnet ihn als wankelmütigen Charakter, der keine klare Linie vertrat, sondern sich immer nach den aktuellen Verhältnissen richtete. Saturninus, Glaucia und weitere Anhänger des Volkstribuns wurden getötet. Livius bezeichnet das Vorgehen gegen die Aufrührer als kriegsähnliche Handlungen:

„Quibus rebus concitato senatu, in cuius causam et C. Marius, homo vari et mutabilis ingenii consiliique semper secundum fortunam, transierat, oppressus armis cum Glaucia praetore et aliis eiusdem furoris sociis bello quodam interfectus est." [546]

Außer dem Ende des tyrannischen Tribunats hatte der Tod des Saturninus und des Glaucia nach Livius die Rückberufung des Q. Caecilius Metellus Numidicus zur Folge. Metellus hatte sich freiwillig ins Exil begeben, nachdem er sich geweigert hatte, einen Eid auf das oben genannte Ackergesetz des Saturninus zu leisten. Damals hatte noch der Konsul Marius, den Livius als den Verantwortlichen für den gesamten Streit bezeichnet, nachträglich den Bann über Metellus ausgesprochen.[547]

d) Valerius Maximus

Valerius Maximus stellt das Ende des Saturninus und des Glaucia in eine Reihe mit dem Tod des Tiberius Gracchus. Er erwähnt als Verbündete nicht nur den Volkstribun Saturninus und den Prätor Glaucia, sondern auch den designierten Volkstribun Equitius.[548] Valerius berichtet, daß diese drei in der Stadt Rom für Aufruhr sorgten, und daß sich niemand fand, der den

---

[544] Liv. per. LXIX 1.3 zeigt Marius als Mittäter bei den Verbrechen des Saturninus.
[545] Hier erwähnt Livius auch den Prätor Glaucia (Liv. per. LXIX 5).
[546] Liv. per. LXIX 5.
[547] Liv. per. LXIX 3.
[548] Val. Max. III 2, 18.

Revolutionären Einhalt gebot. Erst M. Aemilius Scaurus[549] habe den Konsul Marius dazu aufgefordert, Freiheit und Gesetz mit Waffen zu verteidigen. Marius folgte dieser Aufforderung zwar, doch überkam ihn, nachdem er sich seine Waffen hatte bringen lassen, plötzliche Altersschwäche, die ihn hinderte, selbst gegen die Aufrührer vorzugehen. Um jedoch nicht die Republik dem Verderben preiszugeben, rekrutierte der Konsul vor der *Curia* auf eine Lanze gestützt die letzten rechtschaffenen Bürger zum Schutz des Staates. Erst diese Zurschaustellung von Vaterlandsliebe veranlaßte den Senat und den Ritterstand, die Rettung der *res publica* in Angriff zu nehmen:

> „Item cum tr. pl. Saturninus et praetor Glaucia et Equitius designatus tr. pl. maximos in civitate nostra seditionum motus excitavissent, nec quisquam se populo concitato opponeret, primum M. Aemilius Scaurus C. Marium consulatum sextum gerentem hortatus est ut libertatem legesque manu defenderet protinusque arma sibi adferri iussit. Quibus allatis ultima senectute confectum et paene dilapsum corpus induit spiculoque innixus ante fores curiae constitit ac parvulis et extremis spiritus reliquiis ne res publica expiraret effecit: praesentia enim animi sui senatum et equestrem ordinem ad vindictam exigendam inpulit."[550]

Auf welche Weise sich diese Rettung vollzog, verschweigt Valerius Maximus. Vermutlich kann er die Ereignisse des Jahres 100 v.Chr. als bekannt voraussetzen. Auffällig ist, daß Valerius die Umstände, die zum Kampf gegen Saturninus führten, anders darstellt als es die anderen Autoren tun. Außer Valerius erwähnt niemand das Eingreifen des M. Aemilius Scaurus,[551] und von einer übermäßigen Altersschwäche des Konsuls weiß ebenfalls sonst niemand. Auch erscheint die politische Lage in der Stadt bei anderen Autoren längst nicht so dramatisch wie bei Valerius Maximus. Nirgends sonst ist davon die Rede, daß es schwer war, genügend rechtschaffene Bürger zu finden, die sich gegen die Aufrührer stellten[552] oder gar den

---

[549] Bei M. Aemilius Scaurus, den Valerius Maximus nicht näher bestimmt, handelt es sich zweifellos um den *Princeps senatus*, den Konsul des Jahres 115 v.Chr. Cicero lobt Aemilius Scaurus für sein konsequentes Vorgehen gegen alle Aufrührer: Cic. Sest. 101.
[550] Val. Max. III 2, 18.
[551] Nur Cic. Sest. 101 deutet etwas derartiges an.
[552] Cic. Rab. perd. 20-21 spricht sogar von einer geradezu überwältigenden Bereitschaft in allen Schichten, gegen Saturninus vorzugehen.

Senat dazu zu bewegen, einen Beschluß gegen Saturninus und seine Anhänger zu fassen.

e) Velleius Paterculus

Velleius Paterculus erwähnt den Tod von Saturninus und Glaucia nur kurz im Zusammenhang mit seinem Bericht über das sechste Konsulat des Marius. Im Gegensatz zu Livius und Plutarch verschweigt er die Verbindung, die zwischen Marius und den beiden Aufrührern bestand. Der Kampf gegen Saturninus war nach Velleius eine der großen Taten des Marius. Der Grund für sein Vorgehen gegen die Demagogen war, daß Saturninus und Glaucia sich für das Jahr 99 v. Chr. widerrechtlich in ihre jeweiligen Ämter wiederwählen lassen wollten, und zu diesem Zweck nicht vor Blutvergießen zurückschreckten[553] und auch sonst viel Unruhe verbreiteten:

> „Non tamen huius consulatus fraudetur gloria, quo Servilii Glauciae Saturninique Apulei furorem, continuatis honoribus rem publicam lacerantium et gladiis quoque et caede comitia discutientium consularibus armis compescuit hominesque exitiabiles in Hostilia curia morte multauit."[554]

Urheber des Todes von Saturninus und Glaucia war nach Velleius allein der Konsul Marius, der aufgrund des Verhaltens der beiden zu den Waffen griff. Der Geschichtsschreiber spricht in diesem Zusammenhang nicht etwa davon, daß Marius Saturninus und Glaucia ermordet habe, sondern er bezeichnet die Tat des Konsuls mit den Worten *morte multavit*. Demnach versteht Velleius Paterculus den Kampf gegen die Aufrührer als offizielle Strafe, nicht als willkürliche Handlung eines Konsuls oder des Senats. Velleius stellt also die Rechtmäßigkeit von Marius' Handlung in keiner Weise in Frage. Im Gegensatz zu Scipio Nasica oder Opimius, denjenigen, welche die Tötung der Gracchen veranlaßt hatten, unterstellt Velleius dem Konsul Marius auch keinerlei Grausamkeit oder Willkür in seinem Vorgehen gegen Saturninus und Glaucia. Seiner Ansicht nach handelte es sich hier also nicht um einen politischen Mord, sondern um die legitime und berechtigte Strafe für zwei Verbrecher.

---

[553] Wahrscheinlich spielt Velleius hier auf die Ermordung des Konsulatsbewerbers C. Memmius an. Hierzu: Kapitel II (F).
[554] Vell. Pat. II 12, 6.

f) Plutarch

Plutarch berichtet vom Tod des Saturninus im 29. und 30. Kapitel seiner Mariusbiographie. Anders als Velleius Paterculus und in Übereinstimmung mit Livius zeichnet Plutarch Saturninus und seinen Mitstreiter Glaucia nicht als isoliert kämpfende Aufrührer, sondern er betont die enge Verbindung zwischen dem Konsul Marius und den Demagogen. Wie bereits bei der Untersuchung des Falles Nunnius dargelegt wurde, erzählt der Biograph nicht von den Verbrechen des Saturninus, sondern von den Verbrechen, die Marius in seinem fünften Konsulat gemeinsam mit Saturninus verübte. Somit erscheinen alle Taten des Aufrührers zugleich als Machenschaften des Konsuls:

„Καὶ μάλιστα περὶ τὴν τελευταίαν ἐφθονεῖτο, πολλὰ συνεξαμαρτάνων τοῖς περὶ τὸν Σατορνῖνον."[555]

Marius war nach Plutarch auch mitschuldig an den umstürzlerischen Plänen des Saturninus. Da dieser ihm nämlich den Gefallen erwiesen hatte, seinen Feind und Konkurrenten Metellus in die Verbannung zu schicken, sah sich Marius gezwungen, den Verbrechen des Saturninus gegenüber beide Augen zuzudrücken. Dieser habe gewaltsam versucht, die bestehende Regierungsform zugunsten einer Tyrannis abzuschaffen, eine Absicht, die der Konsul nach Plutarch allerdings nicht durchschaute:

„Μάριος δὲ τὸν Σατορνῖνον ἀντὶ τῆς ὑπουργίας ταύτης ἐπὶ πᾶν προϊόντα τόλμης καὶ δυνάμεως περιορᾶν ἀναγκαζόμενος, ἔλαθεν οὐκ ἀνεκτὸν ἀπεργασάμενος κακόν, ἀλλ' ἄντικρυς ὅπλοις καὶ σφαγαῖς ἐπὶ τυραννίδα καὶ πολιτείας ἀνατροπὴν πορευόμενον."[556]

Plutarch sieht also in den Aktionen den Saturninus eine Gefährdung für die *res publica* und hat somit offenbar keine Zweifel an der Legitimität der Tötung des Aufrührers. Jedoch erwähnt er den Mord an Memmius, der den meisten anderen Autoren zufolge das *senatus consultum ultimum* ausgelöst hatte, nicht. Ein echter Bruch zwischen Marius und den Demagogen findet bei Plutarch nicht statt. Der Konsul Marius ließ sich erst durch den gemeinsam ausgeübten Druck von Senat und Ritterstand dazu überreden, ge-

---

[555] Plut. Mar. 29, 1. Hierzu auch: Kapitel II (E) 1c.
[556] Plut. Mar. 30, 1.

gen seinen ehemaligen Verbündeten vorzugehen.[557] Letztlich war es aber Marius, der Saturninus und Glaucia durch seine Soldaten auf dem Kapitol belagerte und ihnen die Wasserzugänge abschnitt. Plutarch berichtet, daß sich die Aufrührer am Ende ergeben mußten. Marius habe ihnen öffentlich Unversehrtheit zugesagt, konnte aber sein Versprechen nicht halten. Saturninus und seine Anhänger ergaben sich und verließen das Kapitol. Sobald sie aber das Forum erreichten, wurden sie getötet:

„τοὺς γὰρ ὀχετοὺς ἀπέκοψεν, οἱ δ' ἀπειπόντες ἐκεῖνον ἐκάλουν καὶ παρέδωκαν σφᾶς αὐτοὺς διὰ τῆς λεγομένης δημοσίας πίστεως. ἐπεὶ δὲ παντοῖος γενόμενος ὑπὲρ τοῦ σῶσαι τοὺς ἄνδρας οὐδὲν ὤνησεν, ἀλλὰ κατιόντες εἰς ἀγορὰν ἀνῃρέθησαν".[558]

Plutarch verschweigt hier, welche Gruppe es war, die für den Tod der Aufrührer verantwortlich war. Es ist jedoch zu vermuten, daß es sich hierbei um Senatoren und Ritter handelte, da diese schon zuvor Marius gedrängt hatten, gegen Saturninus vorzugehen.

In der Darstellung Plutarchs erscheint der Tod des Saturninus und des Glaucia bei weitem unkontrollierter als in den Schilderungen Ciceros[559] und in der Version des Velleius Paterculus.[560] Hier ist nämlich nicht die Rede von einem Senatsbeschluß, der alle Patrioten aufruft, zu den Waffen zu greifen. Auch gibt es hier keinen Kampf rechtschaffener Bürger gegen die sich auf dem Kapitol verschanzt haltenden Aufrührer. Der Kampf findet bei Plutarch erst statt, nachdem sich Saturninus und die anderen ergeben und vom Konsul Marius Unversehrtheit zugesagt bekommen hatten. Der gewaltsame Tod des Saturninus und des Glaucia ist hier also keine juristisch einwandfreie Maßnahme, sondern resultiert aus dem Versagen des

---

[557] Treffend analysiert WERNER, Mariusbild, 304, die Wirkung der Schilderung Plutarchs mit den Worten: „Nicht also die Mordtat des Saturninus und Glaucia an Memmius, d.h. ein singuläres Ereignis, habe somit den Staatsnotstand heraufbeschworen, sondern vielmehr das generell verderbliche und sich über einen längeren Zeitraum hin erstreckende Gebaren beider Männer im Verein mit, ja, mehr noch ‚unter der Führung' des Marius hätten schließlich gegen Ende des Jahres 100 keinen anderen Weg mehr offen gelassen als eben die Verkündung des *senatus consultum ultimum*. Das also ist der Eindruck, den der Leser nach der Darstellung Plutarchs erhalten muß und soll! Daß dadurch aber Marius' Rolle, d.h. konkreter seine Schuld in der gesamten Angelegenheit, dramatisch gesteigert wird, liegt auf der Hand."
[558] Plut. Mar. 30, 3-4.
[559] Cic. Rab. perd. 20.
[560] Vell. Pat. II 12, 6.

Marius, sein Sicherheitsversprechen einzulösen. Die Ermordung des Saturninus und des Glaucia erscheint in der Darstellung des Plutarch als eine vom Konsul nicht kontrollierte Tat, wahrscheinlich durch Adelige und Ritter, die sich wie ein aufgewiegelter Mob aufführen.

Als Folge der Tat sieht Plutarch in Übereinstimmung mit Livius die Rückkehr des Metellus aus der Verbannung.[561] Des Weiteren habe der Tod der Demagogen zur Folge gehabt, daß Marius nun nicht nur bei den Patriziern, sondern auch bei den Plebejern unbeliebt war. Das wiederum habe Marius veranlaßt, sich nicht wie ursprünglich geplant im nächsten Jahr um das Amt des Zensors zu bewerben.[562]

g) Florus

Nach dem Urteil des Florus ähnelte das Tribunat des L. Appuleius Saturninus im Jahr 100 v.Chr. eher einer Tyrannis als einem republikanischen Amt. Er schildert die Maßnahmen des Gracchus rein negativ und bezeichnet die Machtausübung des Saturninus als *dominatio*.[563] Der Mord an dem Konsulatskandidaten Memmius[564] und der dann folgende Versuch des Saturninus, sich zum König ausrufen zu lassen habe endlich die Senatoren auf den Plan gerufen:

> „Quippe ut satellitem furoris sui Glauciam consulem faceret, C. Memmium competitorem interfici iussit et in eo tumultu regem ex satellitibus suis se appellatum laetus accepit. Tum vero iam conspiratione senatus, ipso quoque iam Mario consule, quia tueri non poterat, adverso directae in foro acies; pulsus inde Capitolium invasit."[565]

Unter der Leitung des Konsuls Marius, der sich nun gegen seine bisherigen Verbündeten wandte, seien Saturninus und seine Anhänger vom Forum getrieben worden und hätten daraufhin das Kapitol besetzt. Nachdem ihnen die Wasserzufuhr abgeschnitten wurde, habe Saturninus einen Repräsentanten geschickt, der die Kapitulation der Kapitolsbesetzer angekündigt habe. Daraufhin sei der Senat bereit gewesen, Saturninus und dessen An-

---

[561] Plut. Mar. 31.
[562] Plut. Mar. 30, 4.
[563] Flor. II 16, 1-4.
[564] Kapitel II (F)1c
[565] Flor. II 16, 4f.

hänger in der *curia* zu empfangen. Nachdem die besiegten Aufrührer jedoch dort angekommen waren, habe sich das Volk auf sie gestürzt und sie mit Knüppeln und Steinen getötet:

> „Sed cum abruptis fistulis obsideretur senatuique per legatos paenitentiae fidem faceret, ab arce degressus cum ducibus factionis receptus in curiam est. Ibi eum facta inruptione populus fustibus saxisque coopertum in ipsa quoque morte laceravit."[566]

In der Version des Florus ist also der Senat an der Ermordung des Saturninus (Glaucia wird nicht genannt) völlig unbeteiligt gewesen. Er habe vielmehr vorgehabt, diesen friedlich im Senatsgebäude zu empfangen. Die Initiative zu dem Mord sei ganz von der Volksmenge ausgegangen und nicht auf eine Anregung des Senats zurückzuführen.

h) Appian

Appian berichtet ebenfalls von der Verbindung, die zwischen dem Konsul Marius und dem Volkstribun Saturninus bestand. Durch Gewaltanwendung und Tumult habe Saturninus sein Ackergesetz durchgebracht und gemeinsam mit Marius und Glaucia für die Verbannung des Metellus gesorgt.[567] Appian nennt als weitere Kumpane des Saturninus den Zensor Gaius Saufeius und den auch bei Cicero erwähnten falschen Gracchus, der behauptete, ein Sohn des Tiberius Gracchus zu sein, und dadurch die Sympathien der Masse gewonnen hatte.[568] Dieser falsche Gracchus war ebenso wie Saturninus Volkstribun. Bei den Konsulatswahlen, bei denen Glaucia kandidierte, kam es zu der in Kapitel II (F) behandelten Eskalation und dem Mord an C. Memmius.

Appian berichtet in Übereinstimmung mit den anderen Autoren, daß sich Saturninus daraufhin mit seinen Anhängern auf dem Kapitol verschanzte und vom Senat zum Staatsfeind erklärt wurde. Hier tritt auch Marius wieder ins Geschehen, der sich nun, wenn auch widerwillig, dazu entschließen mußte, gegen die Aufrührer mit militärischen Mitteln vorzugehen. Anders

---
[566] Flor. II 16, 6.
[567] App. civ. I 31.
[568] App. civ. I 32. Hier zeigt sich nochmals die bedeutende Nachwirkung, welche die Politik und die Ermordung des Ti. Gracchus hatte.

als bei Plutarch wurde aber nach Appian den Aufständischen die Wasserzufuhr nicht durch Marius abgeschnitten, sondern durch andere Bürger, während der Konsul sehr zögerlich -vielleicht um Saturninus und seinen Anhängern mehr Zeit zu verschaffen- seine Truppen zusammenrief. Der Wassermangel führte auch nach Appian zur Kapitulation des Saturninus und des Glaucia. Da das Volk ihren Tod verlangt habe,[569] habe Marius die Besiegten zu ihrem Schutz in der *curia* eingeschlossen. Die Menge ließ sich davon aber nicht abhalten, riß die Ziegel vom Dach der *curia* und erschlug mit diesen die Eingeschlossenen. Appian läßt hier Kritik am Verhalten der Menge durchblicken, indem er darauf hinweist, daß das Volk mit Saturninus, Saufeius und Glaucia einen Volkstribun, einen Zensor und einen Prätor tötete, die noch im Besitz ihrer Amtsinsignien waren:

„οἱ δὲ πρόφασιν τοῦτ' εἶναι νομίσαντες τὸν κέραμον ἐξέλυον τοῦ βουλευτηρίου καὶ τοὺς ἀμφὶ τὸν Ἀπουλήιον ἔβαλλον, ἕως ἀπέκτειναν, ταμίαν τε καὶ δήμαρχον καὶ στρατηγόν, ἔτι περικειμένους τὰ σύμβολα τῆς ἀρχῆς."[570]

Appian teilt also nicht die Auffassung, daß die Ermordung der Aufrührer keinerlei rechtliche Probleme aufwarf. Indem er auf die Tatsache hinweist, daß hier Magistrate von einer unkontrollierten Volksmenge gegen den Willen des Konsuls getötet werden, zeigt er, daß es sich seiner Ansicht nach um eine staatsrechtlich höchst bedenkliche Tat handelte. Appian argumentiert, daß die Ereignisse um Saturninus den Verfall der römischen Republik dokumentierten. Das Volkstribunat war geschaffen worden, um Unrecht zu verhindern. Saturninus hatte jedoch als Volkstribun selbst Unrecht begangen und Aufruhr verursacht. Das Volkstribunat sei auch sakrosankt und unangreifbar gewesen, jedoch sei durch die Ermordung der Tribunen Saturninus und (zuvor) Gracchus dieses Recht verletzt worden. Am Verfall des Volkstribunats macht Appian die Behauptung fest, daß nunmehr keine Gesetze oder Ämter mehr von Nutzen waren:

„οὐδένα ἔτι ὠφελούσης οὔτε ἐλευθερίας οὔτε δημοκρατίας οὔτε νόμων οὔτε ἀξιώσεως οὔτε ἀρχῆς, ὅπου καὶ ἡ τῶν δημάρχων ἔς τε κώλυσιν ἁμαρτημάτων καὶ ἐς ἐπικούρησιν τῶν δημοτῶν γενομένη, ἱερὰ καὶ ἄσυλος οὖσα, τοιάδε ὕβριζε καὶ τοιάδε ἔπασχεν."[571]

---

[569] Appian spricht davon, daß alle den Tod der Aufrührer forderten: „αὐτίκα πάντων αὐτοὺς ἀναιρεῖν κελευόντων" (App. civ. I 4, 32).
[570] App. civ. I 23. Auch der falsche Gracchus fiel dem Tumult zum Opfer: App. civ. I 4, 33.

Als Folge der Tat nennt auch Appian die Rückkehr des Metellus, in deren Zusammenhang ein weiterer Volkstribun sein Leben lassen mußte. Auch ereigneten sich Appian zufolge von nun an immer wieder Gewalttaten in der Volksversammlung.[572] Der Mord an Saturninus und seinen Anhängern hatte also nicht -wie es der Senat sicher gehofft hatte- die Ruhe in das politische Leben der Stadt zurückgebracht.

2. Zusammenfassung und Bewertung

Die Tötung des Saturninus und des Glaucia fand -so geht es eindeutig aus den Quellen hervor- im Rahmen eines gegen die beiden erlassenen *senatus consultum ultimum* statt. Ein expliziter Hinweis auf eine solche Maßnahme fehlt allein bei Plutarch. Seine Darstellung der großen Einigkeit des Senats und des Ritterstandes jedoch, mit der Senatoren und Ritter Druck auf Marius ausübten, gegen Saturninus und Glaucia zu kämpfen, deutet ebenfalls auf ein solches *senatus consultum ultimum* hin. Bezüglich der Frage, wodurch der Senat veranlaßt wurde, dieses Notstandsgesetz anzuwenden, machen die Quellen voneinander abweichende Angaben. Einige stellen eine sehr enge Verbindung zu dem (in Kapitel II (F) behandelten) Mord an dem Konsulatskandidaten C. Memmius her, andere stützen das *senatus consultum ultimum* auf die allgemeine Gefahr, die von Saturninus und Glaucia durch ihre aufrührerischen und teils blutigen Aktionen ausging. Plutarch, Velleius Paterculus und Valerius Maximus berichten nur ganz allgemein von dem blutigen Terror, den die Aufrührer verbreiteten,[573] und der zu den außerordentlichen Maßnahmen gegen sie und schließlich zu ihrem gewaltsamen Tod führte. Die Ermordung des Memmius erscheint hier -wenn man ihn in die Berichte dieser drei Autoren einbinden will- als eine von mehreren gewalttätigen Aktionen von Saturninus und Glaucia und somit nur als

---

[571] App. civ. I 33.
[572] Appian weist auf diese Unruhen in den anschließenden Sätzen von civ. I 4, 33 hin. Vgl. Kapitel II (H) dieser Untersuchung.
[573] Daß die vollständige Ablehnung aller Maßnahmen des Saturninus in erster Linie auf reformfeindliche Propaganda zurückzuführen ist und dem Gesetzeswerk des Tribunen von 100 v.Chr. sicher nicht gerecht wird, ist zu vermuten. Um eine positive Beurteilung der Reformvorhaben bemüht sich vor allem CAVAGGIONI, Saturnino, 39-50. 101-127.

ein kleiner Teil innerhalb einer Menge von Ereignissen, die das *senatus consultum ultimum* begründeten.

Nach Livius zu schließen war jedoch der Mord an Memmius der sprichwörtliche Tropfen, der das Faß zum Überlaufen brachte. Diese Tat habe den Senat letztlich dazu gebracht, gewaltsam gegen Saturninus vorzugehen. Auch Cicero bezeichnet in seiner vierten Catilinarischen Rede den Mord an Memmius als den Grund, warum Saturninus vom Senat verurteilt und getötet wurde. Er erwähnt hier -um eine Verurteilung der Catilinarier zu erwirken- Fälle aus der Vergangenheit, in denen ebenfalls Aufrührer seiner Ansicht nach zurecht den Tod gefunden hatten.[574] Dieser Äußerung Ciceros ist deshalb besonderes Gewicht zuzumessen, weil er sich noch in der ersten Hälfte des Jahres 63 -des Jahres, aus dem auch die hier angeführte Rede stammt- intensiv mit den Vorfällen, die sich um das *senatus consultum ultimum* gegen Saturninus und Glaucia zugetragen haben, beschäftigen mußte, da er C. Rabirius, der wegen seines Verhaltens in den Unruhen von 100 v.Chr. angeklagt worden war, verteidigte. Bedenkt man, daß auch schon das *senatus consultum ultimum* gegen C. Gracchus durch den Mord an einem politischen Gegner durch die Anhänger des Gracchus ausgelöst worden war, so ist es denkbar, daß auch in diesem Fall der Mord an einem Gegner der Aufrührer zur Verhängung des Notstandsgesetzes führte. Wahrscheinlich wurde der Mord an Memmius vom Senat selbst als der auslösende Grund für das Notstandsgesetz angeführt. UNGERN-STERNBERG betont jedoch zurecht, daß dieser Mord wohl kaum der alleinige Auslöser für das *senatus consultum ultimum* gegen Saturninus und Glaucia gewesen ist, sondern nur den Höhepunkt der Schandtaten der Aufrührer darstellte.[575] Der Mord an Memmius sei dabei nicht mehr gewesen als der dankbar vom Senat aufgenommene Vorwand, die verhaßten Saturninus und Glaucia endlich loszuwerden.[576] Die Wiederwahl des Saturninus als Volkstribun muß dem aristokratischen Senat sehr zuwider gewesen sein, und so ist es nur folgerichtig, daß er -ähnlich wie im Jahr 121 v.Chr,

---

[574] Cic. Cat. IV 4.
[575] Zu den gesetzgeberischen Maßnahmen des Saturninus im Jahr 100 v.Chr.: LINTOTT, Political History, 98-100.
[576] UNGERN-STERNBERG, Notstandsrecht, 71.

als Antyllius getötet wurde die nächste Gelegenheit beim Schopf ergriff, die ein außerordentliches Vorgehen gegen Saturninus und Glaucia rechtfertigen konnte. In diesem Sinne treffen sowohl die Berichte des Plutarch, des Valerius Maximus und des Velleius Paterculus als auch die Darstellungen des Cicero und des Livius zu: Die allgemeine Gefahr, die von Saturninus und Glaucia ausging, brachte den Senat dazu, mit außerordentlichen Maßnahmen zu reagieren; die Ermordung des Memmius lieferte die Begründung für das Notstandsgesetz.

Nach Appians Bericht fiel die Entscheidung für das *senatus consultum ultimum* nicht bei und erst recht nicht vor der Ermordung des Memmius. Seiner Darstellung zufolge verschanzten sich Saturninus und Glaucia mit ihren Anhängern am Tag nach dem Mord am Konsulatskandidaten Memmius auf dem Kapitol, da das Volk aufgrund der Tat so aufgebracht war, daß es Saturninus lynchen wollte. Als Reaktion auf die Besetzung des Kapitols habe der Senat die Vernichtung des Saturninus und des Glaucia beschlossen, indem er sie zu Staatsfeinden erklärte. Demnach habe also nicht der Mord selbst, sondern erst die Besetzung des Kapitols zum harten Durchgreifen des Senats geführt.[577]

Ob die Entscheidung, ein *senatus consultum ultimum* auszusprechen, vor oder nach der Besetzung des Kapitols durch Saturninus und Glaucia fiel, kann aus der heutigen Perspektive nicht mehr eindeutig festgestellt werden. Allerdings scheinen die Aufrührer nach dem Mord mit einer derartigen Reaktion des Senats zumindest gerechnet zu haben; dafür spricht jedenfalls die Tatsache, daß sie das Kapitol besetzen. Zudem scheint der $\delta\tilde{\eta}\mu o\varsigma$, von dem Appian behauptet, er habe Saturninus töten wollen, nicht ein heruntergekommener Haufen wütenden Mobs gewesen zu sein, sondern aus Senatoren und Rittern bestanden zu haben. Diese Stände waren es schließlich, aus denen sich den Aussagen Ciceros zufolge in erster Linie die Mörder des Saturninus und des Glaucia rekrutierten. Saturninus und Glaucia verschanzten sich also nicht zum Schutz gegen den wütenden Pöbel auf dem Kapitol, sondern um die aufgebrachten und zu allem entschlossenen Senatoren und Ritter abzuwehren. Insofern ist der Zeitpunkt, zu dem sich der

---
[577] App. civ. I 32.

Senat zu einem formalen *senatus consultum ultimum* durchrang, nicht von unmittelbarer Bedeutung. Die Entscheidung, Saturninus und Glaucia zu töten, war schon vor der Besetzung des Kapitols gefallen. Nachdem die Aufrührer das Kapitol besetzt hatten, wurden sie unter der Führung des Konsuls Marius -ihres ehemaligen Verbündeten- belagert.[578] Nachdem Marius ihnen die Wasserzufuhr abschnitt[579], ergaben sie sich.[580] Die Kapitulation der Aufrührer wird zwar von unseren lateinischen Quellen insgesamt unterschlagen, ist aber wahrscheinlich: Cicero hat kein Interesse, die Kapitulation zu erwähnen, weil dies ein eher ungünstiges Licht auf die Tötung des Saturninus werfen würde. Trotzdem erzählt er von dem Sicherheitsversprechen, das Marius den Aufrührern gegeben hatte.[581] Ein solches Versprechen hat sich aber mit Sicherheit nur auf die Kapitulation der Belagerten bezogen und galt nicht für den Fall, daß Saturninus und

---

[578] Von Cicero und Valerius Maximus erfahren wir, daß Bürger bewaffnet wurden, um als ausnahmsweise Bewaffnete gegen die zu Staatsfeinden erklärten Aufrührer zu kämpfen. Da Bürger innerhalb des Pomeriums normalerweise keine Waffen tragen durften, kann ihre zeitweilige Bewaffnung durchaus als quasi-militärische Aktion gewertet werden. Das bedeutet jedoch nicht, daß Marius zur Bekämpfung des Saturninus Legionen in die Stadt geholt hat. Der Hinweis der *Periochae*, Saturninus und Glaucia seien wie in einem Krieg bekämpft worden, bezieht sich wahrscheinlich auf die Tatsache, daß beide -wie es im Krieg oft vorkommt- in ihrer Verschanzung (dem Kapitol) belagert und zur Kapitulation gezwungen wurden. Auch daß Waffengewalt angewandt wurde, erinnert ja an einen Krieg. Es bleibt wichtig, festzuhalten, daß es sich bei den Bewaffneten, die gegen die Aufrührer eingesetzt wurden, nicht um ein stehendes Heer des Marius, sondern um Privatleute -von denen sicher nicht wenige in der Stadt weilende Veteranen waren- handelte, die für eine bestimmte Zeit als Soldaten eingesetzt wurden. Von daher können die gängigen Übersetzungen der Berichte des Plutarch und des Appian ins Deutsche und Englische für Mißverständnisse sorgen. Der Begriff ὅπλα, den Plutarch gebraucht, wird von WUHRMANN mit dem deutschen Wort „Soldaten" (Plut. Mar., K. Ziegler (ed.), S. 93), von Bernadotte PERRIN mit dem englischen Wort „soldiers" (Plut. Mar., G. P. Goold (ed.), S. 549) wiedergegeben. Ebenso übersetzt WHITE Appians ὁ Μάριος ὥπλιζέ τινας mit „Marius [...] armed some of his forces" (App. civ. I, J. HENDERSON (ed.), S. 65). ὅπλα bedeutet jedoch einfach ‚Schwerbewaffnete' und kann sich somit auch auf schwerbewaffnete Bürger beziehen, ὁ Μάριος ὥπλιζέ τινας bedeutet ‚Marius bewaffnete einige [Leute]' und bezieht sich ebenfalls nicht ohne weiteres auf Soldaten des Marius. Cicero berichtet in seiner Rede für Rabirius von Truppen, die -für den Notfall- unter dem Kommando von M. Antonius *vor* der Stadt standen, nicht aber, daß sie in die Stadt hineingekommen seien (Cic. Rab. perd. 26).

[579] Nach dem Bericht Appians schnitt nicht der zögernde Marius, sondern tatkräftige Bürger den Aufrührern die Wasserzufuhr ab.

[580] Eine Rekonstruktion der Ereignisse im Kampf um das Kapitol findet sich bei ROBINSON, Marius, Saturninus und Glaucia, 120-126.

[581] Cic. Rab. perd. 28.

Glaucia Widerstand leisteten. Velleius Paterculus berichtet nur sehr knapp und in einem zusammenfassenden Stil von den Ereignissen. Sein kurzer Hinweis, Marius habe die Aufrührer in der *curia* mit dem Tod bestraft, gibt überhaupt keine näheren Informationen über die Umstände des Todes der beiden preis. Daß dem eine Kapitulation vorausgegangen ist, ist auch nach dem Bericht des Velleius denkbar. Die Darstellung des Valerius Maximus ist im Detail ohnehin problematisch[582]; dem Fehlen einer Kapitulation des Saturninus und Glaucia in seinem Bericht sollte demnach kein zu großes Gewicht beigemessen werden.

Marius hatte zwar versucht, das Leben seiner ehemaligen Verbündeten zu schützen, und ihnen sogar körperliche Unversehrtheit zugesagt, es gelang ihm jedoch nicht, dieses Versprechen zu halten. Die Aufrührer wurden, nachdem sie sich ergeben hatten und in Schutzhaft genommen worden waren, von Anhängern des Senatoren- und Ritterstandes getötet. Nach der Erzählung Plutarchs wurden Saturninus und Glaucia bereits auf dem Forum gelyncht, und konnten somit gar nicht mehr in Schutzhaft genommen werden. Im ganzen gesehen scheint die Version, nach der die Aufrührer zuerst eingesperrt und dann getötet wurden, überzeugender, zumal sie von dem Livius folgenden Autor Velleius Paterculus unterstützt wird. Möglicherweise sahen die Gegner des Saturninus erst weiteren Handlungsbedarf, als sie feststellten, daß Marius tatsächlich entschlossen war, seinen ehemaligen Verbündeten das Leben zu retten. Das Sicherheitsversprechen des Konsuls und die Inhaftierung anstelle der Tötung der beiden Aufständischen, mußte bei den erbitterten Feinden des Saturninus und des Glaucia die begründete Sorge hervorrufen, daß die beiden möglicherweise durch die Unterstützung des Marius davonkommen würden.

In der Forschung gibt es zwei konkurrierende Meinungen, was die Rolle des Marius bei der Ausführung des *senatus consultum ultimum* angeht. Die eine Seite ist der Ansicht, Marius habe im Grunde gar nicht gegen Saturninus und Glaucia vorgehen wollen, und habe sich nur durch den übergroßen Druck des Senats dazu bewegen lassen.[583] Die andere Seite, die zuletzt vor

---
[582] Vgl. S. 186f.
[583] Z.B. DÖBLER, Agitation, 311; SHOTTER, Fall, 34; LINTOTT, Political History, 101.

allem von BADIAN überzeugend vertreten wurde, ist der Meinung, Marius habe von den Machenschaften und Alleingängen seiner bisherigen Verbündeten genug gehabt, und sei selbst nur allzu bereit gewesen, das Bündnis mit Saturninus und Glaucia aufzukündigen und sie entschlossen zu bekämpfen.[584] Zu Recht weist BADIAN darauf hin, daß das Zögern des Marius darauf zurückzuführen ist, daß es noch nie zuvor ein *senatus consultum ultimum* gegen einen amtierenden Volkstribun und einen Magistrat gegeben hatte, und daß Marius berechtigte verfassungsrechtliche Bedenken hegte. „To be the first consul in history to take up arms against a tribune of the Plebs, with the backing only of a *senatus consultum* – that was not an easy step for a man who, much as he hankered after the approval of the *boni*, had all the respect of a *novus homo* for the basic laws of the *res publica* in which he had succeeded, and no doubt still felt bound to the people by whose support he had done so."[585]

BADIAN zeigt überzeugend, daß Marius selbst entschlossen war, gegen Saturninus und Glaucia vorzugehen. Er hatte schließlich keine Gründe mehr, die Eigenmächtigkeiten der beiden zu dulden. Zudem muß davon ausgegangen werden, daß der ermordete Memmius (und seine Ermordung war es, die -wie gezeigt wurde- letztlich zum *senatus consultum ultimum* geführt hatte) kein politischer Feind des Marius war. Allerdings muß BADIAN entgegengehalten werden, daß Marius' Zögern in diesem Fall wohl nicht allein auf das sakrosankte Volkstribunat des Saturninus und den Respekt des Marius vor alten römischen Verfassungstraditionen zurückzuführen ist. Immerhin hatten Marius, Saturninus und Glaucia spätestens seit 103 v.Chr. in einem politischen Bündnis miteinander gestanden. Daß Marius Skrupel hatte, dieses Bündnis so plötzlich und radikal aufzulösen, wie er es getan hat, erscheint mehr als wahrscheinlich, zumal er bereits den Mord an Nunnius mitgetragen hatte, also offensichtlich bereit war, auch die Verbrechen seiner Verbündeten bis zu einem gewissen Maß zu unterstützen. Sein Versprechen an die Aufrührer, ihre körperliche Unversehrtheit zu garantieren,

---

[584] Z.B. SHERWIN-WHITE, Violence, 4; CARNEY, Marius, 42f.; BADIAN, Death of Saturnius, 113-119.
[585] BADIAN, Death of Saturninus, 119. Ihm folgt CAVAGGIONI, Saturnino, 152f.

spricht für sich. Die Darstellung des Valerius Maximus, nach der Marius sich uneigennützig und trotz seiner angeblichen Altersschwäche vorbildhaft gegen Saturninus und Glaucia gestellt hat, kann vernachlässigt werden. Diese Version wird weder von anderen Quellen noch von der Wahrscheinlichkeit, die durch die äußeren Umstände[586] gegeben war, unterstützt.

Obwohl -wie gezeigt wurde- die Quellen in vielen Details voneinander abweichen, sind sie sich doch sehr einig hinsichtlich ihres Urteils, daß Saturninus und Glaucia üble Verbrecher waren und daß der Senat grundsätzlich im Recht war, wenn er mit außerordentlichen Maßnahmen gegen diese Verbrecher vorging. Nach Cicero zu schließen, stand die Tötung des Saturninus und des Glaucia auf unzweifelhaft legalem Boden und war zudem weder moralisch noch politisch in irgendeiner Form bedenklich. Das *senatus consultum ultimum* war seiner Meinung nach vollkommen angebracht. Zusätzlich legitimiert wurde das Vorgehen gegen die Aufrührer durch die übergroße Unterstützung, die der Senat von allen Seiten erhielt. Die einzige Schwierigkeit, die nach Cicero noch blieb, war das Unversehrtheitsversprechen, welches Marius den Unruhestiftern gegeben hatte. Dies tut Cicero jedoch mit der Behauptung ab, Marius habe ein solches Versprechen gar nicht geben dürfen. Diese Sichtweise hängt jedoch in erster Linie mit der Tatsache zusammen, daß Cicero als Verteidiger des Rabirius spricht, der wegen der Tötung des Saturninus angeklagt worden war. Allerdings wird die ausnahmslose Zustimmung zu der Tat auch in Äußerungen, die Cicero nicht im Zusammenhang mit dem Fall Rabirius getan hat, nirgends relati-

---

[586] Z.B. das Bündnis, das zwischen Marius und Saturninus bestanden hatte. Auch daß Marius Schwierigkeiten hatte, Mitstreiter im Kampf gegen Saturninus zu finden, erscheint angesichts der Berichte der anderen Quellen, die allesamt von einer großen Bereitschaft der oberen Stände, gegen Saturninus zu kämpfen sprechen, unwahrscheinlich. Möglicherweise entspringt diese Marius-verherrlichende Darstellung eher einer späteren Legendenbildung, die sich um den Kimbernbezwinger und „Retter Roms" rankte. Zudem erinnert die Darstellung des altersschwachen Marius sehr an den älteren Bericht Ciceros, der nicht Marius, sondern dem alten Q. Scaevola bescheinigt, trotz seiner Schwäche auf seine Lanze gestützt den Kampf gegen Saturninus mitgetragen zu haben (Cic. Rab. perd. 21). Valerius Maximus verwechselt in diesem Fall offenbar Marius mit Scaevola, denn es ist sehr wahrscheinlich, daß er an dieser Stelle die hier genannte Rede Ciceros rezipiert.

viert. Velleius Paterculus und Valerius Maximus teilen die Ansichten Ciceros.

Die Tötung der Unruhestifter wird von anderen Autoren jedoch eher vorsichtig bewertet. Appian beispielsweise verurteilt zwar Saturninus aufs schärfste, indem er ihm vorwirft, das Amt des Volkstribunats pervertiert zu haben, auf der anderen Seite sieht die Ermordung eines Volkstribuns im Amt eine negative Entwicklung in der römischen Politik. Anscheinend ist also Appian nicht von der völligen Legitimität dieser Tötung überzeugt, denn sie steht -worauf er selbst hinweist- im Widerspruch zu den Sonderrechten eines Volktribuns.

Plutarch vermeidet eine moralische oder juristische Bewertung, obwohl aus seinem Bericht hervorgeht, daß die Tat auf keiner ordentlichen Grundlage stand: Die Aufrührer ergaben sich, weil Marius ihnen die Wasserzufuhr abgeschnitten und ihnen körperliche Unversehrtheit zugesagt hatte; daraufhin wurden sie von aufgebrachten Angehörigen der oberen gesellschaftlichen Schichten getötet. Auf der anderen Seite wollte Saturninus laut Plutarch die römische Staatsform in eine Tyrannis verwandeln, was harte Maßnahmen gegen ihn und seine Anhänger sicher gerechtfertigt hätte. Plutarch kritisiert in seiner Darstellung in erster Linie das Verhalten des Marius, der durch seine politische Wankelmütigkeit an der Eskalation der Lage nicht unbeteiligt war.

Das Urteil, das Livius über die Tat gefällt haben mag, ist uns nicht erhalten und kann aus den wenigen überlieferten Fragmenten nicht sicher erschlossen werden. Nach der Beurteilung des Saturninus, wie sie aus der *Periochae* hervorgeht, scheint Livius jedenfalls harte Maßnahmen gegen die Aufrührer für gerechtfertigt gehalten zu haben.

Trotz dieser fast einhelligen Meinung der antiken Autoren, die -bis auf Appian- allesamt der Ansicht sind, die Tötung von Saturninus und Glaucia werfe keinerlei juristische Schwierigkeiten auf, gibt es doch mehrere Gründe, die Legalität dieser Tat anzuzweifeln. Selbst wenn man außer Acht läßt, daß hier erstmals ein Notstandsgesetz gegen einen Volkstribun und einen Magistrat verhängt wurde -man könnte argumentieren, daß durch den Notstand die Immunität bzw. *sacrosanctitas* außer Kraft gesetzt wurde[587]- bleibt immer noch die Schwierigkeit, daß Saturninus und Glaucia sich ergeben haben, und daß ihnen vom amtierenden Konsul Sicherheit zugesagt worden war. Zunächst muß festgestellt werden, daß nach der Kapitulation und Verhaftung der Aufrührer keine Gefahr mehr von ihnen ausging. Zum Zeitpunkt ihrer Ermordung waren sie bereits inhaftiert.[588] Von daher dürfte das Notstandrecht hier genaugenommen keine Anwendung mehr finden. Es ist außerdem nirgends in den Quellen die Rede davon, daß es nach der Verhaftung noch einen Senatsbeschluß gegen Saturninus und Glaucia gegeben hatte, daß also ein formales Todesurteil -wie später im Fall der Catilinarier- über sie gesprochen worden sei.

Weitaus schwerer wiegt jedoch das Sicherheitsversprechen, das Marius Saturninus und Glaucia gegeben hatten. Zwar argumentiert Cicero, daß der Konsul nicht das Recht gehabt habe, den Staatsfeinden ihre Sicherheit zu garantieren, und daß außerdem niemand außer Marius selbst an dieses Versprechen gebunden gewesen sei, diese Argumentation steht jedoch auf sehr unsicherem Boden. Schließlich handelte es sich bei einem *senatus consultum* strenggenommen nur um eine Empfehlung, die vom Senat an den Konsul erging. Das Notstandsgesetz war an Marius herangetragen worden, und er war derjenige, der es ausführte. Das *senatus consultum ultimum* ermächtigte den Konsul, mit allen von ihm für nötig befundenen Mitteln gegen die Staatsfeinde vorzugehen. Wenn die Tötung der beiden, die sich immerhin schon ergeben hatten, von denen also keine Gefahr mehr ausging, von Marius nicht autorisiert wurde, weil er sie nicht für nötig befand, dann durfte sie auch nicht durchgeführt werden. Ihm als Konsul war schließlich vom Senat der Schutz des Staates anvertraut worden, also muß es in seinem eigenen Ermessen gelegen haben, Saturninus zu verschonen. Immerhin hat der Senat ihn nicht beauftragt, den Aufrührer umbringen zu lassen, sondern die *res publica* zu schützen. Gleichzeitig konnte kein Bürger einfach jemanden töten, wenn der Konsul die Tötung desjenigen ausdrücklich untersagt hatte, was Ciceros Prozeßgegner -wenn er auf das Si-

---

[587] Die rechtlichen Probleme, die sich aus der Erklärung des Staatsnotstandes ergaben, zeigt CAVAGGIONI, Saturnino, 145-153 auf. Vgl. hierzu auch die Ausführungen zum Mord an C. Gracchus (Kapitel II (D); insb. S. 112-114). Außerdem Anm. 25 in diesem Kapitel.
[588] Vgl. BRUNT, Fall, 78f.

cherheitsversprechen des Marius zu sprechen kommt- vorauszusetzen scheint. Das Sicherheitsversprechen ist wohl kaum einfach ein persönliches Versprechen von Marius an Saturninus, sondern muß, wenn es vom Konsul ausgesprochen wird, rechtliche Konsequenzen haben. Insofern kann also die Tötung des Saturninus und des Glaucia als juristisch problematisch bewertet werden. Wenn es auch politisch nachvollziehbar sein mag, daß Senatoren und Ritter die *res publica* zu erhalten versuchten, indem sie die beiden töteten, so bleibt aus rechtlicher Sicht die Tötung des Saturninus und des Glaucia eine politisch motivierte Tat, die durch die äußeren Umstände (Kapitulation, Sicherheitsversprechen, Fehlen eines Todesurteils) einer wirklichen Legitimation entbehrte.

Dennoch zeigt die beinahe einhellige Ignoranz, welche die Quellen diesen rechtlichen Problemen zukommen lassen, daß sowohl das *senatus consultum ultimum* als auch der Mord an den bereits inhaftierten und unter dem Schutz des Konsuls stehenden Männern im Jahr 100 v.Chr. offenbar von den maßgeblichen Leuten kaum in Frage gestellt wurden. Im Gegenteil: Cicero berichtet von einer großen Einigkeit, die bezüglich der Richtigkeit der Tötung von Saturninus und Glaucia herrschte.[589] Dieses Fehlen einer nennenswerten Fürsprache für Saturninus und Glaucia liegt sicher in erster Linie daran, daß sich beide in allen politischen Lagern äußerst unbeliebt gemacht hatten. Den konservativ und aristokratisch denkenden Leuten in Senat und Ritterschaft waren die beiden ohnehin bereits ein Dorn im Auge gewesen, noch bevor Saturninus sein Volkstribunat des Jahres 100 v.Chr. angetreten hatte. Zu allem Überfluß hatte Saturninus während seines Tribunats alle Senatoren gezwungen, einen Eid auf ein von ihm durchgebrachtes Ackergesetz zu leisten; Metellus, der sich geweigert hatte, wurde

---

[589] NIPPEL gibt zu bedenken, daß diese von Cicero dargestellte Einigkeit nicht unbedingt den historischen Tatsachen entsprechen muß, sondern seiner *concordia ordinum*-Ideologie entspringen könnte (Polizei, 76). Allerdings übersieht NIPPEL hier, daß Ciceros Gerichtsrede - wollte sie Erfolg haben- nicht gut mit Behauptungen argumentieren konnte, die ganz aus der Luft gegriffen waren. C. Rabirius wird sicher nicht der einzige Augenzeuge der Ereignisse des Jahres 100 gewesen sein, der 63 v.Chr. noch lebte. Hätte Cicero hier etwas grundsätzlich Unwahres behauptet, hätte er seine Verteidigung dadurch angreifbar gemacht. Möglicherweise liegt bezüglich der ständeübergreifenden Einigkeit in diesem Fall eine Überinterpretation Ciceros vor; frei erfunden ist sie aber mit Sicherheit nicht.

daraufhin in die Verbannung geschickt. Somit war nicht zu erwarten, daß konservative Kräfte ihn unterstützen würden. Auch bei den eher reformerisch Orientierten gingen Saturninus und Glaucia wohl nicht zuletzt dadurch viele Sympathien verloren, daß der ebenfalls populare Marius auf der Seite der Gegner der beiden stand. Außerdem hatten aristokratiekritische Elemente in C. Memmius einen starken Fürsprecher gehabt, und dieser war ausgerechnet von Saturninus und Glaucia ermordet worden. Somit kann es also nicht verwundern, daß Saturninus und Glaucia von einflußreichen Kreisen keinerlei Unterstützung erhielten,[590] und daß die Urteile, die von den antiken Autoren über sie gefällt werden, allesamt sehr negativ sind.

---

[590] UNGERN-STERNBERG meint, es habe sich „kein nennenswerter Widerspruch erhoben [...], weil diese Einrichtung zu einem festen Bestandteil der römischen Verfassung geworden war" (Notstandsrecht, 74). Dies kann jedoch nicht der Fall gewesen sein, da -wie UNGERN-STERNBERG selbst zuvor erwähnt- hier zum ersten Mal ein *senatus consultum ultimum* gegen einen amtierenden Magistrat und einen Volkstribun ausgesprochen wurde. Auch wissen wir von keiner weiteren Verhängung des Notstandsgesetzes nach seinem ersten Auftreten im Jahr 121 v.Chr. bis zum vorliegenden Fall. Zum Zeitpunkt der Ermordung des Saturninus hatte also erst einmal zuvor dieses Recht Anwendung gefunden, und zwar 21 Jahre früher, was für in der Öffentlichkeit von Zeitgenossen wahrgenommene Ereignisse ein beachtlicher zeitlicher Abstand ist. Von einer Etabliertheit des *senatus consultum ultimum* kann demnach keine Rede sein.

H) Die Ermordung des Publius Furius 99 bzw. 98 v.Chr.[591]

1. Die Darstellung der Quellen
a) Appian

Appian berichtet, daß im Anschluß an die Ermordung von Saturninus und Glaucia Bemühungen angestrengt wurden, den verbannten Metellus wieder nach Rom zurückzuholen. Der Volkstribun Publius Furius habe jedoch gegen die Rückrufung des Metellus interzediert. Als ihn nach Ablauf seiner Amtszeit der Volkstribun Canuleius für alle seine Schandtaten, die er während seines Tribunats begangen hatte, anklagte, habe das Volk ihn, noch bevor er sich verteidigen konnte, in Stücke gerissen:

„ἀναιρεθέντων δὲ τῶν ἀμφὶ τὸν Ἀπουλήιον ἡ μὲν βουλὴ καὶ ὁ δῆμος ἐκεκράγεσαν κατακαλεῖν Μέτελλον, Πούπλιος δὲ Φούριος δήμαρχος, οὐδ' ἐλευθέρου πατρός, ἀλλ' ἐξελευθέρου, θρασέως ἐνίστατο αὐτοῖς καὶ οὐδὲ Μετέλλου τοῦ Μετέλλου παιδὸς ἱκετεύοντος αὐτὸν ἐν ὄψει τοῦ δήμου καὶ δακρύοντος καὶ τοῖς ποσὶ προσπίπτοντος ἐνεκλάσθη. ἀλλ' ὁ μὲν παῖς ἐκ τῆσδε τῆς ὄψεως Εὐσεβής ἐς τὸ ἔπειτα ἐκλήθη, τοῦ δ' ἐπιόντος ἔτους Φούριον μὲν ἐπὶ τῷδε ἐς δίκην Γάιος Κανουλήιος δήμαρχος ὑπῆγε, καὶ ὁ δῆμος οὐδὲ τοὺς λόγους ὑπομείνας διέσπασε τὸν Φούριον "[592]

Appian äußert sich nicht explizit darüber, welcher Vergehen Furius angeklagt wurde. Die Wut des Volkes auf den Angeklagten, die dazu führte, daß Furius mitten in der Gerichtsverhandlung auf dem Forum ermordet wurde -Appian beschreibt die Tat mit dramatischen Worten, die auf eine aufgebrachte Menschenmenge als Täterin schließen lassen-, bezog sich der Schilderung zufolge jedoch auf den Widerstand, den Furius gegen die Rückrufung des Metellus geleistet hatte. Dafür spricht auch, daß Appian im Anschluß an den Bericht über die Ermordung des Furius erzählt, der aus der Verbannung zurückgekehrte Metellus habe so viele Grüße und Glückwünsche entgegennehmen müssen, daß ein einzelner Tag dafür nicht ausgereicht habe. [593] Appian stellt seinen Bericht über den Mord an Furius

---

[591] BROUGHTON, Magistrates II, 2 datiert das Volkstribunat des Furius in das Jahr 99 v.Chr. Demnach wäre Furius 98 v.Chr. getötet worden. Wir erfahren von den Quellen jedoch nicht, in welchem Jahr Furius sein Tribunat bekleidete. Nach dem Gang der Ereignisse wäre auch das Jahr 100 ein mögliches Tribunatsjahr des Furius. Vgl. GABBA, Appiani, 114f.; GRUEN, Political Prosecutions, 33f.; BADIAN, Death of Saturnus, 130-134.
[592] App. civ. I 33.
[593] „ἑκάστου ἔτους ἐπὶ τῆς ἀγορᾶς ἐγίγνετο· Μετέλλῳ δ' ἡ κάθοδος ἐδόθη, καί φασιν αὐτῷ τὴν ἡμέραν οὐκ ἀρκέσαι περὶ τὰς πύλας δεξιουμένῳ τοὺς ἀπαντῶντας " (App. civ. I 33).

mitten in die Beschreibung der Beliebtheit des Metellus, wodurch dem Leser die Feindschaft des Ermordeten zu Metellus als einziges Mordmotiv suggeriert wird.

Gleichzeitig knüpft Appian mit diesem Bericht an seine Schilderung des Niedergangs der republikanischen Institutionen an. Der Mord an dem Angeklagten, der keine Möglichkeit mehr zur Verteidigung hatte, illustriert auf diese Weise, wie wenig die alten Einrichtungen der Republik noch funktionierten. Um dies zu unterstreichen erwähnt Appian, daß derartige Vorfälle seit dem Mord an Saturninus und seinen Anhängern nun jedes Jahr vorkamen:

„οὕτως αἰεί τι μύσος ἑκάστου ἔτους ἐπὶ τῆς ἀγορᾶς ἐγίγνετο·"[594]

Appian ist nicht in erster Linie an der Person des Ermordeten interessiert, sondern daran, was dieser Mord über den Zustand der *res publica* aussagte, nämlich, daß die alten Institutionen außer Kraft gesetzt waren und sich allmählich eine Herrschaft der Gewalt und der Willkür etablierte.

b) Cassius Dio

Der Bericht des Appian wird von Cassius Dio bestätigt. Auch er berichtet von einer Feindschaft des P. Furius gegen Metellus, die seinen Angaben zufolge daher rührte, daß Metellus ihn als Zensor aus dem Ritterstand ausgestoßen habe.[595] Da das Buch XXVIII von Dios Geschichtswerk, das sich mit den 90er Jahren befaßt, nur teilweise erhalten ist, fehlen alle Angaben - falls Dio solche gemacht hat- über die Vergehen, wegen derer P. Furius angeklagt wurde. Der Text setzt erst wieder mit der Information ein, die wir auch von Appian haben: P. Furius wurde wegen seiner Taten, die er als Volkstribun begangen hatte, angeklagt und während der gerichtshaltenden Versammlung vom römischen Volk getötet:

---

[594] App. civ. I 33.
[595] Cass. Dio XXVIII 95, 2. Dieser Hinweis erinnert an das, was Appian über die Feindschaft des Saturninus und des Glaucia gegen Metellus berichtet. Diese beiden habe Metellus aus dem Senat auszuschließen versucht, was ihm aber nicht gelungen sei, woraufhin sich Saturninus und Glaucia an Metellus rächen wollten. Diese Entwicklung führte nach Appian schließlich zur Verbannung des Metellus (App. civ. I 28).

> „ὅτι Πούπλιον Φούριον γραφέντα ἐφ' οἷς δημαρχήσας ἐπεποιήκει, ἀπέκτειναν ἐν αὐτῇ τῇ ἐκκλησίᾳ οἱ Ῥωμαῖοι, ἀξιώτατον μέν που ἀπολέσθαι ὄντα (καὶ γὰρ ταραχώδης ἦν, καὶ τῷ Σατουρνίνῳ τῷ τε Γλαυκίᾳ πρῶτον συστὰς μετεβάλετο, καὶ πρὸς τοὺς ἀντιστασιώτας αὐτῶν αὐτομολήσας σφίσι συνεπέθετο) [...]."[596]

Cassius Dio nimmt eine gespaltene Haltung hinsichtlich des Mordes ein. Auf der einen Seite ist er der Ansicht, daß Furius den Tod verdient habe, da er ein Aufrührer gewesen sei, und sich dazu noch treulos gegen seine einstigen Verbündeten verhalten habe, auf der anderen Seite stellt Dio fest, daß die Art und Weise, durch die Furius zu Tode gekommen war, nicht angebracht gewesen sei:

> „οὐ μέντοι καὶ προσήκοντα τούτῳ τῷ τρόπῳ φθαρῆναι."[597]

Zwar erwähnt Cassius Dio nicht explizit, was an der Todesart des Furius so unpassend war, doch kann mit großer Wahrscheinlichkeit davon ausgegangen werden, daß Dio sich auf die Tatsache bezieht, daß Furius von einer rasenden Menge ermordet wurde und er so nicht einfach seine gerechte Strafe empfangen hatte, sondern Opfer eines ungeordneten Mordaktes wurde, der fern von jeder rechtlichen oder wenigstens politischen Berechtigung war.

Dennoch scheint Cassius Dio gewillt zu sein, dem Mord an Furius eine gewisse Legitimation zukommen zu lassen, denn er deutet an, daß es doch eine Rechtfertigung für die Tat geben könnte:

> „καὶ τοῦτο μὲν ἐν δίκῃ δή τινι γεγονέναι ἔδοξεν."[598]

Leider ist die mögliche Rechtfertigung für den Mord, die Cassius Dio vornahm, nicht erhalten. Aus den Fragmenten der betreffenden Stellen seines Werks läßt sich über diese Rechtfertigung auch nicht spekulieren. So bleibt dem Leser Dios Diskussion über den Mordfall P. Furius vorenthalten.

---

[596] Cass. Dio XXVIII 95, 3.
[597] Ebd.
[598] Ebd.

2. Zusammenfassung und Bewertung

Zunächst ist es für die nähere Betrachtung des Mordes an Furius wichtig festzustellen, daß Appian und Cassius Dio nicht die einzigen überlieferten antiken Autoren sind, die sich zur Person des Furius äußern. Auch Cicero und Valerius Maximus beziehen sich auf ihn, kommen aber nicht auf seinen Tod zu sprechen (deshalb sind sie im vorangegangenen Unterkapitel nicht gesondert behandelt worden). Sie berichten einhellig, daß Furius nach dem Tod des Saturninus von einem gewissen C. Appuleius Decianus angeklagt wurde. Decianus habe sich in seiner Anklage bedauernd über den Tod des Saturninus geäußert. Cicero behauptet, Decianus sei für diese Äußerung bestraft worden, Valerius behauptet, der Ankläger habe wegen dieser unbedachten Äußerung keine Verurteilung erwirken können, obwohl Furius ein besonders übler Mensch gewesen sei.[599] Wenn es sich -wovon hier ausgegangen werden kann- bei dem P. Furius, von dem Cicero und Valerius Maximus berichten, um denselben P. Furius handelt, von dem auch Appian und Cassius Dio erzählen[600], scheint es also vor dem Prozeß des Canuleius einen weiteren Prozeß gegen Furius gegeben zu haben, bei

---

[599] Cic. Rab. perd. 24; Val. Max. VII 1, damn. 2.

[600] Genaugenommen wird keine Aussage Ciceros oder des Valerius Maximus hinsichtlich der Person des Furius oder der Ereignisse um ihn von Appian oder Cassius Dio bestätigt. Umgekehrt wird nichts, was Appian oder Cassius Dio über Furius berichten, von Cicero bzw. Valerius Maximus bestätigt. Die einzige weitere antike literarische Quelle zu Furius ist der spätantike Orosius, der ebenfalls nur Ereignisse, die Appian und Cassius Dio berichten, wiedergibt (Oros. V 17). Da Livius die Hauptquelle des Orosius darstellt, ist es gut möglich, daß die Berichte des Appian und des Cassius Dio bezüglich Furius ebenfalls in irgendeiner Weise auf den verlorenen Kapiteln des Livius fußen. Es erscheint grundsätzlich denkbar, daß Cicero und Valerius Maximus einen anderen P. Furius im Sinn haben als Appian, Dio und Orosius. Dann trügen der von Decianus und der von Canuleius Angeklagte nur zufällig den gleichen Namen, was bei den Familiennamen Furius keine allzugroße Besonderheit wäre. Trotzdem können wir wohl davon ausgehen, daß die von Cicero/Valerius und Appian/Dio/Orosius genannten Furii identisch sind. Wir erfahren von Dio, daß Furius zeitweilig zu den Anhängern des Saturninus gehört hatte und sich dann gegen seine einstigen Verbündeten richtete und sogar seine ehemaligen Mitstreiter angriff. Dies korrespondiert gut mit der negativen Charakterisisierung durch Cicero und Valerius Maximus. Zudem steht sowohl der Furius des Appian/Dio als auch der des Cicero/Valerius in Verbindung mit Saturninus. Darauf deutet zumindest die Behauptung von Cicero und Valerius, der Ankläger habe in seiner Rede den Tod des Saturninus bedauert.

dem der Angeklagte freigesprochen oder zumindest nicht verurteilt wurde.[601]

Vor dem Hintergrund des bereits einmal angestrengten und nicht erfolgreichen Prozesses gegen Furius macht der brutale und von offenbar maßloser Gewalt getriebene Mord immerhin einen gewissen Sinn. Furius war bereits einmal bei einem Prozeß mit viel Glück und durch die Ungeschicklichkeit seines Anklägers davongekommen. Es ist nicht unwahrscheinlich, daß viele Gegner des Furius (die sich wahrscheinlich zum größten Teil aus Metellus-Anhängern zusammensetzten), den Ausgang dieses Prozesses zum Anlaß nahmen, Furius vorzuwerfen, er habe sich den Freispruch (oder die Einstellung des Prozesses) unrechtmäßig erschlichen. Auf diese Weise wurde der Haß gegen Furius geschürt. Als dann ein zweiter Prozeß stattfand, wäre es vom neuen Ankläger Canuleius geradezu töricht gewesen, wenn er in seiner Anklage nicht den ungerechten Ausgang des ersten Prozesses thematisiert hätte, um damit die Volksversammlung gegen Furius aufzubringen und ihr einzuschärfen, daß der Angeklagte sich nicht noch einmal retten dürfe. Anscheinend schürte Canuleius durch seine Rede den Haß in der Menge, die daraufhin keine Antwort des Angeklagten mehr abwarten wollte, Furius von der Rednerbühne riß und ihn in wilder Rage ermordete.[602]

Der Mord an P. Furius ist der erste von den Quellen geschilderte, der eine neue Schwelle des politischen Mordes erreicht. Bei diesem Fall geht es nicht mehr -wie bei den Fällen zuvor- um das simple Erreichen politischer Ziele oder darum, Reformen zu verhindern, oder die zu großen Ambitionen eines Politikers zu stoppen. Furius wurde nicht getötet, weil er den politischen Zielen irgendeiner Gruppe entgegenstand. Sein Widerspruch gegen die Rückrufung des Metellus war nach Beendigung seines Tribunats nicht mehr wirksam, also mußte er auch nicht beseitigt werden, damit der Weg für Metellus frei wäre. Beim Mord an Furius ging es einzig um Vergeltung

---

[601] Vgl. auch BADIAN, Death of Saturninus, 131f.
[602] Anders FLAIG, Politik, 107 ff., der die Ansicht vertritt, das Volk habe durch den Mord an Furius als „Hüter der Eintracht" der Republik gehandelt. Der Starrsinn des Furius gegen die Rückrufung des Metellus habe nicht den Spielregeln der *res publica* entsprochen, und die *plebs* habe so in gewisser Weise zurecht zur äußersten Gewalt gegriffen.

für dessen Taten als Volkstribun, d.h. für die Politik, die er als Volkstribun betrieben hatte.[603] Damit wurde nicht nur eine weitere Hemmschwelle in der Entwicklung des politischen Mordes in der römischen Republik überschritten, es wurde auch ein neues Niveau der Einschüchterung politischer Gegner erreicht. Wenn ein Tribun oder Magistrat fürchten mußte, daß er nach seiner Amtszeit von einem von politischen Gegnern mobilisierten Mob allein zum Zweck der Rache erschlagen werde, dann würde er vor unerwünschten politischen Maßnahmen eher zurückschrecken als bisher.

Der Mord an P. Furius zeigt zudem, daß sich die politische Landschaft in Rom sehr zu Ungunsten des C. Marius entwickelte.[604] Immerhin scheint Furius in seinem Bündnis mit Saturninus und Glaucia einen ähnlichen Weg gegangen zu sein wie Marius. Durch die Ereignisse um Saturninus und Glaucia im Jahr 100 v.Chr. und durch die erfolgreiche Rückholung des Metellus, dessen Verbannung von Marius sehr begrüßt worden war, wurde die politische Luft für Marius offensichtlich immer dünner, weshalb es nicht überrascht, daß der Feldherr und sechsfache Konsul sich in den nächsten zehn Jahren auf der Bildfläche der Politik nicht blicken ließ.

---

[603] LINTOTT, Violence, 185, wertet den Mord an Furius zwar zurecht als Ausläufer der Morde an Saturninus und Glaucia („However, the passions and mob hysteria were kept alive by the agitation over the recall of Metellus Numidicus, which prepared the ground for the lynching in 98 of Furius, the tribune whose vote had delated Metellus' return."), dennoch ist der hier betrachtete Fall anders zu bewerten als diese vorangegangenen Morde. Bei Saturninus und Glaucia handelte es sich um Unruhestifter, die Schlägertrupps mobilisiert hatten, um ihre (macht)politischen Ziele durchzusetzen. Sie haben also durch ihre eigene Vorgehensweise die Gewalttätigkeit ihrer Gegner provoziert. Von Furius erfahren wir nichts dergleichen, auch wenn dadurch selbstverständlich nicht ausgeschlossen werden kann, daß auch er zum Mittel der Gewalt gegriffen hatte. Ein Unterschied wiegt jedoch schwerer: Saturninus war für das kommende Jahr zum Volkstribun gewählt worden; Glaucia bemühte sich um das Konsulat. Bei den Ermordeten handelte es sich also um politisch höchst aktive Männer. Anders als bei Furius ging es den Gegnern und Mördern dieser beiden demnach nicht einfach um Vergeltung, sondern um die Verhinderung weiterer unerwünschter politischer Entwicklungen.

[604] Durch die übermäßige Agitation von Saturninus und Glaucia und durch ihr gewaltsames Ende hatte sich die Stimmung in Rom zudem offenbar wieder zu mehr Konservatismus hin entwickelt. Die Einigkeit der Stände, die Cicero im Zusammenhang mit dem Mord an Saturninus und Glaucia schildert, wird, bedenkt man das öffentliche Klima in den folgenden Jahren, um so glaubwürdiger. „By 98 however reaction had set in: both consuls were *optimates*; the feeling against Saturninus continued unabated, Numidicus was recalled, and Furius was lynched for his opposition to the recall in the previous year" (CARNEY, Marius, 47).

I) Der Mord an M. Livius Drusus 91. v. Chr.

1. Die Darstellung der Quellen
a) Cicero

Cicero erwähnt M. Livius Drusus mehrere Male in seinen Schriften und Reden. Dabei erscheint der Volkstribun des Jahres 91 v.Chr. unter anderem als einer derjenigen, die in der jüngeren Zeit in Rom für Unruhe gesorgt hatten.[606] Unter Berücksichtigung der bisherigen Betrachtungen müßte nun eigentlich davon ausgegangen werden, daß Cicero eine recht negative Haltung gegenüber Drusus hat und seine Ermordung, wenn nicht gutheißt, doch zumindest billigt. Tatsächlich berichtet Cicero in seiner Rede *De domo sua*, daß sich der Volkstribun auf Dauer nicht hatte durchsetzen können und daß der Senat die unrechtmäßig eingebrachten Gesetze des Drusus annulliert hatte.[607] Allerdings findet Drusus mit seinen Gesinnungsgenossen in derselben Rede in ähnlichem Zusammenhang recht positive Erwähnung:

> „Quid? si etiam pluribus de rebus uno sortitu tulisti, tamen ne arbitraris id quod M. Drusus in legibus suis plerisque, perbonus ille vir, M. Scauro et L. Crasso consiliariis non obtinuerit, id te posse, hominem facinorum et stuprorum omnium, Decumis et Clodiis auctoribus obtinere?"[608]

Drusus ist also Ciceros Meinung nach, obwohl er versucht hatte, die althergebrachten Strukturen zu reformieren, und sich dabei des Öfteren nicht an die vorgegebene Form gehalten hatte, ein *perbonus vir*, ein sehr guter Mann.[609] Es fällt zudem auf, daß Drusus in Ciceros häufigen Aufzählungen von Staatsschädlingen und Aufrührern, die zurecht getötet wurden oder getötet werden sollten, nicht genannt wird.[610]

Vor diesem Hintergrund ist es passend, daß Cicero die Ermordung des M. Livius Drusus im Jahr 91 v.Chr. als Verbrechen ansieht. Dem entsprechend klagt er in seiner Rede *Pro Milone* über den Tod des Volkstribuns:

---

[606] Cic. Vat. 23.
[607] Cic. dom. 41.
[608] Cic. dom. 50.
[609] Eine ähnliche Beurteilung findet sich in Cic. Rab. Post. 16.
[610] Z.B. Cic. Cat. I, 4; IV, 4; harusp. 43; Mil. 8.

> „Domui suae nobilissimus vir senatus propugnator atque illis quidem temporibus paene patronus avunculus huius iudicis nostri, fortissimi viri M. Catonis, tribunus pl. M. Drusus occisus est. Nihil de eius morte populus consultus, nulla quaestio decreta a senatu est."[611]

Zwei Dinge erfährt der Leser von Cicero über den Tod des Drusus: Der Volkstribun wurde in seinem eigenen Haus ermordet und sein Tod wurde nicht mit besonderer Intensität untersucht. Cicero sieht Drusus keineswegs als Feind des Senats an; er bezeichnet ihn sogar als dessen Patron. Daraus folgt hinsichtlich des hier behandelten Falles, daß der Redner auf keinen Fall die Gruppe der Senatoren für den Mord an Drusus verantwortlich machen will.

An anderer Stelle gibt Cicero den Namen eines möglichen Mörders preis. In seiner Schrift *De natura deorum* läßt er C. Aurelius Cotta, den Consul des Jahres 75 v.Chr., behaupten, daß die Götter sich nicht wirklich um die Menschheit sorgten. Um das zu untermauern führt er mehrere Beispiele an, wo die Götter es versäumt haben, gute und verdienstvolle Männer vor zu frühem Tod zu schützen und statt dessen die Tyrannen und Mörder zu lange leben ließen. Einer dieser Guten, die von den Göttern nicht beschützt wurden, ist in seiner Aufzählung der Volkstribun M. Livius Drusus.[612] Cotta nennt in diesem Zusammenhang auch den Namen des Mörders, nämlich Q. Varius[613]:

> „Summo cruciatu supplicioque Q. Varius homo importunissumus periit; si quia Drusum ferro Metellum veneno sustulerat, illos conservari melius fuit quam poenas sceleris Varium pendere."[614]

---

[611] Cic. Mil. 16.
[612] Cic. nat. deor. III 80: „cur sodalis meus interfectus domi suae Drusus [...]?" Auch diese Stelle offenbart die Sympathien Ciceros für M. Livius Drusus. Zwar ist hier nicht Cicero selbst, sondern Cotta der Redende, doch selbst wenn Cicero mit den von ihm wiedergegebenen Ansichten Cottas nicht in jedem Punkt übereinstimmte, würde er ihm sicherlich keine unsinnige Argumentation in den Mund legen. Wenn Cotta den Mord an seinem Freund Drusus als Beweis für die Gleichgültigkeit der Götter den Menschen gegenüber anführt, so macht diese Argumentation nur dann Sinn, wenn der Tod des Drusus ein tatsächlich unerfreuliches Ereignis darstellte. Um diese Sicht zu teilen, muß Cicero nicht vollständig von der Gleichgültigkeit der Götter überzeugt sein.
[613] Bei Q. Varius Hybrida handelt es sich um einen politischen Feind des Drusus und Volkstribun des Jahres 90 v.Chr., der nach Drusus' Tod die *lex Varia de maiestate* einbrachte. Aufgrund dieses Gesetzes wurden die Anhänger des Drusus, darunter auch Cotta, verfolgt (GRUEN, Lex Varia, 59-73). Q. Varius wurde ein Jahr später selbst aufgrund der *lex Varia* in die Verbannung geschickt und starb dort.
[614] Cic. nat. deor. III 81.

Durch Cotta erfahren wir nicht nur den Namen des Mannes, der Livius Drusus getötet haben soll, er berichtet auch, auf welche Weise der Mord begangen wurde: Drusus sei von Varius durch eine Eisenwaffe - wahrscheinlich durch einen Dolch- getötet worden. Außerdem erzählt Cotta, daß der Mörder später unter besonders unangenehmen Bedingungen ums Leben kam. Dies war aber keine offizielle Bestrafung seiner Mordtat, sondern stand in einem anderen Zusammenhang. Cicero hält es mit Cotta aber offenkundig für durchaus möglich, daß der Tod des Varius dennoch durch göttliche Intervention eine Strafe für den Mord an Drusus war.

b) Livius

Im 71. Buch seines Geschichtswerkes berichtet der Historiker Livius über die Ereignisse des Jahres 91 v.Chr. Dabei erscheint der Volkstribun M. Livius Drusus in einem eher zweifelhaften Licht. Die Motivation des Drusus für seine Reformversuche ist nach Livius das Eintreten für die Sache des Senats (*senatus causa*).[615] Aus diesem Grund habe er den italischen Völkern das römische Bürgerrecht in Aussicht gestellt, die ihn dann bei seinen Reformen unterstützten:

„Iisque adiuvantibus per vim legibus agrariis frumentariisque latis iudiciariam quoque pertulit, ut aequa parte iudicia penes senatum et equestrem ordinem essent."[616]

Nachdem Drusus die Unterstützung der Italiker genutzt hatte, sei es ihm jedoch nicht möglich gewesen, sein Versprechen einzuhalten, woraufhin sich die um ihr Recht betrogenen Italiker gegen Rom richteten und es zu Verschwörungen und schließlich zum Bundesgenossenkrieg kam.[617] Livius zufolge waren also die nicht gehaltenen politischen Versprechungen des Drusus die Auslöser für den Krieg. Zuerst hatte sich der Volkstribun die Italiker zunutze gemacht und mit ihrer Hilfe seine Gegner in Schach gehalten; nun konnte er seinen Teil der Abmachung nicht erfüllen. Auch wenn Drusus sich nie gegen den Senat hatte wenden wollen, erscheint es aus die-

---

[615] Liv. per. LXXI 1. Livius stimmt also mit Cicero darin überein, daß Drusus -obwohl Reformer- in erster Linie ein Mann des Senats war.
[616] Liv. per. LXXI 1.
[617] Liv. per. LXI 2-3.

ser Sicht nur verständlich, daß sich der Senat aufgrund der beschriebenen Entwicklung von ihm abwandte und ihn sogar ablehnte. In diesen Zusammenhang stellt Livius auch die Ermordung des Drusus:

> „Propter quae Livius Drusus invisus etiam senatui factus velut socialis belli auctor, incertum a quo domi occisus est."[618]

Livius behauptet nicht, daß der Senat den Einfluß, den Drusus durch den Pakt mit den Bundesgenossen gewonnen hatte, fürchtete, sondern daß dem Senat der Urheber des Bundesgenossenkrieges suspekt war. Im Gegensatz zu Cicero legt Livius -indem er den Tod des Drusus mit seiner Unbeliebtheit im Senat verbindet- die Vermutung nahe, daß der Volkstribun von einem der Senatoren getötet wurde. Allerdings präsentiert er keinen Namen, sondern betont sogar, daß niemand wisse, von wem Drusus getötet wurde. Die Möglichkeit, daß Q. Varius der Mörder war, wird -zumindest in der überlieferten Zusammenfassung- nicht genannt.

c) Velleius Paterculus

Der Historiker Velleius Paterculus berichtet im 13. und 14. Kapitel des zweiten Buches seiner *Historia Romana* von der Politik und der Ermordung des Drusus. Dabei sind die Rollen klar verteilt: Drusus war allein von edlen Motiven geleitet,[619] der Senat mißverstand jedoch seine Politik und legte ihm Steine in den Weg. Die positive Charakterisierung des Drusus wird ebenso an den Anfang gestellt, wie die Tatsache, daß er mit seinen Zielen gescheitert ist:

> „Deinde interiectis paucis annis tribunatum iniit M. Liuius Drusus, vir nobilissimus eloquentissimus sanctissimus, meliore in omnia ingenio animoque quam fortuna usus."[620]

Als erstes politisches Ziel des Drusus sieht Velleius die Übertragung der Gerichtsbarkeit, die vom Ritterstand mißbraucht worden war, auf den Se-

---

[618] Liv. per. LXI 4.
[619] Um den ehrlichen Charakter des Drusus, dem keinerlei Hinterhältigkeit oder Unredlichkeit nachgesagt werden könne, zu verdeutlichen, erzählt Velleius eine Anekdote, in der Drusus dem Architekten seines Hauses auf den Hinweis, er werde das Haus so bauen, daß es von keiner Seite aus einsehbar sei, antwortet: „tu vero, [...]si quid in te artis est, ita compone domum meam ut quicquid agam ab omnibus perspici possit." (Vell. Pat. II 14, 3).
[620] Vell. Pat. II 13, 1.

nat. Die volksfreundlichen Reformgesetze, welche Drusus ebenfalls einbrachte, deutet der Historiker lediglich als Köder[621], durch den das Volk bei Laune gehalten werden sollte, größeren Reformen, die dem Senat mehr Einfluß geben sollten, zuzustimmen.[622] Der Senat aber, dem die Maßnahmen des Drusus zugute kommen sollten, habe dies nicht verstanden und sich gegen den Volkstribun gewandt. Velleius beschreibt die Paradoxie, mit der der Senat sich gegen den wohlmeinenden Drusus stellte und zugleich die anderen Volkstribune nicht bekämpfte, die sich tatsächlich unerhört aufführten und dem Senat Schaden zufügten, wo sie nur konnten.[623] Erst durch das Verhalten des Senats sei Drusus dahin getrieben worden, sich der Bundesgenossenfrage anzunehmen. Nach Velleius trieb Drusus diese Politik also nicht -wie Livius glaubt- um die Sache des Senats besser vertreten zu können. Die Bundesgenossenpolitik des Drusus stellt hier keine Fortsetzung, sondern eine Abwendung[624] von seiner bisherigen Politik dar. In diesen Zusammenhang stellt der Historiker seine Darstellung der hinterhältigen Ermordung des Drusus. Velleius suggeriert durch diesen Zusammenhang, daß es sich beim Täter wohl um einen Agenten der Führungsschicht handelt. Einen Verdacht gegen eine bestimmte Person äußert er jedoch nicht:

> „Quod cum moliens revertisset e foro, immensa illa et incondita, quae eum semper comitabatur, cinctus multitudine in area domus suae cultello percussus, qui adfixus lateri eius relictus est, intra paucas horas decessit."[625]

---

[621] „ [...] qua de plebis commodis ab eo [Druso] agerentur, veluti inescandae inliciendaeque multitudinis causa fieri [...]" (Vell. Pat. II 13, 2).
[622] Vell. Pat. II 13, 2.
[623] Vell. Pat. II 13, 3.
[624] Vell. Pat. II 14, 1: „Tum *conversus* [...] ad dandam civitatem Italiae" (Hervorhebung durch die Verfasserin). Zurecht stellt SCHMITZER deshalb fest, daß Velleius Paterculus die von Drusus geplanten Maßnahmen bezüglich der Bundesgenossen eher negativ beurteilt (SCHMITZER, Velleius Paterculus, 151f.). Dies ändert jedoch -entgegen SCHMITZERS Ansicht- nichts daran, daß der Volkstribun bei Velleius insgesamt sehr positiv gesehen wird. Immerhin erklärt er die Wendung des Drusus zu diesen unguten Maßnahmen durch das Versagen des Senats, in dessen Interesse Drusus eigentlich handelte. Zudem sollte nicht vergessen werden, daß Velleius Paterculus in seinem Werk vor allem bemüht ist, den Kaiser Tiberius in ein positives Licht zu setzen, weshalb alle Familienmitglieder des Kaisers, zu denen auch Drusus trib. pleb. 91 zählte, „eine auffallend positive Darstellung" erfahren (KUNTZE, Velleius Paterculus, 35).
[625] Vell. Pat. II 14, 1.

Velleius stimmt insofern mit Livius überein, als er keinen Mörder zu nennen weiß, und der Mord im Haus des Drusus mit einem Messer begangen wurde. Allerdings behauptet er als erster, daß die Tat vor einer beachtlichen Menge an Zeugen geschah.

Der Tod des Drusus hat aus der Sicht des Velleius Paterculus allein schon deshalb eine besondere Bedeutung, weil mit ihm einer der letzten guten republikanischen Bürger Roms gestorben sei. Diese Auffassung kommt in der Deutung seines Todes zum Ausdruck, die Velleius dem Sterbenden selbst in den Mund legt:

> „Sed cum ultimum redderet spiritum, intuens circumstantium maerentiumque frequentiam, effudit vocem convenientissimam conscientiae suae: 'ecquando ne', inquit, 'propinqui amicique, similem mei civem habebit res publica?'"[626]

Außerdem hatte nach Velleius die Ermordung des Drusus den endgültigen Ausbruch des Bundesgenossenkrieges zur Folge.[627] Der Volkstribun war also das letzte Bollwerk gegen diesen Krieg gewesen, der letzte Politiker, der seinem Ausbruch entgegengestanden hatte. Bedenkt man, daß in der Darstellung des Velleius Paterculus der Bundesgenossenkrieg fast nahtlos in die Bürgerkriege des Sulla und des Marius übergeht, erhält die Vernichtung dieser letzten Hoffnung gegen den Italikerkrieg eine noch größere Bedeutung. Somit markiert für Velleius der Mord an Drusus das Ende des Funktionierens der Republik. Was mit dem Mord an Ti. Gracchus seinen Anfang genommen hatte, wurde beim Mord an M. Livius Drusus vollendet.

---

[626] Vell. Pat. II 14, 2. Allein durch die nicht weiter kommentierte Wiedergabe dieser letzten Worte des Drusus wird deutlich, daß Velleius Paterculus diese Worte als Nachruf auf den ermordeten Volkstribun verstanden haben will. Zwar „referiert [er] lediglich die letzten Worte des Drusus,[...] ohne sie ausdrücklich als historisch richtig zu bestätigen" (SCHMITZER, Velleius Paterculus, 152), doch ist eine solche Bestätigung auch nicht nötig, wenn Velleius Paterculus die positive Beurteilung des Drusus seinen Lesern vermitteln will. Die letzten Worte des Drusus wirken unkommentiert auf den Leser. In der Zusammenwirkung mit den oben erwähnten lobenden Worten des Geschichtsschreibers erhält der Leser einen rein positiven Eindruck von Livius Drusus. Da Velleius Paterculus Drusus zudem an keiner Stelle offen kritisiert, können wir davon ausgehen, daß das positive Drusus-Bild, das sich aus der Darstellung ergibt, beabsichtigt ist.

[627] Vell. Pat. II 15,1: „Mors Drusi iam pridem tumescens bellum excitavit Italicum".

d) Seneca

Seneca stellt in seiner philosophischen Schrift *De brevitate vitae* Drusus und seine Maßnahmen ganz in die Tradition der Gracchen. Drusus dient ihm als Beispiel für einen Mann, der seine Lebenszeit nicht sinnvoll genutzt hat und dem die eigene, selbstverschuldete Ruhelosigkeit zuwider war. Dabei erscheint der Volkstribun nicht als senatsfreundlicher Reformer, der keinerlei Aufruhr erzeugen will, sondern als Agitator, der mit Hilfe von Fremden auf unerlaubte Weise nach Macht und Einfluß strebte:

> „Livius Drusus, vir acer et vehemens, cum leges novas et mala Gracchana movisset stipatus ingenti totius Italiae coetu, exitum rerum non pervidens, quas nec agere licebat nec iam liberum erat semel incohatas relinquere, execratus inquietam a primordiis vitam dicitur dixisse: uni sibi ne puero quidem umquam ferias contigisse. Ausus est enim et pupillus adhuc et praetextatus iudicibus reos commendare et gratiam suam foro interponere tam efficaciter quidem, ut quaedam iudicia constet ab illo rapta. Quo non erumperet tam inmatura ambitio? Scires in malum ingens et privatum et publicum evasuram tam praecoquem audaciam. Sero itaque querebatur nullas sibi ferias contigisse a puero seditiosus et foro gravis."[628]

Den Tod des Livius Drusus sieht Seneca hier als eine Folge seines ehrgeizigen und unruhigen Lebens, eine Folge, die Drusus hätte vorhersehen müssen. Er zieht sogar die Möglichkeit, daß der lebensüberdrüssige Volkstribun Selbstmord begangen habe, in Betracht:

> „Disputatur, an ipse sibi manus attulerit; subito enim volnere per inguen accepto conlapsus est, aliquo dubitante, an mors eius voluntaria esset, nullo, an tempestiva."[629]

Die Beschreibung des Todes stimmt mit der bei Cicero, Velleius Paterculus und Livius überein, nicht aber dessen Deutung. Seneca scheint die These zu favorisieren, daß es sich hier um Selbstmord und nicht um einen hinterhältigen Mordanschlag eines konkurrierenden Politikers oder eines Adeligen, der um seine Privilegien fürchtete, handelte. Dies schließt er aus den Klagen des Drusus über das ihm verhaßte Leben. Ganz anders als bei Cicero oder Velleius fallen bei Seneca auch die Reaktionen auf den Tod des Volkstribuns aus. Hier ist von entsetzter Trauer keine Rede; Seneca berichtet vielmehr, daß niemand daran zweifelte, daß das Ende des Drusus zum

---

[628] Sen. brev. vit. 6,1-2.
[629] Sen. brev. vit. 6,2.

richtigen Zeitpunkt (*tempestiva*) kam. Besondere Folgen der Tat für die römische Öffentlichkeit verschweigt Seneca hier.

e) Florus

Florus legt in seinem kurzen Bericht über M. Livius Drusus sein Augenmerk in erster Linie auf das politische Wirken des Volkstribuns, das er negativ als *seditio*[630] charakterisiert. Die Ermordung des Drusus spielt für ihn nur eine sehr untergeordnete Rolle. Nach Florus fand die wichtigste politische Auseinandersetzung des Jahres 91 v.Chr. zwischen Drusus und Servilius Caepio statt.[631] Drusus habe die Sache des Senats, Caepio die der Ritter vertreten. Die Gegnerschaft dieser beiden sei der Anlaß für die gesetzgeberische Tätigkeit des Drusus gewesen. Um Verbündete zu gewinnen und so den Maßnahmen des Caepio etwas entgegensetzen zu können, habe Drusus die gracchischen Gesetze zur Landverteilung wieder aufgegriffen und außerdem den Bundesgenossen die römische Bürgerschaft in Aussicht gestellt:

> „Prior Caepio in senatum impetu facto reos ambitus Scaurum et Philippum principes nobilitatis elegit. His ut motibus resisteret Drusus, plebem ad se Gracchanis legibus isdemque socios ad plebem spe civitatis erexit. Exstat vox ipsius nihil se ad largitionem ulli reliquisse, nisi siquis aut caenum dividere vellet aut caelum."[632]

Die Gesetzesanträge und die Art und Weise, wie Drusus diese durchsetzte, werden von Florus eher negativ beurteilt. Er gibt Drusus auch die Schuld am ausbrechenden Bundesgenossenkrieg, indem er darauf hinweist, die Italiker seien erst durch Drusus' Versprechungen auf die Idee gekommen, das römische Bürgerrecht zu fordern:

> „Nec ideo minus socii promissa Drusi a populo Romano reposcere armis desierunt."[633]

Bei der kurzen Erwähnung vom Tod des Livius Drusus durch Florus fällt auf, daß der Autor die Tatsache der Ermordung des Tribuns nur andeutet.

---

[630] Flor. II 5, das Kapitel über Drusus ist überschrieben mit *Seditio Drusiana*.
[631] Florus charakterisiert Caepio nicht weiter. Es handelt sich jedoch hier um einen Schwager des Drusus: MÜNZER, RE II A2, Servilius (59), 1786.
[632] Flor. II 5, 5-7.
[633] Flor. II 5, 9.

Er berichtet zwar, daß Drusus im Zusammenhang mit den von ihm selbst verursachten Unruhen starb, nicht aber auf welche Weise:

> „Et pretium rogationis statim socii flagitare, cum inparem Drusum aegrumque rerum temere motarum matura ut in tali discrimine mors abstulit."[634]

Florus deutet an, Drusus sei den Unruhen, die er ausgelöst hatte, selbst nicht gewachsen gewesen und gestorben. Unter Berücksichtigung anderer Quellen wird deutlich, daß Florus hier auf die Ermordung des Tribuns anspielt. Ohne Rücksicht auf weitere Überlieferungen könnte der Leser jedoch auch zu dem Schluß kommen, Drusus sei an einer Krankheit oder an einer durch die politischen Unruhen verursachten Schwäche gestorben. Das Interesse des Florus liegt offensichtlich nicht in der Schilderung der Ermordung des Volkstribuns, sondern in der Darstellung der politischen Unruhen, die durch Drusus hervorgerufen wurden.

f) Appian

Eine weitere Deutung des Mordes an M. Livius Drusus liefert der Geschichtsschreiber Appian. Wie die meisten anderen Autoren sieht er den Tod des Volkstribuns im Zusammenhang mit dessen politischem Wirken. Appian beschreibt dieses Wirken folgendermaßen: Livius Drusus nahm sich in seinem Tribunat der Forderungen der Italiker an, die seit dem Tod des Fulvius Flaccus immer lauter nach dem römischen Bürgerrecht riefen. Um die Unterschicht für sich zu gewinnen, trieb er andererseits die schon lange beschlossenen Koloniegründungen in Sizilien und Italien voran. Dies wiederum brachte die Italiker gegen ihn auf, die nun um ihre eigenen Ländereien fürchten mußten. Gleichzeitig machte sich Drusus sowohl Senat als auch Ritterstand zu Feinden, indem er dafür sorgte, daß die beiden Stände sich die richterliche Gewalt teilen mußten. Da diese Gewalt bereits einmal vom Senat auf den Ritterstand übergegangen war, fühlte der Senat sich benachteiligt, da er nicht seine volle Macht wiedererlangt hatte, und die Ritter waren ungehalten, weil Drusus ihnen einen Teil ihrer Macht wegnahm. Auf diese Weise habe er Senat, Ritterschaft und Bundesgenossen gegen

---

[634] Flor. II 5, 9.

sich aufgebracht, so daß nur noch die *plebs* ganz hinter ihm stand.[635] Angesichts dieser Lage müßte es dem Geschichtsschreiber schwerfallen, die Mörder des Drusus in einer bestimmten Gruppe zu suchen, doch Appian berichtet von einer Verschwörung der Umbrier und Etrusker, die - angestachelt von den Consuln- unter dem Vorwand nach Rom kamen, gegen die Ackergesetze des Drusus protestieren zu wollen. Drusus habe zwar gehört, daß eine Verschwörung gegen ihn im Gange war und sei deshalb nur selten auf die Straße gegangen, doch sei er im schlecht beleuchteten Atrium seines eigenen Hauses mit einem Schustermesser erstochen worden:

„ὧν ὁ Δροῦσος αἰσθανόμενός τε καὶ οὐ θαμινὰ προϊών, ἀλλ' ἔνδον ἐν περιπάτῳ βραχὺ φῶς ἔχοντι χρηματίζων ἀεὶ καὶ περὶ ἑσπέραν τὸ πλῆθος ἀποπέμπων ἐξεβόησεν ἄφνω πεπλῆχθαι καὶ λέγων ἔτι κατέπεσεν. εὑρέθη δὲ ἐς τὸν μηρὸν αὐτῷ σκυτοτόμου μαχαίριον ἐμπεπηγμένον."[636]

Appian kann ebensowenig wie die anderen Autoren einen Mörder mit Namen nennen. Er macht vielmehr wahrscheinlich, daß fast jeder Stand den Tod des Drusus herbeiwünschte, wenn er auch den außerrömischen Bundesgenossenvölkern die Hauptschuld an dem Mord gibt. Die Verschwörer versprachen sich nach Appian von ihrer Tat, daß ihre Länder von römischen Koloniegründungen unangetastet blieben.

Nur wenige Kapitel später widerspricht der Geschichtsschreiber allerdings seiner eigenen Deutung.[637] Hier behauptet Appian plötzlich, daß die Italiker, die zuvor noch durch Drusus um ihren Besitz fürchten mußten, über den Tod des Drusus zornig waren, und auch das Unrecht, daß die Gesinnungsgenossen des Volkstribuns nun durch die Ritter und die *lex Varia*[638] zu leiden hatten, nicht mehr mitansehen mochten. Eine Folge der Ermordung des Drusus war nämlich nach Appian, daß der Ritterstand den Volkstribun Q. Varius dazu drängte, diejenigen, die sich für die Verleihung des

---

[635] App. civ. I 35-36.
[636] App. civ. I 36.
[637] App. civ. I 38.
[638] Die nach dem Tod des Drusus erlassene *lex Varia* besagte, daß gegen jeden, der im Verdacht stand, den Bundesgenossenkrieg mit verursacht zu haben, eine gerichtliche Untersuchung angestrengt werden solle. Als Verursacher des Krieges galten dabei in erster Linie diejenigen, die den Italikern jemals das Bürgerrecht in Aussicht gestellt oder sich anderweitig dafür eingesetzt hatten.

Bürgerrechts an die Italiker einsetzten, vor Gericht zu stellen. Die Motivation der Ritter galt aber in Wahrheit nicht den Italikern, sondern den Senatoren, die sie durch derartige Maßnahmen zu drangsalieren versuchten.[639] Die Ritter, die laut Appians Darstellung nicht an der Ermordung des Drusus beteiligt gewesen waren, profitierten dennoch am meisten von ihr. Die ungerechte Behandlung der Oberschicht sprach sich nach Appian auch unter den italischen Bundesgenossen herum:

„καὶ οἱ Ἰταλοὶ τοῦ τε Δρούσου πάθους πυνθανόμενοι καὶ τῆς ἐς τὴν φυγὴν τούτων προφάσεως, οὐκ ἀνασχετὸν σφίσιν ἔτι ἡγούμενοι τοὺς ὑπὲρ σφῶν πολιτεύοντας τοιάδε πάσχειν οὐδ᾽ ἄλλην τινὰ μηχανὴν ἐλπίδος ἐς τὴν πολιτείαν ἔτι ὁρῶντες, ἔγνωσαν ἀποστῆναι Ῥωμαίων ἄντικρυς καὶ πολεμεῖν αὐτοῖς κατὰ κράτος. κρύφα τε διεπρεσβεύοντο συντιθέμενοι περὶ τῶνδε καὶ ὅμηρα διέπεμπον ἐς πίστιν ἀλλήλοις."[640]

Nach Appian sahen die Bundesgenossen nun ein, daß sie auf dem Wege der römischen Innenpolitik ihr Ziel nicht erreichen konnten, da kein römischer Politiker, der sich für sie einsetzte, sich durchsetzen konnte. Der Mord an Drusus und die Verurteilungen seiner Anhänger führten also dazu, daß sich die Italiker zu einer Koalition gegen Rom zusammenschlossen und der lange schwelende Bundesgenossenkrieg endlich ausbrach.

g) Cassius Dio
Aus den erhaltenen Fragmenten des XXVIII. Buches des Geschichtswerks Cassius Dios läßt sich nur ersehen, daß der Historiker die politische Karriere des M. Livius Drusus offenbar parallel zu der des mit Drusus verschwägerten Q. Servilius Caepio betrachtet.[641] Dabei ist nur der Teil erhalten, der berichtet, daß beide ursprünglich gute Freunde waren und aus irgendeinem Grund zu Feinden wurden. Der Grund für die Feindschaft lag nach Cassius Dio aber nicht in der Politik selbst. Nach Ansicht des Historikers nutzten beide vielmehr den Schauplatz der Politik aus, um ihre Differenzen, die persönlicher Natur waren, auszutragen.[642] Was Cassius Dio über den Tod des Drusus zu berichten hatte, ist nicht erhalten.

---

[639] App. civ. I 37.
[640] App. civ. I 38.
[641] Cass. Dio XXVIII 96, 1-2.; vgl. Flor. II 5.
[642] Cass. Dio XXVIII 96, 3.

2. Zusammenfassung und Bewertung

Bei Betrachtung der Quellen zum Tod des Livius Drusus wird deutlich, daß dieser Fall in manchen Dingen den bisher untersuchten Fällen sehr ähnlich ist: Wie Tiberius Gracchus und Saturninus wurde Drusus getötet, während er das Volkstribunat bekleidete, wie viele seiner Leidensgenossen war der Grund für die Ermordung ein von ihm vorgelegtes umfassendes Reformpaket, das von bestimmten einflußreichen Teilen der Gesellschaft nicht geduldet wurde.[643] Dennoch erscheint der Mord an Livius Drusus in den Quellen anders als die Morde an den Gracchen oder gar an Saturninus und Glaucia. Cicero und Velleius Paterculus beklagen den Mord und sehen in Drusus in erster Linie einen Vertreter senatorischer Interessen.[644] Auch der Historiker Livius bescheinigt ihm, sich für die Sache des Senats eingesetzt zu haben, beurteilt jedoch das politische Wirken des Drusus eher kritisch.[645] Nach Appian hingegen verwendete sich Drusus vor allem für das Bürgerrecht der Italiker und wurde durch die Zugeständnisse, die er verschiedenen Gruppen machen mußte, um sein Ziel zu erreichen, ins politische Abseits gedrängt. Seneca und die erhaltenen Fragmente des Cassius Dio geben keine Auskünfte über die Inhalte der Politik des Drusus. Betrachtet man die Aussagen der antiken Autoren insgesamt, so zeigt sich, daß selbst diejenigen, deren politische Sympathien für Drusus sich stark in Grenzen halten oder gar nicht vorhanden sind, an keiner Stelle behaupten, durch den Mord an Drusus sei der *res publica* ein besonderer Dienst erwie-

---

[643] Es ist nicht Sinn dieser Untersuchung, die angestrebten Reformen des Livius Drusus zu bewerten. Sein Programm muß jedoch, um die Umstände seiner Ermordung verstehen zu können, kurz zusammengefaßt werden. Drusus setzte sich für die pauschale Verleihung des römischen Bürgerrechts an die italischen Bundesgenossen ein, eine Maßnahme, die schon seit den Gracchen in der öffentlichen Diskussion stand. Eine Beantwortung des Drängens der Italiker nach dem Bürgerrecht war immer notwendiger geworden. Zudem wollte Drusus wie mehrere seiner Vorgänger im Amt- Land an die verarmte römische *plebs* verteilen. Ein weiterer Punkt der Reformen war die teilweise Rückgabe der Gerichtsbarkeit von den Rittern an den Senat. Auf der anderen Seite sollte der Senat um 300 Sitze aufgestockt werden, so daß viele Ritter in den Senatorenstand hätten aufsteigen können. Zum Programm des Drusus vgl. ausführlicher: BADIAN, Foreign Clientelae, 216-218; MEIER, Res publica 208-215; BURCKHARDT, Politische Strategien, 256-262. Zum Bundesgenossenproblem: SHERWIN-WHITE, Roman Citizenship, 33-40; GRUEN, Roman Politics, 199-201; BRUNT, Fall, 93-143; GABBA, Rome and Italy, 104-111.
[644] Cic. Mil. 16; Vell. Pat. II 13.
[645] Liv. per. LXI.

sen worden. Auch wenn Livius, Seneca oder auch Appian das politische Wirken des Drusus kritisch sehen und vor allem den Ausgang seiner Maßnahmen anprangern, bezeichnen sie ihn nicht als aufrührerischen Unruhestifter, obwohl dieselben Autoren mit solchen Urteilen im Falle der Gracchen oder des Saturninus nicht geizen. Die spätere Feindschaft des Senats gegen Drusus ist für sie mehr auf Mißverständnisse und unglückliche Umstände zurückzuführen als auf ein wirkliches revolutionäres Potential des Drusus. Die allgemeine Sympathie für Drusus mag daher rühren, daß der Volkstribun nicht wie manche seiner Amtskollegen radikal gegen den Senat und die Oberschicht gekämpft hat, sondern von Anfang an mit der Zustimmung der Senatsmehrheit gehandelt hat, einer Zustimmung, die ihm erst im Laufe seines Amtsjahres mehr und mehr entzogen wurde, weil der Senat Veränderungen und Reformen zu sehr fürchtete.[646] Vor allem aber scheint Drusus nicht den Mob mobilisiert zu haben. Es gibt keinerlei Berichte darüber, daß Drusus versucht habe, durch Gewalt seinen politischen Forderungen Nachdruck zu verleihen.[647] Nicht einmal Seneca, der ein sehr negatives Drusus-Bild zeichnet, kann von solchen Unruhen berichten. Auch sind die Gesetze, die Drusus eingebracht hatte, und die nach seinem politischen Scheitern annulliert wurden, nicht deshalb aufgehoben worden, weil sie durch Gewalt durchgesetzt worden waren, sondern weil Drusus bei der Abstimmung über die Gesetze Formfehler begangen hatte.[648] Diese

---

[646] So MEIER, Res publica, 213.
[647] Das von Florus (II 5, 8) und Valerius Maximus (IX 5, 2) erzählte Beispiel für Gewaltanwendung des Drusus gegen den amtierenden Konsul bei der Abstimmung über seine Gesetze ist ebenfalls nicht als *vis* in dem Sinne, wie sie von C. Gracchus oder Saturninus gebraucht wurde, zu verstehen, sondern als Verstoß gegen die Auspicien (Hierzu: Anm. 43).
[648] Zur Annullierung der Gesetze des Livius Drusus: SMITH, Use of Force, 157, Anm. 32; DE LIBERO, Obstruktion, 61. 96f.; LINTOTT, Violence, 134. 141f.; HEIKKILÄ, Annulment, 136f. HEIKKILÄ hält es für unwahrscheinlich, daß der Verstoß gegen die *lex Caecilia Didia* der tatsächliche Grund für die Aufhebung der Gesetze des Drusus war. Er bezeichnet die entsprechende Version Ciceros (Cic. dom. 41) als „not likely". Wenn jedoch dem Senat sehr daran gelegen war, die Gesetze des Drusus zu annullieren, dann ist es m.E. durchaus denkbar, daß der Verstoß gegen die erwähnte *lex* als Grund vorgeschoben wurde, ohne daß ein solcher Verstoß in allen anderen Fällen, in denen er vorgekommen war, auch immer zu einer Aufhebung der Gesetze geführt hat. HEIKKILÄS Ansicht stützt sich auf Asc. Corn. p. 68c, wonach Drusus bei der Durchbringung seiner Gesetze gegen die Auspicien verstieß. Der oben erwähnte Konsul Philippus (Anm. 42) hatte demnach die entsprechende Volksversammlung nicht in seiner Eigenschaft als Konsul, sondern als Augur gestört (Hierzu: LINDERSKI, Witticism, 454-459;

Fehler konnten von den Gegnern des Drusus zum Vorwand genommen werden, die Gesetze aufheben zu lassen. Besonders schwer für die Beurteilung des Reformers durch die hier betrachteten antiken Autoren wiegt aber sicher die von Cicero geäußerte sehr positive Meinung über Drusus. Die Schriften und Reden Ciceros waren den kaiserzeitlichen Autoren in den meisten Fällen sicher direkt, ansonsten indirekt bekannt. Die Beurteilung einer Person durch Cicero dürfte einigen Einfluß darauf gehabt haben, wie ein kaiserzeitlicher Autor die betreffende Person ansah. Die Sympathie Ciceros für Drusus ist wiederum einerseits auf die oben angeführten politischen Gründe und sicher nicht zuletzt auch auf persönliche (und politische) Zuneigung zu Verwandten oder engen Freunden des 91 v.Chr. ermordeten Drusus zurückzuführen.[649]

Vgl. DE LIBERO, 61, die unpassend unter anderem Cic. dom. 41 als Beleg für eine Kassation wegen Verstoßes gegen die Auspicien anführt) und gegen die Versammlung obnuntiert. Da Drusus dies nicht beachtet habe, seien seine Gesetze *contra auspicia*. Die Version Ciceros ist dennoch (entgegen HEIKKILÄS Ansicht) nicht einfach abzulehnen. Es ist sicher möglich, daß sowohl der Verstoß gegen die *lex Caecilia Didia* als auch die Mißachtung der Auspicien als Gründe für die Aufhebung der Gesetze des Drusus angeführt worden sind. Dennoch spräche auch dieser Fall nicht dafür, daß Drusus seine Politik auf gewalttätige Weise durchsetzte, sondern allenfalls dafür, daß der Tribun die Obnuntiation des Konsuls (zurecht, denn auch Asc. Corn. p. 68c begründet die Maßnahme des Konsuls mit den Worten „Philippus [...], qui ei inimicus erst, obtinuit [...]") als Agitation gegen seine Reformpläne betrachtete und sie deshalb ignorierte und den Konsul verhaften ließ. Das Vorgehen des Drusus wäre demnach zwar ebenso illegal wie die ‚klassische' *vis* auf Volksversammlungen, wie sie z.B. von Saturninus und Glaucia praktiziert worden war, wäre jedoch nicht im selben Maße von Gewalt als einem Mittel der Politik geprägt. „The auspicies and the technicalities of the lex Caecilia Didia were the means by which Drusus' legislation was annulled; force [...] played no part" (SMITH, Use of Force, 157).

[649] Drusus war der Großonkel des Caesarmörders M. Iunius Brutus (Cic. Brut. 222) und ein enger Freund von L. Aurelius Cotta (Cic. nat. deor. III 80), der wiederum von Cicero sehr geschätzt wurde. Cassius Dio berichtet zwar von einer Feindschaft des Caepio, dem Großvater des Brutus, mit seinem Schwager Drusus, doch da Cicero Drusus in der Brutus gewidmeten Schrift nur positiv erwähnt, scheint der spätere Caesarmörder die negative Haltung seines Großvaters nicht übernommen zu haben. Der Hinweis auf die Sympathien Ciceros für Drusus, die zu einer positiven Bewertung des Drusus geführt haben, soll jedoch nicht in der Behauptung gipfeln, der Reformer sei uns aufgrund des persönlichen Wohlwollens eines Einzelnen verfälscht dargestellt überliefert. Vielmehr können wir davon ausgehen, daß Drusus, dessen Politik Cicero möglicherweise selbst mit sehr gemischten Gefühlen verfolgt hätte, wenn er im Jahr 91 v.Chr. bereits politisch aktiver Senator gewesen wäre, durch diese günstige Betrachtung ein gerechteres historisches Urteil erhalten hat als viele seiner Kollegen. Aufrund der freundlichen Gesinnung Ciceros ist uns die positive Seite des Drusus und seiner Reformen überliefert.

Die Quellen sind sich auch dahingehend einig, daß durch den Mord an Drusus der Bundesgenossenkrieg ausgelöst wurde. Dieses Urteil kann, bedenkt man daß der Krieg tatsächlich unmittelbar nach dem Mord an dem einflußreichsten Vertreter italischer Interessen ausbrach, bedenkenlos übernommen werden. Jedoch bedeutet dies nicht, daß der Krieg, wäre Drusus nicht getötet worden, nicht ausgebrochen wäre. Wahrscheinlich hätte er sich nur verzögert. Daß nicht die Politik des Drusus die Italiker zum Krieg angestachelt hat, bedarf keiner Erwähnung. Die Bundesgenossen strebten schon vorher nach dem Bürgerrecht, und Drusus hatte sich ihrer Forderungen nur angenommen, sie aber nicht ausgelöst.[650]

Die wohl deutlichste Frage, die sich aus dem Studium der Quellen ergibt, ist die Frage nach der Identität der Mörder des M. Livius Drusus. Bis auf Cicero und Appian berichten alle Autoren einmütig, daß der Mörder des Drusus nicht bekannt war. Cicero bezeichnet den Ritter Q. Varius als Mörder, gibt aber an keiner Stelle darüber Auskunft, wie sich der Mord zugetragen habe soll. Jedoch stimmt er mit Livius und Appian darin überein, daß Drusus in seinem eigenen Haus ermordet wurde. Beachtenswerterweise nennt Cicero den Mörder in seiner Rede *Pro Milone*, wo er auf die Umstände des Mordes an Drusus zu sprechen kommt, nicht[651], obwohl ein bekannter Täter hier die Intention Ciceros noch unterstreichen würde. Schließlich klagt Cicero an dieser Stelle darüber, daß damals (im Gegensatz zum Fall Clodius-Milo) keine Untersuchung und keine Verhandlung vor dem Volk stattgefunden hatte. Es wäre also angebracht gewesen, den Namen desjenigen zu nennen, der des Mordes hätte angeklagt werden müssen. Daß er dies nicht tat, kann ein Hinweis darauf sein, daß der Mörder nicht so bekannt war, wie es die Behauptung in *De natura deorum* III 81 nahelegt. Möglicherweise hatte Cotta, dem Cicero diese Behauptung in den Mund legt, wirklich in einem Gespräch mit Cicero Varius als den Mörder seines Freundes Drusus bezeichnet. Dies muß jedoch nicht heißen, daß Cicero von der Täterschaft des Varius ebenso überzeugt war. Möglicherweise wurde Varius von Freunden und Anhängern des Drusus des

---

[650] Vgl. BRUNT, Fall, 93-111.
[651] Cic. Mil. 16.

Mordes verdächtigt, eben weil es keine Zeugen für die Tat gab und weil Varius nach dem Tod des Drusus sogleich durch die oben erwähnte *lex Varia* gegen dessen Gesinnungsgenossen vorging. Auch Cotta selbst hatte aufgrund der *lex Varia* in die Verbannung gehen müssen.

Appian behauptet, eine Gruppe von etruskischen und umbrischen Verschwörern, die aufgrund der von Drusus eingebrachten *lex agraria* Angst um ihre Besitztümer hatte und eigens für den Mord von den Konsuln[652] nach Rom gerufen worden sei, habe Drusus umgebracht. Doch auch Appian nennt für seine Variante des Mordes keine Gewährsmänner. Die Variante, wie Appian sie schildert, kann nicht ausgeschlossen werden und erscheint insgesamt schlüssig, erwiesen war die Existenz einer solchen Verschwörergruppe jedoch nie. Immerhin berichten Livius und Velleius Paterculus deutlich, daß nicht festgestellt werden konnte, wer Drusus getötet hat. Auch die einander widersprechenden Aussagen Ciceros und Appians und die Selbstmordtheorie Senecas deuten darauf hin, daß der Mörder nicht bekannt war. Wahrscheinlich hatte die Tatsache, daß kein Mörder überführt werden konnte, neben einer Verschwörungstheorie und der Annahme, der politische Gegner des Drusus habe die Tat begangen, auch eine Selbstmordtheorie hervorgebracht, die jedoch den anderen Autoren entweder unbekannt war oder von ihnen als unhaltbar angesehen und verschwiegen wurde. Die Möglichkeit, daß Drusus Selbstmord begangen hat, wird außer von Seneca nämlich von niemandem in Betracht gezogen. Beachtet man, daß Seneca als Philosoph und nicht als Historiker schreibt, ist es denkbar, daß er eine kaum ernst genommene Meinung über den Tod des Drusus aufgenommen hat, die einfach in sein argumentatives Konzept vom unglücklichen, weil ruhelosen Drusus paßte.

Die Vermutung, Drusus habe sein politisches Scheitern zum Anlaß genommen, sich selbst das Leben zu nehmen, wäre wohl nicht gänzlich von der Hand zu weisen, spräche nicht der bei Velleius Paterulus und Appian überlieferte Tathergang dagegen. Ihrer Schilderung zufolge wurde Drusus

---

[652] Die Konsuln des Jahres 91 v.Chr. waren Sex. Iulius Caesar und L. Marcius Philippus. Von Philippus ist bekannt, daß er Drusus zunächst unterstützt, sich dann aber von ihm abgewandt hatte. Zu den beiden Konsuln: BROUGHTON, Magistrates II, 20.

zwar in seinem eigenen Haus ermordet, jedoch im Beisein einer Menschenmenge. Dennoch weist auch Velleius darauf hin, daß der Mörder unentdeckt blieb. Das kann -wenn die Beschreibung des Velleius zutrifft- nur daran gelegen haben, daß die Tat in der turbulenten Menschenmenge, die Drusus umgab, unbemerkt geschah. Dafür spricht auch der Hinweis des Historikers darauf, daß der Mörder die Waffe in der Wunde seines Opfers stecken ließ. Offenbar näherte sich nach Ansicht des Velleius Paterculus der Mörder dem Drusus unter dem Schutz der Masse und handelte blitzschnell, so daß im Moment der Tat keiner der Umstehenden etwas bemerkte. Der Mörder ließ die Waffe stecken und konnte sich so nach der Tat unter die betroffene Menge mischen, ohne daß ihn jemand als Täter erkennen konnte. Wenn Drusus von einer Menschenmenge umgeben plötzlich durch ein Messer verwundet und zusammengebrochen ist und sich darüber so erschrocken gezeigt hat, wie es Velleius und Appian wiedergeben, wird sich der Tribun die tödliche Verletzung kaum selbst beigebracht haben. Die Theorie, Drusus habe Selbstmord begangen, macht nur Sinn, wenn die Tat von Zeugen unbemerkt geschah.

Die genaue Betrachtung der Quellen macht also deutlich, daß wir zwar wissen, wo und wie, aber nicht durch wen der Mord geschah. Alle von den antiken Autoren vorgeschlagenen Lösungen machen in gewisser Weise Sinn. Den Mörder des M. Livius Drusus in einer bestimmten Bevölkerungsgruppe zu suchen, ist gerade deshalb so schwierig, weil der Tribun sich in jeder dieser Gruppen Feinde gemacht hatte. Das Reformvorhaben des Drusus war groß angelegt. Jede Gruppe sollte einen zukunftsweisenden Vorteil erhalten, dafür aber auch Zugeständnisse an die anderen Gruppen machen müssen.[653] Diese grundsätzlich kluge Idee hatte jedoch einen entscheidenden Nachteil. Keine Gruppe der römischen Gesellschaft -nicht einmal die Bundesgenossen- unterstützten ihn völlig, wodurch dem Tribun der sichere Rückhalt fehlte, der für derartig groß angelegte Vorhaben notwendig ist. Also hatte Drusus auch in jedem Teil der Gesellschaft Feinde

---

[653] Die von vielen antiken Autoren geäußerte Ansicht, Drusus habe allein die Sache des Senats verteidigt und die anderen Gruppen für diesen einen Zweck durch Zugeständnisse zu ködern versucht, ist sicher nicht zutreffend.

und seine Mörder können demnach aus jedem Teil der Gesellschaft stammen. Jedoch war -so offensichtlich dies auch scheinen mag- nicht die Behinderung der Politik des Drusus der Grund für dessen Ermordung. Diese Politik war nämlich zum Zeitpunkt des Mordes bereits gescheitert. Von Diodor erfahren wir, daß Drusus zur Annullierung seiner Gesetze Stellung bezog, daß die Gesetze also schon vor dem Mord aufgehoben wurden.[654] Ein Mord an dem Tribun war also gar nicht nötig, um dessen Maßnahmen zum Erliegen zu bringen. Offenbar sollte der Mord an Drusus mehr abschreckenden als politisch ‚konstruktiven' Charakter haben. Möglicherweise weckte die von Diodor[655] und Valerius Maximus[656] bezeugte arrogante und selbstherrliche Art des Drusus die Furcht, daß er sich mit dem Scheitern seiner Politik nicht zufrieden geben und zu weiteren -möglicherweise revolutionären- Maßnahmen greifen werde. Vielleicht sahen einige konservative Politiker auch die Möglichkeit, daß Drusus sich als potentieller Tyrann entpuppen würde und wollten durch den Mord eine solche Entwicklung verhindern. Über die tatsächlichen Gründe für die Ermordung des Livius Drusus können wir nur spekulieren. Es ist jedoch am wahrscheinlichsten, daß diese Gründe in der grundsätzlichen Politik lagen, die Drusus betrieb, und daß das Auftreten einer äußerst selbstbewußten und hartnäckigen Persönlichkeit mit einem unerhörten Reformprogramm bei vielen Sorgen hinsichtlich der weiteren Entwicklung des Drusus auslöste. Ein direktes politisches Ziel wurde durch den Mord jedenfalls nicht verfolgt.

---

[654] Diod. XXXVII 10, 3.
[655] Ebd.
[656] Val. Max. IX 5, 2. Auch die von Velleius wiedergegebenen letzten Worte des Drusus (Vell. Pat. II 14, 2) zeugen nicht gerade von politischer Bescheidenheit.

J) Der Mord an A. Sempronius Asellio 89 v.Chr.

1. Die Darstellung der Quellen
a) Livius
Livius berichtet im 74. Buch seines Geschichtswerkes, daß der Prätor A. Sempronius Asellio während seiner Amtszeit erschlagen wurde. Asellio habe sich in der Frage, ob römische Schuldner ihren Gläubigern Zinsen schuldeten, für die Schuldner ausgesprochen, den Gläubigern also das Zinsnehmen untersagt. Als Folge dieser Entscheidung sei der Prätor auf dem Forum von Geldverleihern ermordet worden:

„Cum aere alieno oppressa esset civitas, A. Sempronius Asellio praetor, quoniam secundum debitores ius dicebat, ab his, qui faenerabant, in foro occisus est."[657]

b) Valerius Maximus
Valerius Maximus plaziert den Bericht über den Mord an Sempronius Asellio in dem Kapitel *De vi et seditione*, seiner Sammlung von Fällen, in denen er von Gewalttaten berichtet, die sich im Rahmen des öffentlichen Lebens zugetragen hatten. Zugleich zu Beginn seiner Darstellung liefert er eine deutliche Wertung der Tat: Der Mord an dem Prätor Asellio war nach Ansicht des Valerius Maximus nicht tolerierbar:

„Creditorum quoque consternatio adversus Semproni Asellionis praetoris urbani caput intolerabili modo exarsit."[658]

Valerius berichtet in Übereinstimmung mit Livius, daß Asellio sich für die Sache der Schuldner eingesetzt hatte; er verschweigt allerdings, welche Regelungen zuungunsten der Gläubiger getroffen werden sollten. Nach dem Bericht des Valerius könnte es sich auch um die Forderung nach Schuldentilgung handeln. Er berichtet, daß der Volkstribun L. Cassius eine Gruppe von Leuten aufhetzte, die den Prätor, der gerade mit einer Opferhandlung beschäftigt war, vom Forum jagten und ihn, nachdem sie ihn in seinem Versteck aufgespürt hatten, in Stücke rissen. Valerius weist zudem

---
[657] Liv. per. LXXIV 8.
[658] Val. Max. IX 7, 4.

darauf hin, daß Asellio zum Zeitpunkt seiner Ermordung seine Amtstoga trug:

> „Quem, quia causam debitorum susceperat, concitati a L. Cassio tribuno pl. pro aede Concordiae sacrificium facientem ab ipsis altaribus fugere extra forum coactum inque tabernula latitantem praetextatum discerpserunt."[659]

Valerius Maximus berichtet nichts darüber, was den Volkstribun L. Cassius dazu veranlaßt hat, gegen Asellio zu hetzen. Ebensowenig erfahren wir, aus welcher gesellschaftlichen Gruppe sich die Mörder des Prätors rekrutierten. Durch den Hinweis des Autors, der Mord sei die Folge eines Aufruhrs der Gläubiger, wird aber immerhin deutlich, daß die Tötung des Asellio durch Gläubiger, die sich durch Asellios Politik bedroht fühlten, initiiert wurde.

Die oben genannte Formulierung des Valerius, der Mord sei auf nicht tolerierbare Weise (*modus intolerabilis*) begangen worden, kann sich auf mehrere Faktoren beziehen. Zunächst einmal ist es wahrscheinlich, daß Valerius Maximus die Tat insgesamt ablehnt und der Ansicht ist, daß die Parteinahme eines Prätors zugunsten einer Gruppe auf keinen Fall einen Mord an diesem Prätor zur Folge hätte haben dürfen. Außerdem deutet die Tatsache, daß Valerius -der die Tat im ganzen nicht sehr ausführlich schildert- gesondert erwähnt, daß Asellio während einer Opferhandlung und in seiner Amtskleidung getötet wurde, darauf hin, daß der Autor in besonderer Weise die Verletzung der heiligen Handlung und die Mißachtung der Amtsträgerschaft des Opfers mißbilligt.

Aus der Erzählung des Valerius geht nicht hervor, ob durch den Prätor bereits eine gesetzlich verbindliche Entscheidung zugunsten der Schuldner gefallen war oder ob die Mörder eine solche erst erwarteten.

c) Appian

Appian erzählt etwas ausführlicher von den Umständen des Mordes am Prätor Asellio als die beiden anderen hier angeführten Autoren. Wie bei Livius hängt auch in Appians Schilderung der Mord mit der Frage des Zinsnehmens zusammen. Allerdings ist der Prätor hier nicht einfach auf

---

[659] Val. Max. IX 7, 4.

der Seite der Schuldner, sondern er ist lediglich nicht in der Lage, den Konflikt, der sich zwischen Schuldnern und Gläubigern entwickelt hatte, zu schlichten. Appian berichtet, daß zwar ein altes Gesetz verzinste Darlehen als illegitim verurteilte, sich aber dennoch inzwischen der Geldverleih gegen Zins durchgesetzt habe. Unter Asellios Prätur sei es zum Widerstand der Schuldner gegen die Gläubiger gekommen; d.h. viele Schuldner weigerten sich, die geschuldeten Beträge verzinst zurückzuzahlen.[660] Asellios Aufgabe als Prätor sei es gewesen, den Streit der beiden Gruppen zu schlichten und zu einem gerechten Ende zu führen. Da er mit Worten nichts erreichte, habe er entschieden, daß die verfeindeten Gruppen sich an die Gerichte wenden sollten. Dort sei das alte, in Vergessenheit geratene Gesetz für gültig erklärt worden, welches die Zinsnahme verbot, was die Gläubiger selbstverständlich erbost habe. Wie Livius und Valerius Maximus hat auch Appian keinen Zweifel daran, daß die Gruppe der Gläubiger Asellio tötete. Er beschreibt den Mord folgendermaßen:

„ὁ μὲν ἔθυε τοῖς Διοσκούροις ἐν ἀγορᾷ, τοῦ πλήθους ὡς ἐπὶ θυσίᾳ περιστάντος· ἑνὸς δὲ λίθου τὸ πρῶτον ἐπ' αὐτὸν ἀφεθέντος, ἔρριψε τὴν φιάλην καὶ ἐς τὸ τῆς Ἑστίας ἱερὸν ἵετο δρόμῳ. οἱ δὲ αὐτὸν προλαβόντες τε ἀπέκλεισαν ἀπὸ τοῦ ἱεροῦ καὶ καταφυγόντα ἔς τι πανδοχεῖον ἔσφαξαν. πολλοί τε τῶν διωκόντων ἐς τὰς παρθένους αὐτὸν ἡγούμενοι καταφυγεῖν ἐσέδραμον, ἔνθα μὴ θέμις ἦν ἀνδράσιν. οὕτω μὲν καὶ Ἀσελλίων στρατηγῶν τε καὶ σπένδων καὶ ἱερὰν καὶ ἐπίχρυσον ἐσθῆτα ὡς ἐν θυσίᾳ περικείμενος ἀμφὶ δευτέραν ὥραν ἐσφάζετο ἐν ἀγορᾷ μέσῃ παρὰ ἱεροῖς."[661]

Es ist offensichtlich, daß Appian den Mord an Asellio nicht gutheißt, da er in seiner Beschreibung besonders betont, daß der Prätor in seiner Amtszeit während einer heiligen Handlung, eines Opfers an Castor und Pollux, in Priesterkleidung ermordet wurde. Die Tat stellte also nicht nur einen Mord, sondern auch ein Sakrileg dar. Daß die Mörder vor heiligen Institutionen Appians Ansicht zufolge offenbar keinen Respekt hatten, zeigt sich auch darin, daß sich die Täter auf ihrer Jagd nach Asellio nicht scheuten, auch den Tempel der Vesta zu stürmen.

Das Motiv für den Mord kann nach Appians Beschreibung nur die Rache der Gläubiger für eine unbequeme politische Entscheidung gewesen sein. Ein politisches Ziel verfolgten die Täter seiner Ansicht nach nicht. Deut-

---

[660] App. civ. I 54.
[661] Ebd.

lich behauptet Appian, die Gläubiger seien erbost über die bereits erfolgte Wiederbelebung des alten Gesetzes gewesen, nicht, daß sie dessen Wiederbelebung zu verhindern versuchten. Außer der geglückten Rache hatte die Tat keine weiteren Folgen. Nicht einmal die Täter wurden Appian zufolge bestraft. Zwar habe der Senat alles getan, um die Identität der Mörder festzustellen, doch es fanden sich keine Zeugen für die Tat, was Appians Meinung nach auf den Einfluß der Geldverleiher zurückzuführen ist:

„καὶ ἡ σύγκλητος ἐκήρυσσεν, εἴ τίς τι περὶ τὸν Ἀσελλίωνος φόνον ἐλέγξειεν, ἐλευθέρῳ μὲν ἀργύριον, δούλῳ δὲ ἐλευθερίαν, συνεγνωκότι δὲ ἄδειαν· οὐ μὴν ἐμήνυσεν οὐδείς, τῶν δανειστῶν περικαλυψάντων."[662]

Interessant ist auch die historische Deutung des Mordes an Asellio. Appian setzt nämlich diesen Mord als eine kleine Epochengrenze. Bis zu diesem Fall einschließlich, so behauptet er, haben sich die politischen Morde vereinzelt und im innenpolitischen Bereich zugetragen. Der Fall Asellio ist also für Appian der letzte der ‚kleinen' politischen Morde. Ab jetzt aber begannen die konkurrierenden Gruppen ihre Streitigkeiten unter Zuhilfenahme von Armeen auszutragen. Die folgenden politischen Morde sind für Appian nun Morde im Rahmen eines Bürgerkriegs:

„Τάδε μὲν δὴ φόνοι καὶ στάσεις ἔτι ἦσαν ἐμφύλιοι κατὰ μέρη· μετὰ δὲ τοῦτο στρατοῖς μεγάλοις οἱ στασίαρχοι πολέμου νόμῳ συνεπλέκοντο ἀλλήλοις, καὶ ἡ πατρὶς ἆθλον ἔκειτο ἐν μέσῳ." [663]

SCHIATTI weist zudem darauf hin, daß der Mord an Asellio im Bericht Appians nun wieder den Blick auf die inneren Probleme Roms lenkt, nachdem der Historiker einige Kapitel lang über den Bundesgenossenkrieg berichtet hat. „L'assassino nell'anno 89 del pretore Semronio Asellione che aveva tentato un'impossibile mediazione sulle annose questioni tra debitori e creditori, ci riporta bruscamente alle tormentate vicende interne di Roma che, pur vittoriosa, usciva stremata e scossa dalla terribile Guerra Sociale, di fatto risoltati con un compomesso giuridico-istituzionale a vantaggio degli insorti italici."[664] Durch die Stellung des Mordes im Gesamtwerk knüpft

---

[662] App. civ. I 54.
[663] App. civ. I 55.
[664] SCHIATTI, Mario e Silla, 245.

der Tod des Asellio nicht nur -worauf Appian selbst hinweist- an die vorangegangenen innenpolitischen Morde an, die dem Historiker zufolge damals nur vereinzelt vorkamen, sondern bildet im Anschluß an den Bericht über einen außenpolitischen Krieg einen Übergang zu den harten innenpolitischen Auseinandersetzungen der 80er Jahre v.Chr.

2. Zusammenfassung und Bewertung

Aus den Quellen zum Mord an Asellio geht deutlich hervor, daß die Tat die Folge des Eintretens des Prätors für die Sache der Schuldner war. Es ging dabei nicht um die Frage einer etwaigen allgemeinen Schuldentilgung, wie sie von popularen Agitatoren des Öfteren gefordert wurde, sondern um die Frage des Zinsnehmens.[665] Auch wenn dies nicht aus allen Quellen eindeutig hervorgeht, so sind die Hinweise bei Livius und Appian doch deutlich genug. Der Streit um das Recht des Gläubigers, Zinsen zu nehmen, geht um einiges weiter zurück als nur bis ins Jahr 89 v.Chr. Von Tacitus wissen wir, daß bereits das Zwölftafelgesetz ein Zinsverbot kannte, daß derartige Verbote jedoch immer wieder mißachtet wurden.[666] Auch der Hinweis Appians, das Zinsverbot von 89 v.Chr. sei unter Berufung auf ein altes Gesetz zustande gekommen, stützt diese Behauptung. Sempronius Asellio nahm sich also keineswegs eines neuartigen Problems an. Die Hinweise bei Livius und anderen Autoren zeigen zudem, daß das von Asellio bemühte Zinsverbot ebenfalls keine unverhältnismäßige Neuerung in der Republik bedeutete. Dennoch war das Verhalten Asellios Grund genug

---

[665] SCHUR ist -im Widerspruch zu den Quellenangaben- der Ansicht, der Streit der Gläubiger mit Asellio drehe sich nicht um die Frage des Zinsnehmens, sondern um eine Herabsetzung des Geldwertes (SCHUR, Marius und Sulla, 125).

[666] Tac. ann. VI 16, 1f: „Sane vetus urbi faenebre malum et seditionum discordiarumque creberrima causa, eoque cohibebatur antiquis quoque et minus corruptis moribus. Nam primo duodecim tabulis sanctum, ne quis unciario faenore amplius exerceret, cum antea ex libidine locupletium agitaretur; dein rogatione tribunicia ad semuncias redactum; postremo vetita versura. Multisque plebi scitis obviam itum fraudibus, quae totiens repressae miras per artes rursum oriebantur." Vgl. Liv. VI 35, 4. 39, 1f. FLACH, Gesetze, 281f., bezweifelt zwar mit guten Gründen die Historizität dieser Licinisch-Sextischen Gesetze, doch macht die Beschäftigung der Quellen des Livius mit diesem Problem die Wichtigkeit der Zinsfrage deutlich. Vgl. außerdem Liv. VI 42, 1, wo Livius darauf hinweist, einige seiner Quellen für das Jahr 342 v.Chr. berichteten, durch den Volkstribun L. Genucius sei ein Verbot, Zinsen zu nehmen, beantragt worden. Vgl. außerdem Cato, agr. I 1.

für die Gruppe der Gläubiger, den Prätor umzubringen. Anscheinend fühlten sich die Gläubiger trotz der bereits bestehenden Gesetze durch die Maßnahmen Asellios ungerecht behandelt.[667] Wahrscheinlich hatten die Schuldner also zum Zeitpunkt des Zustandekommens der Schuldverträge in die verzinste Rückzahlung des Geldes eingewilligt.[668] In der Forschung haben verschiedene Autoren zurecht darauf hingewiesen, daß es sich bei den hier genannten Schuldnern wohl nicht um in erster Linie die verarmte *plebs*, sondern um Grundbesitzer -sowohl kleinere Bauern als auch Großgrundbesitzer- handelte, die vor dem Bundesgenossenkrieg mit geliehenem Geld in ihre Besitztümer investiert hatten, und für die nun, da sie durch den Krieg Verluste gemacht hatten, die verzinste Rückzahlung eine große Last darstellte.[669] Die Geldverleiher -und damit die Mörder- waren mit großer

---

[667] Es darf natürlich nicht vergessen werden, daß die meisten der uns bekannten Gesetze gegen Zinswucher nicht das Zinsnehmen generell verbieten, sondern meistens nur das Einfordern von zu hohen Zinsen. Wenn nun plötzlich die Zinsen ganz verboten wurden, bedeutete dies einen bisher nicht dagewesenen Nachteil für die Gläubiger. Das oben genannte (Anm. 10) Gesetz, von dem Livius berichtet, und welches das Zinsnehmen ganz untersagte, ist nicht sicher bezeugt. Außerdem berichtet Livius nur von einem Gesetzesantrag, nicht von einem wirklichen Zustandekommen dieses Gesetzes, wenngleich ein positives Votum der Volksversammlung bei einem solchen Antrag wahrscheinlich ist. Die Bemerkung des Tacitus, daß das Zinsnehmen irgendwann ganz verboten wurde, bleibt ohne zeitliche Einordnung und könnte sich ohne Weiteres erst auf das Jahr 89 v.Chr. beziehen. Allein Appian nimmt die Existenz eines solchen Gesetzes als gegeben an, wie erst im Laufe seiner Erzählung deutlich wird, denn sein erster Hinweis auf das Gesetz klingt ebenfalls eher zweifelnd.
[668] Das römische Obligationenrecht ist sehr komplex. Zu Darlehensverträgen: HAUSMANINGER/ SELB, Privatrecht, 261-297. Die Schuldverträge, die im Rahmen des Mordes an Asellio im Zentrum der Aufmerksamkeit standen, müssen demnach sog. *stipulationes* gewesen sein, die allerdings grundsätzlich als mündliche Verträge geschlossen wurden. „Die Stipulation war [...] nicht mit einem bestimmten Geschäftstypus verbunden, etwa einer Schenkung, einem Kauf, einer Darlehensgewährung etc, sondern durch sie konnte jeder erlaubte Leistungsinhalt klagbar gemacht werden" (HAUSMANINGER/ SELB, Privatrecht, 280. Außerdem: CROOK, Private Law, 541f.). Die mündliche Absprache der *stipulatio* bezog sich in unserem Fall also auf die verzinste Rückzahlung. Schriftlich festgehalten wurde die Darlehensgewährung (*mutuum*, hierzu HAUSMANINGER/ SELB, Privatrecht, 285-289) selbst, also der Betrag, der geliehen wurde. Allein diese Regelung zeigt, wie schwierig es für einen Gläubiger sein konnte, seine Zinsansprüche an den Schuldner geltend zu machen.
[669] Z.B. FRANK, Legislation, 55-58; GABBA, Appiani, 159; BRUNT, Fall, 157f.; Anders BADIAN, Quaestiones Variae, 477f., der die Ansicht vertritt, Asellio habe sich durch seine Maßnahmen die Unterstützung des Volks gewinnen wollen, da er zum Kreis um Livius Drusus gehört hatte, der bemüht war, den Einfluß der Ritterschaft zu minimieren. Der Haß der Ritter gegen Asellio sei zudem nicht allein auf dessen Erlaß zurückzuführen, sondern auch auf die allgemeine Gegnerschaft zwischen dem Prätor und den Rittern. BADIAN ist der Ansicht, die *plebs* habe von dem Erlaß des Asellio am meisten profitiert, weil sie wohl -finanziell gese-

Wahrscheinlichkeit Angehörige des Ritterstandes. Der Streit um die Rechtmäßigkeit des Zinsnehmens und die Ermordung des Asellio spiegeln demnach vor allem die neue Uneinigkeit von Nobilitas und Ritterstand wieder.[670] Zu den *Equites* gehörte offenbar auch L. Cassius, der im Jahr 89 v.Chr. das Volkstribunat bekleidete, und von dem Valerius Maximus berichtet, er habe die Leute zum Mord an Asellio gehetzt. Wahrscheinlich hatten auch die Gläubiger durch den langen Bundesgenossenkrieg finanzielle Verluste erlitten und fühlten sich durch das nun aufkommende Zinsverbot ebenso bedroht wie die Schuldner durch die Zinsverpflichtung. Jedenfalls war das ausgesprochene Verbot, Zinsen zu nehmen,[671] der Grund für die Gläubiger, einen Mordanschlag auf Asellio zu verüben. Dabei ist es nicht von unmittelbarer Bedeutung, ob das Zinsverbot von Asellio direkt in Form eines prätorischen Ediktes ausgesprochen wurde, wie aus dem Wortlaut von Liv. per. LXXIV 8 hervorgeht, oder ob das Verbot -wie es Appian schildert- Folge eines Formularprozesses war, der ebenfalls dem *praetor urbanus*, der ja die Gerichtsmagistratur innehatte, unterstand.[672] Die Gläubiger machten Asellio verantwortlich und brachten ihn deshalb um.

---

hen- zu den größten Verlierern des Bundesgenossenkrieges gehört habe. „That -as usual- it was the small men who were worst hit by war, economic uncertainty and the debasement of the coinage is surely obvious enough" (Quaestiones Variae, 478). Ihm folgt BRENNAN, Praetorship II, 443, der die Ansicht vertritt, Asellio sei getötet worden, weil er auf demagogische Art und Weise eine veraltete Regelung wiederbelebt habe. Das Schuldenproblem und die Frage des Zinsnehmens war jedoch durch den Bundesgenossenkrieg zu einem brisanten Problem geworden. Asellio hatte durch seine Verordnung wohl versucht, den Konflikt auf die bestmögliche Weise zu lösen. Daß mit seiner Art und Weise, die Dinge zu regeln, nicht alle zufrieden waren, liegt auf der Hand. Von Demagogie sollte in diesem Zusammenhang jedoch nicht gesprochen werden. Obwohl die Feststellung BADIANS, daß die *plebs* im Bundesgenossenkrieg mehr verloren hat als Angehörige der Oberschicht, sicher korrekt ist, war die Maßnahme des Asellio der Intention nach mehr eine Maßnahme zugunsten von Grundbesitzern als von verarmten Angehörigen der *plebs*. Dafür spricht vor allem die Tatsache, daß es sich bei der Forderung der Schuldner nicht um Schuldentilgung, sondern bloß um unverzinste Rückzahlung handelt. Der verarmten *plebs* hätte eine solche Maßnahme wenig genützt.
[670] CARNEY, Marius, 52f.
[671] Daß ein solches Verbot nicht nur im Raum stand, sondern tatsächlich ausgesprochen wurde, geht eindeutig aus der Formulierung „Asellio [...] ius dicebat" (Liv. per. LXXIV 8) hevor.
[672] Grundsätzlich hatte der Praetor urbanus zwei Möglichkeiten, Recht zu sprechen, bzw. sprechen zu lassen (LÜBTOW, Volk, 530-537; LIEBS, Recht, 37-41; METRO, Decreta Praetoris, 1-8). Er konnte zu Beginn seines Amtsjahrs Grundsätze festlegen, zu denen auch Verbote (*interdictiones*) gehörten. Möglicherweise hatte Asellio also zu Beginn des Jahres 89 v.Chr. *per interdictionem* festgelegt, daß es nicht gestattet sei, Geld gegen Zinsen zu verleihen. Allerdings konnte der Prätor im Einzelfall auch eine solche Interdiktion innerhalb seines Amts-

Der Tathergang wird bei Appian detailliert beschrieben. Die Schilderung des Valerius Maximus, die der Autor wahrscheinlich aus dem Werk des Livius entnommen hat, deutet in die gleiche Richtung wie die Darstellung Appians: Asellio wurde während einer Opferhandlung vom Altar und vom Forum gejagt und dann von seinen Mördern ergriffen und brutal niedergemacht. Möglicherweise stammen einige Details, die Appian wiedergibt, aus einer späteren -nicht in jedem Fall historisch korrekten- Ausschmückung der Tat, doch im Ganzen können wir davon ausgehen, daß sich der Mord auf eine Weise, wie Appian sie beschreibt, zugetragen hat.

Die Tat selbst wird von allen Autoren verurteilt. Was Livius zu dem Mord zu sagen hatte, läßt sich aus der *Periochae* zwar nicht ersehen, doch zeigt der alleinige Hinweis auf die Bedrängnis der Schuldner[673], nicht aber auf das mögliche Recht der Gläubiger, deutliche Sympathien für die Gruppe

---

jahres erlassen, wenn er eine Rechtslücke oder eine Ungenauigkeit in seinen zu Beginn festgelegten Rechtssätzen feststellte. Eine solche Handlungsweise konnte jedoch von den Betroffenen als Ungerechtigkeit empfunden werden, da der Erlaß eines prätorischen Edikts in diesem Fall außerhalb der üblichen Gepflogenheiten stand. Möglicherweise sah Asellio während seines Amtsjahres die Notwendigkeit, seinen Edikten das Zinsverbot hinzuzufügen, weil der diesbezügliche Streit sich erst in diesem Jahr zu einer solch brennenden Frage entwickelt hatte. Die dadurch benachteiligten Gläubiger sahen sich in ihren Rechten beschnitten und töteten den verantwortlichen Prätor. Allerdings konnte auch eine Änderung der Edikte der vorangegangenen Prätoren zu Beginn des Amtsjahres eines Prätors als Traditionsbruch und damit als quasi illegitim verstanden werden (LIEBS, Recht, 41). Andererseits konnte der Prätor, wenn es zu einem Rechtsstreit im öffentlichen Leben kam, einen *iudex* einsetzen, der den Streit entscheiden sollte. Dies scheint nach Appian der Fall gewesen zu sein. Jedoch hat nach der Schilderung Appians Asellio überhaupt keine eigene Entscheidung zugunsten einer der Gruppen getroffen, was die Frage aufwirft, welchen Grund die Gläubiger hatten, ihn und nicht den Richter umzubringen. Möglicherweise beurteilt Appian die rechtlichen Möglichkeiten eines republikanischen Prätors aus seiner eigenen Lebenswelt heraus, in der das prätorische Edikt nicht mehr existierte, sondern der Gerichtsmagistrat nur noch für die formale Aufsicht über die Gerichte zuständig war, und schließt aus den Angaben seiner Quellen, ein Gericht unter Aufsicht des Prätors und nicht der Prätor selbst habe die Entscheidung zuungunsten der Gläubiger getroffen. Auch an anderen Stellen seines Werks über den Bürgerkrieg stellt Appian die republikanischen Ämter nicht immer korrekt dar (vgl. z.B. App. civ. I 28, wo Appian behauptet, der Prätor wache über die Tribunatswahlen, was unrichtig ist. Der Prätor saß zwar den Magistratswahlen, nicht aber den Tribunatswahlen vor. Dafür war ein Volkstribun zuständig). Sowohl die Hinweise bei Livius und Valerius Maximus, der ebenfalls äußert, Asellio habe sich nicht neutral verhalten, sondern sich für die Sache der Schuldner eingesetzt, als auch die Tatsache, daß Asellio wegen dieser Entscheidung ermordet wurde, sprechen dafür, daß der Prätor das Zinsnehmen durch ein Edikt untersagt hatte. Daß es dennoch einen Gerichtsentscheid gegeben haben kann, in dem der Richter sich aufgrund des prätorischen Ediktes für die Schuldner ausspricht, bleibt davon unbenommen.

[673] „Cum aere alieno esset oppressa civitas..." (Liv. per. LXXIV 8).

der Schuldner. Dieser negativen Wertung der Tat durch die Quellen wird man kaum widersprechen können. LINTOTT äußert zwar unter Berufung auf Liv. IV 50, 2-5, Liv. per. LXXV und App. civ. I 78 die Ansicht, der Mord an Asellio habe in einer Tradition von gewalttätiger *popular justice* gestanden, und sei nicht unbedingt als Unrecht empfunden worden,[674] doch stehen die von LINTOTT genannten Beispiele allesamt im Zusammenhang eines Krieges. Keine der hier angeführten spontanen Steinigungen wurde als Mittel römischer Zivilpolitik benutzt.[675] Vielleicht folgten die Mörder des Asellio solchen Vorbildern, wie sie von LINTOTT aufgezählt werden, in ihrer ungebrochenen Tradition standen sie dadurch jedoch nicht. Der Prätor Sempronius Asellio hatte durch seine Entscheidung zugunsten der Schuldner nichts anderes getan als die Aufgaben seines Amtes erfüllt.[676] Daß das Edikt eines Prätors oder die Entscheidung eines Richters nicht jedem gefällt, liegt in der Natur der Sache. Asellio hat jedenfalls seine Kompetenzen wohl nicht überschritten und hat somit seinen Widersachern keinen legitimen Grund geliefert, mit Gewalt gegen ihn vorzugehen.

---

[674] LINTOTT, Violence, 7.
[675] Das von Cicero geäußerte Verständnis für die ‚Steinewerfer' in dom. 10f. ist ebenfalls nicht, wie LINTOTT meint (Violence, 7f.), auf eine generelle Akzeptanz des Redners für derartige Aktionen zurückzuführen, sondern auf das Bemühen Ciceros, seinen Erzfeind Clodius dem römischen Volk zu entfremden. Deshalb differenziert er so deutlich zwischen denen, die aus Existenzangst so weit gehen, sich an Tumulten zu beteiligen, und denen, die bloß von Clodius aufgehetzt sind. Auf diese Weise will er deutlich machen, daß Clodius eben nicht für die Interessen der *plebs*, sondern nur für seine eigenen kämpft.
[676] Zur Aufsicht des Prätors zum *ius civile*: VON LÜBTOW, Volk, 530-537; Ders., Römisches Recht 4, 195-211; CROOK, Private Law, 533.

K) Der Mord an Q. Pompeius Rufus d. J. 88 v.Chr.

1. Die Darstellung der Quellen
a) Livius

Livius berichtet, daß in den Unruhen des Jahres 88 v.Chr., als der Volkstribun P. Sulpicius Rufus verschiedene Gesetzesanträge durchzusetzen versuchte, der Schwiegersohn Sullas und Sohn seines Mitkonsuls, Q. Pompeius, erschlagen wurde:

> „Cum P. Sulpicius trib. pleb. auctore C. Mario perniciosas leges promulgasset, ut exsules revocarentur, et novi cives libertinique (in quinque et triginta tribus) distribuerentur, et ut C. Marius adversus Mithridaten, Ponti regem, dux crearetur, et adversantibus consulibus Q. Pompeio et L. Syllae vim intulisset, occiso (Q. Pompeio), Q. Pompei cos. filio, genero Syllae, L. Sylla cos. cum exercitu in urbem venit et adversus factionem Sulpici et Mari in ipsa urbe pugnavit eamque expulit."[677]

Der Mord erscheint in der Zusammenfassung des 77. Buches als Teil einer Aufzählung der Aktivitäten des Volkstribuns. Sulpicius habe sich auf gewalttätige Weise darum bemüht, daß die Neubürger, die durch den Bundesgenossenkrieg das römische Bürgerrecht erhalten hatten, auf alle bereits existierenden 35 Tribus verteilt werden sollten, was bei Wahlen und Abstimmungen den Einfluß der stadtrömischen Bürger zugunsten der Neubürger geschmälert hätte. Zudem habe er Verbannte zurück nach Rom rufen und Marius zum Oberbefehlshaber im Krieg gegen Mithradates machen wollen. All diese Maßnahmen sind in Livius Augen -so gibt es der Autor der *Periochae* wieder- verderbliche Gesetze (*perniciosae leges*). Um seine Vorstellungen zu verwirklichen, habe Sulpicius nicht davor zurückgeschreckt, selbst gegen die Konsuln Sulla und Q. Pompeius Gewalt anzuwenden und den Sohn des einen Konsuls zu ermorden. Nach Livius handelt es sich hier also um einen Mord, welcher der Einschüchterung politischer Gegner dienen sollte.

Als eigentlicher Initiator der von Livius so negativ gesehenen Anträge erscheint allerdings nicht der Volkstribun Sulpicius selbst, sondern der Feldherr C. Marius, auf dessen Betreiben all die schädlichen Gesetze eingebracht worden seien. Somit erscheint er dem Leser zwangsläufig auch als

---
[677] Liv. per. LXXVII 1.

mitschuldig an der Art und Weise, wie diese Gesetze durchgesetzt wurden, also ebenfalls an dem Mord an Q. Pompeius. Auch wenn Marius hier nicht direkt beschuldigt wird, so wird er doch mit den Machenschaften des Sulpicius in allerengste Verbindung gebracht.[678]

Wenn der Mord an Q. Pompeius, wie aus der *Periochae* hervorgeht, tatsächlich der Einschüchterung der Konsuln gegolten hat, so hatte diese Tat zumindest langfristig keinen Erfolg. Sullas erster Marsch auf Rom erscheint hier nämlich als direkte Folge nicht nur der Übertragung des Kommandos im Mithradateskrieg an Marius, sondern der gesamten Agitation des Sulpicius, die in der Ermordung von Sullas Schwiegersohn Q. Pompeius gipfelte. Letztlich behielt also Sulla trotz der massiven Einschüchterungsversuche seitens des Volkstribuns die Macht in Rom. Sulpicius selbst wurde, nachdem Sulla seine Position in der Stadt gesichert hatte, in einem Landhaus aufgespürt und seinerseits getötet.[679]

b) Velleius Paterculus

Velleius Paterculus weicht in keiner Weise von dem ab, was uns in der Zusammenfassung des 77. Liviusbuches überliefert ist. Auch für ihn ist die politische Aktivität des Volkstribuns Sulpicius Rufus untragbar, auch er sieht C. Marius als den eigentlichen Initiator dieser Politik, auch aus seiner Sicht ist die Ermordung des Q. Pompeius der Gipfel der Verbrechen, welche der Volkstribun begangen hat. Dies wird vor allem durch den sprachlichen Aufbau deutlich, den Velleius benutzt, um über das Volkstribunat des Sulpicius zu berichten. Zunächst erzählt er von der Wendung des ehemals redlichen Politikers zum Schlechten, einer Wendung, die sich Velleius selbst nicht zu erklären weiß. Diesen Werdegang des Sulpicius, sowie des-

---

[678] Die Formulierung, welche der Autor der *Periochae* wählt, erinnert an die Darstellungsweise, mit der derselbe Autor das Verhältnis zwischen Marius und Saturninus beim Mord an A. Nunnius 101 v.Chr. (vgl. Kapitel (E)) beschreibt („L. Appuleius Saturninus, *adiuvante C. Mario* et per milites occiso A. Nunnio competitore tribunus plebis per vim creatus, non minus violenter tribunatum, quam petierat, gessit." Liv. per. LXIX 1). Im Zusammenhang mit dem Mord an Nunnius wurde gezeigt, daß Livius der Periochae zufolge offenbar Marius als an der Tat (mit)schuldig bezeichnet (vgl. Kapitel II (E)1a). Eine ähnliche Interpretation von Liv. per. LXXVII 1 erscheint angebracht.

[679] Liv. per. LXXVII 3. Das Vorgehen Sullas gegen seine Feinde nach seinem ersten Marsch auf Rom ist Thema des nächsten Kapitels II (L).

sen staatsschädigende Politik als Volkstribun schildert der Historiker in einem einzigen Satz, der mehr aufzählenden als schildernden Charakter hat:

> „P. Sulpicius tribunus pl., disertus, acer, opibus gratia amicitiis vigore ingenii atque animi celeberrimus, cum antea rectissima voluntate apud populum maximam quaesisset dignitatem, quasi pigeret eum virtutum suarum et bene consulta ei male cederent, subito pravus se praeceps C. Mario post LXX annum omnia imperia et omnes provincias concupiscenti addixit legemque ad populum tulitqua Sullae imperium abrogaretur, C. Mario bellum decerneretur Mithridaticum, aliasque leges perniciosas et exitiabiles neque tolerandas liberae civitati tulit."[680]

Der Ermordung des Q. Pompeius jedoch widmet Velleius einen eigenen kurzen und plakativen Satz, den er mit einem steigernden *quin* beginnen läßt und an die oben zitierte Schilderung anhängt:

> „Quin etiam Q. Pompei consulis filium eundemque Sullae generum per emissarios factionis suae interfecit."[681]

Hier wird deutlich, daß Velleius den Mord an Q. Pompeius als die größte der vielen Schandtaten des Sulpicius ansieht. Außerdem erweckt die Schilderung den Eindruck, daß der Mord nicht im Zuge mehrerer Gewalttaten des Sulpicius begangen wurde, sondern daß der Volkstribun die Tat eigens geplant und in Auftrag gegeben habe. Der gewaltsame Tod des Q. Pompeius kann dieser Schilderung nach auf keinen Fall als Folge von grundsätzlichen, nicht zielgerichteten Gewalttätigkeiten verstanden werden. Nach Velleius Paterculus zu schließen, hat Sulpicius den Mord an Q. Pompeius ganz bewußt in Auftrag gegeben. Welchen Zweck der Tribun damit verfolgt hat, verrät der Historiker uns nicht. Jedoch scheint aufgrund der vorherigen Behauptung des Velleius, Sulpicius habe Gesetze eingebracht, die für ein freies Gemeinwesen untragbar waren, der Schluß nahezuliegen, daß auch nach Velleius der Mord der Einschüchterung der politischen Gegner -also der Konsuln, die das von Sulpicius bedrohte Gemeinwesen vertraten- dienen sollte. Mehr noch als bei Livius erscheint durch die Darstellungsweise des Velleius Sullas erster Marsch auf Rom -der Historiker berichtet davon ohne weitere Überleitung sogleich im nächsten Satz- als

---

[680] Vell. Pat. II 18, 5-6.
[681] Vell. Pat. II 18, 6.

Folge dieser Mordtat. Wie Livius berichtet auch Velleius, daß im Zuge von Sullas Einmarsch Sulpicius Rufus selbst getötet wurde.[682]

c) Plutarch

Plutarch berichtet vom Mord an Q. Pompeius sowohl in der Lebensbeschreibung des Marius als auch in der des Sulla. Wie die anderen Autoren bezeichnet der Biograph den Volkstribun Sulpicius ebenfalls als Werkzeug des Marius, des Gegners Sullas.[683] Anders als Velleius Paterculus weiß Plutarch aber von keiner Wandlung des Sulpicius vom Guten zum Schlechten, sondern er beschreibt den Volkstribun als grundverdorben und widmet dieser Charakterisierung einen eigenen Abschnitt:

„Μάριος δὴ προσλαμβάνει δημαρχοῦντα Σουλπίκιον, ἄνθρωπον οὐδενὸς δεύτερον ἐν ταῖς ἄκραις ἀκίαις, ὥστε μὴ ζητεῖν τίνος ἐστὶν ἑτέρου μοχθηρότερος, ἀλλὰ πρὸς τί μοχθηρότατος ἑαυτοῦ. καὶ γὰρ ὠμότης καὶ τόλμα καὶ πλεονεξία περὶ αὐτὸν ἦν ἀπερίσκεπτος αἰσχροῦ καὶ παντὸς κακοῦ, ὅς γε τὴν Ῥωμαίων πολιτείαν ἐξελευθερικοῖς καὶ μετοίκοις πωλῶν ἀναφανδὸν ἠρίθμει τιμὴν διὰ τραπέζης ἐν ἀγορᾷ κειμένης. ἔτρεφε δὲ τρισχιλίους μαχαιροφόρους, καὶ πλῆθος ἱππικῶν νεανίσκων πρὸς ἅπαν ἑτοίμων περὶ αὐτὸν εἶχεν, οὓς ἀντισύγκλητον ὠνόμαζε. νόμον δὲ κυρώσας μηδένα συγκλητικὸν ὑπὲρ δισχιλίας δραχμὰς ὀφείλειν, αὐτὸς ἀπέλιπε μετὰ τὴν τελευτὴν ὀφλήματος μυριάδας τριακοσίας."[684]

Diese Charakterisierung zeigt nicht nur, wie wenig Plutarch von Sulpicius hält, sondern auch, in welcher Weise der Tribun Politik zu treiben pflegte. Daß dabei Plutarchs Ansicht nach der Einsatz von Gewalt fester Bestandteil war, wird durch den bewaffneten ‚Gegensenat', den Sulpicius um sich versammelt hatte, mehr als deutlich. In der Lebensbeschreibung des Marius vergleicht Plutarch Sulpicius außerdem mit L. Appuleius Saturninus. Dieser sei das größte Vorbild des Sulpicius gewesen, nur sei letzterer noch entschlossener und radikaler vorgegangen als Saturninus:

„ὃς διὰ τἆλλα πάντα θαυμάζων καὶ ζηλῶν τὸν Σατορνῖνον, ἀτολμίαν ἐπεκάλει τοῖς πολιτεύμασιν αὐτοῦ καὶ μέλλησιν. αὐτὸς δὲ μὴ μέλλων ἑξακοσίους μὲν εἶχε περὶ αὐτὸν τῶν ἱππικῶν οἷον δορυφόρους, καὶ τούτους ἀντισύγκλητον ὠνόμαζεν"[685]

---

[682] Vell. Pat. II 19, 1.
[683] Plut. Mar. 35, 1.
[684] Plut. Sull. 8, 1-2.
[685] Plut. Mar. 35, 1-2. Der Vergleich, den Plutarch zwischen Saturninus und Sulpicius zieht, drängt sich dem Betrachter geradezu auf. Immerhin ist Sulpicius, wie vor ihm Saturninus, ein gewalttätiger Agitator, der im wesentlichen die Interessen des Marius vertritt.

Der Mord an Q. Pompeius, dem Sohn und Schwiegersohn der beiden amtierenden Konsuln, geschah nach Plutarch im Zusammenhang mit den Agitationen, die Sulpicius betrieb, um Marius das Kommando im Krieg gegen Mithradates zukommen zu lassen. Plutarch berichtet, daß die Konsuln Feiertage ansetzten, um eine Volksabstimmung über die Gesetzesvorschläge des Sulpicius zu verhindern. Er erwähnt dabei nur eines der vom Tribun angestrebten Gesetze, nämlich das, welches vorsah, Marius das Oberkommando im Krieg gegen Mithradates zu übertragen, verschweigt aber nicht, daß es außerdem noch um weitere, Plutarchs Ansicht nach ebenso schädliche Gesetzesanträge ging.[686] Im Rahmen der von den Konsuln angesetzten Feiern kam es zum Mord an Q. Pompeius Rufus. In der Biographie des Marius berichtet Plutarch, daß Sulpicius und dessen Leibwache während einer Versammlung bewaffnet auf die beiden Konsuln losgingen. Sulla und Q. Pompeius gelang zwar die Flucht, aber der Sohn des letzteren sei von Sulpicius und seinen Leuten ergriffen und getötet worden:

„ἐπελθὼν δὲ μεθ' ὅπλων ἐκκλησιάζουσι τοῖς ὑπάτοις, τοῦ μὲν ἑτέρου φυγόντος ἐξ ἀγορᾶς τὸν υἱὸν ἐγκαταλαβὼν ἀπέσφαξε"[687]

Dieser Beschreibung zufolge entschloß sich Sulpicius zum Mord an Q. Pompeius dem Jüngeren erst dann, als dessen Vater, der Konsul Q. Pompeius der Ältere, dem der Mordanschlag wohl eigentlich hätte gelten sollen, vom Forum geflüchtet war. Demnach war der Mord an dem Sohn des Konsuls nur ein Ersatz für den ursprünglich geplanten Mord an den Konsuln (oder zumindest für geplante erpresserische Gewaltandrohung gegen sie). Aus der Biographie Sullas geht hervor, daß besagte Versammlung anläßlich der von den Konsuln angesetzten Feiertage stattfand.[688] Sulpicius wollte demnach eine Versammlung gewaltsam sprengen, durch die er sich -da sie offenkundig nur stattfand, um ihn in seinem politischen Wirken zu behindern- provoziert fühlte. Plutarch berichtet an dieser Stelle, daß nicht allein Q. Pompeius Rufus getötet wurde, sondern ebenfalls eine Menge anderer Leute, die sich anläßlich der Feiern auf dem Forum befanden. Von

---
[686] Plut. Sull. 8, 2.
[687] Plut. Mar. 35, 2.
[688] Plut. Sull. 8, 3.

einem direkten Angriff des Volkstribuns auf die Konsuln oder von einer absichtlichen Konzentration der Mörder auf den Sohn des einen Konsuls erzählt Plutarch hier nichts. An dieser Stelle scheint Sulpicius vielmehr mit seinen Leuten einfach auf die Versammlung losgegangen zu sein, wobei er ein absichtliches Blutbad anrichtete, dem auch Q. Pompeius, der Sohn des Konsuls, zum Opfer fiel:

„ἀπραξίας δὲ διὰ ταῦτα τῶν ὑπάτων ψηφισαμένων, ἐπαγαγὼν αὐτοῖς ἐκκλησιάζουσι περὶ τὸν νεὼν τῶν Διοσκούρων ὄχλον ἄλλους τε πολλοὺς καὶ τὸ Πομπηΐου τοῦ ὑπάτου μειράκιον ἐπὶ τῆς ἀγορᾶς ἀνεῖλεν"[689]

Für den Mord an Q. Pompeius macht Plutarch nicht nur Sulpicius und seinen ‚Gegensenat' verantwortlich, sondern auch den Verbündeten des Volkstribuns, C. Marius. Dies wird darin deutlich, daß er in der Lebensbeschreibung des Marius das Verhältnis zwischen seinem Protagonisten und dem Tribun derart beschreibt, daß Marius den Sulpicius als Werkzeug zum Verderben der *res publica* benutzte.[690] Wenn Sulpicius aber das Werkzeug des Marius war, dann muß Marius als Urheber aller verderblichen Aktivitäten des Volkstribuns angesehen werden. Ähnlich bezeichnet Plutarch das Verhältnis der beiden in seiner Sulla-Biographie, wo er darauf hinweist, Marius habe Sulpicius auf das Volk losgelassen (οὗτος εἰς τὸν δῆμον ἀφεθεὶς ὑπὸ τοῦ Μαρίου).[691] Auch hier erscheint Marius als derjenige, der hinter allen Aktionen des Sulpicius, also auch hinter dem Mord an Q. Pompeius Rufus, steht.

Eine Folge dieser Handlungen des Sulpicius ist auch nach Plutarch Sullas erster Marsch auf Rom. Hier steht allerdings nicht der Mord an Q. Pompeius im Vordergrund, sondern die Übertragung des Kriegskommandos an Marius. Diese Entscheidung war nach Plutarch der Grund, warum Sulla mit seinen Soldaten nach Rom marschierte.[692] Allerdings wäre ohne die Gewalttätigkeit des Sulpicius dem Bericht des Plutarch zufolge das Kommando im Mithradateskrieg wahrscheinlich bei Sulla verblieben, weshalb die hier betrachteten Aktionen des Sulpicius durchaus für Sullas Marsch

---

[689] Plut. Sull. 8, 3.
[690] Plut. Mar. 35, 1.
[691] Plut. Sull. 8, 2.
[692] Plut. Sull. 9, 1-7.

auf Rom grundlegend waren. Daß jedoch der Mord an Pompeius für die Durchsetzung der Ziele des Sulpicius und des Marius zur Übertragung des Kriegskommandos an Marius notwendig gewesen sei, geht aus Plutarchs Berichten nicht hervor. Es kann also nur bedingt behauptet werden, der Biograph sehe Sullas Marsch auf Rom als Folge der Ermordung des Q. Pompeius.

Aus der Sicht der Täter muß dagegen festgestellt werden, daß der Grund für den Mord die Durchsetzung der politischen Ziele des Marius und des Sulpicius war. Hätte Sulla sich nicht so unkonventionell verhalten und seine Soldaten nicht nach Rom geführt, hätten die Mörder ihr Ziel erreicht. Durch Sullas unerwarteten Marsch auf Rom jedoch wurde der Erfolg der Täter zunichte gemacht, und somit führte auch der Mord an Q. Pompeius Rufus und den anderen Opfern des Sulpicius zu keinem politischen Gewinn.

d) Appian

Appian berichtet ebenfalls von der Interessensgleichheit des Marius und des Sulpicius. Nach Appian ging es bei den Tumulten, in denen Q. Pompeius ums Leben kam, in erster Linie um die Frage der Verteilung der Neubürger auf die Tribus. Da die alteingesessenen römischen Bürger den Einfluß der Neubürger möglichst klein halten wollten, kam es in Rom zu mehreren gewalttätigen Auseinandersetzungen zwischen Neu- und Altbürgern. Die Konsuln setzten Feiertage an, um die Abstimmung über die Tribusverteilung der Neubürger hinauszuzögern, weil sie für diesen Tag besondere Unruhen fürchteten. Appian unterstellt dabei den Konsuln keinerlei Parteilichkeit. Ihre einzige Motivation war nach Appian das Aufschieben von Unannehmlichkeiten.[693] Sulpicius jedoch, der bis dahin von Appian weder negativ noch positiv charakterisiert wurde, habe die Verzögerung nicht dulden wollen und sich mit seinen Anhängern bewaffnet auf das Forum begeben, um das Ende der Feiertage zu fordern. Dabei sei der Volkstribun nach Appian von Beginn an zur Gewalttätigkeit bereit gewesen; er habe seine Anhänger sogar aufgefordert, im Zweifelsfall auch die Konsuln

---

[693] App. civ. I 55.

umzubringen. Nachdem Sulla und Pompeius erwartungsgemäß nicht den Forderungen des Sulpicius nachkamen, seien sie von ihren bewaffneten Gegnern mit dem Tod bedroht worden, es sei ihnen aber gelungen, zu fliehen.[694] Während Pompeius heimlich, und Sulla unter dem Vorwand, die Forderungen des Sulpicius doch noch zu erfüllen, entkamen, wurde Q. Pompeius, der Sohn des Konsuls, von der Partei des Sulpicius ermordet:

„μέχρι Πομπήιος μὲν λαθὼν διέφυγε, Σύλλας δ᾽ ὡς βουλευσόμενος ὑπεχώρει. κἂν τῷδε Πομπηίου τὸν υἱόν, κηδεύοντα τῷ Σύλλᾳ, παρρησιαζόμενόν τι καὶ λέγοντα κτείνουσιν οἱ τοῦ Σουλπικίου στασιῶται."[695]

In Appians Schilderung zeigt sich auch die politische Haltung des Ermordeten selbst. Q. Pompeius Rufus sei durch seine offene Art und sein mutiges Auftreten gegen die Sulpicianer offenbar ebenfalls zu einem Ärgernis geworden. Hier scheint der Grund für den Mord nicht nur die Verwandschaft des Opfers mit den beiden Konsuln gewesen zu sein, sondern das politische Auftreten des Ermordeten selbst. Besondere Folgen hatte die Tat nach Appian allerdings nicht; das folgende Handeln Sullas führt der Historiker einzig auf die politische Situation nach der Flucht der Konsuln zurück.

2. Zusammenfassung und Bewertung

Betrachtet man den Stellenwert, den der Mord an Q. Pompeius Rufus in den hier zugrundeliegenden Quellen innehat, zeigt sich, daß zwar alle Autoren die Tat in irgend einer Weise herausheben, jedoch keine genaueren Angaben hinsichtlich des Hergangs machen.[696] Die Hervorhebung des Mordes dient in erster Linie der Illustration der verabscheuungswürdigen Handlungen des Volkstribuns P. Sulpicius Rufus. Die Autoren beschreiben die rücksichtslose Art und Weise, mit der Sulpicius seine politischen Ziele durchzusetzen versuchte, und weisen darauf hin, daß der Volkstribun das erträgliche Maß überschritt, indem er den Sohn des einen (und Schwieger-

---

[694] App. civ. I 56.
[695] Ebd.
[696] MEIER, Res publica, 222 hält aufgrund dieser Quellenlage eine Rekonstruktion der Ereignisse um den Mord an Q. Pompeius für unmöglich. Dennoch soll hier versucht werden, eine möglichst große Annäherung an die historischen Fakten zu erzielen.

sohn des anderen) Konsuls umbrachte. So sehr dadurch der Mord an Pompeius von den anderen Untaten des Sulpicius abgehoben wird, so sehr tritt er doch nur als ein Vergehen unter mehreren auf. Es existiert in den Quellen also kein eigenes Interesse an dem Ermordeten (allein Appian läßt Q. Pompeius eine knappe Charakterisierung zukommen)[697], sondern vielmehr an dem Mörder und seinen Machenschaften.

Der Urheber des Mordes an Q. Pompeius steht mit dem Volkstribun P. Sulpicius Rufus zweifellos fest. Die Aussagen der Quellen sind eindeutig, und da die Tat auf dem Forum vor aller Augen geschah, gibt es keinen Grund, die Informationen, auf die unsere Autoren sich stützen, in Frage zu stellen. Auch das Motiv für die Tat ist kaum strittig: Sulpicius wollte durch den gewalttätigen Aufruhr, dem (gezielt oder nicht gezielt) der Schwiegersohn Sullas zum Opfer fiel, eine Abstimmung über seine Gesetzesanträge herbeiführen. Eine gewisse Berechtigung des Sulpicius, die Einsetzung eines Feiertags durch die Konsuln nicht einfach hinzunehmen, muß sicher eingeräumt werden. Immerhin war der Sinn dieser Feiertage einzig und allein die Blockade der sulpicischen Gesetzesanträge,[698] und so ist es verständlich, daß der Volkstribun die Maßnahmen der Konsuln als Provokation auffaßte.[699] Einige moderne Autoren nehmen deshalb eine recht Sulpicius-freundliche Haltung ein. Die Eskalation der Gewalt war ihrer Ansicht nach von Sulpicius nicht grundsätzlich beabsichtigt, sondern habe sich erst aus der Weigerung der Konsuln, die Feiertage aufzuheben, beinahe naturgemäß ergeben.[700] Zudem gibt er Q. Pompeius selbst einen Teil der Schuld

---

[697] „παρρησιαζόμενόν τι καὶ λέγοντα" App. civ. I 56.
[698] Ob die Konsuln die Abstimmung fürchteten, weil sie die Vorschläge des Sulpicius mißbilligten, oder weil sie für den Tag der Abstimmung (zurecht) Unruhen befürchteten, kann nicht sicher entschieden werden. Die Befürchtung von Unruhen erscheint insgesamt logischer, da die *plebs urbana* den sulpicischen Vorschlag, alle italischen Neubürger gleichmäßig auf die existierenden 35 Tribus zu verteilen, sicher nicht unterstützte. Für die Bewertung des Mordes an Pompeius ist die Motivation der Konsuln für die Einsetzung der Feiertage jedoch nicht von Bedeutung. Viel schwerer wiegt, wie Sulpicius die verhinderte Abstimmung aufgenommen hat.
[699] BADIAN, Foreign Clientelae, 231-232; KAEVENEY, Sulla, 60.
[700] „Sulpicius [...] was an angry and determined man who would not be fobbed off by this legal subterfuge. Arming his followers he led them into the Forum where the consuls were holding a *contio* [...]. He declared that the *feriae* were illegal and demanded that the consuls annul them so that voting could take place forthwith. Not surprisingly a brawl developed [...]"

an dem Mord, denn dieser habe auf der Versammlung den Mob durch seine überheblichen Worte provoziert und somit gegen sich aufgebracht.[701] Dieser Sichtweise muß entgegengehalten werden, daß aus den Quellen sehr wohl hervorgeht, daß Sulpicius das Mittel der Gewalt bewußt zur Verwirklichung seiner politische Ziele durchzusetzen pflegte. Auch KEAVENEY ist sich dessen bewußt, da er selbst darauf hinweist, daß Sulpicius seine Interessen mit Gewalt habe vertreten wollen, weshalb die Feiertage überhaupt erst angesetzt worden seien.[702] Auch der Hinweis Plutarchs auf die große bewaffnete Menge, auf die Sulpicius sich stützte, zeigt, -geht man davon aus, daß die Informationen, die Plutarch zugrunde lagen, nicht völlig aus der Luft gegriffen sind- daß die Gewalt fester Bestandteil der politischen Mittel des Sulpicius war. Die Eskalation der Gewalt bei der hier betrachteten Versammlung kann also kaum als unkontrollierte Entladung von aufgestauter Frustration bewertet, sondern muß als bewußtes Mittel sulpicischer Politik angesehen werden.[703]

(KEAVENEY, Sulla, 60). Ähnlich urteilt LOVANO, Age of Cinna, 19-21, der in dem Vorgehen des Tribuns „standard Roman politics" erkennt. Dazu, ob der Mord an Q. Pompeius seiner Ansicht nach auch zum üblichen Vorgehen römischer Politik gehörte, schweigt LOVANO sich aus. Aus seiner kurzen Erwähnung des Falles kann jedoch ersehen werden, daß LOVANO den Mord an dem Sohn des einen und Schwiegersohn des anderen Konsuls lediglich als Kollateralschaden der Unruhen um die Sulpicischen Gesetze ansieht: „An armed band of men working for the tribune threatened the consuls, who fled the Forum, and a riot ensued between old and new citizens (in which Sulla's son-in-law, Pompeius' son, was killed)" (Age of Cinna, 20). Vgl. auch SCHUR, Marius und Sulla, 128: „Wir bedürfen zu seiner Erklärung nicht der unlauteren Motive, die eine feindliche Überlieferung dem Tribunen untergeschoben hat. Der geistige Erbe des Drusus mußte durch den Gang der Ereignisse zum Gegner des Senats und zum Bundesgenossen des Marius werden." Die Haltung SCHURS resultiert jedoch nicht in erster Linie aus seiner objektiven Quellen- und Situationsanalyse, sondern aus seiner besonders Marius-freundlichen Haltung. SCHUR nimmt Sulpicius in Schutz, weil dieser als Verbündeter des Marius handelte.

[701] „In the ensuing mélée Pompeius' son, who had stupidly provoked the mob by an ill-timed display of aristocratic hauteur, was killed" (KEAVENEY, Sulla, 60, der ein Jahr später diese Aussage fast wörtlich wiederholt: KEAVENEY, What happened, 58).

[702] „Sulla [...] found] that [...] the rioting was growing worse and that Sulpicius was about to pass his programme by force and intimidation. To avert this danger, Sulla and Pompeius declared *feriae* [...] " (KEAVENEY, Sulla, 60).

[703] LETZNER, Sulla 131, Anm. 101 schließt vor allem aus den Angaben bei Plutarch über den Gegensenat des Tribuns, daß Sulpicius grundsätzlich gewaltbereit war (vgl. auch NOWAK, Garden, 26.30.168). Diese Annahme wird durch die historischen Fakten gestützt. Nicht nur der Mord an Pompeius, der zweifellos von Sulpicius zum Zweck der Durchsetzung seiner Politik ausging, spricht für sich.

Des Weiteren geht die Sichtweise KEAVENEYS, nach der Pompeius das Volk provoziert und somit seine eigene Ermordung herbeigeführt habe, aus keiner der Quellen hervor. Es wurde bereits gezeigt, daß beinahe niemand nähere Angaben über den Charakter des Ermordeten macht, und auch aus dem knappen Hinweis des Appian, Pompeius Rufus habe freimütig seine Meinung vertreten, kann nicht ohne Weiteres geschlossen werden, daß der Sohn des Konsuls durch aristokratisches Gehabe das Volk provoziert habe. Diese Charakterisierung durch Appian zielt wohl vielmehr darauf ab, das Mißverhältnis, das zwischen Sulpicius und Pompeius d.J. bestand, zu erklären. Zwar kann aus der Tatsache, daß wir keinen sicheren Beleg für ein provozierendes Verhalten des Q. Pompeius haben, nicht mit Sicherheit geschlossen werden, daß der Ermordete das Volk nicht gegen sich aufbrachte, es ist jedoch sehr fraglich, ob dieses Verhalten, das Appian höchstens andeutet, zum Mord an Pompeius geführt hat. Abgesehen davon hat sich der Großteil der *plebs urbana* sicherlich nicht mit den politischen Zielen des Sulpicius identifiziert. Der Mob, von dem KEAVENEY annimmt, er habe Pompeius umgebracht, kann sich demnach nur aus Neubürgern rekrutiert haben. Viel wahrscheinlicher ist jedoch, daß nicht ein Volkshaufen, der sich eher zufällig zusammengefunden hatte, für die Ermordung des Pompeius verantwortlich war, sondern der bewaffnete ‚Gegensenat' des Sulpicius. Wir wissen aus den Quellen, daß Sulpicius vor Gewalt grundsätzlich nicht zurückschreckte; ebenso erfahren wir, daß die Konsuln für den Tag der Abstimmung über die Gesetzesanträge des Volkstribuns Ausschreitungen erwarteten. Eine Eskalation der Gewalt lag also bereits in der Luft. Aus der oben festgestellten Gewaltbereitschaft des Sulpicius und aus den Berichten der Quellen kann ersehen werden, daß der Volkstribun an dem von den Konsuln angesetzten Feiertag die Versammlung auf dem Forum gewaltsam sprengen und mit allen Mitteln die Abstimmung über seine Anträge erreichen wollte. Ob Pompeius getötet wurde, weil er seine Gegner provoziert hatte, oder weil sein Vater, der Konsul, geflüchtet war und die Mörder in Q. Pompeius einen Ersatz für dessen Vater sahen, oder ob er einfach ein zufälliges Opfer war, das als einer von vielen bei dem Tumult ums Leben kam,[704] wissen wir nicht. Es ist aber wahrscheinlich, daß Sulpicius und seine Leute den Sohn des Konsuls nicht aus Versehen getötet haben, sondern daß sie, selbst wenn es nicht von Beginn an in ihrer Absicht gelegen hatte, die Gelegenheit nutzten und Q. Pompeius d.J. bewußt ermordeten, als er ihnen in die Hände fiel. Immerhin richtete sich der Aufstand des Sulpicius in erster Linie gegen die Konsuln. Er wollte durch deren Einschüchterung erreichen, daß die angesetzten Feiertage wieder annulliert wurden. Also bot Q. Pompeius, der Sohn des einen und Schwiegersohn des anderen Konsuls war, ein für diese Ziele passendes Mordopfer.

Die Einschüchterung, die Sulpicius durch seinen gewaltsamen Aufstand erreicht hatte, muß enorm gewesen sein. Er setzte seine Ziele zunächst vollständig durch und die von ihm bedrohten Konsuln sahen sich gezwungen, zu flüchten. Offenbar sah im Falle des Sulpicius auch der Senat keine Gelegenheit, sich des rücksichtslosen Volkstribuns durch ein *senatus consultum ultimum* zu entledigen, wie man es noch mit L. Appuleius Saturninus erfolgreich getan hatte. Diese Passivität offenbart eine gewisse Resignation des Senats gegenüber der Macht des Sulpicius, die sicher nicht zuletzt auf der Furcht vor dessen bewaffneter Leibwache basierte. Zudem ist es denkbar, daß der Senat einen erneuten Ausbruch des Bundesgenossenkrieges fürchtete, der gerade erst unter vielen Verlusten zu Ende ging. Der Krieg war schließlich aufgrund der Ermordung des M. Livius Drusus ausgebrochen, der sich -wie Sulpicius- für die Interessen der Italiker stark gemacht hatte. Wenn nun wieder in Rom gegen einen Vorkämpfer für die Rechte der Bundesgenossen angegangen worden wäre, hätte man nicht nur die Leibwache des Sulpicius, sondern auch den Zorn der Italiker fürchten müssen.

Der Erfolg des Sulpicius wurde erst durch Sullas unerwarteten ersten Marsch auf Rom zunichte gemacht. Einige antike Autoren suggerieren einen direkten Zusammenhang zwischen dieser Aktion Sullas und dem Mord an Q. Pompeius.[705] Auch wenn die Ermordung seines Schwiegersohns für

---

[704] So deutet den Mord offenbar CAIGNART, Life and Career, 294.
[705] Dieser Suggestion folgt LINTOTT, Violence, 211: „Sulpicius Rufus used violence [...] in order to carry his laws in face of the opposition of the consuls, Sulla and Pompeius Rufus. The latter's son was killed. This violence provoked Sulla to occupy the city with his army ."

Sulla sicher ein Ärgernis war,[706] so scheint es doch kaum denkbar, daß der Konsul aufgrund dessen eine so unerhörte Tat beging und mit seinem Heer nach Rom marschierte, um die Stadt einzunehmen. Der Marsch auf Rom war zweifellos die Reaktion auf die (in legaler Hinsicht sehr zweifelhafte) Übertragung des Kommandos im Mithradateskrieg an Marius. Zwar hängt der Mord indirekt mit Sullas militärischer Reaktion zusammen, da erst die massive Einschüchterung durch Sulpicius zur Übertragung des Kommandos geführt hatte, doch bleibt fraglich, ob der Volkstribun diesen Einschüchterungseffekt nicht auch ohne den Mord an Q. Pompeius erreicht hätte. Immerhin erfahren wir von Plutarch glaubhaft, daß der Aufruhr des Sulpicius außer Pompeius noch weitere Todesopfer forderte.[707] Es ist demnach problematisch, den Mord an Q. Pompeius Rufus mit Sullas erstem Marsch auf Rom in zu engen Zusammenhang zu bringen.

---

[706] Nicht nur aus privaten, sondern auch aus machtpolitischen Gründen, denn Sulla hatte sich vor allem durch seine Heiratspolititk einen einflußreichen Platz in der Politik gesichert (KEAVENEY, Sulla, 56f.). Der Mord an Q. Pompeius war aus Sullas Sicht nicht allein der Mord an seinem Schwiegersohn, sondern auch der Mord an einem politischen Verbündeten und Bindeglied zur Familie der Pompeii.
[707] Plut. Sull. 8, 3.

L) Der Mord an P. Sulpicius Rufus 88 v.Chr.

1. Die Darstellung in den Quellen
a) Livius
Der Volkstribun P. Sulpicius Rufus wurde im Kontext von Sullas erstem Marsch auf Rom ermordet. Livius berichtet, daß der Senat auf Sullas Betreiben hin -nachdem dieser mit seinem Heer die Stadt Rom besetzt hatte- zwölf Männer aus dem Kreis des Marius und des Sulpicius zu Staatsfeinden erklärte, darunter selbstverständlich auch die beiden Hauptgegner Sullas selbst.[708] Diese *hostis*-Erklärung schuf die rechtliche Grundlage für die Tötung des Volkstribuns P. Sulpicius Rufus.
Die Ansicht des Livius zur Legitimität dieser Tat ist aus der Zusammenfassung des 77. Livius-Buches nicht zweifelsfrei zu ersehen. Allerdings kann davon ausgegangen werden, daß er die Rechtmäßigkeit dieser Tötung nicht allzusehr in Frage stellt, da er erstens den Volkstribun und seine politischen Aktivitäten zuvor als schädlich und geradezu verbrecherisch dargestellt hatte, und zweitens die offizielle *hostis*-Erklärung durch den Senat - nicht durch Sulla selbst- vorgenommen sieht.
Die Ermordung des Sulpicius selbst spielte sich nach Livius folgendermaßen ab:

„P. Sulpicius cum in quadam villa lateret, indicio servi sui retractus et occisus est. Servus ut praemium promissum indici haberet, manumissus et ob scelus proditi domini de saxo deiectus est."[709]

P. Sulpicius Rufus war demnach zunächst die Flucht auf ein Landgut gelungen; er wurde jedoch von seinem eigenen Sklaven angezeigt und daraufhin von Sullas Leuten getötet. Der verräterische Sklave, der zwar zur vordergründigen Belohnung für den Verrat freigelassen worden war, wurde sogleich zur Strafe für die Untreue gegen seinen Herrn vom Tarpeischen Felsen gestürzt. Offenbar hatte Sulla den Sklaven des Sulpicius die Freilassung in Aussicht gestellt für den Fall, daß sie ihren Herrn verrieten.

---

[708] Liv. per. LXXVII 2.
[709] Liv. per. LXXVII 3-4.

Ob Livius das Verhalten Sullas dem verräterischen Sklaven gegenüber
gutheißt, kann aus der *Periochae* nicht ersehen werden.
Der Grund für den Mord an Sulpicius war nach Livius eindeutig die Feindschaft des Getöteten zu Sulla und die Gewalttätigkeiten, mit denen der
Volkstribun im Jahr 88 v.Chr. gegen die Konsuln vorgegangen war.[710]
Nachdem alle Feinde Sullas auf die eine oder andere Weise aus Rom entfernt worden waren, konnte der Konsul Livius zufolge die Verhältnisse in
der Stadt ordnen:

> „L. Sylla civitatis statum ordinavit, exinde colonias deduxit."[711]

Der Tod des Sulpicius Rufus trug demnach Livius zufolge als Teil eines
größeren Vorhabens zur Stabilisierung der inneren Verhältnisse in Rom
bei. Welcher Art die Ordnung der stadtrömischen Verhältnisse waren, verschweigt der Autor der *Periochae*.

b) Valerius Maximus

Valerius Maximus stellt die Ermordung des P. Sulpicius Rufus fälschlicherweise in den Zusammenhang der sullanischen Proskriptionen. Dem
Autor geht es bei seiner Schilderung weniger um den Tod des Sulpicius als
um das Verhalten Sullas dem Sklaven gegenüber, der seinen Herrn verraten hatte. Zunächst betont Valerius Maximus den Haß, den Sulla Sulpicius
entgegenbrachte. Die Zerstörung seines Feindes sei ihm sogar wichtiger
gewesen als seine eigene Unversehrtheit:

> „Iam L. Sulla non se tam incolumem quam Sulpicium Rufum perditum voluit, tribunicio
> furore eius sine ullo fine vexatus."[712]

Die Betonung der Rachegelüste des Sulla gegenüber Sulpicius verleiht der
dann geschilderten Handlungsweise Sullas ein besonderes Gewicht. Obwohl durch den Verrat eines Sklaven sein verhaßter Gegner in seine Hände
gefallen war, er also diesem Sklaven im Grunde hätte dankbar sein können,

---

[710] Hierzu Kapitel II (K).
[711] Liv. per. LXXVII 7.
[712] Val. Max. VI 5, 7.

bestrafte Sulla den Verrat, indem er den Sklaven vom Tarpeischen Felsen stürzen ließ:

> „Ceterum cum eum proscriptum et in villa latentem a servo proditum comperisset, manu missum parricidam, ut fides edicti sui constaret, praecipitari protinus saxo Tarpeio cum illo scelere parto pilleo iussit, victor alioquin insolens, hoc imperio iustissimus."[713]

Valerius heißt die Rache, die Sulla an dem verräterischen Sklaven übte, so gut, daß er die Erzählung darüber in seine Beispielsammlung *De Iustitia* aufgenommen hat und den Konsul als *iustissimus* bezeichnet. Dennoch erwähnt er auch, daß es ein Edikt gegeben habe, welches einem Sklaven, der einen Proskribierten denunzierte, die Freiheit versprach. Diesen Widerspruch in der von ihm hochgelobten Gerechtigkeit Sullas löst Valerius Maximus nicht auf.

c) Velleius Paterculus

Velleius Paterculus berichtet in Anlehnung an Livius, daß Sulpicius und Marius gemeinsam mit zehn weiteren Mitstreitern durch Sulla aus Rom vertrieben wurden. Grund für die Verbannung waren nach Velleius die schadenbringenden politischen Neuerungen, die durch Sulpicius und die anderen durchgebracht worden waren:

> „Tum Sulla contracto exercitu ad urbem rediit eamque armis occupauit, duodecim auctores novarum pessimarumque rerum, inter quos Marium cum filio et P. Sulpicio, urbe exturbavit ac lege lata exules fecit."[714]

Velleius spricht nicht ein einziges Mal von einer Initiative des Senats, die Sullas Handeln unterstützt habe. Somit erscheint die Verbannung der Sulpicianer und Marianer als eigene Aktion des Konsuls, der mit seinem Heer in Rom einmarschiert ist. Allerdings erwähnt auch Velleius, daß Sulla diese Vertreibungen nicht nur durch die Gewalt seines Heeres vornahm, sondern sie auch durch ein Gesetz legitimierte. Von einer Erklärung zu Staatsfeinden spricht er zwar nicht, jedoch von einer formellen Verbannung (*lege lata exules fecit*). Dies bedeutet, was die rechtliche Form der Maßnahmen gegen Sulpicius und Marius angeht, sicherlich keinen wirklichen Wider-

---

[713] Val. Max. VI 5, 7.
[714] Vell. Pat. II 19, 1.

spruch zum Bericht des Livius.⁷¹⁵ Dennoch erscheinen dadurch, daß bei Velleius alle Aktionen direkt von Sulla selbst ausgehen, die Verbannung des Sulpicius und des Marius rechtlich weniger fundiert als bei Livius. Sulla marschierte in Rom ein, Sulla (und nicht der Senat) erließ ein Gesetz, welches seine Feinde zu Verbannten machte, Sullas Reiter (nicht Beauftragte des Senats) töteten Sulpicius:

> „Sulpicium etiam adsecuti equites in Laurentinis paludibus iugulavere, caputque eius erectum et ostentatum pro rostris velut omen imminentis proscriptionis fuit."⁷¹⁶

Nach dieser Version scheiterte Sulpicius also bereits auf der Flucht. Er wurde nicht, wie Livius es schildert, in einem Landhaus aufgespürt, sondern auf der Flucht in den Laurentinischen Sümpfen gefaßt und umgebracht. Daß es sich bei den *equites* nicht um Beauftragte des Senats handelt, sondern um Handlanger Sullas, zeigt sich bei der Schilderung über die Verfolgung und Verbannung des Marius, wo die Reiter näher als *Sullae equites* charakterisiert werden.⁷¹⁷ Obwohl Velleius nicht viel von der Politik und den Agitationen des Sulpicius hält, ist sein Gesamturteil über den Mord an diesem eher negativ. So berichtet Velleius, daß der abgeschlagene Kopf des Sulpicius öffentlich zur Schau gestellt worden sei und interpretiert dies als Vorbote für die Proskriptionen. Indem Velleius bereits beim Mord an Sulpicius auf die bevorstehenden Proskriptionen hinweist, erscheint das Vorgehen gegen den Volkstribun um so mehr als Eigenmäch-

---

⁷¹⁵ Die Verbannung ist allerdings nicht mit einer *hostis*-Erklärung gleichzusetzen. Wer zum Staatsfeind erklärt worden war, konnte sich zwar nur noch durch Verbannung seiner Strafe entziehen, gleiches gilt aber auch für wegen Kapitalverbrechen Verurteilte im Allgemeinen. Nicht jeder Kapitalverbrecher war automatisch Staatsfeind. Allerdings war die *interdictio aqua et igni* (hierbei handelt es sich um eine Rechtsformel, die über dem verurteilten Kapitalverbrecher ausgesprochen wurde und Ächtung, also letztlich Verbannung, bedeutete) in der späten Republik bereits mit dem Verlust der römischen Bürgerrechte gleichzusetzen (KUNKEL, Quaestio, 87-89). Demnach hatte die Verbannung des Sulpicius die gleichen Auswirkungen wie seine Erklärung zum Staatsfeind. Zudem war nach Velleius das Verbrechen, dessentwegen Sulpicius verurteilt wurde, ein Verbrechen gegen den Staat (*auctor rerum novarum pessimarum*). Daß Sulpicius als Feind des Staates seine Bürgerrechte verlor, wird also von Velleius übereinstimmend mit Livius berichtet.
⁷¹⁶ Vell. Pat. II 19, 1.
⁷¹⁷ Vell. Pat. II 19, 2. Zwar ist hier nicht vom Mord an Sulpicius, sondern von der Verfolgung des Marius die Rede, doch wäre es unsinnig, anzunehmen, der Mord an Sulpicius sei von einem anderen Auftraggeber ausgegangen als die Verfolgung des Marius.

tigkeit und Grausamkeit Sullas. Zudem erwähnt Velleius mit keinem Wort die Neuordnung der Republik durch Sulla. Der Mord an Sulpicius und die Verbannung des Marius scheinen dieser Schilderung zufolge keinem weiteren Zweck gedient zu haben als der persönlichen Rache des Konsuls.

d) Plutarch

Plutarch erwähnt die Hinrichtung des Sulpicius Rufus in der Lebensbeschreibung des Sulla; in der Vita des Marius dagegen fehlen Angaben zum Schicksal des Volkstribuns nach Sullas Einmarsch in Rom, obwohl es sich doch bei Sulpicius um Marius' wichtigsten Verbündeten im Jahr 88 v.Chr. handelte.

Auch in Plutarchs Sulla-Biographie erscheint der Tod des Sulpicius eher als eine Nebensächlichkeit. Der Biograph widmet der Verurteilung und Tötung des Volkstribuns nicht mehr als zwei Sätze. Bedenkt man, wie ausführlich Plutarch manche andere Begebenheit schildert, so scheint der Tod des Sulpicius für ihn ein recht unwichtiges Randereignis zu sein. Plutarch berichtet, wie der Konsul, der soeben durch militärische Gewalt die Macht in Rom wiedererlangt hat, seine Gegner -darunter Sulpicius- durch den Senat zum Tode verurteilen ließ:

„Σύλλας δὲ τὴν βουλὴν συναγαγὼν καταψηφίζεται θάνατον αὐτοῦ τε Μαρίου καὶ ὀλίγων ἄλλων, ἐν οἷς Σουλπίκιος ἦν ὁ δήμαρχος."[718]

Plutarch macht keine genaueren Angaben darüber, in welcher Rechtsform Sulpicius verurteilt wurde. Allerdings erscheint bei Plutarch -in Übereinstimmung mit Velleius Paterculus- Sulla und nicht der Senat als der eigentliche Urheber dieser Verurteilung, da Σύλλας handelndes Subjekt dieses Satzes ist. Sulla versammelte den Senat und Sulla verurteilte seine Gegner. Offenbar sprach er seine Verurteilung vor dem Senat aus und ließ sie sich der Form halber durch die versammelten Senatoren bestätigen, so daß er eine Rechtsgrundlage hatte, aufgrund deren er handeln konnte. Nach der passiven Stellung der βουλή in diesem Satz zu schließen, scheint dem Senat jedoch nicht viel anderes übriggeblieben zu sein, als die Beschlüsse Sullas

---

[718] Plut. Sull. 10, 1.

schlicht zu bejahen.⁷¹⁹ Auf die Verurteilung folgte die Tötung des Sulpicius, die Plutarch in knappen Worten zusammenfaßt:

„ἀλλὰ Σουλπίκιος μὲν ἀπεσφάγη προδοθεὶς ὑπὸ θεράποντος, ὃν ὁ Σύλλας ἠλευθέρωσεν, εἶτα κατεκρήμνισε "⁷²⁰

Plutarchs Bericht stimmt hier mit dem, was von Livius und Valerius Maximus überliefert ist, überein. Sulpicius wurde von seinem eigenen Sklaven verraten, dieser dann zur Strafe vom Tarpeischen Felsen gestürzt. Da Plutarch zuvor sehr negativ über Sulpicius Rufus geurteilt hatte,⁷²¹ ist es nicht verwunderlich, daß er dessen gewaltsamen Tod nicht als besonderes Unrecht ansieht. Im Gegensatz zur Tötung des Sulpicius wird die Verfolgung des Marius durch Sulla von ihm weitaus mehr verurteilt.⁷²² Allerdings verschweigt Plutarch auch beim Tod des Sulpicius das eigenmächtige Vorgehen Sullas nicht. Er vergißt hier nicht, zu erwähnen, daß es sich bei dem zum Tode verurteilten Sulpicius um einen Volkstribun handelte (ἐν οἷς Σουλπίκιος ἦν ὁ δήμαρχος). Diese Tatsache muß bei Plutarchs Lesern einen unguten Beigeschmack hervorrufen. Zwar macht der Biograph nicht viel Aufhebens um das Amt des Sulpicius, doch daß er das Tribunat im Zusammenhang mit seiner Verurteilung noch einmal erwähnt, läßt eine leise Kritik Plutarchs an der Ermordung des Sulpicius vermuten. Insgesamt fällt in Plutarchs Darstellung auf alle Handlungen Sullas, die er nach seinem ersten Marsch auf Rom unternahm und die im 10. Kapitel der Sulla-Biographie geschildert werden, der Schatten des Unrechtmäßigen und Eigenmächtigen.⁷²³ Die Hinrichtung des P. Sulpicius Rufus bildet da keine Ausnahme.

---

⁷¹⁹ Allerdings waren die Senatoren Plutarchs Darstellung zufolge sicher im Großen und Ganzen mit der Verurteilung von Sulpicius und Marius einverstanden, da sie zuvor von diesen beiden unter Druck gesetzt worden waren und nicht mehr ihre eigenen Ideen, sondern nur noch die Befehle des Sulpicius und des Marius ausführen konnten. (Plut. Sull. 9, 2.)
⁷²⁰ Plut. Sull. 10, 1.
⁷²¹ Plut. Mar. 8, 1-2.
⁷²² Plut. Sull. 10, 1-2.
⁷²³ So die Verfolgung des Marius, der zuvor Sulla in seinem Haus Asyl gewährt hatte (Plut. Sull. 10, 1-2). Durch die Verfolgung des Mannes, der ihm zuvor Zuflucht gewährt hatte, zog Sulla nicht nur den Unwillen des Senats, sondern auch den Haß des Volkes auf sich.

e) Appian

In Appians Darstellung ist -da er seinen Lesern die Tötung des Q. Pompeius Rufus durch den Volkstribun und seine Anhänger verschweigt- der Mord an Sulpicius und seinen Mitstreitern der erste Mord in einer neuen Ära der politischen Gewalt. Sullas erster Marsch auf Rom ist für den Historiker der Beginn der allerletzten Phase der römischen Republik, in der politisches Handeln durch Bürgerkrieg und Ungesetzmäßigkeit gekennzeichnet ist. Es wurde bereits darauf hingewiesen, daß Appian dem Mord am Prätor Asellio bescheinigt, der letzte der ‚kleinen' politischen Morde zu sein, und daß seiner Ansicht nach von nun an jede politische Gewalt in Bürgerkrieg ausartete.[724] Appian behauptet, daß von nun an niemand mehr der politischen Machtausübung durch Zuhilfenahme von Armeen und der Durchsetzung von Macht durch Bürgerkrieg etwas entgegenzusetzen hatte:

„Ὧδε μὲν αἱ στάσεις ἐξ ἔριδος καὶ φιλονικίας ἐπὶ φόνους καὶ ἐκ φόνων ἐς πολέμους ἐντελεῖς προέκοπτον, καὶ στρατὸς πολιτῶν ὅδε πρῶτος ἐς τὴν πατρίδα ὡς πολεμίαν ἐσέβαλεν. οὐδ' ἔληξαν ἀπὸ τοῦδε αἱ στάσεις ἔτι κρινόμεναι στρατοπέδοις, ἀλλ' ἐσβολαὶ συνεχεῖς ἐς τὴν Ῥώμην ἐγίνοντο καὶ τειχομαχίαι καὶ ὅσα ἄλλα πολέμων ἔργα, οὐδενὸς ἔτι ἐς αἰδῶ τοῖς βιαζομένοις ἐμποδὼν ὄντος, ἢ νόμων ἢ πολιτείας ἢ πατρίδος."[725]

Die römische Staatsverfassung wurde Appian zufolge einfach nicht mehr beachtet. Durch Sullas Dreistigkeit, mit einer römischen Armee gegen Rom zu marschieren, waren die letzten Hemmungen gefallen.

Appian stellt die Verurteilung des Sulpicius in den Zusammenhang dieser Klage über die Verhältnisse in der späten Römischen Republik. Auf diese Weise läßt er keinen Zweifel daran, daß er die Verbannung und teilweise Tötung der Feinde Sullas für im Grundsatz unrechtmäßig hält, auch wenn er den juristischen Mantel, welcher diese Aktionen umgab, nicht verschweigt. So verwundert es auch nicht, daß der Autor nicht nur erwähnt, sondern geradezu betont, daß Sulpicius zur Zeit seiner Verbannung noch das Amt des Volkstribuns innehatte:

„τότε δὲ Σουλπίκιον δημαρχοῦντα ἔτι καὶ σὺν αὐτῷ Μάριον, ἑξάκις ὑπατευκότα, καὶ τὸν Μαρίου παῖδα καὶ Πούπλιον Κέθηγον καὶ Ἰούνιον Βροῦτον καὶ Γναῖον καὶ Κόιντον Γράνιον καὶ Πούπλιον Ἀλβινοουανὸν καὶ Μᾶρκον Λαιτώριον ἑτέρους τε, ὅσοι μετ' αὐτῶν, ἐς δώδεκα μάλιστα, ἐκ

---

[724] Hierzu: Kapitel II (J)1c.
[725] App. civ. I 60.

Ῥώμης διεπεφεύγεσαν, ὡς στάσιν ἐγείραντας καὶ πολεμήσαντας ὑπάτοις καὶ δούλοις κηρύξαντας ἐλευθερίαν εἰς ἀπόστασιν πολεμίους Ῥωμαίων ἐψήφιστο εἶναι καὶ τὸν ἐντυχόντα νηποινεὶ κτείνειν ἢ ἀνάγειν ἐπὶ τοὺς ὑπάτους τά τε ὄντα αὐτοῖς δεδήμευτο."[726]

Appian nennt außer Sulpicius und den beiden Marii noch weitere Namen von Personen, die durch Sulla verurteilt wurden: Publius Cethegus, Iunius Brutus, Gnaeus Granius, Quintus Granius, Publius Albinovanus und Marcus Laetorius. Der Grund für die Verurteilung war nach Appian, daß die betreffenden Personen sich gegen die Konsuln aufgelehnt und sich ihnen mit Waffengewalt entgegengestellt hatten. Appian berichtet auch, daß Sulpicius und die anderen aus diesem Grund zu Staatsfeinden erklärt wurden. Diese Erklärung zog eine Verbannung nach sich, da nun jeder berechtigt war, den Verurteilten zu töten oder den Konsuln auszuliefern. Nach Appian verlor der Staatsfeind also alle Rechte; auch sein Besitz wurde beschlagnahmt. Zudem wurden die zu Staatsfeinden Erklärten von eigens dafür Beauftragten gejagt, die sie zu töten suchten, was bei Sulpicius Rufus auch gelang:

„Καὶ ζητηταὶ διέθεον ἐπὶ τοὺς ἄνδρας, οἳ Σουλπίκιον μὲν καταλαβόντες ἔκτειναν·"[727]

Nur diese kurze Notiz widmet Appian dem Tod des Sulpicius Rufus. Zwar ist seiner Ansicht der Mord an dem Volkstribun der erste Mord, der in dieser letzten und gewalttätigsten Phase der Römischen Republik begangen wurde, doch liegt sein eigentliches Augenmerk eher auf der Verurteilung und Verfolgung des Marius, da dieser bisher eine größere Rolle gespielt hatte und noch spielen sollte. Der Tod des Sulpicius Rufus wird von Appian sicher nicht um des Ermordeten willen negativ beurteilt, sondern weil die *hostis*-Erklärungen gegen die Feinde Sullas und damit auch der pseudolegitime Mord an einem Volkstribun den Zustand der Römischen Republik dokumentieren.

2. Zusammenfassung und Bewertung
Der Mord an P. Sulpicius Rufus steht in einem für die Geschichte der Römischen Republik völlig neuen Zusammenhang. Erstmals wurde das römi-

---
[726] App. civ. I 60.
[727] Ebd.

sche Heer gezielt als Mittel der Innenpolitik gebraucht. Auch wenn KEAVENEY den Marsch auf Rom durch Sulla eifrig verteidigt,[728] so bleibt doch die Feststellung unumstößlich, daß die militärische Reaktion Sullas auf das innenpolitische Treiben des Sulpicius eine bisher unerhörte Handlungsweise darstellte und daß diese von seinen Zeitgenossen auch als solche empfunden wurde.[729] Noch nie zuvor wurde der Senat durch den Einsatz römischer Legionen so sehr unter Druck gesetzt, sich dem Willen eines Einzelnen zu fügen.[730] Zwar berichtet Plutarch, daß der Senat mit Sullas Machtübernahme und vor allem mit der Verurteilung des Sulpicius einverstanden gewesen sei, weil er erleichtert darüber war, nicht mehr von dem Volkstribun tyrannisiert zu werden,[731] doch stammt diese Version sehr wahrscheinlich aus den Memoiren Sullas selbst,[732] weshalb ihre Objektivität sehr in Frage gestellt werden muß. Tatsächlich erscheint es nicht logisch, daß derselbe Senat, der die Eigenmächtigkeiten des Volkstribuns Sulpicius mißbilligte, die unerhörte militärische Aktion Sullas gegen die

---

[728] KEAVENEY, Sulla, 62-67; vgl. MEIER, Res publica, 222f.
[729] Hierzu: LETZNER, Sulla, 142 Anm. 153. Angesichts der neuen Form der politischen Gewalt, die Sulla sich mit seinem Marsch auf Rom zu eigen machte, vertritt THOMMEN den Standpunkt, nicht von bewaffneten Milizen umgebene Volkstribunen, wie Sulpicius, hätten die größte Gefahr für die römische Republik bedeutet, sondern Feldherren, die ganze Armeen unter sich hatten und sich nicht scheuten, diese für das Erreichen ihrer machtpolitischen Ziele einzusetzen (THOMMEN, Volkstribunat, 182). THOMMEN stellt zur Untermauerung dieser Argumentation C. Iulius Caesar in die alleinige Tradition Sullas. In Hinblick auf Caesar müssen wir jedoch festhalten, daß er zwar als Feldherr, der seine Armee gegen Rom führte, in der Tradition Sullas, politisch-ideologisch jedoch eher in der Tradition der bewaffneten Volkstribunen stand (zur nicht zu unterschätzenden Bedeutung politischer Ideologie in der späten Republik: PINA POLO, Ideología, 69-94; FERRARY, Optimates et populares, 221-231). In Caesar vereinigten sich diese beiden Seiten politischer Gewalt. Zudem ist gerade im Fall Sullas deutlich zu sehen, wie sehr sich diese beiden Formen der Gewaltanwendung (die der Tribunen und die der Feldherren) gegenseitig bedingten. Die Gefährdung der *res publica* ging daher zu nahezu gleichen Teilen von beiden Seiten aus.
[730] GABBA, Mario e Silla, 795, macht völlig zurecht darauf aufmerksam, daß dem Senat angesichts der Truppen Sullas nichts anderes übrig blieb als den Konsul in seinen Aktionen zu unterstützen. Ebenso HÖLKESKAMP, Sulla, 210: „Zum ersten Mal führte ein Konsul und Feldherr des römischen Volkes seine eben aus diesem Volk rekrutierten Truppen gegen die eigene Hauptstadt; zum ersten Mal sollten Soldaten das *pomerium*, jene heilige Grenze um die Stadt, an der nach uraltem Recht die Befehlsgewalt jedes Feldherrn endete und der sakral geschützte Innenraum begann, einfach überschreiten; zum ersten Mal sollte damit mitten in diesem Raum, auf dem Forum und in den Straßen Roms, eine politische Machtfrage mit dem Mittel militärischer Gewalt entschieden werden."
[731] Plut. Sull. 9, 2.
[732] BEHR, Selbstdarstellung, 68-70.

Stadt Rom nun guthieß.[733] Es konnte für den Senat nicht befriedigend gewesen sein, statt von Sulpicius und Marius nun von Sulla beherrscht zu werden. Die neue politische Situation, in der die Stadt Rom sich befand, wirft auch ein besonderes Licht auf den politisch motivierten Mord, der in dieser Situation stattfand. Zwar erhielt die Tötung des Sulpicius durch die formale *hostis*-Erklärung eine rechtliche Grundlage,[734] doch kann diese Erklärung aufgrund der besonderen Situation der *res publica* im Jahr 88 v.Chr. kaum in eine Reihe mit den *hostis*-Erklärungen gegen Saturninus und Glaucia oder mit dem *senatus consultum ultimum* gegen C. Gracchus gestellt werden. Damals hatte sich noch eine Senatsmehrheit (oder zumindest eine besonders einflußreiche Gruppe von Senatoren) gefunden, um die Notstandsgesetze zu erlassen. Hier jedoch wurde ein Senat durch die drohende Anwesenheit eines Soldatenheers vom Konsul Sulla gezwungen, *hostis*-Erklärungen auszusprechen. Möglicherweise begrüßte zwar der Senat das Vorgehen gegen Sulpicius, mit der pauschalen *hostis*-Erklärung gegen elf weitere Bürger Roms jedoch wird er sich zumindest schwergetan haben.[735] Somit muß auch Sulla als der alleinige Verantwortliche für den Mord an Sulpicius betrachtet werden. Nicht nur wegen der bedrohlichen Anwesenheit der Soldaten in Rom muß die Legitimität der *hostis*-Erklärung gegen Sulpicius und seine Verbündeten in Frage gestellt werden. Schließlich deutet nichts darauf hin, daß von dem Volkstribun nach Sullas Einmarsch in Rom noch irgend eine Bedrohung für den Staat ausging. Sulla hatte vielmehr die ganze Stadt und damit die *res publica* in seiner Ge-

---

[733] Deshalb stellt CAIGNART wohl zutreffend fest, daß Sulla sich durch seinen ersten Marsch auf Rom in die politische Isolation manövriert hatte, die sein Scheitern im Jahr 88 v.Chr. einläutete: „In 88, to march on Rome with an army was not only a crime and an impiety, it was also a political ‚mistake'. [...] Very few, it seems, saw him as a ‚liberator'" (CAIGNART, Life and Career, 306. 309).

[734] Zu den Folgen einer *hostis*-Erklärung: UNGERN-STERNBERG, Notstandsrecht, 75: „Es genügte, die Feinde des Staates durch einen eigenen Senatsbeschluß als solche zu deklarieren, um an ihre Tat dieselben Rechtsfolgen -nämlich sofortige Tötung oder konsularische Kapitalkoerzition und Einziehung des Vermögens- zu knüpfen, die in den Jahren 121 und 100 in unmittelbarer Aktion erreicht worden waren. Die *hostis*-Erklärung sollte demnach jedermann zur Bekämpfung der Staatsfeinde auffordern oder zumindest davon abschrecken, ihnen Hilfe zu gewähren."

[735] CAIGNART, Sulla, 333-335, der wohl zurecht vermutet, daß Sulla sich durch diesen Schritt noch weiter politisch isolierte und somit sein Scheitern vorantrieb.

walt. Eine *hostis*-Erklärung gegen bereits geschlagene Feinde entsprach kaum der eigentlichen Idee der Notstandsgesetzgebung. Appian urteilt demnach zurecht, daß mit Sullas Marsch auf Rom und der Verwendung von Soldaten für innenpolitische Ziele eine neue Ära der politischen Gewalt anbrach.[736]

Wir erfahren aus den Quellen, daß insgesamt zwölf Gegner Sullas zu Staatsfeinden erklärt wurden. Getötet wurde jedoch allein Sulpicius.[737] Dies mag auf einen für den Tribun unglücklichen Zufall zurückzuführen sein.[738] Möglicherweise wurde er aber auch als der am meisten verhaßte Gegner Sullas besonders intensiv verfolgt. Immerhin war es Sulpicius gewesen, der durch die Einschüchterung seiner Gegner die Übertragung des Kriegskommandos an Marius erreicht hatte. Zudem war der Volkstribun nicht vor dem Mord an Sullas Schwiegersohn Q. Pompeius Rufus zurückgeschreckt.[739]

Die Entdeckung des geflüchteten Volkstribuns verdankte Sulla jedenfalls dessen Sklaven, der seinen Herrn an den Konsul verriet. Aus den Quellen geht hervor, daß der Verräter aufgrund seiner Tat auf seine Freilassung hoffen konnte. Diese sei ihm als Belohnung in Aussicht gestellt worden.[740] Zwar erhielt der Verräter die Freiheit, wurde aber gleich darauf vom Tarpeischen Felsen gestürzt, was eine traditionelle Todesstrafe für das Verbrechen des Verrats war.[741] Diese Bestrafung des untreuen Sklaven durch Sulla wird von den Quellen ausnahmslos gutgeheißen. Ein Teil der modernen Forschung folgt diesem Urteil der Quellen.[742] Sulla hatte jedoch durch das Freiheitsversprechen den Sklaven erst zu dem Verrat angestachelt, den er dann bestrafte. Dies zeigt nicht nur eine besondere -nach heute gültigen Moralvorstellungen eher zu mißbilligende- Hinterhältigkeit Sullas, sondern

---

[736] App. civ. I 60.
[737] Zumindest erfahren wir durch die Quellen allein von dem Tod des Sulpicius. Allen anderen scheint es gelungen sein, sich ins Exil zu flüchten. Vgl. GRUEN, der offenbar der Ansicht ist, daß außer Sulpicius noch andere Feinde Sullas getötet wurden: „some of them were killed" (GRUEN, Roman Politics, 228).
[738] KEAVENEY, Sulla, 67.
[739] Zu diesen Ereignissen: Kapitel II (K).
[740] Liv. per. LXXVII 4; Val. Max. VI 5, 7.
[741] Hierzu: CANTARELLA, Peines de mort, 221-242.
[742] Vor allem KEAVENEY, Sulla, 67.

weist auch darauf hin, daß dem Konsul die Ergreifung des Sulpicius offenbar sehr wichtig war: Um seinen Feind aufzuspüren, stachelte er zu Taten an, die er eigentlich verabscheute und deshalb konsequent bestrafte.

Obwohl die antiken Autoren allesamt die Machenschaften des Sulpicius als Volkstribun mißbilligen, werden die Aktionen Sullas gegen seine Feinde eher kritisch gesehen. Allerdings urteilen die Quellen im Ganzen weitaus härter über die Verfolgung des Marius durch Sulla als über die Ermordung des Sulpicius. Das Hauptaugenmerk der Quellen liegt auf dem Schicksal des Marius.[743] Dennoch wird der Mord an Sulpicius von keinem antiken Autor explizit gutgeheißen. Wenn auch die negative Charakterisierung des Sulpicius aus den Memoiren Sullas weitestgehend übernommen wurde[744] - sicher nicht zuletzt, da sie durch die Gewalttätigkeit, die auch von dem Volkstribun ausgegangen war, als glaubwürdig angesehen wurde-, so bedeutete das für die antiken Autoren nicht, daß sie Sullas Marsch auf Rom und seine eigenmächtigen Aktionen gegen seine Feinde mit derselben Leichtigkeit billigten. Durch sein militärisches Auftreten gegen innenpolitische Widersacher hatte Sulla sich weit mehr ins Unrecht gesetzt als Sulpicius durch die Gewaltanwendung auf dem Forum. Es ist demnach nicht überraschend, daß die antiken Autoren den Mord an Sulpicius nicht loben können, obwohl sie insgesamt die Aktivitäten des Volkstribuns ablehnen. Die moderne Forschung neigt zwar dazu, Sulla für das Jahr 88 v.Chr. eine besondere Milde zu bescheinigen,[745] doch ist dieses Urteil insgesamt wohl ein wenig zu beschönigend. Alle diese Urteile beruhen nämlich auf dem Vergleich mit den Maßnahmen, die Sulla ergriff, als er das zweite Mal die Stadt Rom in seine Gewalt bekam. Daß Sulla im Jahr 88 v.Chr. noch weit von der Idee der Proskriptionen entfernt war, bedeutet nicht, daß er besonders große Milde hat walten lassen. Die antiken Quellen ziehen diesen

---

[743] Sulla wurde für die Verfolgung des Marius hauptsächlich deshalb kritisiert, weil Marius ihm zuvor Schutz gegen Sulpicius gewährt hatte (Plut. Sull. 10, 1-2).
[744] BEHR, Selbstdarstellung, 60.
[745] MEIER, Res publica, 224f.; CHRIST, Sulla, 81; LETZNER, Sulla, 142f. 324; KEAVENEY, Sulla, 67, ist sogar der Ansicht, es sei Sulla von Herzen schwergefallen, seine zwölf Hauptgegner zu Staatsfeinden zu erklären. Anders die ohnehin sullafeindliche Darstellung von HÖLKESKAMP, Sulla, 21 und SCHUR, Marius und Sulla, 133f., der schon in Sullas Handeln des Jahres 88 v.Chr. eine Vorstufe der Proskriptionen sieht.

Vergleich in dieser Form nicht. Im Gegenteil: Velleius Paterculus betont die Grausamkeit, mit der gegen den Leichnam des Volkstribuns verfahren wurde und sieht hierin bereits eine Vorstufe -und keinen Gegensatz - zu den Proskriptionen des Jahres 82 v.Chr.[746] Im Vergleich zu den bisher vorgekommenen Fällen kann nicht die Rede von einer übermäßigen Milde Sullas sein. Daß er sich später in seiner Härte gegen seine Feinde noch gesteigert hat, tut dem keinen Abbruch.

---

[746] Vell. Pat. II 19, 1. LETZNER ist der Ansicht, die Ausstellung des abgeschlagenen Kopfes des Sulpicius zeuge nicht von Grausamkeit, sondern habe nur als Warnung an das Volks gedient, um zu zeigen, was dem blühe, der sich gegen die Verfassung, also gegen die althergebrachte *res publica*, verging (LETZNER, Sulla, 144). Dazu ist jedoch zu bemerken, daß Sulla die Ausstellung des Kopfes zwar wahrscheinlich zu genau diesem Zweck veranlaßt hat, dies jedoch nicht bedeutet, daß darin keine Grausamkeit stecke. Daß Sulla sich selbst nicht für grausam gehalten hat, heißt nicht, daß er nicht in Wahrheit doch grausam war. Außerdem sollte noch bedacht werden, daß Sulla selbst sich durch seinen Marsch auf Rom ebenfalls nicht gerade im Sinne der althergebrachten *res publica* verhalten hatte. Die Ausstellung des Kopfes von Sulpicius sollte weniger davor warnen, sich gegen die alte *res publica* zu vergehen, als davor, sich gegen den Machthaber Sulla zu stellen.

M) Der Mord an Q. Pompeius Rufus d. Ä. 88 v.Chr.

1. Die Darstellung der Quellen
a) Livius
Ebenfalls im Jahr 88 v.Chr. wurde laut Livius Sullas Mitkonsul Q. Pompeius Rufus, der Vater des einige Monate zuvor von Sulpicius Rufus getöteten Q. Pompeius, ermordet. Am Ende des Jahres sei er aus Rom aufgebrochen, um sein ihm zugedachtes Prokonsulat anzutreten. Daraufhin habe der bisherige Prokonsul Cn. Pompeius[747] seinen Konkurrenten ermorden lassen:

> „Q. Pompeius consul ad accipiendum a Cn. Pompeio proconsule exercitum profectus consilio eius occisus est."[748]

In der Zusammenfassung des 77. Buches wird nichts Genaueres über die näheren Umstände des Mordes gesagt. Weder auf den Täter noch auf die Art der Tötung wird hier eingegangen. Einzig der Urheber dieser Tat, der Prokonsul Cn. Pompeius, wird genannt. Es gibt an dieser Stelle ebenfalls keinen Hinweis darauf, welche Aufgabe Cn. Pompeius so wichtig war, daß er um ihretwillen einen Mord beging. Aus Liv. per. LXXIV 1 geht aber hervor, daß es sich um die Beaufsichtigung Picenums handelte, wo Cn. Pompeius für Rom bedeutende Kämpfe auszutragen hatte. Bemerkenswert ist vor allem, daß in Livius' Augen dieses Aufgabengebiet das Motiv für die Tat lieferte. Cn. Pompeius wollte Picenum und das damit verbundene Heer nicht aufgeben und ließ aus diesem Grund seinen designierten Nachfolger umbringen. Der Mord hatte demnach in erster Linie machtpolitische Gründe. Offenbar war die Tat sogar von Erfolg gekrönt, denn nach dem Tod des Q. Pompeius Rufus wurde kein weiterer Versuch unternommen, Cn. Pompeius seine Provinz und vor allem sein Heer streitig zu machen. Auf diese Weise konnte der Prokonsul im Jahr 87 noch in den Bürgerkrieg eingreifen und dort eine nicht unwesentliche Rolle spielen.[749] Wenn Cn.

---
[747] Es handelt sich hier um den Vater des späteren Triumvirn Cn. Pompeius Magnus.
[748] Liv. per. LXXVII 8.
[749] Liv. per. LXXIX 3.

Pompeius also durch den Mord nach Macht und Einfluß gestrebt hatte, dann hatte er zumindest kurzfristig sein Ziel erreicht.[750]

b) Valerius Maximus

Valerius Maximus berichtet über den Mord an Q. Pompeius in seinen Beispielen *De vi et seditione*. Seiner Schilderung zufolge wurde das Kommando über Picenum auf Q. Pompeius übertragen, weil der Senat es Cn. Pompeius wegnehmen wollte. Dieser habe bereits seit einiger Zeit das Kommando gegen den Willen der Bürgerschaft innegehabt. Bei der Übertragung sei es also nicht primär um den neuen, sondern um den bisherigen Prokonsul in Picenum gegangen.

Auch nach Valerius war der Befehlshaber der Soldaten -Cn. Pompeius- der Anstifter des Mordes. Der Prokonsul wird in diesem Zusammenhang sogleich negativ als machtgierig charakterisiert. Valerius berichtet, die Mordtat habe sich ereignet, als Q. Pompeius im Begriff war, ein religiöses Opfer zu begehen:

> „Q. enim Pompeium Sullae collegam senatus iussu ad exercitum Cn. Pompei, quem aliquamdiu invita civitate obtinebat, contendere ausum ambitiosi ducis inlecebris corrupti milites sacrificare incipientem adorti in modum hostiae mactarunt tantumque scelus, curia castris cedere se confessa, inultum abiit."[751]

Nicht nur die Tat als solche beurteilt Valerius negativ, sondern auch die Tatsache, daß die Mörder nicht strafrechtlich verfolgt wurden. Dies wird dadurch deutlich, daß er darauf hinweist, mit dem Mord an Q. Pompeius sei ein besonders großes Verbrechen (*tantum scelus*) ungesühnt geblieben.

c) Velleius Paterculus

Für Velleius Paterculus markiert der Mord an Q. Pompeius Rufus eine neue Etappe der unrechtmäßigen Gewaltakte in der Geschichte der römi-

---

[750] Da Cn. Pompeius jedoch bereits im Jahr 87 v.Chr. starb (Obseq. 56a), also höchstens ein Jahr, nachdem er seine Macht durch Mord verteidigt hatte, kann nicht ohne weiteres behauptet werden, daß er durch den Mord seine Provinz über einen längeren Zeitraum hinweg hätte halten können. Somit bleibt der langfristige Erfolg seiner Tat fraglich.
[751] Val. Max. IX 7, mil. Rom. 2.

schen Republik. Er betont, daß dieser der erste Mord römischer Soldaten an einem Konsul gewesen sei:

> „Hoc primum anno sanguine consulis Romani militis imbutae manus sunt".[752]

Dieser Satz erinnert stark an die Formulierung, die Velleius im Zusammenhang mit der Ermordung des Ti. Gracchus 133 v.Chr. gebraucht:

> „Hoc initium in urbe Roma civilis sanguinis gladiorumque impunitatis fuit."[753]

Offenbar macht Velleius Paterculus an bestimmten Mordtaten Stufen in der Geschichte des Bürgerkrieges fest. Begann für ihn mit dem Mord an Tiberius Gracchus das ungestrafte, pseudolegitimierte Blutvergießen durch Einzelpersonen und ihre Schlägertrupps an Bürgern und Amtsträgern, so markierte der Mord an Q. Pompeius eine neue Hemmungslosigkeit, da hier das Militär, das im Dienst des römischen Volkes stehen sollte, dazu verwendet wurde, gegen römische Bürger, ja sogar gegen einen römischen Konsul, vorzugehen. Was sich 133 v.Chr. bereits angedeutet hatte, nämlich daß nicht das Recht, sondern die Waffen und das höhere militärische Potential Konflikte entschieden, zeigte sich nun offen. Der Weg zum Abgrund, den Velleius mit dem Mord an Ti. Gracchus unaufhaltsam beschritten sah,[754] wird somit immer sichtbarer.

Dabei ist für ihn der Grund für die Ermordung des Q. Pompeius offenkundig völlig uninteressant. Der Historiker berichtet lediglich, daß der Konsul durch die Soldaten des Cn. Pompeius im Zuge einer Meuterei, die der Prokonsul selbst angezettelt hatte, umgebracht wurde. Aus welchem Motiv dies geschah und was sich Cn. Pompeius davon versprochen haben mag, verschweigt er:

> „Hoc primum anno sanguine consulis Romani militis imbutae manus sunt; quippe Q. Pompeius, collega Sullae, ab exercitu Cn. Pompei proconsulis seditione, sed quam dux creaverat, interfectus est."[755]

---

[752] Vell. Pat. II 20, 1.
[753] Vell. Pat. II 3, 3.
[754] Vell. Pat. II 3, 4.
[755] Vell. Pat. II 20, 1.

Durch die Vernachlässigung der Gründe für den Mord wird um so deutlicher, daß Velleius sich einzig und allein für die epochenmarkierende Wirkung der Tat, nicht aber für die Tat selbst interessiert. Es kann allerdings ohne Zweifel festgestellt werden, daß der Mord an Q. Pompeius die volle Mißbilligung des Historikers hat.

d) Appian

Der Historiker Appian berichtet, daß der Oberbefehl über Italien vom römischen Volk an den Konsul Q. Pompeius übertragen wurde, um diesen vor Mordanschlägen seitens der einflußreichen Freunde Verbannter zu schützen.[756] Die Initiative zu der Kommandozuteilung ging dabei nach Appian ganz vom Volk aus und nicht etwa von Sulla oder seinem Mitkonsul, dem Nutznießer dieser Entscheidung, Q. Pompeius selbst. Vielmehr habe das Volk die Gefahr gesehen, in der sich beide Konsuln befanden, da die Verbannten nur auf eine Rückkehr hoffen konnten, wenn Sulla und Pompeius nicht mehr am Leben seien. Sulla sei durch das Kommando über die Legionen für den Krieg gegen Mithradates geschützt gewesen, während Q. Pompeius keinen solchen Schutz zu seiner Verfügung gehabt habe. Die Übertragung Italiens an Q. Pompeius hatte nach Appian also ihren Ursprung in der Furcht vor einem weiteren politisch motivierten Mord.

Im Gegensatz zu Livius und Velleius Paterculus bezeichnet Appian den bisherigen Oberbefehlshaber der Provinz nicht als Mörder des Konsuls. Cn. Pompeius sei zwar alles andere als erfreut über den Machtwechsel in Picenum gewesen, habe Q. Pompeius aber zunächst im Militärlager empfangen und ihm das Kommando über die Provinz übergeben. Nachdem sich Cn. Pompeius aus dem Lager entfernt hatte, sei Q. Pompeius von einer nicht näher definierten Menge umgebracht worden:

„τοῦθ' ὁ Γναῖος πυθόμενός τε καὶ δυσχεράνας ἥκοντα μὲν τὸν Κόιντον ἐς τὸ στρατόπεδον ἐσεδέξατο, καὶ τῆς ἐπιούσης τι χρηματίζοντος ὑπεχώρησε μικρὸν οἷα ἰδιώτης, μέχρι τὸν ὕπατον πολλοὶ καθ' ὑπόκρισιν ἀκροάσεως περιστάντες ἔκτειναν."[757]

---

[756] App. civ. I 63.
[757] Ebd.

Cn. Pompeius sei nach der Tat ins Lager zurückgekehrt und habe sich über den Mord an einem Konsul entrüstet gezeigt, dann aber sein Amt wieder aufgenommen:

„καὶ φυγῆς τῶν λοιπῶν γενομένης ὁ Γναῖος αὐτοῖς ὑπήντα, χαλεπαίνων ὡς ὑπάτου παρανόμως ἀνῃρημένου· δυσχεράνας δ' ὅμως εὐθὺς ἦρχεν αὐτῶν."[758]

Von einem Mordverdacht gegen Cn. Pompeius findet sich hier keine Spur. Zwar könnte die Abhängigkeit des Temporalsatzes (μέχρι τὸν ὕπατον πολλοὶ καθ' ὑπόκρισιν ἀκροάσεως περιστάντες ἔκτειναν) vom Prädikat ὑπεχώρησε andeuten, die zeitliche Begrenzung des Rückzugs von Cn. Pompeius ins Privatleben sei von Anfang an eingeplant gewesen, doch die von Appian geschilderte Reaktion des Prokonsuls auf den Mord läßt einen solchen Schluß nicht zu. Mit keinem Wort wird angedeutet, daß die Entrüstung des Cn. Pompeius nur gespielt gewesen sei. Vielmehr behauptet Appian, daß Pompeius den Mord an einem römischen Konsul stark mißbilligte, trotz dieser Mißbilligung sein Amt aber wieder aufnahm. Offenbar fand jedoch, da die Täter bereits entflohen waren, kein Prozeß gegen die Mörder statt und die Tat wurde nicht geahndet.

Einen expliziten Grund für den Mord an Q. Pompeius nennt Appian nicht. Möglicherweise führt er den Mord auf den Einfluß der Verbannten zurück, von deren Anhängern seiner Ansicht nach bereits in Rom Gefahr für die beiden Konsuln ausgegangen war. Dafür spricht zumindest seine Einschätzung der Reaktion Sullas auf den Tod seines Amtskollegen. Appian berichtet, daß der Mord an Q. Pompeius Sulla dazu veranlaßte, sich nur noch unter dem Schutz seiner Freunde auf die Straße zu wagen, und daß er so bald wie möglich Rom verließ und sich mit seinen Truppen nach Asien begab, um den Krieg gegen Mithradates aufzunehmen:

„Ἐξαγγελθέντος δ' ἐς τὴν πόλιν τοῦ Πομπηίου φόνου, αὐτίκα μὲν ὁ Σύλλας περιδεὴς ἐφ' ἑαυτῷ γενόμενος τοὺς φίλους περιήγετο πανταχοῦ καὶ νυκτὸς ἀμφ' αὐτὸν εἶχεν, οὐ πολὺ δ' ἐπιμείνας ἐς Καπύην ἐπὶ τὸν στρατὸν κἀκεῖθεν ἐς τὴν Ἀσίαν ἐξήλασεν."[759]

---

[758] App. civ. I 63.
[759] App. civ. I 64.

Sulla fühlte sich demnach durch den Mord an seinem Kollegen bedroht und verdächtigte nicht Cn. Pompeius, sondern Freunde der von ihm Verbannten, die Täter zu sein. Nach Appian hatte die Tat eine erhöhte Vorsicht Sullas und die Abreise des Konsuls nach Asien zur Folge. Demnach müssen auch die Revolution Cinnas und die mit ihr zusammenhängenden Ereignisse als indirekte Folgen des Mordes angesehen werden.

2. Zusammenfassung und Bewertung

Den wenigen Berichten, die über den Mord an Q. Pompeius erhalten sind, zufolge wurde der Konsulatskollege und enge Verbündete Sullas von Soldaten erschlagen, nachdem er seine prokonsularische Provinz[760] angetreten hatte. Livius, Valerius Maximus und Velleius Paterculus bezeichnen den bis dahin verantwortlichen Prokonsul Cn. Pompeius als Anstifter für den Mord. Es spricht in der Tat einiges dafür, daß der Prokonsul tatsächlich hinter der Ermordung des Konsuls stand. Zunächst ist es sehr wahrscheinlich, daß Gnaeus wenig Interesse daran hatte, seine bedeutende Stellung, die er durch seinen Einsatz im Bundesgenossenkrieg gegen das aufständische Picenum[761] gewonnen hatte, abzutreten. In Anlehnung an WIEHN ist GELZER der Ansicht, Pompeius habe in erster Linie gefürchtet, in Rom vor Gericht gestellt zu werden, und habe deshalb Gründe gehabt, sein Kommando in Picenum mit allen Mitteln zu halten.[762] Allerdings ist die Furcht vor einem konkreten Prozeß in diesem Fall weder erwiesen noch notwendig. Es genügt, daß Cn. Pompeius wußte, daß er in einigen einflußreichen Kreisen in Rom verhaßt war, daß er aufgrund seines Machtstrebens und seines militärischen Erfolgs in ein politisches Abseits geraten war,[763] und daß er mit dem Kommando über Picenum ein bedeutendes Machtmittel aus

---

[760] Der Begriff „Provinz" wird hier im ursprünglichen Sinne verwendet, der unter Provinz zunächst nichts weiter als das einem Prokonsul zugeteilte Aufgabengebiet versteht. In diesem Sinne ist die Aufsicht über Picenum die Provinz des Cn. Pompeius (und dann des Q. Pompeius), auch wenn Picenum keine römische Provinz im Sinne einer Provinzialverfassung, d.h. kein außeritalisches, römisch besetztes Verwaltungsgebiet ist. Zum Begriff der Provinz: DAHLHEIM, Gewalt und Herrschaft, 74-76.
[761] Zur Bedeutung Picenums und zu den Gründen für dessen Widerstand im Bundesgenossenkrieg: DELPLACE, Picenum, 35-43.
[762] GELZER, Pompeius, 121; WIEHN, Heereskommanden, 107.
[763] GELZER, Pompeius, 117.

der Hand geben würde. Angesichts der innenpolitischen Lage in Rom -das Jahr 88 war eines der Jahre, in denen beide politische Hauptrichtungen besonders entschlossen ihre jeweiligen Gegner bekämpften- ist es beinahe verständlich, wenn Cn. Pompeius seine Macht und seinen Einfluß nicht ohne Weiteres abtreten wollte.[764] Außerdem wurde Q. Pompeius allen Quellen zufolge von den Soldaten, die bis dahin unter dem Kommando des Cn. Pompeius gestanden hatten, erschlagen. Es ist insgesamt recht unwahrscheinlich, daß diese Soldaten ganz ohne Einverständnis ihres Feldherrn gehandelt haben sollen. Wenn sie selbst ein Interesse daran hatten, daß Gnaeus den Oberbefehl über sie behielt, dann war ihnen offenbar der Gedanke gekommen, daß dieser ihre Interessen -vor allem bezüglich der späteren Entlohnung- besser vertreten würde als Q. Pompeius. Auch in diesem Fall wäre es mehr als nur denkbar, daß Cn. Pompeius diesen Gedanken forciert und seinen Soldaten zumindest deutlich suggeriert hat, daß es in ihrem Interesse läge, wenn Q. Pompeius sein Kommando nicht antreten könne.[765]

Es ist auf den ersten Blick überraschend, daß der Mord an Q. Pompeius den antiken Berichten zufolge strafrechtlich überhaupt nicht verfolgt wurde. Wenn -was zu vermuten ist- bereits im Jahr 88 v.Chr. Cn. Pompeius verdächtigt wurde, Anstifter des Mordes zu sein, dann war wahrscheinlich die Angst vor dem militärischen Befehlshaber, dem seine Soldaten offensichtlich treu ergeben waren, Grund für die fehlende Strafverfolgung. Immerhin befehligte der Mörder zwei Legionen, die nicht besonders weit von Rom entfernt standen. Eine ähnliche Furcht hatte bereits im Jahr 101 v.Chr. ein Vorgehen gegen die Mörder des A. Nunnius verhindert.[766] Zudem hatte Sulla durch seinen Marsch auf Rom selbst bewiesen, daß ein

---

[764] Vom diesbezüglichen Unmut des Cn. Pompeius berichtet schließlich auch Appian, der dem Prokonsul keine Beteiligung an dem Mord unterstellt.
[765] Auf der anderen Seite darf nicht außer Acht gelassen werden, daß die Ermordung des Q. Pompeius durch Cn. Pompeius nicht erwiesen, sondern nur eine wohlbegründete Hypothese ist. Es ist ebenfalls nicht auszuschließen, daß -wie die Version Appians nahelegt- gar nicht Cn. Pompeius hinter dem Mord stand, sondern andere Feinde des Konsuls, die er sich durch seine enge Verbindung mit Sulla gemacht hatte. Möglicherweise resultierte die Unterstellung gegen den Prokonsul bloß aus dessen allgemeiner Unbeliebtheit (zur Unbeliebtheit des Cn. Pompeius: GELZER, Pompeius, 110).
[766] Vgl. Kapitel II (E).

Feldherr, der ihm ergebene Legionen befehligte, eine große Bedrohung für die Sicherheit der Stadt darstellen konnte. Es ist demnach wahrscheinlich, daß Sulla und der Senat es auf eine Konfrontation mit Cn. Pompeius nicht ankommen lassen wollten, zumal Sulla sich auf den Krieg gegen Mithradates vorbereitete und sich wohl nicht weiter mit einer Verfolgung des möglichen Mörders aufhalten wollte. Die Ermordung des Sullafreundes Q. Pompeius und das Ausbleiben einer Strafverfolgung zeigen jedoch auch, daß der Einfluß Sullas in Rom nicht ausreichte, um seine Verbündeten zu schützen, oder wenigstens deren Mörder anzuklagen.[767]

Velleius Paterculus weist auf die Besonderheit dieses Mordes hin, indem er ausführt, daß hier zum ersten Mal Soldaten einen amtierenden Konsul ermordet hätten. Das Spezielle dieses Mordes sieht er also sowohl in der Ermordung eines Konsuls als auch darin, daß diejenigen, die eigentlich von einem Konsul befehligt werden sollten, diesen töteten. Er verrät seinen Lesern auch, wieso die Soldaten sich so ganz und gar entgegen ihren eigentlichen Pflichten verhalten haben: Sie wurden von ihrem bisherigen Feldherrn dazu angestachelt.[768] Tatsächlich kann ein solches Verhalten als neuartig angesehen werden und ist eine der -für die Entwicklung der römischen Republik- verheerendsten Folgen der Heeresreform des Marius, durch welche die einzelnen Legionen finanziell viel stärker von ihrem jeweiligen Oberbefehlshaber abhängig waren als zuvor. Somit konnte ein Befehlshaber seine Legionen leichter zum Werkzeug seiner eigenen Interessen machen. Gänzlich neu ist hier jedoch nicht, daß ein Befehlshaber seinen Einfluß auf die Legionen mißbraucht, um seine persönlichen Ziele zu erreichen. Denn schließlich hatte bereits Sulla dasselbe getan.[769] Daß man für Sullas Weigerung, sein Kommando über den Krieg gegen Mithra-

---

[767] Dies unterstützt die von BADIAN vertretene Ansicht, daß sich Sulla durch seinen militärischen Marsch auf Rom von der Senatorenschaft, die er zuvor auf seiner Seite gehabt hatte, isoliert hatte: BADIAN, Deadly Reformer, 16. CAIGNART, Life and Career, 385, betont zudem, daß der Mord an Q. Pompeius ein deutliches Anzeichen dafür war, wie schwach die politische Stellung Sullas im Jahr 88 v.Chr. geworden war. „If Sulla had any doubts about the precariousness of his position after the departure of his soldiers, the murder of his colleague Pompeius was a clear reminder."
[768] Vell. Pat. II 20, 1.
[769] CARNEY, Marius, 60: „Strabo, taking example from Sulla, incited his men to murder his would-be successor and retained control of the army [...]."

dates abzugeben, bevor er seine Aufgabe überhaupt angetreten hatte, möglicherweise mehr Verständnis aufbringen kann als dafür, daß Cn. Pompeius seinen vom Senat bestellten prokonsularischen Nachfolger einfach umbringen ließ, ändert nichts daran. Wie Sulla war auch Pompeius nicht bereit, die ihm anvertraute Leitung abzugeben. Wie Sulla nutzte Pompeius die Macht über seine Soldaten, um sein Kommando zu behalten.

N) Die Morde an den Gegnern des Marius und Cinna 87 v.Chr.

1. Die Darstellung der Quellen
a) Cicero

Das Massaker an den politischen Gegnern des verbannten Marius und des vertriebenen Konsuls Cinna nach deren Rückkehr nach Rom im Jahr 87 v.Chr. findet einigen Widerhall in den Schriften Ciceros. Dabei ist mehr als deutlich, daß er das Vorgehen des Marius und des Cinna mißbilligt, auch wenn er die vorangegangene Verbannung des Marius ebenfalls für ein Unrecht hält. So vergleicht er sich selbst, der auch zu Unrecht verbannt wurde, des öfteren mit dem römischen Feldherrn und Prokonsul, den er in diesem Zusammenhang als Retter Roms und des Reiches (*custos civitatis atque imperi*) bezeichnet.[770] Im Gegensatz zu ihm selbst sei Marius aber nicht durch eine Begnadigung nach Rom zurückgekehrt, sondern habe sich die Rückkehr durch Waffengewalt erkämpft:

> „Nam C. Mari, qui post illos veteres clarissimos consulares hac vestra patrumque memoria tertius ante me consularis subiit indignissimam fortunam praestantissima sua gloria, dissimilis fuit ratio; non enim ille deprecatione rediit, sed in discessu civium exercitu se armisque revocavit."[771]

Die Rückkehr des Marius und Cinna nach Rom erscheint in diesem Zusammenhang also als negatives Gegenbeispiel zur friedlichen Heimkehr Ciceros. Cicero führt die Auseinandersetzungen zwischen Marius und Sulla, Octavius[772] und Cinna zudem als Warnung vor dem Zerwürfnis innerhalb der Bürgerschaft an.[773] Er nutzt dieses Beispiel und den Hinweis, daß der Streit sowohl Octavius als auch Cinna den Tod gebracht hatte, dazu, seine Einschätzung von der Lage Roms in den 50er Jahren v.Chr. zu veranschaulichen und zur Eintracht aufzurufen, die allen Bürgern nur zum Vorteil gereichen könne. Der Vorteil, den sich einzelne durch Gewalt und

---

[770] Z. B. Cic. pop. grat. 9.
[771] Cic. pop. grat. 7.
[772] Octavius war der Konsulatskollege Cinnas im Jahr 87 v.Chr., der maßgeblich an der Verbannung seines Kollegen beteiligt war. BROUGHTON, Magistrates II, 47f.
[773] Cic. harusp. 54.

Streit hätten verschaffen können, sei immer nur von kurzer Dauer gewesen:

> „Cum Octavio collega Cinna dissedit; utrique horum secunda fortuna regnum est largita, adversa mortem. Idem iterum Sulla superavit; tum sine dubio habuit regalem potestatem, quamquam rem publicam reciperarat. Inest hoc tempore haud obscurum odium, atque id insitum penitus et inustum, animis hominum amplissimorum; dissident principes, captatur occasio. Qui non tantum opibus valent nescio quam fortunam tamen ac tempus exspectant; qui sine controversia plus possunt, ei fortasse non numquam consilia ac sententias inimicorum suorum extimescunt. Tollatur haec e civitate discordia: iam omnes isti qui portenduntur metus exstinguentur, iam ista serpens, quae tum hic delitiscit, tum se emergit et fertur illuc, compressa atque inlisa morietur."[774]

Cicero bemüht demnach dieses abschreckende Beispiel aus der jüngeren römischen Geschichte, um seine politische Idee der *concordia omnium ordinum* argumentativ zu untermauern. Auch an einer anderen Stelle dient die blutige Auseinandersetzung zwischen den Marianern und ihren Gegnern als abschreckendes Gegenbeispiel zu Ciceros eigener politischer Ideologie. In seiner dritten Catilinarischen Rede weist Cicero darauf hin, daß die Bedrohung durch Catilina und seine Anhänger seiner Ansicht nach viel größer sei als die Gefahr, die 87 v.Chr. von Cinna, Marius oder zuvor von einem ihrer Gegner ausgegangen war. Dennoch hätten diese ihre Ziele nur durch Mord und Blutvergießen zu verfolgen gewußt:

> „Cn. Octavius consul armis expulit ex urbe conlegam: omnis hic locus acervis corporum et civium sanguine redundavit. Superavit postea Cinna cum Mario: tum vero clarissimis viris interfectis lumina civitatis exstincta sunt."[775]

Cicero bezeichnet hier die Morde an den Gegnern der Marianer als Auslöschen der bedeutendsten Männer der Bürgerschaft. Offensichtlich stehen die Opfer des Massakers von 87 v.Chr. bei Cicero hoch im Ansehen. Es ist also nicht überraschend, daß zwei der von Marius und Cinna Ermordeten in Ciceros Dialog *De oratore* als Gesprächspartner dienen, nämlich die beiden angesehenen Redner Q. Lutatius Catulus und M. Antonius. Die hohe Meinung Ciceros von den Ermordeten findet zudem noch in weiteren Äußerungen des Redners ihren Niederschlag. Die rhetorischen Künste des

---

[774] Cic. harusp. 54f.
[775] Cic. Cat. III 24. Cicero erwähnt an dieser Stelle auch, daß dem Morden Cinnas bereits ein Blutbad an dessen Anhängerschaft durch seinen Mitkonsul und politischen Gegner Cn. Octavius vorausgegangen war.

M. Antonius werden nicht selten herausgehoben.[776] Doch nicht nur seine Fähigkeiten als Redner, sondern auch die politische Integrität des M. Antonius wird von Cicero gelobt. So hält er in seiner ersten Philippischen Rede dem Caesarianer Antonius dessen Großvater als lobenswertes Beispiel vor Augen:

> „Utinam, M. Antoni, avum tuum meminisses! De quo tamen audisti multa ex me eaque saepissime. Putas ne illum immortalitatem mereri voluisse, ut propter armorum habendorum licentiam metueretur? Illa erat vita, illa secunda fortuna, libertate esse parem ceteris, principem dignitate. Itaque, ut omittam res avi tui prosperas, acerbissimum eius supremum diem malim quam L. Cinnae dominatum, a quo ille crudelissime est interfectus."[777]

Hier erwähnt Cicero auch, daß der große Redner Antonius durch die Gewaltherrschaft Cinnas ums Leben kam. Gerade auf den unerfreulichen Tod des Redners legt er hier sein Augenmerk und stellt fest, daß das Ende des redlichen Mannes einen höheren Wert hatte als die Macht, die Cinna genoß. Antonius und Cinna werden als Extreme gegeneinander gesetzt. Antonius sei nie von seinen Prinzipien abgewichen, die darin bestanden, seinen Einfluß durch seine *dignitas* und nicht durch Waffengewalt auszuüben. Cinna dagegen sei zum Gewaltherrscher geworden und habe mit Hilfe dieser Herrschaft seinen Gegner Antonius auf grausame Weise umgebracht. Im Mord an M. Antonius wird also für Cicero der ganze Gegensatz zwischen dem politisch redlichen Antonius und dem skrupellosen, machtbesessenen und grausamen Cinna offenbar.

Gerade die Grausamkeit Cinnas wird von Cicero oft als Beispiel oder Argument für verschiedene Dinge angeführt. Dabei betrachtet er bemerkenswerterweise fast immer Cinna allein als den Übeltäter des Jahres 87. Wenn die Beteiligung des Marius an dem Blutbad thematisiert wird, dann erscheint seine Verfehlung oft weitaus geringer als die des Cinna.[778] So wirft

---

[776] Cic. Brut. 115; 333; or. 106; Tusc. V 19, 55.
[777] Cic. Phil. I 34.
[778] Hierzu: CARNEY, Picture of Marius, 113f. Cicero hat -verständlicherweise- ein sehr gespaltenes Bild von Marius. Einerseits muß Cicero das Verhalten des Marius im Bürgerkrieg (wie im Grunde fast dessen ganze innenpolitische Karriere, mit Ausnahme des Vorgehens gegen Saturninus und Glaucia 100 v.Chr.) mißbilligen. In einem Brief an Atticus äußert sich Cicero dahingehend, daß Marius und Cinna (ebenso wie Sulla) vielleicht formal im Recht gewesen seien, als sie sich durch Gewalt ihre Rechte und Ämter zurückholten, sich durch ihr grausa-

Cicero in der elften Philippischen Rede dem Cinna Grausamkeit, dem Marius nur beharrlichen Zorn vor.[779] Oft wird auch Cinnas Name allein im Zusammenhang mit dem Massaker von 87 genannt.[780] In einem Brief an seinen Freund Atticus aus dem Jahr 50 v.Chr. äußert Cicero schlimme Befürchtungen über den in der Luft liegenden Bürgerkrieg der *boni* gegen den aus Gallien heimkehrenden C. Iulius Caesar. Er behauptet hier, daß, wenn

---

mes Verhalten als Sieger jedoch selbst ins Unrecht gesetzt hätten. „At Sulla, at Marius, at Cinna recte. Immo iure fortasse; sed quid eorum victoria crudelius, quid funestius?" (Cic. Att. IX 10, 3). In nat. deor. III 80 läßt er seinen Freund Cotta sogar behaupten, Marius sei im Vergleich mit anderen Übeltätern der treuloseste gewesen „cur omnium perfidiosissimus C. Marius Q. Catulum praestantissuma dignitate virum mori potuit iubere?" (Allerdings bleibt auch in diesem Zusammenhang dem Cinna das Attribut *crudelissimus* vorbehalten (nat. deor. III 81)). Andererseits bleibt Marius für ihn, wie für viele seiner Zeitgenossen, der Retter Roms, der die Stadt vor der Gefahr der herannahenden Kimbern bewahrt hat. Die mariusfreundliche Sicht wird besonders deutlich in Ciceros Äußerung aus Balb. 49, wo er dem Feldherrn bescheinigt, auch über den Tod hinaus noch verdientermaßen Macht auszuüben: „Quodsi vultus C. Mari, si vox, si ille imperatorius ardor oculorum, si recentes triumphi, si praesens valuit aspectus, valeat auctoritas, valeant res gestae, valeat memoria, valeat fortissimi et clarissimi viri nomen aeternum. Sit hoc discrimen inter gratiosos civis atque fortis, ut illi vivi fruantur opibus suis, horum etiam mortuorum, si quisquam huius imperii defensor mori potest, vivat auctoritas inmortalis." Darüber hinaus neigt Cicero vor allem in den 50er Jahren dazu, sich selbst mit Marius zu identifizieren, da beide aus Arpinum stammten, als *homines novi* in die römische Politik eintraten und sich große Verdienste um Rom erwarben, später aber in die Verbannung geschickt wurden (hierzu: GNAUK, Bedeutung, 10-18). Sicherlich richtig stellt GNAUK außerdem fest, daß Cicero vor allem zum Ende seines Lebens hin die Grausamkeit des Marius betont: „Er ist ein ‚vir improbus' geworden. Nicht mehr als ein Vorbild von ‚virtus' und ‚integritas' wird er dargestellt, nein, als treuloser und grausamer Soldat, nur mit Abscheu zu betrachten, erscheint er" (67); Ähnlich, aber differenzierter urteilt WERNER, Mariusbild, 166: „[M]it einer gewissen Berechtigung konnte sich Cicero [...] als Schicksalsgenosse seines Landsmanns begreifen, waren sie doch beide in ganz ähnlicher Weise vom höchsten Gipfel des Ruhms [...] gestürzt und hatte ihnen das Vaterland ihre Wohltaten mit der Verbannung entlohnt". Die spätere Betonung der grausamen Seite des Marius beurteilt WERNER treffend nicht als grundlegende Veränderung der Sichtweise Ciceros hinsichtlich bestimmter Ereignisse, sondern als veränderte Schwerpunktsetzung: „Der Kimbern- und Teutonenbezwinger der Jahre 102/101 v.Chr. blieb [...] für seinen Landsmann bis in dessen späte Jahre hinein ein wegen eben dieser Verdienste verehrungswürdiger Mann, genauso wie Cicero umgekehrt den ‚blutigen' Marius des Jahres 87 v.Chr., mochte er diesem auch bisweilen mildernde Umstände zugestehen, bereits in seinen jungen Jahren für die Massaker an vielen unschuldigen Opfern verantwortlich machte. Nur -und das ist hier der entscheidende Punkt- die Gewichtungen der einzelnen Phasen verschoben sich mehrfach untereinander: unterschiedliche Abschnitte aus der Vita des Marius kamen Cicero zu verschiedenen Zeitpunkten seines eigenen Lebens verstärkt ins Bewußtsein oder aber verblaßten in seiner Erinnerung" (WERNER, Mariusbild, 214).

[779] Cic. Phil. XI 1.
[780] Z.B. in der oben zitierten Stelle aus Phil. I 34. Siehe auch Cic. Vat. 23.

es zum Krieg käme und Caesar siegen sollte, dieser mindestens so grausam wie Cinna gegen die Führungsschicht vorgehen werde:

> „Nemini est enim exploratum cum ad arma ventum sit quid futurum sit, at illud omnibus, si boni victi sint, nec in caede principum clementiorem hunc fore quam Cinna fuerit nec moderatiorem quam Sulla in pecuniis locupletum."[781]

Das Verhalten Cinnas ist für Cicero hier das Paradebeispiel für Massenmord an den *boni*. Auch daß Cicero des Öfteren betont, daß die Aktivitäten eines Catilina[782] oder eines M. Antonius[783] viel schädlicher für das Gemeinwesen seien als Cinna es war, bedeutet keine Relativierung der Einschätzung Cinnas als eines besonders grausamen Massenmörders. Daß Cinna vielmehr ständig als Sinnbild für Grausamkeit und Zerstörung herhalten muß, zeigt, wie nah der Vergleich mit ihm in solchen Fällen für Cicero lag. Wenn er seine Hörer und Leser von der Gefährlichkeit des Catilina oder des Antonius überzeugen will, oder wenn er Atticus in seinem Brief die Bedrohung durch Caesar darlegen wollte, indem er ihnen vor Augen führte, daß diese noch schrecklicher seien als Cinna, dann konnte das nur gelingen, wenn Cinna selbst als rücksichtslos und grausam angesehen wurde.

Interessant ist eine Äußerung, die Cicero über den Einfluß der Ereignisse des Jahres 87 v.Chr. auf seinen eigenen Werdegang macht.[784] Er erzählt, daß er sich im turbulenten Jahr 88 dem Studium des Rechts und der Rhetorik widmete. Sein Lehrer im Gerichtswesen sei Q. Mucius Scaevola gewesen, als Redner habe er viel von Sulpicius Rufus gelernt. Im folgenden Jahr habe er sich jedoch mehr der Philosophie als den Rechtswissenschaften zugewandt. Der Grund dafür sei nicht zuletzt die Gewaltherrschaft Cinnas und die Ermordung der drei Redner M. Antonius, Q. Lutatius Catulus und C. Iulius Caesar Strabo durch den Gewaltherrscher gewesen. Damals habe Cicero gemeint, das Gerichtswesen sei für alle Zeiten abgeschafft:

> „Eodemque tempore, cum princeps Academiae Philo cum Atheniensium optumatibus Mithridatico bello domo profugisset Romamque venisset, totum ei me tradidi admirabili

---

[781] Cic. Att. VII 7, 7.
[782] Cic. Cat. III 25.
[783] Cic. Phil. XI 1; XIII 2.
[784] Cic. Brut. 306f.

quodam ad philosophiam studio concitatus; in quo hoc etiam commorabar adtentius - etsi rerum ipsarum varietas et magnitudo summa me delectatione retinebat -, sed tamen sublata iam esse in perpetuum ratio iudiciorum videbatur. Occiderat Sulpicius illo anno tresque proxumo trium aetatum oratores erant crudelissume interfecti, Q. Catulus, M. Antonius, C. Iulius."[785]

Der Urheber des Mordes an Q. Catulus war nach nat. deor. III 80 C. Marius. Hier legt Cicero dem L. Aurelius Cotta die Äußerung in den Mund, Marius habe Catulus befohlen, zu sterben, ihn also zum Selbstmord gezwungen.[786] Auch in den *Tusculanae disputationes* spielt der durch Marius erzwungene Selbstmord des Catulus eine Rolle. Hier wird das Verhalten der beiden Antagonisten gegenübergestellt, wobei Cicero zu dem Schluß kommt, daß -obwohl es rein äußerlich nicht so scheine- Catulus der Glücklichere der beiden gewesen sei, da es besser sei, Unrecht zu erleiden als Unrecht zu tun:

> „Et quadridui quidem sermonem superioribus ad te perscriptum libris misimus, quinto autem die cum eodem in loco consedissemus, sic est propositum, de quo disputaremus: Non mihi videtur ad beate vivendum satis posse virtutem."[787]

> „Utrum tandem beatior C. Marius tum, cum Cimbricae victoriae gloriam cum collega Catulo communicavit, paene altero Laelio - nam hunc illi duco simillimum - , an cum civili bello victor iratus necessariis Catuli deprecantibus non semel respondit, sed saepe: 'moriatur'? In quo beatior ille, qui huic nefariae voci paruit, quam is, qui tam scelerate imperavit. Nam cum accipere quam facere praestat iniuriam, tum morti iam ipsi adventanti paulum procedere ob viam, quod fecit Catulus, quam quod Marius, talis viri interitu sex suos obruere consulatus et contaminare extremum tempus aetatis."[788]

Bei dieser beispielhaften Erläuterung fällt nicht nur auf, daß Catulus die Verkörperung der Tugend darstellt, sondern daß auf der anderen Seite Marius die Verkörperung der Untugend ist. Diese Untugend des Marius wird auch nicht als irgendeine unkonkrete Charaktereigenschaft des Kimbernsiegers vorgestellt, sondern sie manifestiert sich gerade in der Ermordung

---

[785] Ebd. Diese autobiographische Äußerung Ciceros sollte immer bedacht werden, wenn man Ciceros Aussagen zum Verhalten des Marius und des Cinna nach deren gewaltsamer Rückkehr nach Rom zu bewerten versucht. Hier wird entgegen WERNERS Ansicht (WERNER, Mariusbild, 181f.) m.E. deutlich, daß „Ciceros Reminiszenzen zu Marius" sehr wohl „als Ausdruck seiner ‚wahren' Einschätzung" gelten können.
[786] Der Zusammenhang ist derselbe, der bereits im Kapitel über den Mord an Livius Drusus behandelt wurde. Vgl. Kapitel II (I)1a.
[787] Cic. Tusc. V 5.
[788] Cic. Tusc. V 56.

des Catulus, einer Tat, die nach Cicero die letzte Zeit des Marius -also die für die Beurteilung eines Lebens bedeutendste, weil nicht wieder gutzumachende Phase- befleckt habe.

b) Diodor

Diodor berichtet in seinem Geschichtswerk von der Vertreibung des Cinna aus Rom im Jahr seines Konsulats 87 v.Chr. und von dessen gewaltsamer Rückkehr in die Stadt. Wir erfahren von Diodor, daß Cinna, als er mit seinem Heer vor Rom stand, von Metellus, der ihn bis dahin bekämpft hatte, wieder als Konsul anerkannt wurde.[789] Octavius, welcher der Mitkonsul Cinnas vor dessen Vertreibung gewesen war, habe sich jedoch geweigert, seinem verachteten ehemaligen Kollegen entgegenzukommen. Der Suffektkonsul Merula dagegen habe der Wiederanerkennung Cinnas Folge geleistet und sein Konsulat niedergelegt. Auch der Senat habe sich der Rückkehr Cinnas als Konsul in keiner Weise widersetzt:

„Ὅτι Μερόλας ὁ αἱρεθεὶς ὕπατος εἰς τὸν τοῦ Κίννα τόπον μετὰ τὸ σύνθεσιν ποιήσασθαι τὸ μὴ περαίτερον ὑπατεῦσαι ἔδοξε πρᾶξιν ἀγαθοῦ σφόδρα πολίτου πρᾶξαι. ἔν τε γὰρ τῷ συνεδρίῳ καὶ τῷ δήμῳ διαλεγόμενος περὶ τῶν κοινῇ συμφερόντων, ἀρχηγὸς ἐπηγγείλατο γενέσθαι τῆς ὁμονοίας· ἄκων γὰρ ᾑρημένος ὕπατος ἑκουσίως ἔφη παραχωρήσειν τῷ Κίννᾳ τῆς ἀρχῆς, καὶ παραχρῆμα ἰδιώτης ἐγένετο. ἡ δὲ σύγκλητος ἐξέπεμψε πρεσβευτὰς τοὺς ποιησομένους τὰς συνθήκας καὶ τὸν Κίνναν ὕπατον εἰσάξοντας εἰς τὴν πόλιν."[790]

Die Rückkehr des Cinna (und des Marius) nach Rom scheint diesem Bericht zufolge sehr ruhig vonstatten gegangen zu sein. Die beiden kommen hier nicht wie Eroberer in die Stadt, sondern wie offiziell zurückgerufene Verbannte oder Feldherren, die aus einem Krieg heimkehren. Ähnlich unspektakulär schildert Diodor das Zustandekommen des Beschlusses, daß die Gegner des Marius und des Cinna getötet werden sollten:

„Ὅτι οἱ περὶ τὸν Κίνναν καὶ Μάριον συνεδρεύσαντες μετὰ τῶν ἐπιφανεστάτων ἡγεμόνων ἐβουλεύοντο ὅπως βεβαίως καταστήσωσι τὴν εἰρήνην τέλος ἔδοξεν αὐτοῖς τοὺς ἐπιφανεστάτους τῶν ἐχθρῶν καὶ δυναμένους ἀμφισβητῆσαι πραγμάτων πάντας ἀποκτεῖναι, ὅπως καθαρᾶς γενομένης τῆς ἰδίας αἱρέσεως καὶ μερίδος ἀδεῶς τὸ λοιπὸν καὶ ὡς ἂν βούλωνται μετὰ τῶν φίλων διοικῶσι τὰ κατὰ τὴν ἡγεμονίαν."[791]

---

[789] Diod. XXXVIII/XXXIX 2, 1.
[790] Diod. XXXVIII/XXXIX 3, 1.
[791] Diod. XXXVIII/XXXIX 4, 1.

An dieser Schilderung fällt zunächst auf, daß es sich bei der Entscheidung zum Massenmord um einen in aller Ruhe gefaßten Entschluß handelt. Nicht blinde Wut und Rachegelüste brachten Marius und Cinna dazu, unter ihren Feinden ein Blutbad anzurichten, sondern die einfache Überlegung, daß sie nur dann in Ruhe ihre Politik betreiben konnten, wenn sie nicht durch Furcht vor ihren politischen Gegnern behindert würden. Diodor geht sogar so weit, diesen Überlegungen zu unterstellen, sie seien unter der Grundsatzfrage, wie man einen stabilen Frieden in Rom herstellen könne, angestellt worden.

Auf die Ironie, die in dem Versuch steckt, durch Massenmord Frieden in Rom herzustellen, geht Diodor in keiner Weise ein. Jedoch heißt er das Verhalten des Marius und des Cinna keineswegs gut. Er berichtet, daß, nachdem der Beschluß zur Tötung aller Feinde gefaßt worden war, die beiden jedes Versprechen, das sie einmal gegeben hatten, mißachteten, und ihre politischen Gegner erbarmungslos und ohne jede Chance, sich in einem Prozeß zu verteidigen, töteten:

„εὐθὺς οὖν τῶν μὲν γεγενημένων συνθέσεων καὶ πίστεων ἠμέλησαν, σφαγαὶ δὲ τῶν καταψηφισθέντων αὐτοῖς ἄκριτοι καὶ πανταχοῦ ἐγίνοντο."[792]

Dieses Verhalten des Marius und des Cinna bezeichnet Diodor als schlimmes Verbrechen und weist darauf hin, daß der dann folgende Bürgerkrieg Sullas gegen Cinna die Strafe für diese Verbrechen war.[793]

Diodor nennt nur einen Namen der Opfer des Massakers: Q. Lutatius Catulus, der -worauf der Autor explizit hinweist- sich gemeinsam mit Marius beim Krieg gegen die Kimbern hervorgetan habe, dem also die römische Bürgerschaft einiges verdankte. Er sei von einem Volkstribun in einem Kapitalprozeß angeklagt worden. Als sich Catulus hilfesuchend an Marius gewandt habe, habe sein einstiger Freund ihm auf den Kopf zugesagt, daß sein Tod beschlossene Sache sei. Jeder Hoffnung auf Rettung beraubt, habe Catulus sich durch eine absichtlich herbeigeführte Rauchvergiftung das Leben genommen:

---

[792] Diod. XXXVIII/XXXIX 4, 2.
[793] Diod. XXXVIII/XXXIX 6, 1.

„φοβούμενος δὲ τὸν ἐκ τῆς συκοφαντίας κίνδυνον ἧκεν εἰς τὸν Μάριον, δεόμενος τυχεῖν βοηθείας. ὁ δὲ τὸ μὲν ἔμπροσθεν ἐγεγόνει φίλος, τότε δ᾽ ἔκ τινος ὑποψίας ἀλλοτρίως ἔχων πρὸς αὐτὸν τοῦτο μόνον ἀπεκρίθη, Θανεῖν δεῖ. καὶ ὁ Κάτλος ἀπογνοὺς μὲν τὰς τῆς σωτηρίας ἐλπίδας, σπεύδων δὲ χωρὶς ὕβρεως καταστρέψαι τὸν βίον, ἑαυτὸν τοῦ ζῆν μετέστησεν ἰδίῳ τινὶ καὶ παρηλλαγμένῳ τρόπῳ· συγκλείσας ἑαυτὸν εἰς οἶκον νεόχριστον καὶ τὴν ἐκ τῆς κονίας ἀναφορὰν πυρὶ καὶ καπνῷ συναυξήσας τῇ τῆς ἀναπνοῆς φθορᾷ περιπνιγὴς γενόμενος μετήλλαξεν."[794]

c) Livius

Livius berichtet im 79. Buch seines Geschichtswerkes, daß Cinna, der Konsul des Jahres 87 v.Chr., von seinem Mitkonsul Cn. Octavius vertrieben wurde, weil er mit Waffengewalt versucht habe, verderbliche Gesetze (*perniciosae leges*) durchzubringen. Daraufhin habe er durch Bestechung ein Heer hinter sich gebracht und, nachdem er Marius und andere Verbannte zusammengerufen und zu seinen Verbündeten gemacht hatte, einen Bürgerkrieg angezettelt.[795] Auch die Samniten, ein italischer Stamm, der erst seit kurzer Zeit das römische Bürgerrecht innehatte, hätten Cinna und Marius unterstützt.[796] Nachdem es den Aufrührern gelungen sei, in Rom einzumarschieren, hätten sie sich wie fremde Eroberer aufgeführt:

„Cum spes nulla esset optimatibus resistendi propter segnitiam et perfidiam et ducum et militum, qui corrupti aut pugnare nolebant, aut in diversas partes transiebant, Cinna et Marius in urbem recepti sunt; qui velut captam eam caedibus ac rapinis vastaverunt, Cn. Octavio cos. occiso et omnibus adversae partis nobilibus trucidatis, inter quos M. Antonio, eloquentissimo viro, et C. L.que Caesare, quorum capita in rostris posita sunt. Crassus filius ab equitibus Fimbriae occisus, pater Crassus, ne quid indignum virtute sua pateretur, gladio se transfixit. Et citra ulla comitia consules in sequentem annum se ipsos renuntiaverunt. eodemque die, quo magistratum inierant, Marius S. Licinium senatorem de saxo deici iussit [...]."[797]

Das Massaker an den politischen Gegnern der Marianer wird selbst in der stark gerafften Zusammenfassung des 80. Buches vergleichsweise ausführlich geschildert. Dabei werden einige der Ermordeten mit Namen genannt, nämlich der Konsul Cn. Octavius, die Redner M. Antonius, C. und L. Caesar, deren abgeschlagene Köpfe als Abschreckung auf der Rednertribüne ausgestellt wurden, Licinius Crassus, der Sohn des Zensors von 88, dessen

---

[794] Diod. XXXVIII/XXXIX 4, 3.
[795] Liv. per. LXXIX 1f.
[796] Liv. per. LXXX 1.
[797] Liv. per. LXXX 6-9.

Vater Selbstmord beging, um der eigenen Ermordung vorzubeugen, und der Senator Sex. Licinius, den Marius vom Tarpeischen Felsen stürzen ließ.[798] In der Zusammenfassung wird auch deutlich, daß es sich bei diesen Namen nur um einen Teil, wahrscheinlich um die herausragendsten Persönlichkeiten unter den Ermordeten handelt, denn der Autor berichtet, daß Marius und Cinna alle ihre Gegner aus der Oberschicht (*omnes adversae partis nobiles*) töteten.[799]

In dem, was von der Version des Livius erhalten ist, erscheint Marius mindestens ebenso grausam wie sein Verbündeter Cinna. Der Bericht über das Blutbad durch die Marianer endet in einem vernichtenden Urteil über den Feldherrn und Konsul Marius. Er wird als eine fast schizophrene Persönlichkeit charakterisiert, die den Staat erst im Krieg gegen fremde Völker rettet, um ihn dann, wenn Frieden herrscht, zu vernichten:

> „Adeo quam rem publicam armatus servavit, eam primo togatus omni genere fraudis, postremo armis hostiliter evertit."[800]

Auch wenn die eigenen Aussagen des Livius zu diesen Ereignissen nicht erhalten sind, kann doch zweifelsfrei festgestellt werden, daß der Historiker die Handlungsweise des Marius und Cinna in keiner Weise gutheißt. Das Verhalten der Sieger war so sehr von Grausamkeit und Blutdurst geprägt, daß Livius sich sogar zu der Äußerung hinreißen ließ, es wäre möglicherweise besser gewesen, der Kimbernbezwinger Marius hätte niemals gelebt.[801]

d) Valerius Maximus

Für Valerius Maximus dient das Verhalten des Marius und Cinna als positives und negatives Beispiel für das Verhalten von Siegern im Bürgerkrieg. Dabei erwähnt Valerius zwar das Blutvergießen, das von den beiden ausging, doch er weist vor allem darauf hin, daß sie sich eben nicht wie Sieger

---

[798] Möglicherweise liegt hier eine Verwechslung mit dem Volkstribun Sextus Lucilius vor, der 86 v.Chr. von seinem Nachfolger P. Laenas vom Tarpeischen Felsen gestürzt wurde (Vell. Pat. II 24, 2).
[799] Liv. per. LXXX 6.
[800] Liv. per. LXXX 10.
[801] Diese Aussage ist überliefert bei Sen. nat. V 18, 4.

über ein fremdes Volk aufgeführt hatten, da sie nicht auf die Idee gekommen waren, einen Triumph zu veranstalten:

> „L. Cinna et C. Marius hauserant quidem avidi civilem sanguinem, sed non protinus ad templa deorum et aras tetenderunt."[802]

Die Morde an den politischen Gegnern sind hier für den Autor nur am Rande von Interesse; dennoch erwähnt er die besondere Heftigkeit, mit der Marius und Cinna ihre Gegner verfolgt hatten. Daß Valerius extra betont, beide hätten nicht das Blut irgendwelcher Gegner, sondern das Blut römischer Bürger eifrig vergossen, kann als Kritik des Autors an deren Verhalten angesehen werden, wenn auch in diesem Zusammenhang der Verzicht auf einen Triumph als ein zu lobendes -dabei aber auch als selbstverständliches- Beispiel dient.

Im Werk des Valerius Maximus sind die Ereignisse des Jahres 87 nicht nur aus der Sicht der Täter wiedergegeben. In seiner Abhandlung über Wunderzeichen (*De prodigiis*) berichtet er vom Schicksal des Konsuls Cn. Octavius. Dieser habe, obwohl er Wundern und Vorzeichen Beachtung zu schenken pflegte,[803] seinem Schicksal nicht entrinnen können:

> „Nam Octavius consul dirum omen quemadmodum timuit, ita vitare non potuit: e simulacro enim Apollinis per se abrupto capite et ita infixo humi, ut avelli nequiret, armis cum collega suo dissidens Cinna praesumpsit animo ea re significari exitium suum inque metus augurium tristi fine vitae incidit, ac tum demum immobile dei caput terra refigi potuit."[804]

Der Tod des Konsuls war nach Ansicht des Valerius Maximus also eine vom Schickal beschlossene Sache. Nicht einmal durch erhöhte Vorsicht konnte der Konsul diesem entgehen. Valerius beschreibt allerdings die Umstände, unter denen Octavius ums Leben kam, nicht weiter. Er weist lediglich darauf hin, daß sich dieser in einer bewaffneten Auseinandersetzung mit Cinna befand, und daß er ein trauriges Ende nahm. Für Valerius ist in diesem Zusammenhang nur das Wunderzeichen und seine Erfüllung von Bedeutung. Eine gesonderte Kritik am Mörder Cinna wird nicht geübt.

---

[802] Val. Max. II 8, 7.
[803] Der abergläubische Charakter des Octavius wird auch bei Plut. Mar. 42, 4-5 thematisiert. Außerdem: WARDLE, Valerius Maximus, 202.
[804] Val. Max. I 6, 10.

An anderer Stelle berichtet Valerius Maximus, daß ein gewisser C. Caesar ebenfalls zu den Opfern Cinnas -Marius wird hier nicht erwähnt- gehörte. Dieser sei von einem Sextilius, den Caesar einst erfolgreich als Anwalt vertreten habe, verraten worden:

> „Ceterum ut senatus populique mens in modum subitae tempestatis concitata leni querella prosequenda est, ita singulorum ingrata facta liberiore indignatione proscindenda sunt, quia potentes consilii, cum utrumque ratione perpendere liceret, scelus pietati praetulerunt: quo enim nimbo, qua porcella uerborum impium Sextili caput obrui meretur, quod C. Caesarem, a quo cum studiose tum etiam feliciter grauissimi criminis reus defensus fuerat, Cinnanae proscriptionis tempore profugum, praesidium suum in fundo Tarquiniensi cladis condicione inplorare, beneficii iure repetere coactum, a sacris perfidae mensae et altaribus nefandorum penatium auulsum truculento uictori iugulandum tradere non exhorruit?"[805]

Für Valerius Maximus bedeutet der Verrat des Sextilius eine besondere Undankbarkeit, weshalb er davon in seinen Beispielen zum Thema der Undankbarkeit (*De ingratiis*) berichtet. Das Verhalten Cinnas, der seine politischen Gegner verfolgt und umbringen läßt, wird von Valerius hier nicht thematisiert. Für ihn zählt an dieser Stelle nur die Untreue des *impius* Sextilius.

Im Kapitel über ungewöhnliche Todesarten (*De mortibus non vulgaribus*) berichtet Valerius Maximus vom Ende des Konsulars Merula:

> „Qua tempestate rei publicae L. quoque Cornelius Merula consularis et flamen Dialis, ne ludibrio insolentissimis victoribus esset, in Iovis sacrario venis incisis contumeliosae mortis denuntiationem effugit, sacerdotisque sui sanguine vetustissimi foci maduerunt."[806]

Hier klingt eine Mißbilligung der Art und Weise, wie sich Cinna und Marius nach ihrem Sieg verhalten haben, deutlicher an als in den vorher zitierten Stellen. Valerius Maximus spricht von unruhigen, ja stürmischen Zeiten, in denen sich das römische Gemeinwesen befand und bezeichnet Marius und Cinna, die Sieger dieses Bürgerkriegsabschnitts, als unverschämte Sieger (*insolentissimi victores*), von denen Merula nichts als einen schmachvollen Tod (*contumeliosa mors*) erwarten konnte. Außerdem berichtet Valerius hier, auf welche Art und Weise der Konsular Merula ums

---

[805] Val. Max. V 3, 3.
[806] Val. Max. IX 12, 5.

Leben kam: Er sei in den Jupiter-Tempel geflüchtet, wo er sich durch Aufschneiden der Pulsadern das Leben nahm. Außer dem sehr eindrucksvollen Hinweis auf die bluttriefenden Opferstellen, der dem Ende des Merula den Anstrich eines sakralen Todes gibt, geht der Autor nicht tiefer auf die Zusammenhänge des Selbstmords ein.

e) Velleius Paterculus

Velleius Paterculus berichtet, daß der Grund für Cinnas Vertreibung aus Rom durch seinen Konsulatskollegen Octavius in erster Linie der Versuch Cinnas war, die italischen Neubürger auf alle, anstatt nur auf acht der existierenden 35 *tribus* zu verteilen.[807] Nach seiner Vertreibung, die Velleius als unrechtmäßig ansieht,[808] begann Cinna mit einem Heer von Neubürgern und Verbannten den Krieg gegen die amtierenden Herrscher Roms. Obwohl Velleius die Vertreibung eines amtierenden Konsuls als nicht rechtens ansieht, hat er keinerlei Verständnis für das kriegerische Handeln Cinnas. So spricht er an dieser Stelle nicht von einem Krieg gegen die Sullaner oder gegen die Stadt Rom, sondern vom Krieg gegen das Vaterland:

„Dum bellum autem infert patriae Cinna, [...]."[809]

Der Begriff *patria*, der in diesem Zusammenhang gebraucht wird, zeigt dem Leser, wie sehr Cinna das Verhältnis, das er zu Rom eigentlich haben sollte, pervertiert hat. So sehr fehlte ihm die nötige *pietas* gegenüber dem Vaterland, daß er sich sogar hinreißen ließ, gegen es Krieg zu führen. Die Handlungen Cinnas in diesem Krieg entbehren demnach aus der Sicht des Velleius Paterculus jeder Legitimation. Er macht jedoch nicht nur Cinna, sondern ebenso Marius für die Verbrechen des Jahres 87 verantwortlich. Der Historiker berichtet, daß Cinna zuerst in Rom eingedrungen sei und ein Gesetz erlassen habe, durch welches der verbannte Marius zurückgeru-

---

[807] Vell. Pat. II 20, 2f. Es sei an dieser Stelle daran erinnert, daß bereits der Volkstribun und begabte Redner Sulpicius Rufus mit demselben Anliegen langfristig gescheitert (und nicht zuletzt deshalb ermordet worden) war.
[808] Vell. Pat. II 20, 3: „Haec iniuria...".
[809] Vell. Pat. II 21, 1.

fen wurde. Die Rückkehr des Marius sei für die römischen Bürger unheilvoll gewesen:

> „Mox C. Marius pestifero civibus suis reditu intravit moenia."[810]

Auch das Verhalten des Marius ist aus der Sicht des Velleius Paterculus von Treulosigkeit gekennzeichnet. Es waren seiner Ansicht nach nämlich nicht bloß die politischen Gegner, denen die Rückkehr des Marius Verderben brachte, sondern die Bürger der Stadt Rom im allgemeinen.

Im folgenden berichtet Velleius von der Grausamkeit, mit der die Sieger vorgingen. Dabei betont er, daß Marius und Cinna sich in erster Linie an den vornehmsten und nicht an den einfachen Bürgern vergangen haben:

> „Neque licentia gladiorum in mediocres saevitum, sed excelsissimi quoque atque eminentissimi civitatis viri variis suppliciorum generibus adfecti."[811]

Zwar scheint Velleius die Tatsache, daß gerade die Angesehensten der Stadt Rom getötet wurden, eher als besonders schändlich anzusehen, doch zeigt seine Schilderung auch, daß die Sieger eben nicht, wie der Historiker oben andeutet, in der gesamten Bürgerschaft gewütet haben, sondern ihre Opfer gezielt unter ihren politischen Gegnern, die sich nun einmal hauptsächlich aus den vornehmsten Bürgern rekrutierten, suchten.

Velleius schildert nun die Morde -bzw. erzwungenen Selbstmorde- an einigen dieser Männer. Dabei weiß er jeden einzelnen der Ermordeten für seine Rechtschaffenheit zu loben. Der Konsul Octavius, den er als besonders friedfertig charakterisiert, sei von Cinna ermordet worden:

> „In iis consul Octavius, vir lenissimi animi, iussu Cinnae interfectus est."[812]

Daß die Milde des Ermordeten extra genannt wird, läßt den Mord, den Cinna begangen hat, um so schlimmer dastehen, denn es scheint offensichtlich, daß Octavius einem Verbrechen zum Opfer gefallen ist, das er selbst niemals begangen hätte.

---

[810] Vell. Pat. II 22, 1.
[811] Vell. Pat. II 22, 2.
[812] Ebd.

Den Selbstmord des Merula schildert Velleius in völliger Übereinstimmung mit seinem Zeitgenossen Valerius Maximus. Zusätzlich berichtet er, daß Merula, nachdem er sein Blut auf den Jupiteraltar hatte fließen lassen, die Götter angefleht habe, Vergeltung an Cinna zu üben:

> „Merula autem, qui se sub adventum Cinnae consulatu abdicauerat, incisis venis superfusoque altaribus sanguine, quos saepe pro salute rei publicae flamen Dialis precatus erat deos, eos in execrationem Cinnae partiumque eius tum precatus optime de re publica meritum spiritum reddidit."[813]

Der Opfercharakter seines Todes drängt sich in der Version des Velleius Paterculus noch stärker auf als in der des Valerius Maximus, da hier an den blutigen Selbstmord im Tempel noch eine Bitte an die Götter geknüpft ist. Diese Bitte um Vergeltung entspringt nicht egoistischen Rachegelüsten, sondern ist verwurzelt in der Sorge um das Gemeinwesen. Velleius betont, daß Merula an genau dem Ort, wo er oft um Heil für die *res publica* gefleht hat, nun einen Fluch gegen Cinna und seine Anhänger erbat. Bezieht man die vorangegangenen Aussagen des Historikers ein, so wird deutlich, daß Merula in dieser Situation zu Recht Unheil für Cinna mit Heil für die *res publica* gleichsetzt. Zudem betont Velleius, daß Merulas Leben ganz dem Wohl des Gemeinwesens gewidmet war. Mit seinem Opfertod im Tempel hatte er seine letzte Möglichkeit wahrgenommen, dem Staat zu dienen.

Danach berichtet Velleius vom Mord am Redner M. Antonius. Dieser wird als größter Redner und Bürger seiner Zeit bezeichnet. Marius und Cinna haben laut Velleius den Redner mit dem Schwert durchbohren lassen:

> „M. Antonius, princeps civitatis atque eloquentiae, gladiis militum quos ipsos facundia sua moratus erat, iussu Marii Cinnaeque confossus est."[814]

Den Hinweis, Antonius sei es gelungen, durch seine Beredsamkeit die Mörder noch eine Weile lang aufzuhalten, erläutert Velleius Paterculus nicht.[815]

---

[813] Vell. Pat. II 22, 2.
[814] Vell. Pat. II 22, 3.
[815] Plut. Mar. 44, 4 erklärt, wie Antonius durch die Redekunst seine Ermordung hinauszögern konnte.

Der letzte Fall des Jahres 87, den Velleius schildert, ist der Selbstmord des Q. Catulus. Auch hier versäumt der Historiker nicht, zunächst auf die Verdienste des angesehenen Mannes hinzuweisen. Catulus habe sich vor allem durch seine Leistungen im Krieg gegen die Kimbern, aber auch in anderen Bereichen, verdient gemacht:

> „Q. Catulus, et aliarum virtutum et belli Cimbrici gloria, quae illi cum Mario communis fuerat, celeberrimus [erat]."[816]

Der Mord an Catulus erscheint auf diese Weise als besondere Treulosigkeit des Marius, der sich nicht ziert, einen alten Kameraden, der an seiner Seite gekämpft hatte, umbringen zu lassen. Auch wenn Catulus faktisch Selbstmord begangen hat, ist auch er aus der Sicht des Velleius Paterculus ein Opfer der Morde des Marius und des Cinna. Er wurde nämlich von diesen zum Tode verurteilt und entging durch seinen Selbstmord lediglich dem Mord durch seine Feinde. Er nahm sich selbst das Leben, um es sich nicht von seinen Feinden nehmen zu lassen:

> „Q. Catulus,[...] cum ad mortem conquireretur, conclusit se loco nuper calce harenaque perpolito inlatoque igni qui vim odoris excitaret, simul exitiali hausto spiritu, simul incluso suo, mortem magis voto quam arbitrio inimicorum obiit."[817]

Als Folge der Morde sieht Velleius Paterculus erwartungsgemäß die nun anbrechende unangefochtene Herrschaft Cinnas.[818] Cinna und Marius hatten ihr Ziel zunächst erreicht. Zwar starb Marius, kurz nachdem er sein siebtes Konsulat antrat; dennoch waren seine Handlungen kurzfristig von Erfolg gekrönt. Trotzdem gelang es Marius und Cinna und ihren Nachfolgern nicht, ihre Herrschaft dauerhaft zu behaupten.[819] Eine zweite, direktere Folge der Morde war, daß die integeren Männer der politischen Führungsschicht Roms nicht mehr zur Verfügung standen. Velleius berichtet, daß diejenigen, die dem Morden Cinnas entkamen, später aus Rom zu Sul-

---

[816] Vell. Pat. II 22, 4.
[817] Ebd.
[818] Vell. Pat. II 23, 1.
[819] Vell. Pat. II 28.

la flüchteten.[820] Die gesamte Situation des Jahres 87 charakterisiert er als Niedergang des Gemeinwesens:

> „Omnia erant praecipitia in re publica [...]."[821]

So sehr Velleius aber die Handlungen des Marius und des Cinna verabscheut, die Spitze der Grausamkeiten war damit seiner Ansicht nach noch nicht erreicht. Erst Sullas Sieg im Bürgerkrieg sollte die Maßlosigkeit und Grausamkeit auf das höchste Maß bringen:

> „Nec tamen adhuc quisquam inveniebatur qui bona civis Romani aut donare auderet aut petere sustineret. Postea id quoque accessit, ut saevitiae causam avaritia praeberet et modus culpae ex pecuniae modo constitueretur et, qui fuisset locuples, fieret is nocens, suique quisque periculi merces foret, nec quicquam videretur turpe quod esset quaestuosum."[822]

> „Nihil illa victoria fuisset crudelius nisi mox Sullana esset secuta; neque licentia gladiorum in mediocres saevitum, sed excelsissimi quoque atque eminentissimi civitatis viri variis suppliciorum generibus adfecti."[823]

f) Lucan

Lucan geht in seinem Bürgerkriegsepos ebenfalls auf die Morde des Jahres 87 v.Chr. ein. Jedoch faßt er diese Ereignisse und die Morde des jüngeren Marius an einigen Adeligen Roms im Jahr 82 v.Chr. zusammen und unterstellt sie allesamt dem älteren Marius.[824] Der Dichter schildert den ganzen Sullanisch-Marianischen Bürgerkrieg als einen großen, niemals enden wollenden Massenmord; erst durch Marius, dann durch Sulla.[825] Die politischen Umstände der Verbannung des Marius und der Vertreibung des Cinna sind für ihn nicht von Interesse. Im Epos sieht es so aus, als sei Marius siegreich aus mehreren Kriegen heimgekehrt und habe dann völlig willkürlich das Massaker an der römischen Bürgerschaft verübt.[826] Sein Verbün-

---

[820] Vell. Pat. II 24, 2.
[821] Vell. Pat. II 22, 5.
[822] Ebd.
[823] Vell. Pat. II 22, 1.
[824] Luc. Phars. II 130: „Septimus haec sequitur repetitis fascibus annus."
[825] Vgl. das Kapitel über die Proskriptionen Sullas II (Q).
[826] Luc. Phars. II 85-100.

deter Cinna wird übrigens mit keinem Wort erwähnt.[827] Lucan schildert, daß Marius, als er sich in Afrika aufhielt, eine aus Sklaven und Verbrechern bestehende Leibwache um sich gesammelt und dann die Stadt Rom gewaltsam an sich gerissen habe:

> „Libycas ibi colligit iras.
> ut primum fortuna redit, servilia solvit
> agmina, conflato saevas ergastula ferro
> exeruere manus. Nulli gestanda dabantur
> signa ducis, nisi qui scelerum iam fecerat usum
> attuleratque in castra nefas. Pro fata, quis ille,
> quis fuit ille dies, Marius quo moenia victor
> corripuit, quantoque gradu mors saeva cucurrit!"[828]

Den nun folgenden Massenmord beschreibt Lucan besonders intensiv. Dabei macht er deutlich, daß Marius Angehörige aller Stände ermordete (*nobilitas cum plebe perit*). Auch Greise und Kinder seien dem Blutdurst des Marius zum Opfer gefallen. Durch diese Hinweise zeigt der Dichter, daß Marius sich in seiner Grausamkeit durch nichts Grenzen setzen ließ:

> „Nobilitas cum plebe perit, lateque vagatus
> ensis, et a nullo revocatum pectore ferrum.
> stat cruor in templis multaque rubentia caede
> lubrica saxa madent. Nulli sua profuit aetas:
> non senis extremum piguit vergentibus annis
> praecepisse diem, nec primo in limine vitae
> infantis miseri nascentia rumpere fata.
> crimine quo parvi caedem potuere mereri?
> sed satis est iam posse mori."[829]

Das Morden des Marius erscheint hier als sinnloses Abschlachten von römischen Bürgern. Nur diejenigen, die sich dem Sieger kriecherisch unterwarfen, hätten ihr Leben retten können. Der Dichter zeigt für diese Art und Weise, das eigene Leben zu retten, jedoch wenig Verständnis und bescheinigt den Schmeichlern des Marius, sich unwürdig zu verhalten (*degener o populus...*).

---

[827] In Luc. Phars. IV 822 wird Cinna kurz genannt und als grausam bezeichnet. Die Grausamkeit Cinnas wird jedoch nicht weiter erläutert; er wird hier allein der Vollständigkeit halber (möglicherweise sogar allein aus metrischen Gründen) genannt.
[828] Luc. Phars. II 93-100.
[829] Luc. Phars. II 101-109.

Nach Lucan ging es Marius unter anderem darum, so viele Menschen wie möglich zu töten. Auch hierin zeigt sich die besondere Grausamkeit des Siegers. Nicht politische Gründe führten in erster Linie zu dem Massenmord, sondern die reine Mordsucht des Marius:

> „Trahit ipse furoris
> impetus, et visum lenti quaesisse nocentem.
> In numerum pars magna perit, rapuitque cruentus
> victor ab ignota vultus cervice recisos
> dum vacua pudet ire manu. Spes una salutis
> oscula pollutae fixisse trementia dextrae.
> Mille licet gladii mortis nova signa sequantur,
> degener o populus, vix saecula longa decorum
> sic meruisse viris, nedum breve dedecus aevi
> et vitam dum Sulla redit."[830]

Auf einige der Morde geht Lucan explizit ein. Baebius sei von einer Gruppe Menschen zerrissen, die Leiche des Redners Antonius sei mißhandelt, die beiden Crassi vom Marianer Fimbria ermordet worden. Zudem berichtet Lucan von der Ermordung der Tribunen, deren Namen er aber nicht nennt. Auch den Mord an Scaevola nennt Lucan in diesem Zusammenhang. Dieser Fall gehört jedoch nicht zu den Morden des Jahres 87 v.Chr., sondern in das Jahr 82 v.Chr. und muß deshalb hier vernachlässigt werden:

> „Cui funera vulgi
> flere vacet? vix te sparsum per viscera, Baebi,
> innumeras inter carpentis membra coronae
> discessisse manus, aut te, praesage malorum
> Antoni, cuius laceris pendentia canis
> ora ferens miles festae rorantia mensae
> imposuit. truncos laceravit Fimbria Crassos;
> saeva tribunicio maduerunt robora tabo."[831]

Im Hinblick auf die drastische Schilderung bei Lucan müssen wir bedenken, daß es dem Dichter in seinem Epos nicht darum geht, die historische Wahrheit möglichst korrekt darzustellen, sondern darum, die Vorläufer Julius Caesars, des negativ beurteilten Protagonisten der Pharsalia, in einer Weise zu schildern, die der Charakterisierung Caesars als blutdürstiges

---

[830] Luc. Phars. II 109-118.
[831] Luc. Phars. II 118-125.

Scheusal dient.[832] Dennoch bedient sich Lucan in seinem Epos historischer Zusammenhänge, um die von ihm gewünschte Stimmung zu erzeugen. Daß die Morde des Marius an seinen politischen Gegnern im Jahr 87 v.Chr. dem Dichter für diesen Zweck geeignet erschienen, läßt darauf schließen, daß diese Ereignisse auch im 1. Jahrhundert n.Chr. zumindest in einigen Kreisen noch als ein Beispiel besonderer Grausamkeit vor Augen standen.

g) Plutarch

Plutarch beschreibt das Massaker an den politischen Gegnern der Marianer so, daß Cinna als der Gemäßigtere der beiden erscheint, Marius dagegen die treibende Kraft sowohl im Bürgerkrieg als auch beim Blutbad in Rom darstellt.[833] Marius habe sich nach der Vertreibung Cinnas an diesen gewandt und ihm seine Hilfe angeboten, weil er wußte, daß er in ihm einen Verbündeten im Kampf gegen Sulla finden würde. Das Bündnis zwischen Marius und Cinna ging demnach von Marius aus.[834] In der Lebensbeschreibung des Sertorius berichtet Plutarch, daß Sertorius, der sich ebenfalls auf die Seite Cinnas geschlagen hatte, wenig Gutes vom Rachedurst des Marius erwartete. Bezüglich Cinna hegte Sertorius derartige Befürchtungen aber nicht.[835] Daß Marius sich auch bei den Morden nach dem Sieg tatsächlich mehr hervortun würde als Cinna, deutet Plutarch bereits im Vorfeld des Einmarschs in Rom an: Der Senat habe, nachdem er die Aus-

---

[832] Dieses Caesarbild wird besonders deutlich in Luc. Phars. VII 565-567.
[833] Die negative Charakterisierung des Marius durch Plutarch ist nicht überraschend. Immerhin ist Marius für den Biographen eines der deutlichsten schlechten Beispiele eines Menschen, der sich durch seine Gier nach Macht und Ehre um ein gutes und zufriedenes Dasein gebracht hat. Marius steht dem Ideal entgegen, das Plutarch in seiner Schrift de tranq. an. vertritt (Dies wird sehr treffend von DUFF, Plutarch's Lives, 101-121, dargestellt). Plutarchs Ideal sei die Zufriedenheit mit dem status quo „Happiness lies in being content with what one has, not in straining after more" [S. 103]. Marius dagegen habe immer nach mehr gestrebt und sich damit immer weiter von diesem Lebensideal entfernt [S. 118-121]). Wenn Marius also für Plutarch eine Figur ist, die sich im Laufe ihres Lebens immer weiter zum Schlechten hin entwickelt, ist es nur konsequent, wenn am Ende des Lebens dieser Figur das verfehlte Lebensideal besonders offensichtlich ist. „Plutarch regularly assumes the worst about Marius' motives, often rejecting the man's own explanations as disingenuous or silly; and the close of this *Life* wallows in the slaughter, wilfully exonerating Cinna to emphasize Marius' own role" (PELLING, Truth and Fiction, 34).
[834] Plut. Mar. 41, 7.
[835] Plut. Sert. 5, 1.

sichtslosigkeit seiner Lage erkannt habe, Cinna und Marius durch Gesandte gebeten, die Stadt zu betreten, die Bürger aber zu schonen. Cinna habe daraufhin freundlich geantwortet, also dem Anliegen der Gesandten nachgegeben, Marius habe jedoch, obwohl er nichts sagte, seinen Blutdurst und seine von Grausamkeit geprägten Rachegelüste nicht verbergen können:

„Οὕτω δὴ τῶν πραγμάτων ἐχόντων, ἡ βουλὴ συνελθοῦσα πρέσβεις ἐξέπεμψε πρὸς Κίνναν καὶ Μάριον, εἰσιέναι καὶ φείδεσθαι δεομένη τῶν πολιτῶν. Κίννας μὲν οὖν ὡς ὕπατος ἐπὶ τοῦ δίφρου καθήμενος ἐχρημάτιζε καὶ φιλανθρώπους ἀποκρίσεις ἔδωκε τοῖς πρέσβεσι, Μάριος δὲ τῷ δίφρῳ παρειστήκει, φθεγγόμενος μὲν οὐδέν, ὑποδηλῶν δ' ἀεὶ τῇ βαρύτητι τοῦ προσώπου καὶ τῇ στυγνότητι τοῦ βλέμματος ὡς εὐθὺς ἐμπλήσων φόνων τὴν πόλιν."[836]

Daß Marius seine still angekündigte Drohung wahr gemacht hat, zeigt sich in Plutarchs weiterer Schilderung. Nachdem Cinna die Stadt betreten hatte, habe er die Volksversammlung zusammenkommen lassen, um über die Aufhebung der Verbannung des Marius abzustimmen. Zwar habe Marius diese Abstimmung selbst gefordert, um den Schein der Legitimität zu wahren und sicher ebenso, um das für ihn schmähliche Urteil ein für allemal aufgehoben zu wissen,[837] dennoch sei er, noch während die Abstimmung im Gange war, mit seiner Leibwache, die er Bardyäer[838] nannte, auf dem Forum erschienen und habe dort offenbar wahllos viele der dort versammelten Bürger umbringen lassen. Zuletzt ermordeten die Bardyäer einen Praetor namens Ancharius. Dies sei ihnen zwar nicht von Marius befohlen worden, doch habe Ancharius Marius gegrüßt und von diesem im Gegenzug keinen Gruß empfangen. Dies sei für die Leibwache des Marius ein

---

[836] Plut. Mar, 43, 1.

[837] Plut. Mar. 43, 2.

[838] NOWAK, Garden, 41, ist der Ansicht, der bei Plutarch griechisch überlieferte Name Βαρδυαῖοι sei lateinisch mit „Vardäer" wiederzugeben. Da es sich bei den Vardäern um ein Volk aus Illyrien handelt, schließt er daraus, daß die Leibwache des Marius größtenteils aus Illyrien stammte. Da jedoch Plutarch der einzige ist, der diesen Namen überliefert, also keine lateinische Bezeichnung für die Schläger des Marius bekannt ist, können wir nicht mit Sicherheit sagen, ob die Transkription: Βαρδυαῖοι – Vardäer korrekt ist. Auch ist der Begriff Βαρδυαῖοι laut ThLG allein bei Plutarch überliefert, und bezieht sich dort nicht auf einen Volksstamm, sondern auf die Leibwache des Marius. Denkbar wäre auch, daß die Βαρδυαῖοι, die Plutarch nennt, von der bei Strabo erwähnten spanischen Volksgruppe der Βαρδυῆται abzuleiten sind (Strab. III 4, 12). Daß sich hinter dem Begriff also die lateinische Bezeichnung Vardäer verbirgt, ist jedenfalls nicht erwiesen, weshalb hier die lateinische Umschrift des Griechischen „Bardyäer" verwendet wird.

Zeichen gewesen, Ancharius umzubringen. Marius selbst ließ laut Plutarch die Bardyäer gewähren:

> „ἐκάλει δὴ τὸ πλῆθος εἰς ἀγοράν· καὶ πρὸ τοῦ τρεῖς ἢ τέσσαρας φυλὰς ἐνεγκεῖν τὴν ψῆφον ἀφεὶς τὸ πλάσμα καὶ τὴν φυγαδικὴν ἐκείνην δικαιολογίαν κατῄει, δορυφόρους ἔχων λογάδας ἐκ τῶν προσπεφοιτηκότων δούλων, οὓς Βαρδυαίους προσηγόρευεν. οὗτοι πολλοὺς μὲν ἀπὸ φωνῆς, πολλοὺς δ' ἀπὸ νεύματος ἀνῄρουν προστάσσοντος αὐτοῦ, καὶ τέλος Ἀγχάριον, ἄνδρα βουλευτὴν καὶ στρατηγικόν, ἐντυγχάνοντα τῷ Μαρίῳ καὶ μὴ προσαγορευθέντα καταβάλλουσιν ἔμπροσθεν αὐτοῦ ταῖς μαχαίραις τύπτοντες."[839]

Ein solcher Terror sei von Marius ausgegangen, daß nunmehr jeder, der nicht von ihm gegrüßt wurde, von seiner Leibwache ermordet wurde, so daß schließlich auch die Freunde des Marius nicht mehr wagten, sich ihm zu nähern.[840] Plutarch beschreibt die Massaker als ein sinnloses und barbarisches Blutbad, wobei Cinna zwar nicht völlig unbeteiligt war, jedoch bei weitem nicht die Grausamkeit seines Kollegen erreichte:

> „κτεινομένων δὲ πολλῶν, Κίννας μὲν ἀμβλὺς ἦν καὶ μεστὸς ἤδη τοῦ φονεύειν, Μάριος δὲ καθ' ἑκάστην ἡμέραν ἀκμάζοντι τῷ θυμῷ καὶ διψῶντι διὰ πάντων ἐχώρει τῶν ὁπωσοῦν ἐν ὑποψίᾳ γεγονότων. καὶ πᾶσα μὲν ὁδός, πᾶσα δὲ πόλις τῶν διωκόντων καὶ κυνηγετούντων τοὺς ὑποφεύγοντας καὶ κεκρυμμένους ἔγεμεν."[841]

Die Mäßigung Cinnas ist dabei nach Plutarch auf den guten Einfluß des Sertorius zurückzuführen, der zwar auch zu den Siegern des Bürgerkrieges gehörte, aber sich nicht am allgemeinen Blutvergießen beteiligt habe. Zunächst habe Cinna sich wie Marius verhalten, dann sei er aber von Sertorius überzeugt worden:

> „διαπολεμηθέντος δὲ τοῦ πολέμου, καὶ τῶν περὶ τὸν Κίνναν καὶ Μάριον ἐμφορουμένων ὕβρεώς τε καὶ πικρίας ἁπάσης, ὥστε χρυσὸν ἀποδεῖξαι Ῥωμαίοις τὰ τοῦ πολέμου κακά, Σερτώριος λέγεται μόνος οὔτ' ἀποκτεῖναί τινα πρὸς ὀργὴν οὔτ' ἐνυβρίσαι κρατῶν, ἀλλὰ καὶ τῷ Μαρίῳ δυσχεραίνειν, καὶ τὸν Κίνναν ἐντυγχάνων ἰδίᾳ καὶ δεόμενος μετριώτερον ποιεῖν."[842]

Vor allem die Bardyäer verbreiteten durch ihre Maßlosigkeit Angst und Schrecken. Sie ermordeten nicht nur Männer, sondern schändeten deren Frauen und sogar die Kinder.[843] Hier zeigt sich, daß Cinna nach Plutarchs

---

[839] Plut. Mar. 43, 3.
[840] Plut. Mar. 43, 4.
[841] Plut. Mar. 43, 4f.
[842] Plut. Sert. 5, 6.
[843] Plut. Mar. 44, 6.

Beschreibung nicht nur weitaus weniger grausam vorging als Marius, sondern auch vom Verhalten der marianischen Leibwache angewidert war. Plutarch schildert in der Lebensbeschreibung des Marius, daß Cinna und Sertorius übereinkamen und eines Nachts die Bardyäer überfielen und niedermetzelten.[844] In der Sertorius-Vita geht die Ermordung der Bardyäer allerdings allein von Sertorius aus, der die Verbrechen der Leibwache des Marius nicht mehr mitansehen wollte:

„τέλος δὲ τῶν δούλων, οὓς Μάριος συμμάχους μὲν ἐν τῷ πολέμῳ, δορυφόρους δὲ τῆς τυραννίδος ἔχων ἰσχυροὺς καὶ πλουσίους ἐποίησε, τὰ μὲν ἐκείνου διδόντος καὶ κελεύοντος, τὰ δὲ καὶ ἰδίᾳ παρανομούντων εἰς τοὺς δεσπότας, σφαττόντων μὲν αὐτούς, ταῖς δὲ δεσποίναις πλησιαζόντων, καὶ βιαζομένων τοὺς παῖδας, οὐκ ἀνασχετὰ ποιούμενος ὁ Σερτώριος ἅπαντας ἐν ταὐτῷ στρατοπεδεύοντας κατηκόντισεν, οὐκ ἐλάττους τετρακισχιλίων ὄντας."[845]

Plutarch berichtet auch von den Morden an Octavius, Antonius und Catulus. Octavius wurde nach Plutarch noch vor der Ankunft des Marius von vorausgeschickten Soldaten von der Rednertribüne heruntergerissen und ermordet. Obwohl Cinna sich zu diesem Zeitpunkt wahrscheinlich bereits in der Stadt befunden hat, und Octavius in erster Linie Cinnas Gegner war, schiebt Plutarch ihm nicht explizit die Schuld an der Ermordung des Konsuls zu.[846]

Den Mord an Antonius beschreibt Plutarch recht ausführlich. Der Redner habe sich zunächst bei einem Freund versteckt halten können. Ein gutgläubiger Sklave dieses Freundes habe aber einem bekannten Weinhändler ungeschickterweise davon erzählt. Dieser Händler sei sogleich zu Marius gelaufen und habe ihm vom Versteck des Antonius berichtet. Plutarch sieht in dem Verrat des Händlers eine absolut verwerfliche Handlung:

„ἀσεβὴς καὶ μιαρὸς ὢν ὁ κάπηλος ἅμα τῷ τὸν οἰκέτην ἀπελθεῖν αὐτὸς συνέτεινε πρὸς Μάριον ἤδη περὶ δεῖπνον ὄντα, καὶ προσαχθεὶς ὡμολόγησε παραδώσειν αὐτῷ τὸν Ἀντώνιον."[847]

Marius sei hocherfreut über den Verrat gewesen und habe seinen Militärtribun Annius geschickt, um Antonius umzubringen. Als die Soldaten des

---

[844] Plut. Mar. 44, 6.
[845] Plut. Sert. 5, 6.
[846] Plut. Mar. 42, 5.
[847] Plut. Mar. 44, 2.

Annius in das Haus, in dem Antonius sich versteckt hielt, eindrangen, habe dieser sie dermaßen mit seiner Redekunst beeindruckt, daß keiner es gewagt habe, Hand an ihn zu legen. Alle Soldaten hätten dem Antonius gebannt gelauscht, die Augen niedergeschlagen und geweint:

„οἱ δὲ στρατιῶται διὰ κλιμάκων ἀναβάντες εἰς τὸ δωμάτιον καὶ θεασάμενοι τὸν Ἀντώνιον, ἄλλος ἄλλον ἐπὶ τὴν σφαγὴν ἀνθ' ἑαυτοῦ παρεκάλει καὶ προύβάλλετο. τοιαύτη δέ τις ἦν ὡς ἔοικε τοῦ ἀνδρὸς ἡ τῶν λόγων σειρὴν καὶ χάρις, ὥστ' ἀρξαμένου λέγειν καὶ παραιτεῖσθαι τὸν θάνατον ἅψασθαι μὲν οὐδεὶς ἐτόλμησεν οὐδ' ἀντιβλέψαι, κάτω δὲ κύψαντες ἐδάκρυον ἅπαντες."[848]

Zu dieser grotesken Situation sei Annius schließlich hinzugekommen. Offenbar war er für den Zauber der Redekunst des Antonius unempfänglich. Er habe mit seinen pflichtvergessenen Soldaten geschimpft und dem Redner eigenhändig den Kopf abgeschlagen, den er daraufhin dem Marius überbracht habe.

Die Beschreibung des Selbstmordes des Lutatius Catulus stimmt im Wesentlichen mit der Schilderung des Velleius Paterculus überein. Plutarch berichtet zusätzlich, daß mehrere Freunde des Catulus sich bei Marius um Gnade für Catulus bemüht hätten, Marius aber zu keiner Milde gegenüber seinem ehemaligen Konsulatskollegen und Kameraden im Kimbernkrieg bereit gewesen sei.[849]

h) Florus

Florus berichtet von den Ereignissen des Jahres 87 v.Chr. in ebenfalls sehr Cinna- und Marius-kritischer Weise. Schon die Vertreibung Cinnas aus Rom ist seiner Ansicht nach nicht auf ein Unrecht zurückzuführen, sondern darauf, daß die friedliebende Seite sich beim Streit zwischen Cinna und Octavius durchsetzen konnte.[850] Damit ist bereits angezeigt, daß Cinna nach Florus Ansicht der moralisch schlechtere der beiden Konsuln von 87 v.Chr. war und daß er sich in seiner Auseinandersetzung mit Octavius von Beginn an im Unrecht befand. Seine Vertreibung ist zudem nach Florus' Auffassung kein Unrecht an einem amtierenden Konsul, sondern sie er-

---

[848] Plut. Mar. 44, 3f.
[849] Plut. Mar. 44, 5.
[850] Flor. II 9, 10: „ [...] cincta quidem gladiis contione, sed vincentibus quibus pax et quies potior, profugus patria sua Cinna confugit ad partes."

scheint hier als freiwillige Flucht Cinnas und wird von dem Autor sogar wie eine schändliche Desertion betrachtet.

Auch das Verhalten des Marius wird, noch bevor Florus konkret darauf eingeht, als ungerecht gebrandmarkt. Marius hatte zwar nach Ansicht des Autors eine gewisse Berechtigung dazu, sich selbst aus seiner ungerechtfertigten Verbannung zu befreien, doch die Gewalttätigkeit, mit welcher der Feldherr vorging, diskreditierte der Ansicht des Florus zufolge auch Marius:

> „Itaque ad nomen tanti viri late concurritur, servitia - pro nefas - et ergastula armantur, et facile invenit exercitum miser imperator. Itaque vi patriam reposcens, unde vi fuerat expulsus, poterat videri iure agere, nisi causam suam saevitia corrumperet."[851]

Nachdem der Autor unmißverständlich klargemacht hat, daß die Taten des Marius und Cinna zu verurteilen sind, berichtet er von dem Massenmord in einer Weise, wie sie uns auch von den anderen antiken Autoren bekannt ist:

> „Hic postquam manus omnis Octavi depulsa Ianiculo est, statim ad principum caedem signo dato aliquanto saevius quam vel in Punica urbe saevitur. Octavi consulis caput pro rostris exponitur, Antoni consularis in Mari ipsius mensis. Caesar et Fimbria in penatibus domorum suarum trucidantur, Crassi pater et filius in mutuo alter alterius aspectu. Baebium atque Numitorium per medium forum unci traxere carnificum. Catulus se ignis haustu ludibrio hostium exemit. Merula flamen Dialis in Capitolio Iovis ipsius oculos venarum cruore respersit. Ancharius ipso vidente Mario confossus est, quia fatalem illam scilicet manum non porrexerat salutanti."[852]

Florus erzählt von den Morden in Übereinstimmung mit den anderen Autoren. Er hebt einige -wohl seiner Ansicht nach besonders frevelhafte- Dinge hervor, wie die Zerstückelung der Leichen des Octavius und des Antonius, die Ermordung des (C. oder L.) Caesar und des Fimbria[853] vor ihren eigenen Hausaltären und die Tötung von Vater und Sohn unter den Augen des jeweils anderen.

---

[851] Flor. II 9, 11f.
[852] Flor. II 9, 13-16.
[853] Hier liegt möglicherweise ein Irrtum vor. Fimbria ist uns von anderen Autoren als Verbündeter des Marius und Helfer des Massakers bekannt. Entweder meint Florus einen anderen Fimbria, den wir nicht näher zuordnen können, oder er mißversteht eine Äußerung seiner Quelle(n).

Wie Plutarch gibt auch Florus die Hauptverantwortung an den Morden dem Marius. Dies wird deutlich, indem er bemerkt, all die oben genannten Grausamkeiten seien Resultate des sechsten Konsulates des Marius gewesen, das nur vom 1. bis zum 9. Januar gedauert hatte. Wenn Marius länger gelebt hätte, deutet er an, dann wäre wohl noch weitaus mehr passiert:

> „Haec tot senatus funera intra Kalendas et Idus Ianuarii mensis septima illa Marii purpura dedit. Quid futurum fuit, si annum consulatus implesset?"[854]

Daraus wird ersichtlich, daß Florus offenbar Cinna nicht als treibende Kraft des Massakers ansieht, denn Cinna führte das Konsulat des Jahres 86 vollständig zuende und hätte demnach noch viel Zeit für Grausamkeiten gehabt.[855] Nach Florus nahmen die Morde jedoch mit dem Tod des Marius ein Ende.

i) Appian

Appian erzählt ausführlich von der Vertreibung Cinnas aus Rom und dem darauffolgenden Bürgerkrieg.[856] Er berichtet übereinstimmend mit Plutarch von der Kapitulation des Senats und den Reaktionen des Cinna und Marius auf die Bitte, die Bürger zu schonen. Nach der Aufhebung der Verbannung des Marius seien Cinna und Marius nach Rom gekommen und hätten begonnen, das Eigentum ihrer politischen Gegner zu plündern:

> „Οἱ μὲν δὴ δεχομένων αὐτοὺς σὺν δέει πάντων ἐσῄεσαν ἐς τὴν πόλιν, καὶ τὰ τῶν ἀντιπρᾶξαι σφίσι δοκούντων ἀκωλύτως πάντα διηρπάζετο·"[857]

Nach Appian war der Konsul Octavius das erste Opfer der Sieger, obwohl ihm von Cinna und Marius Unversehrtheit versprochen worden war. Der Konsul habe sich geweigert, dem Rat seiner Freunde Folge zu leisten und

---

[854] Flor. II 9, 17.
[855] Glaubt man Florus, muß man davon ausgehen, daß die Massenmorde zum Zeitpunkt des Todes des Marius noch in vollem Gange waren, und weitergegangen wären. Demnach hätten Marius und Cinna nicht eine bestimmte Gruppe von Leuten umgebracht und danach versucht, unter normalen Umständen Politik zu treiben. Zudem verlegt der Autor die Morde in das Jahr 86, denn er behauptet unmißverständlich, die Grausamkeiten seien unter dem siebten Konsulat des Marius begangen worden.
[856] App. civ. I 64-69.
[857] App. civ. I 71.

zu fliehen. Grund dafür war nach Appian aber nicht sein Vertrauen in das von Cinna und Marius gegebene Versprechen oder die Visionen der Opferschauer, die ihm Wohlergehen garantierten, sondern sein Pflichtgefühl. Er wollte auf keinen Fall als amtierender Konsul die Stadt Rom verlassen. Er sei zwar, wie von Cinna angeordnet, dem Forum ferngeblieben, habe aber sein Amt als Konsul weitergeführt. Selbst als er von einem gewissen Censorinus, den Appian nicht weiter benennt, angegriffen wurde, sei er nicht geflohen, obwohl er die Gelegenheit dazu hatte, sondern habe sich von Censorinus den Kopf abhauen lassen. Der Kopf des Octavius sei als erster auf der Rednertribüne ausgestellt worden, doch ihm sollten noch weitere folgen:

„'Οκταουίῳ δὲ Κίννας μὲν καὶ Μάριος ὅρκους ἐπεπόμφεσαν, καὶ θύται καὶ μάντεις οὐδὲν πείσεσθαι προύλεγον, οἱ δὲ φίλοι φυγεῖν παρῄνουν. ὁ δ᾽ εἰπὼν οὔποτε προλείψειν τὴν πόλιν ὕπατος ὢν ἐς τὸ Ἰάνουκλον, ἐκστὰς τοῦ μέσου, διῆλθε μετὰ τῶν ἐπιφανεστάτων καί τινος ἔτι καὶ στρατοῦ ἐπί τε τοῦ θρόνου προυκάθητο, τὴν τῆς ἀρχῆς ἐσθῆτα ἐπικείμενος, ῥάβδων καὶ πελέκεων ὡς ὑπάτῳ περικειμένων. ἐπιθέοντος δ᾽ αὐτῷ μετά τινων ἱππέων Κηνσωρίνου καὶ πάλιν τῶν φίλων αὐτὸν καὶ τῆς παρεστώσης στρατιᾶς φυγεῖν παρακαλούντων καὶ τὸν ἵππον αὐτῷ προσαγόντων, οὐκ ἀνασχόμενος οὐδὲ ὑπαναστῆναι τὴν σφαγὴν περιέμενεν. ὁ δὲ Κηνσωρῖνος αὐτοῦ τὴν κεφαλὴν ἐκτεμὼν ἐκόμισεν ἐς Κίνναν, καὶ ἐκρεμάσθη πρὸ τῶν ἐμβόλων ἐν ἀγορᾷ πρώτου τοῦδε ὑπάτου."[858]

Der Mord an Octavius war nach Appian der Auftakt zum Massaker an den Gegnern der Marianer. Der Historiker nennt einige der Ermordeten namentlich: Gaius Iulius, Lucius Iulius, Atilius Serranus, Publius Lentulus, Gaius Nemetorius, Marcus Baebius, Marcus Antonius,[859] Quintus Ancharius,[860] Merula, Lutatius Catulus[861] und alle Freunde Sullas.[862] Wie für Plutarch so ist auch für Appian der Mord an so vielen römischen Bürgern ein unmenschliches und maßloses Vorgehen, das er hart kritisiert. Die Mörder hätten sich weder vor den Göttern noch vor dem Haß der Menschen gefürchtet.[863] Appian berichtet zudem, daß nicht nur Senatoren, sondern auch Ritter dem Massaker zum Opfer fielen. Deren Leichen seien aber, im Gegensatz zu denen der Senatoren, nicht mißhandelt worden:

---

[858] App. civ. I 71.
[859] App. civ. I 72.
[860] App. civ. I 73.
[861] App. civ. I 74.
[862] App. civ. I 73.
[863] App. civ. I 71.

„Ζητηταὶ δ' ἐπὶ τοὺς ἐχθροὺς αὐτίκα ἐξέθεον τούς τε ἀπὸ τῆς βουλῆς καὶ τῶν καλουμένων ἱππέων, καὶ τῶν μὲν ἱππέων ἀναιρουμένων λόγος οὐδεὶς ἔτι μετὰ τὴν ἀναίρεσιν ἐγίγνετο, αἱ δὲ τῶν βουλευτῶν κεφαλαὶ πᾶσαι προυτίθεντο πρὸ τῶν ἐμβόλων."[864]

Den Tod des Redners Antonius beschreibt Appian in völliger Übereinstimmung mit Plutarch.[865] Bei der Ermordung des Quintus Ancharius gibt es einige Abweichungen. Zunächst kommt ein wahlloses Blutbad in der Volksversammlung, wie Plutarch es beschreibt, und in dessen Zuge auch Ancharius umgekommen sein soll, bei Appian nicht vor, sondern Ancharius habe sich Marius genähert, als dieser auf dem Kapitol dabei war, ein Opfer zu bringen. Ancharius war der Ansicht, daß der Tempel ein passender Ort für ein versöhnendes Gespräch sei. Anders als in der Version Plutarchs habe Marius seiner Leibwache befohlen, Ancharius zu töten, als dieser grüßend auf ihn zukam. In der Darstellung Appians handelt es sich also nicht um eine Eigenmächtigkeit der Leibwache des Marius.[866] Überhaupt erscheint die Leibwache des Marius in der Version Appians weitaus weniger verbrecherisch als bei Plutarch. Der maßlose Mutwille von Schlägertrupps, mit denen diese wahllos gegen römische Bürger und deren Angehörige vorgingen, ist bei Appian nicht auf die Leibwache zurückzuführen, sondern auf Sklaven, die Cinna unterstützt und von diesem die Freiheit erhalten hatten. Die freigelassenen Sklaven tobten nun ihren Übermut vorzugsweise an ihren ehemaligen Herren aus, bis Cinna dem Treiben, zunächst durch mehrere Verbote, dann indem er sie durch sein Heer bis auf den letzten Mann umbringen ließ, ein Ende gesetzt habe:

„θεράποντες δ' ὅσοι κατὰ τὸ κήρυγμα πρὸς Κίνναν ἐκδραμόντες ἐλεύθεροι γεγένηντο καὶ αὐτῷ Κίννᾳ τότε ἐστρατεύοντο, ταῖς οἰκίαις ἐπέτρεχον καὶ διήρπαζον, ἀναιροῦντες ἅμα οἷς περιτύχοιεν· οἱ δὲ αὐτῶν καὶ τοῖς σφετέροις δεσπόταις μάλιστα ἐπεχείρουν. Κίννας δ' ἐπεὶ πολλάκις αὐτοῖς ἀπαγορεύων οὐκ ἔπειθε, Γαλατῶν στρατιὰν αὐτοῖς ἔτι νυκτὸς ἀναπαυομένοις περιστήσας διέφθειρε πάντας."[867]

Die Selbstmorde des Merula und des Catulus stimmen in der Schilderung Appians mit der Plutarchs überein. Appian klärt seinen Leser allerdings

---

[864] App. civ. I 71.
[865] App. civ. I 72.
[866] App. civ. I 73.
[867] App. civ. I 74.

zusätzlich über die Gründe für die Verurteilung der beiden auf. Catulus war, wie wir bereits von Plutarch wissen, Kamerad des Marius im Kimbernkrieg gewesen. Obwohl Marius ihm damals einmal das Leben gerettet hatte, habe sich Catulus im Jahr 88, als Marius durch Sulla verbannt worden war, auf die Seite Sullas geschlagen und in keiner Weise versucht, seinem Lebensretter zu helfen. Diese Undankbarkeit sei nun zu seinem Verhängnis geworden.[868] Merula dagegen sei einzig aus dem Grund angeklagt worden, daß er nach Cinnas Vertreibung dessen Amt übernommen hatte.[869]

j) Cassius Dio
Der Historiker Cassius Dio schildert die Ereignisse des Jahres 87 v.Chr. als einen sinnlosen und barbarischen Sturm von Siegern, die sich kaum noch wie Menschen verhalten, gegen die Stadt Rom. Er beschreibt, wie Marius und seine Leute wie fremde Sieger über die Stadt herfielen und sich in ihrer Art, mit den Bewohnern umzugehen, in keiner Weise von Eroberern unterschieden:

„ὅτι ἐπειδὴ ὁ Κίννας τὸν νόμον τὸν περὶ τῆς καθόδου τῶν φυγάδων ἀνενεώσατο, ὁ Μάριος οἵ τε ἄλλοι οἱ σὺν αὐτῷ ἐκπεσόντες ἐσεπήδησαν ἐς τὴν πόλιν μετὰ τοῦ λοιποῦ στρατοῦ κατὰ πάσας ἅμα τὰς πύλας, καὶ ἐκείνας τε ἔκλεισαν ὥστε μηδένα διαδρᾶναι, καὶ πάντας τοὺς ἐντυγχάνοντάς σφισι ἐξειργάσαντο, μηδένα αὐτῶν ἀποκρίνοντες, ἀλλὰ πᾶσιν αὐτοῖς ὁμοίως ὡς πολεμίοις χρώμενοι."[870]

Dio unterscheidet dabei nicht zwischen dem Sieger Marius und dessen Leibwache bzw. freigelassenen Sklaven. Er berichtet in Übereinstimmung mit den anderen Autoren, daß die Köpfe der ermordeten Senatoren auf den *rostra* ausgestellt wurden und erwähnt in diesem Zusammenhang auch, daß die Morde an diesen Leuten ebenso grausam gewesen seien wie die Behandlung ihrer Leichen.
Die treibende Kraft in dem Massaker ist auch bei Dio nicht Cinna, sondern Marius. Marius ist derjenige, der in die Stadt stürmt und sich an ihren Bürgern vergreift. Als Cinna noch allein in Rom war und die Aufhebung der Verbannung des Marius erwirkte, sei es zu keinen derartigen Greueltaten

---
[868] App. civ. I 74.
[869] Ebd.
[870] Cass. Dio XXX-XXXV 102, 8.

gekommen. Cassius Dio behauptet, Marius sei geradezu besessen vom Töten gewesen. Aus diesem Grund habe er, als er bereits fast alle seine Feinde umgebracht hatte, seiner Leibwache befohlen, jeden, den er nicht grüßte, zu töten.[871] Auf diese Weise seien viele umgekommen, die nicht nur keine Feinde des Marius waren, sondern deren Tod dem fanatischen Mörder nicht einmal Befriedigung verschaffte:

„καὶ (ἦν γάρ, ὥσπερ εἰκός, ἔν τε ὄχλῳ καὶ ἐν θορύβῳ τοσούτῳ οὐδ᾽ αὐτῷ τῷ Μαρίῳ ἐπιμελές, ἀλλ᾽ οὐδὲ δυνατὸν οὐδ᾽ εἰ πάνυ ἐβούλετο, κατὰ γνώμην τῇ χειρὶ χρῆσθαι) πολλοὶ κἀκ τούτου μάτην ἀπέθανον, οὓς οὐδαμῇ οὐδαμῶς ἀποκτεῖναι ἐδεῖτο."[872]

Mit diesem sinnlosen Morden war nach Cassius Dios Ansicht eine neue Stufe der Gewalttätigkeit im öffentlichen Raum erreicht. Nun wurden römische Bürger nicht einfach -wie in vielen Fällen zuvor- ohne Prozeß verurteilt oder ohne Urteil umgebracht, sie verloren ihr Leben jetzt durch die bloße Willkür eines Machthabers, der seine Hand nicht zum Gruß erhob, selbst wenn sie nicht einmal dessen Mißfallen erregt hatten:

„πρὸς γὰρ τοῦτο τὰ τῶν Ῥωμαίων πράγματα ἀφίκετο ὥστε μὴ μόνον ἀκρίτως μηδ᾽ ἀπ᾽ ἔχθρας, ἀλλὰ καὶ πρὸς τὴν οὐκ ἔκτασιν τῆς ἐκείνου χειρὸς ἀπόλλυσθαι."[873]

Daß Cassius Dio die Morde des Jahres 87 für bis dahin absolut beispiellos hält, zeigen nicht nur seine drastische Schilderung der Unbarmherzigkeit des Marius, sondern auch seine Angaben über das Ausmaß des Blutbades. Die Zahl der Getöteten bezeichnet Dio als unzählig. Zudem gibt er an, das Morden habe sich über fünf Tage und fünf Nächte hin erstreckt.[874]

2. Zusammenfassung und Bewertung
Die antiken Autoren berichten über die Morde an den politischen Gegnern des Marius und des Cinna in ähnlicher Weise. Sie alle stellen das besondere Ausmaß der Grausamkeit und Willkür, welches die Mörder an den Tag legten, heraus. Zwar halten einige die Vertreibung Cinnas während seines Konsulats ebenso wie die Verbannung des Marius für ein Unrecht, die Re-

---

[871] Vgl. Plut. Mar. 43, 4.
[872] Cass. Dio XXX-XXXV 102, 11.
[873] Cass. Dio XXX-XXXV 102, 10.
[874] Cass. Dio XXX-XXXV 102, 11.

aktion der beiden stößt jedoch bei jedem dieser Autoren auf Kritik. Drei Merkmale der hier betrachteten Morde sind es, an denen die antiken Autoren Anstoß nehmen: Die Menge der Getöteten[875], die Willkür bei der Auswahl der Opfer[876] und die Grausamkeit der Mörder, die sich unter anderem in der Mißhandlung der Leichen ihrer Feinde zeigte[877]. Zudem berichtet jeder Autor über eine Auswahl von Einzelmorden, die im Zuge der Gewalttätigkeiten des Marius und Cinna begangen wurden. Die Reihenfolge, in der die Einzelfälle hier noch einmal betrachtet werden, entspricht der Anzahl der Autoren, die auf den entsprechenden Fall Bezug nehmen:

Die meisten Quellen erwähnen den Mord an Cinnas Konsulatskollegen Cn. Octavius. Appian berichtet, daß der Mord an Octavius den Auftakt der Beseitigung der Feinde des Marius und des Cinna bedeutete. Diese Behauptung braucht nicht angezweifelt zu werden, denn schließlich war Octavius als amtierender Konsul und unnachgiebiger Hauptgegner Cinnas der zunächst wichtigste Feind der neuen Machthaber. Beachtenswert ist, daß als Mörder des Octavius oft Cinna, nicht aber Marius allein genannt wird,[878] was angesichts der Tatsache, daß Octavius sich durch die Vertreibung Cinnas zum Gegner der beiden gemacht hatte, als glaubwürdig anerkannt werden muß. Demnach hatte nicht Marius, sondern Cinna mit dem Morden begonnen.

Der Mord an dem Redner M. Antonius wird ebenfalls sehr häufig thematisiert. Das Motiv für die Beseitigung des Redners ist dabei nicht ganz so offensichtlich wie das für den Mord an Octavius. Wir wissen von Cicero, daß Antonius sich der Senatsaristokratie verpflichtet fühlte,[879] was dafür

---

[875] Cic. Att. VII 7, 7; Liv. per. LXXX 6-9; Luc. Phars. II 101-109; Plut. Mar. 43, 4; Flor. II 9, 13; Cass. Dio XXX-XXXV 102, 11.
[876] Luc. Phars. II 101-118; Plut. Mar. 43, 4; Flor. II 9, 17; Cass. Dio XXX-XXXV 102, 10f.
[877] Plut. Mar. 43, 4; Flor. II 9, 14; App. civ. I 71; Cass. Dio XXX-XXXV 102, 9.
[878] Val. Max. I 6, 10; Vell. Pat. II 22, 2. Eine Ausnahme bildet Plut. Mar. 42, 5. Hier wird Marius als Mörder des Octavius suggeriert, obwohl sich dieser zum Zeitpunkt des Mordes noch nicht in der Stadt befunden hat. Dies ist aber wahrscheinlich darauf zurückzuführen, daß sich Plutarch hier mit dem Leben des Marius und nicht des Cinna befaßt, und daß es in seiner Absicht liegt, die Entwicklung seines Protagonisten hin zur maßlosen Grausamkeit zu schildern. Tatsächlich hat aber wohl Cinna ein größeres Interesse am Tod des Octavius gehabt als Marius.
[879] Cic. Brut. 304.

spricht, daß seine politische Überzeugung ihn in die Gegnerschaft des Marius und des Cinna drängte. Von einer besonderen persönlichen Feindschaft der beiden zu Antonius ist jedoch nichts bekannt. Wahrscheinlich fürchteten Marius und Cinna, daß der begnadete Redner ihre politische Praxis anprangern und ihnen damit Steine in den Weg legen würde; möglicherweise hatten die beiden ähnliche Erfahrungen mit dem Redner bereits in der Vergangenheit gemacht. Cicero nennt Cinna, Plutarch und Lucan nennen Marius, Livius, Velleius Paterculus und Appian nennen beide als Mörder. Dies entspricht in jedem der Fälle der Tendenz, welche diese Autoren ohnehin in Bezug auf die Rollen von Marius und Cinna bei dem Massaker vertreten. Wir können daraus also keine sicheren Schlüsse dahingehend ziehen, wer von den beiden die Ermordung des Antonius wirklich veranlaßte.

Nach den Morden an Octavius und Antonius hat die Ermordung des Q. Lutatius Catulus den meisten Widerhall bei den antiken Autoren gefunden. Zwar handelt es sich hier nicht um einen Mord im engeren Sinne, sondern um einen Selbstmord des Catulus; unsere Quellen machen aber deutlich, daß dieser Selbstmord nicht freiwillig geschah, sondern erzwungen wurde. Für den Tod des Catulus war unseren Quellen zufolge in erster Linie Marius verantwortlich.[880] Woher die Feindschaft des Marius gegen Catulus rührte, können wir nicht zweifellos feststellen; sicher ist jedoch, daß zwischen ihnen eine Rivalität bestand, die sich um die Anerkennung der Verdienste beider im Kimbernkrieg drehte.[881] Es ist jedoch nichts dahingehend bekannt, daß sich Catulus jemals in besonderer Weise gegen Marius als Politiker gestellt habe. Seine Teilnahme am Kampf gegen Saturninus und Glaucia[882] kann nicht als gegen Marius gerichtet verstanden werden, da sich dieser selbst an dem Vorgehen gegen die Demagogen beteiligt hatte. Vielmehr spricht die Tatsache, daß sich der Angeklagte Catulus hilfesuchend an Marius wandte, dafür, daß er seinen ehemaligen Kriegskameraden und Mitkonsul nicht als offenen Feind ansah. Mit Sicherheit nahmen

---

[880] Cic. nat. deor. III 80; Tusc. V 56; Diod. XXXVIII/XXXIX 4, 3; Vell. Pat. II 22, 4; Plut. Mar. 44, 5.
[881] MÜNZER, RE XVIII/2, Lutatius (7), 2072-2082.
[882] Cic. Rab. perd. 26.

Marius und Cinna Catulus dessen Parteinahme für Octavius[883] übel, doch Catulus selbst scheint der Ansicht gewesen zu sein, daß ihn diese Parteinahme noch nicht zum Todfeind des Marius gemacht hatte. Möglicherweise war die Parteinahme für Octavius nicht der einzige Grund für die Ermordung des Catulus. Es ist denkbar, daß Marius gleichzeitig die Gelegenheit nutzte, seinen langjährigen Rivalen um den Ruhm des Kimbernkrieges loszuwerden.

Ebenfalls gut bezeugt sind die Morde an den Brüdern C. und L. Caesar, die übrigens Halbbrüder des Q. Lutatius Catulus waren. Jedoch berichten die antiken Autoren nichts über die näheren Umstände dieser Morde. Sie nennen weder den Grund noch die Art und Weise, wie die beiden Brüder getötet wurden. Nur Valerius Maximus deutet an, daß C. Caesar von einem ehemaligen Klienten verraten wurde. C. Iulius Caesar Strabo ist uns durch Cicero als hervorragender Redner bekannt, der im Jahr 88 v.Chr. mit dem mit Marius verbündeten Volkstribun Sulpicius Rufus aneinandergeraten war, da sich C. Caesar, ohne vorher die Prätur innegehabt zu haben, um das Konsulat bewerben wollte.[884] Wir sehen also, daß die Gegnerschaft zu Marius, die hieraus entstand, weniger mit den politischen Ideen des Marius zu tun hatte als mit einer Kontroverse, die Caesar mit einem Verbündeten des Marius hatte. Dennoch geriet er dadurch auf die Seite der Gegner des Kimbernsiegers, was wohl dazu führte, daß er sich auch im Jahr 87 gegen Marius stellte.

Was L. Iulius Caesar zum Feind des Marius und des Cinna gemacht hatte, ist noch weniger klar. Es bleibt jedoch anzunehmen, daß Lucius grundsätzlich die politische Seite seiner Brüder vertrat und so aufgrund der Familienbande zum Opfer des Massakers von 87 v.Chr. wurde. Wie schon im Fall des Catulus, so erscheint auch hier Marius und nicht Cinna als der ursprüngliche Feind der Getöteten.

Ein weiteres Opfer des Mordes an den politischen Gegnern des Marius und des Cinna war der *flamen Dialis* L. Cornelius Merula, der nach der Vertreibung Cinnas aus Rom dessen Platz als Konsul eingenommen hatte. Daß

---

[883] MÜNZER, RE XIII/2, Lutatius (7), 2078.
[884] Cic. Phil. XI 11; Brut. 226.

er sich damit ebenso wie Octavius zum Todfeind Cinnas machte, liegt vor dem Hintergrund der bisherigen Betrachtungen auf der Hand. Dennoch soll hier bedacht werden, daß Cinna im Grunde wenig Anlaß hatte, Merula zu töten. Erstens war es ja nicht dem Jupiterpriester vorzuwerfen, daß Octavius seinen Konsulatskollegen vertrieben hatte. Nachdem es jedoch dann nur noch einen Konsul in Rom gab, war es unerläßlich, daß ein Suffektkonsul nachrückte. Daß anstelle Cinnas Merula nachgewählt wurde, zeigt zwar deutlich, daß sich Merula mit Octavius politisch auf einer Linie befand. Einen Verrat am bisherigen Konsul Cinna konnte ihm jedoch deshalb - anders als im Falle des Octavius- nicht vorgeworfen werden. Zudem berichtet Diodor, daß Merula, nachdem er Cinnas Sieg als unvermeidbar erkannte, sogleich sein Amt niederlegte und den Konsulatsplatz neben Octavius für Cinna freimachte.[885] Der Mord an Merula -auch er beging Selbstmord, um der Ermordung durch seine Gegner zuvorzukommen- scheint in erster Linie durch persönliche Rachegefühle Cinnas motiviert gewesen zu sein.

Die Morde an den beiden Crassi werden in den Quellen niemals einzeln, sondern immer im Zusammenhang mit dem jeweils anderen wiedergegeben. Auch hier erfahren wir von keinem Autor, was der letzte Grund für die Ermordung von Vater und Sohn war (d.h. für die Ermordung des Sohnes und den erzwungenen Selbstmord des Vaters). Jedoch wissen wir, daß Crassus d.Ä. zu den militärischen Verteidigern der Stadt Rom gehörte, als diese von den Streitkräften des Marius und des Cinna angegriffen wurde.[886] Es ist demnach sehr wahrscheinlich, daß er getötet wurde, weil er sich gegen die Rückkehr der beiden Vertriebenen gestellt hatte. Wir können zudem davon ausgehen, daß die eigentliche Feindschaft des Marius und des Cinna dem älteren Crassus galt, und daß der Jüngere selbstverständlich auf der Seite seines Vaters stand, was ihn ebenfalls zum Gegner der Sieger machte.

---

[885] Diod. XXXVIII/ XXXIX 3, 1.
[886] App. civ. I 69.

Ein weiteres Opfers der Morde des Cinna und des Marius war Q. Ancharius. Dieser Fall wird von Plutarch[887] und Appian[888] zur Schilderung der besonders großen Willkür der Mörder angeführt, da Ancharius allein deshalb getötet worden sei, weil Marius seinen Gruß nicht erwidert habe. Eine politisch oder wenigstens persönlich motivierte Feindschaft der Mörder gegen Ancharius habe es nicht gegeben.

Über den Mord an M. Baebius berichten Lucan[889], Florus[890] und Appian[891]. Leider machen sie auch in seinem Fall keine Angaben darüber, was Baebius zum Feind des Marius und des Cinna machte. Da wir über diesen M. Baebius auch sonst keinerlei Informationen finden können, müssen alle weiteren Überlegungen zu diesem Fall Spekulation bleiben. Das gleiche gilt für den bei Appian[892] und Florus[893] erwähnten C. Nemetorius.

Bei dem von Appian erwähnten Atilius Serranus handelt es sich wahrscheinlich um den Konsul des Jahres 106 v.Chr., den Cicero als einen derjenigen nennt, die im Jahr 100 mit Waffengewalt gegen Saturninus und Glaucia vorgingen.[894]

Von P. Lentulus wissen wir nur, daß er ein Verwandter des C. und des L. Caesar war und sich der Senatsaristorkratie verbunden fühlte.[895] Wahrscheinlich ist also, daß auch er sich gegen die Rückkehr des Marius und des Cinna gestellt hatte und somit zum Todfeind der beiden Rückkehrer wurde.

Über diese Fälle hinaus wurden den Berichten der antiken Autoren zufolge noch eine Vielzahl weiterer Bürger von Marius und Cinna getötet. Da jedoch keine weiteren Namen bekannt sind[896], würde es wenig Sinn machen, sich in Spekulationen über die Identität und politische Ausrichtung der

---

[887] Plut. Mar. 43, 4.
[888] App. civ. I 73.
[889] Luc. Phars. II 119.
[890] Flor. II 9, 14.
[891] App. civ. I 72.
[892] App. civ. I 72.
[893] Flor, II 9, 14.
[894] Cic. Rab. perd. 21. Zu Serranus: KLEBS, RE II/2, Atilius (64), 2098.
[895] MÜNZER, RE IV/1, Cornelius (203), 1375.
[896] Der Mord am von Livius erwähnten Senator Sex. Licinius ist Gegenstand des nächsten Kapitels.

weiteren Opfer zu ergehen, zumal unsere Quellen darauf hinweisen, daß die Morde oft so willkürlich begangen wurden, daß von einer offenen politischen Gegnerschaft oder einer persönlichen Feindschaft mancher Opfer zu den neuen Machthabern nicht die Rede sein konnte.[897]
Nach den antiken Berichten geschahen die hier behandelten Morde im Jahr 87 v.Chr., dem Konsulatsjahr des Octavius und des Cinna. Nur Florus erweckt in seiner Schilderung den Eindruck, erst unter dem siebten Konsulat des Marius -86 v.Chr.- hätte das Massaker stattgefunden.[898] Jedoch unterliegt Florus hier allem Anschein nach einem Irrtum. Die Einnahme Roms durch Marius und Cinna und die Morde an ihren Feinden ist in den Quellen -nicht zuletzt bei Livius, an dem Florus sich orientiert[899]- eindeutig für 87 v.Chr. bezeugt.[900] Sogar Florus selbst bezeichnet den getöteten Octavius als Konsul und nicht als Konsular.[901] Octavius war aber Konsul des Jahres 87 v.Chr. Wenn er also als Konsul getötet wurde, dann kann das auch nach Florus nur 87 v.Chr. geschehen sein. Möglicherweise verlegt Florus den

---

[897] Die besonders drastische Schilderung Plutarchs wird allerdings in der Forschung zurecht allgemein als überzogen beurteilt: vgl. LOVANO, Age of Cinna, 45f., der aus diesem Grund in seiner Monographie den Begriff ‚massacre' -vielleicht in Anlehnung an CARNEY, Marius, 4. 65-68- im Zusammenhang mit den Ereignissen des Jahres 87 v.Chr. konsequent in Anführungszeichen setzt; BENNET, Cinna, 24-35; BULST, Cinnanum tempus, 314; WERNER, Mariusbild, 347. Dennoch legt die große Einigkeit der Quellen (z.T. zeitgenössisch, wie Cicero), welche die Morde allesamt als grausam schildern und von einer hohen Opferzahl sprechen, den Schluß nahe, daß tatsächlich nicht wenige Personen von Marius und Cinna getötet wurden. Daß wir nur von vierzehn Namen wissen, bedeutet nicht, daß nur diese vierzehn getötet wurden. Vor allem BULSTS Argument „But this lasted only a few days, and, since no number of victims are given, it cannot have involved very many people" ist nicht überzeugend, denn auch in wenigen Tagen können viele Bürger getötet worden sein. Doch selbst wenn es tatsächlich nur diese vierzehn (und einige vereinzelte mehr) waren, bleibt der Eindruck des unmäßigen Abschlachtens politischer Gegner erhalten, da auch der gewaltsame Tod von ‚nur' vierzehn Angehörigen der aktuellen Führung Roms eine Mordtat darstellt, die mit großer Wahrscheinlichkeit von den Zeitgenossen als grausam und übermäßig wahrgenommen worden ist. Auch die Verharmlosung des Vorgehens von Marius und Cinna durch LOVANO ist m.E. unangebracht. Zwar müssen wir davon ausgehen, daß die uns vorliegenden durchgängig Cinna-feindlichen Quellen die Morde in übertriebener Weise darstellen, dennoch beziehen sie sich auf historische Ereignisse. Daß nicht alle Bürger Roms, sondern nur ausgewählte Mitglieder der Führungsschicht von Marius und Cinna bedroht bzw. getötet wurden, schmälert den brutalen Charakter des Massakers von 87 v.Chr. in keiner Weise.
[898] Flor. II 9, 17.
[899] Liv. per. LXXX 6-9.
[900] Val. Max. I 6, 10; Vell. Pat. II 22. 2; App. civ. I 71 berichten alle, daß Octavius als amtierender Konsul ermordet wurde.
[901] Flor. II 9, 14.

Massenmord in das 9 Tage dauernde siebte Konsulat des Marius, um dessen Grausamkeit erkennbarer werden zu lassen. So kann der Autor seinem Leser deutlicher vor Augen führen, daß Marius in sehr kurzer Zeit eine große Menge an römischen Bürgern ermordet hat.

Bei der Betrachtung der antiken Berichte über die Morde an den Gegnern des Marius und des Cinna fällt auf, daß einige Autoren Cinna als den Hauptverantwortlichen für die Morde darstellen, andere jedoch Marius. Cicero betont in seinen vereinzelten Äußerungen zu den Ereignissen des Jahres 87 v.Chr. grundsätzlich mehr die Grausamkeit Cinnas als die des Marius. Velleius Paterculus behauptet zwar zunächst, daß die Rückkehr des Marius -nicht die Rückkehr Cinnas- der römischen Bürgerschaft zum Unheil gereichte[902], in seinen Einzelschilderungen der Morde jedoch wird entweder Cinna allein als Mörder bezeichnet, oder Marius und Cinna gemeinsam. Diodor, Valerius Maximus und Appian treffen keine Unterscheidungen hinsichtlich der Rücksichtslosigkeit im Vorgehen der beiden. Ähnlich ist die Schilderung des Livius. Sie sehen Cinna und Marius in diesen Ereignissen grundsätzlich als Einheit. Lucan, Plutarch, Florus und Cassius Dio stellen dagegen Marius als beinahe alleinverantwortlich an dem Massenmord dar. Die Gründe für diese Tendenzen sind sicher vielfältig. Aus den lobenden und kritischen Worten Ciceros über Marius können wir ersehen, wie gespalten das Mariusbild in der späten römischen Republik gewesen ist. Einerseits verehrte man ihn als Retter Roms, andererseits verabscheute man sein Verhalten, wenn es um innenpolitische Belange ging. Hinsichtlich Cinnas bestand eine derartige Spannung nicht. Es war also nur folgerichtig, wenn Cicero in seinen Schriften und Reden die Gefühle seiner Zuhörer -und Leser- nicht zu sehr strapazierte, und seinen Akzent auf die Grausamkeit Cinnas anstatt auf die des Marius legte. Außerdem war auch Cicero selbst -wie oben bereits festgestellt wurde- nicht frei von verehrender Bewunderung seines Landsmanns Marius, mit dem er sich selbst oft verglich.[903] Auf der anderen Seite sind viele unserer Autoren von der Prinzipatsideologie geprägt, welche die letzten Jahrzehnte der römischen Re-

---

[902] Vell. Pat. II 22, 1.
[903] WERNER, Mariusbild, 105-196.

publik von Parteikämpfen geprägt sah, die immer erbitterter und damit unlösbarer wurden, weshalb sie nur noch durch eine monarchische Staatsform gerettet werden konnte.[904] Da sich der erste Bürgerkrieg eher an den Protagonisten Marius und Sulla statt an Cinna und Sulla festmachte,[905] mußte die Bedeutung des Marius in diesem Konflik gegenüber der Cinnas hervorgehoben werden.[906] Allerdings bedeutet die Tatsache, daß die Grausamkeit des Marius den kaiserzeitlichen Autoren propagandistisch nützlich war, nicht, daß sie frei erfunden ist. Wer eine Ideologie mit historischen Fakten untermauern will, der tut besser daran, sich an die glaubwürdig bezeugte Wahrheit zu halten, statt neue Tatsachen zu konstruieren. Zudem gibt es keinen Anlaß, diesen Autoren eine böswillige manipulative Absicht zu unterstellen, aus der sie sich genötigt sahen, die Grausamkeit des Marius erst zu erfinden. Obendrein gibt die Geschichte der Überzeugung unserer Autoren recht: Tatsächlich ließ die römische Bürgerschaft sich nach fünfzig Jahren Bürgerkrieg die Einrichtung einer Monarchie -in Form des Prinzipats- gefallen. Die Parteienkämpfe müssen also wirklich als so zermürbend empfunden worden sein, wie die kaiserzeitlichen Autoren es schildern. Daß dabei die Beteiligung Cinnas oft nicht genügend Beachtung erfährt, steht auf einem anderen Blatt. Auf keinen Fall kann Cinna von der Schuld an dem Massaker von 87 v.Chr. freigesprochen werden, wie es Plutarch andeutet. Denn selbst wenn von Cinna nicht die Initiative zum Massenmord ausgegangen war -was angesichts der Morde an seinen Hauptgegnern Octavius und vor allem Merula kaum glaubwürdig ist- trug er

---

[904] JONES, Plutarch and Rome, 100; SCHIATTI, Mario e Silla, 254.
[905] Der Konflikt entzündete sich an der Rivalität zwischen Marius und Sulla im Jahr 88 v.Chr. Zudem war Cinna vor allem durch sein Bündnis mit Marius in eine kriegerische Gegnerschaft zu Sulla geraten. Sein wichtigster Feind war im Grunde sein Mitkonsul Octavius.
[906] Eine Ausnahme bildet hier allerdings der Dichter Lucan. Seine Intention ist sicher nicht, durch sein Epos die Monarchie ideologisch zu festigen. Seine Betonung der Grausamkeit des Marius liegt wohl eher darin begründet, daß er die Grausamkeit des Bürgerkriegs Caesars in die Tradition des Bürgerkriegs zwischen Marius und Sulla stellen will. Daß er die Bedeutung des Marius in diesem Zusammenhang über die Cinnas stellt, folgt -wie bei den Monarchiefreundlichen Autoren- aus dem Bestreben, die beiden Rivalen Marius und Sulla als Protagonisten des Bürgerkriegs gegenüberzustellen.

doch als Konsul des Jahres 87 v.Chr. die offizielle Verantwortung für das Vorgehen des Marius, welches er zumindest duldete.[907] Wie schon durch die Untersuchung der Quellentexte hinsichtlich der Morde an den politischen Gegnern des Marius und des Cinna deutlich wird, gehört das Massaker von 87 v.Chr. zu den Mordfällen in der späten römischen Republik, die bei den antiken Autoren verstärkten Widerhall gefunden haben. Diese Morde werden nicht nur von allen Autoren, die über die letzten 100 Jahre der Republik berichten, wiedergegeben, es wird ihnen auch in den einzelnen Werken ein nicht geringer Umfang eingeräumt. Daraus läßt sich ersehen, daß die Morde von 87 v.Chr. von unseren Autoren als besonders wichtig betrachtet wurden. Trotz der Bedeutung, welche die antiken Autoren dem Massaker zumessen, sieht jedoch allein Cassius Dio in diesen Ereignissen einen besonderen Einschnitt in der Entwicklung der Gewalt in der ausgehenden Römischen Republik.[908] Die Morde werden fast immer als besonders grausam und rücksichtslos geschildert, eine epochemachende Bedeutung wird ihnen aber sonst nie explizit zugeschrieben. Angesichts der Menge der Getöteten und der Willkür der Mörder[909] ist das

---

[907] Vgl. BADIAN, Waiting for Sulla, 55f., der Marius die fast alleinige Schuld an den Grausamkeiten gibt. Vor allem daran, daß die Morde nach dem Tod des Marius aufhörten, macht BADIAN die Unschuld Cinnas fest. Unsere Quellen bezeugen jedoch, daß die Gegner des Marius und des Cinna in kürzester Zeit, sogleich nach der Übernahme Roms durch die beiden, getötet wurden. Von daher kann ebensogut davon ausgegangen werden, daß Marius erst gestorben ist, nachdem alle seine Feinde und die Feinde Cinnas ermordet worden waren (Das gilt auch für die erst im Jahr 86 v.Chr. getöteten Volkstribunen des Jahres 87 (vgl. Kapitel O). Dagegen betont CARNEY, Marius, 65-68, zurecht, daß Cinna als Konsul die höhere Verantwortung für das Blutbad trug, daß jedoch beide, Marius und Cinna, ihren Teil zu dem Morden beitrugen. Ähnlich GRUEN, Roman Politics, 213: „There is no evidence that either Cinna or Marius displayed much moderation."
[908] Diese Einschätzung Dios beruht vor allem darauf, daß jeder getötet worden sei, den Marius nicht grüßte. Damit hat aus der Sicht Dios allein die extreme Willkür des Marius die epochemachende Bedeutung der Morde verursacht. Die politische Dimension (d.h. politische Motive und Ziele) bleibt davon unberührt.
[909] Einen solchen Massenmord hat es in der römischen Republik bis dahin nicht gegeben. Auch wenn möglicherweise bei den Tumulten, in denen die Gracchen oder Saturninus und seine Anhänger getötet wurden, jeweils mehr Leute umgekommen sind, so ist doch hier die Willkür und die Kaltblütigkeit, mit der die Morde geschahen, neuartig. Außerdem ist hier nicht, wie in anderen Fällen oft, das Vorgehen gegen Gegner, die man -möglicherweise in überzogener Weise- als Gefahr für das Gemeinwesen sah, Anlaß zu dem Massenmord, sondern das reine Durchsetzen der eigenen Macht. Daß Cinna diese Macht für ein politisches Programm nutzte, ändert daran im Grundsatz nichts (zu diesem Programm: LOVANO, Age of

auf den ersten Blick überraschend. Zumindest von Velleius Paterculus und Appian würde man -aufgrund Äußerungen solcher Art in anderen Zusammenhängen[910]- einen Hinweis auf die Neuartigkeit der hier betrachteten politischen Morde erwarten. Daß die Morde von 87 v.Chr., obwohl sie von den antiken Autoren als besonders rücksichtslos erkannt wurden, in deren Darstellungen nicht die Bedeutung im Niedergang der römischen Republik erhalten, die man erwarten müßte, liegt sicher daran, daß sowohl die gewaltsame Einnahme Roms als auch die Morde an ihren Gegnern durch Marius und Cinna im Schatten der Unternehmen Sullas verblaßten. Die Hemmschwelle, die Stadt Rom durch militärische Gewalt einzunehmen, hatte Sulla bereits vor Marius und Cinna überschritten. Die Morde des Marius und des Cinna an ihren politischen Gegnern wurden einige Jahre später durch die Proskriptionen Sullas ganz und gar in den Schatten gestellt.

Einige Gedanken zur Entwicklung der politischen Gewalt bis hin zu den Proskriptionen sollen hier bereits vorweggenommen werden. In dieser Entwicklung ist von Fall zu Fall eine deutliche Steigerung erkennbar: Zuerst bedrohten Marius und der Volkstribun Sulpicius Rufus die amtierenden Konsuln Sulla und Pompeius mit Gewalt, und Sulpicius tötete sogar den Sohn des einen, um durch Einschüchterung seine politischen Ziele durchzusetzen.[911] Sulla empfand die Bedrohung durch Sulpicius als so stark, daß er -obwohl er Konsul war- Rom verließ. Im nächsten Schritt eroberte Sulla die Stadt Rom durch Soldatengewalt und erklärte seine Feinde pauschal zu Staatsfeinden. Sulpicius wurde getötet, alle anderen, darunter auch Marius flohen aus der Stadt.[912] Marius und der ebenfalls als Konsul vertriebene Cinna gingen im Jahr darauf bei ihrer gleichermaßen gewaltsamen Rückkehr nach Rom einen Schritt weiter, indem sie gnadenlos ein Blutbad unter ihren politischen Gegnern anrichteten. Daraufhin übertraf Sulla die beiden durch die Erbarmungslosigkeit seiner Proskriptionen.[913]

Cinna, 56-77). Diese politische Motivation für ein derartiges Massaker ist im Vergleich mit allen vorangegangenen Morden in unheilvoller Weise neuartig.
[910] Z.B. Ti. Gracchus: Vell. Pat. II 3, 3; Furius: App. civ. I 33.
[911] Siehe Kapitel II (K).
[912] Siehe Kapitel II (L).
[913] Siehe Kapitel II (Q).

Mit jeder Stufe dieser Fehde zwischen Sullanern und Marianern übertraf die handelnde Partei die zuvor gezeigte Willkür des Gegners, jedoch nicht, ohne von ihr zu lernen. Marius und Cinna lernten von Sulla, nach ihrer Niederlage und unrechtmäßigen Vertreibung mit militärischer Macht ihre Rechte wiederherzustellen und gleichzeitig ihre politischen Feinde gewaltsam zu beseitigen. Wir müssen davon ausgehen, daß für die Zeitgenossen jeder der einzelnen Schritte ein bisher unerhörtes Ausmaß an politisch motivierter Gewalt und Siegerwillkür darstellte. Unsere Autoren betrachten die Ereignisse jedoch aus der Rückschau und können deshalb die Morde von 87 v.Chr. nur schwer losgelöst von den Proskriptionen Sullas beurteilen.

Die gewaltsame Beseitigung der politischen -und persönlichen- Gegner des Marius und des Cinna war sicher in erster Linie politisch motiviert. Man wollte die Gegner loswerden, um in Ruhe die eigenen politischen Ideen verwirklichen zu können. Zurecht weist MEIER deshalb in diesem Zusammenhang darauf hin, daß Cinna sich im Jahr 86 v.Chr. bemühte, wieder ein geordnetes politisches Leben in der Stadt Rom einzuführen.[914] Wir sehen an den einzelnen Fällen jedoch, daß Marius und Cinna ihre Macht teilweise auch dazu nutzten, sich an Gegnern der Vergangenheit für -aus ihrer Sicht- erlittenes Unrecht zu rächen. Dies wird vor allem in den erzwungenen Selbstmorden des Merula und des Catulus deutlich. Diese persönliche Rache kann man schlecht als notwendig zur Durchsetzung politischer Ziele ansehen. Des Weiteren war, wenn man die Angaben der Autoren über zum Teil sinnloses und offenbar unmotiviertes Morden ernst nimmt, noch eine guter Anteil an Mordlust der Verantwortlichen Motiv für das Massaker. Diese scheinbar völlig willkürliche Gewalt hat wahrscheinlich zudem vor

---

[914] MEIER, Res publica, 229. Er vergleicht sogar Cinna mit Ti. Gracchus und Saturninus, die ebenfalls durch die Unnachgiebigkeit des Senats mehr oder weniger gezwungen worden seien, ihre politischen Ideen durch illegale Aktivitäten durchzusetzen (MEIER, Res publica, 236). Diese Sichtweise vernachlässigt jedoch zu sehr die Berichte der antiken Autoren, denen unmißverständlich zu entnehmen ist, daß das Ausmaß der Gewalttätigkeiten -also der als notwendig empfundenen illegalen Aktivitäten- in keinem Vergleich mit der Gewalt, die von Saturninus oder gar Ti. Gracchus ausging, stand. Marius und Cinna griffen nicht einfach als *ultima ratio* zum Mittel der Gewalt zur Durchsetzung ihrer politischen Ziele, sondern sie ließen den antiken Berichten zufolge auch ihren Rachegelüsten freien Lauf.

allem der Einschüchterung weiterer potentieller Gegner und damit dem Machterhalt des Marius und des Cinna gedient. Der Versuch, auf dieser Basis zum normalen politischen Leben zurückzukehren, mußte jedoch scheitern. Die Herrschaft des Marius und des Cinna konnte keine grundsätzliche Akzeptanz finden, wie die folgenden Jahre zeigten.

Obwohl Cinna und Marius sich bemüht hatten, bei ihrer Rückkehr nach Rom eine gewisse rechtliche Form zu wahren, lag keine Spur von Legalität in dem Massenmord von 87 v.Chr. Bereits die scheinlegalen Rückrufungen waren durch militärische Gewalt erzwungen worden, und daß es auch einem Konsul nicht erlaubt war, mit einem Heer die Stadt Rom zu bedrohen, bedarf im Grunde keiner besonderen Erwähnung. Für den Massenmord an ihren politischen Gegnern jedoch hatten Marius und Cinna offenbar nicht einmal eine scheinbar legale Grundlage. Anders als bei vergleichbaren Aktionen Sullas erfahren wir hier nichts von einem -erzwungenen- Senatsbeschluß und/oder einer *hostis*-Erklärung. Dies offenbart über die Illegalität der Morde hinaus die ablehnende Haltung, die Marius und Cinna inzwischen zur Senatsautorität gewonnen hatten. Bei dem hier behandelten Fall handelt es sich nämlich um das einzige Mal in der Geschichte der römischen Republik, daß die aktuellen Machthaber nicht versuchten, die Morde an ihren politischen und persönlichen Feinden in irgendeiner Weise durch die Autorität von Senatoren oder wenigstens Volkstribunen legitimieren zu lassen.

O) Der Mord an Sex. Lucilius 86 v. Chr.

1. Die Darstellung der Quellen
a) Livius

In der Zusammenfassung des 80. Liviusbuches wird berichtet, daß Marius, am Tag als er zum siebten Mal sein Amt als Konsul antrat, den Senator Sex. Licinius vom Tarpeischen Felsen stoßen ließ:

> „Eodemque die, quo magistratum inierant, Marius Sex. Lucilium senatorem de saxo deici iussit [...]."[915]

Aufgrund der Ähnlichkeit des Namens und der Übereinstimmung in der Geschichte sowohl bei Plutarch als auch bei Velleius Paterculus, dürfen wir davon ausgehen, daß es sich hier um eine Verwechslung mit dem Volkstribun Sex. Lucilius handelt.[916]

b) Velleius Paterculus

Velleius Paterculus berichtet, daß im Jahr 86 v.Chr., also im siebten Konsulatsjahr des Marius, ein Volkstribun des Vorjahres namens Sex. Lucilius von seinem Nachfolger P. Laenas vom Tarpeischen Felsen gestürzt wurde. Der Grund dafür war anscheinend, daß Lucilius ein Anhänger Sullas war, denn Velleius berichtet, daß noch weitere Volkstribunen des Jahres 87 von Laenas angeklagt wurden und zu Sulla flohen:

> „Eodem anno P. Laenas tribunus pl. Sex. Lucilium, qui in priore anno tribunus pl. fuerat, saxo Tarpeio deiecit, et cum collegae eius, quibus diem dixerat, metu ad Sullam perfugissent, aqua ignique iis interdixit."[917]

Als Verursacher der Tötung des Lucilius erscheinen hier nicht Marius und Cinna, sondern der Volkstribun P. Laenas. Jedoch scheint dieser Mann sehr im Interesse des Marius gehandelt zu haben, als er einen Anhänger Sullas umbringen ließ. Allerdings sind die Ereignisse im Werk des Vellei-

---

[915] Liv. per. LXXX 9.
[916] Hierzu: DRUMANN/ GROEBE, Römische Geschichte, 211, Anm. 4.
[917] Vell. Pat. II 24, 2.

us derart geordnet, daß es so scheint, als sei Lucilius erst nach dem Tod des Marius umgebracht worden.[918]

c) Plutarch

Auch Plutarch berichtet vom Mord an Licinius.[919] Er erwähnt allerdings nicht, daß es sich dabei um einen ehemaligen Volkstribun handelte. Als Täter wird auch kein P. Laenas genannt, sondern der Konsul Marius selbst, der direkt zu Beginn seines Konsulats, welches er am 1. Januar 86 v.Chr. antrat, Licinius vom Felsen stürzen ließ:

„ὕπατος μὲν οὖν ἀπεδείχθη τὸ ἕβδομον Μάριος, καὶ προελθὼν αὐταῖς Καλάνδαις Ἰανουαρίαις, ἔτους ἀρχῇ, Σέξτον τινὰ Λικίννιον κατεκρήμνισεν·"[920]

Der Mord des Marius an Sex. Lucilius zu Beginn seines siebten Konsulats wurde nach Plutarch als schlechtes Vorzeichen für die kommende Zeit angesehen. Man habe bereits gewußt, daß Sulla sich nicht mit seiner Niederlage in der stadtrömischen Politik zufrieden geben würde, und im Mord an Lucilius ein Zeichen weiteren Unheils für alle Seiten gesehen:

„ὃ κἀκείνοις καὶ τῇ πόλει τῶν αὖθις ἐδόκει κακῶν γεγονέναι σημεῖον μέγιστον."[921]

Die Ermordung des Lucilius weist nach Plutarch also, auch wenn er diesem im Vergleich mit den Morden an Antonius und den anderen prominenten Opfern des Jahres 87 ansonsten nur wenig Beachtung schenkt, in die Zukunft. Sowohl die Mitstreiter des Marius als auch die Bürger der Stadt Rom sollten nicht zur Ruhe kommen.

d) Cassius Dio

In den erhaltenen Abschnitten des Geschichtswerks Cassius Dios finden wir eine Schilderung, die stark an die Ermordung des Lucilius erinnert. Dio berichtet hier von zwei Volkstribunen, deren Namen er nicht nennt, die zu Beginn eines Jahres vom Sohn des Marius getötet wurden:

---

[918] Velleius Paterculus berichtet in II 23, 1 vom Tod des Konsuls und erst in II 24, 2 vom Mord an Lucilius.
[919] Plutarch nennt den Volkstribun nicht Lucilius, sondern Licinius.
[920] Plut. Mar. 45, 1.
[921] Ebd.

„ὅτι θυόντων τῶν Ῥωμαίων ἱσταμένου τοῦ ἔτους τὰ ἐσιτήρια, καὶ τῇ ἡγεμονίᾳ τὰς εὐχὰς κατὰ τὰ πάτρια ποιουμένων, ὁ υἱὸς Μαρίου δήμαρχόν τινα αὐθεντίᾳ ἀποκτείνας τὴν κεφαλὴν αὐτοῦ τοῖς ὑπάτοις ἔπεμψε, καὶ ἄλλον ἀπὸ τοῦ Καπιτωλίου κατεκρήμνισεν, ὅπερ οὐδεὶς ἄλλος ἐπεπόνθει, καὶ δύο στρατηγοὺς καὶ πυρὸς καὶ ὕδατος εἶρξεν."[922]

Anders als in den bereits betrachteten Schilderungen berichtet Dio von Morden an zwei statt nur an einem Volkstribun. Der eine sei vom Kapitol - also wohl vom Tarpeischen Felsen- gestürzt worden, den anderen habe der jüngere Marius eigenhändig erschlagen. Da der Mörder den Kopf des einen Tribunen nach den Angaben des Cassius Dio den beiden Konsuln überbracht haben soll, bezieht er sich bei dieser Schilderung mit aller Wahrscheinlichkeit auf das Jahr 86 v.Chr., in dem Marius und Cinna Konsuln waren. Offenbar rezipiert Dio mit dem Bericht über den Mord an dem Tribun, der vom Kapitol gestürzt wurde, dieselbe Geschichte, auf die sich auch die anderen hier genannten Autoren beziehen, nämlich die Ermordung des Lucilius, des Volkstribuns von 87 v.Chr. Dieser Ansicht ist z.B. MÜNZER, der stichhaltig darlegt, daß gerade der Hinweis Dios auf die Einzigartigkeit dieses Mordes (ὅπερ οὐδεὶς ἐπεπόνθει) zeige, daß der Geschichtsschreiber hier nicht von einem bloß ähnlichen Fall, sondern dem Mord an Lucilius berichtet.[923] Die einzige wirklich nennenswerte Abweichung der Erzählung des Cassius Dio von denen der anderen Autoren besteht darin, daß der Getötete[924] nicht ehemaliger, sondern amtierender Volkstribun war. Diese Verwechslung kann jedoch bereits in den Quellen

---

[922] Cass. Dio XXX-XXXV 102, 12.
[923] MÜNZER, Lucilius (15), RE XIII/2, 1639: „Schon die letzte Bemerkung Dios sollte davor warnen, die Beziehung aller Stellen auf denselben Fall in Abrede zu stellen; ein so beispielloser Vorgang [...] hat sich auch in jenen Tagen wildester Parteikämpfe nicht wiederholt; er ist nur verschieden aufgefaßt und dargestellt worden, indem das, was einer seiner Anhänger verbrach, dem Marius oder seinem Sohne zur Last gelegt wurde." BROUGHTON, Magistrates III, 43 hält aufgrund eines Eintrags der Schol. Bern. Luc. II 125 für denkbar, daß es sich bei dem von Dio genannten Tribun um einen anderen als Lucilius handelte. Diese Annahme ist jedoch äußerst unsicher, da nicht einmal klar ist, auf welches Jahr sich die Schol. Bern. hier bezieht. Zudem bietet die Stelle, welche die Schol. Bern. kommentieren, keinerlei Anlaß, auf die Identität der ermordeten Tribunen bei Lucan zu schließen. Auch THOMMEN, Volkstribunat, 187, Anm. 89 geht -allerdings in Anlehnung an BROUGHTON- davon aus, daß Dio von einem anderen Fall berichtet als die anderen Autoren.
[924] Da sich dieses Kapitel in erster Linie mit dem Mord an Lucilius und nicht mit seinem Kollegen befaßt, betrachten wir auch in der Schilderung des Cassius Dio zunächst nur den Mord an dem einen Volkstribun, der von Marius d.J. vom Kapitol gestürzt wurde. Auf den Mord an dem zweiten Tribun wird kurz in den Schlußfolgerungen eingegangen.

Dios durch eine allgemeinen Empörung über die unehrenhafte Art und Weise, durch die Lucilius zu Tode gekommen war, ausgelöst worden sein. Auch die Tatsache, daß die Geschichte des vergleichsweise späten Autors Cassius Dio völlig isoliert dasteht und er selbst nichts vom Mord an dem ehemaligen Tribun Sex. Lucilius, wie ihn die anderen Autoren schildern, zu wissen scheint, spricht dafür, die Schilderung bei Cassius Dio als eine Variante des Mordes an Lucilius zu betrachten.

2. Zusammenfassung und Bewertung

Die Umstände des Mordes werden von den antiken Autoren auf den ersten Blick alles andere als einheitlich geschildert. Während Livius und Plutarch berichten, der Konsul Marius habe Licinius vom Tarpeischen Felsen stürzen lassen, erzählt Velleius Paterculus, ein Volkstribun des Jahres 86 v.Chr. namens P. Laenas habe den Sturz vom Tarpeischen Felsen veranlaßt. In Dios Schilderung dagegen tötete der Sohn des Marius den Tribun. Diese auf den ersten Blick so verschiedenen Angaben sind jedoch grundsätzlich vereinbar. Es ist deutlich, daß die Konsuln Marius und Cinna in allen Berichten den Mord an Sex. Lucilius billigen. Livius und Plutarch nennen Marius deshalb den Urheber des Mordes.[925] Daß der Volkstribun P. Laenas, der bei Velleius Paterculus für die Tat verantwortlich ist, im Sinne des Konsuls handelte, wird daraus ersichtlich, daß Laenas sich generell als Verfolger der Anhänger Sullas hervortat.[926] Die Version des Cassius Dio, die den Sohn des Konsuls Marius als verantwortlich für den Mord bezeichnet,[927] beruht dagegen wahrscheinlich auf einem Irrtum des Geschichtsschreibers. Offenbar verwechselt er den Sohn des Marius mit dem Volkstribun P. Laenas, der den vormaligen Tribun Lucilius vom Tarpeischen Felsen stoßen ließ. Es ist denkbar, daß der zweite von Dio erwähnte Mord an einem Volkstribun durch den jüngeren Marius begangen wurde, und daß Dio bzw. seine Quelle die beiden Morde zusammenfaßt und dem

---

[925] Liv. per. LXXX 9; Plut. Mar. 45, 1.
[926] Vell. Pat. II 24, 2.
[927] Dio XXX-XXXV 102, 12.

jüngeren Marius anlastet.[928] Anscheinend ließ der Volkstribun P. Laenas also seinen Vorgänger im Amt vom Tarpeischen Felsen stürzen und handelte damit im Sinne (möglicherweise sogar im Auftrag) der Konsuln. Die Motivation, welche zur Ermordung des ehemaligen Volkstribuns führte, kann nur vermutet werden. Die Motive des P. Laenas sind ganz unbekannt und können allenfalls aus den Motiven des Marius und des Cinna heraus erschlossen werden. Wir wissen durch Velleius Paterculus, daß Laenas gegen Anhänger Sullas vorging, also offenbar mit Marius und Cinna sympathisierte. Von daher ist es nicht unwahrscheinlich, daß seine Motive mit denen der Konsuln identisch waren. Als politischen Widersacher mußten Marius und Cinna den Privatmann Lucilius jedoch nicht mehr fürchten als jeden anderen Senator, der ihre Aktionen mißbilligte. Es ist aber wahrscheinlich, daß Lucilius zu der Minderheit der Volkstribunen gehört hatte, die sich im Jahr 87 v.Chr., noch vor der Vertreibung des Konsuls Cinna durch dessen Kollegen Octavius, gegen Cinna gestellt hatten.[929] Möglicherweise hatte Lucilius die Vertreibung Cinnas unterstützt und wurde deshalb ermordet. Beachtenswert wäre in diesem Fall, daß nicht Marius -der von Livius, Plutarch und im Grunde auch von Cassius Dio als Initiator des Mordes genannt wird-, sondern Cinna durch den Mord seine persönliche Rache nehmen konnte. Somit gehört der Mord an Sex. Lucilius eigentlich zu den im vorigen Kapitel behandelten Morden an den politi-

---

[928] Da wir über den zweiten Mord an einem Volkstribun nichts wissen außer dem, was Dio überliefert, fehlt in dieser Untersuchung eine gesonderte Betrachtung dieses zweiten Mordes. Der nur lückenhaft erhaltene Text Dios bietet offensichtlich keine zuverlässige Quelle zu dem zweiten getöteten Tribun. Wahrscheinlich gehörte der zweite Mord in den Zusammenhang des Massakers an den Gegnern von Marius und Cinna im Jahr 87 v.Chr. Daß Marius und Cinna nicht nur einen, sondern mehrere Volkstribune töten ließen, wird nämlich nur bei Cassius Dio allein überliefert. Auch der Dichter Lucan schildert, daß mehrere Tribunen dem Wüten des Marius und des Cinna zum Opfer fielen (Luc. Phars. II 125: „Saeva tribunicio maduerunt robora tabo"). Der Bericht von den aufgesteckten Köpfen paßt auf den Bericht Dios von dem anderen ermordeten Volkstribun.
[929] Liv. per. LXXIX 1 berichtet, daß Cinna von Octavius zusammen mit sechs Volkstribunen aus Rom vertrieben wurde. Daraus können wir schließen, daß die anderen vier Tribune des Jahres 87 v.Chr. auf der Seite des Octavius standen. Aufgrund der Angabe des Livius, daß mehr als die Hälfte der Tribunen mit Cinna vertrieben wurden, muß THOMMEN, Volkstribunat, 231 widersprochen werden, der aus dem Hinweis bei Appian, die alten Bürger hätten sich mit aller Kraft gegen Cinna gestellt (App. civ. I 64), schließt, hier sei auch die Mehrheit der Volkstribune gemeint.

schen Gegnern des Marius und des Cinna. Der Fall des Lucilius liegt jedoch rechtlich etwas anders als die Morde des Jahres 87 v.Chr. Hier wurde die Tat nämlich von einem Volkstribun veranlaßt, der wahrscheinlich Gebrauch von seiner tribunizischen Gewalt machte und durch diese den von ihm für schuldig befundenen Lucilius vom Tarpeischen Felsen stoßen ließ. Offenbar waren die Volkstribunen der späten Republik der Ansicht, daß sie das Recht zu einer solchen Maßnahme hatten, wenn sie nicht durch die Interzession eines Kollegen daran gehindert wurden.[930] Es kann sich hierbei jedoch nicht um ein etabliertes Recht handeln, da -wie THOMMEN zurecht konstatiert-, dies „das einzige Beispiel einer tribunizischen Kapitalexekution bleiben [sollte]. Bei dem prozesslosen und provokationsfreien Felssturz handelte es sich nicht um ein anerkanntes Recht, sondern um die Wiederbelebung alter Praktiken, wie sie zu Beginn der Republik vorgekommen sein sollen. Die betreffenden Tribunen griffen hier unter radikaler Auslegung ihrer *sacrosanctitas* auf eine eigenständige Gewaltform zurück."[931]

---

[930] THOMMEN, Volkstribunat, 187, Anm. 90; BROUGHTON, Magistrates I, 500f. II, 24, Anm. 5.
[931] THOMMEN, Volkstribunat, 188.

P) Die Morde an P. Antistius, C. Papirius Carbo, L. Domitius Ahenobarbus und Q. Mucius Scaevola 82 v.Chr.

1. Die Darstellung in den Quellen
a) Cicero

In Ciceros Schriften und Reden hat von den Morden des Jahres 82 v.Chr. vor allem der Mord an seinem Lehrer Q. Mucius Scaevola Widerhall gefunden. Zwar erwähnt Cicero, daß auch andere Redner, nämlich P. Antistius und C. Carbo zusammen mit Q. Scaevola auf grausame Weise umgebracht wurden,[932] doch findet er für Antistius und Carbo bei weitem nicht so lobende Worte wie für Scaevola. So hält er Antistius zum Beispiel für einen annehmbaren Politiker und lobt dessen Engagement in den Jahren der Herrschaft der Marianer; eine besonders herausragende Begabung oder besonders auffälligen politischen Durchblick bescheinigt er ihm jedoch nicht. Das Hervortreten des Antistius in den 80er Jahren sei nur dadurch möglich gewesen, daß die wirklich bedeutenden Redner getötet worden oder geflohen seien:

> „Coniunctus igitur Sulpici aetati P. Antistius fuit, rabula sane probabilis, qui multos cum tacuisset annos neque contemni solum sed inrideri etiam solitus esset [...]. Rem videbat acute, componebat diligenter, memoria valebat; verbis non ille quidem ornatis utebatur, sed tamen non abiectis; expedita autem erat et perfacile currens oratio; et erat eius quidam tamquam habitus non inurbanus; actio paulum cum vitio vocis tum etiam ineptiis claudicabat. Hic temporibus floruit iis, quibus inter profectionem reditumque L. Sullae sine iure fuit et sine ulla dignitate res publica; hoc etiam magis probabatur, quod erat ab oratoribus quaedam in foro solitudo. Sulpicius occiderat, Cotta aberat et Curio; vivebat e reliquis patronis eius aetatis nemo praeter Carbonem et Pomponium, quorum utrumque facile superabat."[933]

C. Carbo erhält von Cicero ein noch schlechteres Zeugnis. Nicht nur, daß er ein weniger guter Redner war als Antistius, Cicero reiht ihn sogar in die Reihe der Bürger ein, die seiner Ansicht nach dem Staat Verderben brachten, da sie nach Bürgerkrieg strebten, und deshalb zurecht getötet worden seien:

---

[932] Cic. Brut. 311.
[933] Cic. Brut. 226f. Auch die Erwähnung des wachsenden Erfolges des Antistius in Brut. 308 hebt nicht in erster Linie die Verbesserung des Redners hervor, sondern wohl eher die zunehmende Anspruchslosigkeit der Öffentlichkeit.

> „Nam nec privatos focos nec publicas leges videtur nec libertatis iura cara habere quem discordiae, quem caedes ciuium, quem bellum civile delectat, eumque ex numero hominum eiciendum, ex finibus humanae naturae exterminandum puto. Itaque sive Sulla sive Marius sive uterque sive Octavius sive Cinna sive iterum Sulla sive alter Marius et Carbo sive qui alius civile bellum optavit, eum detestabilem civem rei publicae natum iudico. Nam quid ego de proximo dicam cuius acta defendimus, auctorem ipsum iure caesum fatemur? Nihil igitur hoc cive, nihil hoc homine taetrius, si aut civis aut homo habendus est, qui civile bellum concupiscit."[934]

Scaevola dagegen wird mehrfach lobend und niemals tadelnd erwähnt. Daß Cicero viel von seinem Lehrer hält, zeigt sich unter anderem darin, daß er sich auf Grundsätze Scaevolas beruft, um seine eigenen Argumente zu untermauern.[935] In seiner Schrift *De natura deorum* legt er außerdem seinem Freund Cotta lobende Worte über den Redner in den Mund. Cotta beklagt sich über das mangelnde Interesse der Götter am Schicksal der Menschen und führt zum Beweis dieser These mehrere Beispiele aus der Geschichte an. Er bezeichnet Scaevola als ein Vorbild an Bescheidenheit und Klugheit:

> „[C]ur temperantiae prudentiaeque specimen ante simulacrum Vestae pontifex maximus est Q. Scaevola trucidatus[...]?"[936]

Zudem berichtet Cicero hier durch die Rede des Cotta von einem Detail der Ermordung Scaevolas. Der Redner wurde vor einem Standbild der Vesta getötet.[937] Auch zeigt diese Stelle deutlich, daß Scaevola Ciceros Ansicht nach in keiner Weise den Tod verdient hatte. Andernfalls hätte er Cotta nicht das gewaltsame Ende dieses Mannes als ein Beispiel für die Gleichgültigkeit der Götter den Menschen gegenüber wählen lassen. Der

---

[934] Cic. Phil. XIII 1f.
[935] Z.B. Cic. off. III 70.
[936] Cic. nat. deor. III 80.
[937] Wahrscheinlich irrt sich Cicero hier, denn Ovid bezeugt, daß im Haus der Vesta kein Standbild der Göttin vorhanden war („esse diu stultus Vestae simulacra putavi, mox didici curvo nulla subesse tholo." Fasti VI 295f.). Der Dichter beschreibt, daß auch er lange geglaubt hat, ein solches Kultbild existiere, und erst später eines Besseren belehrt wurde. Es ist also nicht überraschend, wenn auch Cicero nicht wußte, daß es im Tempel kein Vestabild gab. Vgl. SIMON, Götter, 234: „Auch Cicero [...] irrt sich, wenn er von der Ermordung des Pontifex Maximus im Jahre 82 v.Chr. vor dem Kultbild der Vesta spricht. Es kann sich nur um den Herdaltar gehandelt haben." Diese Interpretation SIMONS ist nicht nur aufgrund des Vergleichs mit Ovid überzeugend. Sie harmoniert auch die Äußerung Ciceros mit denen der anderen antiken Autoren, die von der Ermordung des Pontifex beim Vestalischen Feuer berichten.

Grund dafür liegt wohl nicht zuletzt auch in dem persönlichen Verhältnis, das den Schüler mit seinem Lehrer verband.[938] Dieses Verhältnis wird besonders in einem Brief Ciceros an Atticus aus dem Jahr 54 v.Chr. deutlich. Cicero begründet hier in fast liebevoller Weise die Tatsache, daß er seinen Lehrer nicht als Gesprächspartner in dem Werk *De oratore* berücksichtigt hat, damit, daß er sich Scaevola, den er als Spaßmacher (*ioculator*) bezeichnet, nicht als Teilnehmer an einer rein theoretischen Erörterung vorstellen kann. Zudem habe Scaevola aufgrund seines Ansehens so viele Pflichten gehabt, daß er gar keine Zeit für einen mehrtägigen Dialog gehabt hätte. Darüber hinaus habe er Scaevola als einen so alten und gebrechlichen Mann in Erinnerung, daß er ihm ein derart langes Gespräch ‚ersparen' wollte:

„Quod in iis libris quos laudas personam desideras Scaevolae, non eam temere demovi, sed feci idem quod in πολιτείᾳ deus ille noster Plato. Cum in Piraeum Socrates venisset ad Cephalum, locupletem et festivum senem, quoad primus ille sermo habe[re]tur, adest in disputando senex; deinde, cum ipse quoque commodissime locutus esset, ad rem divinam dicit se velle discedere neque postea revertitur. Credo Platonem vix putasse satis commodum fore si hominem id aetatis in tam longo sermone diutius retinuisset. Multo ego magis hoc mihi cavendum putavi in Scaevola, qui et aetate et valetudine erat ea qua esse meministi et iis honoribus ut vix satis decorum videretur eum pluris dies esse in Crassi Tusculano. Et erat primi libri sermo non alienus a Scaevolae studiis; reliqui libri τεχνολογίαν habent, ut scis. Huic ioculatorem senem illum, ut noras, interesse sane nolui."[939]

Angesichts der Verehrung für seinen Lehrer, die aus diesem Briefabschnitt hervorgeht, verwundert es nicht, daß Cicero den Mord an Q. Mucius Scaevola für ein großes Unrecht hält. So bezeichnet er im Jahr 80 v.Chr. den erst zwei Jahre zurückliegenden Mord als größte Schmach, die das römi-

---

[938] Wieviel Zeit der junge Cicero in seiner Eigenschaft als Schüler Scaevolas mit dem Pontifex verbracht haben muß, wird von HABICHT in passenden Worten erläutert: „Wenn man sagt, daß der junge Cicero bei diesen Männern ‚studierte', so soll das heißen, daß er seine Tage in ihrem Gefolge verbrachte und sie bei ihrem täglichen Tun beobachtete; wenn sie Reden vorbereiteten oder hielten; wenn sie denen, die Rechtsbeistand suchten, ihren professionellen Rat erteilten; wie sie sich als führende Senatoren benahmen in ihren Begegnungen mit Beamten, mit ihresgleichen und mit Angehörigen des Senats" (HABICHT, Cicero, 27). Wir müssen also davon ausgehen, daß Scaevola Cicero sehr stark beeinflußt hat. Es ist nicht auszuschließen, daß dieser Einfluß und die Verehrung, die Cicero seinem Lehrer entgegenbrachte, die Klarheit von Ciceros Urteil über die Ereignisse des Jahres 82 v.Chr. trübt.
[939] Cic. Att. IV 17, 3.

sche Volk jemals erlebt hat und behauptet, der Tod des Scaevola habe sich negativ auf alle Bürger Roms ausgewirkt:

> „[Q]uo populus Romanus nihil vidit indignius nisi eiusdem viri mortem, quae tantum potuit ut omnes occisus perdiderit et adflixerit; quos quia servare per compositionem volebat, ipse ab iis interemptus est."[940]

Leider führt Cicero die Folgen des Mordes, denen er solches Gewicht beimißt, nicht weiter aus. Es wird aber deutlich, daß Cicero der Ansicht ist, Scaevola sei nicht umgebracht worden, weil er eine Bedrohung für die damaligen Machthaber war. Er habe vielmehr nach Aussöhnung mit ihnen gestrebt und ihnen dadurch eine Hilfe sein wollen. Ähnliches drückt Cicero auch in einem weiteren Brief an seinen Freund Atticus aus, in dem er sich - als er das Für und Wider einer Flucht aus Rom vor dem heranmarschierenden Caesar abwägt- auf das Verhalten Scaevolas unter der Herrschaft Cinnas beruft. Cicero behauptet hier, Scaevola sei damals nicht aus Rom geflüchtet, obwohl er damit gerechnet habe, daß er, wenn er in der Stadt bleibe, ermordet werden würde. Der Grund für Scaevolas Ausharren in Rom war nach Cicero, daß der Pontifex als einzige Alternative ein aktives Eingreifen in den Bürgerkrieg gesehen habe. Er habe sich aber nicht an Sullas bewaffnetem Marsch gegen das eigene Vaterland beteiligen wollen:

> „At si restitero et fuerit nobis in hac parte locus, idem fecero quod in Cinnae dominatione L. Philippus, quod L. Flaccus, quod Q. Mucius, quoquo modo ea res huic quidem cecidit; qui tamen ita dicere solebat, se id fore videre quod factum est sed malle quam armatum ad patriae moenia accedere."[941]

Cicero nennt den Mörder des Scaevola nicht namentlich. Das liegt wahrscheinlich in erster Linie daran, daß dieser Fall seinen Zuhörern vertraut und niemand im Unklaren über den Verursacher des Mordes an dem Redner war. Cicero selbst weist darauf hin, daß die Erinnerung an Q. Scaevola im römische Volk noch sehr wach sei:

> „Hominem longe audacissimum nuper habuimus in civitate C. Fimbriam et, quod inter omnes constat nisi inter eos qui ipsi quoque insaniunt, insanissimum. Is cum curasset in funere C. Mari ut Q. Scaevola vulneraretur, vir sanctissimus atque ornatissimus nostrae civitatis, de cuius laude neque hic locus est ut multa dicantur neque plura tamen dici pos-

---

[940] Cic. Rosc. Am. 33.
[941] Cic. Att. VIII 3, 6.

sunt quam populus Romanus memoria retinet, diem Scaevolae dixit posteaquam comperit eum posse vivere. Cum ab eo quaereretur quid tandem accusaturus esset eum quem pro dignitate ne laudare quidem quisquam satis commode posset, aiunt hominem, ut erat furiosus, respondisse: 'quod non totum telum corpore recepisset'."[942]

Der einzige Name, der im Zusammenhang mit dem Mord an Scaevola genannt wird, ist der des C. Fimbria. Dieser habe bereits beim Begräbnis des C. Marius, also im Jahr 86 v.Chr., versucht, Scaevola zu ermorden. Fimbria wird in diesem Zusammenhang von Cicero als besonders vermessen und wahnsinnig (*audacissimus et insanissimus*) charakterisiert. Er habe, nachdem sein Mordversuch fehlgeschlagen war, dem Scaevola den Prozeß gemacht, aber nicht gewußt, wessen er den verdienten Mann anklagen solle. Auf eine diesbezügliche Frage habe er geantwortet, Scaevola habe sich zuschulden kommen lassen, daß er sich nicht vom Fimbria hatte umbringen lassen. Eine dermaßen unsinnige Anschuldigung zeigt wiederum, daß Scaevola tatsächlich völlig unschuldig getötet wurde und ihm nichts anderes vorgeworfen werden konnte als die Tatsache, daß er entgegen dem Willen der Machthaber noch am Leben war.

So, wie Cicero die Ereignisse an dieser Stelle schildert, scheint Scaevola zunächst im Jahr 86 einem mißglückten Mordversuch durch den Marianer Fimbria ausgesetzt gewesen zu sein. Als er an den Folgen seiner Verletzung nicht starb, wurde er angeklagt. Ob dieser Prozeß als Grundlage für die spätere Ermordung des Scaevola diente, teilt Cicero nicht mit. Fest steht jedoch, daß die Urheber des Mordes im politischen Umfeld der Marianer zu suchen sind.

b) Diodor

Diodor erzählt, daß die hochstehendsten Männer Roms ermordet wurden, weil sie verleumdet worden waren. Dabei ist keine Angabe Diodors darüber erhalten, wer diese Männer getötet, bzw. verleumdet hat, oder wessen sie beschuldigt wurden. Würde der Autor nicht berichten, daß auch der Pontifex Maximus Scaevola einer der Ermordeten war, wüßten wir nicht, auf welchen Fall Diodor sich hier bezieht:

---

[942] Cic. Rosc. Am. 33.

„"Οτι οἱ τῶν 'Ρωμαίων περιφανεῖς ἄνδρες ἐμιαιφονήθησαν ἐκ διαβολῆς, καὶ ὁ τὴν μεγίστην ἱερωσύνην ἔχων Σκαιουόλας, μέγιστον ἔχων ἀξίωμα τῶν πολιτῶν, ἀναξίας τῆς ἰδίας ἀρετῆς ἔτυχε τῆς τοῦ βίου καταστροφῆς."[943]

Den Mord an Scaevola beschreibt Diodor in ähnlicher Weise wie Cicero. Er bezeichnet es hier als Glück für das römische Volk, daß der vor seinen Mördern fliehende Pontifex es nicht noch ins Innerste des Vestatempels schaffte. Sonst wären die Mörder ihm hinein gefolgt und hätten ihn vor dem Altar der Vesta getötet und sein Blut hätte das vestalische Feuer womöglich gelöscht:

„οἱ δὲ 'Ρωμαῖοι κατ' αὐτό γε τοῦτο μεγάλως εὐτύχησαν, ὅτι τοῖς ἁγιωτάτοις σηκοῖς ὁ πάντιμος ἱερεὺς οὐκ ἔφθασε προσπεσεῖν, ἐπείτοι γε χάριν τῆς τῶν διωκόντων ὠμότητος καὶ πρὸς αὐτοῖς τοῖς ἀδύτοις ἐπιβώμιος μιαιφονηθεὶς ἀπέσβεσεν ἂν τῷ αἵματι τὸ ἀκοιμήτῳ δεισιδαιμονίᾳ τηρούμενον πῦρ ἐξ αἰῶνος."[944]

Die Bedrohung für Rom ging nach Diodor also nicht bloß von der Tötung der angesehensten Männer aus. Es hat seiner Ansicht nach vielmehr noch eine weitere, viel tiefgreifendere Gefahr gegeben, nämlich die, daß durch die Frevelhaftigkeit der Mörder, die sich nicht gescheut hätten, den Pontifex in unmittelbarer Nähe des Vestalischen Feuers zu töten, der göttliche Zorn auf das römische Volks gefallen wäre. Insofern sieht er in den Umständen der Ermordung Scaevolas ein Glück im Unglück. Die ausgezeichneten Männer der römischen Führungsschicht wurden zwar getötet, das schlimmste Unglück, nämlich die Löschung des Vestalischen Feuers, konnte jedoch abgewendet werden.

c) Livius

Aus der Zusammenfassung des 86. Liviusbuches geht hervor, daß es sich beim Mord an den oben erwähnten Scaevola, Antistius und Carbo um Opfer eines weiteren politischen Massenmordes durch die marianische Partei handelte. Als Sulla vom mithradatischen Krieg nach Italien zurückgekehrt war, gelang es ihm, die italischen Neubürger durch Zusagen bezüglich des Bürgerrechts auf seine Seite zu bekommen. Zudem habe er seinen bevorstehenden Sieg über seine politischen Gegner in Rom bereits für sicher ge-

---

[943] Diod. XXXVIII-XXXIX 17.
[944] Ebd.

halten.[945] Offenbar hielt auch der Konsul C. Marius, der Sohn des 86 gestorbenen C. Marius, den bevorstehenden Sieg Sullas für unabwendbar. Livius berichtet, daß der Konsul dem Praetor L. Damasippus befahl, die gesamte Nobilität, die sich noch in Rom befand, zu töten. Damasippus sei diesem Befehl nachgekommen:

> „L. Damasippus praetor ex voluntate C. Mari cos. cum senatum contraxisset, omnem, quae in urbe erat, nobilitatem trucidavit. Ex cuius numero Q. Mucius Scaevola pont. max. fugiens in vestibulo aedis Vestae occisus est."[946]

Der einzige Name eines Opfers, der in der Zusammenfassung genannt wird, ist der des Q. Mucius Scaevola. Livius berichtet übereinstimmend mit Ciceros *De natura deorum*, daß Scaevola in der Vorhalle des Vestatempels ermordet wurde. Zudem erfährt der Leser, daß Scaevola sich, als er von seinen Mördern gefaßt wurde, auf der Flucht befand, seiner Ermordung also offenbar nicht gelassen entgegensah, sondern versucht hatte, ihr zu entgehen.

d) Valerius Maximus

Valerius Maximus erwähnt die Morde an den Senatoren in der Beispielsammlung *De crudelitate*. Anders als Livius klammert er jedoch die Person des Marius ganz aus und stellt Damasippus als den alleinigen Urheber der Tat hin. Er betont sogar, daß die Morde des Damasippus, der eine besonders negative Charakterisierung erhält, die große Macht eines Prätors (nicht des Konsuls) verdeutlichten:

> „Damasippus nihil laudis habuit, quod corrumperet, itaque memoria eius licentiore accusatione perstringitur. Cuius iussu principum civitatis capita hostiarum capitibus permixta sunt Carbonisque Arvinae truncum corpus patibulo adfixum gestatum est. Adeo aut flagitiosissimi hominis praetura multum aut rei publicae maiestas nihil potuit."[947]

Valerius Maximus macht keine näheren Angaben über die Opfer und erwähnt namentlich nur Papirius Carbo. Für ihn geht es nicht um die Ermordeten, sondern um den Mörder.

---

[945] Liv. per. LXXXVI 2-4.
[946] Liv. per. LXXXVI 5f.
[947] Val. Max. IX 2, 3.

e) Velleius Paterculus

Ähnliches berichtet auch Velleius Paterculus. In seiner Version der Ereignisse geht der Mord am römischen Adel ebenfalls nicht vom Konsul C. Marius aus, sondern von dem oben erwähnten Praetor Damasippus. Velleius betont sogar, daß der Mord an den römischen Adeligen zu der Zeit stattfand, als bei Sacriportus gekämpft wurde,[948] also der Konsul Marius gar nicht in der Stadt war und deshalb auch keine Morde veranlassen konnte. Überhaupt wird der jüngere Marius bei Velleius insgesamt sehr positiv beurteilt.[949] Der Mord an den römischen Adeligen durch Damasippus impliziert für Velleius Paterculus eine Perversion der früheren Zeit. Früher sei in Rom um Tugenden gewetteifert worden, nun sei man dazu übergegangen, um Verbrechen zu wetteifern:

> „Ne quid usquam malis publicis deesset, in qua civitate semper virtutibus certatum erat, certabatur sceleribus, optimusque sibi videbatur qui foret pessimus."[950]

Damasippus habe in seinem Eifer, der größte aller Verbrecher zu sein, den Konsul des Jahres 94, L. Domitius Ahenobarbus, den Pontifex Maximus Q. Mucius Scaevola, den Bruder von Marius' Konsulatskollegen, C. Carbo, und den ehemaligen Aedil Antistius umbringen lassen. Der Grund für die Ermordung dieser Persönlichkeiten war nach Velleius Paterculus deren Anhängerschaft an Sulla:

> „Quippe, dum ad Sacriportum dimicatur, Damasippus praetor Domitium, Scaevolam etiam, pontificem maximum et divini humanique iuris auctorem celeberrimum, et C. Carbonem praetorium, consulis fratrem, et Antistium aedilicium velut faventes Sullae partibus in curia Hostilia trucidavit."[951]

Velleius Paterculus nennt nur diese vier Namen und behauptet an keiner Stelle, daß noch weitere *nobiles* umgebracht worden seien. Von einem Massenmord am gesamten verbliebenen römischen Adel, wie ihn die Livius-Zusammenfassung nahelegt, kann hier demnach keine Rede sein. Besondere Folgen hatte der Mord an den vier Männern nach Velleius Paterculus nicht. Allerdings zog wenigstens einer dieser Morde einen weiteren

---

[948] Vell. Pat. II 26, 2.
[949] Vell. Pat. II 26, 1; 27, 5.
[950] Vell. Pat. II 26, 2.
[951] Ebd.

Tod nach sich: Der Geschichtsschreiber erwähnt lobend das Beispiel der Ehefrau des Antistius, die sich nach dem Tod ihres Mannes selbst das Leben nahm. Velleius hält diese Tat für so glorreich, daß er der Ansicht ist, ihr Ruhm dürfe niemals untergehen:

> „Non perdat nobilissimi facti gloriam Calpurnia, Bestiae filia, uxor Antistii, quae iugulato, ut praediximus, viro gladio se ipsa transfixit. Quantum huius gloriae famaeque accessit nunc virtute feminae! Et propria latet."[952]

Auf diese Weise nennt Velleius nur eine einzige Folge der Morde an den vier Anhängern Sullas. Diese Folge, der Selbstmord der Calpurnia, hatte jedoch keine politischen Auswirkungen. Allerdings gewann der Name des Antistius durch diesen Selbstmord nach der Ansicht des Velleius Paterculus noch mehr Ruhm und Ansehen hinzu, als ihm ohnehin schon zu eigen war.

f) Lucan

Lucan geht in seinem Epos auf den Mord an Scaevola ein. Er stellt jedoch die Tat in den Zusammenhang der Morde an den Gegnern des Marius und des Cinna im Jahr 87 v.Chr. Dies ist nicht auf ungenaues Arbeiten des Dichters zurückzuführen, sondern darauf, daß er hier die Entwicklung des Sullanisch-Marianischen Bürgerkriegs beschreibt, die von Greueltaten beider Seiten geprägt war. Für Lucan ist es deshalb nicht von Bedeutung, ob Marius der Vater oder Marius der Sohn einen Mord begangen haben, und ob eine Tat im Jahr 87 oder 82 v.Chr. begangen worden war. Die Morde von 87 v.Chr. und die von 82 v.Chr. gehören ja insofern in die gleiche Phase des Bürgerkriegs, als sie zur Zeit der Herrschaft der Marianer und Cinnaner -zwischen Sullas erstem und zweitem Marsch auf Rom- geschahen. Dennoch macht Lucan eine historisch eindeutig falsche Angabe, indem er behauptet, Marius habe sein siebtes Konsulat im Anschluß an alle diese Morde -also auch nach dem Mord an Scaevola- angetreten.[953]

Lucan schildert -anders als Diodor-, daß Scaevola im Inneren des Vestatempels getötet wurde, wo er bei der Göttin vergeblich Schutz gesucht hat-

---

[952] Vell. Pat. II 26, 3.
[953] Luc. Phars. II 130.

te. Auch der Dichter kommt auf das Weiterbrennen des Vestalischen Feuers zu sprechen. Seiner Ansicht nach wurde das Feuer nicht gelöscht, weil Scaevola ein so alter Mann war, daß er nicht mehr viel Blut in sich hatte, und deshalb die Blutlache, die sich nach seiner Ermordung bildete, zu klein war, um das Feuer zu löschen:

> „Te quoque neglectum violatae, Scaevola, Vestae
> ante ipsum penetrale deae semperque calentis
> mactavere focos; parvum sed fessa senectus
> sanguinis effudit iugulo flammisque pepercit."[954]

g) Florus

Florus berichtet, daß die Konsuln Marius und Carbo, als sie erkannten, daß sie den Krieg gegen Sulla verlieren würden, noch Rache an ihren politischen Gegnern nehmen wollten. Aus diesem Grund hätten sie die Senatoren hinrichten lassen. Wie bereits in der Livius-Zusammenfassung wird auch hier der Eindruck erweckt, als seien nicht nur vier, sondern sehr viele -womöglich sogar alle- Senatoren getötet worden. Florus erzählt, die Senatoren seien aus der *curia* wie aus einem Gefängnis zu ihrer Hinrichtung geführt worden:

> „Tum Marius iuvenis et Carbo consules quasi desperata victoria ne inulti perirent, in anticessum sanguine senatus sibi parentabant, obsessaque curia sic de senatu quasi de carcere qui iugularentur educti."[955]

Der Tod des Vestapriesters Scaevola wird von Florus gesondert erwähnt. Der Autor bietet keine genaue Schilderung des Hergangs, sondern betont das Aufsehenerregende dieses einzelnen Falls, nämlich daß Scaevola in der Nähe des Vestalischen Feuers getötet wurde:

> „Quantum funerum in foro, in circo, in penitis templis? Nam Mucius Scaevola pontifex Vestalis amplexus aras tantum non eodem igne sepelitur."[956]

Diese überspitzte Schilderung harmoniert mit der gesamten Darstellungsweise, in der Florus die Jahre der Auseinandersetzung zwischen Marius/

---

[954] Luc. Phars. II 126-129.
[955] Flor. II 9, 20.
[956] Flor. II 9, 21.

Cinna und Sulla beschreibt. Ähnlich wie dem Dichter Lucan geht es Florus darum, die Eskalation der Gewalt und des Blutvergießens im Sullanisch-Marianischen Bürgerkrieg zu schildern, weshalb auf außergewöhnliche Morde ein besonderes Augenmerk gelegt und das Aufsehenerregende an solchen Fällen besonders betont wird.

h) Appian

Dem Geschichtsschreiber Appian zufolge ging der Mord an Antistius, Carbo, Domitius und Scaevola vom Konsul C. Marius aus. Appian ist allerdings -anders als Velleius Paterculus und Livius- der Ansicht, daß es sich bei dem Konsul von 82 v.Chr. nicht um den Sohn, sondern um den Neffen des Kimbernsiegers Marius handelte.[957] Auch wenn die Morde nach Appian -übereinstimmend mit Velleius Paterculus- stattfanden, als Marius von Sulla bei Praeneste belagert wurde, sieht Appian in ihm den Urheber der Morde an den Sullanern. Als Marius einsah, daß seine Lage aussichtslos war und er den Krieg gegen Sulla verlieren würde, habe er sich noch die eine Genugtuung verschaffen wollen, seine persönlichen Feinde in Rom umbringen zu lassen. Er habe dem Praetor Brutus[958] per Brief den Mord an seinen vier Widersachern befohlen:

„Μάριος δὲ οὐδὲν χρηστὸν ἔτι προσδοκῶν τοὺς ἰδίους ἐχθροὺς ἠπείγετο προανελεῖν καὶ Βρούτῳ στρατηγοῦντι τῆς πόλεως ἐπέστελλε τὴν σύγκλητον ὡς ἐπὶ ἄλλο συναγαγεῖν καὶ κτεῖναι Πόπλιον Ἀντίστιον καὶ Παπίριον Κάρβωνα ἕτερον καὶ Λεύκιον Δομίτιον καὶ Μούκιον Σκαιόλαν, τὸν τὴν μεγίστην Ῥωμαίοις ἱερωσύνην ἱερωμένον."[959]

Der Praetor sollte eine Senatsversammlung einberufen und die Feinde des Marius bei dieser Gelegenheit umbringen lassen. Beachtenswert ist, daß Marius bei Appian diese vier Männer nicht deshalb umbringen ließ, weil sie einer anderen politischen Richtung angehörten, sondern, weil es sich um persönliche Feinde (ἴδιοι ἐχθροί) des Konsuls handelte. Appian sieht den Mord an den vier *nobiles* also weniger als politisch, sondern eher als privat motivierten Mord an.

---

[957] App. civ. I 87.
[958] Das ist L. Iunius Brutus Damasippus.
[959] App. civ. I 88.

Brutus kam dem Befehl des Konsuls nach: Er ließ die vier Männer von eigens dafür angeheuerten Attentätern während der Senatsversammlung umbringen. Antistius und Papirius Carbo wurden umgebracht, als sie noch auf ihren Plätzen saßen, L. Domitius konnte nur bis zur Tür fliehen und Scaevola entkam zwar aus der Curie, wurde aber nicht weit davon entfernt ebenfalls getötet:

„οἱ μὲν δὴ δύο τῶνδε ἀνῃρέθησαν ἐν τῇ βουλῇ, καθὰ Μάριος προσέταξε, τῶν σφαγέων ἐς τὸ βουλευτήριον ἐσαχθέντων Δομίτιος δ' ἐκτρέχων παρὰ τὴν ἔξοδον ἀνῃρέθη, καὶ μικρὸν πρὸ τοῦ βουλευτηρίου Σκαιόλας. τά τε σώματα αὐτῶν ἐς τὸν ποταμὸν ἐρρίφη· ἐπεπόλαζε γὰρ ἤδη μὴ καταθάπτεσθαι τοὺς ἀναιρουμένους."[960]

Von einem Mord an Scaevola im Vestatempel berichtet Appian nichts, er behauptet aber auch nichts Gegenteiliges. Appian berichtet darüber hinaus, daß die Leichen der Ermordeten in den Tiber geworfen wurden. Dies führt er nicht auf besondere Grausamkeit der Mörder zurück, sondern darauf, daß es inzwischen zur Gewohnheit geworden war, Ermordete nicht mehr zu begraben. Der Mord an den vier Gegnern des Marius zeigte demnach, wie kaltblütig inzwischen mit politischen und persönlichen Gegnern verfahren wurde, und wie selbstverständlich politische Morde und Leichenschändungen geworden waren.

2. Zusammenfassung und Bewertung

Den Quellen zufolge wurden Antistius, Papirius Carbo, Domitius Ahenobarbus und Mucius Scaevola im Rahmen des Bürgerkriegs zwischen Marius d.J. und Sulla ermordet. Ungeachtet des Hinweises der *Periochae*, Damasippus habe den gesamten römischen Adel umbringen lassen, können wir davon ausgehen, daß nur diese vier, die von den antiken Autoren namentlich genannt werden, den Mordanschlägen zum Opfer gefallen sind. Der Autor der *Periochae* kann durchaus den Mord an den Vieren als Mord an den letzten in der Stadt verbliebenen römischen *nobiles* bezeichnet ha-

---

[960] App. civ. I 88.

ben. Die Autoren, welche Livius folgen, nennen ebenfalls nur die Namen dieser vier.[961]

Darüber, in welcher Phase des Bürgerkrieges die Morde stattfanden, scheint jedoch auf den ersten Blick keine Einmütigkeit zu bestehen. Während Velleius Paterculus und Appian die Morde mit Sullas Sieg bei Sacriportus und dem Rückzug des Marius nach Praeneste[962] in Zusammenhang bringen,[963] scheinen die Morde nach Livius noch vor Sullas endgültigem Sieg geschehen zu sein. Der Historiker berichtet im 86. Buch seines Geschichtswerkes über die Morde und erst im 87. Buch über die Schlacht bei Sacriportus. HACKL ist deshalb unter Berufung auf die livianische Tradition[964] der Ansicht, es habe vor der Niederlage gegen Sulla im politischen Kalkül des Marius gelegen, mögliche Überläufer zu beseitigen.[965] Infolgedessen ist sie auch überzeugt, die Morde hätten vor und nicht nach Sullas entscheidendem Sieg stattgefunden. Jedoch geben die uns vorliegenden Quellen dies m.E. nicht her. In der stark gerafften Darstellung *De viris illustribus* behauptet der Autor, Marius habe -seinem Vater ähnlich- das Senatsgebäude umstellt und seine Feinde umgebracht.[966] Diese Formulierung scheint in der Tat eine persönliche Anwesenheit des Konsuls vorauszusetzen. Andererseits ist die Beschreibung des jüngeren Marius in diesem Werk derart komprimiert, daß die Tatsache, daß Marius von Praeneste aus dem Prätor Damasippus den Befehl zur Ermordung seiner Feinde gegeben und nicht selbst Hand angelegt haben könnte, der starken Verkürzung zum

---

[961] Vell. Pat. II 26, 2; Oros. V 20, 4. Die Angaben des Florus erwecken zwar den Eindruck, es seien mehr als vier Senatoren getötet worden, der Autor behauptet aber nirgends explizit, Marius und Carbo hätten tatsächlich alle Senatoren umgebracht. Die fehlende Beschränkung auf die vier uns bekannten Senatoren erklärt sich durch die Intention des Florus, die Zeit des Sullanisch-Marianischen Bürgerkrieges als eine Orgie der Gewalt und unzähliger Morde zu schildern.
[962] Zum Verlauf des Bürgerkriegs bis zur Niederlage und dem Tod des Marius: KEAVENEY, Sulla, 129-138.
[963] Vell. Pat. II 26, 1-2 (vgl. HACKL, Senat und Magistratur, 251, die Velleius Paterculus als Gewährsmann für die Datierung der Morde vor dem endgültigen Sieg Sullas betrachtet); App. civ. I 88.
[964] Sie beruft sich nicht nur auf Liv. per. LXXXVI-LXXXVII, Oros. V 20, 4 und vir. ill. 68, 2, sondern auch auf Vell. Pat. II 26, 2.
[965] HACKL, Senat und Magistratur, 251.
[966] „Hic patri saevitia similis curiam armatus obsedit, inimicos trucidavit, quorum corpora in Tiberim praecipitavit" (vir. ill. 68, 2).

Opfer gefallen sein kann. Velleius Paterculus stellt die Morde eindeutig in den zeitlichen Zusammenhang der Schlacht bei Sacriportus, was in jedem Fall HACKLS These, die Morde seien zu Beginn des Jahres 82 v.Chr. geschehen,[967] entgegensteht. Daß Velleius die Morde zeitgleich mit der Schlacht -also nicht nach der Schlacht- verortet, muß vor dem Hintergrund bewertet werden, daß der Geschichtsschreiber die Morde überhaupt nicht mit Marius in Verbindung bringt. Seiner Schilderung zufolge war der Prätor Damasippus allein für die Tötungen verantwortlich. Die Schlacht bei Sacriportus dient ihm daher nur zur zeitlichen, nicht aber zur kausalen Einordnung. Von daher kann Velleius Paterculus behaupten, die Morde hätten stattgefunden, während (*dum*) bei Sacriportus gekämpft wurde, und damit nicht bloß die für Sulla siegreiche Schlacht, sondern auch die anschließende -ebenfalls für Sulla erfolgreiche- Belagerung von Praeneste meinen, auf die er ausführlich erst im nächsten Kapitel zu sprechen kommt. Genauso verhält es sich bei Orosius. Er behauptet an keiner Stelle, Sulla habe erst nach den Morden seinen Sieg errungen, sondern er berichtet zuerst von den Morden an den vier *nobiles*, und danach von der entscheidenden Schlacht, zu der er mit den Worten *eodem tempore* (zur selben Zeit) überleitet.[968] Außerdem werden die Morde auch von Florus, der ebenfalls in der Tradition des Livius steht, eindeutig als reine Rachemorde geschildert, die erst begangen wurden, als Marius d.J. überzeugt war, den Bürgerkrieg nicht mehr gewinnen zu können.[969] Aus der *Periochae* der Liviusbücher kann die frühe Datierung der Morde, wie HACKL sie vertritt, erst recht nicht entnommen werden. Da uns von Livius' Bericht über die letzten Jahrzehnte der römischen Republik nur die stark gekürzte Zusammenfassung erhalten ist, können wir nicht erkennen, in welchen kausalen Zusammenhang der Historiker die Ermordung der vier *nobiles* gestellt hat. Wir erfahren jedoch vom Autor der *Periochae*, daß zumindest Sulla seinen Sieg schon vor den

---

[967] „Mir scheint Livius' Version wahrscheinlicher zu sein, da die Popularen hoffen konnten, die Abwanderung ins feindliche Lager schon zu Beginn des Jahres 82 endgültig zu stoppen, wenn sie die führenden Persönlichkeiten, die ihnen als nächste Anwärter auf einen Übertritt zu Sulla verdächtig erschienen, umbrachten" (HACKL, Senat und Magistratur, 251).
[968] Oros. V 20, 4-9.
[969] Flor. II 9, 21.

Morden für sicher gehalten hatte.[970] Daß die Schilderung der Morde im Werk des Livius vor der Schlacht bei Sacriportus angeordnet ist, kann literarische Gründe haben. Eine ähnliche Anordnung finden wir auch bei dem auf Livius basierenden Velleius Paterculus. Es ist also nicht unwahrscheinlich, daß auch Livius zuerst von den Morden, die in der Stadt Rom begangen wurden und mit der Niederlage des Marius in einem kausalen Zusammenhang standen, berichtet, und erst danach im Detail auf den Sieg Sullas zu sprechen kommt. Eine Datierung der Morde vor Sullas Sieg kann jedenfalls nicht ohne weiteres aus der sog. livianischen Tradition entnommen werden, und sollte, da sie den weitaus deutlicheren Aussagen der anderen Autoren -m.E. auch des Velleius Paterculus- widerspricht, mit allergrößter Skepsis betrachtet werden.

Wenn wir davon ausgehen, daß Marius seine vier Feinde als Reaktion auf seine Niederlage gegen Sulla umbringen ließ, gibt es verschiedene Motive, die den Konsul zur Ermordung der *nobiles* veranlaßt haben könnten. Cicero nennt keinen Grund für die Morde. Livius scheint sie mit dem sicheren Sieg Sullas in Verbindung zu bringen, der Autor der *Periochae* berichtet jedoch nichts darüber, welchen Zweck Marius mit der Tötung der Vier verfolgte. Valerius Maximus und Velleius Paterculus schreiben -wie wir gesehen haben- die Morde überhaupt nicht Marius zu, sondern behaupten, die Mordlust des Prätors Brutus Damasippus und dessen Verlangen, der größte aller Verbrecher zu sein, habe ihn zu der Tat getrieben. Nach Appian wollte Marius, nachdem er die Hoffnungslosigkeit seiner Lage erkannt hatte, seine persönlichen Feinde mit in den Tod reißen. Diodor berichtet, die vier *nobiles* seien aufgrund von Verleumdungen in Verdacht geraten und getötet worden.[971] Es ist kaum wahrscheinlich, daß Marius die vier Ermordeten

---

[970] Liv. per. LXXXVI 4.
[971] Entsprechend unterschiedlich sind auch die Angaben zu den Motiven des Marius in der modernen Forschungsliteratur. KEAVENEY ist der Meinung, Marius habe nach seiner Niederlage aus Rache alle diejenigen töten lassen, die er verdächtigte, zum Sieg Sullas heimlich beigetragen zu haben (KEAVENEY, Sulla, 139). KEAVENEY unterstellt Marius dabei eine gewisse Paranoia, da die Ermordeten sich seiner Ansicht nach in Wahrheit nicht auf Sullas Seite geschlagen hätten. LETZNER meint, Marius habe erkannt, daß seine Lage aussichtslos war, und daß Sulla die Macht in Rom wiedererlangen wollte, und habe mit der Ermordung der vier *nobiles* der Stadt Rom „einen Schlag versetzen" wollen. Diejenigen, die in Verdacht standen, mit Sulla zu sympathisieren, seien getötet worden, um Sulla seine Machtübernahme zu er-

nicht verdächtigte, in irgendeiner Weise mit Sulla zu sympathisieren, da er sie sonst wohl nicht -ausgerechnet als Sullas Sieg feststand- getötet hätte. Jedoch stellt sich die Frage, ob der Konsul mit der Ermordung der Vier tatsächlich die Opfer selbst -wie KEAVENEY vorschlägt- oder eher seinen Gegner Sulla -wie LETZNER meint- treffen wollte. Die vier Getöteten sind jedenfalls weder als besondere Sympathisanten Sullas noch als Parteigänger des Marius bekannt.

Vor allem durch Cicero ist überliefert, daß der Pontifex Maximus Q. Mucius Scaevola sich in den unruhigen 80er Jahren von politischer Parteinahme fernhielt. Er floh nicht zu Sulla, da dies für ihn eine aktive Teilnahme am Bürgerkrieg bedeutet hätte; er zählte aber auch nicht zu den Anhängern Cinnas. Obwohl er sich geweigert hatte, sich aktiv auf die Seite Sullas zu schlagen,[972] geriet er anscheinend in den Verdacht, mit dem Feind des Marius zu kooperieren. Seine weitestgehende Neutralität wurde ihm offenbar von den Machthabern in Rom als Loyalität zu Sulla ausgelegt, zumal die Tatsache, daß Scaevola nicht mit Sulla gegen die Stadt Rom marschieren wollte, nicht bedeutete, daß er niemals Kritik an Cinna und den beiden Marii geübt hat. Dennoch konnte Marius wenig Grund haben, den Pontifex des Verrats zu verdächtigen. Immerhin liegt in dem bei Cicero überlieferten Ausspruch Scaevolas, er wolle auf keinen Fall auf Seiten derer stehen, die mit Waffen gegen das eigene Vaterland marschieren, eine deutliche Kritik an Sulla. Wenn der Konsul Scaevola also der aktiven Kooperation mit Sulla verdächtigte, dann hatte er offenbar tatsächlich -wie KEAVENEY vermutet- ein Fehlurteil über den Pontifex gefällt.

Von P. Antistius ist über seine Ermordung hinaus wenig bekannt. In Plutarchs Pompeius-Biographie ist jedoch eine Begebenheit überliefert, die Antistius in Verbindung mit Pompeius brachte. Antistius habe als Vorsitzender einer *quaestio*, vor der Pompeius angeklagt war, dessen Freispruch

---

schweren (LETZNER, Sulla, 238). HACKL ist -worauf oben eingegangen wurde- der Überzeugung, Marius habe mit dem Mord an den Vieren die „Abwanderung ins feindliche Lager [...] stoppen" wollen (HACKL, Senat und Magistratur, 251).

[972] Cic. Att. VIII 3, 6.

erwirkt.⁹⁷³ Bedenkt man, daß Sulla von Pompeius und dessen Legionen im Bürgerkrieg unterstützt wurde,⁹⁷⁴ ist es wahrscheinlich, daß aus diesem Grund auch Antistius verdächtigt wurde, mit Sulla in Verbindung zu stehen.

Von Papirius Carbo ist bekannt, daß er, obwohl er einer der wenigen noch verbliebenen Redner Roms war, in den 80er Jahren nur selten bei Gericht auftrat.⁹⁷⁵ MÜNZER sieht darin ein Anzeichen dafür, daß Carbo „kein unbedingter Anhänger der herrschenden Partei war".⁹⁷⁶ Allerdings kann die Ablehnung des Cinnaischen Regimes durch Carbo nicht so einfach aus dessen seltenen Gerichtsauftritten ersehen werden, denn es ist nicht bekannt, ob er vor der Herrschaft Cinnas öfter vor Gericht gesprochen hat. Carbos Zurückhaltung kann also auch andere Gründe gehabt haben, die nicht politischer Natur waren. Letztlich kann allein aus der Ermordung Carbos ersehen werden, daß er sich verdächtig gemacht hatte, mit Sulla im Bunde zu stehen, oder zumindest Marius nicht zu unterstützen.

L. Domitius Ahenobarbus war Konsul des Jahres 94 v.Chr. Politisch-ideologisch scheint er ein Verfechter der Senatsautorität gewesen zu sein; zumindest legt seine Freundschaft zu Q. Metellus Numidicus⁹⁷⁷ und seine Nennung durch Cicero unter dem optimatisch gesinnten Teil derjenigen, die im Jahr 100 v.Chr. gegen Saturninus und Glaucia vorgegangen waren,⁹⁷⁸ dies nahe. Es ist also kaum anzunehmen, daß Ahenobarbus die Herrschaft des Cinna mit Wohlwollen betrachtet hat, und daß er sein Mißfallen über die Machthaber nicht verborgen hat. Daraus kann jedoch nicht geschlossen werden, daß er ein Parteigänger Sullas war, denn dieser hatte sich ja ebenfalls nicht im althergebrachten Sinne verhalten, als er mit seinen Legionen nach Rom marschiert war und den Senat gezwungen hatte,

---

⁹⁷³ Plut. Pomp. 4, 1-3. Daß es sich hierbei um unseren Antistius handelt, ist, obwohl Plutarch ihn hier fälschlicherweise zum Prätor macht, wahrscheinlich. Vgl. KLEBS, Antistius (18), 2547.
⁹⁷⁴ Liv. per. LXXXV 4.
⁹⁷⁵ Cic. Brut. 308.
⁹⁷⁶ MÜNZER, RE XVIII/3 Papirius (40), 1034.
⁹⁷⁷ Die Existenz dieser Freundschaft geht hervor aus: Gell. XV 13, 6; XVII 2, 7.
⁹⁷⁸ Cic. Rab. perd. 21. Ahenobarbus wird hier zusammen mit den Octavii, Metelli, Iulii, Catones, L. Scipio und D. Brutus genannt.

sämtliche Entscheidungen in seinem Sinn zu treffen.[979] Das jetzige aggressive Verhalten Sullas kann zudem ebenfalls -genau wie bei Scaevola- das Mißfallen des Domitius Ahenobarbus erregt haben. Immerhin hatte auch er sich nicht aktiv auf die Seite Sullas geschlagen. Wahrscheinlich hatte sich Ahenobarbus ähnlich wie Scaevola durch seine Neutralität und sein Festhalten an alten Ordnungen verdächtig gemacht, gegen Marius zu arbeiten. Bei der genaueren Betrachtung der vier Ermordeten zeigt sich, daß von ihnen offenbar keine direkte Gefahr für Marius ausging. Möglicherweise gab er den vier *nobiles* eine Mitschuld an seiner Niederlage, da diese ihn nicht unterstützt hatten; vielleicht verdächtigte er sie sogar, im stillen gegen ihn und für Sulla gearbeitet zu haben.[980] Jedoch scheidet die Möglichkeit, daß Marius noch vor Sullas Sieg durch die Morde versucht hatte, Überläufer zu stoppen, wegen der weitgehenden Passivität der Opfer aus. Da offensichtlich keine direkte Gefahr von ihnen ausgegangen war, konnte Marius sich mit der Ermordung dieser vier nur Feinde machen und hätte wahrscheinlich eher eine weitere Fluchtwelle aus Rom zu Sulla verursacht als aufgehalten. Wenn nämlich Senatoren, die sich nicht offen gegen den Konsul gestellt hatten, als potentielle Überläufer ermordet wurden, dann mußte jeder halbwegs einflußreiche Römer das gleiche Schicksal fürchten und eine Abwanderung zu Sulla ernsthaft in Betracht ziehen.[981] Viel wahrscheinlicher ist, daß Marius seine vermeintlichen Gegner so leichtfertig umbringen lassen konnte, weil er nichts mehr zu verlieren hatte. Mit der Ermordung der vier konnte er sich nicht nur an denen rächen, denen er eine Mitschuld an seiner Niederlage gab; er konnte auch die Lage für den Sieger Sulla erschweren, indem er die wenigen übriggebliebenen fähigen Männer Roms beseitigte.

Von den Morden an den vier Senatoren beschäftigt der Mord an dem Pontifex Maximus die antiken Autoren am meisten. Das liegt sicher nicht zu-

---

[979] Vgl. Kapitel II (L).
[980] Darauf deutet vor allem der Hinweis bei Diodor hin, die vier seien Verleumdungen zum Opfer gefallen.
[981] Die Tatsache, daß offenbar keine konstruktive politische Motivation hinter den Morden erkennbar war, läßt Appian sogar behaupten, Marius habe diese letzte Gelegenheit genutzt, um seine privaten Feinde mit sich ins Verderben zu reißen (App. civ. I 88).

letzt daran, daß es sich bei Scaevola um einen bedeutenden Lehrer Ciceros handelte, und daß der Schüler viel dazu beigetragen hat, daß die Erinnerung an seinen Lehrer hochgehalten wurde. Jedoch ist wohl auch die Tatsache, daß es sich bei dem Ermordeten um den Pontifex Maximus handelte, von nicht geringer Bedeutung. Unseren Quellen zufolge hatte der Mord an Scaevola auch eine religiöse Komponente, die in den Äußerungen Ciceros nur wenig Beachtung findet. Diese lag nicht so sehr in der schon für sich skandalösen Tatsache, daß mit Scaevola der Pontifex Maximus getötet wurde, sondern vielmehr in dem Frevel der Mörder gegen die Göttin Vesta. Scaevola wurde im heiligen Kultbau der Vesta ermordet. Den schlimmsten Frevel stellte unseren Autoren zufolge jedoch nicht die Entweihung des Hauses durch eine Mordtat dar, sondern die Gleichgültigkeit, mit der die Mörder die mögliche Auslöschung des immer brennenden Feuers in Kauf nahmen. Bedenkt man, daß die Erhaltung des Vestalischen Feuers mit dem Fortbestehen des Gemeinwohls gleichgesetzt wurde,[982] offenbarte das Verhalten der Mörder auch eine Gleichgültigkeit der *res publica* gegenüber. Somit zeigten die Mörder Scaevolas, daß sie -egal, welche Motivation sie trieb- auf keinen Fall im Sinne des Gemeinwohls handeln konnten. Die antiken Autoren, die darüber berichten, verleihen somit dem Mord unabhängig von seinen politischen Umständen eine eindeutig negative Wertung.

---

[982] Hierzu: KOCH, Vesta, 1737; 1765f.; außerdem: SIMON, Götter, 229-239.

Q) Die Morde an den Gegnern Sullas 82 v.Chr.

1. Die Darstellung in den Quellen
a) Cicero
Bei der Beurteilung der sullanischen Proskriptionen durch Cicero müssen zwei unterschiedliche Zeitphasen, die durch völlig verschiedene politische Voraussetzungen für eine Aussage über die Politik Sullas geprägt sind, unterschieden werden. Cicero hat die Proskriptionen Sullas selbst miterlebt. Er befand sich zu dieser Zeit sogar in Rom und war als Redner bei Gericht aktiv. Die Aussagen Ciceros, die aus dieser Zeit stammen, unterscheiden sich von seinen späteren Äußerungen. Daher müssen die Aussagen des Redners, die zur Zeit der Diktatur Sullas gemacht wurden, anders beurteilt werden als die späteren. Eine Kritik an den sullanischen Proskriptionen aus dem Jahr 81 v.Chr. hat ein anderes Gewicht als dieselbe Äußerung, wenn sie im Jahr 66 v.Chr. getroffen wurde.
In die Zeit Sullas fallen zwei erhaltene Reden Ciceros: Die Zivilprozeßrede *Pro Quinctio*, in der es um eine Besitzstreitigkeit ging, und die Kriminalprozeßrede *Pro Sexto Roscio Amerino*, wo Cicero den Sohn eines wohlhabenden Mannes verteidigt, der des Mordes an seinem eigenen Vater angeklagt wurde. Die zweite Rede ist deshalb besonders brisant, weil es sich hier um einen Fall handelt, der untrennbar mit den Proskriptionen verbunden ist. Der Name des Vaters des Angeklagten war nämlich nach seiner Ermordung noch durch einen Günstling Sullas, einen gewissen Chrysogonus, auf die Proskriptionsliste gesetzt worden, obwohl es sich bei dem Toten um einen Anhänger Sullas gehandelt hatte und der Schlußtermin für die Proskriptionen, der 1. Juli 81 v.Chr., bereits vorüber war. Auf diese Weise konnten sich die Feinde des Sex. Roscius das Vermögen des Ermordeten sichern. Sex. Roscius wurde nun von seinen Widersachern des Mordes angeklagt, damit dieser ihnen ihr neu gewonnenes Vermögen nicht mehr streitig machen konnte.[982]

---

[982] Die Ereignisse im Vorfeld dieses Prozesses sind zusammengefaßt in: FUHRMANN, Reden I, 103-107. Außerdem GELZER, Cicero, 18f. und SCHANZ/HOSIUS, Literatur, 408.

In der Rede *Pro Quinctio* äußert sich Cicero so gut wie gar nicht zu der aktuellen politischen Lage. Dennoch ergreift er die Gelegenheit, das, was durch die Proskriptionen gefördert wird, nämlich einen Mitbürger unter dem Vorwand des Rechts umzubringen, als gewissenlos, ja, für einen anständigen Bürger unmögliches Verhalten anzuprangern. Den Gegner des Quinctius mit einem Justizmörder zu vergleichen, drängt sich im Prozeß selbst keineswegs auf. Jedoch hält Cicero seinem Prozeßgegner dessen Unbarmherzigkeit vor Augen, die sich darin zeigt, daß er seinem Geschäftsfreund das Vermögen zu entziehen versucht, mit der Begründung, letzterer habe einen Gerichtstermin nicht wahrgenommen und somit eine Frist versäumt. Cicero geht hier so weit, den Verlust des gesamten Vermögens mit dem Tod auf eine Stufe zu stellen:

> „Cuius vero bona venierunt, cuius non modo illae amplissimae fortunae sed etiam victus vestitusque necessarius sub praeconem cum dedecore subiectus est, is non modo ex numero vivorum exturbatur sed si fieri potest infra etiam mortuos amandatur; etenim mors honesta saepe vitam quoque inopem exornat, vita turpis ne morti quidem honestae locum relinquit."[983]

Demnach steht Naevius, sein Prozeßgegner, in Ciceros Argumentation wie ein Mörder des P. Quinctius da. Von dieser Metapher her kommt Cicero erst zu einer allgemeinen Verurteilung des Tötens unter dem Deckmantel des Rechts:

> „Iugulare civem ne iure quidem quisquam bonus vult; mavult enim commemorare se cum posset perdere pepercisse quam cum parcere potuerit perdidisse. Haec in homines alienissimos, denique inimicissimos viri boni faciunt et hominum existimationis et communis humanitatis causa, ut cum ipsi nihil alteri scientes incommodarint nihil sibi iure incommodi cadere possit."[984]

Bedenkt man, daß Cicero diese Rede zu einer Zeit gehalten hat, als die Proskriptionen noch im Gange waren, ist die Kritik daran und an den Bürgern, die sich zu Mordwerkzeugen machen ließen, unverkennbar.

Die etwa ein Jahr später gehaltene Rede für Sextus Roscius aus Ameria hat einen etwas anderen Klang. Auch hier verurteilt Cicero die Proskriptionen, doch bemüht er sich -anders als in der Rede *Pro Quinctio*- den Diktator

---

[983] Cic. Quinct. 49.
[984] Cic. Quinct. 51.

Sulla aus seinen Beschuldigungen herauszuhalten. Auf der einen Seite bezeichnet er die Proskriptionen als gemeine Metzeleien (*caedes indignissimae maximaeque*)[985], auf der anderen Seite argumentiert er, daß die Bestrafung -Cicero spricht in diesem Zusammenhang tatsächlich von Strafe und nicht von Mord[986]- der Gegner Sullas, die er als verdorbene Bürger (*perditi cives*)[987] bezeichnet, völlig gerechtfertigt sei. Cicero behauptet sogar unmißverständlich, daß Sulla für die Verbrechen der Proskriptionen nicht verantwortlich sei:

> „verum ut fit multa saepe imprudentibus imperatoribus vis belli ac turba molitur. Dum is in aliis rebus erat occupatus qui summam rerum administrabat, erant interea qui suis vulneribus mederentur; qui, tamquam si offusa rei publicae sempiterna nox esset, ita ruebant in tenebris omnia que miscebant; a quibus miror, nequod iudiciorum esset vestigium, non subsellia quoque esse combusta; nam et accusatores et iudices sustulerunt."[988]

Sicher kann Cicero hier nicht gemeint haben, daß Sulla vom politischen Massenmord an seinen Gegnern, die der Diktator selbst durch die Proskriptionslisten für vogelfrei erklären ließ, nichts gewußt habe. Seine Kritik scheint also mehr dem Mißbrauch der Proskriptionen aus reiner Gier oder zum Zweck der privaten Rache zu gelten als den Proskriptionen selbst. Dafür spricht auch seine Beschreibung der Situation in Rom, wie sie durch die Proskriptionen entstanden ist:

> „nescimus per ista tempora eosdem fere sectores fuisse collorum et bonorum?"[989]

Cicero kritisiert hier nicht so sehr die Tatsache, daß eine große Menge Menschen den Proskriptionen zum Opfer fiel, sondern daß die Morde eben nicht aus politischen Gründen begangen wurden, sondern sich diejenigen, die sich an der Jagd auf ihre Mitbürger beteiligten, durch den Mord an den Proskribierten bereicherten.[990]

---

[985] Cic. Rosc. Am. 11.
[986] Cic. Rosc. Am. 137: „quod animadversum est in eos qui contra omni ratione pugnarunt, non debeo reprehen-dere".
[987] Cic. Rosc. Am. 136.
[988] Cic. Rosc. Am. 91.
[989] Cic. Rosc. Am. 80.
[990] Ebenso wirft Cicero den Prozeßgegnern des Sex. Roscius Amerinus vor, den Vater des Angeklagten nicht aus politischen Gründen, sondern aus Habgier ermordet zu haben (Cic. Rosc. Am. 108).

Andererseits findet Cicero jedoch immer wieder mißbilligende Worte hinsichtlich der politischen Praxis der Proskriptionen im allgemeinen. Zum Ende seiner Rede tadelt er die Schonungslosigkeit, mit der in der jüngsten Vergangenheit vorgegangen wurde und gibt zu bedenken, daß eine derartige Erbarmungslosigkeit möglicherweise die Gesinnungen der Richter verhärtet habe:

> „Sin ea crudelitas, quae hoc tempore in re publica versata est, vestros quoque animos - id quod fieri profecto non potest - duriores acerbioresque reddit, actum est, iudices; inter feras satius est aetatem degere quam in hac tanta immanitate versari."[991]

Cicero nimmt außerdem die noch junge Erinnerung an die Proskriptionen zum Anlaß, um vor noch Schlimmerem zu warnen.[992] Würde er nicht selbst die jüngsten Ereignisse für verwerflich erachten, käme er mit Sicherheit nicht auf des Gedanken, auf mögliche schlimmere Entwicklungen hinzuweisen. Auch beläßt er es nicht bei der bloßen Warnung, sondern wendet sich in einem bewegenden Appell an die Richter, den gräßlichen Entwicklungen der letzten Jahre den Rücken zu kehren und zur altbewährten Milde zurück zu finden, durch die sich Rom einst ausgezeichnet habe:

> „vestrum nemo est quin intellegat populum Romanum, qui quondam in hostes lenissimus existimabatur, hoc tempore domestica crudelitate laborare. Hanc tollite ex civitate, iudices, hanc pati nolite diutius in hac re publica versari. Quae non modo id habet in se mali quod tot cives atrocissime sustulit, verum etiam hominibus lenissimis ademit misericordiam consuetudine incommodorum.[993]

Nach Ansicht Ciceros verstößt also die Hartherzigkeit, auch wenn sie aus politischen Gründen entsteht, gegen den *mos maiorum*. Bedenkt man den Stellenwert, den der *mos maiorum* im Bewußtsein der römischen Oberschicht hatte[994], so ist allein dieser Hinweis schon Kritik genug. Cicero läßt es aber nicht dabei bewenden, sondern führt die Übel der Proskriptionen weiter aus. Er beklagt die Ausrottung großer Teile der römischen Bürgerschaft und die Tatsache, daß Widerwärtigkeiten zur Gewohnheit geworden seien. Hier wird die politische Praxis des Mordens im allgemeinen ange-

---

[991] Cic. Rosc. Am. 150.
[992] Cic. Rosc. Am. 153.
[993] Cic. Rosc. Am. 154.
[994] HÖLKESKAMP, Mos maiorum, 183-187.

prangert. Cicero unterscheidet nicht mehr zwischen Mord aus Rache, Mord aus Gier und Mord zur Verwirklichung politischer Ziele. Zuletzt äußert Cicero einen Grundsatz, der erkennen läßt, wie der Redner die vielen Morde in der römischen Öffentlichkeit beurteilt. Dabei spielt Cicero wohl nicht nur auf die Proskriptionen, sondern auch auf die vorangegangen Bluttaten an:

> „nam cum omnibus horis aliquid atrociter fieri videmus aut audimus, etiam, qui natura mitissimi sumus, assiduitate molestiarum sensum omnem humanitatis ex animis amittimus."[995]

Diese Aussage zeigt deutlich, daß Cicero die Entwicklung der politischen Morde als immer drastischer und schlimmer ansieht. Er empfiehlt an dieser Stelle dringend, die Entwicklung zu stoppen, bevor alle Menschen dermaßen hartherzig geworden sind, daß der Prozeß unaufhaltsam wird und es zum Äußersten kommt.

Die Sicht Ciceros von den sullanischen Proskriptionen ist bereits in mehreren Monographien und Aufsätzen ausführlich diskutiert und dargelegt worden. Genannt seien hier BUCHHEIT, Ciceros Kritik an Sulla in der Rede für Roscius aus Ameria[996]; RIDLEY, Cicero and Sulla[997]; DIEHL, Sulla und seine Zeit im Urteil Ciceros[998] und VASALY, Cicero's Early Speeches[999]. Dabei sind sowohl BUCHHEIT als auch DIEHL bemüht, Cicero von dem Verdacht, zur Zeit der Diktatur Sullas ein Sympathisant oder gar Parteigänger des Diktators gewesen zu sein,[1000] freizusprechen. Sie gehen dabei so weit, selbst in dessen Rede *Pro Sexto Roscio Amerino*, in der es um einen Proskriptionsskandal ging, deutliche Kritik an Sulla selbst anzunehmen. BUCHHEIT analysiert die Rede auf versteckte Kritik an Sulla und stellt fest: „Die hier vorgetragenen Interpretationen ergeben, daß Cicero die Dik-

---

[995] Cic. Rosc. Am. 154.
[996] Historia 24, 1975, 570-591. Vgl. dazu: Ders., Chrysogonus als Tyrann in Ciceros Rede für Roscius aus Ameria, Chiron 5, 1975, 193-211.
[997] WSt 88, 1975, 83-108.
[998] Hildesheim / New York / Zürich 1988.
[999] Erschienen in MAY (Hg.), Brill's Companion to Cicero. Oratory and Rhetoric, Leiden/ Boston/ Köln 2002, 71-111.
[1000] Außerdem: HEINZE, Anfänge, 102; SCHUR, Zeitalter, 214-216; VOLKMANN, Marsch auf Rom, 65; KENNEDY, Rhetorik, 152; SMITH, Cicero, 28.

tatur Sullas bereits zu dessen Lebzeiten mit den gleichen kritischen Augen sah wie danach. Daß die Kritik, der Situation entsprechend, verhaltener war als später und sich der meisterlich gehandhabten Doppelbödigkeit in Form und Inhalt, insbesondere der Ironie, als Waffe und Schutzmantel bediente, ist nur zu verständlich. Der Mut des jungen Cicero wird dadurch nicht geschmälert."[1001] DIEHL ist der Ansicht, daß Cicero mit seiner massiven Kritik an Chrysogonus eigentlich den Diktator Sulla meint. „Die betonte In-Schutz-Nahme [Sullas] läßt" seiner Meinung nach „klar erkennen [...,] daß mit Crysogonus eigentlich Sulla gemeint ist und zwar mit dem Hinweis, [sic!] auf die Beziehung zwischen Freigelassenem und Patron".[1002] Dagegen sieht VASALY in der Betonung der niederen Herkunft des Chrysogonus eine Strategie Ciceros, den Übeltäter gesellschaftlich zu isolieren und damit Sulla von seinem Günstling zu distanzieren. „Cicero isolates Chrysogonus [...] by casting aspersions on his character, social status, and birth, which stand in marked contrast to his wealth and influence."[1003] Zudem nimmt VASALY anders als DIEHL die In-Schutz-Nahme Sullas durch Cicero ernst. Der Grund dafür ist ihrer Ansicht nach aber nicht, daß Cicero dem Diktator zu schmeicheln versucht, sondern daß er verhindern will, daß die zuständigen Richter sich, in der Annahme, dies entspreche Sullas Willen, gegen seinen Klienten Sex. Roscius entscheiden.[1004] Ciceros Verteidigung des Diktators hält DIEHL für nicht überzeugend. Er behauptet sogar, es habe gar nicht in Ciceros Absicht gelegen, überzeugend zu wirken[1005], worin er im Wesentlichen mit BUCHHEIT übereinstimmt. Er hält RIDLEY, der in Ciceros Rede *Pro Quinctio* eine durchaus mutige Sprache und Kritik an Sullas grausamer Politik erkennt,[1006] denselben Mut aber in

---

[1001] BUCHHEIT, Ciceros Kritik, 590f.
[1002] DIEHL, Sulla, 85.
[1003] VASALY, Early Speeches, 78.
[1004] VASALY, Early Speeches, 79
[1005] DIEHL, Sulla, 85.
[1006] RIDLEY, Cicero, 88: „[...] [T]he metaphorical deathsentence which *infamia* entails leads Cicero to one of the most noteworthy statements of the whole speech: [...] [Cic. Quinc. 51]. More important than the political implications of this ‚simple property-trial‘, I think we have to reëvaluate Cicero's courage."

Pro Sexto Roscio Amerino vermißt[1007], vor, nicht genügend zwischen den Zeilen gelesen zu haben. „[RIDLEY] zählt auf, was er bei Cicero findet. Er interessiert sich jedoch nur dafür und nicht auch für das, was Cicero unerwähnt läßt, was ausgeblendet bleibt. So entgeht es ihm, daß Cicero so gut wie nie auf Sullas Laufbahn eingeht, z.B. auf die spektakuläre Gefangennahme Iugurthas bei König Bocchus, oder daß er kein Wort über Sullas Abdankung als Diktator verliert."[1008] Dieser Ansicht DIEHLS kann zweierlei entgegengehalten werden: Zunächst einmal konnte Cicero in seiner Rede *Pro Sexto Roscio Amerino*, deren Betrachtung durch RIDLEY bei DIEHL in erster Linie auf Kritik stößt, nichts von der Abdankung Sullas sagen, da der Diktator zu jener Zeit noch im Amt war. Da zweitens auch RIDLEY an keiner Stelle behauptet, daß Ciceros für Sulla geäußerte Verehrung ehrlich war, widerspricht die Tatsache, daß der Redner Sullas Verdienste im Iugurthinischen -oder auch im Mithradatischen- Krieg nicht erwähnt, überhaupt nicht seiner Argumentation. Warum sollte Cicero, dem es hier doch allein darauf ankommt, Sulla so weit wie möglich aus der Anklage gegen Chrysogonus herauszuhalten, was eine häufige Betonung der Gerechtigkeit und Weisheit Sullas als Herrscher und seiner Unschuld an dem aktuellen Fall nötig macht, weiter auf die früheren Verdienste des Diktators eingehen? Es ist hier nicht Ciceros Absicht, ein Loblied auf Sulla anzustimmen, sondern seinen Klienten zu verteidigen und den Prozeß zu gewinnen.[1009]

[1007] RIDLEY kritisiert den Redner nicht für seine fehlende Offenheit. Er rechtfertigt Ciceros Lobreden auf Sulla und die Entschuldigungen des Diktators mit der allgemeinen politischen Situation („Freedom of speech is lacking", RIDLEY, Cicero, 89) und mit den Intentionen der Rede („The difficulties of defending this case and the way Cicero overcame and won it are one of the greatest testimonies to his legal genius. There is little we can be certain of if we try to turn the speech into key to Cicero's real feelings about the dictator. That is not, why he was in court." RIDLEY, Cicero, 90).
[1008] DIEHL, Sulla, 8f.
[1009] Die Beobachtung DIEHLS widerlegt jedoch die Ansicht BARDEN DOWLINGS, die Ciceros Lob für Sulla in dieser Rede für die echte Überzeugung des Redners hält. „This is not merely Cicero's gloss on events in order to avoid the wrath of the consul, but surprisingly he repeats the same theme in similar ways in less charged and dangerous circumstances" (BARDEN DOWLING, Clemency, 307). Natürlich kann Cicero nicht unterstellt werden, er lehne alle Maßnahmen, für die Sulla verantwortlich war, ab. Die Reformen des Diktators und dessen politische Grundausrichtung trafen bei dem Redner auf grundsätzliche Zustimmung (vgl. BARDEN DOWLING, Clemency, 306-313). Dies bedeutet jedoch nicht, daß er an der Grausamkeit Sullas in Bezug auf die Proskriptionen zweifelte. Die vielen kritischen Äußerungen über

Der Anwalt Cicero kann allein aus Rücksicht auf seinen Klienten, der einen nicht unbedeutenden Rechtsstreit ausfocht, in diesem Fall nicht das geringste Interesse daran gehabt haben, in den Verdacht zu geraten, ein Feind Sullas zu sein.[1010] Soweit es zum Zweck seiner Rede und zum eige-

---

Sullas Verhalten nach seinem Sieg bezeugen dies deutlich, und auch in der eher sullafreundlichen Rede für Sextus Roscius Amerinus versäumt es Cicero nicht, die Schrecken der Proskriptionen anzuprangern, auch wenn er dafür -der Intention der Rede gemäß- nicht den Diktator selbst verantwortlich machen will. Zudem scheint mir BARDEN DOWLINGS Feststellung einer Entwicklung im Sullabild Ciceros, das erst in der Zeit des Konflikts zwischen Caesar, Pompeius und dem Senat besonders negative Züge annahm, nicht ganz zutreffend. Immerhin bezeichnet Cicero schon in der ersten Hälfte der 60er Jahre die Herrschaft Sullas als Zeit des Unglücks (Caecin. 95). Auch die Erwähnung von Sullas für den Staat verderblichem Handeln in Cat. III 24 spricht m.E. für sich. BARDEN DOWLING weist zwar darauf hin, daß Cicero hier in gewisser Weise das Verhalten Sullas entschuldigt, indem er die vorangegangene Grausamkeit des Marius erwähnt, doch ändert das nichts daran, daß Cicero an dieser Stelle Sullas Aktionen kritisiert. Zwar ist Ciceros Sullabild nicht statisch, sondern gewinnt im Laufe der Zeit immer mehr tyrannische Züge hinzu, doch kann nicht die Rede davon sein, daß „Cicero's view of Sullas actions changes" (BARDEN DOWLING, Clemency, 308). Vielmehr sind die negativen und positiven Eigenschaften Sullas in den Äußerungen Ciceros von Anfang bis Ende vertreten, wenn auch -je nach politischer Lage und Intention des Autors- in unterschiedlicher Gewichtung.

[1010] In diesem Sinne muß BUCHHEIT kritisiert werden, der die Rede für Roscius allein daraufhin analysiert, wieviel politischen Mut Cicero hier gezeigt haben mag. Es geht hier jedoch nicht darum, Ciceros Mut oder aber -wenn man vom Gegenteil überzeugt ist- seinen Opportunismus herauszustellen, sondern ihn als Anwalt ernst zu nehmen. Er hätte seinen Klienten einen schlechten Dienst erwiesen, wenn er den Prozeß des Quinctius bewußt als Forum für politische Kritik an dem Diktator genutzt hätte. BERRY, Publication, 80-87, der ebenfalls deutliche Kritik an Sulla in der Rede ausmachen will, vermutet aufgrund der richtigen Prämisse, daß Cicero sein Prozeßziel nicht gefährden wollte (S. 82), der Redner habe die Verteidigung des Sex. Roscius erst nach Beendigung der Diktatur Sullas veröffentlicht, und die Sullakritik erst in der späteren Version der Rede eingebaut (z.B. S. 83). Zu diesem Zeitpunkt habe Cicero gewollt, daß die Rede als gegen Sulla gerichtet verstanden wurde (S. 86). Wenn BERRYS These zuträfe, würde sich jedoch die Frage stellen, wieso Cicero in der vermuteten Überarbeitung seiner Rede nicht deutlicher Kritik an Sullas Regime geäußert hat, wie es etwa in Qunict. 51 der Fall war. Hierzu auch: SIHLER, Cicero, 50f. Daß der aufmerksame Leser in Ciceros Rede *Pro Roscio Amerino* eine Mißbilligung des Diktators Sulla ausmachen kann, ist m.E. nicht auf eine spätere Überarbeitung durch Cicero zurückzuführen, sondern auf die Tatsache, daß der Redner sich zwar auf der einen Seite ganz seinem Klienten und dem Prozeßziel verpflichtet fühlt, auf der anderen Seite jedoch seine Abscheu gegen das von Sulla initiierte Blutvergießen der letzten Jahre nicht ganz verhehlen kann oder will. In diesem Sinne ist auch GRIMAL zu verstehen, der die Integrität des noch jungen Redners im Zusammenhang mit der Diktatur Sullas betont: „Lui-même n'a encore que vingt six ans, lorsqu'il ose déclarer que, sans doute, Sulla a restauré les lois et les magistratures, que chacun, désormais, dans la cité, a recouvré ‚sa propre fonction et la responsabilité qui lui appartient' [...], mais que si les nobles veulent conserver ce qu'on leur a ainsi rendu, ils doivent se montrer: ‚vigilantes et boni et fortes miseriocordes'. Sans quoi il leur faudra s'effacer devant d'autres hommes, ceux qui pratiqueront

nen Schutz nötig war, Sullas Beteiligung an den Schrecken der letzten zwei Jahre zu leugnen und seinen möglichen Argwohn durch Lob seiner Herrschaft im Zaum zu halten, läßt er sich ernstlich darauf ein.

Ciceros Äußerungen zu Sulla und den Proskriptionen, die er nach Beendigung der Diktatur Sullas getan hat, sind weitaus eindeutiger. Zwar gesteht er ihm in einem Brief an Atticus zu, zumindest formal im Recht gewesen zu sein, doch bescheinigt er ihm im selben Satz, daß sein Sieg grausam und unheilbringend war. Die Möglichkeit, im Recht gewesen zu sein, räumt er außerdem nicht nur Sulla, sondern auch Marius und Cinna ein:

„At Sulla, at Marius, at Cinna recte, immo iure fortasse; sed quid eorum victoria crudelius, quid funestius?"[1011]

Insgesamt bleibt Ciceros Urteil über die Proskriptionen extrem negativ. In der dritten Catilinarischen Rede spricht er vom Unglück, das durch Streit und Zerwürfnis innerhalb der Oberschicht über den Staat kommt. Als Beispiel nennt er unter anderem Sullas zweiten Sieg im Bürgerkrieg gegen die marianische Partei. Dieser Sieg und die grausame Rache Sullas hätten einen großen Verlust an Bürgern nach sich gezogen und Verderben über das Gemeinwesen gebracht.[1012] In seiner Rede *Pro Caecina* bezeichnet er die Herrschaft Sullas als Zeit des Unglücks.[1013] Zudem stellt er sich selbst in der Rede *De domo sua* mit den Opfern der sullanischen Proskriptionen auf eine Stufe. Ebenso wie diesen sei es durch seine Verbannung und die Weihung seines Hauses nun ihm ergangen, da man über ihn ohne gerichtliches Verfahren ein pauschales Urteil gesprochen habe:

---

ces vertus – de vigilance, de solidité, de vaillance et d'humanité" (GRIMAL, Rôle de Ciceron, 16f.).
[1011] Cic. Att. IX 10, 3. Wenigstens aus dieser Stelle wird deutlich, daß Cicero den Diktator sehr wohl als grausam charakterisiert. Diese Passage aus dem Brief an Atticus muß deshalb HINARD entgegengehalten werden, der behauptet, Cicero würde den Begriff *crudelitas* nicht im Zusammenhang mit Aktionen Sullas gebrauchen: „Toute une série de faits confirment d'ailleurs que Cicéron ne retient pas le caractère cruel de Sylla: le fait que *saevitia* et *saevus* employés comme substituts expressifs de *crudelitas* et de *crudelis* ne se trouvent jamais pour caractériser l'action du dictateur." (HINARD, Mythe de Sylla, 88). Es ist zwar richtig, daß Cicero hinsichtlich Sullas insgesamt lieber von *avaritia* als von *crudelitas* spricht, doch können wir nicht einfach mit HINARD stereotyp Sulla die *avaritia* und Cinna die *crudelitas* zuordnen (vgl. HINARD, Mythe de Sylla, 88f.).
[1012] Cic. Cat. III 24.
[1013] Cic. Caecin. 95.

„Id est enim privilegium. Nemo umquam tulit; nihil est crudelius, nihil perniciosius, nihil quod minus haec civitas ferre possit. Proscriptionis miserrimum nomen illud et omnis acerbitas Sullani temporis quid habet quod maxime sit insigne ad memoriam crudelitatis? Opinor, poenam in cives Romanos nominatim sine iudicio constitutam."[1014]

Cicero beklagt sich hier nicht nur über sein eigenes Schicksal, er stellt auch die formale Rechtmäßigkeit von Ausnahmegesetzen, wie es auch die Proskriptionen waren, generell in Frage. Allein das Wort ‚Proskription' weckt laut Cicero furchtbare Assoziationen. Ohne weiteres behauptet er, die sullanische Zeit sei durch Erbarmungslosigkeit (*acerbitas*) gekennzeichnet gewesen. In diesen Aussagen findet sich keine Spur mehr von der Ansicht, Sullas Feinde seien zurecht gestraft worden, oder der Diktator sei für die Verbrechen, welche mit seiner ausdrücklichen Billigung unter seiner Herrschaft verübt wurden, nicht verantwortlich. Die Annahme, daß Cicero in seiner Rede *Pro Sexto Roscio Amerino* den Diktator nur zum Erreichen des Prozeßziels, was eine Anpassung an die politischen Verhältnisse notwendig machte, mit Kritik verschont hat, wird durch die späteren Äußerungen Ciceros bestätigt.

In den Schriften Ciceros finden sich außerdem einige deskriptive Aussagen zu den sullanischen Proskriptionen. In der zweiten Rede gegen Verres erwähnt Cicero, daß Sulla seinen Feinden nicht nur das Leben, sondern auch das Bürgerrecht und das Vermögen nahm. Niemand habe sich dem Willen des Diktators widersetzen können. Cicero berichtet zudem, daß Sulla das konfiszierte Vermögen seiner Feinde als Beute deklarierte und verkaufte:

„Unus adhuc fuit post Romam conditam - di immortales faxint ne sit alter! - cui res publica totam se traderet temporibus et malis coacta domesticis L. Sulla. Hic tantum potuit ut nemo illo invito nec bona nec patriam nec vitam retinere posset, tantum animi habuit ad audaciam ut dicere in contione non dubitaret bona civium Romanorum cum venderet, se praedam suam vendere."[1015]

Zudem erfahren wir von Cicero einige Namen von Opfern der sullanischen Proskriptionen: Sex. Alfenus[1016], mehrere Angehörige der Familien der

---

[1014] Cic. dom. 43.
[1015] Cic. Verr. II 3, 81. Die Einziehung des Vermögens der Proskribierten erwähnt außerdem Cic. Att. VII 7, 7.
[1016] Cic. Quinct. 69; 76.

Curtii, Memmii und Marii[1017], Antistius[1018], A. Aurius, L. Aurius, Sex. Vibius[1019], Cn. Decidius[1020] und A. Trebonius[1021].

b) Sallust

Der Historiker Sallust beschreibt die Zeit nach Sullas Sieg als eine der letzten und entscheidenden Stufen des Niedergangs der römischen Gesellschaft. Das Verhalten des Siegers sei der entscheidende Schritt dahin gewesen, daß die Habgier zur treibenden Motivation im Handeln der römischen Magistrate und Bürger wurde:

> „Sed primo magis ambitio quam avaritia animos hominum exercebat, quod tamen vitium propius virtutem erat. [...] Sed postquam L. Sulla armis recepta re publica bonis initiis malos eventus habuit, rapere omnes, trahere, domum alius, alius agros cupere, neque modum neque modestiam victores habere, foeda crudeliaque in civis facinora facere."[1022]

Sallust spricht hier nicht wörtlich von den Proskriptionen, auch beschreibt er Sullas Vorgehensweise in dieser Angelegenheit nicht. Sein Hinweis darauf, daß jeder jeden beraubte und es auf den Besitz seiner Mitbürger abgesehen habe, zeigt jedoch unmißverständlich, daß hier von den Proskriptionen die Rede ist. Dabei steht -wie schon zuvor bei Cicero- nicht so sehr das Handeln des Diktators selbst in der Kritik, sondern die Tatsache, daß durch seine Maßnahmen dem Mißbrauch und den schamlosen Plünderungen Tür und Tor geöffnet wurden. Der zweite Brief des Historikers an Caesar, des-

---

[1017] Cic. Rosc. Am. 90.
[1018] Ebd. Cicero erwähnt nur den Familiennamen Antistius. Eine Identifizierung mit dem Redner P. Antistius ist nicht möglich, da dieser bereits 82 dem Mordanschlag des Marius bzw. Damasippus zum Opfer gefallen war. HINARD, Proscriptions, 330f., ist der Ansicht, daß es sich hier um einen gewissen L. Antistius handelt, der 95/94 v.Chr., als Ankläger gegen einen gewissen T. Matrinius auftrat. „[L']identification avec notre proscrit est [...] vraisemblable: une accusation comme celle de Matrinius devait être, en cas de succès, assez avantageuse pour déterminer un homme dépourvu de scrupules à l'entreprendre" (HINARD, Proscriptions, 331).
[1019] Cic. Cluent. 25f. Für die Proskribierung dieser drei macht Cicero einen gewissen Oppianicus, den Stiefvater seines Klienten Cluentius Habitus, verantwortlich. Diese Morde sind nach Ciceros Ansicht nicht aus politischen Gründen begangen worden.
[1020] Cic. Cluent. 161.
[1021] Cic. Verr. II 1, 123.
[1022] Sall. Cat. 11, 1.4.

sen Echtheit allerdings umstritten ist,[1023] beinhaltet die Ansicht Sallusts, daß Sulla nicht der größte Übeltäter der späten Republik war:

> „L. Sulla cui omnia in victoria lege belli licuerunt tametsi supplicio hostium partis suas muniri intellegebat tamen paucis interfectis ceteros beneficio quam metu retinere maluit. At hercule M. Catoni L. Domitio ceterisque eiusdem factionis quadraginta senatores multi praeterea cum spe bona adulescentes sicutei hostiae mactati sunt quom interea inportunissima genera hominum tot miserorum civium sanguine satiari nequierunt non orbi liberi non parentes exacta aetate non luctus gemitus virorum mulierum immanem eorum animum inflexit quein acerbius in dies male faciundo ac dicundo dignitate alios, alios civitate eversum irent."[1024]

Hier wird behauptet, daß Sullas Aktionen im Vergleich mit den späteren Schandtaten der Gegner Caesars von Güte und Milde gekennzeichnet waren. Sulla habe im Vergleich zu diesen nur wenige seiner Gegner umbringen lassen wollen. Das große und schreckliche Ausmaß, welches die Morde tatsächlich angenommen haben, scheint demnach nicht Sullas grundsätzlicher Intention entsprochen zu haben. Sallust macht sogar die zu diesem Zeitpunkt noch sehr jungen M. Porcius Cato und L. Domitius Ahenobarbus für die eigentlichen Schrecken der Proskriptionen verantwortlich und weist darauf hin, daß diese mit dem Morden in den 80er Jahren noch nicht zufrieden gewesen seien und weitere Opfer gesucht hätten. Als Historiker kann Sallust selbstverständlich nicht der Ansicht sein, ein vierzehnjähriger Cato und ein etwa gleichaltriger Domitius könnten tatsächlich einen derartigen Einfluß auf die Maßnahmen des Diktators Sulla ausgeübt haben. Es geht ihm aber hier darum, die Gegner Caesars möglichst negativ darzustellen, weshalb er diesen beiden nicht nur ihre Unbarmherzigkeit in den letzten Jahren vorwirft, sondern auch Verbrechen, deren Verursacher sie selbst mit Sicherheit nicht gewesen sind. Cato und Domitius haben sich

---

[1023] Zur Diskussion um die Echtheit der Sallustbriefe an Caesar vgl.: SYME, Sallust, S. 302-339; VRETSKA, Invektive I, 12-26; EISENHUT/LINDAUER, Sallust, 462-467. Da gute Argumente sowohl für als auch gegen die Echtheit dieser Briefe sprechen, ist es legitim, die hermeneutische Prämisse zugrunde zu legen, jede Schrift so lange ihrem genannten Verfasser zuzuschreiben, also als echt anzusehen, bis das Gegenteil erwiesen werden kann. Aus diesem Grund werden die Briefe Sallusts in dieser Monographie unter die Schriften Sallusts gefaßt, jedoch immer unter Berücksichtigung des Zweifels an ihrer Echtheit, d.h. es wird keine Bewertung eines Falles bei Sallust allein von Aussagen einer möglicherweise unechten Schrift abhängig gemacht, die seinen an anderer Stelle geäußerten Ansichten entgegensteht.
[1024] Sall. ep. ad Caes. II 4, 1f.

nach Sallusts Ansicht durch ihre Geistesverwandtschaft mit den Übeltätern des Jahres 82 schuldig gemacht. Deshalb spricht Sallust auch nicht einfach von diesen beiden als den Verursachern des Massenmords, sondern von ihrer gesamten Partei (*factio*) und von einer ganzen Menschensorte (*genus hominum*).

Insgesamt ist Sallusts Urteil über die Proskriptionen Sullas sehr negativ. Deutlich wird dies nicht nur in der oben zitierten Einschätzung des Historikers, die Proskriptionen hätten den Niedergang der Werte in Rom stark begünstigt, sondern auch in zwei von Sallust wiedergegebenen Reden. In seiner *Coniuratio Catilinae* zitiert Sallust die Rede Iulius Caesars, in welcher der Senator vor der leichtfertigen Tötung römischer Bürger unter dem Banner der Legitimität warnt. Um die möglichen negativen Auswirkungen eines solchen Handelns zu verdeutlichen, verweist Caesar auf die erschreckende Dimension der sullanischen Proskriptionen:

> „Nostra memoria victor Sulla quom Damasippum et alios eius modi, qui malo rei publicae creverant, iugulari iussit, quis non factum eius laudabat? Sed ea res magnae initium cladis fuit. Nam uti quisque domum aut villam, postremo vas aut vestimentum aliquoius concupiverat, dabat operam, uti is in proscriptorum numero esset. Ita illi, quibus Damasippi mors laetitiae fuerat, paulo post ipsi trahebantur, neque prius finis iugulandi fuit, quam Sulla omnis suos divitiis explevit."[1025]

Hier erfährt der Leser nicht nur einiges über Sallusts und Caesars Urteil über die Proskriptionen, sondern ebenfalls vieles über das Ausmaß der Proskriptionen selbst. Damasippus, der zuvor die Gegner des bereits besiegten Marius hatte umbringen lassen, gehörte erwartungsgemäß ebenfalls zu den Opfern der Proskriptionen.[1026] Offenbar hatte der Mord an diesem Mann kaum ein negatives Echo gefunden, denn Caesar weist ausdrücklich darauf hin, daß die Proskribierung des Damasippus und seiner Gesinnungsgenossen auf große Zustimmung stieß. Erst später seien die Proskriptionen außer Kontrolle geraten und jeder, der ein größeres Anwesen oder anderen begehrenswerten Besitz hatte, sei von habgierigen Neidern auf die Proskriptionslisten gebracht worden. Diese von Caesar geäußerte Ansicht

---

[1025] Sall. Cat. 51, 32f.
[1026] Sall. Hist. rel. III 83 nennt mit L. Fabius Hispaniensis noch ein weiteres Opfer der Proskriptionen namentlich.

kann ohne Weiteres auch als Urteil Sallusts angesehen werden, da sie sogar im Detail der Deutung, die Sallust in Cat. 11, 4 vornimmt, entspricht: Sulla schien nach seinem Sieg einen guten Anfang zu nehmen; durch die Proskriptionen wurde jedoch Habgier geweckt und bald fiel ihr jeder zum Opfer, der etwas besaß. Die politische Dimension der Proskriptionen wurde nunmehr zu einem Vorwand.

Daß die Herrschaft Sullas durch die Unbarmherzigkeit der Proskriptionen in den Augen vieler als Schreckensherrschaft empfunden wurde, bestätigt auch die von Sallust wiedergegebene Rede des Konsuls M. Aemilius Lepidus aus dem Jahr 78 v.Chr.[1027] Lepidus bezeichnet hier die Herrschaft Sullas als Tyrannei[1028] und charakterisiert ihn als grausam und blutrünstig. Die Kritik an Sullas Herrschaft macht sich dabei an zwei Punkten fest: Erstens lehnt Lepidus die Entmachtung des römischen Volkes[1029] und die Behinderung der Rechte der Bundesgenossen ab[1030], zweitens kritisiert er die Sicherung dieser Macht durch den Massenmord an römischen Bürgern:

„Leges iudicia aerarium provinciae reges penes unum denique necis civium et vitae licentia. Simul humanas hostias vidistis et sepulcra infecta sanguine civili."[1031]

Zudem prangert Lepidus an, daß das Leben unter der Herrschaft Sullas wegen der Proskriptionen von Furcht geprägt sei. Aus diesem Grund würde kaum jemand wagen, sich gegen die Maßnahmen des Diktators auszusprechen. Zugleich weist Lepidus darauf hin, daß viele allein wegen ihres Reichtums proskribiert wurden, und daß Rom durch das Ausmaß des Massenmords -und der Verbannungen- geradezu entvölkert worden sei:

„Scilicet quia non aliter salvi satis que tuti in imperio eritis nisi Vettius Picens et scriba Cornelius aliena bene parata prodegerint nisi adprobaritis omnes proscriptionem innoxiorum ob divitias cruciatus virorum inlustrium vastam urbem fuga et caedibus bona civium miserorum quasi Cimbricam praedam venum aut dono datam."[1032]

[1027] Sall. Hist. exc. I 1-27.
[1028] Sall. Hist. exc. I 1. 7.
[1029] Sall. Hist. exc. I 11.
[1030] Sall. Hist. exc. I 12.
[1031] Sall. Hist. exc. I 13f.
[1032] Sall. Hist. exc. I 17.

Als besonders einflußreiche Anhänger Sullas werden hier Vettius und ein gewisser Schreiber Cornelius genannt. Anscheinend wurden diese beiden besonders deshalb gefürchtet, weil sie diejenigen, die ihren von Habgier getriebenen Gebrauch der Proskriptionen entlarvten, ihrerseits auf die Liste der Verfolgten setzten. Lepidus spricht sich selbst nicht von der Furcht vor Sulla und seinen Parteigängern frei. Er hatte sich offenbar ebenfalls am Erwerb des Besitzes Geächteter beteiligt und sich dabei zu günstigen Preisen Besitztümer angeeignet. Lepidus entschuldigt sich nun mit der Behauptung, daß sich jeder, der sich nicht an den Bereicherungen durch die Proskriptionen beteiligte, selbst verdächtig gemacht hätte:

> „At obiectat mihi possessiones ex bonis proscriptorum quod quidem scelerum illius vel maxumum est non me neque quemquam omnium satis tutum fuisse si recte faceremus atque illa quae tum formidine mercatus sum pretio soluto iure dominus tamen restituo neque pati consilium est ullam ex civibus praedam esse."[1033]

Allerdings ist diese Form der Selbstrechtfertigung, gerade für einen Mann, der seine Mitbürger dazu aufruft, Widerstand zu leisten und notfalls im Kampf für die Gerechtigkeit ihre Leben zu verlieren,[1034] nicht besonders einsichtig. Auch Sallust selbst scheint der zitierten Lepidus nicht in allen Punkten zuzustimmen. Dies wird vor allem dadurch deutlich, daß er auch eine Rede des L. Marcius Philippus wiedergibt, in der Lepidus scharf kritisiert und für unglaubwürdig erklärt wird.[1035] Der grundsätzlichen Verurteilung der Proskriptionen hat allerdings auch Philippus nichts entgegenzusetzen. Seine Angriffe gegen Lepidus berühren die Frage der Proskriptionen kaum,[1036] sondern stützen sich auf die politische Unredlichkeit des Konsuls[1037] und dessen fragwürdige Vergangenheit.[1038] Demnach kann auch für diesen Fall behauptet werden, daß Sallust in der Frage der Beurteilung der Proskriptionen die Auffassung des Lepidus teilt.

[1033] Sall. Hist. exc. I 18.
[1034] So in Sall. Hist. exc. I 15.
[1035] Sall. Hist. exc. II 1-22.
[1036] Nur in Sall. Hist. exc. II 6 wirft Philippus dem Lepidus die Rückrufung der Proskribierten, die sich in die Verbannung hatten flüchten können, vor. Er berührt aber mit keinem Wort die Frage der Rechtmäßigkeit des Massenmordes an so vielen Bürgern.
[1037] Z.B. Sall. Hist. exc. II 3. 15.
[1038] Sall. Hist. exc. II 7.

c) Diodor

Die erhaltenen Fragmente Diodors berichten nicht viel über die Proskriptionen. Einen bemerkenswerten Hinweis liefert Diodor allerdings mit seiner Behauptung, die meisten Leute in Rom hätten mit denjenigen, deren Namen auf den Listen erschienen, Mitleid gehabt:

„Ὅτι προτεθείσης προγραφῆς εἰς τὴν ἀγορὰν ἀνέδραμε πλῆθος ἀνθρώπων πρὸς τὴν ἀνάγνωσιν. οἱ πλεῖστοι δὲ συνέπασχον τοῖς ὀφείλουσιν ἀναδέχεσθαι τὸν θάνατον."[1039]

Nach Diodor war also nur ein kleiner Teil der Bevölkerung Roms an der Jagd auf die Proskribierten beteiligt. Nicht ohne Schadenfreude berichtet er von dem Schicksal eines solchen ‚Ausnahmefalls‘, eines Mannes, der sich - im Gegensatz zu den meisten anderen- offen über die Proskribierten lustig machte. Dieser habe dann eines Tages selbst seinen Namen auf einer Proskriptionsliste entdeckt und habe versucht, unbemerkt vom Forum zu entkommen. Die Flucht sei ihm aber nicht gelungen; man habe ihn erkannt, verhaftet und hingerichtet. Diodor sieht in diesem Ausgang eine verdiente göttliche Strafe für den mitleidlosen Bürger. Er weist zudem darauf hin, daß sich alle über dessen Tod freuten:

„εἷς δὲ τῶν συνεληλυθότων, κακίᾳ καὶ ὑπερηφανίᾳ διαφέρων, ἐγγελῶν τοῖς κινδυνεύουσι πολλὰ κατ' αὐτῶν ὑβριστικῶς ἐβλασφήμησεν. ἔνθα δὴ δαιμονίου τινὸς νέμεσις τῷ διασύροντι τὴν τῶν ἀκληρούντων τύχην ἐπέθηκε τὴν πρέπουσαν τῇ κακίᾳ τιμωρίαν. ἐν γὰρ τοῖς ἐπὶ πᾶσιν ὀνόμασιν εὑρὼν ἑαυτὸν προσγεγραμμένον, εὐθέως ἐγκαλυψάμενος τὴν κεφαλὴν προῆγε διὰ τοῦ πλήθους, ἐλπίζων λήσεσθαι τοὺς περιεστῶτας καὶ διὰ τοῦ δρασμοῦ πορίσεσθαι τὴν σωτηρίαν. [...] πάντων ἐπιχαιρόντων τῷ θανάτῳ αὐτοῦ."[1040]

Das Auffällige bei dieser Schilderung ist, daß nicht nur Sulla ganz aus der Erzählung herausgehalten wird,[1041] sondern daß Diodor den großen Zu-

---
[1039] Diod. XXXVIII/XXXIX 19.
[1040] Ebd.
[1041] Diese Nichterwähnung Sullas harmoniert mit dem sehr positiven Sullabild, das von Diodor vertreten wird. Zurecht urteilt CHRIST über die Darstellung Sullas in Diodors Geschichtwerk: „In den erhaltenen Fragmenten zur sullanischen Epoche ist das Bild des Diktators ungewöhnlich positiv gestaltet. Als Exempel für die Dichotomie zwischen einem erfolgreichen Feldherrn und einem grausamen Machthaber wird hier nicht Sulla, sondern konsequent Marius gewählt [...]; Sulla dient dagegen den Göttern als Werkzeug zur Bestrafung der Gegner" (CHRIST, Sulla, 158; vgl. auch BARDEN DOWLING, Clemency, 319-323, die auf S. 322 auf die Möglichkeit zu sprechen kommt, daß Diodor in kaum oder gar nicht erhaltenen Teilen seines Werks auch Kritik an Sulla geübt haben mag). Daß Diodor überhaupt auf die Proskriptionen zu sprechen kommt, scheint nicht -wie bei anderen Autoren- der Schilderung von Sullas

sammenhalt der römischen Bürgerschaft unter den Proskriptionen herausstellt. Fast alle, die sich auf dem Forum blicken ließen, sympathisierten seinem Bericht zufolge mit den Opfern der Proskriptionen; daß jemand Schadenfreude zeigte, sei von anderen mit großem Mißfallen aufgenommen worden. Zudem scheinen nach Diodor die Verhaftungen und Exekutionen der Opfer in allerbester Ordnung vonstatten gegangen zu sein. Der einzige Fall, den der Bericht Diodors überliefert, legt dies zumindest nahe. Hier wird der Proskribierte zuerst von jemandem aus der Menge erkannt, doch erst nachdem deutlich ist, daß dieser sich nicht geirrt hat, wird der Proskribierte verhaftet und der Todesstrafe zugeführt:

„γνωσθεὶς δὲ ὑπό τινος τῶν πλησίον ἑστώτων καὶ φανερᾶς τῆς περὶ αὐτὸν περιστάσεως γενομένης, συνελήφθη καὶ ἔτυχε τῆς τιμωρίας, πάντων ἐπιχαιρόντων τῷ θανάτῳ αὐτοῦ."[1042]

Von einer fast außer Kontrolle geratenen Gewalt vieler gegen die Proskribierten und darüber hinaus gegen persönliche Feinde ist im Bericht Diodors nicht das Geringste zu spüren. Mit seinem Hinweis, daß die meisten Mitleid mit den Opfern empfanden, deutet er zwar an, daß die Proskriptionen an sich eine unerfreuliche Sache waren, doch scheinen diese Maßnahmen nach Diodor in einem ordentlichen und damit erträglichen Rahmen stattgefunden zu haben.

d) Livius

Die Liviusfragmente gehen auf den genauen Ablauf der sullanischen Proskriptionen ein. Hierin wird berichtet, daß Sulla sich nach seiner Rückkehr aus dem Osten im Bürgerkrieg gegen seine Feinde, die Anhänger des Marius und Cinna, durchsetzen konnte. Nach seinem entscheidenden Sieg am Collinischen Tor habe er die Macht in Rom übernommen und sich als außerordentlich grausamer Sieger erwiesen. Livius teilt hier die Einschätzung Sallusts, daß der Sieg Sullas als solcher keineswegs beklagenswert gewesen sei; anders als das Verhalten des Siegers nach dem Krieg:

Grausamkeit zu dienen. Ihm geht es hier mehr um die Darstellung des gerechten Endes des schadenfohen Mannes, den das Leid seiner Mitbürger amüsiert.
[1042] Diod. XXXVIII/XXXIX 19.

„iuxta urbem Romanam ante portam Collinam debellavit, reciperataque re publica pulcherrimam victoriam crudelitate, quanta in nullo hominum fuit, inquinavit. VIII dediticiorum in villa publica trucidavit, tabulam proscriptionis posuit, urbem ac totam Italiam caedibus replevit, inter quas omnes Praenestinos inermes concidi iussit, Marium, senatori ordinis virum, cruribus bracchiisque fractis, auribus praesectis et oculis effossis necavit."[1043]

Von der Seite des Livius wird Sulla also nicht die Tatsache, daß er gegen seine Mitbürger einen Krieg geführt und gewonnen hatte, vorgeworfen, sondern allein der Massenmord an seinen Gegnern. Die Proskriptionen werden sogar als größte Grausamkeit, die es jemals gegeben hat, bezeichnet. Livius erwähnt zudem, daß Sulla, noch bevor er Proskriptionslisten aushängen ließ, 8000 römische Bürger, die gegen ihn gekämpft, sich aber dann ergeben hatten, ermorden ließ. Nachdem Sulla diese 8000 Mann niedermetzeln ließ, habe er Listen von Geächteten zusammengestellt und so den Startschuß für ein großes Morden gegeben. Sulla habe außerdem allen Kindern von Proskribierten verboten, sich um öffentliche Ämter zu bewerben und überdies deren Besitz konfisziert.[1044] Iulius Obsequens berichtet in Anlehnung an Livius, daß es in erster Linie führende Männer waren, die den Proskriptionen zum Opfer fielen.[1045]

In der *Periochae* wird mit einem gewissen Senator Marius ein Opfer der Grausamkeit Sullas namentlich genannt.[1046] Die Grausamkeit, mit der Sulla gegen diesen Marius vorging, zeigt, daß es dem Sieger nicht allein darum ging, seine Feinde loszuwerden und so in Ruhe die Geschäfte des Römischen Reichs führen zu können, sondern auch darum, sich an seinen Feinden zu rächen: Marius wurde zuerst verstümmelt und dann getötet.

Als weitere Opfer nennt Livius Cn. Papirius Carbo, Livius Cn. Domitius Ahenobarbus[1047] und M. Iunius Brutus[1048], die von Pompeius getötet wurden, sowie den ehemaligen Konsul C. Norbanus[1049], Q. Sertorius[1050] und

---

[1043] Liv. per. LXXXVIII 1f.
[1044] Liv. per. LXXXIX 4f.
[1045] Obseq. 57.
[1046] Dabei handelt es sich um den auch bei anderen Autoren erwähnten M. Marius Gratidianus, der ein Neffe des älteren C. Marius war.
[1047] Liv. per. LXXXIX 7.
[1048] Liv. per. XC 4.
[1049] Liv. per. LXXXIX 8.
[1050] Liv. per. XC 5.

einen gewissen Mutilus. Die Umstände des Todes des Mutilus zeigen, wie die Proskriptionen sogar den Zusammenhalt innerhalb der Familien bedrohten. Mutilus sei mit verhülltem Haupt zum Haus seiner Ehefrau Bastia geschlichen, die ihn nicht hereinlassen wollte, weil er zu den Proskribierten gehörte. Offenbar gab Mutilus daraufhin alle Hoffnung auf und nahm sich das Leben, indem er sich selbst -wahrscheinlich mit einem Schwertdurchbohrte:

> „Mutilus, unus ex proscriptis, clam capite adoperto ad posticias aedes Bastiae uxoris cum accessisset, admissus non est, quia illum proscriptum diceret. Itaque ipse se transfodit et sanguine suo fores uxoris respersit."[1051]

Das Blut des Mutilus habe die Türschwelle des Hauses seiner Frau besprengt. Dieser Hinweis bedeutet nicht einfach nur eine dramatische Ausschmückung einer bewegenden Geschichte, sondern klagt die Frau indirekt der Mitschuld am Tod ihres Mannes an. Das Blut an der Tür verunreinigt die sakrale Sphäre des Hauses; zudem bedeutet es ein nach außen sichtbares Zeichen: Bastia hat sich am Blut ihres Mannes schuldig gemacht, deshalb hat sein Blut ihr Haus besudelt. Die sullanischen Proskriptionen zerrissen demnach nicht einfach Familienbande, sie machten auch zum Teil diejenigen, die sich nicht aktiv an der Verfolgung ihrer Mitbürger beteiligten, zu Mittätern.

Auch nahm Sulla sich heraus, jeden, der ihm aus irgendeinem Grund ein Dorn im Auge war, ermorden zu lassen. Livius berichtet, daß sich ein gewisser Q. Lucretius Ofella gegen Sullas Willen für das Konsulat bewarb und allein aus diesem Grund auf dem Forum erschlagen wurde:

> „Q. Lucretium Ofellam adversus voluntatem suam consulatum petere ausum iussit occidi in foro, et cum hoc indigne ferret populus R., contione advocata se iussisse dixit."[1052]

Dieser Ofella gehörte offensichtlich nicht selbst zu den Proskribierten;[1053] sonst hätte er aus Rom fliehen müssen und wäre sicher nicht auf die Idee gekommen, sich auf die genannte Weise in die Öffentlichkeit zu begeben.

[1051] Liv. per. LXXXIX 9.
[1052] Liv. per. LXXXIX 6.
[1053] Nach Vell. Pat. II 17, 6 war Ofella ein Marianer, der im Bürgerkrieg zu Sulla übergegangen war.

In diesem Fall ist die Tatsache besonders beachtenswert, daß Sulla den Mord an Ofella überhaupt nicht zu rechtfertigen versuchte. Er habe einfach darauf hingewiesen, daß er selbst den Mord angeordnet habe, und erwarte, daß dies allein als legitimer Grund für die Tat anerkannt werde. Damit zeigte Sulla deutlich, daß er in Rom die Macht beanspruchte, Herr über Leben und Tod zu sein, und daß er sich das Recht nahm, jeden, der ihm zuwider handelte, umzubringen.

Die Proskriptionen sollten Livius zufolge offenbar in erster Linie Sullas Herrschaft sichern und Rom von den Widersachern des Diktators befreien. Darüber hinaus berichtet der Historiker aber auch, daß Sulla sich selbst durch die Beschlagnahme und den Verkauf des Besitzes Geächteter bereicherte. Dadurch habe Sulla 350 Millionen Sesterze an sich gebracht.

Die Proskriptionen scheinen im Bericht des Livius insgesamt allein von Sulla auszugehen. Von einem Mißbrauch durch Anhänger der sullanischen Partei ist in den Fragmenten des Livius zumindest nichts erhalten.

e) Valerius Maximus

Für Valerius Maximus sind die sullanischen Proskriptionen der Inbegriff der Grausamkeit. Aus diesem Grund nennt er in seiner Exempelsammlung *De crudelitate* Sulla und dessen Maßnahmen des Jahres 82 v.Chr. als erstes Beispiel. Nicht nur die Proskriptionen selbst, sondern auch Sullas Unbarmherzigkeit gegen seine Feinde im Bürgerkrieg stehen dabei in der Kritik des Valerius Maximus. Er berichtet, daß Sulla nach seinem Sieg vier Legionen, die gegen ihn gekämpft und um Gnade gebeten hatten, aus der Stadt locken und auf dem Marsfeld allesamt umbringen ließ.[1054] Darüber hinaus schildert Valerius Maximus die Proskriptionen. Er berichtet, daß insgesamt 4700 Menschen, Männer wie Frauen, den Ächtungen, die der Autor bei dieser Gelegenheit gleich als unheilvoll (*dira*) bezeichnet, zum Opfer fielen:

[1054] Val. Max. IX 2, 1. Vgl. Liv. per. LXXXVIII 2. Dasselbe Schicksal teilten auch 5000 Praenestiner. Die Morde an den Legionären und an den Praenestinern stellen jedoch Todesfälle im Rahmen eines Krieges dar und werden aus diesem Grund hier nicht näher behandelt.

„Quattuor milia et DCC dirae proscriptionis edicto iugulatos in tabulas publicas retulit, videlicet ne memoria tam praeclarae rei dilueretur. Nec contentus in eos saevire, qui armis a se dissenserant, etiam quieti animi cives propter pecuniae magnitudinem per nomenclatorem conquisitos proscriptorum numero adiecit. Adversus mulieres quoque gladios destrinxit, quasi parum caedibus virorum satiatus."[1055]

Die Proskribierung von Frauen wird von keinem anderen Autor explizit genannt. Jedoch zeigen die bei Livius wiedergegebenen Umstände des Selbstmordes des geächteten Mutilus, daß Frauen, deren Ehemänner auf den Listen standen, ebenfalls in Gefahr waren, wenn sie sich nicht von ihrem Mann distanzierten.[1056] Auch erzählt Valerius Maximus in Übereinstimmung mit den bisher genannten Autoren, daß nicht nur die Namen von tatsächlichen Feinden Sullas auf die Listen gelangten, sondern auch von solchen, die sich einfach nur durch besonderen Reichtum auszeichneten. Er erwähnt aber das Verfahren der Konfiszierung und des Verkaufs der Besitztümer Geächteter selbst nicht. Offenbar kann er davon ausgehen, daß jeder seiner Leser mit dem Verfahren der Proskriptionen vertraut ist. Deshalb muß er diesen Punkt nicht weiter erläutern.

Um die Grausamkeit Sullas seinen Lesern zu verdeutlichen, berichtet Valerius Maximus von einigen Einzelfällen. Zunächst schildert er die Verstümmelung und den Mord an dem schon bei Livius genannten M. Marius, den Valerius hier als Prätor bezeichnet.

„Quam porro crudeliter se in M. Mario praetore gessit! Quem per ora vulgi ad sepulcrum Lutatiae gentis pertractum non prius vita privavit quam oculos infelices erueret et singulas corporis partes confringeret."[1057]

Marius sei zur Grabstätte der *gens Lutatia* geschleppt worden, wo er geblendet wurde und man ihm Arme und Beine brach, um ihn danach zu ermorden. Warum der Prätor ausgerechnet am Grab der Lutatier getötet wurde, verrät Valerius Maximus nicht.[1058] Valerius Maximus überläßt dahin-

---

[1055] Val. Max. IX 2, 1.
[1056] Liv. per. LXXXIX 9.
[1057] Val. Max. IX 2, 1.
[1058] HINARD weist aber darauf hin, daß Q. Lutatius Catulus dem Massaker unter Cinna und dem Feldherrn Marius zum Opfer gefallen war und der Mord an M. Marius am Grab eines der Opfer seines Verwandten damit in Zusammenhang steht. „Son exécution se présente exactement comme un sacrifice rituel qui est à la mesure de la quasi-divinité qu'il s'était acquise

gehende Interpretationen seinem Leser und will durch seine Schilderung allein die Grausamkeit Sullas herausstellen. Ein zweiter Fall, der mit dem oben genannten eng zusammenhängt, wird zu diesem Zweck geschildert:

„Vix mihi veri similia narrare videor: at ille etiam M. Plaetorium, quod ad eius supplicium exanimis ceciderat, continuo ibi mactavit, novus punitor misericordiae, apud quem iniquo animo scelus intueri scelus admittere fuit."[1059]

Nach dem Bericht des Valerius Maximus wurde also ein gewisser M. Plaetorius ebenfalls hingerichtet. Der einzige Grund hierfür war, daß er angesichts der Brutalität, mit der M. Marius umgebracht wurde, in Ohnmacht fiel. Demnach war jede Form der Sympathiebekundung mit den Opfern der Proskriptionen gefährlich, auch wenn es sich nur darum handelte, daß jemand das Schauspiel der grausamen Ermordung eines Menschen nicht mitansehen konnte. Die Motivation der gesamten Proskriptionen liegt aus der Sicht des Valerius Maximus in der Grausamkeit Sullas. Um dies zu untermauern berichtet er davon, daß Sulla sich nicht mit dem Tod seiner Feinde zufrieden gab, sondern auch deren abgeschlagene Köpfe begutachten wollte. Dies habe er aber nicht getan, um sich zu vergewissern, daß die Morde tatsächlich durchgeführt worden waren, sondern um sich am Anblick seiner toten Feinde zu weiden:

„Id quoque inexplebilis feritatis indicium est: abscisa miserorum capita modo non vultum ac spiritum retinentia in conspectum suum afferri voluit, ut oculis illa, quia ore nefas erat, manderet."[1060]

Natürlich liegt, da an dieser Stelle die *crudelitas* Thema der Abhandlung des Valerius Maximus ist, hier die Heraushebung der Blutgier Sullas im besonderen Interesse des Autors. Sein Urteil über Sulla ist jedoch an anderen Stellen, in denen er beispielsweise von der Not[1061] oder von Zorn und

---

sous le régime marianiste" (HINARD, Proscriptions, 378. Vgl. zuvor LANZANI, Rivoluzione, 369).

[1059] Val. Max. IX 2, 1.

[1060] Ebd.

[1061] Val. Max. VII 6, 4. Hier weist Valerius Maximus darauf hin, daß zu allem Überfluß nicht nur die Menschen ermordet, sondern auch die Götter beraubt wurden: „C. autem Mario Cn. Carbone consulibus civili bello cum L. Sulla dissidentibus, quo tempore non rei publicae victoria quaerebatur, sed praemium victoriae res erat publica, senatus consulto aurea atque argentea templorum ornamenta, ne militibus stipendia deessent, conflata sunt: digna enim causa erat, hi ne an illi crudelitatem suam proscriptione civium satiarent, ut di immortales spoliaren-

Haß[1062] redet, nicht besser und bestätigt seine Sichtweise aus Buch IX 2, 1 im wesentlichen.

f) Velleius Paterculus

Velleius Paterculus betrachtet die Proskriptionen des Jahres 82 v.Chr. zunächst unter dem Gesichtspunkt der Widersprüchlichkeit von Sullas Charakter. Dieser habe sich nämlich im Bürgerkrieg als besonders milde erwiesen, habe Leute begnadigt, die seine erbittertsten Feinde waren[1063] und sich den Göttern gegenüber fromm gezeigt,[1064] sei jedoch nach Beendigung des Krieges durch allergrößte Grausamkeit aufgefallen:

> „Adeo enim Sulla dissimilis fuit bellator ac victor ut dum vincit, ac iustissimo lenior, post victoriam audito fuerit crudelior. [...] Dimisit incolumes, credo ut in eodem homine duplicis ac diversissimi animi conspiceretur exemplum."[1065]

Diese Bewertung Sullas zeigt bereits, daß Velleius die Proskriptionen insgesamt verurteilt. Durch sie hat Sulla sich schließlich als besonders grausam erwiesen, als so grausam, daß seine vorherige Milde dadurch überlagert wurde. Dementsprechend betrachtet Velleius Paterculus die Diktatur Sullas allein unter dem Gesichtspunkt der Proskriptionen. Sulla hat nach Ansicht des Historikers den Sinn der Diktatur pervertiert, die eigentlich dazu dienen sollte und immer gedient hat, das römische Volk vor Gefahr zu schützen, und nicht einem einzelnen ermöglichen sollte, sich ungehindert an seinen Feinden rächen zu können:

> „Quippe dictator creatus (cuius honoris usurpatio per annos CXX intermissa; nam proximus post annum quam Hannibal Italia excesserat, uti appareat populum Romanum usum dictatoris ut in metu desiderasse, ita in otio timuisse potestatem) imperio quo priores ad

---

tur!" Auch an dieser Stelle bezeichnet Valerius Maximus die Proskriptionen als grausam (*crudelis*).
[1062] Val. Max. IX 3, 8: „Quid Sulla, dum huic vitio obtemperat, nonne multo alieno sanguine profuso ad ultimum et suum erogavit? Puteolis enim ardens indignatione, quod Granius princeps eius coloniae pecuniam a decurionibus ad refectionem Capitolii promissam cunctantius daret, animi concitatione nimia atque immoderato vocis impetu convulso pectore spiritum cruore ac minis mixtum evomuit, nec senio iam prolapsus, utpote sexagesimum ingrediens annum, sed alita miseriis rei publicae inpotentia furens. Igitur in dubio est Sulla ne prior an iracundia Sullae sit extincta."
[1063] Vell. Pat. II 25, 2f.
[1064] Vell. Pat. II 25, 4.
[1065] Vell. Pat. II 25, 3.

vindicandam maximis periculis rem publicam olim usi erant, eo in immodicae crudelitatis licentiam usus est."[1066]

Velleius erwähnt mit keinem Wort, daß es Sulla auch darum gegangen sein könnte, durch seine Diktatur eine stabile Politik durchzusetzen. Als einzige Maßnahme der Diktatur Sullas nennt er die Proskriptionen. Velleius weist darauf hin, daß Sulla der erste war, welcher derartige Proskriptionen durchführen ließ:

„Primus ille, et utinam ultimus, exemplum proscriptionis invenit."[1067]

Damit -und vor allem mit der Klage darüber, daß es noch zu weiteren Proskriptionen kommen sollte- spielt der Historiker bereits auf die Proskriptionen des zweiten Triumvirats im Jahr 43 v.Chr. an, die nach dem Beispiel Sullas (*Sullanum exemplum*) erfolgen würden.[1068] Die zweiten Proskriptionen, deren prominentestes Opfer der Redner Cicero werden sollte, sind nach Velleius Paterculus demnach eine Spätfolge der sullanischen Proskriptionen. Diese Bewertung entspricht völlig dem Urteil, welches der Historiker bereits im Zusammenhang mit dem Mord an Ti. Gracchus gefällt hat, nämlich, daß ein Übel niemals für sich bleibt, sondern stets Nachahmer findet.[1069]

Velleius Paterculus berichtet außerdem, daß Sulla Kopfgelder auf die Geächteten aussetzte. Der Historiker kritisiert besonders, daß römische Bürger dadurch ermutigt wurden, ihre Mitbürger umzubringen, und daß es sich mehr lohnte, einen Römer zu töten als einen auswärtigen Feind. Die Gelder für die Belohnungen wurden nicht aus irgendeiner bereits existierenden Staatskasse gezahlt, sondern aus dem Besitz der Getöteten. Deshalb kann Velleius behaupten, jeder Geächtete habe für seine eigene Ermordung finanziell aufkommen müssen:

„primus ille [...] exemplum proscriptionis invenit, ut in qua civitate petulantis convicii iudicium historiarum ex alto redditur, in ea iugulati civis Romani publice constitueretur

---

[1066] Vell. Pat. II 28, 2.
[1067] Vell. Pat. II 28, 3.
[1068] Vell. Pat. II 66, 1.
[1069] Vell. Pat. II 3, 4.

auctoramentum, plurimumque haberet qui plurimos interemisset, neque occisi hostis quam civis uberius foret praemium, fieretque quisque merces mortis suae."[1070]

Velleius erwähnt zudem den Mißbrauch der Proskriptionen zur bloßen Bereicherung, was wir auch bei Cicero und Sallust berichtet finden. Auch die von Livius berichtete Entrechtung der Kinder Geächteter wird von Velleius bestätigt:

„Nec tantum in eos qui contra arma tulerant sed in multos insontes saevitum. Adiectum etiam ut bona proscriptorum venirent exclusique paternis opibus liberi etiam petendorum honorum iure prohiberentur simulque, quod indignissimum est, senatorum filii et onera ordinis sustinerent et iura perderent."[1071]

g) Seneca d.Ä.

Auch für den Redner Seneca ist Sulla noch zur Zeit des Kaisers Caligula Sulla der Inbegriff der Grausamkeit. Das vierte Kapitel seiner rhetorisch lehrhaften *Controversiae* beinhaltet Argumentationen für und gegen das Recht eines Großvaters, seinen Enkel anzunehmen, obwohl dieser seinem zuvor enterbten und inzwischen verstorbenen Sohn von einer Hure geboren wurde. Dieser Großvater -sein Name ist Julius Bassus- wurde aufgrund seiner Handlungsweise von seinem zweiten Sohn für verrückt erklärt. Eines der Argumente zugunsten des Großvaters legt Seneca diesem selbst in den Mund. Bassus argumentiert hier, daß falsches Handeln noch lange nicht bedeute, daß der Handelnde unzurechnungsfähig sei. Um dies zu untermauern führt er die Fehler bekannter historischer Persönlichkeiten auf. Hier bezeichnet er das Fehlen der Milde als den großen und auffälligen Fehler Sullas. Ebenso wie es Cicero an Standhaftigkeit und Cato an Mäßigung gemangelt habe, habe Sulla sich durch das Fehlen der Milde ausgezeichnet:

„Nemo sine vitio est: in Catone moderatio deerat, in Cicerone constantia, in Sulla clementia."[1072]

[1070] Vell. Pat. II 28, 3.
[1071] Vell. Pat. II 28, 4.
[1072] Sen. rhet. cont. II 4, 4.

Diese Formulierung betrachtet Sullas Grausamkeit allerdings eher entschuldigend. Jeder habe nun einmal Fehler, so wie Sullas Fehler eben die Grausamkeit war. Ähnlich klingt eine andere Stelle:

> „Ipse Montanus illum locum pulcherrime tractavit, quam multa populus Romanus in suis imperatoribus tulerit: in Gurgite luxuriam, in Manlio impotentiam, cui non nocuit et filium et victorem occidere, in Sulla crudelitatem, in Lucullo luxuriam, in multis avaritiam."[1073]

h) Seneca d.J.

Auch der jüngere Seneca äußert sich zu Sulla. Sein Urteil fällt allerdings um einiges kritischer aus. In seiner Schrift *De beneficiis* geht er kurz auf Sullas Verhalten nach dem Bürgerkrieg ein. Dabei kritisiert er sowohl die Ermordung der Legionäre, welche sich ergeben hatten, als auch die darauf folgenden Proskriptionen:

> „Ingratus L. Sulla, qui patriam durioribus remediis, quam pericula erant, sanavit, qui, cum a Praenestina arce usque ad Collinam portam per sanguinem humanum incessisset, alia edidit in urbe proelia, alias caedes: legiones duas, quod crudele est, post victoriam, quod nefas, post fidem in angulo congestas contrucidavit et proscriptionem commentus est, dii magni, ut, qui civem Romanum occidisset, inpunitatem, pecuniam, tantum non civicam acciperet."[1074]

L. Sulla dient für Seneca hier neben einigen anderen historischen Personen als Beispiel für Undankbarkeit. Den Mord an den Legionen bezeichnet er als Grausamkeit und Verstoß gegen göttliches Recht. Die Proskriptionen kommentiert er nur mit einem klagenden Anrufen der Götter (*dii magni*). Besonders beklagenswert ist für ihn die Tatsache, daß Bürger zum Mord an ihren Mitbürgern motiviert wurden, indem sie nicht nur straflos blieben, sondern sogar für die Morde mit Geld und Ehre belohnt wurden.

Einen konkreten Mordfall aus dem Zusammenhang der Proskriptionen schildert Seneca in seiner Schrift *De ira*. Er beschreibt hier die grausame Tötung des M. Marius Gratidianus, die er als schlimmes Beispiel römischer *saevitia* nennt. Zuvor hatte er die Grausamkeiten ausländischer Herrscher thematisiert, denen er -entschuldigend- bescheinigt, keine Erziehung

---

[1073] Sen. rhet. cont. IX 2, 19.
[1074] Sen. benef. V 16, 3.

genossen zu haben und auch die Wissenschaften nicht zu kennen.[1075] Um so schlimmer sind für Seneca die Grausamkeiten, die durch gebildete Römer verübt wurden. In einer Überleitung zur Schilderung des Mordes an M. Marius ruft er deshalb aus:

> „Utinam ista saevitia intra peregrina exempla mansisset nec in Romanos mores cum aliis adventiciis vitiis etiam suppliciorum irarumque barbaria transisset."[1076]

Im Anschluß beschreibt Seneca, wie Marius auf Sullas Geheiß hin von Catilina am Grab des Catulus verstümmelt wurde:

> „M. Mario, cui vicatim populus statuas posuerat, cui ture ac vino supplicabat, L. Sulla praefringi crura, erui oculos, amputari linguam, manus iussit et, quasi totiens occideret quotiens vulnerabat, paulatim et per singulos artus laceravit. Quis erat huius imperii minister? Quis nisi Catilina iam in omne facinus manus exercens? Is illum ante bustum quinti catuli carpebat gravissimus mitissimi viri cineribus, supra quos vir mali exempli, popularis tamen et non tam inmerito quam nimis amatus per stillicidia sanguinem dabat."[1077]

i) Lucan

Senecas Zeitgenosse Lucan geht in seinem Bürgerkriegsepos ebenfalls auf die sullanischen Proskriptionen ein. Er weist darauf hin, daß Sulla nach dem Ende des Bürgerkrieges, der ohnehin schon unendlich viele Menschenleben gefordert hatte, durch die Proskriptionen die Zahl der Toten ins Unermeßliche steigerte:

> „Iam quot apud Sacri cecidere cadavera Portum
> aut Collina tulit stratas quot porta catervas,
> tum cum paene caput mundi rerum que potestas
> mutavit translata locum, Romanaque Samnis
> ultra Caudinas speravit vulnera Furcas!
> Sulla quoque immensis accessit cladibus ultor.
> Ille quod exiguum restabat sanguinis urbi
> hausit; dumque nimis iam putria membra recidit
> excessit medicina modum, nimiumque secuta est
> qua morbi duxere, manus."[1078]

Das Motiv für Sullas Morden nach dem Bürgerkrieg war für Lucan Rache (*Sulla ultor*). Sulla brach über Rom herein wie ein Rachegott. Sein Ziel sei

---

[1075] Sen. ir. III 17, 1-4.
[1076] Sen. ir. III 18, 1.
[1077] Sen. ir. III 18, 1f.
[1078] Luc. Phars. II 134-143.

zwar gewesen, den angeschlagenen Staat zu heilen, doch habe er dabei jedes Maß vermissen lassen und deshalb selbst zum weiteren Erkranken Roms beigetragen. Ausführlicher schildert Lucan die Grausamkeit der sullanischen Proskriptionen in den folgenden Versen. Sklaven töteten ihre Herren, Söhne ihre Väter.[1079] Lucan behauptet sogar, daß sich niemals zuvor irgendwo so große Verbrechen abgespielt haben wie zur Zeit der sullanischen Proskriptionen.[1080] Allerdings trennt Lucan die Proskriptionen kaum von den Blutbädern, die Sulla im Rahmen des Bürgerkrieges anrichten ließ, wie in Praeneste oder an anderen Schauplätzen des Bürgerkriegs.[1081] Insgesamt wird Lucans Absicht, möglichst die Schrecken der sullanischen Zeit herauszustellen, offensichtlich. Reißerisch schildert er die Leichenberge und das Blut, das der Tiber zum Meer trug.[1082] Besonders deutlich beschreibt er im Rahmen der Proskriptionen den Mord am Praetor M. Marius. Nahezu genüßlich schildert er die langsame Verstümmelung des Marius:

> „cum victima tristis
> inferias Marius forsan nolentibus umbris
> pendit inexpleto non fanda piacula busto,
> cum laceros artus aequataque vulnera membris
> vidimus et toto quamvis in corpore caeso
> nil animae letale datum, moremque nefandae
> dirum saevitiae, pereuntis parcere morti.
> Avulsae cecidere manus exectaque lingua
> palpitat et muto vacuum ferit aera motu.
> Hic aures, alius spiramina naris aduncae
> amputat, ille cavis evolvit sedibus orbes
> ultimaque effodit spectatis lumina membris.
> Vix erit ulla fides tam saevi criminis, unum
> tot poenas cepisse caput. Sic mole ruinae
> fracta sub ingenti miscentur pondere membra,
> nec magis informes veniunt ad litora trunci
> qui medio periere freto. Quid perdere fructum
> iuvit et, ut vilem, Marii confundere vultum?
> Ut scelus hoc Sullae caedesque ostensa placeret
> agnoscendus erat."[1083]

[1079] Luc. Phars. II 158-151.
[1080] Luc. Phars. II 162-165.
[1081] Luc. Phars. II 193-220.
[1082] Luc. Phars. II 203-220.
[1083] Luc. Phars. II 174-193.

Lucans Beschreibung der Ermordung des M. Marius geht, was die Grausamkeit der Tat betrifft, noch über die Darstellungen der anderen Autoren hinaus. Der Dichter erzählt, wie dem beklagenswerten Prätor zuerst die Hände, dann die Zunge, schließlich die Ohren und die Nase abgeschnitten wurden, bevor man ihm zuletzt die Augen ausstach. Allerdings scheint dieser Schilderung zufolge nicht Sulla selbst diese Grausamkeit veranlaßt zu haben. Nach Lucan hatten die Mörder nämlich ihre Belohnung vertan, die sie durch den Beweis des Mordes an einem Geächteten hätten erhalten können. Um diesen Beweis zu erbringen, mußte der Tote nämlich identifizierbar sein, was bei dem arg verstümmelten Marius nicht mehr der Fall war. Lucan selbst zeigt sich fassungslos angesichts einer derartigen Lust am Leid anderer, für welche die Mörder des Marius sogar auf ihre Belohnung verzichtet haben. Daß nach Lucans Ansicht die Zeit der Proskriptionen viele Römer zur Grausamkeit verleitete, zeigt auch seine Beurteilung des Cn. Pompeius Magnus: Dieser habe sich zur Zeit Sullas an das Töten gewöhnt und sei dadurch geradezu blutgierig geworden:

„nunc quoque, ne lassum teneat privata senectus,
bella nefanda parat suetus civilibus armis
et docilis Sullam scelerum vicisse magistrum.
ut que ferae tigres numquam posuere furorem,
quas, nemore Hyrcano matrum dum lustra secuntur,
altus caesorum pavit cruor armentorum,
sic et Sullanum solito tibi lambere ferrum
durat, Magne, sitis. nullus semel ore receptus
pollutas patitur sanguis mansuescere fauces." [1084]

Demnach ist zumindest einer der Kontrahenten in dem Bürgerkrieg, den Lucan in seinem Epos so drastisch schildert, eine Ausgeburt der Proskriptionen Sullas.

j) Plinius d.Ä.

Auch Plinius der Ältere äußert sich in seiner *Naturalis historia* zu den Proskriptionen. Im Rahmen seiner Überlegungen, welchem Menschen wohl bisher das größte Glück zuteil geworden ist, kommt er auch auf Sulla zu sprechen, weil dieser den Beinamen *Felix* trug. Er bestreitet hier, daß

[1084] Luc. Phars. I 324-332.

Sulla tatsächlich glücklich gewesen sei, da sich sein Glück allein durch das Vergießen von Bürgerblut erwiesen habe:

> „Et quibus felicitatis inductus argumentis? Quod proscribere tot milia civium ac trucidare potuisset? O prava interpretatio et futuro tempore infelix! Non melioris sortis tunc fuere pereuntes, quorum misereremur hodie, cum Sullam nemo non oderit?"[1085]

Plinius ist der Ansicht, daß Sulla trotz des Massenmordes an seinen Feinden letztlich gescheitert ist. Er behauptet, diejenigen, die durch die Proskriptionen umkamen, seien in der Rückschau mehr vom Glück gesegnet als Sulla, da ihr Tod -im Gegensatz zu Sulla- noch immer beklagt werde. Auch sei das Ende Sullas nicht weniger grausam gewesen als das seiner Opfer.

> „Age, non exitus vitae eius omnium proscriptorum ab illo calamitate crudelior fuit erodente se ipso corpore et supplicia sibi gignente?"[1086]

Plinius versteht in diesem Sinne Sullas Krankheit und Tod als eine gerechte Strafe seines Körpers für die Schandtaten des Diktators. Demnach war in den Augen des Plinius auch der Tod Sullas eine Folge seiner Proskriptionen.

k) Plutarch

Plutarch geht vor allem in seiner Sulla-Biographie auf die Proskriptionen ein. Sulla habe nach seinem Sieg am Collinischen Tor Rom eingenommen und dabei sogleich gezeigt, daß er nicht vorhatte, der Stadt endlich Ruhe von den Morden der Vergangenheit zu gönnen. Wie Livius und Valerius Maximus berichtet er von Sullas Unbarmherzigkeit gegenüber seinen Feinden, die dieser im Zirkus einsperren und niedermetzeln ließ, obwohl sich ein Teil von ihnen ergeben und von Sulla das Versprechen auf Schonung erhalten hatte:

> „οὐ μὴν ἀλλὰ καὶ τούτους καὶ τῶν ἄλλων τοὺς περιγενομένους εἰς ἑξακισχιλίους ἀθροίσας παρὰ τὸν ἱππόδρομον, ἐκάλει τὴν σύγκλητον εἰς τὸ τῆς Ἐννοῦς ἱερόν. ἅμα δ' αὐτός τε λέγειν ἐνήρχετο καὶ κατέκοπτον οἱ τεταγμένοι τοὺς ἑξακισχιλίους. κραυγῆς δέ, ὡς εἰκός, ἐν χωρίῳ μικρῷ τοσούτων σφαττομένων φερομένης καὶ τῶν συγκλητικῶν ἐκπλαγέντων, ὥσπερ ἐτύγχανε λέγων

[1085] Plin. n. h. VII 137.
[1086] Plin. n. h. VII 138.

ἀτρέπτῳ καὶ καθεστηκότι τῷ προσώπῳ προσέχειν ἐκέλευσεν αὐτοὺς τῷ λόγῳ, τὰ δ᾽ ἔξω γινόμενα μὴ πολυπραγμονεῖν· νουθετεῖσθαι γὰρ αὐτοῦ κελεύσαντος ἐνίους τῶν πονηρῶν."[1087]

Diese Maßnahmen Sullas und seine Begründung dieser Bluttat damit, daß er nichts weiter tue, als Verbrecher hinrichten zu lassen, ließen nach Plutarch bereits erahnen, daß die Herrschaft Sullas von großer Unbarmherzigkeit geprägt sein würde. Jeder habe nun erkennen müssen, daß Sullas Sieg am Collinischen Tor nicht die Befreiung von der Tyrannei der Marianer - Plutarch beurteilt auch die vorangegangene Herrschaft negativ- bedeutete, sondern nur einen Wechsel der Tyrannei darstellte:

„*Τοῦτο καὶ τῷ βραδυτάτῳ Ῥωμαίων νοῆσαι παρέστησεν ὡς ἀλλαγὴ τὸ χρῆμα τυραννίδος, οὐκ ἀπαλλαγὴ γέγονε.*"[1088]

Plutarch ist also der Ansicht, daß die Grausamkeit Sullas keineswegs überraschend kam, sondern sich durch seine extreme Härte gegenüber denen, die gegen ihn gekämpft haben, angekündigt hatte.[1089]
Der Biograph schildert nicht nur das Verfahren der Ächtungen ausführlich, er berichtet auch, wie es zum Erstellen der Proskriptionslisten kam: Sulla habe zunächst wahllos unzählige Römer hinrichten lassen (*φόνων οὔτε ἀριθμὸς οὔτε ὅρος*), von denen einige gar nicht seine persönlichen Feinde gewesen seien, sondern eine private Fehde gegen einen seiner Parteigänger führten, denen Sulla durch den Mord an ihren Gegnern einen Gefallen tat.[1090] Es habe eine so große Unsicherheit geherrscht, daß C. Metellus Sulla gebeten habe, die Namen derjenigen, die nichts zu befürchten hätten, zu nennen, damit diese ohne Angst weiterleben könnten. Sulla habe geantwortet, er wisse noch nicht, wen er schonen werde. Allein hier zeigt sich bereits ein ungeheuerlicher Despotismus des Diktators, der sich nicht einmal festlegen konnte, wenigstens einige auf jeden Fall zu verschonen. Auf die-

---

[1087] Plut. Sull. 30, 2f.
[1088] Plut. Sull. 30, 4.
[1089] Obwohl Plutarch zum großen Teil Sulla-freundliche (und Marius-feindliche) Quellen vorgelegen haben, und der Biograph an vielen Stellen seines Werks die positiven Seiten Sullas herausstreicht, zeichnet er dessen Brutalität sehr deutlich. Die Unbarmherzigkeit Sullas betont Plutarch nicht zuletzt dadurch, daß er ihn im Vergleich mit Lysander, Sullas griechischer ‚Parallelpersönlichkeit', durchweg als den brutaleren der beiden zeichnet (DUFF, Plutarch's Lifes, 194. 200)
[1090] Plut. Sull. 31, 1.

se Antwort Sullas hin habe Metellus ihn gebeten, wenigstens diejenigen zu nennen, die bestraft, d.h. getötet werden sollten.[1091] Sulla sei dieser Bitte nachgekommen, und die Proskriptionen waren geboren.
Der Diktator habe sogleich in völliger Eigenmächtigkeit 80 Personen proskribiert, am folgenden Tag weitere 220 und am dritten Tag noch einmal so viele. Außerdem habe er sich die Möglichkeit offengelassen, jederzeit noch weitere Namen hinzuzufügen, die ihm beim Erstellen der Listen zunächst nicht eingefallen waren. Ebenso sei jeder der Liste hinzugefügt worden, der einen Geächteten rettete oder gar versteckte, auch wenn es sich dabei um nahe Familienangehörige handelte. Jeder, der einen Geächteten umbrachte, habe dagegen eine Belohnung von zwei Talenten erhalten.[1092] In Übereinstimmung mit den bereits behandelten Autoren berichtet Plutarch außerdem von der Beschlagnahme des Besitzes Geächteter und der politischen Entrechtung ihrer Kinder und Enkel. Nach Plutarch verloren die Kinder der Geächteten aber nicht nur ihr Recht, sich um politische Ämter zu bewerben, sondern sie verloren sämtliche Bürgerrechte.[1093]
Als ein Beispiel der vielen, die allein wegen ihres Reichtums geächtet wurden, nennt Plutarch Quintus Aurelius. Er charakterisiert ihn als unpolitischen Menschen, so daß deutlich wird, daß es tatsächlich keinen anderen Grund für seine Verfolgung gegeben hat als seinen Reichtum. Nach Plutarch hat Aurelius dies auch selbst erkannt:

„Κόϊντος δὲ Αὐρήλιος, ἀνὴρ ἀπράγμων καὶ τοσοῦτον αὐτῷ μετεῖναι τῶν κακῶν νομίζων ὅσον ἄλλοις συναλγεῖν ἀτυχοῦσιν, εἰς ἀγορὰν ἐλθὼν ἀνεγίνωσκε τοὺς προγεγραμμένους· εὑρὼν δὲ ἑαυτόν, "Οἴμοι τάλας," εἶπε, "διώκει με τὸ ἐν Ἀλβανῷ χωρίον." καὶ βραχὺ προελθὼν ὑπό τινος ἀπεσφάγη καταδιώξαντος."[1094]

Aurelius habe seinen Namen auf einer Proskriptionsliste gelesen und sofort erkannt, daß man es in Wahrheit nur auf sein Landgut in Albanum abgesehen habe. Nachdem er einige Schritte weitergegangen war, sei er sogleich

---
[1091] Plut. Sull. 31, 1f. Plutarch nennt auch die Möglichkeit, daß es nicht Metellus, sondern ein gewisser Fufidius war, der diese Bitte an Sulla richtete und der sich damit sein eigenes Todesurteil gesprochen hatte.
[1092] Plut. Sull. 31, 4.
[1093] Plut. Sull. 31, 5.
[1094] Plut. Sull. 31, 6.

ermordet worden. Diese Begebenheit, die Plutarch schildert, zeigt nicht nur, daß einige ihres Besitzes wegen proskribiert wurden, sondern auch, daß Geächtete einfach auf der Straße umgebracht wurden, wo immer einer ihrer Verfolger -und an der Verfolgung konnte sich jeder beteiligen- sie antraf.

In Übereinstimmung mit Livius berichtet er zudem von der Ermordung des Lucretius Ofella. Er erzählt aber darüber hinaus, daß Ofella im Bürgerkrieg gegen Sulla gekämpft habe. Dies erklärt, warum Sulla ihm nicht erlauben wollte, sich um das Konsulat zu bewerben. Allerdings scheint Ofella auch nach Plutarch zunächst nicht zu den Proskribierten gehört zu haben, da es ihm überhaupt möglich war, sich um ein Amt zu bewerben. Außerdem wäre die geschilderte Empörung der Bürger unverständlich, wenn Ofella geächtet gewesen wäre. Zwar wäre auch dann der Mord an Ofella sicher nicht auf Zustimmung gestoßen, doch wäre der Empörung wohl kaum so offen Luft gemacht worden, wie Plutarch es schildert:

„Λουκρητίου δὲ Ὀφέλλα τοῦ Μάριον ἐκπολιορκήσαντος αἰτουμένου καὶ μετιόντος ὑπατείαν πρῶτον μὲν ἐκώλυεν· ὡς δὲ ἐκεῖνος ὑπὸ πολλῶν σπουδαζόμενος εἰς τὴν ἀγορὰν ἐνέβαλε, πέμψας τινὰ τῶν περὶ αὐτὸν ἑκατοντάρχων ἀπέσφαξε τὸν ἄνδρα, καθεζόμενος αὐτὸς ἐπὶ βήματος ἐν τῷ Διοσκουρείῳ καὶ τὸν φόνον ἐφορῶν ἄνωθεν. τῶν δὲ ἀνθρώπων τὸν ἑκατοντάρχην συλλαβόντων καὶ προσαγαγόντων τῷ βήματι, σιωπῆσαι κελεύσας τοὺς θορυβοῦντας αὐτὸς ἔφη κελεῦσαι τοῦτο, καὶ τὸν ἑκατοντάρχην ἀφεῖναι προσέταξεν."[1095]

Die Tatsache, daß Ofella, obwohl er gegen Sulla gekämpft hatte, zunächst nicht zu den Proskribierten gehörte, zeigt jedoch auch, daß offenbar nicht jeder, der sich in der Vergangenheit gegen den Diktator gestellt hatte, geächtet wurde.[1096]

Zu Beginn seiner Sulla-Biographie berichtet Plutarch außerdem, daß der Diktator einen Freigelassenen, der einst im gleichen Mietshaus gewohnt hatte wie er selbst, vom Tarpeischen Felsen stoßen ließ, weil der Freigelassene verdächtigt wurde, einen Proskribierten versteckt zu haben.[1097] Dies untermauert Plutarchs Behauptung, jeder, der einem Proskribierten geholfen habe, sei selbst auf die Liste gesetzt worden.

[1095] Plut. Sull. 33, 4.
[1096] Vgl. App. civ. I 95.
[1097] Plut. Sull. 1, 4.

Im Rahmen seiner Schilderung der Proskriptionen berichtet Plutarch ferner von den Schandtaten Catilinas. Dieser habe die Ächtungen dazu genutzt, seinen eigenen Bruder zu töten. Nachdem er ihn ermordet habe, habe er Sulla bewegen können den Namen seines Bruders nachträglich auf die Proskriptionsliste zu setzen:

„ἔδοξε δὲ καινότατον γενέσθαι τὸ περὶ Λεύκιον Κατιλίναν. οὗτος γὰρ οὔπω τῶν πραγμάτων κεκριμένων ἀνῃρηκὼς ἀδελφὸν ἐδεήθη τοῦ Σύλλα τότε προγράψαι τὸν ἄνθρωπον ὡς ζῶντα· καὶ προεγράφη."[1098]

Auch in der Lebensbeschreibung Ciceros findet diese Tat Catilinas kritische Erwähnung. Hier dient die Schilderung dazu, den häßlichen Charakter des Catilina zu veranschaulichen:

„οὗτοι κορυφαῖον εἶχον ἄνδρα τολμητὴν καὶ μεγαλοπράγμονα καὶ ποικίλον τὸ ἦθος, Λεύκιον Κατιλίναν, ὃς αἰτίαν ποτὲ πρὸς ἄλλοις ἀδικήμασι μεγάλοις ἔλαβε παρθένῳ συγγεγονέναι θυγατρί, κτείνας δ᾿ ἀδελφὸν αὐτοῦ καὶ δίκην ἐπὶ τούτῳ φοβούμενος, ἔπεισε Σύλλαν ὡς ἔτι ζῶντα τὸν ἄνθρωπον ἐν τοῖς ἀποθανουμένοις προγράψαι."[1099]

Der Mord an Catilinas Bruder, der erst nach der Tat proskribiert wurde, stellt demnach einen der vielen Fälle des Mißbrauchs der Ächtungen dar, wie sie vor allem in Ciceros Rede *Pro Cluentio* des öfteren angesprochen werden.[1100] Catilina profitierte allerdings nicht allein von seiner Abmachung mit Sulla. Im Gegenzug tötete er Sullas Feind M. Marius und brachte dem Diktator den abgeschlagenen Kopf des Toten. Nach der Tat habe er sich im Weihwasserbecken des Apollotempels das Blut von den Händen gewaschen:[1101]

„τούτου δὲ τῷ Σύλλᾳ χάριν ἐκτίνων Μάρκον τινὰ Μάριον τῶν ἐκ τῆς ἐναντίας στάσεως ἀποκτείνας τὴν μὲν κεφαλὴν ἐν ἀγορᾷ καθεζομένῳ τῷ Σύλλᾳ προσήνεγκε, τῷ δὲ περιρραντηρίῳ τοῦ Ἀπόλλωνος ἐγγὺς ὄντι προσελθὼν ἀπενίψατο τὰς χεῖρας."[1102]

Plutarchs Beurteilung der Proskriptionen ist ebenso negativ wie die der anderen Autoren. Zunächst erkennt er die rechtliche Grundlage für das Mor-

---

[1098] Plut. Sull. 32, 2.
[1099] Plut. Cic. 10, 3.
[1100] Cic. Cluent. 25f.
[1101] Vgl. Val. Max. I 2, 1, wo ebenfalls der Mord an M. Marius beschrieben wird. Eine Mittäterschaft Catilinas wird hier nicht erwähnt.
[1102] Plut. Sull. 32, 2.

den nicht an. Sulla habe die Proskriptionen zwar legitimieren lassen, indem er einen Volksbeschluß erwirkte, der ihm die Gewalt gab, über Leben und Tod aller zu entscheiden, doch Plutarch erkennt darin nur eine pseudorechtliche Grundlage, die bemüht ist, den Schein republikanischer Gesetzestreue aufrecht zu erhalten, in Wahrheit aber das römische Volk verspottete:

„Ἔξω δὲ τῶν φονικῶν καὶ τὰ λοιπὰ τοὺς ἀνθρώπους ἐλύπει. δικτάτορα μὲν γὰρ ἑαυτὸν ἀνηγόρευσε, δι' ἐτῶν ἑκατὸν εἴκοσι τοῦτο τὸ γένος τῆς ἀρχῆς ἀναλαβών. ἐψηφίσθη δὲ αὐτῷ πάντων ἄδεια τῶν γεγονότων, πρὸς δὲ τὸ μέλλον ἐξουσία θανάτου, δημεύσεως, κληρουχιῶν, κτίσεως, πορθήσεως, ἀφελέσθαι βασιλείαν, καὶ ᾧ βούλοιτο χαρίσασθαι."[1103]

Die Proskriptionen selbst sind in Plutarchs Augen nichts als ein großes, wahlloses Morden, denen jeder zum Opfer fallen konnte. Sulla, den Urheber der Proskriptionen, beschreibt er in diesem Zusammenhang als despotischen Alleinherrscher, der nach seinem eigenen Gutdünken Todesurteile aussprach und auf willkürliche Weise mit den Leben seiner Mitbürger, die er zu Untertanen gemacht hatte, verfuhr.[1104] Der Biograph ist außerdem mit Velleius Paterculus und Valerius Maximus der Ansicht, daß Sulla sich nach seinem Sieg am Collinischen Tor sehr zu seinem Nachteil verändert habe. Eine solche Unbarmherzigkeit, wie der Diktator sie seit 82 v.Chr. an den Tag legte, sei ihm vorher nicht zuzutrauen gewesen. Plutarchs abschließendes Urteil über Sulla ist aus diesem Grund sehr zwiespältig. In seinem Schlußkapitel zitiert Plutarch den Nachruf auf Sulla, der inschriftlich an dessen Grab festgehalten war, und den Sulla selbst verfaßt haben soll:

„τὸ δὲ ἐπίγραμμά φασιν αὐτὸν ὑπογραψάμενον καταλιπεῖν, οὗ κεφάλαιόν ἐστιν ὡς οὔτε τῶν φίλων τις αὐτὸν εὖ ποιῶν οὔτε τῶν ἐχθρῶν κακῶς ὑπερεβάλετο."[1105]

Über die Ambivalenz von Sullas Charakter stellt Plutarch eine ansatzweise Überlegung an. Er fragt sich, ob Sulla erst durch die Macht korrumpiert wurde und sich auf diese Weise plötzlich zu einem grausamen und rücksichtslosen Menschen entwickelt hat, oder ob Sulla im Grunde schon im-

---

[1103] Plut. Sull. 33, 1.
[1104] Plut. Sull. 31, 1-6; 33, 2f.; 33, 4.
[1105] Plut. Sull. 38, 4.

mer hartherzig gewesen ist und dieser Charakterzug erst durch das Fehlen äußerer Hindernisse offenbar wurde. Als Vergleichspunkt dient ihm Sullas Erzfeind C. Marius, der sich durch die Gewaltherrschaft, die er 87 v.Chr. innegehabt hatte, nicht verändert habe, da dessen negativer Charakter schon immer offensichtlich gewesen sei:

„Μάριος μὲν οὖν ἀπ' ἀρχῆς χαλεπὸς ὢν ἐπέτεινεν, οὐ μετέβαλε τῇ ἐξουσίᾳ τὴν φύσιν· Σύλλας δὲ μετρίως τὰ πρῶτα καὶ πολιτικῶς ὁμιλήσας τῇ τύχῃ καὶ δόξαν ἀριστοκρατικοῦ καὶ δημωφελοῦς ἡγεμόνος παρασχών, ἔτι δὲ καὶ φιλόγελως ἐκ νέου γενόμενος καὶ πρὸς οἶκτον ὑγρός, ὥστε ῥᾳδίως ἐπιδακρύειν, εἰκότως προσετρίψατο ταῖς μεγάλαις ἐξουσίαις διαβολὴν ὡς τὰ ἤθη μένειν οὐκ ἐώσαις ἐπὶ τῶν ἐξ ἀρχῆς τρόπων, ἀλλ' ἔμπληκτα καὶ χαῦνα καὶ ἀπάνθρωπα ποιούσαις. τοῦτο μὲν οὖν εἴτε κίνησίς ἐστι καὶ μεταβολὴ φύσεως ὑπὸ τύχης, εἴτε μᾶλλον ὑποκειμένης ἀποκάλυψις ἐν ἐξουσίᾳ κακίας. ἑτέρα τις ἂν διορίσειε πραγματεία."[1106]

1) Florus

Florus berichtet sowohl von dem Massenmord an den Bürgern, die gegen Sulla gekämpft, sich dann aber ergeben hatten, als auch von den darauf folgenden Proskriptionen. Diese beiden Fälle gehen in der Schilderung des Florus direkt ineinander über. Zunächst berichtet er von der Massenhinrichtung der Bürger auf dem Marsfeld. Er beziffert sie auf 4000 und betont dabei, daß der Mord an diesen 4000 Bürgern weitaus schwerer wiege als die Tötung von insgesamt 70 000 Menschen, die im Kampf gegen Sulla am Collinischen Tor gefallen sind oder nach seinem Sieg zur Strafe für ihren Widerstand umgebracht wurden. Letztere seien Opfer eines Krieges gewesen, die 4000 auf dem Marsfeld seien jedoch erst nach Beendigung des Krieges -ohne weiteren Widerstand geleistet zu haben- getötet worden:

„Nec idem tamen caedium qui bello finis fuit. Stricti enim et in pace gladii, animadversumque in eos, qui sponte se dediderant. Minus est, quod apud Sacriportum, apud Collinam septuaginta milia amplius Sulla concidit: bellum erat. Quattuor milia deditorum inermium civium in villa publica interfici iussit: isti tot in pace non plures sunt?"[1107]

Im Anschluß an diese Schilderung erwähnt Florus, daß im Zuge der Ermordung dieser 4000 noch weitere, unzählige Menschen getötet worden. Der Historiker verdeutlicht die Unordnung dieser Tage, indem er darauf

---

[1106] Plut. Sull. 30, 4f.
[1107] Flor. II 9, 23-25.

hinweist, daß jeder, der wollte, sich an der Ermordung der Bürger überall in der Stadt beteiligte:

> „Quis autem illos potest conputare, quos in urbe passim quisquis voluit occidit?"[1108]

Es war demnach für die potentiellen Opfer keinerlei Sicherheit gegeben: An keinem Ort konnten sie Zuflucht finden, und jeder konnte sich die Freiheit nehmen, sich an der Massentötung zu beteiligen. Nach Florus scheint Sulla dies zwar nicht im Einzelnen angeordnet, jedoch geduldet zu haben, denn er sei erst, nachdem Fufidius[1109] ihn darauf aufmerksam gemacht hatte, daß, wenn das Morden so weiterliefe, niemand mehr übrig bliebe, um seine Befehle zu befolgen, bereit gewesen, die Zahl der zu Tötenden durch die Proskriptionslisten auf 2000 Senatoren und Ritter zu beschränken. Florus stellt fest, daß ein solches Verfahren ein Novum in der römischen Geschichte darstellte:

> „Donec admonente Fufidio vivere aliquos debere, ut essent quibus imperaret, proposita est ingens illa tabula, et ex ipso equestris ordinis flore ac senatu duo milia electi, qui mori iuberentur: novi generis edictum."[1110]

Im Anschluß erwähnt Florus einige Einzelschicksale, bei denen er die Grausamkeit der Morde besonders herausstellt. Er berichtet vom Tod des Carbo, des Soranus, des Plaetorius und des Venuleius. Außerdem schildert er, daß sowohl Baebius als auch Marius (Gratidianus) in Stücke gerissen wurden:

> „Longum post haec referre ludibrio habita fata Carbonis, fata Sorani, Plaetorios atque Venuleios, Baebium sine ferro ritu ferarum inter manus lancinatum, Marium, ducis ipsius fratrem, apud Catuli sepulcrum oculis effossis, manibus cruribusque effractis servatum aliquandiu, ut per singula membra moreretur."[1111]

Diese Schilderung zeigt deutlich genug, daß Florus die Maßnahmen Sullas als besonders grausam einschätzt und damit ablehnt. Allerdings betrachtet er die Grausamkeit Sullas als eine Folge des Verhaltens des Marius. Er er-

---

[1108] Flor. II 9, 25.
[1109] Vgl. Plut. Sull. 31, 1f., wo Plutarch nicht sicher ist, ob C. Metellus oder Fufidius die Erstellung der Listen als beschränkende Maßnahme von Sulla erbeten hat.
[1110] Flor. II 25.
[1111] Flor. II 9, 26.

wähnt nämlich zu Beginn seiner sehr knappen Schilderung des Bürgerkriegs, daß Sulla beinahe gezwungen war, besondere Grausamkeit an den Tag zu legen, wenn er die Grausamkeit, mit der Marius gegen seine (Sullas) Anhänger vorgegangen war, rächen wollte:

> „Et sane cum tam ferox in Sullanos Marius fuisset, quanta saevitia opus erat ut Sulla de Mario vindicaretur?"[1112]

Zwar steht dieser Satz nicht in unmittelbarem Zusammenhang mit Sullas Maßnahmen nach dem Bürgerkrieg, doch stellt Florus ihn gleichsam als Überschrift über die gesamte Rückkehr Sullas nach Italien. Zudem macht der Hinweis auf die Notwendigkeit der Grausamkeit Sullas nur dann einen Sinn, wenn Florus diese Grausamkeit ebenfalls erwähnt. Diese wird aber nicht im Rahmen des Bürgerkrieges selbst, sondern erst bei der Schilderung der Aktionen Sullas gegen seine Gegner nach Beendigung der Kriegshandlungen thematisiert. Wir können also davon ausgehen, daß Florus mit seiner Bemerkung, Marius habe die Grausamkeit Sullas herausgefordert, auf die Proskriptionen und die anderen Morde nach Sullas Sieg anspielt. Demnach gibt er die letztliche Schuld an der Ermordung von Sullas Feinden nicht dem Diktator selbst, sondern dessen Gegenspieler Marius.

m) Martial

Martial, der an der Schwelle zum 2. Jahrhundert, also lange Zeit nach Sullas Diktatur schreibt, nimmt -wenn auch nur am Rande- in seinen Epigrammen ebenfalls Bezug auf die Grausamkeit Sullas. In seinem Loblied auf den Kaiser Nerva (96-98 n.Chr.) behauptet er, alle möglichen Gestalten der Vergangenheit, darunter Brutus, Pompeius, Caesar, Cato und Sulla, würden sich, wenn ihnen dazu die Gelegenheit gegeben würde, freiwillig Nerva unterwerfen. Sulla wird in diesem Zusammenhang mit einer nicht weiter erläuterten Charakterisierung versehen: Martial bezeichnet ihn als blutbefleckt (*cruentus*).[1113] Diese kurze charakterisierende Erwähnung Sullas zeigt, welche negativen Assoziationen dieser Name noch zu Beginn des 2. Jahrhunderts hervorgerufen haben muß. Sieht man von Sullas Unbarm-

---
[1112] Flor. II 9, 19.
[1113] Mart. ep. XI 5, 5.

herzigkeit gegen die Verbündeten seiner Feinde im Krieg ab, ist es äußerst wahrscheinlich, daß die Beschreibung Sullas als *cruentus* ihren Grund in der Ermordung seiner innerrömischen Feinde hatte. Da die Abschlachtung so vieler römischer Bürger außerhalb eines Krieges auch bei allen anderen Autoren weitaus mehr Abscheu ausgelöst hat als die Härte Sullas gegen die ihm feindlichen Legionen oder gegen die Praenestiner, ist vermutlich ebenso Martial der Ansicht, daß nicht Sullas Kriegshandlungen, sondern die Proskriptionen ihn ‚blutbefleckt' gemacht haben.

n) Appian

Die Schilderung Appians deckt sich im wesentlichen mit den oben behandelten Berichten anderer Autoren. Sulla habe im Bürgerkrieg[1114] gesiegt und schnell gezeigt, daß er an seinen Feinden blutige Rache nehmen wollte. Er habe eine Rede vor dem römischen Volk gehalten, in der er ankündigte, jeden einzelnen seiner Gegner zu töten. Zu seinen Gegnern zähle er alle diejenigen, die sich seit dem Konsulat des Scipio (88 v.Chr.), als Sulla durch die Agitationen des Sulpicius Rufus sein Kommando im Mithradateskrieg hatte abgeben müssen, gegen ihn gestellt haben. Nach dieser Rede habe Sulla umgehend 40 Senatoren und 1600 Ritter proskribieren lassen.[1115] Appian weist darauf hin, daß Sulla der erste war, der solche Ächtungen veranlasste. Allerdings scheint Appian sich dieser Information nicht besonders sicher zu sein, denn er relativiert diese Aussage durch ein zweifelndes δοκεῖ:

„οὗτος γὰρ δοκεῖ πρῶτος, οὓς ἐκόλασε θανάτῳ, προγράψαι καὶ γέρα τοῖς ἀναιροῦσι καὶ μήνυτρα τοῖς ἐλέγχουσι καὶ κολάσεις τοῖς κρύπτουσιν ἐπιγράψαι."[1116]

In aller Kürze stellt Appian die Folgen einer solchen Ächtung dar: Auf die Proskribierten wurden Kopfgelder ausgesetzt, wer einen Proskribierten versteckte, wurde bestraft. Die den Ächtungen folgenden Morde schildert

---

[1114] App. civ. I 93.
[1115] App. civ. I 95. Im Gegensatz zu vielen anderen Autoren erwähnt Appian von dem vorangehenden Massenmord an den Legionären nichts. Entweder weiß er nichts davon -was angesichts der naheliegenden Vermutung, daß Appian selbst einige dieser Autoren gelesen hat, unwahrscheinlich ist-, oder er hält dieses Faktum für eher unwichtig.
[1116] App. civ. I 95.

Appian weniger ausführlich als Plutarch, jedoch werden in seiner Darstellung die Schrecken der Proskriptionen nicht weniger deutlich:

„μετ' οὐ πολὺ δὲ βουλευτὰς ἄλλους αὐτοῖς προσετίθει. καὶ τῶνδε οἱ μὲν ἀδοκήτως καταλαμβανόμενοι διεφθείροντο, ἔνθα συνελαμβάνοντο, ἐν οἰκίαις ἢ στενωποῖς ἢ ἱεροῖς, οἱ δὲ μετέωροι πρὸς τὸν Σύλλαν φερόμενοί τε καὶ πρὸ ποδῶν αὐτοῦ ῥιπτούμενοι· οἱ δὲ καὶ ἐσύροντο καὶ κατεπατοῦντο, οὐδὲ φωνὴν ἔτι τῶν θεωμένων οὐδενὸς ἐπὶ τοσοῖσδε κακοῖς ἔχοντος ὑπ' ἐκπλήξεως. ἐξέλασίς τε ἑτέρων ἦν καὶ δήμευσις τῶν ἑτέροις ὄντων. ἐπὶ δὲ τοὺς τῆς πόλεως ἐκφυγόντας ζητηταὶ πάντα μαστεύοντες διέθεον καὶ ὅσους αὐτῶν λάβοιεν ἀνῄρουν."[1117]

Wer auf einer Proskriptionsliste stand, konnte stets und überall ermordet werden. Selbst an einem sakralen Ort wie in einem Tempel, seien die Geächteten nicht vor Mordanschlägen sicher gewesen. Dadurch, daß Sulla die Listen ständig erweiterte, seien einige getötet worden, noch bevor sie wußten, daß sie zu den Geächteten gehörten. Sogar durch die selbstgewählte Verbannung konnten sich die Geächteten nicht retten, da Sulla ihnen Spione nachsandte, die sie aufspüren und umbringen sollten. Auf diese Weise sei Carbo, der Konsul des Jahres 88, den Proskriptionen zu Opfer gefallen. Als weiteres Opfer der sullanischen Proskriptionen nennt Appian Q. Lucretius Vespillo[1118]. Dieser hatte offenbar ebenfalls versucht, durch Flucht sein Leben zu retten, war aber von Pompeius aufgespürt worden.

Dem Bericht über den Mord an Q. Lucretius Ofella fügt Appian noch eine Anekdote an. Nachdem Sulla Ofella mit der Begründung, dieser habe ihm den Gehorsam verweigert, hatte umbringen lassen, habe Sulla seine Handlungsweise und sein vermeintliches Recht in dieser Sache durch eine Beispielerzählung illustriert:

„φθεῖρες γεωργὸν ἀροτριῶντα ὑπέδακνον ὁ δὲ δὶς μέν," ἔφη, "τὸ ἄροτρον μεθεὶς τὸν χιτωνίσκον ἐκάθηρεν· ὡς δ' αὖθις ἐδάκνετο, ἵνα μὴ πολλάκις ἀργοίη, τὸν χιτωνίσκον ἔκαυσεν. κἀγὼ τοῖς δὶς ἡττημένοις παραινῶ τρίτου πυρὸς μὴ δεηθῆναι."[1119]

Dadurch, daß Sulla sich im Recht wähnt, Ofella umzubringen, indem er ihn mit lästigen Fliegen vergleicht, die einen Mann beim Pflügen stören, zeigt Appian die menschenverachtende Einstellung Sullas mehr als deutlich. Selbstverständlich sollte der Mord an Ofella und vor allem seine Begrün-

---

[1117] App. civ. I 95.
[1118] App. civ. IV 44.
[1119] App. civ. I 101.

dung abschreckende Wirkung haben. Nur aus diesem Grund konnte Sulla auf die Idee gekommen sein, den römischen Bürgern durch einen derartigen Vergleich seine Handlungsweise zu erläutern. Appian berichtet, daß Sullas Taktik Erfolg hatte. Nach dem Tod Ofellas habe niemand mehr gewagt, etwas gegen Sulla zu unternehmen oder ihm in irgend einer Weise im Weg zu stehen.[1120] Sulla habe durch den Mord an Ofella wie ein König herrschen können. Doch nicht nur der Mord an Ofella, sondern die Proskriptionen insgesamt ermöglichten nach Appians Ansicht dem Diktator Sulla ein störungsfreies Regieren. Durch die Ächtungen seien nämlich alle Feinde Sullas aus Rom verschwunden.[1121] Insofern kann die sullanische Verfassungsreform, von der Appian in civ. I 100 berichtet, als eine Folge der Proskriptionen verstanden werden. Insgesamt läßt sich beobachten, daß die Themen der Politik, von denen Appian berichtet, in den Jahren nach 82 v.Chr. geprägt sind vom Krieg gegen Sertorius und vom Spartacus-Aufstand. Diese Unruhen hatten jedoch alle ihre Bühne außerhalb Roms. Erst mit der Verschwörung Catilinas kommt wieder Unruhe in die Stadt selbst. Insofern scheinen Appians Bericht zufolge die Proskriptionen so radikal gewesen zu sein, daß sie für fast 20 Jahre offene politische Unruhen aus der *urbs Roma* verbannten.

o) Cassius Dio

Cassius Dio legt in seiner Darstellung der sullanischen Proskriptionen den Schwerpunkt auf die Schilderung der Inhumanität dieser Aktion. Dabei ist er der festen Ansicht, Sullas Charakter sei immer schon bösartig gewesen, er habe dies aber erst nach seinem Sieg, der ihm die uneingeschränkte Macht in Rom gegeben habe, zu erkennen gegeben:

„οὕτως, ὡς ἔοικεν, οὐκ ἤνεγκεν εὐτυχήσας. καὶ γὰρ ἐκεῖνα ἃ ἕως ἀσθενὴς ἦν ἄλλοις ἐπεκάλει, καὶ ἕτερα πλείω καὶ ἀτοπώτερα ἔπραξε, βουλόμενος μέν που καὶ ἀεὶ αὐτά, ἐλεγχθεὶς δὲ ἐν τῇ ἐξουσίᾳ. ἀφ' οὗπερ καὶ τὰ μάλιστα ἔδοξέ τισιν ἡ κακοπραγία μέρος οὐκ ἐλάχιστον ἔχειν. ὁ γὰρ Σύλλας ὡς τάχιστα τῶν Σαυνιτῶν ἐκράτησε καὶ τέλος τῷ πολέμῳ ἐπιτεθεικέναι ἐνόμισε (τὰ γὰρ δὴ λοιπὰ ἐν οὐδενὶ λόγῳ ἐποιεῖτο), μετεβάλετο, καὶ ἑαυτὸν μὲν ἔξω τε τῶν τειχῶν τρόπον

[1120] App. civ. I 101.
[1121] App. civ. I 97.

τινὰ καὶ ἐν τῇ μάχῃ κατέλιπεν, τὸν δὲ δὴ Κίνναν καὶ τὸν Μάριον τούς τε ἄλλους τοὺς μετ' αὐτὸν γενομένους πάντας ἅμα ὑπερέβαλεν."[1122]

Dio stellt Sulla als einen Mann dar, dem regelrecht daran gelegen war, böse zu sein und mit seinen Verbrechen seine Vorgänger zu übertrumpfen. In diesem Sinne versteht er alle Handlungen Sullas nach dem Bürgerkrieg. Er berichtet von der Tötung des Damasippus und seiner Anhänger, deren Häupter Sulla nach Praeneste schicken ließ, wo sie öffentlich ausgestellt wurden. Den Mord an den sich ergebenden Legionären schildert Dio geradezu emotional. Er läßt sich ausführlich über die verzweifelten Schreie und die Klagen der Opfer aus:

„ὅτι ὁ φόνος τῶν ἑαλωκότων καὶ τότε οὐδὲν ἧττον ὑπὸ τοῦ Σύλλου ἐγίγνετο, καὶ αὐτῶν ἅτε ἐγγὺς τοῦ ναοῦ θνησκόντων πολὺς μὲν θόρυβος πολὺς δὲ καὶ θρῆνος οἰμωγαί τε καὶ ὀδυρμοὶ ἐς τὸ συνέδριον ἐσέπιπτον, ὥστε τὴν γερουσίαν ἀμφοτέρωθεν ἐκταράττεσθαι."[1123]

Nach der Schilderung des Cassius Dio kam es erst zur Bekanntmachung von Proskriptionslisten, nachdem durch ihn und seine Anhänger bereits unzählige römische Bürger Mordanschlägen zum Opfer gefallen waren.[1124] In dieser Hinsicht deckt sich Dios Bericht mit dem des Plutarch. Allerdings schiebt Cassius Dio die alleinige Schuld an dem Morden Sulla zu. Wenn nach Plutarch Sulla viele persönliche Feinde seiner Anhänger nur deshalb töten ließ, um diesen einen Gefallen zu erweisen, so beteiligten sich viele von Sullas Anhängern nach Cassius Dio nur an dem Gemetzel, um sich möglichst -was Mitleidlosigkeit betraf- mit Sulla auf eine Stufe zu stellen. Die Anhänger Sullas hofften, auf diese Weise die Gunst des Diktators zu gewinnen, damit sie nicht ebenfalls Sullas Blutdurst zum Opfer fielen:

„πολλοὺς μὲν γὰρ αὐτὸς ὁ Σύλλας πολλοὺς δὲ καὶ οἱ ἑταῖροι αὐτοῦ, οἱ μὲν ἐπ' ἀληθείας οἱ δὲ καὶ προσποιούμενοι, ἐμίσουν, ὅπως ἐκ τῆς τῶν ἔργων ὁμοιότητος τό τε ὁμόηθές οἱ ἐνδεικνύοντες καὶ τὴν φιλίαν βεβαιοῦντες, μὴ ἐκ τοῦ διαφόρου αὐτῷ ὑποπτευθῶσί τε καὶ καταγιγνώσκειν τι αὐτοῦ καὶ διὰ τοῦτο κινδυνεύσωσιν. ἔσφαζον δὲ καὶ ὅσους πλουτοῦντας ἢ καὶ ἄλλως πως ὑπερέχοντάς σφων ἑώρων, τοὺς μὲν φθόνῳ τοὺς δὲ διὰ τὰ χρήματα." [1125]

[1122] Cass. Dio XXX-XXXV 109, 2f.
[1123] Cass. Dio XXX-XXXV 109, 6.
[1124] Cass. Dio XXX-XXXV 109, 9-11.
[1125] Cass. Dio XXX-XXXV 109, 9f.

Die Sullaner verhielten sich wie Sieger in einem Krieg gegen auswärtige Feinde; sie schreckten auch nicht davor zurück, die Frauen und Kinder ihrer getöteten Feinde zu schänden.[1126] Cassius Dio vergleicht deshalb Sulla ausgerechnet mit Mithradates, dem pontischen König und Feind Roms, gegen den Sulla erfolgreich gekämpft hatte.[1127] Sullas Motiv, das Morden nun noch durch das öffentliche Bekanntmachen der Namen Geächteter fortzusetzen, bestand nach Cassius Dio in dem Wunsch, der größte Mörder auf Erden zu sein:

„ὡς δὲ οὐκ ἐξήρκει τῷ Σύλλᾳ, οὐδ' ἠγάπα τὰ αὐτὰ ἑτέροις δρῶν, ἀλλά τις αὐτῷ πόθος ἐσῄει καὶ ἐν τῇ πολυτροπίᾳ τῶν φόνων πολὺ πάντων περιεῖναι, ὥσπερ τινὰ ἀρετὴν οὖσαν τὸ μηδὲ ἐν ταῖς μιαιφονίαις τινὸς ἡττᾶσθαι, τινὰ καινότητα ἐξέθηκε λελευκωμένον πίνακα, ἐς ὃν ἐνέγραφε τὰ ὀνόματα."[1128]

Daß die Namen der Geächteten nun auf weißen Tafeln veröffentlicht wurden, bedeutete auch nach Cassius Dio nicht, daß diejenigen, die nicht auf diesen Listen standen, sicher waren. Der Historiker schildert, daß jeder zu jederzeit und an jedem Ort gefährdet war. Wer sich die Tafeln mit den Namen ansah und eine falsche Reaktion zeigte, konnte Verdacht auf sich ziehen und wurde ebenfalls proskribiert[1129]; wer den gleichen oder einen ähnlichen Namen hatte wie einer, der auf der Liste stand, konnte durch eine Verwechslung sein Leben verlieren[1130]; es war nach Cassius Dio nicht erlaubt, überhaupt eine Reaktion auf den Tod eines Proskribierten zu zeigen, nicht einmal eine positive[1131]. Viele seien von ihren nächsten Angehörigen verraten worden[1132], jeder habe in Angst gelebt[1133]. Allein der engste Kreis um Sulla sei vor den Proskriptionen sicher gewesen.[1134] Die Köpfe der Toten seien auf dem Forum ausgestellt worden.[1135] Niemand anders als Sulla tritt in Dios Schilderung der Proskriptionen als Täter ins

---

[1126] Cass. Dio XXX-XXXV 109, 11.
[1127] Cass. Dio XXX-XXXV 109, 8.
[1128] Cass. Dio XXX-XXXV 109, 12.
[1129] Cass. Dio XXX-XXXV 109, 15f.
[1130] Cass. Dio XXX-XXXV 109, 17.
[1131] Cass. Dio XXX-XXXV 109, 16.
[1132] Cass. Dio XXX-XXXV 109, 19.
[1133] Cass. Dio XXX-XXXV 109, 20.
[1134] Cass. Dio XXX-XXXV 109, 15.
[1135] Cass. Dio XXX-XXXV 109, 21.

Rampenlicht. Offenbar sieht der Historiker die Verantwortung für die Morde allein bei dem Diktator, der die Proskriptionen verursacht hat.

2. Zusammenfassung und Bewertung

Die Morde an Sullas Gegnern im Jahr 82 v.Chr. besaßen ein solches Ausmaß, daß es unmöglich ist, alle Facetten dieser Fälle im Einzelnen zu beleuchten. Eine solche Untersuchung würde ein eigenes Buch füllen.[1136] Deshalb soll hier das Vorgehen Sullas im Jahr 82 v.Chr. nur kurz zusammengefaßt und anschließend einige -für diese Untersuchung wichtige- Punkte gesondert betrachtet werden.

Bei der Lektüre der antiken Autoren wird deutlich, daß das Vorgehen Sullas gegen seine Feinde nach dem Sieg am Collinischen Tor in mehrere Etappen unterteilt war, auch wenn nicht alle Autoren eine solche Unterscheidung treffen. Zunächst ließ Sulla eine Menge römischer Soldaten, die zwar gegen ihn gekämpft, sich dann aber ergeben hatten, hinrichten. Diese Maßnahme fällt noch nicht in den Bereich der Proskriptionen. Alle Autoren, die von dieser Tat Sullas berichten, mißbilligen sie deutlich.[1137] Der Grund für die Mißbilligung -bei oft gleichzeitiger Toleranz für mindestens ebenso unbarmherziges Vorgehen im Krieg- liegt auf der Hand: Die Legionäre hatten sich ergeben, und es bestand kein Kriegszustand mehr. Einige Autoren erwähnen darüber hinaus, daß Sulla ihnen Schonung zugesagt hatte, also bei der Ermordung sein Versprechen brach. Besonders schwer wiegt jedoch die Tatsache, daß die Legionäre zum Zeitpunkt ihrer Ermordung den Status des feindlichen

---

[1136] Überdies wäre ein derartiges Unterfangen überflüssig, da F. HINARD auf den Seiten 17-223 und 326-411 seiner Monographie „Les proscriptions de la Rome républicaine" bereits eine sehr genaue und sorgfältige Analyse der sullanischen Proskriptionen erstellt hat. Eine guten Überblick bieten außerdem: SEAGER, Sulla, 197-199, LETZNER, Sulla, 250-260; CHRIST, Sulla, 113-118. Mit Vorsicht zu genießen ist m.E. KEAVENEY, Sulla, 148-168, der zu sehr darauf bedacht ist, die Taten des Diktators zu rechtfertigen. Ähnliches gilt umgekehrt für HÖLKESKAMP, Sulla, 199-218, der zwar die Proskriptionen und die anderen hier behandelten Morde Sullas treffend als grausam und rücksichtslos schildert, jedoch in seiner allgemeinen Beurteilung mit Sulla so hart ins Gericht geht, daß der Diktator insgesamt nicht mit der rechten Ausgewogenheit betrachtet wird.

[1137] Liv. per. LXXXVIII 2; Val. Max. IX 2,1; Sen. benef. V 16, 3; Plut. Sull. 30, 2f.; Flor. II 9, 23-25; Cass. Dio XX-XXXV 109, 6.

Soldaten abgegeben hatten. Sie waren nunmehr nichts anderes als reuige Privatleute, römische Bürger, die auf Sullas Milde hofften.[1138] Innerhalb der Berichte besteht jedoch eine große Unsicherheit hinsichtlich der Zahl der getöteten Legionäre. Livius beziffert die Zahl der Legionäre auf 8000; Plutarch auf 6000; Florus auf 4000. Valerius Maximus spricht von 4 Legionen (ca. 16000-24000 Mann); Seneca nennt 2 Legionen (ca. 8000-12000 Mann)[1139]. Angesichts dieser erheblich unterschiedlichen Angaben ist es kaum möglich, eine Zahl als die wahrscheinlichste herauszustellen. Jedoch sollte die Anzahl der Getöteten nicht zu hoch angesetzt werden, da es sich bei den Legionen um Truppenkörper am Ende eines Krieges handelte, die vermutlich nicht wenige Verluste erlitten hatten. Es wäre durchaus denkbar, daß etwa 2 Legionen zusammen nur noch 4000-6000 Mann aufbieten konnten.

Einige Autoren berichten davon, daß im Zuge der zweiten Einnahme Roms durch Sulla zudem ein Massaker an den Bürgern der Stadt verübt wurde.[1140] Dieses Massaker ähnelte den Quellen zufolge einer eher unkontrollierten Aktion der Anhänger Sullas und erinnert in vielem an das Blutbad, das Marius und Cinna im Jahr 87 v.Chr. unter ihren politischen Gegnern angerichtet hatten.[1141] Wahrscheinlich begannen diese Morde aus ähnlichen Motiven, wie die des Jahres 87 v.Chr. Sulla erhielt die politische Macht in Rom und fürchtete, ohne die Beseitigung seiner politischen Gegner seine politischen Ziele nicht durchsetzen zu können. Daß es dem Diktator nicht allein um seinen persönlichen Machterhalt ging, sondern auch um eine umfassende Staatsreform, ist offensichtlich.[1142] Immerhin hat

---

[1138] Wir müssen vor diesem Hintergrund die Feststellung BARDEN DOWLINGS „People whom Sulla had deemed traitors and enemies of the state were pardoned by him when they requested it" (BARDEN DOWLING, Clemency, 308) kritisch sehen. Daß Cicero in Sull. 72 von einer Begnadigung durch Sulla berichtet, bedeutet keineswegs, daß jeder, der Sulla um Milde bat, diese auch zu spüren bekam.

[1139] Hierbei handelt es sich um „Idealzahlen", welche die wahrscheinlichen Verluste der Legionen im Bürgerkrieg nicht berücksichtigen.

[1140] Plut. Sull. 31, 1; Flor. II 9, 25; Cass. Dio XXX-XXXV 109, 9-11.

[1141] Vgl. Kapitel II (N).

[1142] CARCOPINO vertritt dagegen in seiner Monographie „Sylla ou la monarchie manquée" die Ansicht, der Diktator habe versucht eine Militärmonarchie zu begründen, und er habe sein Amt nur niedergelegt, weil er im Jahr 79 v.Chr. unter zu starken Druck der Konsuln Servilius Vatia und Claudius Pulcher geraten war. Diese Auffassung ist jedoch von GELZER in einer

Sulla seine Macht dazu genutzt, die *res publica* durch ausgiebige Gesetzgebung -in seinem konservativen Sinne- zu erneuern.[1143] Also griff er zur Sicherung seiner Position, die für eine erfolgreiche Reform unangreifbar sein mußte, wie seine Gegenspieler zuvor zum Mittel des Massenmordes. Dabei sind jedoch nicht nur die umgekommen, die Sullas Feinde gewesen waren, sondern auch solche, an denen Anhänger Sullas ihre oft persönliche Rache nahmen.[1144] Anders als Marius und Cinna im Jahr 87 v.Chr. hatte sich Sulla jedoch durch den Interrex L. Valerius Flaccus zum Diktator ernennen lassen, was seiner Handlungsweise zumindest eine formalrechtliche Grundlage gab.

Rezension zu Carcopinos Monographie widerlegt worden: GELZER, Carcopino, 103-105. Ein Mißverständnis der Intention Sullas liegt m.E. bei ROBINSON, Sources, 9f., vor, die in Sulla den eigentlichen Zerstörer der *res publica* sieht, da sich dieser in seiner Diktatur Mittel bedient habe, die mit seinem Ziel, der Wiederherstellung der alten Tugenden, unvereinbar seien: „To me it seems that Sulla was its destroyer, for he claimed to be a conservative, to be restoring the old virtues, and the means he took as a dictator [...] were inevitably incompatible with his aims [...]." Sulla hat jedoch -seiner eigenen Ansicht nach- diejenigen beseitigt, in denen er Hindernisse für seine politischen Ziele sah. Die Rache an seinen politischen Feinden, in denen Sulla auch Feinde der *res publica* sah, ist nicht unvereinbar mit der Wiederherstellung der alten Ordnung.

[1143] Die Reformen Sullas werden von Theodora HANTOS in der Monographie „Res publica constituta. Die Verfassung des Diktators Sulla, Stuttgart 1988" ausführlich dargestellt. Außerdem: GRUEN, Roman Politics, 254-265; LETZNER, Sulla, 271-194. Vgl auch Anm. 171.

[1144] KEAVENEY ist der Ansicht, die Anhänger Sullas, welche die Morde im Auftrag des Diktators begingen, hätten oft nicht zwischen Freund und Feind unterschieden, weshalb auch viele -aus der Sicht Sullas- Unschuldige dem Massaker zum Opfer fielen. „Since the Sullans, taking their cue from their leader, saw themselves as the defenders of the integrity of the state they naturally regarded their opponents as public enemies whom it was legitimate to make away with on the spot. [...] Many of the killers were far too enthusiastic, with the result that friend as well as foe went in danger from their energetic ministrations" (KEAVENEY, Sulla, 149). Im Grunde entschuldigt KEAVENEY hier das Verhalten der Anhänger Sullas. Er unterstellt ihnen auch nicht, den Auftrag des Diktators mit der Beseitigung ihrer eigenen Feinde zu vermischen, sondern bescheinigt ihnen allenfalls zu großen Enthusiasmus bei der Erfüllung ihrer Aufgabe. Dies widerspricht jedoch nicht nur den deutlichen Angaben der antiken Autoren, sondern auch KEAVENEYS eigener Sicht von den Anhängern Sullas, denen er nur wenige Seiten später unterstellt, unter den Proskriptionen bewußt Unschuldige getötet zu haben, um eine Belohnung zu kassieren (KEAVENEY, Sulla, 152). Zudem gingen die Anhänger Sullas wohl nicht, ohne sich von ihrem Anführer ermutigt zu sehen, auf diese Weise vor. Zutreffender ist m.E. die Ansicht CHRISTS, der die Situation nach der Schlacht am Collinischen Tor schildert als eine „Orgie eines infernalischen Hasses, eines Hasses, der ohne Zweifel von Sulla selbst ausging, aber auch die übrigen Sieger mitriß und Verbrechern und Maraudeuren aller Art freie Hand gab" (CHRIST, Sulla, 113).

Das Verfahren der Proskriptionen selbst bedeutete im Grunde eine Beschränkung der Massenmorde. Es herrschte eine so große Unsicherheit, daß Sulla gebeten wurde, wenigstens die Namen derer, die er töten wolle, bekanntzugeben.[1145] Sulla kam dieser Bitte nach und veröffentlichte Listen mit den Namen seiner Opfer. Das Verfahren der Proskriptionen ist hinlänglich bekannt: Wer auf einer der Listen stand, durfte von jedem getötet werden. Für die Ermordung eines Proskribierten wurde eine festgesetzte Belohnung gezahlt; das Vermögen des Getöteten wurde eingezogen. Wer einem Proskribierten half, der stand ebenfalls in der Gefahr, auf eine solche Liste gesetzt zu werden. Die Angaben der antiken Autoren hinsichtlich der Zahl der Ermordeten sind nicht einheitlich. Sie decken sich aber insofern, als es sich bei allen Autoren um eine sehr große Anzahl handelt, die sich ausnahmslos aus der römischen Führungsschicht rekrutierte.[1146] Wir erfahren, daß die Opfer zum Teil bei lebendigem Leib verstümmelt wurden;[1147] außerdem wurden die Köpfe der Getöteten zu

---

[1145] Die Quellen machen unterschiedliche Angaben zur Person des Urhebers dieser Bitte an Sulla. Plutarch nennt Q. Caecilius Metellus oder L. Fufidius, den auch Florus angibt. Darüber hinaus behauptet Orosius, der Betreffende sei Q. Lutatius Catulus gewesen. HINARD, Proscriptions, 110-115, diskutiert diese Frage und neigt dazu, Fufidius als denjenigen anzusehen, der die Anregung zu den Proskriptionen gab. Für unsere Untersuchung ist die Identität des „Erfinders" der Proskriptionen jedoch nicht von Belang.

[1146] Zur Frage nach der Menge der Proskribierten vgl. HINARD, Proscriptions, 116-120 und 128-133/ 326-411, wo HINARD immerhin 75 Namen von Proskribierten erfaßt hat.

[1147] KEAVENEY sieht den Grund für die Grausamkeit, die sich in der Verstümmelung der Opfer zeigt, in Sullas eigener leidvoller Erfahrung. Er sei -obwohl er sich große Verdienste um Rom erworben habe- immer wieder bitter enttäuscht worden, und habe deshalb auf so unbarmherzige Weise reagiert. „The answer, in all probability, is to be found in the suffering and humiliation which he himself had undergone. While he was waging a desperate and uncertain war on Rome's behalf, his enemies at home deliberately stabbed him in the back. [...] Since Sulla, by his own admission, was a vengeful man, who believed the punishment should be in proportion to the crime, we need not to be surprised that, as he brooded all these wrongs [...] [,] he promised himself a spectacular revenge, if ever he had those responsible in his power" (KEAVENEY, Sulla, 158f.). Es ist gut möglich, daß Sulla sich selbst in der hier beschriebene Weise sah (vgl. auch BEHR, Selbstdarstellung, 91). Wir können diese Sichtweise deshalb jedoch nicht einfach übernehmen, wie KEAVENEY es offenbar tut. Da nämlich Sullas angebliches ‚Leiden für Rom' in keiner Weise mit dem Schrecken zu vergleichen ist, welches die Proskriptionen über die Stadt gebracht haben, muß festgestellt werden, daß Sulla -selbst wenn man ihm ein Recht auf Rache zugestehen wollte- weit über das angemessene Ziel hinausgegangen ist. Zudem bleibt fraglich, wie selbstlos Sullas Kriegführung gegen Mithradates wirklich war. HINARD, Male mort, 301-309, sieht in Anlehnung an VERNANT, Belle mort, 63-68, in der Verstümmelung der Opfer mehr als die bloße Grausamkeit und Rachsucht der Sieger. „Il a une fonction bien précise qui est de mutiler le corps pour le rendre méconnaissable;

Sulla gebracht, der dem Mörder eine Belohnung zahlte. Die Praxis, die Zahlung einer Belohnung an die Überbringung des Kopfes zu knüpfen, war keinesfalls neu. Schon Opimius, der Konsul des Jahres 121 v.Chr., hatte ein Kopfgeld auf C. Gracchus ausgesetzt, indem er demjenigen, der ihm den abgeschlagenen Kopf des Gracchus brachte, versprach, das Gewicht dieses Kopfes mit Gold aufzuwiegen.[1148]

Darüber, daß diese Listen für die nicht Genannten jedoch keine Rechtssicherheit bedeuteten, besteht kein Zweifel, da Sulla jederzeit weitere Namen hinzufügen konnte (und dies auch tat), und weil auch viele, die gar nicht auf den Listen genannt waren, unter dem Vorwand der Proskriptionen umgebracht wurden. Auf diesen Mißbrauch der Proskriptionen wird vor allem von Cicero, der die Diktatur Sullas selbst miterlebt hat, des Öfteren verwiesen.[1149] Hinsichtlich dieses Mißbrauchs entschuldigt KEAVENEY den Diktator und gibt die ganze Schuld daran dessen Anhängern.[1150] Sulla sei gegen eigenmächtiges Vorgehen, wenn er davon Kenntnis erhalten habe, vorgegangen; er habe die Belohnung für solche, die gar nicht auf den Listen standen, nur deshalb bezahlt, weil er

---

c'est-à-dire non seulement pour empêcher toute sépulture, mais pour priver l'adversaire de tout statut dans le monde de morts [...]" (S. 309). Vielleicht haben die Mörder tatsächlich so weit gedacht, ihren Opfern noch ein Dasein im Jenseits unmöglich zu machen. Eine solche Sichtweise wäre zumindest für Sulla denkbar, der ja auch die schon seit über vier Jahren begrabene Leiche seines Erzfeindes C. Marius aus dem Grab gerissen und in einen Fluß geworfen hatte. Auch die symbolische Ermordung des Marius Gratidianus am Grab des von C. Marius getöteten Catulus läßt auf weitergehende Motive schließen als die bloße Beseitigung von politischen Gegnern. Ähnlich wie HINARD urteilt auch HAVAS, der in dem Mord an Marius Gratidianus durch Catilina ebenfalls eine religiöse Komponente sieht. Anders als HINARD bezieht HAVAS diese Komponente aber nicht auf den Auftraggeber Sulla, sondern auf den Ausführer Catilina. Seiner Ansicht nach imitiert Catilina hier keltisches Verhalten, da auch die Kelten die abgeschlagenen Köpfe ihrer Feinde auf Lanzen aufzustecken pflegten (HAVAS, Arrière-plan, 196-198). Jedoch erklärt dies in keiner Weise die vollständige Verstümmelung der Feinde Sullas bei lebendigem Leib. Es wäre wohl verfehlt, anzunehmen, Sulla bzw. Catilina wäre bei der Ermordung der Opfer einem einzigen, ganz bestimmten Vorbild gefolgt, wie dem Brauch der Kelten oder der klassisch griechischen Tradition (TILL, Bewerbung, 330, nimmt sogar an, mit dem Mord an Gratidianus würde ein ganz bestimmtes Ereignis imitiert, nämlich die Opferung junger Trojaner am Grab des Patroklos). Wahrscheinlich spielen vielmehr mehrere Elemente hier hinein: Sullas Bedürfnis nach Rache ließ ihn zu besonders grausamen Methoden greifen. In der Ausführung wurden dabei -ob bewußt oder unbewußt- mehrere Vorbilder zugleich nachgeahmt, die der Rache an Sullas Feinden dienten.

[1148] Vgl. Kapitel II (D) dieser Untersuchung.
[1149] Z. B. Cic. Rosc. Am. 108; Cluent. 25f.
[1150] KEAVENEY, Sulla, 152; in ähnlicher Weise urteilt SCHUR, Marius und Sulla, 192.

nicht jeden der Proskribierten persönlich kannte, und ihm die Köpfe Unschuldiger als die seiner Feinde ‚verkauft' wurden. Diese Entschuldigung Sullas ist jedoch nicht zu halten. In Ciceros Rede *Pro Roscio Amerino* wird mehr als deutlich, daß der Mißbrauch der Proskriptionen, die dadurch auch Unschuldige trafen, hinlänglich bekannt war. Es ist kaum denkbar, daß ausgerechnet Sulla, der als Diktator und Initiator der Proskriptionen über das Verfahren zu wachen hatte, davon nichts mitbekam. Wenn er sich aber dieses Mißbrauchs bewußt war, dann mußte er auch dafür Sorge tragen, ihn einzudämmen und durfte keine Belohnung für einen abgeschlagenen Kopf zahlen, den er nicht identifizieren konnte. Da er dies jedoch tat, ist es offensichtlich, daß Sulla das Vorgehen duldete. Ihm war die Ergreifung und Ermordung seiner Gegner wichtiger als der Schutz neutraler Personen.

Auch wenn die Proskriptionen und die vorangegangenen Morde an den Gegnern Sullas mit Sicherheit einen schrecklichen Höhepunkt in der Geschichte des politisch motivierten Mordes in der Römischen Republik darstellen, bleibt das Verfahren der Proskriptionen formaljuristisch kaum fragwürdig. Sullas Ernennung zum *dictator legibus scribundis et rei publicae constituendae* gab ihm besondere Vollmachten, die weit über die eines normalen Magistrats hinausgingen.[1151] Es bleibt zwar fraglich, inwieweit Sulla als Diktator wirklich die Vollmacht hatte, Bürger zu töten, wenn dies nicht seinem Auftrag, zu dem ihm sein Amt gegeben war, diente, doch scheint zumindest keiner der Zeitgenossen Sullas jemals am formalen Recht des Diktators, den Massenmord durchzuführen, gezweifelt

---

[1151] Daß auch die Legalität der Diktatur Sullas im republikanische Sinne in keiner Weise zweifelhaft ist (anders HÖLKESKAMP, Sulla, 215), zeigt F. HURLET in seiner Monographie „La dictature de Sylla. Monarchie ou magistrature républicaine?". HURLET macht deutlich, daß sich die Diktatur Sullas -auch wenn sie die üblichen 6 Monate überschritt- im Einklang mit den republikanischen Traditionen befand. „Pour mener à bien sa réforme de l'Etat, Sylla se dota non pas d'un nouveau type de pouvoir, mais d'une magistrature qui avait un long passé prestigieux. [...] Par certaines côtés, la dictature syllanienne présentait desparticularités: la limite traditionelle des six mois fut dépassé et l'ampleur de la réforme politique était sans précédent. Mais loin d'être illégaux, ces deux éléments étaient conformes aux deux principes généraux plus fondamenteaux: limite de la durée de charge et délimitation de la tâche à accomplir" (169f.). Deshalb hat BADIAN nicht recht, wenn er Sullas Vorgehensweise des Jahres 82 mit den Worten kommentiert: „This time [...] Sulla did nothing to spare the feelings of senators or to soothe their consciences by a show of legalty" (BADIAN, Deadly Reformer, 20).

zu haben. Besonders deutlich wird dies in der von Plutarch, Florus und Appian berichteten Begebenheit, daß Sulla von einem Senator gebeten wurde, wenigstens die Namen derjenigen bekanntzugeben, die er töten wolle. Sulla wurde also durchaus für seine Unbarmherzigkeit kritisiert, jedoch hat anscheinend niemand sein formales Recht dazu in Frage gestellt. Außerdem sah Sulla die Proskriptionen als die Beseitigung von Staatsfeinden an. Es konnte demnach nur schwer behauptet werden, diese Maßnahme Sullas diene nicht dem Zwecke seiner Diktatur.

Folgen der hier untersuchten Morde waren nicht nur die extreme Ausdünnung der römischen Führungsschicht und die Durchsetzung der sullanischen Politik, sondern auch die nicht unwesentliche Aufbesserung der Staatskasse durch die Konfiszierung des Vermögens der Opfer. Zudem hatte der Diktator Rache an seinen politischen Feinden nehmen können.[1152] Mit Sicherheit hat Sulla bei der Erstellung der Proskriptionslisten nicht allein diejenigen für vogelfrei erklärt, die er für potenzielle Gefahren hielt. Sulla wollte mit den Morden nicht nur zukunftsgewandt die Abwesenheit von feindlichen Agitatoren bewirken. Er wollte auch -in die Vergangenheit blickend- Rache an denen üben, die in seiner Auseinandersetzung mit Marius und Cinna auf der falschen Seite gestanden hatten.[1153]

[1152] Die Spätfolgen, welche die Verfolgung des späteren Diktators C. Iulius Caesar unter den Proskriptionen möglicherweise für die Entwicklung der *res publica* nach sich zog, sollen hier keine Beachtung finden. Die Verfolgung (und Begnadigung) Caesars durch Sulla hat zuletzt RIDLEY ertragreich untersucht: RIDLEY, The Dictator's Mistake, Historia 49, 2000, 211-229.

[1153] Diese Absicht Sullas ist bezeugt in App. civ. I 95. Daß Sulla die Proskriptionen für seine Rache genutzt hat, heißt jedoch nicht, daß sein Anliegen nur seinem eigenen Machtgewinn und nicht der Stärkung des Senats galt. Zwar behauptet HACKL, Senat und Magistratur, 252, wohl in Anlehnung an BADIAN, Waiting for Sulla, 52, Sulla habe auf keinen Fall die Sache des Senats vertreten, doch bedeutet die Tatsache, daß Sulla eine große Anzahl von Senatoren getötet hat (HACKL) und daß weite Teile des Senats die selbstherrlichen Aktionen Sullas mit gemischten Gefühlen sahen (BADIAN), nicht, daß der Diktator selbst sich nicht der Senatsautorität verpflichtet fühlte. Es ist nicht zu leugnen, daß der Senat durch die Reformen Sullas wieder zu einer Bedeutung erstarkt ist, die ihm im Laufe der (vor allem letzten 10) Jahre verlorengegangen war. Daß Sulla den Senatsangehörigen des Jahres 82 v.Chr. eher negativ gegenüberstand, bedeutet nicht, daß seine Haltung gegenüber der Körperschaft des Senats ebenso ungünstig war. Sullas ganz und gar republikanisches Bestreben wird nicht zuletzt darin offensichtlich, daß er sein Amt als Diktator niederlegte, als er seine Aufgabe für beendet hielt, und nicht selbstherrlich an seiner Macht festhielt. Es war Sullas politisches Anliegen, den Staat zu erneuern, und dieses Anliegen war auch einer der Gründe für die hier untersuchten politischen Morde.

Obwohl Sulla seine unbarmherzige Art und Weise, durch die er die wahren oder vermeintlichen Staatsfeinde beseitigte, durch die Vollmacht seiner Diktatur legitimieren konnte, wird er für diese Taten von den antiken Autoren hart kritisiert. Dabei macht es kaum einen Unterschied, ob wir es mit einem Autor zu tun haben, der die sullanische Politik der Stärkung des Senats prinzipiell gutheißt und ihm das grundsätzliche Recht einräumt, gegen Marius und dessen Anhänger vorzugehen,[1154] oder mit einem Autor, der den Diktator durchgängig kritisiert. Auch die politischen Umstände, unter denen ein Autor sein Werk verfasst hat, haben keinen besonderen Einfluß auf die grundsätzlich negative Beurteilung der hier untersuchten Morde. Zwar mögen die Motive, mit denen ein Autor die Grausamkeit Sullas geschildert hat, in verschiedenen Zeiten unterschiedlich gewesen sein,[1155] keiner jedoch versucht, die Morde an Sullas Gegnern zu rechtfertigen. Gerade die Tatsache, daß auch diejenigen, die eigentlich mit Sulla sympathisieren, die Morde als schlimmste Grausamkeit einschätzen, zeigt, welchen Eindruck die Proskriptionen hinterlassen haben. Obwohl sogar einige unserer Autoren als eine Hauptquelle ihrer Werke die Memoiren Sullas selbst herangezogen haben,[1156] bleiben sie in der Beurteilung der Proskriptionen deutliche Kritiker Sullas. Zudem wird das Sullabild der einzelnen Autoren so sehr von diesen Morden bestimmt, daß die positiven Leistungen des Diktators oft nur noch wenig oder gar nicht mehr gesehen werden.[1157] Wir dürfen dies jedoch nicht als mangelnde Sachlichkeit be- oder gar verurteilen. Die Proskriptionen stellten in der Art ihrer Durchführung und hinsichtlich der Zahl der Opfer eine bisher nicht gekannte systematische Jagd auf römische Bürger, die allesamt aus der Führungsschicht stammten, dar. Dies wird nicht nur von unseren Quellen

---

[1154] Vor allem Liv. per. LXXXVIII 1; Flor. II 9, 19. 23-25.
[1155] BARDEN DOWLING, Clemency, 308-336.
[1156] BEHR, Selbstdarstellung, 91-94.
[1157] Zurecht weist BARDEN DOWLING, Clemency, 303-340, zwar darauf hin, daß Sulla von den antiken Autoren nicht nur negativ gesehen wird. Dennoch überwiegt bei fast jedem einzelnen Autor die kritische, Sulla verurteilende Seite. Dieselben Autoren, die durch ihre manchmal positiven Aussagen über Sulla ihre eigene Objektivität beweisen, fällen ein negatives Gesamturteil über den Diktator, welches sich allein aus den Proskriptionen herleitet.

einmütig geäußert,[1158] sondern wir können auch für die römische Geschichte vor 82 v.Chr. kein Beispiel nennen, das dem Massenmord an Sullas Gegnern nahekommt.[1159] Es ist also durchaus berechtigt, das Gesamturteil über Sulla unter Berücksichtigung dieser Tatsache negativ ausfallen zu lassen. Zudem muß beachtet werden, daß die reformerischen Leistungen Sullas -so sehr diese den Verfall der *res publica* auch gebremst haben mögen- nicht ohne die unbarmherzige Ermordung aller, die diesen Reformen entgegenstanden, umgesetzt wurden. Insofern bleiben die Proskriptionen an der restaurativen Leistung Sullas als unübersehbarer Makel haften.[1160]

[1158] Z.B. Liv. per. LXXXVIII 2; Vell. Pat. II 28, 3.

[1159] Unangemessen ist aus diesem Grund auch das sehr entschuldigende Gesamturteil, das LETZNER über Sulla fällt: „Gutes und Schlechtes lagen bei ihm [i.e. Sulla] sehr eng zusammen und wer viel agiert, der kann auch viele Fehler machen" (LETZNER, Sulla, 325). Dieses Urteil wird dem Charakter des in seinem Ausmaß und seiner Grausamkeit bis dato einzigartigen Massenmordes nicht gerecht.

[1160] In der modernen Forschung werden die Proskriptionen deshalb zurecht fast ausschließlich negativ gesehen. Eine markante Ausnahme bildet hier allein SCHUR, Marius und Sulla, der zwar die „sittliche Verwilderung" (191), die durch die Proskriptionen gefördert wurde, kritisiert, die massenhafte Tötung der Feinde Sullas jedoch als „wesentliche Voraussetzung [für die] Erneuerung der [...] Republik" (189) ansieht. Allein den sog. Mißbrauch hält er für eine „bedenkliche[...] Seite" (192) der Proskriptionen. Den Massenmord selbst billigt er mit den Worten: „Trotz all dieser bedenklichen Seiten hat das Gesetz seinen Zweck erfüllt, den alten selbstbewußten Ritterstand mit seinen maßlosen politischen Ansprüchen zu vernichten."

R) Die Hinrichtung der Anhänger Catilinas 63 v.Chr.

1. Die Darstellung der Quellen
a) Cicero

Ciceros Sicht der Ereignisse um die Catilinarische Verschwörung ist weit mehr als alle anderen hier behandelten Darstellungen die Sicht eines Betroffenen. Da es Cicero selbst war, der als Konsul des Jahres 63 v.Chr. die Verschwörung aufdeckte und zudem die Hinrichtung der Anhänger Catilinas anordnete, können seine Aussagen hierzu immer nur als Aussagen über seine eigene Politik verstanden werden. Folgerichtig handelt es sich bei diesem Fall seiner Ansicht nach auch nicht um Mord an politischen Widersachern, sondern um verfassungsmäßig legitimierte Hinrichtungen von Staatsfeinden. Der Verlauf der Catilinarischen Verschwörung, wie er sich in den Schriften Ciceros darstellt, soll hier nicht in aller Ausführlichkeit geschildert werden, da das Interesse dieses Kapitels nicht den Machenschaften Catilinas, sondern dem Tod seiner Anhänger gilt. Aus diesem Grund werden nur ausgewählte Aussagen Ciceros zu den vorangehenden Ereignissen präsentiert, welche die Hinrichtung der Catilinarier begründen oder anderweitig Schlüsse auf Ciceros Beurteilung dieser Ereignisse zulassen.

Das eigentliche Vorgehen gegen Catilinas Verbündete in Rom beginnt mit Ciceros dritter Catilinarischer Rede. Da er zum Zeitpunkt der ersten beiden Reden noch keine unwiderlegbaren Beweise gegen die einzelnen Verschwörer besaß, hatte er zunächst für Milde plädiert, die allerdings nicht in erster Linie auf eine Schonung der Feinde des römischen Gemeinwesens hinauslaufen, sondern Catilina zu offenen Aktionen verleiten sollte, so daß seine verbrecherischen Absichten unleugbar erwiesen wären[1161] und außerdem seine Anhänger bekannt werden würden.[1162] In der zweiten Catilinarischen Rede, einer Rede, die der Konsul vor dem Volk gehalten hat, bemüht er sich noch, seine Zuhörer, unter denen er auch Anhänger Catilinas ver-

---

[1161] Cic. Cat. II 4.
[1162] Cic. Cat. I 31.

mutet, umzustimmen, und stellt reuigen Verschwörern, die sich von Catilina abwenden, eine Amnestie in Aussicht:

> „Sed cur tam diu de uno hoste loquimur et de eo hoste, qui iam fatetur se esse hostem, et quem, quia, quod semper volui, murus interest, non timeo: de his, qui dissimulant, qui Romae remanent, qui nobis cum sunt, nihil dicimus? Quos quidem ego, si ullo modo fieri possit, non tam ulcisci studeo quam sanare sibi ipsos, placare rei publicae, neque, id quare fieri non possit, si me audire volent, intellego. Exponam enim vobis, Quirites, ex quibus generibus hominum istae copiae comparentur. Deinde singulis medicinam consili atque orationis meae, si quam potero, adferam."[1163]

Hier scheint Cicero der Ansicht zu sein, daß die Bedrohung für den Staat allein von Catilina ausgeht, und daß seine Anhänger blinde Mitläufer sind, die lediglich verführt wurden. In diesem Sinne formuliert er seine Vorwürfe in der (an Catilina gerichteten) ersten Catilinarischen Rede auch allein an den Anführer der Verschwörung: Catilina plane einen Massenmord am römischen Adel[1164] und er sei von der Idee besessen, unbedingt einen römischen Konsul zu töten[1165]. Zudem wolle Catilina die ganze Welt durch Brand und Mord verwüsten:

> „An vero vir amplissumus, P. Scipio, pontifex maximus, Ti. Gracchum mediocriter labefactantem statum rei publicae privatus interfecit: Catilinam orbem terrae caede atque incendiis vastare cupientem nos consules perferemus?"[1166]

Bereits hier rechtfertigt Cicero eine eventuelle Tötung des Unruhestifters Catilinas. Er bedient sich des Beispiels des Ti. Gracchus, der weit weniger gefährlich gewesen sei als Catilina, und dennoch umgebracht wurde. Allerdings läßt Cicero auch hier die Mitverschwörer aus dem Spiel. Seine Drohung gilt allein der Person Catilinas.

Ganz anders klingt Cicero in der dritten Catilinarischen Rede. Zu diesem Zeitpunkt hatte der Konsul gegen eine ganze Reihe von Personen schriftliche Beweise ihrer Konspiration mit Catilina in der Hand. Eine Gruppe von Allobrogern, die Catilina gegenüber vorgegeben hatte, sich seiner Verschwörung anzuschließen, hatte dem Konsul Briefe der Verschwörer zukommen lassen, welche deren Teilnahme an der Konspiration bewiesen.

[1163] Cic. Cat. II 17.
[1164] Cic. Cat. I 7.
[1165] Cic. Cat. I 16.
[1166] Cic. Cat. I 3.

Die überführten Verschwörer waren daraufhin festgenommen worden. Gegen Catilina selbst konnte Cicero zunächst nicht vorgehen, da sich dieser nicht mehr in Rom befand. In der dritten Rede gegen Catilina hält Cicero die Mitverschwörer plötzlich nicht mehr für so harmlos, wie es seine zweite Catilinarische Rede nahegelegt hat. Nun erklärt er seinen Zuhörern, dem römischen Volk, daß Rom durch die Festnahme der Verschwörer einer großen Gefahr entronnen sei. Wäre den Verbrechern nicht ihr Handwerk gelegt worden, so hätten sie in Rom durch Mord und Brand gewütet:

„Nam toti urbi, templis, delubris, tectis ac moenibus subiectos prope iam ignis circumdatosque restinximus, idemque gladios in rem publicam destrictos retrusimus mucronesque eorum a iugulis vestris deiecimus."[1167]

Auf ähnliche Weise hatte sich Cicero bereits in seiner Rede *Pro Murena* geäußert, die er nach der zweiten, aber vor der dritten Catilinarischen Rede gehalten hat.[1168] Cicero vergleicht hier die Anhänger Catilinas mit dem Trojanischen Pferd: Zwar habe sich Catilina aus Rom entfernt, doch viele seiner Anhänger seien immer noch da und arbeiteten weiter auf eine Zerstörung der *res publica* hin:

„Audite, audite consulem, iudices, - nihil dicam arrogantius, tantum dicam: totos dies atque noctes de re publica cogitantem! Non usque eo L. Catilina rem publicam despexit atque contempsit ut ea copia quam se cum eduxit se hanc civitatem oppressurum arbitraretur. Latius patet illius sceleris contagio quam quisquam putat, ad plures pertinet. Intus, intus, inquam, est equus Troianus; a quo numquam me consule dormientes opprimemini.[...] Sed copias illius quas hic video dico esse metuendas; nec tam timendus est nunc exercitus L. Catilinae quam isti qui illum exercitum deseruisse dicuntur. Non enim deseruerunt, sed ab illo in speculis atque insidiis relicti in capite atque in cervicibus nostris restiterunt. Hi et integrum consulem et bonum imperatorem et natura et fortuna cum rei publicae salute coniunctum deici de urbis praesidio et de custodia civitatis vestris sententiis deturbari volunt."[1169]

[1167] Cic. Cat III 2.
[1168] Er warnt hier seinen Prozeßgegner Cato, der den Konsulatskandidaten Murena *de ambitu* angeklagt hatte, davor, unabsichtlich der Catilinarischen Verschwörung in die Hände zu arbeiten. Murena gehörte nämlich, wie Cato und Cicero, der anticatilinarischen Fraktion an. Der Grund für Catos Anklage gegen Murena war kein politischer, sondern ergab sich allein aus den rigorosen Moralvorstellungen des Senators.
[1169] Cic. Mur. 78f.

Cicero ist also bereits hier der Ansicht, daß nicht allein von Catilina selbst, sondern auch von seinen Mitverschwörern eine Bedrohung für das römische Gemeinwesen ausgehe.

Cicero nennt in der dritten Catilinarischen Rede die Namen der überführten Verschwörer. Ein Verschwörer namens Volturicus, der die oben genannten Schreiben Catilinas an die Allobroger übergeben hatte, habe, nachdem Cicero ihm ein Sicherheitsversprechen gegeben hatte, gegen Lentulus ausgesagt. Auch die Allobroger hätten sich der Aussage gegen Lentulus angeschlossen. Außerdem seien den Galliern zufolge auch Cethegus, Statilius und L. Cassius an der Verschwörung beteiligt.[1170] Cicero berichtet, daß Cethegus, Lentulus, Statilius und Gabinius, nachdem er sie mit den Briefen, die sie selbst an die Allobroger geschrieben hatten, konfrontiert hatte, geständig waren. Daraufhin habe der Senat die Verhaftung dieser vier beschlossen. Da P. Lentulus im Jahr 63 v.Chr. durch sein Prätorenamt jedoch Immunität genoß, sollte dieser erst nach Ablauf seiner Amtszeit in Haft genommen werden.[1171] Zusätzlich zu den vier geständigen Verschwörern sollten L. Cassius, M. Caeparius, P. Furius, Q. Annius Chilo und P. Umbrenus, deren Teilnahme an der Verschwörung wohl ebenfalls durch Briefe und Aussagen der Allobroger festgestellt werden konnte, festgenommen werden. Cicero betont, daß es sich hier bei Weitem nicht um die Gesamtheit aller Verschwörer handle, sondern nur um die neun schlimmsten. Die übrigen wolle der Senat nicht bestrafen, sondern zur Vernunft bringen:

> „Atque ea lenitate senatus est usus, Quirites, ut ex tanta coniuratione tantaque hac multitudine domesticorum hostium novem hominum perditissimorum poena re publica conservata reliquorum mentis sanari posse arbitraretur."[1172]

Da der Konsul die Festgenommenen als die schlimmsten der Verschwörer bezeichnet, muß kurz darauf eingegangen werden, welche Rolle diese Cicero zufolge innehatten: Lentulus informierte Catilina über die Fortschritte der Verschwörung innerhalb Roms und scheint der wichtigste Drahtzieher der geplanten Revolution gewesen zu sein[1173], Cethegus hatte in seinem

---
[1170] Cic. Mur. 78f.
[1171] Cic. Cat. III 14f.
[1172] Cic. Cat. III 14.
[1173] Cic. Cat. III 8.

Haus Waffen für den Aufstand versteckt und die Gallier durch Zusagen zu einer Revolte aufzuwiegeln versucht; Statilius, Lentulus und Gabinius wurde dasselbe vorgeworfen[1174]. Außerdem hätte Cethegus die Senatoren, Gabinius die übrigen Bürger töten sollen.[1175] L. Cassius habe Rom in Brand stecken wollen[1176], M. Caeparius habe die Hirten in Apulien aufgewiegelt, Furius, Chilo und Umbrenus seien ebenfalls an der Aufhetzung der Gallier beteiligt gewesen[1177]. In seiner vierten Catilinarischen Rede schildert Cicero noch einmal, welche Verbrechen die Catilinarier begangen hätten, wären sie nicht verhaftet worden. Rom sollte in Flammen aufgehen, die Bürger sollten ermordet werden. Cicero bezichtigt Cethegus der potentiellen Freude über die Ermordung der Bürger. Lentulus habe König werden wollen und Gabinius sein Minister. Außerdem wäre Catilina mit einem Heer in Rom eingefallen, hätte das Morden fortgesetzt und zu allem Überfluß die Vestalischen Jungfrauen vergewaltigt.[1178] Im Hinblick auf derartige Verbrechen, wie Cicero sie von den Catilinariern erwartete, kann die Tatsache, daß er deren Tötung nicht als Mord, sondern als Rettungstat ansah, kaum verwundern. Von Cicero selbst erfahren wir aber auch, daß es im Senat ebenfalls Stimmen gab, die vor einer Hinrichtung der Catilinarier warnten.

Nach der Verhaftung kam es im Senat zu einer Debatte darüber, wie mit den Verschwörern zu verfahren sei. Nachdem die Senatoren D. Iunius Silanus und C. Iulius Caesar ihre Anträge gestellt hatten, hielt Cicero seine vierte Catilinarische Rede, in der er auf eine schnelle Entscheidung gegen die Catilinarier drängte und auf die Anträge seiner Vorredner zu sprechen kam. Cicero erwähnt, daß Silanus die Todesstrafe verlangt hatte, Caesar aber nur lebenslange Haft. Silanus habe seinen Antrag mit den verbrecherischen Vorhaben der Catilinarier begründet und mit Beispielen aus der römischen Geschichte untermauert, wo nicht selten genauso gehandelt worden sei, wie Silanus nun beantragte:

[1174] Cic. Cat. III 10f.
[1175] Cic. Cat. IV 13.
[1176] Ebd.
[1177] Cic. Cat. III 14.
[1178] Cic. Cat. IV 11f.

„alter eos, qui nos omnis, qui populum Romanum vita privare conati sunt, qui delere imperium, qui populi Romani nomen exstinguere, punctum temporis frui vita et hoc communi spiritu non putat oportere atque hoc genus poenae saepe in improbos civis in hac re publica esse usurpatum recordatur."[1179]

Caesars Antrag auf lebenslange Haft war Ciceros Ansicht nach ebenfalls nicht durch Milde oder verfassungsrechtliche Bedenken motiviert. Er habe nämlich argumentiert, der Tod sei im eigentlichen Sinne keine Strafe, sondern das von den Göttern verordnete natürliche Ende des Lebens. Der Tod müsse nicht unbedingt etwas Negatives sein, denn er bedeute letztlich Ruhe von Mühsal und Elend (*laborum ac miseriarum quies*). Aus diesem Grund gäbe es zurecht viele, die den Tod gar nicht fürchteten.[1180] Die lebenslange Haft habe Caesar also nicht aus Erbarmen gegen die Verschwörer vorgeschlagen, sondern weil er die Haft für die härtere Strafe hielt. Ferner habe Caesar erkannt, daß die *lex Sempronia*, die römische Bürger vor einer Verurteilung ohne Gerichtsverhandlung schützen sollte, auf die Catilinarier nicht anwendbar sei, da diese Staatsfeinde seien, also nicht mehr als römische Bürger galten.[1181]

[1179] Cic. Cat. IV 7.

[1180] Ebd.

[1181] Es ist allerdings sehr fraglich, inwieweit Cicero hier wirklich die Argumente Caesars wiedergibt. Im Vergleich mit Plut. Caes. 7, 5 wird deutlich, daß Caesar wahrscheinlich sehr wohl auf die *lex Sempronia* als Grund für seine Bedenken hingewiesen hatte. Vgl. außerdem DRUMMOND, Law, 43-46, der mit überzeugenden Argumenten darlegt, daß Caesar mit großer Wahrscheinlichkeit auf die rechtlichen Probleme, die ein Todesurteil ohne Prozeß und vom Senat verhängt beinhalten würde, eingegangen ist. Auch daß Caesar selbst die Haftstrafe für härter als die Todesstrafe gehalten hat, zweifelt DRUMMOND zurecht an. Ciceros Umdeutung von Caesars Argumenten und Anträgen lag demnach in der politischen Intention des Konsuls, alle anwesenden Senatoren zu seinen Unterstützern zu zählen. „When he comes to discuss this *sententia* Cicero, for his own purpose, is concerned to stress its severity, partly to claim Caesar's support for his actions hitherto, partly to rebut any charge of *crudelitas* in implementing the death penalty" (DRUMMOND, Law, 43). GRUEN, Last Generation, 281, ist sogar der Ansicht, Caesar habe gar keine lebenslange Haft, sondern nur Haft bis zur endgültigen Niederschlagung des Aufstandes gefordert. Schwerer als die von Cicero wiedergegebenen Argumente Caesars wiegt jedoch der Hinweis des Redners darauf, daß einige der Senatoren, die als volksfreundlich galten, nicht zur Senatssitzung am 5. Dezember erschienen sind (Cic. Cat. IV 10), da sie nicht über das Leben römischer Bürger abstimmen wollten. Cicero distanziert sich politisch in keiner Weise von diesen Senatoren, sondern betont sogar, daß sie ihn bei der Verhaftung der Verschwörer unterstützt hätten. Er kritisiert sie zwar für ihren inkonsequenten Kurs, macht aber gleichzeitig deutlich, daß es Senatoren gab, die zwar die Catilinarier nicht unterstützten, aber dennoch nicht in einer Senatssitzung ohne vorherigen Prozeß über deren Leben entscheiden wollten. Mit Sicherheit lag der Grund für diese Scheu in den Bestimmungen der *lex Sempronia*.

Cicero selbst teilt in dieser Rede allerdings eher die Ansicht des Silanus und hält die Chancen der Catilinarier auf eine andere Strafe als den Tod für verwirkt. Diese seien schließlich keine auswärtigen Feinde, von denen man erwarten müsse, daß sie sich gegen Rom wenden, die man aber durch milde Behandlung zu Roms Freunden machen könne. Die Catilinarier seien vom Vaterland abgefallen und könnten deshalb nicht mehr zur Vernunft gebracht werden:

> „Quamquam est uno loco condicio melior externae victoriae quam domesticae, quod hostes alienigenae aut oppressi serviunt aut recepti beneficio se obligatos putant; qui autem ex numero civium dementia aliqua depravati hostes patriae semel esse coeperunt, eos cum a pernicie rei publicae reppuleris, nec vi coercere nec beneficio placare possis."[1182]

Cicero hatte mit seiner Ansprache Erfolg. Aus Fragmenten der Rede *Pro Flacco* geht hervor, daß die Verschwörer durch Erdrosselung hingerichtet wurden.[1183]

Cicero war Zeit seines Lebens der Ansicht, daß die Catilinarier den Tod verdient hatten. Bereits in der zweiten Catilinarischen Rede spricht er von der Notwendigkeit, Catilina zu töten. Dreierlei Faktoren gäben ihm das Recht, sogar die Pflicht, diesen nicht am Leben zu lassen: der Brauch der Vorfahren, die Strenge der Amtsgewalt und das Wohl des Staates. Diese drei für einen patriotischen Römer elementaren Dinge sieht Cicero durch eine zu laxe Behandlung Catilinas gefährdet:

> „Interfectum esse L. Catilinam et gravissimo supplicio adfectum iam pridem oportebat, idque a me et mos maiorum et huius imperi severitas et res publica postulabat."[1184]

Das Urteil, welches Cicero hier nur über den Anführer der Verschwörung fällt, dehnt er selbst -wie gezeigt wurde- im Verlauf der Ereignisse auf Catilinas Anhänger aus. In der vierten Catilinarischen Rede äußert er die Auffassung, daß eine Tötung der Catilinarier keineswegs grausam, sondern verdient sei.[1185] Cicero betont immer wieder, daß seine Entscheidung für eine Hinrichtung der Catilinarier nicht durch Rache oder gar Grausamkeit motiviert war, sondern allein den Schutz der *res publica* zum Ziel hatte. So

---
[1182] Cic. Cat. IV 22.
[1183] Cic. Flacc. fragm. 1.
[1184] Cic. Cat. II 3.
[1185] Cic. Cat. IV 11.

nimmt er 62 v.Chr. in seiner Rede *Pro Sulla* Stellung zu seinem Verhalten in dieser Angelegenheit und erklärt, daß die Härte, die er im Jahr 63 an den Tag legte, nicht seiner Natur entspreche, sondern daß es ihm in Rücksicht auf das Vaterland nicht möglich gewesen sei, anders zu handeln:

> „Me natura misericordem, patria severum, crudelem nec patria nec natura esse voluit; denique istam ipsam personam vehementem et acrem, quam mihi tum tempus et res publica inposuit, iam voluntas et natura ipsa detraxit. Illa enim ad breve tempus severitatem postulavit, haec in omni vita misericordiam lenitatemque desiderat."[1186]

Wenn Cicero Milde gegen die Catilinarier für eine Gefahr für den Staat hält, ist es nur logisch, daß er die Hinrichtung der Verschwörer als Rettungstat für die römische Republik ansieht. Er bekundet, mit der Entlarvung und Bestrafung der Catilinarier sei der Staat vor dem sicheren Untergang bewahrt worden. Aufgrund der Vormachtstellung Roms in der gesamten Welt sei aber nicht nur die Stadt selbst, sondern die ganze Welt einschließlich der Länder außerhalb des *Imperium Romanum* bedroht gewesen:

> „Ego consul, cum exercitus perditorum civium clandestino scelere conflatus crudelissimum et luctuosissimum exitium patriae comparasset, cumque ad occasum interitumque rei publicae Catilina in castris, in his autem templis atque tectis dux Lentulus esset constitutus, meis consiliis, meis laboribus, mei capitis periculis sine tumultu, sine dilectu, sine armis, sine exercitu quinque hominibus comprehensis atque confessis incensione urbem, internecione cives, vastitate Italiam, interitu rem publicam liberavi; ego vitam omnium civium, statum orbis terrae, urbem hanc denique, sedem omnium nostrum, arcem regum ac nationum exterarum, lumen gentium, domicilium imperii quinque hominum amentium ac perditorum poena redemi."[1187]

Die besondere Betonung des Redners gilt hier der Tatsache, daß es ihm mit seinem Vorgehen gegen die Catilinarier gelungen war, ohne jede Form der kriegerischen Auseinandersetzung die gesamte Welt vor dem Chaos zu bewahren. Er spricht den Verschwörern jegliches ernsthafte politische Programm ab. Seiner Behauptung zufolge handelte es sich bei diesen um wahnsinnige und verworfene Menschen (*homines amentes ac perditi*),[1188]

[1186] Cic. Sull. 8.
[1187] Cic. Sull. 33.
[1188] Cicero spricht hier nur von fünf Verschwörern, obwohl -wie wir gesehen haben- neun festgenommen werden sollten. Allerdings konnten nur Gabinius, Statilius, Cethegus, Lentulus und Caeparius gefaßt werden, während den anderen die Flucht gelungen war.

die nichts anderes im Sinn hätten als Zerstörung über Rom und die Welt zu bringen. Cicero behauptet außerdem, die Götter selbst hätten ihm bei der Aufdeckung der Catilinarischen Verschwörung beigestanden. Nicht er selbst, sondern der Gott Jupiter habe für die Entlarvung der Verschwörer gesorgt:

„Quo etiam maiore sunt isti odio supplicioque digni, qui non solum vestris domiciliis atque tectis, sed etiam deorum templis atque delubris sunt funestos ac nefarios ignis inferre conati. Quibus ego si me restitisse dicam, nimium mihi sumam et non sim ferendus: ille, ille Iuppiter restitit; ille Capitolium, ille haec templa, ille cunctam urbem, ille vos omnis salvos esse voluit. Dis ego immortalibus ducibus hanc mentem voluntatemque suscepi atque ad haec tanta indicia perveni. Iam vero in illa Allobrogum sollicitatione ab Lentulo ceterisque domesticis hostibus tam dementer tantae res creditae et ignotis et barbaris commissaeque litterae numquam essent profecto, nisi ab dis immortalibus huic tantae audaciae consilium esset ereptum."[1189]

Indem er die Götter Roms als auf seiner Seite stehend charakterisiert, bezeugt Cicero ein weiteres Mal, daß er im Recht und die Verschwörer im Unrecht waren.[1190] Seine Überzeugung, daß die Catilinarische Verschwörung die Vernichtung Roms nach sich gezogen hätte, wenn sie erfolgreich gewesen wäre, zeigt sich auch darin, daß er sie als eine Warnung, ja als ein drohendes Strafgericht Jupiters gegen Rom versteht. Cicero berichtet, daß im Jahr 65 v.Chr. bei einem Unwetter der Blitz mehrfach auf dem Kapitol eingeschlagen habe. Dabei seien Götterstatuen und andere Standbilder umgestürzt. *Haruspices* aus ganz Etrurien hätten darauf gedrängt, daß die Götter auf jede erdenkliche Weise versöhnt werden müßten, da sonst das römische Reich in Krieg, Feuer und Chaos untergehen werde:

„Quo quidem tempore cum haruspices ex tota Etruria convenissent, caedis atque incendia et legum interitum et bellum civile ac domesticum et totius urbis atque imperi occasum appropinquare dixerunt, nisi di immortales omni ratione placati suo numine prope fata ipsa flexissent."[1191]

[1189] Cic. Cat. III 22. Der Konsul sieht sich hier selbst als Ausführungsorgan des Gottes. Sein Handeln ist demnach von höchster Stelle legitimiert und somit unanfechtbar.
[1190] WILL, Caesar, 43 bezeichnet Ciceros Heranziehung der Götter in diesem Zusammenhang unsachgemäß als „Blasphemie" und unterstellt dem Konsul eine „Inszenierung göttlicher Wunder". Dieses Urteil entspringt allein WILLS grundsätzlich Cicero-feindlicher Haltung und beachtet in keiner Weise die politischen und eng damit zusammenhängenden religiösen Praktiken der römischen Republik.
[1191] Cic. Cat. III 19.

Cicero berichtet weiter, daß daraufhin alle möglichen Anstrengungen unternommen worden waren, um die Götter freundlich zu stimmen. Eine Sache habe sich allerdings verzögert: dem Rat der Opferschauer entsprechend sei ein neues, größeres Jupiterstandbild angefertigt worden, welches erhöht stehen und nach Osten blicken sollte. Auf diese Weise würden Verschwörungen und Anschläge gegen Rom durch die Führung des Gottes rechtzeitig ans Licht kommen, bevor größerer Schaden angerichtet werden könnte. Dieses Projekt sei allerdings erst im Jahr 63 fertiggestellt worden.[1192] Am selben Tag, an dem endlich die neue Jupiterstatue nach dem Rat der *Haruspices* aufgestellt wurde, seien die Anhänger Catilinas verhaftet worden:

> „Illud vero nonne ita praesens est, ut nutu Iovis Optumi Maxumi factum esse videatur, ut, cum hodierno die mane per forum meo iussu et coniurati et eorum indices in aedem Concordiae ducerentur, eo ipso tempore signum statueretur? Quo conlocato atque ad vos senatumque converso omnia et senatus et vos, quae erant contra salutem omnium cogitata, inlustrata et patefacta vidistis."[1193]

Cicero maß der Bedrohung, die von der Catilinarischen Verschwörung ausging, und damit auch der Bedeutung seiner eigenen Rettungstat immer eine extrem hohe Bewertung bei. Er bezeichnet den Tag der Aufdeckung der Verschwörung als neue Geburtsstunde Roms[1194], vergleicht seine Tat mit der Niederwerfung der Kimbern durch Marius[1195] und betont, daß er sein Leben im Interesse des Staates aufs Spiel gesetzt habe[1196]. Selbst nachdem durch weitere Bürgerkriege und die Diktatur Iulius Caesars die Republik beinahe völlig aus den Fugen geraten war, ließ Cicero sich in seiner Behauptung, er habe dafür gesorgt, daß niemand mehr durch einen Umsturz die Macht im Staat an sich reißen könne, nicht beirren.[1197]

[1192] Cic. Cat. III 20.
[1193] Cic. Cat. III 21. Hier zeigt sich, wie Cicero die politischen Ursachen der Konspiration und damit die sozialen Mängel der römischen Gesellschaft, aus denen in der Vergangenheit bereits mehrfach Unruhen entstanden waren und weiterhin entstehen sollten, mißachtet. Seine Erklärung ist einfach: der alte römische Gott war vernachlässigt worden und so wurde eine derartige Entwicklung erst möglich. Erst nachdem in Ciceros Konsulat die Jupiterstatue aufgestellt wurde, konnte der Untergang der römischen Republik abgewendet werden.
[1194] Cic. Flacc. 102f.
[1195] Cic. Sull. 23.
[1196] Cic. Planc. 90.
[1197] Cic. Phil. XIV 14.

Trotz all dieser Aussagen mußte auch Cicero einsehen, daß durch die Niederschlagung der Verschwörung Unruhen und Revolten in Rom nicht ein für allemal verhindert worden waren. P. Clodius Pulcher, der nur ein Jahr nach den hier geschilderten Ereignissen zu Ciceros neuem Erzfeind wurde, wird von diesem selbst als Erbe Catilinas bezeichnet. In seiner Verteidigungsrede für Milo (52 v.Chr.), den Mörder des P. Clodius, äußert Cicero, Clodius habe die Unruhen, die Catilina begonnen habe, fortgeführt:

> „Vidi enim, vidi hunc ipsum Q. Hortensium, lumen et ornamentum rei publicae, paene interfici servorum manu, cum mihi adesset; qua in turba C. Vibienus senator vir optimus cum hoc cum esset una, ita est mulcatus ut vitam amiserit. Itaque quando illius postea sica illa quam a Catilina acceperat conquievit?"[1198]

So sehr auch dieses Argument der Intention, Clodius als möglichst gefährlichen Mann darzustellen, dient, so kann Cicero gleichzeitig doch nicht umhin, an dieser Stelle zuzugeben, daß die Hinrichtung der Catilinarier nicht den Erfolg hatte, den er ihr ansonsten gerne nachsagt. Wenn Clodius Catilinas Dolch weiterträgt, dann ist Rom durch Ciceros Maßnahmen nicht von Umstürzlern befreit worden.

Eine weitere für Cicero sehr unerfreuliche Folge seines Vorgehens gegen die Catilinarier ist die bereits oben erwähnte Kritik, die aufgrund der Tatsache, daß er die Verschwörer ohne Gerichtsverhandlung hatte hinrichten lassen, an ihm geübt wurde. Cicero wurde als Tyrann bezeichnet[1199], dem Parteigänger Ciceros und Prätor des Jahres 63 L. Flaccus wurde vorgeworfen, einen Zeugen, der zugunsten der Catilinarier ausgesagt habe, umgebracht zu haben[1200], selbst in Ciceros letztem Lebensjahr prangerte M. Antonius noch das Vorgehen des Konsuls von 63 als illegitime Gewalttätigkeit und Verderben für Rom an[1201]. Die Anfeindungen gegen Cicero wegen der Hinrichtung der Catilinarier erreichten ihren Höhepunkt im Jahr 58

[1198] Cic. Mil. 37. Entsprechend der Sicht, daß Clodius das Werk Catilinas weiterführe, weist Cicero in harusp. 5 darauf hin, daß Clodius und Catilina Freunde gewesen seien.
[1199] Cic. Sull. 22.
[1200] Cic. Flacc. 41.
[1201] Cic. Phil. II 15f.

v.Chr., als P. Clodius Volkstribun war. Clodius erreichte, daß sich Cicero wegen Verstoßes gegen die *lex Sempronia* ins Exil begeben mußte.[1202]

b) Sallust

Der Historiker Sallust widmet der Verschwörung Catilinas eine eigene Abhandlung. Er selbst begründet seine besondere Aufmerksamkeit damit, daß es sich bei diesem Ereignis um eine äußerst wichtige Angelegenheit handle, da das Verbrechen und die Gefahr, die davon ausgingen, einzigartig gewesen seien:

> „Igitur de Catilinae coniuratione quam verissume potero paucis absolvam; nam id facinus in primis ego memorabile existumo sceleris atque periculi novitate."[1203]

Was die Bedeutung der Catilinarischen Verschwörung angeht, teilt Sallust also die Auffassung Ciceros. Auch er ist der Ansicht, daß von Catilina eine besondere und damals einzigartige Bedrohung für Rom ausging, eine bisher nie dagewesene Gefahr. Allerdings stellt sich Sallust selbst das Zeugnis der Unparteilichkeit aus. Obwohl er die Catilinarische Verschwörung als junger Erwachsener miterlebt hatte, und zugibt, in seiner Jugend schlechten Einflüssen in der Politik ausgesetzt und zudem von der Art und Weise, wie in Rom tatsächlich Politik getrieben wurde, enttäuscht gewesen zu sein[1204], behauptet er, er könne über die Ereignisse des Jahres 63 wie ein

---

[1202] Diese Verbannung bedeutete für Cicero ein geradezu traumatisches Erlebnis. Vor allem aus seinen Briefen aus dieser Zeit läßt sich sein Gemütszustand ablesen. Exemplarisch sei hier Att. III 15, 2 genannt, wo Cicero über sein Exil in einer Weise klagt, als hätte er sein ganzes Leben verloren. „Ad primam tibi hoc scribo, me ita dolere ut non modo a mente non deserar sed id ipsum doleam, me tam firma mente ubi utar et quibus cum non habere. Nam si tu me uno non sine maerore cares, quid me censes, qui et te et omnibus? Et si tu incolumis me requiris, quo modo a me ipsam incolumitatem desiderari putas? Nolo commemorare quibus rebus sim spoliatus, non solum quia non ignoras sed etiam ne scindam ipse dolorem meum; hoc confirmo, neque tantis bonis esse privatum quemquam neque in tantas miserias incidisse. Dies autem non modo non levat luctum hunc sed etiam auget. Nam ceteri dolores mitigantur vetustate, hic non potest non et sensu praesentis miseriae et recordatione praeteritae vitae cottidie augeri. desidero enim non mea solum neque meos sed me ipsum. Quid enim sum?" Durch einen Senatsbeschluß wurde Cicero allerdings im folgenden Jahr wieder nach Rom zurückgerufen. Zu Verbannung und Rückrufung Ciceros: Cic. sen. grat.; pop. grat.; dom.; Att. II 24 - IV 1.
[1203] Sall. Cat. 4, 3f.
[1204] Sall. Cat. 3, 3-5. Sallusts politische Tätigkeit und Enttäuschung bezieht sich nicht auf die Zeit der Catilinarischen Verschwörung. Das früheste erhaltene Zeugnis über ein öffentliches

Außenstehender urteilen.[1205] Er bezeugt selbst, er habe, nachdem er das wahre Gesicht der Politik erkannt hatte, das von Frechheit, Bestechung und Habgier (*audacia*[1206], *largitio*, *avaritia*) geprägt war, beschlossen, sich nicht mehr politisch zu betätigen, sondern seine Zeit der viel wertvolleren Aufgabe der Geschichtsschreibung zu widmen. Aus diesem Grund könne er die politischen Ereignisse, die er selbst miterlebt hat, aus einer Distanz heraus beurteilen:

> „Igitur ubi animus ex multis miseriis atque periculis requievit et mihi relicuam aetatem a re publica procul habendam decrevi, non fuit consilium socordia atque desidia bonum otium conterere, neque vero agrum colundo aut venando, servilibus officiis, intentum aetatem agere; sed a quo incepto studio que me ambitio mala detinuerat, eodem regressus statui res gestas populi Romani carptim, ut quaeque memoria digna videbantur, perscribere, eo magis quod mihi a spe metu partibus rei publicae animus liber erat."[1207]

Amt Sallusts verweist auf sein Volkstribunat im Jahr 52 v.Chr. (Ascon. P. 45). Wahrscheinlich trat er im Jahr 55 v.Chr. als Quaestor in die politische Ämterlaufbahn ein (RAMSEY, Bellum Catilinae, 2f.). Sein Urteil über die tief gesunkene römische Politik leitet er demnach nicht aus den 60er, sondern aus den 50er Jahren ab. Vgl. Sall. invect. in Cic., wo Sallust im Jahr 54 eine wahre Schimpftirade gegen Cicero losläßt. Diese Rede fällt, folgt man Sallusts eigenen Angaben, noch in die Zeit, wo er den erwähnten schlechten Einflüssen ausgesetzt war.

[1205] Die Neutralität seiner Darstellung unterstreicht Sallust auch in seiner Darstellung, z.B. indem er von einem Gerücht über die religiöse Komponente der Verschwörung berichtet, dieses aber als fragwürdig, weil zu schlecht bezeugt, abtut: „Fuere ea tempestate qui dicerent Catilinam oratione habita, quom ad ius iurandum popularis sceleris sui adigeret, humani corporis sanguinem vino permixtum in pateris circumtulisse: inde quom post execrationem omnes degustavissent, sicuti in sollemnibus sacris fieri consuevit, aperuisse consilium suom, atque eo dicationem fecisse, quo inter se fidi magis forent alius alii tanti facinoris conscii. Nonnulli ficta et haec et multa praeterea existumabant ab iis, qui Ciceronis invidiam quae postea orta est leniri credebant atrocitate sceleris eorum, qui poenas dederant." (Sall. Cat. 22, 1-3). Sallust will das Gerücht, die Catilinarier hätten ihren Bund durch gemeinsames Trinken von Menschenblut gefestigt, nicht übergehen, aber auch nicht als Tatsache hinstellen. Zurecht teilt er den Verdacht, daß es sich hierbei um eine übertriebene Darstellung der Schlechtigkeit der Verschwörer handelte, die der Rechtfertigung ihrer Hinrichtung dienen sollte.

[1206] Der Begriff *audacia* kommt in Sallusts Werk immer wieder auch in Verbindung mit dem Protagonisten Catilina und den Verschwörern vor. Zur Bedeutung der *audacia* bei Sallust: BRUGGISSER, Audacia, 267-282.

[1207] Sall. Cat. 4, 1f. WILKINS, Villain, 133-135 schließt aus dem Hinweis in Sull. Cat. 3, 3-5, daß sich der Autor in gewisser Weise mit Catilina identifiziert. „The malleability of youth which initially attracts Catiline and aids his recruitment of sympathizers is implied in Sallusts description of his own circumstance" (WILKINS, Villain, 133). Diese richtige Beobachtung ändert allerdings nichts daran, daß das Gesamturteil Sallusts über Catilina und seine Anhänger negativ ist. Sallust selbst hatte den Ausweg aus den Versuchungen der Politik gefunden, indem er sich dem Schreiben zuwandte. Catilina hat diesen Sprung nicht geschafft (und auch nicht versucht) und hat sich von den verderblichen Seiten der Politik gefangennehmen lassen.

Allerdings ist die Distanz Sallusts insofern eingeschränkt, als es sich bei seinem Bericht über die Catilinarische Verschwörung um moralisierende Geschichtsschreibung handelt, welche zudem die größere politisch-soziale Krise der Republik illustriert.[1208] Sallusts Beschreibung der Catilinarischen Verschwörung sei hier kurz zusammengefaßt, sofern sie sich auf die Beurteilung der Anhänger Catilinas und auf deren Ende beziehen.

Zunächst beurteilt Sallust Catilina, den Anführer der Verschwörung, als einen Mann, dem es einzig und allein darum ging, die Alleinherrschaft im Staat an sich zu reißen.[1209] Dabei sei es ihm egal gewesen, auf welche Weise und mit Hilfe welches politischen Programmes er dieses Ziel erreichte. Die Anhänger, die Catilina um sich scharte, rekrutierten sich aus allen Übeln, welche die römische Republik zu bieten hatte:

> „In tanta tamque conrupta civitate Catilina, id quod factu facillumum erat, omnium flagitiorum atque facinorum circum se tamquam stipatorum catervas habebat. Nam quicumque inpudicus adulter ganeo manu ventre pene bona patria laceraverat, quique alienum aes grande conflaverat, quo flagitium aut facinus redimeret, praeterea omnes undique parricidae sacrilegi convicti iudiciis aut pro factis iudicium timentes, ad hoc quos manus atque lingua periurio aut sanguine civili alebat, postremo omnes quos flagitium egestas conscius animus exagitabat, ii Catilinae proxumi familiaresque erant. Quod si quis etiam a culpa vacuos in amicitiam eius incidrat, cottidiano usu atque inlecebris facile par similisque ceteris efficiebatur. Sed maxume adulescentium familiaritates adpetebat: eorum animi molles etiam et [aetate] fluxi dolis haud difficulter capiebantur."[1210]

Sallust nennt hier auch die Motive der Catilinarier, sich an der Verschwörung zu beteiligen: Viele waren aus eigenem Versagen hoch verschuldet, andere hatten Verbrechen begangen und wollten einem Gerichtsverfahren entgehen, wieder andere wurden aufgrund ihrer Jugend und Naivität von Catilina zur Teilnahme an der Verschwörung verführt. Nach Sallust hatte keiner der Verschwörer ein höheres Motiv, wie beispielsweise die Beseitigung sozialer Ungerechtigkeiten. Auch erscheinen die Anhänger Catilinas

---

In dieselben Übel, die Sallust überwunden hatte, ließ sich Catilina immer weiter hineinziehen. Insofern sieht sich Sallust Catilina weit überlegen.

[1208] „Thus the dissipation and corruption of the impoverished aristocrat Catiline are matched by the social and political disorder of his times. If Sallust wishes to begin his new career preaching high-minded morality, he could not have chosen a better subject" (MELLOR, Historians, 35f.).

[1209] Sall. Cat. 5, 5-7.

[1210] Sall. Cat. 14, 1-5. Vgl. auch Sall. Cat. 24, 3.

hier recht passiv, da jede Initiative von dem Anführer selbst ausgeht. Er lehrt sein heruntergekommenes Gefolge verschiedene Verbrechenskünste[1211] und verführt sie durch Ausnutzung ihrer Leidenschaften[1212] sowie durch politische Versprechungen[1213]. Zur Absicherung erklärt er ihnen außerdem, daß auch einige einflußreiche Männer seiner Verschwörung zuarbeiteten.[1214]

Sallust zählt Namen von Leuten auf, die zu Catilinas Anhängern gehörten: Die Senatoren P. Lentulus Sura, P. Autronius, L. Cassius Longinus, C. Cethegus, die Brüder P. und Ser. Sulla, L. Vargunteius, Q. Annius, M. Porcius Laeca, L. Bestia, Q. Curius, sowie die Ritter M. Fulvius Nobilior, L. Statilius, P. Gabinius Capito und C. Cornelius.[1215] An anderen Stellen nennt Sallust außerdem T. Volturicus[1216], M. Caeparius[1217], C. Manlius, Septimius aus Camerinum, C. Iulius[1218], P. Umbrenus[1219], L. Tarquinicus[1220] und Sempronia, die Ehefrau des nicht an der Verschwörung beteiligten Decimus Brutus[1221]. Ferner berichtet er von einem Verdacht gegen M. Licinius Crassus[1222] und von Catilinas Behauptung, auch Cn. Calpurnius Piso und P. Sittius gehörten zu den Verschwörern[1223].

Nachdem Catilina Rom verlassen hatte, um den Krieg gegen die Stadt vorzubereiten,[1224] und er einige Zeit darauf aufgrund eindeutiger Beweise gegen ihn zusammen mit seinem Komplizen C. Manlius zum Staatsfeind erklärt wurde[1225], seien seine gefährlichsten Anhänger in Rom durch die Hil-

---

[1211] Sall. Cat. 16, 1-3.
[1212] Sall. Cat. 14, 6f.
[1213] Sall. Cat. 21, 1f. Da Catilinas Anhänger zum größten Teil hoch verschuldet waren, versprach er ihnen Schuldentilgung, Enteignung der reichen Bevölkerungsschichten, lukrative Ämter und Beutezüge.
[1214] Sall. Cat. 21, 3-5.
[1215] Sall. Cat. 17, 3f.
[1216] Sall. Cat. 44, 3.
[1217] Sall. Cat. 46, 3.
[1218] Sall. Cat. 27, 1.
[1219] Sall. Cat. 40, 1.
[1220] Sall. Cat. 48, 3.
[1221] Sall. Cat. 25, 1-5; 40, 5.
[1222] Sall. Cat. 17, 7; 48, 3-9.
[1223] Sall. Cat. 21, 3.
[1224] Sall. Cat. 32, 1f.
[1225] Sall. Cat. 32, 3-35, 6.

fe der Allobroger, die sich zum Schein auf eine Teilnahme an der Verschwörung eingelassen hatten, und durch die Aussage des T. Volturicus überführt worden.[1226] Die Gallier hätten von Lentulus, Cethegus und Statilius schriftliche Erklärungen erhalten, die deren Mittäterschaft bewiesen. Außerdem seien Gabinius und Caeparius festgenommen worden, die laut Aussage des Volturicus und der Allobroger ebenfalls zum Kopf der Verschwörer gehörten. Von einem Geständnis der Verschwörer erzählt Sallust nichts. Er berichtet lediglich, daß Lentulus, der vom Konsul Cicero persönlich verhört wurde, seine Mittäterschaft leugnete, aber durch die Briefe und Zeugenaussagen überführt werden konnte. Die fünf Catilinarier wurden in Privathaft genommen. Sallust berichtet außerdem, daß einige andere Verschwörer bereits vorher vom Prätor Q. Metellus Celer verhaftet worden waren, weil sie durch nächtliche Beratungen und allzu offensichtliche Waffentransporte aufgefallen waren.[1227]

Im Senat kam es zu einer Debatte darüber, wie mit den fünf Verschwörern zu verfahren sei. Nachdem sich der designierte Konsul Silanus für das Todesurteil ausgesprochen hatte[1228], hielt Caesar eine Rede, in der er statt dem Tod lebenslange Haft für die Catilinarier verlangte.[1229] Caesar mahnt den versammelten Senat, sich in dieser Frage nicht von Leidenschaften beeinflussen zu lassen, da emotional getroffene Entscheidungen sich oft unheilvoll auswirkten. Er argumentiert weiter, der Tod sei zwar keine zu grausame Strafe, dennoch aber durch die Gesetze des römischen Staates nicht gedeckt, denn verurteilten römischen Bürgern müsse qua Gesetz die Möglichkeit gegeben werden, sich durch Selbstverbannung der Hinrichtung zu entziehen:

> „Verum sententia eius mihi non crudelis - quid enim in talis homines crudele fieri potest? - sed aliena a re publica nostra videtur. [...] Sed, per deos inmortalis, quam ob rem in sententiam non addidisti, uti prius verberibus in eos animadvorteretur? An quia lex Porcia vetat? At aliae leges item condemnatis civibus non animam eripi, sed exilium permitti iubent."[1230]

[1226] Sall. Cat. 41; 44-47.
[1227] Sall. Cat. 42, 2f.
[1228] Sall. Cat. 50, 4.
[1229] Diese Rede ist keineswegs eine originalgetreue Wiedergabe der Rede, wie Caesar sie tatsächlich vor dem Senat gehalten hat. Vgl. DRUMMOND, Law, 27-50.
[1230] Sall. Cat. 51, 17.

Mit anderen Worten, die Hinrichtung der Catilinarier sei zwar billig, aber nicht recht. Darauf aufbauend warnt Caesar den Senat davor, Maßnahmen gegen Bürger zu treffen, die diese zwar verdient hätten, die aber ohne rechtliche Legitimation seien. Als Beispiel erinnert er an die Proskriptionen Sullas, denen zunächst Bürger zum Opfer gefallen seien, die durch ihr Verhalten in der Vergangenheit nichts besseres verdient hatten. Bald hatten die Proskriptionen aber ein solches Ausmaß angenommen, daß auch jeder Unschuldige um sein Leben fürchten mußte.[1231] Caesar warnt vor einer ähnlichen Entwicklung im Fall der Catilinarier. Es dürfe hier kein Präzedenzfall geschaffen werden, der möglicherweise in späteren Zeiten einmal für schweres Unrecht sorgen könnte.[1232] Er beruft sich auf die bestehenden Gesetze und untermauert deren Autorität noch dadurch, daß er darauf hinweist, daß diese Gesetze von den Vorfahren gestiftet wurden, deren Weisheit weitaus größer gewesen sei als die der gegenwärtigen Politiker:

> „Postquam res publica adolevit et multitudine civium factiones valuere, circumveniri innocentes, alia huiusce modi fieri coepere, tum lex Porcia aliaeque leges paratae sunt, quibus legibus exilium damnatis permissum est. Hanc ego causam, patres conscripti, quo minus novom consilium capiamus, in primis magnam puto. Profecto virtus atque sapientia maior illis fuit, qui ex parvis opibus tantum imperium fecere, quam in nobis, qui ea bene parta vix retinemus."[1233]

Mit einer Abwendung von diesen alten Gesetzen würde man sich also vom Brauch der Vorfahren abwenden. Aufgrund der Tatsache, daß eine Hinrichtung nicht legal wäre, beantragt Caesar statt dessen lebenslange Haft.
In Sallusts Darstellung folgt nun eine Rede Catos, in der dieser vehement für die Todesstrafe eintritt. Seine Argumente zielen dahin, daß es nicht in erster Linie darum gehe, eine Sühne für die Verschwörer festzulegen, sondern darum, den Staat vor derart gefährlichen Menschen zu schützen. Die Bedrohung, die von Catilina ausgehe, sei noch nicht gebannt. Von daher sei es geradezu fahrlässig, die Verschwörer am Leben zu lassen. Das Fazit

---

[1231] Sall. Cat. 51, 32-35.
[1232] Sall. Cat. 51, 26f.: „Illis merito adcidet quicquid evenerit; ceterum vos, patres conscripti, quid in alios statuatis, considerate. Omnia mala exempla ex rebus bonis orta sunt. Sed ubi imperium ad ignaros eius aut minus bonos pervenit, novom illud exemplum ab dignis et idoneis ad indignos et non idoneos transfertur."
[1233] Sall. Cat. 51, 40-42.

von Catos Rede ist, in diesem Fall könne Rom sich Milde und Nachsicht nicht leisten:

> „Coniuravere nobilissumi cives patriam incendere, Gallorum gentem infestissumam nomini Romano ad bellum arcessunt, dux hostium cum exercitu supra caput est; vos cunctamini etiam nunc et dubitatis, quid intra moenia deprensis hostibus faciatis? Misereamini censeo - deliquere homines adulescentuli per ambitionem - atque etiam armatos dimittatis: ne ista vobis mansuetudo et misericordia, si illi arma ceperint, in miseriam convortat. Scilicet res ipsa aspera est, sed vos non timetis eam."[1234]

Folgerichtig beantragt Cato die Todesstrafe für die Verschwörer. Nachdem der Senat seinen Antrag angenommen hatte, habe Cicero keine Zeit mehr verlieren wollen.[1235] Er habe Lentulus persönlich zum Gefängnis geführt, wo dieser hingerichtet werden sollte. Cethegus, Gabinius, Lentulus und Caeparius seien von den Prätoren ins Gefängnis gebracht worden. Alle fünf seien ins Tullianum, einen finsteren Kellerraum, hinuntergelassen und erdrosselt worden:

> „Postquam, ut dixi, senatus in Catonis sententiam discessit, consul optumum factu ratus noctem quae instabat antecapere, ne quid eo spatio novaretur, tresviros quae [ad] supplicium postulabat parare iubet. Ipse praesidiis dispositis Lentulum in carcerem deducit; idem fit ceteris per praetores. Est in carcere locus, quod Tullianum appellatur, ubi paululum ascenderis ad laevam, circiter duodecim pedes humi depressus; eum muniunt undique parietes atque insuper camera lapideis fornicibus iuncta; sed incultu tenebris odore foeda atque terribilis eius facies est. In eum locum postquam demissus est Lentulus, vindices rerum capitalium, quibus praeceptum erat, laqueo gulam fregere."[1236]

Insgesamt hält Sallust die Hinrichtung der Catilinarier für verdient. Für Lentulus bezeugt er selbst, dieser habe ein Ende gefunden, das seinem Lebenswandel entsprach:

> „Ita ille patricius ex gente clarissuma Corneliorum, qui consulare imperium Romae habuerat, dignum moribus factisque suis exitum [vitae] invenit."[1237]

[1234] Sall. Cat. 52, 24-28.
[1235] Auffällig ist, daß Sallust in seiner Darstellung die Rolle Ciceros deutlich minimiert. Der Grund dafür liegt wahrscheinlich in der Abneigung des Geschichtsschreibers gegen den Konsul des Jahres 63 v.Chr., dessen Verdienste Sallust so gering wie möglich aufzeigen will. „Der Historiker hütet sich wohl, ihn direkt zu verunglimpfen; aber mit großer Kunst weiß er es einzurichten, daß der Konsul des Jahres 63 in den Schatten gerückt wird" (SCHANZ/ HOSIUS, Literatur, 362).
[1236] Sall. Cat. 55, 1-5.
[1237] Sall. Cat. 55, 6.

Auch die Gefährlichkeit der Verschwörung leugnet Sallust an keine Stelle. Im Gegenteil: Er betont sogar, wie eingangs erwähnt wurde, daß es sich hier um ein besonders bedrohliches und darin einzigartiges Verbrechen handelte. Auch nach Sallust hatte jeder der fünf Hingerichteten bestimmte Aufgaben für den Tag des Ausbruches der Unruhen inne: Lentulus leitete die gesamte Operation innerhalb Roms, Statilius und Gabinius sollten in der Stadt Feuer legen, Cethegus sollte Ciceros Haus besetzen und den Konsul umbringen[1238] und Caeparius in Apulien neue Sklavenaufstände herbeiführen[1239]. Selbst wenn das Volk die Umtriebe der Verschwörer anfangs billigte[1240], so waren sie nach Sallust dann völlig gegen die Catilinarier eingestellt, als bekannt wurde, daß der Aufstand mit Brandstiftung einher gehen würde. Die römische *plebs* habe nämlich nichts so sehr gefürchtet wie Brände:

„Interea plebs coniuratione patefacta, quae primo cupida rerum novarum nimis bello favebat, mutata mente Catilinae consilia execrari, Ciceronem ad caelum tollere: veluti ex servitute erepta gaudium atque laetitiam agitabat. Namque alia belli facinora praedae magis quam detrimento fore, incendium vero crudele, inmoderatum ac sibi maxume calamitosum putabat, quippe quoi omnes copiae in usu cottidiano et cultu corporis erant."[1241]

Trotz der insgesamt negativen Sicht der Catilinarier sieht Sallust den Fehler nicht allein auf einer Seite. Er weist darauf hin, daß erst der moralische Niedergang der römischen Gesellschaft, die von Verschwendungssucht und Habgier geprägt gewesen sei, einem Mann wie Catilina die Gelegenheit und den Anreiz gegeben habe, eine Schar Habenichtse um sich zu versammeln und einen Umsturz zu planen:

„Incitabant praeterea conrupti civitatis mores, quos pessuma ac divorsa inter se mala, luxuria atque avaritia, vexabant."[1242]

Sallust sieht die Catilinarische Verschwörung nicht als ein Phänomen, das plötzlich und grundlos über einen ansonsten funktionierenden Staat hereinbricht, sondern als ein Zeichen der Zeit, als ein Symptom einer tiefer sit-

---

[1238] Sall. Cat. 43, 1-4. Schon zuvor war ein Anschlag, den L. Vargunteius und C. Cornelius gegen Cicero geplant hatten, fehlgeschlagen (Sall. Cat. 28, 1f.).
[1239] Sall. Cat. 46, 3.
[1240] Sall. Cat. 37.
[1241] Sall. Cat. 38, 1f.
[1242] Sall. Cat. 5, 8. Vgl. auch Sall. Cat. 14, 1.

zenden Erkrankung der *res publica*. Er kann demnach auch nicht der Ansicht sein, durch die Hinrichtung der Catilinarier sei der Staat tatsächlich gerettet worden. Wie bereits durch die bei Sallust wiedergegebene Rede Caesars deutlich wurde, scheint der Historiker zudem Zweifel an der Legalität der Hinrichtung zu haben. Caesar weist in der Rede nach, daß ein Todesurteil an römischen Bürgern, ohne daß diese sich ins Exil durch Selbstverbannung retten können, nicht mit den römischen Gesetzen übereinstimmte. Sallust kommentiert diese Beweisführung in keiner Weise. Er enthält sich jedes eigenen Urteils über die Rechtmäßigkeit der Hinrichtungen. Da er aber die Rede Caesars so unkommentiert wiedergibt, kann davon ausgegangen werden, daß er den von Caesar vertretenen Standpunkt zumindest nicht ablehnt. Dasselbe gilt allerdings auch für die Ansicht Catos. Caesar weiß um die Gefährlichkeit der Catilinarier, will aber ihre Hinrichtung um des Gesetzes willen nicht zulassen. Cato hält den Staat für bedroht und schiebt deshalb verfassungsmäßige Bedenken beiseite. Beide legen sich auf unterschiedliche Schwerpunkte fest und kommen so zu unterschiedlichen Schlüssen. Sallust widerspricht weder dem einen noch dem anderen. In einem eingeschobenen Exkurs über Cato und Caesar betont er vielmehr, daß beide dieselbe Seelengröße besaßen, sich jedoch durch völlig unterschiedliche Handlungsweisen auszeichneten:

> „Igitur iis genus aetas eloquentia prope aequalia fuere, magnitudo animi par, item gloria, sed alia alii. Caesar beneficiis ac munificentia magnus habebatur, integritate vitae Cato. Ille mansuetudine et misericordia clarus factus, huic severitas dignitatem addiderat. Caesar dando sublevando ignoscundo, Cato nihil largiundo gloriam adeptus est. In altero miseris perfugium erat, in altero malis pernicies. Illius facilitas, huius constantia laudabatur."[1243]

Sallust lobt beide gleich. Von daher vermittelt er -wie er selbst in seiner Einleitung angekündigt hat- ein recht differenziertes Bild von der Hinrichtung der Catilinarier. Sowohl Caesars also auch Catos Standpunkt behalten ihre Berechtigung. Offenbar bezweifelt Sallust demnach zwar die Legalität der Hinrichtungen, hält ihre Durchführung jedoch im Blick auf das Wohl des Staates für angemessen.

[1243] Sall. Cat. 54, 1-4.

c) Livius

In den Liviusfragmenten zum Jahr 63 v.Chr. wird nur wenig über die Catilinarische Verschwörung berichtet. Es wird lediglich erzählt, daß Catilina sich mit Lentulus, Cethegus und anderen verschwor, die Konsuln und den Senat zu ermorden. Cicero habe die Verschwörung aufgedeckt und zerschlagen; die Verschwörer seien hingerichtet worden:

> „L. Catilina bis repulsam in petitione consulatus passus cum Lentulo praetore et Cethego et compluribus aliis coniuravit de caede consulum et senatus, incendiis urbis et obprimenda re publica, exercitu quoque in Etruria conparato. Ea coniuratio industria M. Tulli Ciceronis eruta est. Catilina urbe pulso de reliquis coniuratis supplicium sumptum est."[1244]

Da hier keine besondere Betonung der Tatsache vorliegt, daß die Catilinarier weder die Möglichkeit hatten, sich in einem Gerichtsverfahren zu verteidigen, noch, durch Selbstverbannung der Todesstrafe zu entgehen, kann davon ausgegangen werden, daß Livius ganz auf der Seite des Senats und Ciceros steht und die Todesstrafe gegen die Verschwörer für gerechtfertigt hält.

d) Velleius Paterculus

Velleius Paterculus schildert die Ereignisse um die Catilinarische Verschwörung nicht besonders ausführlich. An eine kurze und überaus lobende Vorstellung Ciceros schließt er die Bemerkung an, daß dieser als Konsul die Verschwörung des Catilina, Lentulus, Cethegus und anderer aufgedeckt habe:

> „Per haec tempora M. Cicero, qui omnia incrementa sua sibi debuit, vir novitatis nobilissimae et ut vita clarus, ita ingenio maximus, qui effecit ne, quorum arma viceramus, eorum ingenio vinceremur, consul Sergii Catilinae Lentulique et Cethegi et aliorum utriusque ordinis virorum coniurationem singulari virtute constantia vigilia curaque eruit."[1245]

Dabei spart der Historiker ein weiteres Mal nicht mit Lob und spricht Cicero aufgrund seines Verhaltens in der Catilina-Affäre besondere Umsicht und Tatkraft zu. Er erwähnt, daß außer Catilina, Lentulus und Cethegus noch weitere Personen aus dem Senatoren- und Ritterstand an der Ver-

---

[1244] Liv. per. CII 5-7.
[1245] Vell. Pat. II 34, 3.

schwörung beteiligt waren. Mögliche Ideen und Ziele der Verschwörer ignoriert Velleius. Er berichtet lediglich von der Senatsdebatte, wo Cato sich durch sein leidenschaftliches Eintreten für das Wohl des Staates und damit für die Hinrichtung der Catilinarier stark machte. Velleius beurteilt Cato noch weitaus positiver als zuvor Cicero. Dieser sei die Tugend selbst, habe keine menschlichen Fehler und sei beinahe ein Gott:

> „Ille senatus dies quo haec acta sunt virtutem M. Catonis, iam multis in rebus conspicuam atque praenitentem, in altissimo luminauit. Hic genitus proavo M. Catone, principe illo familiae Porciae, homo Virtuti simillimus et per omnia ingenio diis quam hominibus propior, qui numquam recte fecit ut facere videretur sed qui aliter facere non potuerat, cuique id solum visum est rationem habere quod haberet iustitiae, omnibus humanis vitiis immunis semper fortunam in sua potestate habuit."[1246]

Da Velleius betont, daß gerade diese Senatssitzung die Vorzüge des M. Porcius Catoและ Licht brachte, ist es mehr als deutlich, daß der Historiker Catos Ansicht über die Catilinarier teilt. Er führt sogar aus, daß jeder, der mildere Strafen gegen die Verschwörer verhängen lassen wollte als die Hinrichtung, sich dadurch der Mittäterschaft an der Verschwörung verdächtig machte:

> „Hic tribunus pl. designatus et adhuc admodum adulescens, cum alii suaderent ut per municipia Lentulus coniuratique custodirentur, paene inter ultimos interrogatus sententiam, tanta vi animi atque ingenii invectus est in coniurationem, eo ardore oris orationem omnium lenitatem suadentium societate consilii suspectam fecit".[1247]

Velleius verschweigt, daß es sich bei demjenigen, der einen Antrag gegen die Todesstrafe gestellt hatte, um den späteren Diktator Caesar handelte, der ansonsten im Werk des Historikers sehr positiv dargestellt wird. Diese Tatsache zeigt ebenfalls, daß Velleius völlig von Catos Sicht der Dinge überzeugt ist. Würde er nicht meinen, daß Caesars Eintreten für eine milde Strafe gegen die Catilinarier ein schlechtes Licht auf den späteren Diktator werfen könnte, gäbe es keinen Grund, dessen Namen an dieser Stelle aus dem Spiel zu lassen. Der Autor hätte ebensogut in Anlehnung an Sallust Caesars großartige Milde und Gnade loben können. Daß er dies nicht tut, zeigt, daß er sich Caesars Position hier nicht zu eigen machen will.

[1246] Vell. Pat. II 35, 1f.
[1247] Vell. Pat. II 35, 3.

Velleius berichtet in Übereinstimmung mit Sallust, daß Catilina Rom verließ, Lentulus, Cethegus und andere adelige Verschwörer (Velleius nennt keine weiteren Namen) nach Senatsbeschluß auf Ciceros Befehl hin im Gefängnis hingerichtet wurden.[1248]

e) Seneca d.Ä.

Seneca der Ältere zitiert das Lob des Cornelius Severus auf Cicero, in dem einer der Punkte, die Cicero positiv angerechnet werden, die Aufdeckung der Catilinarischen Verschwörung und die Bestrafung der Verschwörer ist. Hier wird als Mitverschwörer namentlich nur Cethegus genannt:

> „Tunc redeunt animis ingentia consulis acta
> iurataeque manus deprensaque foedera noxae
> patriciumque nefas extinctum: poena Cethegi
> deiectusque redit votis Catilina nefandis."[1249]

Die Art und Weise, wie hier von Ciceros Taten als Konsul (*ingentia acta*) die Rede ist, und die Tatsache, daß von der Hinrichtung des Cethegus als von einer Strafe (*poena*) gesprochen wird, lassen keinen Zweifel daran aufkommen, daß nach der von Seneca wiedergegebenen Auffassung des Severus die Hinrichtung der Catilinarier zurecht geschah.

f) Lucan

Der Dichter Lucan bezieht sich an mehreren Stellen seines Epos vom Bürgerkrieg auf die Catilinarische Verschwörung. So läßt er Pompeius zu Beginn des Bürgerkrieges gegen Caesar eine Rede an seine Soldaten halten, in denen der Feldherr seinen Kampf gegen Caesar nicht so sehr als Krieg, sondern als eine notwendige Bekämpfung von Feinden des Vaterlandes verstehen will. Pompeius vergleicht zu diesem Zweck Caesar und seine Armee mit Catilina und den Verschwörern:

> „neque enim ista vocari
> proelia iusta decet, patriae sed vindicis iram;
> nec magis hoc bellum est, quam cum Catilina paravit
> arsuras in tecta faces socius que furoris

[1248] Vell. Pat. II 34, 4.
[1249] Sen. rhet. suas. 6, 26.

Lentulus exertique manus vaesana Cethegi."[1250]

Lucan betont hier deutlich, daß die Gefahr für Rom nicht allein von Catilina, sondern auch von Lentulus und Cethegus ausging. Der Vergleich, den er Pompeius hier ziehen läßt, hat noch eine weitere Relevanz: Da ausgerechnet die Maßnahmen gegen die Catilinarier als Beispiel für ein legitimes Vorgehen gegen Staatsfeinde dient, scheint die Legitimität der Hinrichtung der Verschwörer zu Lucans Lebzeiten nicht mehr sehr zweifelhaft gewesen zu sein. Dieser Vergleich Caesars mit Catilina spiegelt nicht nur die von Lucan angenommene Auffassung des Pompeius wieder, sondern auch die Meinung des Dichters selbst. In seiner Unterweltbeschreibung schildert er, wie sich Catilina und Cethegus über den von Caesar begonnenen Bürgerkrieg freuten:

„abruptis Catilina minax fractisque catenis
exultat Mariique truces nudique Cethegi;"[1251]

Lucan sieht demnach Caesar als einen Nachfolger Catilinas. Indem Caesar Krieg gegen Rom führte, wurden die Ketten, mit denen die Catilinarische Gefahr gebannt worden war, gesprengt. Durch das Bild der gelösten Ketten Catilinas wird deutlich, daß durch das Agieren Caesars das von dem Verschwörer begonnene -und zunächst abgewendete- Unheil weitergeführt wurde. Bedenkt man, welches Caesarbild Lucan in seinem Epos vermittelt,[1252] wird es durch die Gleichsetzung Caesars mit den Catilinariern mehr als deutlich, daß Lucan keinen Zweifel an der Rechtmäßigkeit und Notwendigkeit der Hinrichtung der Verschwörer hat.

g) Iuvenal

Der Satirendichter Iuvenal äußert sich in seiner zweiten, achten und dritten Satire zu Catilina und den Verschwörern. In der zweiten Satire weist er auf die enge Verbindung, die zwischen Catilina und seinen Anhängern -von denen er hier exemplarisch Cethegus nennt- bestand, hin.[1253] Dadurch wird deutlich, daß, was die Schädigung des Staates betrifft, die Handlungen des

---

[1250] Luc. Phars. II 539-543.
[1251] Luc. Phars. VI 793f.
[1252] Hierzu: CHRIST, Caesar, 93-95.
[1253] Iuv. Sat. II 27.

einen nicht von denen des Anderen zu trennen sind. Alles, was Catilina vorzuwerfen ist, muß also auch seinem Anhänger Cethegus angelastet werden. Daß Iuvenal in keiner Weise mit den Catilinariern sympathisiert, zeigt sich in seiner achten Satire. Hier verweist er auf die Paradoxie, daß vornehme Römer wie Catilina und Cethegus (wieder trennt er nicht zwischen dem Haupt der Verschwörer und den führenden Anhängern), deren Abstammungen über jeden Zweifel erhaben sein müßten, Rom in Gefahr brachten, wohingegen ein ‚zugereister' *homo novus* wie Cicero die Stadt retten mußte und zudem noch den Titel ‚Vater des Vaterlandes' erhielt:

„Quid, Catilina, tuis natalibus atque Cethegi
inveniet quisquam sublimius? Arma tamen vos
nocturna et flammas domibus templisque paratis,
ut bracatorum pueri Senonumque minores,
ausi quod liceat tunica punire molesta.
Sed vigilat consul vexillaque vestra coercet
hic novus Arpinas, ignobilis et modo Romae
municipalis eques; galeatum ponit ubique
praesidium attonitis et in omni monte laborat.
Tantum igitur muros intra toga contulit illi
nominis ac tituli, quantum sibi Leucade, quantum
Thessaliae campis Octavius abstulit udo
caedibus assiduis gladio; sed Roma parentem,
Roma patrem patriae Ciceronem libera dixit."[1254]

Iuvenal erwähnt in der zehnten Satire den Tod des Catilina und seiner Anhänger. Hier äußert er Gedanken darüber, daß ein längeres Leben nicht notwendigerweise erstrebenswerter sei als ein kurzes. Als eines der Beispiele nennt er den Feldherrn Pompeius, dem, wäre er bereits im Jahr 50 v.Chr. an der Krankheit, die ihn damals befallen hatte, gestorben, die spätere Enthauptung in Ägypten erspart geblieben wäre.[1255] Als Vergleichspunkte führt er hier an, daß Lentulus, Cethegus und Catilina von einem derartigen Schicksal verschont geblieben sind. Ihnen sei das Vorrecht gegeben worden, unverstümmelt zu sterben:

„hoc cruciatu
Lentulus, hac poena caruit ceciditque Cethegus

[1254] Iuv. Sat. VIII 231-244.
[1255] Iuv. Sat. X 283-286.

integer et iacuit Catilina cadavere toto."[1256]

Iuvenal ist also der Ansicht, daß das Ende der Catilinarier ein weitaus besseres war als das Ende des Feldherrn Pompeius. Von daher beurteilt er den Tod der Verschwörer nicht als grausam oder unverdient. Trotz ihrer Taten (wie gezeigt wurde, hält Iuvenal die Verschwörer für potentielle Zerstörer Roms) hatten sie letztlich ein besseres Schicksal als der große Pompeius.

h) Plutarch

Plutarch schildert die Catilinarische Verschwörung und ihre Aufdeckung vor allem in der Lebensbeschreibung Ciceros.[1257] Übereinstimmend mit Sallust erzählt er von Catilinas schlechtem Charakter und davon, daß es ihm gelungen sei, die Jugend Roms zu verführen, indem er ihr das, was ihre Leidenschaften forderten, bot. Diejenigen, die sich von Catilina verführen ließen, waren nach Plutarch moralisch verworfen und allen möglichen Ausschweifungen verfallen. Um ihren Bund zu festigen haben sie dem Biographen zufolge sogar einen Menschen geopfert und dessen Fleisch gegessen:

„ἀποθανουμένοις προγράψαι. τοῦτον οὖν προστάτην οἱ πονηροὶ λαβόντες, ἄλλας τε πίστεις ἔδοσαν ἀλλήλοις καὶ καταθύσαντες ἄνθρωπον ἐγεύσαντο τῶν σαρκῶν. διέφθαρτο δ' ὑπ' αὐτοῦ πολὺ μέρος τῆς ἐν τῇ πόλει νεότητος, ἡδονὰς καὶ πότους καὶ γυναικῶν ἔρωτας ἀεὶ προξενοῦντος ἑκάστῳ καὶ τὴν εἰς ταῦτα δαπάνην ἀφειδῶς παρασκευάζοντος."[1258]

Nachdem Catilina für das Jahr 63 nicht zum Konsul gewählt wurde, habe er versucht, unterstützt von seinen Mitverschwörern, für das Jahr 62 erneut zu kandidieren. Cicero sollte im Zuge der Wahlunruhen, die offenbar zu Konsulatswahlen gehörten, umgebracht werden. Der Konsul konnte jedoch einem Anschlag entgehen. Zudem hatte Catilina mit seiner Kandidatur

---

[1256] Iuv. Sat. X 286-288.
[1257] Außerdem wird sie im Caesar, im Cato minor und im Crassus aufgegriffen. Zum Verhältnis der Berichte zur Catilinarischen Verschwörung innerhalb dieser Schriften: PELLING, Plutarch and Catiline, 311-329.
[1258] Plut. Cic. 10, 4. Diese Begebenheit erinnert stark an Sall. Cat. 22, 1-3 (und Flor. II 12, 3). Offenbar existierte das von Sallust wiedergegebene Gerücht bald in mehreren Versionen. Vgl. auch Cass. Dio XXXVII 30, 3.

wieder keinen Erfolg. Silanus und Murena wurden zu Konsuln für das nächste Jahr gewählt.[1259] Nachdem die Verschwörung durch Crassus, der an Cicero einen verräterischen Brief Catilinas weiterleitete, aufgedeckt worden war, habe der Senat den Staatsnotstand erklärt.[1260] Als dann noch ein Anschlag auf Ciceros Leben fehlschlug[1261], habe Catilina Rom verlassen, einige seiner Anhänger jedoch zurückgelassen. Nach Plutarchs Bericht übernahm Cornelius Lentulus Sura die Führung der Verschwörung. Dessen Intentionen schildert der Biograph unmißverständlich: Lentulus wollte, von sibyllinischen Weissagungen fehlgeleitet, die Alleinherrschaft in Rom. Um dies zu erreichen, wollte er den gesamten Senat und so viele Bürger wie möglich töten. Die Kinder des Pompeius sollten als Geiseln genommen werden, um diesen von militärischen Aktionen gegen die Verschwörer abzuhalten:

„τοῦτον ὄντα τῇ φύσει τοιοῦτον καὶ κεκινημένον ὑπὸ τοῦ Κατιλίνα προσδιέφθειραν ἐλπίσι κεναῖς ψευδομάντεις τινὲς καὶ γόητες, ἔπη πεπλασμένα καὶ χρησμοὺς ᾄδοντες ὡς ἐκ τῶν Σιβυλλείων, προδηλοῦντας εἱμαρμένους εἶναι τῇ Ῥώμῃ Κορνηλίους τρεῖς μονάρχους, ὧν δύο μὲν ἤδη πεπληρωκέναι τὸ χρεών, Κίνναν τε καὶ Σύλλαν, τρίτῳ δὲ λοιπῷ Κορνηλίων ἐκείνῳ φέροντα τὴν μοναρχίαν ἥκειν τὸν δαίμονα, καὶ δεῖν πάντως δέχεσθαι καὶ μὴ διαφθείρειν μέλλοντα τοὺς καιροὺς ὥσπερ Κατιλίναν. Οὐδὲν οὖν ἐπενόει κακὸν ὁ Λέντλος ἰάσιμον, ἀλλ' ἐδέδοκτο τὴν βουλὴν ἅπασαν ἀναιρεῖν καὶ τῶν ἄλλων πολιτῶν ὅσους δύναιντο, τήν τε πόλιν αὐτὴν καταπιμπράναι, φείδεσθαι δὲ μηδενὸς ἢ τῶν Πομπηίου τέκνων· ταῦτα δ' ἐξαρπασαμένους ἔχειν ὑφ' αὑτοῖς καὶ φυλάττειν ὅμηρα τῶν πρὸς Πομπήιον διαλύσεων· ἤδη γὰρ ἐφοίτα πολὺς λόγος καὶ βέβαιος ὑπὲρ αὐτοῦ κατιόντος ἀπὸ τῆς μεγάλης στρατείας."[1262]

In Plutarchs Schilderung scheint Lentulus der weitaus gefährlichste Catilinarier gewesen zu sein, vielleicht sogar gefährlicher als Catilina selbst. Hier entsteht der Eindruck, Lentulus habe, nachdem es Catilina wegen seines zu zaghaften Vorgehens nicht gelungen sei, die Macht an sich zu reißen, nun selbst die Initiative ergriffen und sich zum Kopf der Verschwörer gemacht. An anderer Stelle weist Plutarch allerdings wiederum darauf hin,

---

[1259] Plut. Cic. 14, 3-8.
[1260] Plut. Cic. 15.
[1261] Plut. Cic. 16, 1f. Hier sind es Marcius und Cethegus, die im Auftrag Catilinas Cicero umbringen sollen. Vgl. Sall. Cat. 28, 1f., wo es sich bei den Attentätern um C. Cornelius und L. Vargunteius handelt.
[1262] Plut. Cic. 17, 5-18, 1.

daß Cethegus und Lentulus Catilinas Auftrag gemäß in Rom blieben, um dort als seine Agenten die Revolution weiter voranzutreiben.[1263]
Nachdem die führenden Verschwörer durch verschiedene Aussagen und Beweise -unter anderen wurden im Haus des Cethegus eine große Menge Waffen gefunden- überführt und verhaftet werden konnten[1264], kam es zu der bekannten Senatsverhandlung. Silanus beantragte die Todesstrafe, Caesar sprach sich dagegen und für eine lebenslange Haft aus. Seine Motive für diese Rede lagen nach Plutarchs Ansicht aber nicht so sehr in Caesars Menschenfreundlichkeit, sondern darin, daß politische Unruhen den Ambitionen Caesars eher entgegenkamen und er deshalb wenig Interesse daran hatte, hart gegen Revolutionäre und Verschwörer vorzugehen:

„Καῖσαρ δ' ἀναστάς, ἅτε δὴ καὶ δεινὸς εἰπεῖν, καὶ πᾶσαν ἐν τῇ πόλει μεταβολὴν καὶ κίνησιν, ὥσπερ ὕλην ὧν αὐτὸς διενοεῖτο, βουλόμενος αὔξειν μᾶλλον ἢ σβεννυμένην περιορᾶν, ἐπαγωγὰ πολλὰ καὶ φιλάνθρωπα διαλεχθείς, ἀποκτεῖναι μὲν ἀκρίτους οὐκ εἴα τοὺς ἄνδρας, εἰρχθέντας δὲ τηρεῖν ἐκέλευσεν."[1265]

Catos darauffolgende Rede war nach Plutarch geprägt von Zorn und Leidenschaft (ὀργὴ καὶ πάθος). Er sei vehement für eine Hinrichtung eingetreten und habe Caesar verdächtigt, selbst Teil der Verschwörung zu sein, wenn er derartiges Mitleid mit den Umstürzlern zeige.[1266] Cato stimmte den Senat um und sein Antrag, die Verschwörer hinzurichten, wurde angenommen.[1267]

Nach Plutarch führte Cicero alle Verurteilten persönlich zur Hinrichtung. Zuerst sei Lentulus, dann Cethegus und danach seien die Übrigen an einer schweigenden Menschenmenge vorbei zum Gefängnis gebracht und dem Henker übergeben worden. Nachdem das Urteil vollstreckt worden war, sei Cicero vor das Volk getreten und habe, um etwaige Unruhen zu

---

[1263] Plut. Caes. 7, 6.
[1264] Plut. Cic. 19.
[1265] Plut. Cat. min. 22, 5. Dieses Urteil stimmt mit Plutarchs These überein, Caesar habe bereits zu Beginn seiner politischen Karriere geplant, die bestehenden Verhältnisse in Rom umzukehren und Alleinherrscher zu werden (Plut. Caes. 4, 7-9).
[1266] Plut. Cat. min. 23, 1f. Diesen Verdacht teilten offenbar noch andere. In der Caesar-Biographie berichtet Plutarch, daß Caesar nach der Verhandlung beinahe von der Wachmannschaft, die wegen des Staatsnotstandes zusammengestellt worden war, getötet wurde. Die Männer wurden jedoch von Curio und Cicero zurückgehalten (Plut. Caes. 8, 2f.).
[1267] Plut. Cat. min. 23, 5.

verhindern, die durch Befreiungsversuche der Mitverschwörer hätten verursacht werden können, verkündet, daß die verhafteten Verschwörer getötet wurden:

„Ἐχώρει δὲ μετὰ τῆς βουλῆς ἐπὶ τοὺς ἄνδρας. οὐκ ἐν ταὐτῷ δὲ πάντες ἦσαν, ἄλλος δ' ἄλλον ἐφύλαττε τῶν στρατηγῶν. καὶ πρῶτον ἐκ Παλατίου παραλαβὼν τὸν Λέντλον ἦγε διὰ τῆς ἱερᾶς ὁδοῦ καὶ τῆς ἀγορᾶς μέσης, τῶν μὲν ἡγεμονικωτάτων ἀνδρῶν κύκλῳ περιεσπειραμένων καὶ δορυφορούντων, τοῦ δὲ δήμου φρίττοντος τὰ δρώμενα καὶ παριέντος σιωπῇ, μάλιστα δὲ τῶν νέων, ὥσπερ ἱεροῖς τισι πατρίοις ἀριστοκρατικῆς τινος ἐξουσίας τελεῖσθαι μετὰ φόβου καὶ θάμβους δοκούντων. διελθὼν δὲ τὴν ἀγορὰν καὶ γενόμενος πρὸς τῷ δεσμωτηρίῳ, παρέδωκε τὸν Λέντλον τῷ δημίῳ καὶ προσέταξεν ἀνελεῖν, εἶθ' ἑξῆς τὸν Κέθηγον, καὶ οὕτω τῶν ἄλλων ἕκαστον καταγαγὼν ἀπέκτεινεν. ὁρῶν δὲ πολλοὺς ἔτι τῶν ἀπὸ τῆς συνωμοσίας ἐν ἀγορᾷ συνεστῶτας ἀθρόους, καὶ τὴν μὲν πρᾶξιν ἀγνοοῦντας, τὴν δὲ νύκτα προσμένοντας, ὡς ἔτι ζώντων τῶν ἀνδρῶν καὶ δυναμένων ἐξαρπαγῆναι, φθεγξάμενος μέγα πρὸς αὐτούς, "ἔζησαν" εἶπεν. οὕτω δὲ Ῥωμαίων οἱ δυσφημεῖν μὴ βουλόμενοι τὸ τεθνάναι σημαίνουσιν."[1268]

Plutarch folgt in seiner Beurteilung der Ereignisse von 63 v.Chr. ganz den Aussagen Ciceros. Zunächst äußert Plutarch die Überzeugung, daß die Leistung des Konsuls in dieser Sache außerordentlich bewundernswert war. Er begründet dies damit, daß es dem Konsul gelungen sei, eine besonders große Gefahr vom römischen Staat abzuwenden. Vor allem lobt Plutarch, daß zur Zerschlagung der Verschwörung nicht einmal Waffengewalt nötig war. Der Aufstand konnte allein durch geistige Fähigkeiten und staatsmännisches Handeln verhindert werden. Plutarch stellt deshalb die Leistung Ciceros noch vor die Leistungen derer, die im Krieg große Taten für Rom begangen hatten. Diese hätten mit Waffengewalt dafür gesorgt, daß Reichtum und Macht Roms vergrößert wurden, während Cicero ohne Waffengewalt Rom vor dem Untergang gerettet habe. Diese Einsicht teilte Plutarchs Schilderung gemäß auch das römische Volk:

„ἤδη δ' ἦν ἑσπέρα, καὶ δι' ἀγορᾶς ἀνέβαινεν εἰς τὴν οἰκίαν, οὐκέτι σιωπῇ τῶν πολιτῶν οὐδὲ τάξει προπεμπόντων αὐτόν, ἀλλὰ φωναῖς καὶ κρότοις δεχομένων καθ' οὓς γένοιτο, σωτῆρα καὶ κτίστην ἀνακαλούντων τῆς πατρίδος. τὰ δὲ φῶτα πολλὰ κατέλαμπε τοὺς στενωπούς, λαμπάδια καὶ δᾷδας ἱστάντων ἐπὶ ταῖς θύραις. αἱ δὲ γυναῖκες ἐκ τῶν τεγῶν προὔφαινον ἐπὶ τιμῇ καὶ θέᾳ τοῦ ἀνδρός, ὑπὸ πομπῇ τῶν ἀρίστων μάλα σεμνῶς ἀνιόντος· ὧν οἱ πλεῖστοι πολέμους τε κατειργασμένοι μεγάλους καὶ διὰ θριάμβων εἰσεληλυθότες καὶ προσεκτημένοι γῆν καὶ θάλατταν οὐκ ὀλίγην, ἐβάδιζον ἀνομολογούμενοι πρὸς ἀλλήλους, πολλοῖς μὲν τῶν τόθ' ἡγεμόνων καὶ στρατηγῶν πλούτου καὶ λαφύρων καὶ δυνάμεως χάριν ὀφείλειν τὸν Ῥωμαίων δῆμον, ἀσφαλείας δὲ καὶ σωτηρίας ἑνὶ μόνῳ Κικέρωνι, τηλικοῦτον ἀφελόντι καὶ τοσοῦτον αὐτοῦ κίνδυνον. οὐ γὰρ τὸ κωλῦσαι τὰ πραττόμενα καὶ κολάσαι τοὺς πράττοντας ἐδόκει

[1268] Plut. Cic. 22, 1-4.

θαυμαστόν, ἀλλ' ὅτι μέγιστον τῶν πώποτε νεωτερισμῶν οὗτος ἐλαχίστοις κακοῖς ἄνευ στάσεως καὶ ταραχῆς κατέσβεσε."[1269]

Der Biograph schätzt also die Gefährlichkeit der Catilinarischen Verschwörung ebenso hoch ein wie Cicero. Einen Zweifel an der Rechtmäßigkeit der Hinrichtungen äußert Plutarch nicht. Selbst Caesars rechtliche Bedenken gegen eine Hinrichtung ohne weitere Untersuchung tut er als reinen Vorwand ab, unter dem Caesar versucht habe, Unruhen und Revolten in der Stadt zu nähren. Für Plutarch war die Verhaftung und Hinrichtung der Catilinarier in jedem Fall eine Rettungstat gegenüber Rom. Durch seinen Hinweis darauf, daß zum Zeitpunkt der Hinrichtung bereits viele Anhänger der Verschwörer auf dem Forum versammelt waren und darauf warteten, daß die Nacht anbrach, um dann die Verhafteten zu befreien, erscheint die schnelle Vollstreckung der Todesstrafe um so gerechtfertigter.

Allerdings legt Plutarch auch Wert darauf, daß der Konsul sich nicht leichtfertig zu einem derart harten Vorgehen entschlossen habe. Er berichtet von Zweifeln, die Cicero nach der Verhaftung der Verschwörer plagten: seiner eigenen milden Natur entsprechend, und um den Vorwurf zu vermeiden, er nutze den Staatsnotstand aus, um extrem harte Entscheidungen durchzusetzen, habe Cicero nicht die Todesstrafe verhängen wollen. Auf der anderen Seite sei er sich bewußt gewesen, daß Milde gegen die Catilinarier das Problem, vor dem der römische Staat stand, nicht lösen würde. Die Verschwörer würden keine Ruhe geben und die *res publica* wieder in Gefahr bringen. Zudem würde Milde gegen die Verhafteten den Konsul ebenfalls nicht vor übler Nachrede schützen. Die eine Maßnahme könnte ihm den Ruf der Grausamkeit, die andere den der Feigheit einbringen.[1270] Für Cicero selbst wäre es nach Plutarch in jeden Fall einfacher gewesen, von der Todesstrafe abzusehen, da er so viel weniger Verantwortung hätte tragen müssen.[1271] Die Entscheidung wurde dem Konsul Plutarchs Bericht zufolge von *Bona Dea* abgenommen.

[1269] Plut. Cic. 22, 5-7.
[1270] Plut. Cic. 19, 6f.
[1271] Plut. Cic. 21, 3.

Während eines Opfers für die Göttin, das in Ciceros Haus stattfand, ereigneten sich deutliche Zeichen, woraufhin die Vestalischen Priesterinnen sogleich Terentia, die Ehefrau Ciceros, zu ihrem Mann schickten[1272], um ihm mitzuteilen, er solle den zum Wohl des Vaterlandes gefaßten Entschluß getrost durchführen:

„Ταῦτα τοῦ Κικέρωνος διαποροῦντος, γίνεταί τι ταῖς γυναιξὶ σημεῖον θυούσαις. ὁ γὰρ βωμός, ἤδη τοῦ πυρὸς κατακεκοιμῆσθαι δοκοῦντος, ἐκ τῆς τέφρας καὶ τῶν κατακεκαυμένων φλοιῶν φλόγα πολλὴν ἀνῆκε καὶ λαμπράν. ὑφ' ἧς αἱ μὲν ἄλλαι διεπτοήθησαν, αἱ δ' ἱεραὶ παρθένοι τὴν τοῦ Κικέρωνος γυναῖκα Τερεντίαν ἐκέλευσαν ᾗ τάχος χωρεῖν πρὸς τὸν ἄνδρα καὶ κελεύειν, οἷς ἔγνωκεν ἐγχειρεῖν ὑπὲρ τῆς πατρίδος, ὡς μέγα πρός τε σωτηρίαν καὶ δόξαν αὐτῷ τῆς θεοῦ φῶς διδούσης."[1273]

Ohne weitere Erklärungen wird hier festgestellt, daß die Todesstrafe gegen die Catilinarier dem Wohl des Vaterlandes diente. Zudem erhält die Todesstrafe dadurch, daß sie offenbar von der Göttin gefordert wurde, eine eigene und unwiderlegbare Legitimation, gegen die Caesars verfassungsrechtliche Bedenken, die Plutarch außerdem nur leise andeutet[1274], verblassen müssen.

Außer dem Ende der Catilinarischen Verschwörung sind die Folgen, die Plutarch der Hinrichtung der Catilinarier zuschreibt, vor allem, daß Cicero sowohl gelobt und bewundert als auch angefeindet wurde. Plutarch berichtet an mehreren Stellen, wie das Volk Cicero aufgrund der Zerschlagung der Catilinarischen Verschwörung zujubelte.[1275] Außerdem habe Cicero sich deshalb gerne selbst gelobt, eine Angewohnheit, die sogar Plutarch als unerträglich bezeichnet, obwohl er ansonsten so gut wie keine Kritik an Cicero übt:

„Καὶ μέγιστον μὲν ἴσχυσεν ἐν τῇ πόλει τότε, πολλοῖς δ' ἐπίφθονον ἑαυτὸν ἐποίησεν ἀπ' οὐδενὸς ἔργου πονηροῦ, τῷ δ' ἐπαινεῖν ἀεὶ καὶ μεγαλύνειν αὐτὸς ἑαυτὸν ὑπὸ πολλῶν δυσχεραινόμενος. οὔτε γὰρ βουλὴν οὔτε δῆμον οὔτε δικαστήριον ἦν συνελθεῖν, ἐν ᾧ μὴ Κατιλίναν ἔδει θρυλούμενον ἀκοῦσαι καὶ Λέντλον, ἀλλὰ καὶ τὰ βιβλία τελευτῶν κατέπλησε καὶ τὰ συγγράμματα τῶν

[1272] Beim alljährlichen *Bona Dea* Fest, das nie in einem Tempel, sondern immer im Haus eines angesehenen Bürgers stattfand, durften keine Männer zugegen sein. Im Jahr 63 wurde das Fest von Ciceros Frau Terentia im Haus ihres Mannes ausgerichtet. Für diese Nacht hatte sich Cicero deshalb im Haus eines Freundes einquartiert.
[1273] Plut. Cic. 20, 1f.
[1274] Diese Bedenken werden in der Cicero-Biographie überhaupt nicht angeführt. Nur in Plut. Cat. min. 22, 5f. und Plut. Caes. 7, 8 werden sie angedeutet.
[1275] Plut. Cic. 22, 5-7; 23, 3.

ἐγκωμίων, καὶ τὸν λόγον, ἥδιστον ὄντα καὶ χάριν ἔχοντα πλείστην, ἐπαχθῆ καὶ φορτικὸν ἐποίησε τοῖς ἀκροωμένοις, ὥσπερ τινὸς ἀεὶ κηρὸς αὐτῷ τῆς ἀηδίας ταύτης προσούσης. "[1276]

Auf der anderen Seite sei Cicero seit seinem Konsulat auch Anfeindungen ausgesetzt gewesen. Caesar und die Volkstribunen Metellus und Bestia hätten ihn daran gehindert, am Ende seines Konsulats die übliche Rede über die Taten seiner Amtszeit vor dem Volk zu halten.[1277] Einige Jahre später sei er von seinem Feind, dem Volkstribun P. Clodius, wegen der Hinrichtung der Catilinarier angeklagt worden, woraufhin Cicero aus Rom fliehen mußte.[1278]

i) Florus

Florus schildert die Ereignisse um die Catilinarische Verschwörung und die Hinrichtung der Anhänger Catilinas ganz im Sinne Ciceros. Die Konspiratoren waren seiner Ansicht nach nur von den niedersten Motiven geleitet. Anders als die meisten anderen Autoren widmet Florus seine Aufmeksamkeit ebenso den Mitverschwörern wie dem Anführer Catilina. Er beklagt sich darüber, daß die Verschwörer zum großen Teil aus sehr angesehenen senatorischen Familien kamen und dennoch mit Catilina gemeinsam die Ermordung der Senatoren und Konsuln, die Plünderung der Staatskasse und den Umsturz des ganzen Gemeinwesens planten:

> „Senatum confondere, consules trucidare, distringere incendiis urbem, diripere aerarium, totam denique rem publicam funditus tollere et quidquid nec Annibal videtur optasse, quibus -o nefas- sociis adgressus est! Ipse patricius; sed hoc minus est: Curii, Porcii, Sullae, Cethegi, Autronii, Vargunteii atque Longini, quae familiae! Quae senatus insignia! Lentulus quoque tum cum maxime praetor. Hos omnis inmanissimi facinoris satellites habuit."[1279]

Die Widerwärtigkeit der Verschwörer betont Florus noch einmal gesondert, indem er darüber berichtet, sie hätten zur Festigung ihres Bundes gemeinsam Menschenblut getrunken:

[1276] Plut. Cic. 24, 1-3.
[1277] Plut. Cic. 23, 1f.
[1278] Plut. Cic. 30, 5-31, 6.
[1279] Flor. II 12, 2f. Der schlimmste der Verschwörer ist auch bei Florus Lentulus: „Lentulus, destinatum familiae suae Sybillinis versibus regnum sibi vaticinans, ad praestitutum a Catilina diem urbe tota viros, faces, tela disponit. Nec civili conspiratione contentus legatos Allobrogum, qui tum forte aderant, in arma sollicitat" (Flor. II 12, 8f.).

> „Additum est pignus coniurationis sanguis humanus, quem circumlatum pateris bibere: summum nefas, ni amplius esset, propter quod biberunt."[1280]

Florus stellt also das, was Sallust noch als recht zweifelhaftes Gerücht angesehen hat, als Tatsache dar. Hier geht die Bosheit der Catilinarier über das rein politische Moment hinaus. Florus macht deutlich, daß die Verschwörer nicht nur den Staat umwälzen bzw. zerstören wollten, sondern auch in religiöser Hinsicht finsteren Bräuchen nachgingen und sich ganz und gar unrömisch verhielten. So ist es nicht überraschend, daß Florus die Aufdeckung der Verschwörung durch die Konsuln -der Autor gibt den Ruhm sowohl Cicero als auch Antonius- als Rettung des römischen Staates, den er hier überschwenglich als *pulcherrimum imperium* bezeichnet, ansieht:

> „Actum erat de pulcherrimo imperio, nisi illa coniuratio in Ciceronem et Antonium consules incidisset, quorum alter industria patefecit, alter manu oppressit."[1281]

Die Senatssitzung nach der Verhaftung der Catilinarier schildert Florus in sehr knapper Form. Der Antrag Caesars hat bei ihm eine andere Nuance als bei den anderen Autoren, denn er behauptet, Caesar habe vorgeschlagen, die Verschwörer aufgrund ihres Standes zu schonen. Von einer vorgeschlagenen Haftstrafe ist hier nicht die Rede. Bemerkenswert ist, daß rechtliche Bedenken, die Caesar geäußert haben mag, hier nicht erwähnt werden. Dadurch wirkt der Antrag Caesars unqualifiziert und unangebracht. Allerdings geht es Florus auch gar nicht darum, den Standpunkt Caesars auszuführen. Dieser dient allenfalls der Gegenüberstellung mit dem Antrag Catos, die Verschwörer aufgrund der Schwere ihrer Verbrechen hinzurichten. Florus weist darauf hin, daß Catos Vorschlag allgemein auf Zustimmung stieß und daß die Verschwörer im Gefängnis erdrosselt wurden:

> „De supplicio agentibus, Caesar parcendum dignitati, Cato animadvertendum pro scelere censebant. Quam sententiam secutis omnibus in carcere parricidae strangulantur."[1282]

Der Autor verzichtet auf jeden weiteren Kommentar zu diesem Vorgang. Durch die relativ ausführliche Schilderung der Bosheit und Gefährlichkeit

---
[1280] Flor. II 12, 3.
[1281] Flor. II 12, 5.
[1282] Flor. II 12, 10f.

der Catilinarier zu Beginn des Kapitels und durch die Nichterwähnung etwaiger rechtlicher Bedenken Caesars wird deutlich, daß die Hinrichtung der Verschwörer die volle Billigung des Autors hat.

j) Appian

Der Historiker Appian schildert den Verlauf der Catilinarischen Verschwörung folgendermaßen: Nachdem es Catilina (Appian nennt ihn fälschlicherweise Gaius, und nicht Lucius[1283]) nicht gelungen war, zum Konsul gewählt zu werden, habe er sich von der Politik abgewandt. Nach Appian sei die Politik für Catilina nämlich nur ein Mittel gewesen, schnell und einfach an die Macht zu gelangen. Als dies nicht so leicht möglich war, wie er es sich vorgestellt hatte, habe er die ehrliche Politik aufgegeben und aus einigen Senatoren und Rittern, sowie einer Menge Plebeier, Zugewanderter und Sklaven eine Verschwörung geformt. Als wichtigste Verschwörer neben Catilina nennt Appian Lentulus und Cethegus.[1284] An anderen Stellen nennt er außerdem Manlius (bei Appian heißt er Mallius)[1285], Lucius Bestia[1286], Statilius, Cassius und Volturicus[1287]. Als die Verschwörung aufgedeckt wurde, habe sich Catilina nach Faesulae begeben und seine Mitverschwörer angewiesen, Cicero zu ermorden und in derselben Nacht die Stadt Rom in Brand zu setzen.[1288]

Die Verschwörer beschlossen, Catilinas Befehl zu folgen, sobald dieser in Faesulae angekommen sei. Sie teilten sich ihre Aufgaben folgendermaßen ein: Lentulus und Cethegus sollten Cicero unter einem Vorwand besuchen und ihn dann umbringen, Bestia sollte sogleich eine Volksversammlung einberufen und dort in jeder möglichen Weise gegen Cicero hetzen. In der Nacht darauf sollten zwölf verschiedene Brandherde gelegt und die führenden Bürger getötet werden:

[1283] App. civ. II 2.
[1284] Ebd.
[1285] Ebd.
[1286] App. civ. II 3.
[1287] App. civ. II 4.
[1288] App. civ. II 3.

„Λέντλον μὲν αὐτὸν καὶ Κέθηγον ἐφεδρεῦσαι ταῖς Κικέρωνος θύραις περὶ ἕω μετὰ κεκρυμμένων ξιφιδίων, ἐσδεχθέντας τε διὰ τὴν ἀξίωσιν καὶ λαλοῦντας ὅτιδὴ μηκῦναι τὴν ὁμιλίαν ἐν περιπάτῳ καὶ κτεῖναι περισπάσαντας ἀπὸ τῶν ἄλλων, Λεύκιον δὲ Βηστίαν τὸν δήμαρχον ἐκκλησίαν εὐθὺς ὑπὸ κήρυξι συνάγειν καὶ κατηγορεῖν τοῦ Κικέρωνος ὡς ἀεὶ δειλοῦ καὶ πολεμοποιοῦ καὶ τὴν πόλιν ἐν οὐδενὶ δεινῷ διαταράττοντος, ἐπὶ δὲ τῇ Βηστίου δημηγορίᾳ, νυκτὸς αὐτίκα τῆς ἐπιούσης, ἑτέρους ἐν δυώδεκα τόποις ἐμπιπράναι τὴν πόλιν καὶ διαρπάζειν καὶ κατακτείνειν τοὺς ἀρίστους."[1289]

Die Idee zu den Verbrechen hatte Appian zufolge demnach Catilina. Die Mitverschwörer handelten nicht aus eigener Initiative, sondern betätigten sich als ausführende Organe von Catilinas Plänen. Die Art und Weise jedoch, wie vorgegangen werden sollte, beschlossen die Catilinarier im Detail unter sich.

Durch die Aussagen der Allobroger konnten die führenden Verschwörer überführt werden. Cicero habe sie verhaften und in die Obhut der Prätoren geben lassen. Unverzüglich habe er eine Senatssitzung einberufen, in der über das Schicksal der Catilinarier verhandelt werden sollte. Der designierte Konsul Silanus habe hier die äußerste Strafe beantragt, ein gewisser Nero habe die Verschwörer in Haft behalten wollen bis Catilina geschlagen wäre, um so eine sichere Grundlage für eine Verurteilung zu haben.[1290] Daraufhin habe sich Caesar zu Wort gemeldet. Er habe für eine Inhaftierung der Verschwörer bis zur Vernichtung Catilinas plädiert. Danach sollten sie aber nicht, ohne sich verteidigen zu können, verurteilt werden:

„Γάϊός τε Καῖσαρ [...] ἐς τὸν ἀγῶνα προβαλέσθαι, προσετίθει διαθέσθαι τοὺς ἄνδρας Κικέρωνα τῆς Ἰταλίας ἐν πόλεσιν αἷς ἂν αὐτὸς δοκιμάσῃ, μέχρι Κατιλίνα καταπολεμηθέντος ἐς δικαστήριον ὑπαχθῶσι, καὶ μηδὲν ἀνήκεστον ἐς ἄνδρας ἐπιφανεῖς ᾖ πρὸ λόγου καὶ δίκης ἐξειργασμένος."[1291]

Appian gibt den Inhalt der darauffolgenden Rede Catos nur sehr verkürzt wieder. Seiner Beschreibung nach war der einzige Inhalt der Rede die Verdächtigung gegen Caesar, ebenfalls Teil der Verschwörung zu sein. Von Cicero ging dagegen die Initiative zu einer schnellen Verurteilung ohne langwierige Gerichtsverhandlung aus. Da sich eine große Menge an Sympathisanten der Verschwörung auf dem Forum befand, die darauf drängte,

---
[1289] App. civ. II 3.
[1290] App. civ. II 5.
[1291] App. civ. II 6.

die Verhafteten zu befreien, was ein gefährliches Unruhepotenzial bedeutete, habe der Konsul die Anwesenden aufgerufen, sofort über die Verschwörer zu befinden. Als Rechtfertigung dafür habe er angeführt, die Verschwörer seien auf frischer Tat ertappt worden:

„καὶ ὁ Κικέρων δεδιὼς ἀμφὶ τῇ νυκτὶ προσιούσῃ, μὴ τὸ συνεγνωκὸς τοῖς ἀνδράσι πλῆθος αἰωρούμενον ἔτι κατ' ἀγορὰν καὶ δεδιὸς περί τε σφῶν αὐτῶν καὶ περὶ ἐκείνων ἐργάσηταί τι ἄτοπον, ἔπεισαν ὡς αὐτοφώρων ἄνευ κρίσεως καταγνῶναι."[1292]

Cicero erreichte sein Ziel und die Verschwörer wurden verurteilt. Er selbst brachte sie, ohne daß die Menge etwas davon mitbekam, ins Gefängnis, wo sie hingerichtet wurden. Danach teilte er dem Volk mit, daß die Catilinarier tot seien:

„καὶ εὐθὺς ἐκ τῶν οἰκιῶν, ἔτι τῆς βουλῆς συνεστώσης, ἕκαστον αὐτῶν ὁ Κικέρων ἐς τὸ δεσμωτήριον μεταγαγών, τοῦ πλήθους ἀγνοοῦντος, ἐπειδὴν ἀποθνῄσκοντας καὶ τοῖς ἐν ἀγορᾷ παροδεύων ἐσήμηνεν, ὅτι τεθνᾶσιν. οἱ δὲ διελύοντο πεφρικότες τε καὶ περὶ σφῶν ἀγαπῶντες ὡς διαλαθόντες."[1293]

Nach Appian bedeutete die Hinrichtung der Verschwörer eine Befriedung und Rettung der Stadt Rom. Er spricht sogar wörtlich davon, daß nach der Hinrichtung der Catilinarier die Stadt ‚aufatmen' konnte (Οὕτω μὲν ἡ πόλις ἀνέπνευσεν ἀπὸ τοῦ δέους πολλοῦ σφίσιν ἐκείνης τῆς ἡμέρας ἐπιστάντος·).[1294] Dies bezieht sich nicht erst auf die Vernichtung Catilinas und seines Heeres außerhalb Roms, sondern bereits auf das Ende der Verschwörer in der Stadt. Vom Krieg gegen Catilina berichtet Appian nämlich erst im Anschluß an diese Bemerkung. Sein Urteil über die Hinrichtung der Catilinarier als Rettung Roms zeigt sich auch in seiner Schilderung des hohen Ansehens, das Cicero seit seinem energischen Vorgehen gegen die Verschwörer genoss. Cicero sei von allen als Mann der Tat gerühmt worden, jeder habe gewußt, daß er den Staat vor einer unglaublichen Gefahr gerettet habe; Cato habe ihn sogar als Vater des Vaterlandes tituliert:

„καὶ ὁ Κικέρων, ἅπασιν ἐπὶ λόγου δυνάμει μόνῃ γνώριμος ὤν, τότε καὶ ἐπὶ ἔργῳ διὰ στόματος ἦν καὶ σωτὴρ ἐδόκει περιφανῶς ἀπολλυμένῃ τῇ πατρίδι γενέσθαι, χάριτές τε ἦσαν αὐτῷ παρὰ τὴν ἐκκλησίαν καὶ εὐφημίαι ποικίλαι. Κάτωνος δ' αὐτὸν καὶ πατέρα τῆς πατρίδος προσαγορεύσαντος

[1292] App. civ. II 6.
[1293] Ebd.
[1294] Ebd.

ἐπεβόησεν ὁ δῆμος. καὶ δοκεῖ τισιν ἥδε ἡ εὐφημία ἀπὸ Κικέρωνος ἀρξαμένη περιελθεῖν ἐς τῶν νῦν αὐτοκρατόρων τοὺς φαινομένους ἀξίους· οὐδὲ γὰρ τοῖσδε, καίπερ οὖσι βασιλεῦσιν, εὐθὺς ἀπ' ἀρχῆς ἅμα ταῖς ἄλλαις ἐπωνυμίαις, ἀλλὰ σὺν χρόνῳ μόλις ἥδε, ὡς ἐντελὴς ἐπὶ μεγίστοις δὴ μαρτυρία, ψηφίζεται."[1295]

Appian äußert sogar, dies sei das erste Mal gewesen, daß dieser Titel, der später den Kaisern aufgrund ihrer Verdienste gegeben wurde, vergeben worden sei. Er betont in diesem Zusammenhang, daß ein solcher Titel auch den Kaisern nicht einfach ihres Amtes wegen, sondern erst im Laufe ihrer Amtszeit durch hohe Verdienste verliehen werde. Damit verleiht er der Würde eines solchen Titels, und damit auch der Leistung des Mannes, der diesen Titel als erster innehatte, besonderes Gewicht. Von Anfeindungen, denen Cicero wegen der Hinrichtung der Verschwörer ausgesetzt war, berichtet Appian nichts. Er verschweigt zwar nicht die Verbannung Ciceros im Jahr 58 v.Chr.,[1296] doch verblaßt diese bei Appian sehr kurz gehaltene Begebenheit gegen die Ehrungen und die Bewunderung, die Cicero nach seinem Konsulat zukam.

k) Cassius Dio

Nach Cassius Dio begann die eigentliche Sammlung der Anhänger um Catilina erst nach dessen fehlgeschlagenem Versuch, Cicero und andere einflußreiche Persönlichkeiten bei den Konsulatswahlen im Jahr 63 v.Chr. zu ermorden.[1297] Was zunächst aus politisch motivierter Feindschaft heraus allein Cicero und anderen einzelnen Gegnern gegolten habe, sei nun auf die gesamte *res publica* ausgedehnt worden. Nach Dio ging es jetzt nicht mehr um Rache an einigen Feinden, sondern um die Umwälzung des römischen Staates:

„καὶ οὕτως ὕπατοί τε ἕτεροι ᾑρέθησαν, καὶ ἐκεῖνος οὐκέτι λάθρᾳ, οὐδὲ ἐπὶ τὸν Κικέρωνα τούς τε σὺν αὐτῷ μόνους, ἀλλὰ καὶ ἐπὶ πᾶν τὸ κοινὸν τὴν ἐπιβουλὴν συνίστη. ἐκ γὰρ τῆς Ῥώμης αὐτῆς τούς τε κακίστους καὶ καινῶν ἀεί ποτε πραγμάτων ἐπιθυμητάς, κἀκ τῶν συμμάχων ὡς ὅτι πλείστους, χρεῶν τε [καὶ] ἀποκοπὰς καὶ γῆς ἀναδασμούς, ἄλλα τε ἐξ ὧν μάλιστα δελεάσειν αὐτοὺς ἤμελλεν, ὑπισχνούμενός σφισι συνῆγε."[1298]

[1295] App. civ. II 7.
[1296] App. civ. II 15f.
[1297] Cass. Dio XXXVII 29, 1-5.
[1298] Cass. Dio XXXVII 30, 1.

Die Anhänger Catilinas charakterisiert Dio als heruntergekommenes Gesindel. Von den vornehmeren Mitverschwörern nennt er namentlich Ciceros Konsulatskollegen Antonius[1299], den Prätor Lentulus[1300] und den kriegserprobten Gaius Manlius[1301]. Die Verschwörung wurde durch anonyme Briefe an verschiedene Mitglieder der Führungsschicht, z.B. an Crassus, aufgedeckt, und der Staatsnotstand wurde erklärt.[1302] Nach Catilinas Abreise aus Rom konnten die verbliebenen Verschwörer durch schriftliche Beweise überführt werden.[1303] Die Initiative zur Hinrichtung der Catilinarier ging nach Cassius Dio allein von Cicero aus. Unter dem Eindruck des auch bei Plutarch geschilderten göttlichen Zeichens in seinem eigenen Haus[1304] habe er selbst den Senat zusammengerufen und dazu gebracht, die Verschwörer zum Tod zu verurteilen:

„καί τινα παρὰ τοῦ δαιμονίου χρηστὴν ἐλπίδα ἅμα τῇ ἕῳ λαβών, ὅτι ἱερῶν ἐν τῇ οἰκίᾳ αὐτοῦ ὑπὸ τῶν ἀειπαρθένων ὑπὲρ τοῦ δήμου ποιηθέντων τὸ πῦρ ἐπὶ μακρότατον παρὰ τὸ εἰκὸς ἤρθη, τὸν μὲν δῆμον τοῖς στρατηγοῖς ὀρκῶσαι ἐς τὸν κατάλογον, εἰ δή τις χρεία στρατιωτῶν γένοιτο, ἐκέλευσεν, αὐτὸς δὲ ἐν τούτῳ τὴν βουλὴν ἤθροισε, καί σφας συνταράξας τε καὶ ἐκφοβήσας ἔπεισε θάνατον τῶν συνειλημμένων καταγνῶναι."[1305]

Bei seinem sehr knappen Bericht über das Zustandekommen des Senatsbeschlusses verschweigt Cassius Dio Catos Anteil an der Verurteilung dennoch nicht. Am Ende sei aufgrund Catos Rede ein mehrheitlicher Beschluß für die Hinrichtung der Verschwörer gefaßt worden.[1306] Der Historiker berichtet darüber hinaus, daß wegen der Aufdeckung und Zerschlagung der Verschwörung ein Opfer und mehrere Festtage beschlossen wurden und betont, daß nie zuvor wegen einer solchen Sache derartiges entschieden worden war:

[1299] Cass. Dio XXXVII 30, 3. Antonius hat nach Cassius Dio den Bund der Verschwörer durch ein Menschenopfer gefestigt: er habe einen Jungen geopfert und diesen dann mit den anderen verspeist. Vgl. Plut. Cic. 10, 4.
[1300] Cass. Dio XXXVII 30, 4. Dio berichtet, Lentulus sei bereits einmal Konsul gewesen, dann aber aus dem Senat ausgeschlossen worden.
[1301] Cass. Dio XXXVII 30, 5.
[1302] Cass. Dio XXXVII 31, 1f.
[1303] Cass. Dio XXXVII 34, 2.
[1304] Cass. Dio XXXVII 35, 4.
[1305] Ebd.
[1306] Cass. Dio XXXVII 36, 3.

"*καὶ ἐπ' αὐτοῖς καὶ θυσία καὶ ἱερομηνία ἐψηφίσθη, ὃ μηπώποτε ἐπὶ τοιούτῳ τινὶ ἐγεγόνει*"[1307]

Da Cassius Dio, was Ciceros Maßnahmen betrifft, mehrfach deren göttliche Unterstützung betont[1308], hat die Hinrichtung des Lentulus und seiner Mitverschwörer offenbar die Billigung des Historikers. Ferner berichtet Dio an anderer Stelle, daß nach der Verhaftung der Catilinarier deren Komplizen sich vorbereiteten, die Verschwörer gewaltsam zu befreien.[1309] Demnach kann aus der Sicht des Geschichtsschreibers Ciceros eiliges Handeln und sein Drängen auf die Hinrichtung kaum als übertriebener Eifer abqualifiziert werden.

Cassius Dio zufolge blieb es allerdings nicht bei der Vollstreckung der Todesstrafe an den verhafteten Verschwörern. Der Historiker berichtet, daß auch gegen diejenigen vorgegangen wurde, die verdächtig waren, an der Verschwörung beteiligt gewesen zu sein. Er schildert, daß mehrere Väter ihre eigenen Söhne wegen Teilnahme an der Konspiration töteten. Dabei betont Cassius Dio, daß viele der Väter, die ihre Söhne töteten, keinerlei Amtsgewalt besaßen, die sie dazu ermächtigt hätte. Als ein Beispiel nennt er den Senator Aulus Fulvius, der von seinem eigenen Vater -einem Privatmann- erschlagen wurde:

"*καὶ τὰ μὲν ἄλλα οἱ ὕπατοι διῴκουν, Αὖλον δὲ Φούλουιον ἄνδρα βουλευτὴν αὐτὸς ὁ πατὴρ ἀπέσφαξεν, οὔτι γε καὶ μόνος, ὥς γέ τισι δοκεῖ, τοῦτ' ἐν ἰδιωτείᾳ ποιήσας· συχνοὶ γὰρ δὴ καὶ ἄλλοι, οὐχ ὅτι ὕπατοι ἀλλὰ καὶ ἰδιῶται, παῖδάς σφων ἀπέκτειναν.*"[1310]

Da Cassius Dio die fehlende Legitimation betont, ist es sehr deutlich, daß er zwar die Maßnahmen des Konsuls Cicero gegen die Verschwörer gutheißt, das Verhalten derjenigen aber, die sich im Anschluß daran für berechtigt hielten, ihrerseits eigenmächtig Todesurteile zu vollstrecken, ablehnt.[1311]

[1307] Cass. Dio XXXVII 36, 3.
[1308] Cass. Dio XXXVII 34, 3f.; 35, 4.
[1309] Cass. Dio XXXVII 35, 3.
[1310] Cass. Dio XXXVII 36, 4.
[1311] Jedoch vernachlässigt Dio hier die enormen Kompetenzen, die einem *pater familias* in der römischen Republik zukamen. „The father could inflict punishment on all members of his *familia* [...] for offences that threatened the reputation of his *familia*. This sort of household jurisdiction included the right to have them put to death for serious crimes [...]" (HÖLKESKAMP, Roman Roofs, 124). Daß diese Form des Rechtsvollzugs in der späten römi-

Im Gegensatz zu den meisten anderen Autoren betont Dio auch die Kehrseite der Maßnahmen Ciceros. Er berichtet, ähnlich wie Plutarch davon, daß Cicero am Ende seiner Amtszeit gehindert wurde, eine rechtfertigende Rede über sein eigenes Konsulat zu halten. In Dios Version waren es aber nicht nur einige wenige fehlgeleitete Volkstribune, die dem Konsul das Recht der Rede nicht gewähren wollten, sondern die Masse der römischen *plebs*, die von Ciceros Vorgehen gegen die Catilinarier empört war. Der Volkstribun Metellus Nepos, der Cicero an seiner Rede hinderte, fungiert hier nur als Sprachrohr des Volkes:

„τῷ μὲν οὖν Καίσαρι διὰ ταῦθ' οἱ πολλοὶ προσφιλεῖς ἦσαν, τὸν δὲ δὴ Κικέρωνα ἐν ὀργῇ ἐπὶ τῷ τῶν πολιτῶν θανάτῳ ποιούμενοι τά τε ἄλλα ἤχθαιρον, καὶ τέλος ἀπολογεῖσθαί τε καὶ καταλέξαι πάνθ' ὅσα ἐν τῇ ὑπατείᾳ ἐπεποιήκει τῇ τελευταίᾳ τῆς ἀρχῆς ἡμέρᾳ ἐθελήσαντα (πάνυ γάρ που ἡδέως οὐχ ὅπως ὑφ' ἑτέρων ἐπῃνεῖτο, ἀλλὰ καὶ αὐτὸς ἑαυτὸν ἐνεκωμίαζεν) ἐσίγασαν, οὐδὲ ἐπέτρεψαν αὐτῷ ἔξω τι τοῦ ὅρκου φθέγξασθαι, συναγωνιστῇ Μετέλλῳ Νέπωτι δημαρχοῦντι χρησάμενοι, πλὴν καθ' ὅσον ἀντιφιλονεικήσας προσεπώμοσεν ὅτι σεσωκὼς τὴν πόλιν εἴη."[1312]

Der wichtigste Unterschied zu Plutarch ist aber die Reaktion des Volkes auf Ciceros Kommentar, den er seinem Eid zufügte, er habe in seinem Konsulat den Staat gerettet. In Plutarchs Version stieß diese Bemerkung auf die Zustimmung der *plebs*, in Dios Bericht sorgte sie dafür, daß der Haß des Volkes auf Cicero weiter wuchs. Cassius Dios Schilderung zufolge war das römische Volk eher auf der Seite der Catilinarier und sah sich durch deren Hinrichtung in seinen eigenen bürgerlichen Rechten bedroht.[1313]

---

schen Republik aus der Mode gekommen war, bedeutet nicht, daß der Vater, der seinen Sohn wegen der Teilnahme an der Verschwörung mit dem Tod bestrafte, ungesetzlich handelte.
[1312] Cass. Dio XXXVII 38 1f.
[1313] Diese Abweichung von der insgesamt sehr cicerofreundlichen Darstellung Plutarchs korrespondiert mit der grundsätzlich negativen Haltung, die Cassius Dio in seinem Werk Cicero gegenüber einnimmt (MILLAR, Cassius Dio, 46-55). Um so mehr Aussagekraft hat vor diesem Hintergrund jedoch auch die Tatsache, daß Dio Cicero nicht für dessen Vorgehen in der Catilina-Affäre tadelt, sondern ihn vielmehr gerade in diesem Zusammenhang lobt (Hierzu: FECHNER, Cassius Dios Sicht, 53-58) und so in der Beurteilung der Maßnahmen gegen die Catilinarier von seinem ansonsten negativen Cicero-Bild abweicht.

2. Zusammenfassung und Bewertung

Schon durch die einhellige Billigung der Hinrichtung der Catilinarier durch die hier betrachteten Quellen wird deutlich, daß wir es hier mit einem Fall zu tun haben, der anders zu bewerten ist als die bisher untersuchten Fälle. Keiner unserer Autoren vertritt die Ansicht, daß den Verschwörern durch die Hinrichtung unrecht getan wurde. Im Gegenteil: die Notwendigkeit dieser Maßnahme und die Schlechtigkeit der Catilinarier wird immer wieder betont.[1314] Auch handelt es sich hier mit Sicherheit nicht um einen politischen ‚Mord' im engeren Sinn, da wir es hier mit einem Senatsbeschluß, der aufgrund von Beweisen gegen die verhafteten Verschwörer gefällt wurde, zu tun haben. Die politische Billigkeit dieser Maßnahme ist ebenfalls nur schwer anzuzweifeln. Dennoch darf die Betrachtung der Tötung der Catilinarier innerhalb der in dieser Monographie behandelten Thematik nicht fehlen. Erstens herrscht nämlich in der Forschung die Ansicht vor, die Hinrichtung der Catilinarier sei unter Beugung des geltenden Rechts zustandegekommen, zweitens sind auch in den antiken Berichten Anhaltspunkte dafür zu finden, daß die Art und Weise, in der über die Verschwörer entschieden wurde, längst nicht von allen Teilen der römischen Gesellschaft als legal und angemessen akzeptiert wurde. In den Berichten des Plutarch und des Cassius Dio wird deutlich, daß Cicero wegen seines Vorgehens noch während seiner Amtszeit Anfeindungen auf sich nehmen mußte.[1315] Die formalrechtlichen Bedenken, die Caesar im Senat mit aller Wahrscheinlichkeit geäußert hat, und die heute noch die Forschung bestimmen[1316], sollten deshalb ernst genommen werden. Von Sallust erfahren

---

[1314] Z.B. Sall. Cat. 4, 3f.; Luc. Phars. II 539-543; Plut. Cic. 22, 1-7; App. civ. II 6.
[1315] Plut. Cic. 23, 1f. ; Cass. Dio XXXVII 36, 4. Auch Cicero selbst berichtet bereits zu Beginn des Jahres 62 v.Chr. in einem Brief an Metellus Celer, daß viele Leute das Vorgehen gegen die Catilinarier mißbilligt hätten (Cic. fam. V 2, 1. 8).
[1316] Am härtesten urteilt MOMMSEN, Strafrecht, 173, Anm. 1, der die Hinrichtungen als „ebenso unpolitischen wie unmenschlichen Justizmord" bezeichnet. Ähnlich äußert sich WILL, Mob, 56: „[D]ie im Verständnis der plebs gesetzeswidrige Hinrichtung der Catilinarier, mit welcher der Senat und Cicero die ureigensten Rechte des Volkes gebrochen hatten." HABICHT, Cicero, 49-52 vertritt ebenfalls die Ansicht, daß die Hinrichtung formaljuristisch nicht gedeckt war, da die Verschwörer nicht zu *hostes* erklärt worden seien. Außerdem sei von den bereits Inhaftierten keine Gefahr mehr ausgegangen, weshalb eine außerordentliche Maßnahme nicht zu rechtfertigen gewesen sei. DAHLHEIM, Verschwörung, 36f., führt die Maßnahmen des Senats zwar auf eine verständliche Furcht des Senats um die Ordnung zu-

wir, daß am 21. Oktober des Jahres 63 v.Chr. ein *senatus consultum ultimum* ergangen war, das auf die Bedrohung des Staates durch Catilina, Manlius und deren Heer reagierte. Dieses *senatus consultum ultimum* bildete jedoch -wie sowohl UNGERN-STERNBERG[1317] als auch DRUMMOND[1318] bewiesen haben- nicht die Grundlage für die Hinrichtung der Catilinarier. Die einzige Grundlage, die ein Todesurteil ohne Prozeß und ohne Befragung des Volkes rechtfertigen konnte, war eine *hostis*-Erklärung der ver-

---

rück, bezeichnet die Hinrichtung der Catilinarier aber dennoch als Justizmord: „Dabei blieb das Recht auf der Strecke, hier das Recht jeden Römers, nur vor einem ordentlichen Gericht kapital belangt zu werden. Die unbestreitbare Not der Republik verführte sie zum Justizmord und damit zum Generalangriff gegen die Ordnung, die man als die beste aller staatlichen Ordnungen gerade zu verteidigen gedachte." UNGERN-STERNBERG vertrat in seiner Monographie zum Notstandrecht von 1970 noch die sehr neutrale Ansicht, daß die Frage, ob die *hostis*-Erklärung der Catilinarier durch den Senat (nur eine solche Erklärung konnte eine Hinrichtung ohne Prozeß möglich machen) legal war oder nicht, vom jeweiligen politischen Standpunkt abhänge und auch in der Zeit der römischen Republik abhing: „Die damalige Grenzsituation konnte nun einmal verschieden beurteilt werden. Unter diesen Umständen wurde die Durchsetzung der einen oder anderen Rechtsauffassung, der Rechtfertigung oder der Verurteilung Ciceros, zwangsläufig völlig von den jeweiligen Machtverhältnissen abhängig" (UNGERN-STERNBERG, Notstandrecht, 112f.; 125). 1997 äußert er sich dagegen eindeutig gegen die Legalität einer Hinrichtung ohne Prozeß: „Aus guten Gründen bezog sich in der Senatsdebatte niemand auf das Senatusconsultum ultimum [...]. Da es in Rom nicht zum offenen Aufstand gekommen war, bot er keine Grundlage für ein außergesetzliches Verfahren. [...] Den Zustand drängender Gefahr in Rom selbst schließt Cicero durch die ausführliche Schilderung seiner Vorkehrungen direkt aus (*in Cat.* 4,14ff.), ob er in Italien zu diesem Zeitpunkt wirklich bestand, muß recht zweifelhaft bleiben. [...] Wichtiger aber ist, daß Magistrat und Senat sich im Jahre 63 nicht anders verhielten als in früheren Notstandssituationen. [...] So sollte auch jetzt weniger Recht gesprochen als ein Exempel statuiert werden" (UNGERN-STERNBERG, Verfahren, 96f.). DRUMMOND, Law, 105-113 hält -wie UNGERN-STERNBERG 1970- die Frage nach der Legalität für standpunktabhängig. MORSTEIN-MARX, Mass Oratory, 55, sieht die Exekution der Verschwörer als juristisch sehr fragwürdig an und betont, daß die rechtliche Form ihr noch weniger gewahrt worden war als im Falle des C. Gracchus (auf den sich Cicero gerade in der Cat. IV oft bezieht). Ebenso bezeichnet NIPPEL, Polizei, 99, die Hinrichtung als „problematische Maßnahme". Dagegen verteidigt SYME, Sallust, 112f., die Hinrichtung der Catilinarier. Dafür führt er jedoch keine rechtlichen, sondern rein politischtaktische Argumente an: „Erstens bestand die begründete Gefahr, daß man versuchen würde, die Verschwörer zu befreien [...]. Zweitens schwächten die Nachrichten von ihrer [i.e. der Catilinarier] Hinrichtung tatsächlich Catilinas Armee." Indem GELZER, Cicero, 99-103, insgesamt der Sichtweise Ciceros folgt und dabei die juristische Problematik nicht beachtet, bezieht er zwar eine Cicero-freundliche Position, argumentiert aber ebenfalls nicht für eine eindeutige Legalität der Hinrichtung. In seiner Monographie über Caesar schildert Gelzer die Maßnahme als legal, aber politisch bedenklich (GELZER, Caesar, 45-48). MEYER, Monarchie, 36, betont dagegen, daß Cicero durch das *senatus consultum ultimum* zur Hinrichtung der Verschwörer in jedem Fall ermächtigt gewesen sei.

[1317] UNGERN-STERNBERG, Notstandsrecht, 87-92; 111-122.
[1318] DRUMMOND, Law, 102-113.

hafteten Catilinarier durch den Senat, durch welche sie ihre bürgerlichen Rechte verloren. Wenn es aber am 5. Dezember eine solche *hostis*-Erklärung gegeben hat, ist dennoch zu bedenken, daß die Verhängung eines Ausnahmerechts gegen bereits Inhaftierte, die zwar einen Aufstand geplant, diesen aber noch gar nicht begonnen hatten, bisher in der Geschichte der römischen Republik nicht vorgekommen war. Der Senat hatte sich zwar zur Zeit des Aufstands des C. Gracchus die Freiheit genommen, die Rechte der Bürger, die den Staat akut bedrohten, einzuschränken, bzw. ganz aufzuheben. Das kann jedoch von den bereits inhaftierten Catilinariern nicht behauptet werden. Die Anwendung von Notstandsgesetzen - ohne daß eine akute Gefahr drohte- führte die existierenden Provokationsgesetze, die den Bürger vor magistratischer Willkür schützen sollten, ad absurdum. Wenn jemand durch eine *hostis*-Erklärung, die allein durch die Autorität des Senats vorgenommen werden konnte, dadurch aller bürgerlichen Rechte verlustig wurde, und die Provokationsgesetze auf ihn keine Anwendung mehr fanden, dann hatten diese Gesetze in letzter Konsequenz überhaupt keine Wirkung. Aus formaljuristischer Sicht war die Hinrichtung der Verschwörer unter den dargelegten Umständen tatsächlich eine fragwürdige Entscheidung.

Aus senatorisch-magistratischer Sicht jedoch war die *hostis*-Erklärung und Hinrichtung der Catilinarier wahrscheinlich sogar eine notwendige Maßnahme. Die Verschwörer hatten ja die Sicherheit des Staates massiv bedroht. Daß man sie schnell und unbürokratisch aburteilen wollte, ist deshalb politisch nachvollziehbar. Aus der Sicht des Volkes dagegen mußte die Aufhebung der Bürgerrechte der Verschwörer als senatorische Willkür erscheinen. Daß die Hinrichtung der Catilinarier eine derartige Wirkung auf Teile der *plebs* haben würde, wußten auch Caesar und Cicero. Aus keinem anderen Grund schärft Cicero deshalb in seiner vierten Catilinarischen Rede den Senatoren ein, keine Rücksicht auf die Konsequenzen zu nehmen, die ein Todesurteil gegen die Verschwörer für den Konsul haben würde.

Wenn aber -was aus Cic. Cat. IV hervorgeht- dem Senat bewußt war, daß ein außerordentliches Vorgehen gegen die Catilinarier den Beigeschmack der Illegalität haben würde, stellt sich die Frage, wieso nicht einfach ein Prozeß gegen die Verschwörer angestrengt wurde. Immerhin waren die Beweise so deutlich, daß sie zu einer eindeutigen Überführung und z.T. auch zu Geständnissen geführt hatten. Die Eindeutigkeit der Schuld war schließlich einer der Gründe für die schnelle Verurteilung im Senat. Daß dennoch kein Prozeß angestrengt werden sollte, liegt sicher zum einen daran, daß Cicero und der Senat in erster Linie politisch angemessen handeln wollten, und deshalb nicht bereit waren, sich durch formaljuristische Vorgänge aufhalten zu lassen. Außerdem war Cicero sicher daran gelegen, noch in seinem Konsulatsjahr den Kampf gegen die Verschwörer innerhalb Roms erfolgreich abzuschließen.[1319] Ein weiterer Grund für die Vermeidung eines Prozesses lag m.E. jedoch nicht in erster Linie in kaltem politischen Kalkül, sondern in einer echten Sorge um die Stabilität der *res publica* und in der Furcht vor der Gefährlichkeit der Verschwörer.[1320] Die Lage wurde als so heikel und unsicher eingeschätzt, daß Cicero und der Senat sich nicht auf die althergebrachten Einrichtungen verlassen wollten. Die eigentliche Tragik innerhalb der Entwicklung der römischen Republik lag darin, daß diejenigen, welche die *res publica* gegen die Bedrohung durch Umstürzler schützen wollten, den eigenen Rechtsmitteln dieser *res publica* nicht zutrauten, das Problem zu lösen. Daß sie mit dieser Einschätzung -je nach politischem Blickwinkel- unter Umständen nicht unrecht hatten, zeigt umso mehr den Verfall, bzw. die Machtlosigkeit der alten republikanischen Institutionen.

Hingerichtet wurden Gabinius, Statilius, Cethegus, Lentulus und Caeparius. Alle fünf werden -wie oben gezeigt wurde- von den antiken Autoren

---

[1319] UNGERN-STERNBERG, Verfahren, 97.
[1320] Diese wird z.B. in Cic. Cat. IV 4 deutlich. Dagegen spricht sich NIPPEL, Polizei, 100f., aus. NIPPEL glaubt nicht an die Sorge um die innere Sicherheit als Motiv für die schnelle Hinrichtung, da Cicero und der Senat durchaus Mittel (z.B. bewaffnete Schutzmannschaften) gehabt hätten, um die Agitationen der verbliebenen Sympathisanten Catilinas kleinzuhalten. Diese Argumentation beachtet jedoch zu wenig, daß zumindest Cicero von der Gefährlichkeit der Catilinarier fest überzeugt war, und daß es ihm anscheinend gelungen ist, seine Senatskollegen ebenfalls davon zu überzeugen. Daß die Oberschicht die Möglichkeiten gehabt hätte, Unruhen in der Stadt gewaltsam niederzuhalten, bedeutet nicht, daß diese Oberschicht es darauf ankommen lassen wollte. Der Tod der verhafteten Catilinarier konnte -besser als jede bewaffnete Schutzmannschaft- mögliche Befreiungsversuche im Keim ersticken.

sehr negativ gesehen. Jedoch gilt die grundsätzliche Aufmerksamkeit dieser Autoren immer mehr der Person Catilinas als dessen Anhängern.[1321] Die negative Charakterisierung der Verschwörer zielt dabei letztlich auf den Anführer der Konspiration. Durch die moralische Abwertung seiner Anhänger wird im Grunde -der eigentlichen Intention der Autoren entsprechend- Catilina selbst verurteilt. Dennoch ist die Charakterisierung der Catilinarier durch unsere Autoren eine Betrachtung wert: In der zweiten Catilinarischen Rede charakterisiert Cicero alle Anhänger und Sympathisanten Catilinas in und außerhalb von Rom pauschal als eine Bande von Mördern, Dieben, Genußsüchtigen, Unzüchtigen und anderen Verbrechern.[1322] Allerdings hält der Redner sich bei den einzelnen Charakterisierungen der fünf Verhafteten mit solchen Schilderungen zurück. Dennoch ist anzunehmen, daß die zweite Catilinarische Rede auf die Darstellungen dieser fünf durch andere Autoren gewirkt hat. Sallust unterscheidet sich mit seinem Urteil kaum von Cicero: Auch er verurteilt die Verschwörer pauschal als heruntergekommene Bande;[1323] wenn er jedoch auf Lentulus, Cethegus, Gabinius, Statilius und Caeparius zu sprechen kommt, betont er mehr ihre Gefährlichkeit als ihre moralische Verworfenheit. Bei konkreten Vorwürfen der Unsittlichkeit bezieht er sich immer auf Catilina selbst, und nicht auf dessen Mitverschwörer.[1324] Nach dem gleichen Muster verhalten sich im

---

[1321] Andere Autoren des ersten nachchristlichen Jahrhunderts, in deren Werken Bemerkungen über die Catilinarische Verschwörung zu finden sind, richten ihr Augenmerk sogar allein auf Catilina selbst und die Gefahr, die von ihm für Rom ausgegangen war. Auf die Hinrichtung seiner Anhänger gehen sie nicht ein. Seneca d.J. rechnet beispielsweise Catilina allein unter diejenigen, die sich als undankbar gegen das Vaterland erwiesen haben. Er bezeichnet Catilina, ohne die Mitverschwörer zu nennen, in diesem Zusammenhang als potentiellen Zerstörer Roms (benef. V 16, 1). Auch Vergil (Aen. VIII 666) und Tacitus (Dial. 37, 6) nennen Catilina als negatives Beispiel eines römischen Bürgers, beachten aber dessen Mitverschwörer nicht
[1322] Cic. Cat. II 7-9. Genauer charakterisiert er sie in Cat. II 18-23. Vieles aus diesen Schilderungen ist sicher übertrieben und entspringt dem Wunsch Ciceros, die Verschwörer in einem möglichst schlechten Licht erscheinen zu lassen. Zurecht weist CAPE darauf hin, daß Cicero in seinen Catilinarischen Reden die Catilinarier bewußt als so verabscheuungswürdig charakterisiert, damit niemand seiner Zuhörer auf die Idee kommt, sich mit den Verschwörern zu identifizieren (CAPE, Counsular Speeches, 147). Vgl. außerdem: BRAUN, Werte, 78-84, insb. 80f.
[1323] Sall. Cat. 14, 1-5.
[1324] Cicero und Sallust werfen den Anhängern Catilinas pauschal ihre Unsittlichkeit vor. Wenn jedoch ein solcher Vorwurf konkret gegen Einzelpersonen dieser Gruppe erhoben wird, dann immer gegen Catilina selbst und nicht gegen die fünf Verschwörer, die im Jahr 63 v.Chr. hingerichtet wurden. Die Übereinstimmung zwischen Ciceros und Sallusts Urteil ist so groß,

wesentlichen auch die anderen Autoren: die Verschwörer werden in ihrer Gesamtheit als moralisch minderwertig gebrandmarkt; wenn es jedoch um die einzelnen Hauptkonspiratoren geht, wird deren politische Gefährlichkeit, und nicht ihre verkommene Moral geschildert. Die Autoren, die allesamt die Hinrichtung der Catilinarier gutheißen, gründen ihre Ansicht demnach nicht auf eine pauschale Verurteilung der fünf Verschwörer, sondern allein auf deren revolutionäre Pläne. Insgesamt ist das, was die Catilinarier zu verabscheuungswürdigen Menschen macht, aus Sicht der Autoren nicht in erster Linie ihre moralische Verkommenheit, sondern ihre aktive Teilnahme an der Verschwörung.[1325]

Daß die Hinrichtung der Verschwörer nicht den gewünschten politischen Erfolg -nämlich die langfristige Befreiung der *res publica* von aufrührerischen Elementen- nach sich gezogen hat, bedarf im Grunde keiner weiteren Erwähnung. Selbst wenn man dieser Maßnahme zugute halten will, daß Catilina und sein Heer durch sie psychologisch geschwächt und deshalb

---

daß davon ausgegangen werden kann, daß Sallust, der im Jahr 63 v.Chr. selbst noch nicht politisch aktiv war, sein Catilinabild ganz der Darstellung Ciceros verdankt. Vgl. SYME, Sallust, 81f.

[1325] Diese Ansicht äußert z.B. Flor. II 12, 3. Auch diejenigen, die dem Gerücht, welches zuerst durch Sallust überliefert ist, Glauben schenken, nämlich daß die Catilinarier ihren Bund durch Menschenopfer gefestigt hätten, gründen wie Florus ihre Verurteilung der Verschwörer nicht darauf, sondern auf die politischen Umtriebe von Lentulus, Cethegus, Statilius, Gabinius und Caeparius. Es ist also für diese Untersuchung nicht von zentraler Bedeutung, ob dieses Gerücht wahr ist, oder nicht. Die Tatsache jedoch, daß Cicero, der mit Hinweisen auf unangebrachtes Verhalten seiner Feinde sonst nicht spart, das angebliche Menschenopfer durch die Catilinarier niemals erwähnt, ist wohl Grund genug, an der Wahrheit dieser Begebenheit große Zweifel zu hegen. Offenbar war sie nämlich nicht nur für Sallust, sondern auch für Cicero, der ein echtes Interesse an ihrer Wahrheit haben mußte, zu schlecht, bzw. zu unglaubwürdig bezeugt, um sie argumentativ anführen zu können (Vgl. HAVAS, Arrière-plan, 192, der aus der Äußerung Ciceros „Quotiens iam extorta est ista sica de manibus! [...] Quae quidem quibus abs te initiata sacris ac devota sit, nescio" in Cat. I 16 schließt, daß Cicero hier die Verschwörung als religiösen Bund bezeichnet. HAVAS führt dies als ein Argument für die Wahrheit des Gerüchts vom Menschenopfer an. Jedoch spricht Cicero hier m.E. nicht ernsthaft von einem religiösen Geheimbund, sondern spottet vielmehr über Catilina, dem er die körperliche Fähigkeit zur Ermordung des Konsuls absprechen will. Die Frage, mit welchem Zauber Catilina den Dolch wohl beschwören müsse, um Erfolg zu haben, beinhaltet nichts weiter als eine Ironie, die dem Feind Ciceros seine Unfähigkeit vor Augen halten soll). Das Aufgreifen dieses Menschenopfers gerade durch die späteren Autoren, die das Aufkommen von Gerüchten über die Catilinarier nicht selbst erlebt hatten und deshalb weniger in der Lage sind, Glaubwürdiges von Unglaubwürdigem zu unterscheiden, macht die Begenheit ebenfalls nicht wahrscheinlicher.

geschlagen wurden -was sehr zweifelhaft ist, da es überhaupt keinen Grund gibt anzunehmen, Catilina hätte gesiegt, wenn seine Mitverschwörer nicht getötet worden wären-, war die Rettung der *res publica* nur oberflächlich und sehr kurzfristig. Nur ein Jahr später trat Ciceros neuer Intimfeind P. Clodius Pulcher, der wiederum recht erfolgreich an den Grundfesten des römischen Gemeinwesens rüttelte, in den Blickwinkel der Öffentlichkeit. Wie in ähnlichen vorangegangenen Fällen hatte der Senat sich im Jahr 63 v.Chr. nämlich wiederum damit begnügt, diejenigen, die er als Aufrührer und Feinde der bestehenden Staatsordnung entlarvt hatte, zu beseitigen. Er bemühte sich jedoch nicht, den tieferen Problemen der republikanischen Gesellschaft, welche Aufstände, wie die Catilinas (und zuvor des Saturninus oder der Gracchen) hervorriefen, auf den Grund zu gehen. Zudem hatte der Senat sich bei der Bekämpfung der Feinde der *res publica* noch weiter als bisher dazu verleiten lassen, selbst die Ordnungen des Gemeinwesens, welches sie verteidigen wollten, zu verlassen.[1326]

[1326] Zu dieser Problematik vgl.: LABRUNA, Ennemis, 161-168. Labruna schließt seine Ausführungen treffend mit der auch für unseren Fall gültigen Feststellung: „Alors qu'on affirmait vouloir les défendre, on détruisait les plus importantes libertés républicaines. Avec le temps, ces atteintes portées à la légalité furent fatales à tous, non seulement aux adversaires que l'on voulait écraser" (168).

S) Der Mord an C. Vibienus 58 v.Chr.

1. Die Darstellung der Quellen
a) Cicero

In der Rede *Pro Milone* berichtet Cicero vom Mord an dem Senator Vibienus. Seine Intention ist hier die möglichst negative Charakterisierung des P. Clodius, dessen Mörder Milo er in dieser Rede verteidigt.[1327] Um Milo vom Vorwurf des Mordes reinzuwaschen, ist Cicero bemüht, Clodius als den eigentlichen Täter zu entlarven: dieser habe einen Mordanschlag auf Milo verübt, woraufhin letzterer in Notwehr Clodius umgebracht habe. Um seiner Argumentation mehr Gewicht zu verleihen, stellt er die Gewaltbereitschaft des Clodius heraus. In diesem Zusammenhang berichtet er, daß der Senator C. Vibienus bei einer Schlägerei, die Clodius gegen Q. Hortensius angezettelt habe, ums Leben gekommen sei. Er bezeichnet sich selbst als Augenzeuge dieser Schlägerei:

„Vidi enim, vidi hunc ipsum Q. Hortensium, lumen et ornamentum rei publicae, paene interfici servorum manu, cum mihi adesset; qua in turba C. Vibienus senator vir optimus cum hoc cum esset una, ita est mulcatus ut vitam amiserit."[1328]

Q. Hortensius habe sich -in welcher Weise wird nicht genannt- für Cicero eingesetzt. Daraufhin sei er von einer Menge bewaffneter Sklaven angegriffen worden und nur knapp dem Tod entkommen. C. Vibienus aber sei an den Verletzungen, die ihm in demselben Kampf beigebracht wurden, gestorben. Vibienus stand offenbar ebenfalls auf der Seite Ciceros und war entweder gleichfalls von Clodius' Leuten angegriffen worden, oder hatte sich, Hortensius unterstützend, in den Kampf eingemischt. Cicero bezeichnet Vibienus jedenfalls als hervorragenden Mann (*vir optimus*), wodurch mehr als deutlich wird, daß der Redner die Ermordung des Senators bedauert und seinen Mörder verurteilt.
Der Zusammenhang, in den der Redner diese Begebenheit stellt, macht deutlich, daß sich der Mord an C. Vibienus zur Zeit des Volkstribunats des P. Clodius Pulcher, jedoch vor Ciceros Verbannung, also vor dem März 58

[1327] Hierzu: Kapitel II (U) dieser Untersuchung.
[1328] Cic. Mil. 37.

v.Chr. zugetragen haben muß. Zunächst kommt der Redner nämlich unmißverständlich auf seine Selbstverbannung zu sprechen, die er sich in der Absicht auferlegt habe, weitere blutige Tumulte in Rom zu verhindern.[1329] Die Schlägerei, in deren Folge Vibienus ums Leben gekommen war, nennt er als einen Auslöser für seinen Entschluß, die Bürger Roms keinen weiteren Gefahren auszusetzen und sich, anstatt durch sein Bleiben neue Gewalttätigkeiten zu provozieren, freiwillig ins Exil zu begeben. Demnach wurde Vibienus zu Beginn des Jahres 58 v.Chr. erschlagen.[1330] Cicero schildert auch in anderen Reden die Gewalt der Clodianer gegen seine Unterstützer im Jahr 58 v.Chr.[1331] Wahrscheinlich ist der Mord an C. Vibienus in denselben Zusammenhang zu stellen.

b) Asconius

In der Einleitung zum Kommentar der Rede *Pro Milone* berichtet Asconius ebenfalls vom Mord an einem Senator C. Vibienus. Allerdings findet die Tat seiner Schilderung zufolge erst im Jahr 52 v.Chr. statt, nämlich während der Unruhen, die nach dem Tod des Clodius über Rom hereinbrachen:

> „Perlatum est corpus Clodi ante primam noctis horam, infimae que plebis et servorum maxima multitudo magno luctu corpus in atrio domus positum circumstetit. [...] Maior postera die luce prima multitudo eiusdem generis confluxit, compluresque noti homines elisi sunt, inter quos C. Vibienus senator."[1332]

Demzufolge haben die Clodianer, nachdem ihr Anführer getötet worden war, ein Blutbad unter den Angehörigen der römischen Führungsschicht angerichtet, dem auch Vibienus zum Opfer fiel. Das Motiv für die Tat war

---

[1329] Die Deutung seines Rückzugs ins Exil als zweite Rettungstat an der römischen Bürgerschaft, die sonst blutiger Gewalt ausgesetzt gewesen wäre, vertritt Cicero auch an anderen Stellen mit Vehemenz: z.B. Cic. grat. sen. 33; dom. 88; Sest. 45.
[1330] Dafür spricht auch die dann folgende Aufzählung der weiteren Schandtaten des Clodius durch Cicero, welche Clodius alle nach der Ermordung des Vibienus begangen haben soll: „Itaque quando illius postea sica illa quam a Catilina acceperat conquievit? Haec intenta nobis est, huic ego vos obici pro me non sum passus, haec insidiata Pompeio est, haec istam Appiam monimentum sui nominis nece Papiri cruentavit, haec eadem longo intervallo conversa rursus est in me; nuper quidem ut scitis me ad regiam paene confecit" (Cic. Mil. 37).
[1331] Cic. dom. 54; Sest. 27.
[1332] Ascon. Mil. P. 28.

demnach Rache für den Mord an Clodius, für den die Clodianer die *boni* im ganzen verantwortlich machten.

Ciceros Schilderung, nach der Vibienus bereits 58 v.Chr. ums Leben gekommen ist, wird von Asconius, obwohl er selbst offenbar eine abweichende Darstellung vorzieht, nicht beachtet.

2. Zusammenfassung und Bewertung

Das auffälligste Element der Ermordung des Senators C. Vibienus ist die Diskrepanz zwischen den beiden Autoren, die über dieses Ereignis berichten, hinsichtlich des Zeitpunktes der Ermordung. Cicero legt den Mord eindeutig ins Jahr 58 v.Chr., während Asconius ihn erst nach der Ermordung des Clodius im Jahr 52 v.Chr. ansetzt. Nach der Schilderung des Asconius wäre demnach auch nicht Clodius für die Tat verantwortlich, sondern seine Anhänger. Cicero dagegen baut argumentativ gerade auf die Täterschaft des Clodius. Die Schwierigkeit, die sich aus diesen beiden unterschiedlichen Angaben ergibt, spiegelt sich auch in der Forschung wieder. Während die meisten Autoren, die sich mit den Ereignissen um Clodius und Cicero befassen, das Problem Vibienus schlicht ignorieren, folgen diejenigen, die Vibienus für erwähnenswert halten, kommentarlos entweder der Version Ciceros oder der des Asconius.[1333] WILL, der in seiner Monographie „Der römische Mob" eine sehr Cicero-feindliche Sicht vertritt und nicht mit Polemik gegen den Redner spart, bemüht sich dagegen, dem Problem auf den Grund zu gehen. Aufgrund der recht großen Zuverlässigkeit des Asconius, der seine Informationen aus den *acta diurna populi* entnahm, kommt WILL zu dem Schluß, daß Cicero dem Leser eine böswillige Lüge auftischt, wenn er von der Ermordung des Vibienus durch Clodius im Jahr 58 v.Chr. berichtet.[1334] Zurecht urteilt WILL, daß, wenn Cicero hier ein

---

[1333] GRUEN, Last Generation, 207 folgt Cicero, ebenso DÖBLER, Agitation, 344, zwiespältig ist MEYER, Monarchie, der auf S. 578 Cicero, auf S. 100 aber der Darstellung des Asconius folgt. BROUGHTON nennt Vibienus paradox als Senator des Jahres 52, „slain soon after the murder of Clodius", bezieht sich aber in seiner Quellenangabe auf Cic. Mil. 37 (BROUGHTON, Magistrates II, 498).

[1334] „Wie jede propagandistische Sprache zeichnete sich auch Ciceros durch Mangel an Konkretheit aus. Zwar suchte der Redner seine Standesgenossen immer wieder mit der Bedrohung durch organisierte Mörderbanden zu schrecken, Namen von Senatoren, die von Clodius' *sica-*

falsches Datum suggeriere, er dies nicht aus Unwissenheit tue, sondern absichtlich die Tatsachen verzerre. Daß Cicero hier einem Irrtum unterliegt, ist tatsächlich schwer möglich: Immerhin bezeichnet er sich selbst als Augenzeugen der Tat. Daß zudem der ‚echte' Mord an Vibienus -Asconius folgend- erst wenige Monate zurücklag, macht die Vermutung, daß der Redner den Mord an Vibienus mit einem anderen Fall verwechselt, noch unwahrscheinlicher. Jedoch muß die Frage gestellt werden, ob Cicero in *Pro Milone* wirklich Interesse daran gehabt haben kann, eine dreiste Lüge vorzubringen. Nach WILL war Cicero zu einer solchen Maßnahme gezwungen, weil er sonst keinen „Kronzeugen gegen den Bandenführer Clodius" gehabt hätte. Außer Vibienus, meint WILL, könne Cicero kein einziges senatorisches Mordopfer des Clodius namentlich nennen. Da Vibienus aber gar nicht von Clodius getötet worden sei, habe Cicero letztlich gar nichts gegen ihn vorzuweisen.[1335] Diese Beobachtung ist jedoch nur teilweise richtig. Zwar nennt Cicero außer Vibienus keinen anderen von Clodius ermordeten Senator, doch nennt er fast im selben Atemzug, in dem er von diesem Mord berichtet, noch eine andere Bluttat des Clodius, nämlich die Tötung des Ritters Papirius,[1336] auf die WILL nur am Rande zu sprechen

---

rii erschlagen oder erstochen worden waren, blieb er aus naheliegenden Gründen schuldig. Nur ein einziges Mal tritt aus der Zahl der anonymen Toten, die das Schlachtfeld des Mobs deckten, ein Senator aus Fleisch und Blut hervor: C. Vibienus. [...] Mit Vibienus besaß Cicero den erwünschten Märtyrer für die Sache der *boni*, den Kronzeugen gegen den Bandenführer Clodius. Ein winziger Umstand ließ ihn freilich zögern, den Mord in seiner Agitation gegen Clodius stärker herauszustreichen: Als dieser am 18. Januar 52 [...] von Milos Gladiatoren erstochen wurde, lebte –sechs Jahre nach seinem ersten Tod- der Senator C. Vibienus noch. Er starb erst am Morgen des 19. Januar, ca. 20 Stunden nach seinem angeblichen Mörder. [...] Cicero hat den toten Vibienus erst im April 52 in den Zeugenstand gerufen, weil er vorher mit dem lebenden in Konflikt geraten wäre" (WILL, Mob, 127-129).

[1335] Diese Argumentation hat ihren Grund in der These WILLS, Clodius sei überhaupt nicht gewalttätig gewesen. Als Hauptaggressor der späten römischen Republik sieht er nicht bewaffnete Volksbanden, sondern den Senat. Den Bandenkampf zwischen Milo und Clodius z.B. hält er für „nichts anderes als eine ciceronische Erfindung. Tatsächlich standen den bewaffneten *bestiarii* des Milo keine bewaffneten Garden gegenüber, sondern Demonstranten aus dem niederen Volk. [...] Im Rom der späten Republik übte an erster Stelle der Senat Gewalt aus" (WILL, Mob, 127). Wäre Clodius -nach WILL- nämlich auch in Wahrheit gewalttätig gewesen, dann hätte Cicero keinen Grund gehabt, in dieser Angelegenheit zu lügen. Geht man jedoch von einer tatsächlichen Gewalttätigkeit des Clodius aus, so fehlt es der Argumentation WILLS an Logik.

[1336] Vgl. Kapitel II (T) dieser Untersuchung.

kommt.[1337] Cicero ist also nicht grundsätzlich um Namen von Ermordeten verlegen; er ist nicht gezwungen, zu einer Lüge zu greifen.[1338] Auch an anderen Stellen spricht Cicero von der Mordbereitschaft des Clodius und seiner Anhänger gegen die *boni* im allgemeinen, und bezieht sich dabei auf konkrete Ereignisse.[1339] Da sich der Redner auf nachvollziehbare Begebenheiten stützt, die seinen Zuhörern bekannt waren, und die, wenn er sie verfälscht darstellte von ihnen als Unwahrheit erkannt werden mußten, kann kaum davon die Rede sein, daß Cicero auf unredliche Weise versucht habe, „seine Standesgenossen [...] mit der Bedrohung durch organisierte Mörderbanden zu schrecken."[1340] Cicero brauchte seine Standesgenossen nicht mit erfundenen Geschichten zu schrecken; sie waren bereits durch die realen Verhältnisse erschreckt. Ebenso erwähnt er den Tod des Vibienus im Zusammenhang mit einem konkreten Ereignis. Cicero nennt außer sich selbst sogar noch einen weiteren Zeugen für die Tat, nämlich den Redner Hortensius. Es ist schwer vorstellbar, daß Cicero in der von ihm selbst veröffentlichten zweiten Fassung der Rede *Pro Milone* seinen Lesern, welche die Ereignisse der Jahre 58 und 52 v.Chr. ja ebenfalls miterlebt haben[1341], zumutet, eine zeitlich völlig falsche Einordnung der Ermordung des Vibienus hinzunehmen.

Wenn wir hier jedoch sowohl eine Lüge als auch einen Irrtum Ciceros ausschließen können, bleibt nur eine Möglichkeit, die Abweichung zwischen Cicero und Asconius zu erklären: Der ansonsten so zuverlässige Asconius irrt sich in diesem Fall. Möglicherweise hat er die von ihm zurate gezogenen Akten fehlerhaft interpretiert, oder der Fehler war bereits in den Senatsakten enthalten. Diese Lösung ist zwar nicht vollends befriedigend,

---

[1337] WILL geht zwar kurz auf die Entführung des Tigranes ein, beläßt es aber bei dem Urteil, diese Episode sei allenfalls erheiternd. Der Tod des M. Papirius wird von ihm nur in einer Anmerkung thematisiert, wo Clodius kurzerhand als „nicht involviert" bezeichnet wird (WILL, Mob, 172f. Anm. 132).
[1338] Cicero hatte entgegen WILLS Überzeugung durchaus gute Gründe, die Ereignisse um die Ermordung des Papirius Clodius anzulasten. Vgl. dazu Kapitel II (T).
[1339] Z.B. Cic. dom. 5. 54f.; Sest. 2; grat. sen. 7. Zur Gewalt als einem Mittel der clodianischen Politik vgl. außerdem: BENNER, Clodius, 116-119.
[1340] WILL, Mob, 127f.
[1341] Cicero bezieht sich z.B. auf den beim Prozeß anwesenden Q. Hortensius, der wie Vibienus in die Schlägerei verwickelt gewesen ist

aber vor dem Hintergrund der oben dargelegten Argumente die wahrscheinlichere.
Der Mord an C. Vibienus im Jahr 58 v.Chr. verfolgte den eindeutigen Zweck, die *boni*, die sich für Cicero und gegen seine Verbannung einsetzten, einzuschüchtern.[1342] Dies geht aus den Schilderungen Ciceros klar hervor. Clodius hatte als Volkstribun einen Gesetzesantrag eingebracht, nach dem alle, die römische Bürger ohne Gerichtsverhandlung hatten töten lassen, des Hochverrats angeklagt werden sollten. Dieser Antrag richtete sich deutlich gegen Cicero und seine Maßnahmen gegen die Catilinarier in seinem Konsulatsjahr.[1343] Nach den Äußerungen in Ciceros Reden zu schließen, gelang Clodius die Einschüchterung durch den Mord an Vibienus nur teilweise; einige *boni* seien dennoch weiterhin bereit gewesen, sich für Cicero einzusetzen. Gleichzeitig berichtet Cicero aber auch von dem größeren Teil seiner Gesinnungsgenossen, die aus Furcht vor Clodius nicht wagten, Cicero offen zu unterstützen.[1344] Cicero selbst habe aber nicht dafür verantwortlich sein wollen, daß rechtschaffene Bürger auch künftig durch Clodius und seine Banden bedroht worden wären.[1345] Die Schlägerei, in deren Folge Vibienus starb und die Cicero seinen eigenen Angaben zufolge mit angesehen hat, trug zu seinem Entschluß, die Stadt zu verlassen, bei. Somit hatte der Mord aus Sicht der Clodianer seinen ersten Zweck erreicht. Jedoch muß bedacht werden, daß Vibienus nicht bereits bei der Schlägerei selbst, sondern erst an den Folgen seiner Verletzungen, die er sich dort zugezogen hatte, starb. Wahrscheinlich hatten Clodius und seine Schläger also keinen bewußten Mordanschlag auf Vibienus verübt, sondern ihn ‚nur'

[1342] Zu den Morden an den *boni* durch die Anhänger des Clodius vgl. Kapitel II (V).
[1343] Vgl. Kapitel II (R). GELZER, Cicero, S. 135f., ist der Meinung, Cicero habe diesen Antrag fälschlicherweise auf sich allein bezogen gesehen; in Wahrheit habe er fast allen Senatoren von 63 v.Chr. gegolten. In Anbetracht der Tatsache, daß Cicero aber im Jahr 63 v.Chr. Konsul -also verantwortlich- war, und daß bereits in der Senatsdebatte vom 5. Dezember 63 v.Chr. damit gerechnet wurde, daß gerade Cicero sich Anfeindungen ausgesetzt sehen würde, scheint Cicero nicht zu Unrecht das Gesetz des Clodius als gegen sich gerichtet verstanden zu haben.
[1344] Cic. grat. sen. 33; dom. 56.
[1345] Cic. grat. sen. 33. In der Rede gegen Piso, einen der Konsuln des Verbannungsjahres 58 v.Chr. wird jedoch deutlich, daß der Gedanke, die Stadt durch Rückzug ins Exil vor weiterer Gewalt zu schützen, nicht von Cicero selbst oder von ihm wohlgesinnten *boni* kam, sondern ihm von den Konsuln nahegelegt worden war (Pis. 78).

heftig zusammengeschlagen. Dennoch haben sie aller Wahrscheinlichkeit nach den Tod des Vibienus billigend in Kauf genommen. Der Absicht, die sie mit der Schlägerei gegen die Unterstützer Ciceros verfolgt hatten, wurde durch den Tod des Senators weitere Schärfe verliehen. Der Mord trug wahrscheinlich nicht unwesentlich zum Erreichen ihres Zieles bei. Dieser Erfolg hielt allerdings nicht lange vor, da Cicero bereits 14 Monate später aus der Verbannung zurückgerufen wurde.

T) Der Mord an M. Papirius 58 v.Chr.

1. Die Darstellung der Quellen
a) Cicero
Der Ritter M. Papirius Maso wurde Cicero zufolge von P. Clodius Pulcher auf der Via Appia ermordet.[1346] Cicero berichtet, daß der Beschuldigte für diese Tat mit der Begründung nicht zur Rechenschaft gezogen worden sei, Clodius, ein Adeliger, habe auf seinem eigenen Bauwerk -die Via Appia war von Appius Claudius Caecus, einem Vorfahren des P. Clodius Pulcher, erbaut worden- den Ritter getötet, und sei deshalb für diese Tat nicht zu belangen gewesen. Cicero hält dies für ein Versäumnis der Justiz und weist darauf hin, daß Papirius ein weitaus wertvollerer Bürger gewesen sei als Clodius und daß dem Mord an letzterem auf keinen Fall mehr Beachtung geschenkt werden dürfe als dem Mord an dem hochangesehenen Ritter (*ornatissimus eques*) Papirius:

> „Itaque in eadem ista Appia cum ornatissimum equitem Romanum P. Clodius M. Papirium occidisset, non fuit illud facinus puniendum - homo enim nobilis in suis monimentis equitem Romanum occiderat. Nunc eiusdem Appiae nomen quantas tragoedias excitat! Quae cruentata antea caede honesti atque innocentis viri silebatur, eadem nunc crebro usurpatur, posteaquam latronis et parricidae sanguine inbuta est."[1347]

Der zweite Mord, auf den sich Cicero hier bezieht, ist der Mord an Clodius, der das eigentliche Thema der zitierten Rede ist.[1348] Im Grunde ist das gewaltsame Ende des Papirius für ihn nur insofern von Bedeutung, als er den Mord an seinem Erzfeind Clodius damit vergleichen kann.
In seiner Rede *De domo sua* erwähnt Cicero außerdem, daß Ligus, der Bruder des M. Papirius, den der Redner als einen gekauften Clodianer bezeichnet, vorgehabt habe, den Tod seines Bruder zu ahnden. Er habe aber nicht Clodius, sondern einen gewissen Sex. Propertius dieses Verbrechens bezichtigt, dann aber nicht gewagt, Anklage zu erheben, da er seinerseits eine Anklage wegen Verleumdung fürchtete:

[1346] Cic. Mil. 18. Vgl. auch Mil. 37: „Itaque quando illius postea sica illa quam a Catilina acceperat conquievit? Haec intenta nobis est, huic ego vos obici pro me non sum passus, [...] haec istam Appiam monimentum sui nominis nece Papiri cruentavit [...]."
[1347] Cic. Mil. 18.
[1348] Zum Mord an Clodius Kapitel II (U) dieser Untersuchung.

„Denique etiam ille novicius Ligus, venalis adscriptor et subscriptor tuus, cum M. Papiri, sui fratris, esset testamento et iudicio improbatus, mortem eius se velle persequi dixit; nomen Sex. Properti detulit, accusare alienae dominationis scelerisque socius propter calumniae metum non est ausus."[1349]

Hier ist vor allem beachtenswert, daß Cicero mit keinem Wort erwähnt, daß Clodius der Mörder des M. Papirius gewesen sei, obwohl sich die Rede in erster Linie gegen Clodius richtet. Als Täter wird hier nur Sex. Propertius genannt, der offenbar nicht einmal zu den Banden des Clodius gehörte. Allerdings behauptet Cicero nicht, daß Propertius tatsächlich der Mörder des Papirius gewesen sei. In der Rede *Pro Milone* hingegen bezeichnet er Clodius unmißverständlich als den Täter. Die Tatsache, daß Ligus einen Verleumdungsprozeß fürchtete, legt die Vermutung nahe, daß an der Täterschaft des Propertius mehr als berechtigte Zweifel bestanden,[1350] auch wenn Cicero die Angst des Ligus vor einer Anklage wegen Verleumdung an dieser Stelle nicht ganz einsichtig auf dessen Verstrickung in andere Verbrechen zurückführt.

b) Asconius

Der Cicero-Kommentator erläutert in seiner Erklärung zur Rede *Pro Milone* auch den von Cicero erwähnten Tod des Ritters Papirius.[1351] Asconius klärt seinen Leser über die Zusammenhänge, die zu dem Mord geführt haben, auf: Nach seinem Triumph über den König Mithradates gab Cn. Pompeius Tigranes, den Sohn des mit Mithradates VI. verbündeten armenischen Königs, dem Senator L. Flavius in Haft. Im Jahr 58 v.Chr., als P. Clodius das Volkstribunat innehatte, kam es wegen Tigranes zu gewaltsamen Auseinandersetzungen zwischen Clodius und Flavius, der Prätor desselben Jahres war. Unter dem Vorwand, den Gefangenen sehen zu wollen, ließ Clodius sich Tigranes von Flavius vorführen. Nachdem der Volkstribun die Geisel in seiner Gewalt hatte, gab er sie nicht mehr heraus und erklärte, er wolle den Königssohn nun in seinem Haus in Haft halten. Als

---

[1349] Cic. dom. 49.
[1350] So auch FUHRMANN, Reden V, 489 (Anm. 46): er [...] führte aber den Prozeß nicht durch, da er den Vorwurf der Verleumdung, d.h. eine Klage wegen wissentlich grundloser Klageerhebung, fürchtete.
[1351] Ascon. Mil. P. 41f. kommentiert Cic. Mil. 37.

Flavius dann erfuhr, daß Tigranes einen gescheiterten Fluchtversuch unternommen hatte, und von Sex. Clodius bzw. Cloelius,[1352] einem besonders engen Vertrauten des P. Clodius, gerade zu diesem zurückgebracht wurde, habe er versucht, Tigranes wieder in seine Gewalt zu bringen. Dabei kam es außerhalb der Stadt zu Kämpfen zwischen Flavius mit seinem Gefolge und den Clodianern. Diesen Kämpfen seien viele Leute auf beiden Seiten zum Opfer gefallen, darunter auch der Ritter M. Papirius, den Asconius als einen Freund des Pompeius bezeichnet:

„Pompeius post triumphum Mithridaticum Tigranis filium in catenis deposuerat apud Flavium senatorem: qui postea cum esset praetor eodem anno, quo tribunus plebis Clodius, petiit ab eo Clodius super cenam, ut Tigranem adduci iuberet, ut eum videret. Adductum collocavit in convivio, dein Flavio non reddidit Tigranem; domi suae habuit extra catenas nec repetenti Pompeio reddidit. Postea in navem deposuit, et cum profugeret ille, tempestate delatus est Antium. Inde ut deduceretur ad se, Clodius Sex. Clodium, de quo supra diximus, misit. Qui cum reduceret, Flavius quoque re cognita ad deripiendum Tigranem profectus est. Ad quartum lapidem ab urbe pugna facta est, in qua multi ex utraque parte ceciderunt, plures tamen ex Flavi, inter quos et M. Papirius eques Romanus, publicanus, familiaris Pompeio. Flavius sine comite Romam vix perfugit."[1353]

Der Anschlag gegen Papirius richtete sich also Asconius zufolge nicht gezielt gegen den getöteten Ritter, sondern vielmehr gegen den Prätor Flavius, auf dessen Seite Papirius kämpfte. Die einzige Folge des Mordes an M. Papirius, die Asconius nennt, ist, daß der Prätor Flavius bald nach dem Kampf ohne Begleitung nach Rom flüchten mußte.

2. Zusammenfassung und Bewertung

Die beiden Schilderungen des Mordes an dem Ritter M. Papirius, die uns vorliegen, haben sehr unterschiedliche Zielsetzungen. Während Cicero die Begebenheit nur kurz streift, um die Schlechtigkeit des Clodius herauszustellen und um den Mord an Papirius dem an Clodius gegenüberzustellen, erklärt Asconius die äußeren Umstände und Zusammenhänge des Mordes. Auf diese Weise kommen zwei auf den ersten Blick recht verschiedene Tatbeschreibungen zustande. Während die Schilderung Ciceros in *Pro Milone* 18 und 37 nahelegt, daß Papirius gezielt und von Clodius selbst getö-

---

[1352] Der genaue Name des Clodianers ist unsicher. Hierzu: BENNER, Politik, 156-158.
[1353] Ascon. Mil. P. 41f.

tet wurde, erscheint er im Kommentar des Asconius nur als eines von vielen Opfern einer blutigen Straßenschlacht. Cicero nennt in diesem Zusammenhang allein Papirius, obwohl Asconius glaubhaft bezeugt, daß es über den Ritter hinaus eine beträchtliche Anzahl von Opfern gegeben hat. Es kann demnach keine Rede davon sein, daß Cicero die Begebenheit absichtlich übertrieben darstellte, um Clodius in ein schlechtes Licht zu setzen, wie WILL meint. Hätte Cicero wirklich -WILLS Behauptung gemäß- „später eine wahre Räuberpistole von Raub und Mord aus der Affäre"[1354] gemacht, so hätte er wohl nicht darauf verzichtet, weitere Namen von Opfern des Clodius in seiner Schilderung zu nennen. Vielmehr spielt der Redner auf ein Ereignis an, das seinen Lesern wohlbekannt war. Es bedurfte keiner Übertreibung, sondern im Gegenteil nur einer kurzen Andeutung, um an die Gewalttätigkeit des Clodius und seiner Banden zu erinnern.

In seiner Erwähnung des Mordes an Papirius verliert Cicero kein einziges Wort über die Tigranes-Affäre. Er berichtet davon aber kurz in *De domo sua* 66, wo er die Entführung des Tigranes durch Clodius[1355] als gegen Pompeius gerichtete Aktion versteht. Dies stimmt auch mit dem Bericht des Asconius überein, der darauf hinweist, daß Tigranes dem Flavius von Pompeius anvertraut worden war. Das ist sicher ein Grund dafür, warum Cicero gerade Papirius, den Freund des Pompeius, als Opfer nennt. Zudem darf der Zusammenhang der Rede *Pro Milone* nicht vergessen werden: im Jahr 52 v.Chr. war Pompeius die maßgebliche innenpolitische Gestalt in

---

[1354] WILL, Mob, 172, Anm. 132.
[1355] Entgegen WILLS Interpretation, der die Angelegenheit als allenfalls amüsant einstuft (WILL, Mob, 172, Anm. 132) und das Wort „Entführung" in diesem Zusammenhang in Anführungszeichen setzt -in seinen Augen war es also keine Entführung- (WILL, Mob, 213), bedeutete die listige Wegnahme der Geisel aus der Obhut des Flavius, dem sie von Pompeius anvertraut worden war, aus Sicht der Betroffenen einen handfesten Skandal. Gegen Mithradates und Tigranes hatte Rom einen langen und verlustreichen Krieg geführt; die römischen Bewohner der östlichen Provinzen hatten unter den Angriffen des Königs zudem stark zu leiden gehabt. Flavius war durch die Übergabe für Tigranes offiziell verantwortlich - sowohl für dessen Sicherheit als auch für dessen Verbleib in Rom. Clodius dagegen hatte auch als Volkstribun keine Befugnis, Tigranes in seine eigene Obhut zu bringen. Die Fluchthilfe, die er dem armenischen Prinzen überdies geleistet hat (WILL trennt die Entführung durch Clodius und die Fluchthilfe durch Sex. Clodius/ Cloelius völlig grundlos voneinander und behandelt sie wie zwei voneinander unabhängige Begebenheiten), war nicht nur eine Brüskierung des Pompeius (was mit aller Wahrscheinlichkeit hier die Hauptintention des Clodius war), sondern konnte eine neue außenpolitische Gefahr heraufbeschwören.

Rom, der Konsul *sine collega*. Er hatte ein Gesetz geschaffen, nach dessen Bestimmungen Milo angeklagt wurde; der gesamte Prozeß gegen Milo war ein Prozeß nach den Maßgaben des Pompeius. Einen getöteten Freund dieses mächtigen Mannes als Gewährsmann für die Untaten des Clodius anzuführen, konnte also nur im Interesse des Angeklagten sein. Eine zu deutliche Schilderung des für Pompeius eher peinlichen Ereignisses hätte dagegen dem Prozeßziel Ciceros möglicherweise geschadet.[1356] Letztlich bedeuten die sehr unterschiedlichen Schilderungen des Cicero und des Asconius also keinen wirklichen Widerspruch, sondern sie erklären sich aus der Situation und aus der Intention des jeweiligen Autors.

Papirius wurde demnach auf der Via Appia bei dem Versuch getötet, Tigranes dem Sex. Clodius/ Cloelius zu entreißen und wieder in die Gewalt des Prätors Flavius zu bringen. Daß Flavius alles versuchen mußte, um seine verlorene Geisel zurückzubekommen, versteht sich von selbst.[1357] Der Ansicht WILLS, der den Kampf des Flavius gegen Sex. Clodius/ Cloelius als quasi ungerechtfertigten Überfall versteht, also nicht in den Clodianern, sondern in der Person des Prätors den Aggressor sieht, muß deshalb deutlich widersprochen werden.[1358] Zwar war es mit Sicherheit Flavius, von dem der Anstoß zu der Schlacht ausging, denn Sex. Clodius/ Cloelius hatte keinen Grund, sich unterwegs mit dem Prätor schlagen zu wollen, jedoch war das Recht auf der Seite des Flavius. Er versuchte, Tigranes gewaltsam wieder in seine Obhut zu bringen, aus der Clodius ihn unrechtmäßig entführt hatte. Clodius hätte die Geisel dem Prätor zurückgeben müssen. Seine Schläger wollten gewaltsam verhindern, daß Flavius den ihm offiziell anvertrauten Tigranes zurücknahm, und setzten sich dabei ins Unrecht. Die Mitstreiter des Flavius wurden deshalb nicht, wie WILL sugge-

---

[1356] Daß Cicero zum Zeitpunkt der Abfassung dieser Rede den Prozeß bereits verloren hatte, ändert daran nichts. Der Redner wollte ja gerade zeigen, mit welcher Art von Rede er den Prozeß seiner Ansicht nach wahrscheinlich gewonnen hätte.
[1357] Vgl. Anm. 1355.
[1358] WILL schildert dieses Ereignis folgendermaßen: „Als Sex. Clodius/ Cloelius nach einem gescheiterten Versuch, Tigranes per Schiff in seine Heimat zurückzubringen, diesen mit einer Begleittruppe von Antium nach Rom eskortieren wollte, wurde er auf der Via Appia von Flavius und einer Begleitmannschaft überfallen. [...] In seiner ‚Miloniana' dreht Cicero den ‚Spieß' herum und macht aus dem Angriff des Flavius einen Mordanschlag des nicht involvierten P. Clodius auf Papirius" (WILL, Mob, 172f., Anm. 132).

riert, in Notwehr erschlagen, sondern weil ihre Gegner sich nicht an einem politischen Verbrechen hindern lassen wollten.
Dennoch bereitet die direkte Beschuldigung des P. Clodius Pulcher an der blutigen Schlacht eine gewisse Schwierigkeit: nach dem Bericht des Asconius war der Tribun bei dem Kampf nämlich gar nicht zugegen. Es ist also ausgeschlossen, daß Clodius selbst den tödlichen Schlag gegen Papirius geführt hat. Trotzdem aber kann nicht angenommen werden, der Volkstribun sei „nicht involviert"[1359] gewesen. Mit Sicherheit nämlich handelte Sex. Clodius/ Cloelius nicht auf eigene Faust. Die Entführung des Tigranes war eindeutig von P. Clodius selbst ausgegangen; anders kann der Bericht des Asconius nicht verstanden werden. Als sein Fluchtversuch scheiterte, schickte Clodius mit Sex. Clodius/ Cloelius einen seiner engsten Vertrauten los, um Tigranes zu ihm zurückzubringen. Die Tatsache, daß die Begleittruppe des Flavius von den Clodianern so vernichtend geschlagen wurde, legt die Vermutung nahe, daß P. Clodius dem Sex. Clodius/ Cloelius eine schlagkräftige Truppe mitgegeben hatte, die sich möglichen Angriffen -wahrscheinlich hatte er sogar an Flavius oder Pompeius gedacht- entgegenstellen sollte. Wenn also Clodius auch nicht anwesend war, so fand die Schlacht dennoch unter seiner Regie statt. Er war der unumstrittene Anführer der Truppe, die auf der Via Appia unter anderem M. Papirius erschlug. Offensichtlich zweifelte auch in Rom nie jemand daran, daß P. Clodius der Initiator dieser Gewalttat war.[1360] Cicero berichtet nämlich, daß Clodius nur unter einem sehr merkwürdigen Vorwand nicht angeklagt wurde: ein Adeliger habe einen Ritter auf ‚seinem' -d.h. von seinen Vorfahren erbautem- Bauwerk getötet, weshalb man ihn nicht belangen könne.[1361] Wäre Clodius deshalb nicht zur Rechenschaft zu ziehen gewesen, weil er für die Tat gar nicht verantwortlich war, dann wäre wohl kaum auf eine so originelle Begründung für den Verzicht auf eine Anklage zurück-

---

[1359] WILL, Mob, 127, Anm. 132.
[1360] Zurecht kann GRUEN, Last Generation, 109, deshalb in diesem Zusammenhang von „violence of Clodius" sprechen, ohne die genauen Umstände näher zu erläutern. Er nimmt damit die Sichtweise ein, die auch die Zeitgenossen des Clodius hatten: Sie unterschieden nicht zwischen dem Anführer einer Schlägertruppe und seinen ausführenden Organen.
[1361] Cic. Mil. 18.

gegriffen worden.[1362] Wahrscheinlich war es Clodius vielmehr gelungen, sich in seinem Tribunatsjahr einen Namen als rücksichtsloser Demagoge zu machen, der vor dem Mittel der brutalen Straßenkämpfe nicht zurückschreckte, um seine politischen Ziele durchzusetzen. Nicht umsonst wußte sich der Senat bald nicht mehr anders zu helfen, als mit Milo und seinen Gladiatoren eine Gegenbande zu unterstützen. Vor diesem Hintergrund ist es nicht überraschend, daß niemand wagte, Clodius nach Beendigung seines Tribunats wegen dieser Tat anzuklagen, und daß man alle möglichen Vorwände suchte, sich mit dem gefürchteten Bandenführer nicht vor Gericht anzulegen. Der Mord an Papirius und seinen Mitstreitern und die Unfähigkeit der konservativen Kräfte, Clodius mit den Mitteln des Rechts Einhalt zu gebieten, dokumentieren einmal mehr den Niedergang der traditionellen Institutionen der römischen Republik.

[1362] Daß es im römischen Recht der späten Republik wirklich eine Immunität dieser Art gegeben hat, ist eher abwegig. Zunächst besteht kaum ein Grund zu der Annahme, Clodius habe an der Via Appia Eigentumsrechte (d.h. „das totale Herrschaftsrecht über eine Sache", HAUSMANINGER/ SELB, Privatrecht, 203) gehabt, weil sie von einem seiner Vorfahren erbaut worden war. Selbst wenn es solche Eigentumsrechte gegeben hat, so wären diese immer noch begrenzt gewesen durch „Einschränkungen, die sich aus der Natur der menschlichen Gemeinschaft sowie aus ihren jeweiligen sozialen und politischen Wertvorstellungen ergeben" (HAUSMANINGER/ SELB, Privatrecht, 205f.). Auch die Möglichkeit, daß Adelige unter so belanglosen Umständen das Recht hatten, straflos Ritter zu töten, ist undenkbar und verstößt gegen alle sonst bekannten Grundsätze des römischen Rechtswesens.

U) Der Mord an P. Clodius Pulcher 52 v.Chr.

1. Die Darstellung der Quellen
a) Cicero

Cicero schildert seine Version der Ermordung des P. Clodius Pulcher in seiner Verteidigungsrede *Pro Milone*.[1363] T. Annius Milo, der wie Clodius Kopf einer der Schlägerbanden war, die in den 50er Jahren v.Chr. die Straßen Roms in ihrer Gewalt hatten, war wegen der Ermordung des Clodius angeklagt worden. Cicero übernahm Milos Verteidigung.[1364] Die Ausgangssituation für den Mord war nach Cicero, daß Clodius, der im Jahr 52 die Prätur innehaben sollte, verhindern wollte, dieses Amt unter einem Konsul Milo ausüben zu müssen. Milo habe nämlich gute Aussichten auf das Konsulat für dieses Jahr gehabt und Clodius habe erkannt, daß er unter einem solchen Konsul nicht so hätte wüten können, wie er es sich vorgenommen hatte:

> „P. Clodius [...] statuisset omni scelere in praetura vexare rem publicam [...]. Occurrebat ei mancam ac debilem praeturam futuram suam consule Milone; eum porro summo consensu populi Romani consulem fieri videbat."[1365]

Aus diesem Grund habe Clodius angefangen, Milo nach dem Leben zu trachten und seine diesbezüglichen Absichten unverblümt in der Öffentlichkeit zu verkündigen. Cicero nennt hierfür als Zeugen den Senator M. Favonius:

> „Etenim dictitabat palam, consulatum eripi Miloni non posse, vitam posse. Significavit hoc saepe in senatu, dixit in contione; quin etiam M. Favonio fortissimo viro quaerenti ex eo qua spe fureret Milone vivo, respondit triduo illum aut summum quadriduo esse periturum; quam vocem eius ad hunc M. Catonem statim Favonius detulit."[1366]

Cicero macht also deutlich, daß nicht Milo den Clodius, sondern umgekehrt Clodius den Milo habe umbringen wollen. Er unterstreicht, daß Clodius ein Motiv gehabt habe, Milo zu töten, wohingegen Milo vom Tod des

---

[1363] Eine eingehende Untersuchung der Rhetorik dieser Rede findet sich bei MACKENDRICK, Speeches, 365-405.
[1364] Zur Verbindung zwischen Cicero und Milo: LINTOTT, Cicero and Milo, 62-64.
[1365] Cic. Mil. 24f.
[1366] Cic. Mil. 26. Auch Cic. Mil. 44.

Clodius nicht profitierte.[1367] Dementsprechend schildert er den Hergang des 18. Januars 52 v.Chr., des Tages, an dem Clodius getötet wurde, folgendermaßen: Clodius habe erfahren, daß Milo am 18. Januar eine dienstliche Reise nach Lanuvium antreten mußte. Er habe dies als eine willkommene Gelegenheit angesehen, sich ebenfalls aus Rom entfernt und Milo auf dem Weg aufgelauert, um ihn dort anzugreifen. Cicero betont, daß die Reisebegleitung Milos darauf hindeutete, daß dieser nicht vorgehabt habe, sich in blutige Kämpfe verwickeln zu lassen. Milo sei nämlich gut gekleidet mit seiner Frau, einer Menge Dienerinnen und junger Sklaven unterwegs gewesen. Das gegenteilige Bild habe dagegen Clodius geboten:

> „Obviam fit ei Clodius expeditus, in equo, nulla raeda, nullis inpedimentis, nullis Graecis comitibus ut solebat, sine uxore quod numquam fere, cum hic insidiator qui iter illud ad caedem faciendam apparasset, cum uxore veheretur in raeda, paenulatus, magno et impedito et muliebri ac delicato ancillarum puerorumque comitatu."[1368]

Gegen fünf Uhr nachmittags sei Milo auf den ihm entgegenkommenden Clodius getroffen und von diesem und seinen Leuten sofort mit Wurfspießen angegriffen worden. Milos Kutscher sei dabei getötet worden. Milo selbst habe sich verteidigt, und bald sei in der Nähe von seinem Wagen eine wahre Schlacht ausgebrochen. Als seine Sklaven glaubten, ihr Herr sei von Clodius umgebracht worden (Clodius selbst soll behauptet haben, Milo sei tot), hätten sie sich auf Clodius gestürzt und ihn getötet:

> „Fit obviam Clodio ante fundum eius hora fere undecima aut non multo secus. Statim conplures cum telis in hunc faciunt de loco superiore impetum adversi, raedarium occidunt. Cum autem hic de raeda reiecta paenula desiluisset seque acri animo defenderet, illi qui erant cum Clodio, gladiis eductis partim recurrere ad raedam, ut a tergo adorirentur Milonem, partim quod hunc iam interfectum putarent, caedere incipiunt eius servos qui post erant. Ex quibus qui animo fideli in dominum et praesenti fuerunt, partim occisi sunt, partim cum ad raedam pugnari viderent, domino succurrere prohiberentur, Milonem occisum et ex ipso Clodio audirent et re vera putarent, fecerunt id servi Milonis - dicam

---

[1367] Cic. Mil. 32-34. Um dies zu untermauern verweist er zudem auf die Gewalttätigkeiten des Clodius in der Vergangenheit, wo dieser unter anderem den Senator Vibienus (Cic. Mil. 37) und den Ritter M. Papirius (Cic. Mil. 18; 37) getötet habe. Allerdings hatte Cicero schon im Jahr 57 v.Chr. in einem Brief an seinen Freund Atticus davon geredet, daß Milo vorhabe, Clodius zu töten, und daß er offen davon rede: „Comitia fore non arbitror, reum Publium, nisi ante occisus erit, fore a Milone puto; si se in turba ei iam obtulerit, occisum iri ab ipso Milone video. Non dubitat facere prae se fert" (Cic. Att. IV 3, 5).
[1368] Cic. Mil. 28.

enim aperte, non derivandi criminis causa, sed ut factum est - nec imperante domino nec sciente nec praesente, quod suos quisque servos in tali re facere voluisset."[1369]

Cicero legt besonderen Wert darauf, daß erstens die Sklaven Milos recht gehandelt hätten, da sie mit dem Mord an Clodius ihre unverbrüchliche Treue zu ihrem Herrn bewiesen[1370], und daß zweitens Milo die Tat weder befohlen noch mitbekommen habe. Der Täter war demnach gar nicht Milo, sondern einer seiner Sklaven. Zudem behauptet Cicero, Milo und seine Leute hätten nichts weiter getan, als sich gegen Clodius zur Wehr zu setzen. Die Verteidigung Milos durch Cicero basiert also auf folgenden zwei Grundargumenten: Milo habe in Notwehr gehandelt[1371] und darüber hinaus sei er nicht selbst der Täter gewesen; er habe die Ermordung des Clodius nicht einmal mitbekommen. Allerdings verfolgt Cicero das zweite Argument nicht sehr konsequent, da er dennoch Milo wegen der Tötung des Clodius als Retter Roms bezeichnet.[1372] Weitaus größeres Gewicht gibt Cicero seiner Behauptung, Milo habe in Notwehr gehandelt.

Daß Cicero so vehement betont, Milo habe nicht vorgehabt, Clodius umzubringen, bedeutet jedoch nicht, daß er den Mord als solchen mißbilligt. Clodius gehörte zu Ciceros ärgsten Feinden.[1373] Schon vor dem Tod des Clodius hatte Cicero ihn immer wieder öffentlich als Gefahr für Rom und verdorbenen Bürger bezeichnet. Besonders seine Rede *De domo sua*, die sich in erster Linie gegen Clodius und dessen Machenschaften richtet, ist voll von derartigen Äußerungen. Hier beschreibt Cicero ihn als eine Gefahr für Rom, indem er ihm unterstellt, ein Blutbad unter den *boni* anrichten zu wollen[1374] und jede Gelegenheit zu nutzen, durch Brand, Mord und Raub den Frieden der Stadt zu stören[1375]. Dies korrespondiert mit Ciceros Bemerkung in *Pro Milone* 37, Clodius führe den Dolch Catilinas weiter. Die Politik des Clodius bezeichnet er als eine Politik der Einschüchterung.

[1369] Cic. Mil. 29.
[1370] Vgl. auch Cic. Mil. 56.
[1371] Diese Strategie gibt Cicero schon zu Beginn seiner Rede zu erkennen: Cic. Mil. 6. 9.
[1372] Z.B. Cic. Mil. 30.
[1373] Schon 59 v.Chr. äußert Cicero in einem Brief an Atticus unmißverständlich: „Clodius inimicus est nobis" (Cic. Att. II 21, 6).
[1374] Cic. dom. 6.
[1375] Cic. dom. 12.

Clodius benutze Mord und Morddrohungen, um seine Ziele durchzusetzen.[1376] Er attestiert seinem Erzfeind, schlimmer zu sein als die Gracchen oder Saturninus, da Clodius im Gegensatz zu diesen keinen ehrenhaften Grund gehabt habe, zum Feind der *res publica* zu werden.[1377] Wenn also die Morde an den Gracchen und Saturninus Ciceros Ansicht nach bereits angemessen waren[1378], um wieviel mehr mußte Cicero dann die Ermordung des seiner Ansicht nach viel verdorbeneren P. Clodius billigen.[1379] Indem der Redner nach dem Tod des Clodius in seiner Verteidigungsrede für Milo die Schandtaten des Ermordeten und dessen Drohungen für die Zukunft aufzählt, will er folgerichtig den Segen, den dessen Ableben bedeutete, herausstellen:

> „Polluerat stupro sanctissimas religiones, senatus gravissima decreta perfregerat, pecunia se a iudicibus palam redemerat, vexarat in tribunatu senatum, omnium ordinum consensu pro salute rei publicae gesta resciderat, me patria expulerat, bona diripuerat, domum incenderat, liberos coniugem meam vexarat, Cn. Pompeio nefarium bellum indixerat, magistratuum privatorumque caedes effecerat, domum mei fratris incenderat, vastarat Etruriam, multos sedibus ac fortunis eiecerat; instabat urgebat; capere eius amentiam civitas Italia provinciae regna non poterant; incidebantur iam domi leges, quae nos servis nostris addicerent; nihil erat cuiusquam quod quidem ille adamasset, quod non hoc anno suum fore putaret."[1380]

Neben dem Frevel gegen die *Bona Dea* im Jahr 62 v.Chr.[1381] nennt der Redner als Verbrechen die Bestechung der Gerichte, seine (Ciceros) Verbannung und das Wüten gegen seine Familie und seinen Besitz, den Krieg gegen Pompeius sowie Mord an Beamten und Privatpersonen. Zudem un-

---

[1376] Cic. dom. 55. Nicht zu vergessen ist in diesem Zusammenhang, daß Cicero seine eigene Verbannung durch Clodius ebenfalls als eine Art des politischen Mordversuches ansieht. An mehreren Stellen setzt Cicero sein Exil mit dem Tod gleich (Cic. Sen. grat. 4; 24; 34; dom. 98), fühlt sich also für die Zeit seiner Verbannung von Clodius ‚ermordet'.
[1377] Cic. harusp. 43.
[1378] Vgl. Kapitel II (A)1b; (D)1a; (G)1a.
[1379] Zudem stellt LINTOTT, Cicero and Milo, 70, zurecht fest: „[T]his murder [...] was not in Cicero's eyes immoral. Since 59 he had been supporting in theory the use of private force, if necessary, to eliminate bad men." Hierzu auch: LINTOTT, Violence, 53-66, insb. 62f.
[1380] Cic. Mil. 87. Vgl. Cic. Mil. 72-75.
[1381] Clodius war damals in Frauenkleidern in Caesars Haus, wo das jährliche Fest der Göttin gegeben wurde, eingedrungen. Da bei den Riten der *Bona Dea* jedoch keine männlichen Personen anwesend sein durften, bedeutete dies einen erheblichen Religionsfrevel. Hierzu: Cic. Att. I 12, 3; Plut. Cic. XXVIII-XXIX. Außerdem: VERSNEL, Festival, S. 31-55; BALSDON, Fabula Clodiana, 65-73.

terstellt er Clodius, eine Revolution geplant zu haben, durch welche die römischen Bürger enteignet und in die Hände ihrer Sklaven gegeben worden wären.

In diesem Sinne rechtfertigt Cicero bereits vor dem Tod des Clodius mehrere Male die Gewalt, mit der Milo gegen ihn vorgegangen ist. Nach der Rückrufung aus seiner Verbannung beurteilt Cicero Milo gerade deshalb extrem positiv, weil dieser erkannt habe, daß man Clodius mit gesetzmäßigen Mitteln nicht beikommen könne, sondern daß gegen diesen Mann nur Gegengewalt helfe:

"Quid ego de praestantissimo viro, T. Annio, dicam, aut quis de tali cive satis digne umquam loquetur? Qui cum videret sceleratum civem aut domesticum potius hostem, si legibus uti liceret, iudicio esse frangendum, sin ipsa iudicia vis impediret ac tolleret, audaciam virtute, furorem fortitudine, temeritatem consilio, manum copiis, vim vi esse superandam, primo de vi postulavit"[1382].

Cicero beurteilt die Gewalt, die Milo anwendet, also völlig anders als die, welche von Clodius gebraucht wird. Bei der Fehde Milos gegen Clodius handelte es sich nach Cicero nicht einfach um einen Bandenkrieg, bei dem jede Partei die größtmögliche Macht für sich erlangen wollte. Milos Gewalttätigkeiten richteten sich vielmehr allein darauf, dem verbrecherischen Clodius das Handwerk zu legen. Da dies aber durch die Anwendung der Gesetze nicht möglich gewesen sei, habe Milo keine andere Wahl gehabt als selbst gewalttätig zu werden. Diese Wendung zur Gewalt sieht Cicero keineswegs als kriminelle Handlung an, sondern als geradezu bewundernswerte Flexibilität, die von Mut und Tapferkeit geprägt ist. Dem entsprechend beurteilt er auch nach Clodius' Tod die von Milo ausgegangene Gewalt. In einer recht unjuristischen Argumentation lobt er, daß Milo die Bedrohung, die ihm durch die Gerichte (also letztlich durch die bestehenden Gesetze) drohte, ignoriert habe, und entgegen aller Gefahr, bestraft zu werden, für den Staat eingetreten sei:

"Proposita invidia morte poena qui nihilo segnius rem publicam defendit, is vir vere putandus est."[1383]

[1382] Cic. grat. sen. 19. Vgl. auch Cic. Sest. 92.
[1383] Cic. Mil. 82.

Hier tritt Cicero wie selbstverständlich für nicht juristisch legitimierte Gewalt ein, solange diese dem Wohl des Staates dient. Vor dem Hintergrund dieser Beurteilung des Clodius und der Gewalt Milos überrascht es nicht, daß Cicero nach seiner Rückkehr aus der Verbannung mehr oder weniger direkt zum Mord an Clodius aufgerufen hat. In seinem Gutachten über die Opferschauer behauptet er unmißverständlich, Milo sei von den Göttern dazu ausersehen, Clodius und die Gefahr, die von diesem ausgeht, zu vernichten. Er vergleicht hier Milo mit dem bedeutenden römischen Feldherrn Scipio und Clodius mit der feindlichen Stadt Carthago:

> „Etenim ut P. ille Scipio natus mihi videtur ad interitum exitiumque Carthaginis, qui illam a multis imperatoribus obsessam, oppugnatam, labefactam, paene captam aliquando quasi fatali adventu solus evertit, sic T. Annius ad illam pestem comprimendam, exstinguendam, funditus delendam natus esse videtur et quasi divino munere donatus rei publicae. Solus ille cognovit quem ad modum armatum civem, qui lapidibus, qui ferro alios fugaret, alios domi contineret, qui urbem totam, qui curiam, qui forum, qui templa omnia caede incendiisque terreret, non modo vinci verum etiam vinciri oporteret."[1384]

Cicero hält also die Beseitigung des Clodius nicht nur für entschuldbar, sondern geradezu für die Pflicht Milos, der dieser sich nicht entziehen darf.[1385]

Folgerichtig behauptet Cicero deshalb in der Rede *Pro Milone*, Milo sei durch die Tötung des Clodius zu Roms Retter geworden. Obwohl er durch Notwehr zu der Tat gezwungen wurde, hätte Milo allen Grund, sich dessen zu rühmen, daß er Clodius umgebracht habe.[1386] Schließlich gäbe es keine rechtschaffenen Leute in Rom, die wünschten, daß Clodius nicht tot sei.[1387] Cicero hält an seiner schon vor Clodius' Tod geäußerten Ansicht, Milo sei auserwählt, Clodius zu vernichten, auch nach dem Mord fest. Er schreibt die Initiative zu den Ereignissen des 18. Januar 52 v.Chr. den Göttern, genauer gesagt der *Bona Dea* zu, deren Fest Clodius vor 10 Jahren entweiht hatte.[1388] Aufgrund dieses ungesühnten Frevels hätten die Götter Clodius die Idee eingegeben, einen Mordanschlag auf Milo zu verüben. Milo zu

---

[1384] Cic. harusp. 6.
[1385] Später behauptet Cicero trotz dieser eindeutigen Aussagen, er habe Milo nicht zum Mord an Clodius aufgerufen (Cic. Phil. II 21).
[1386] Cic. Mil. 77; 80.
[1387] Cic. Mil. 79.
[1388] Cic. Mil. 86.

zwingen, ihn in Notwehr zu töten, sei die einzige Möglichkeit gewesen, Clodius loszuwerden:

> „Hic di immortales, ut supra dixi, mentem illi perdito ac furioso dederunt, ut huic faceret insidias. Aliter perire pestis illa non potuit; numquam illum res publica suo iure esset ulta."[1389]

Das Schicksal habe es so gefügt, daß Milo, um sein eigenes Leben zu retten, gar nicht anders konnte als zugleich den Staat retten:

> „Nihil dico quid res publica consecuta sit, nihil quid vos, nihil quid omnes boni; nihil sane id prosit Miloni, qui hoc fato natus est ut ne se quidem servare potuerit quin una rem publicam vosque servaret."[1390]

Wenn Milo zu seiner Tat vom Schicksal und von den Göttern gelenkt wurde, erscheint es in der Tat schwierig, ihm die Ermordung des Clodius zum Vorwurf zu machen. Milo hat nach Cicero nicht nur, da er in Notwehr verfuhr, in Übereinstimmung mit den bestehenden Gesetzen, sondern auch in Übereinstimmung mit dem Willen der Götter gehandelt.

Außer der schon genannten Rettung des römischen Staates nennt Cicero als Folgen des Todes des Clodius die Freude im Senat und in den Provinzen. Angeblich reichte die Freude über Clodius' Tod so weit wie die römische Herrschaft.[1391] Der Senat habe nach Cicero bekundet, daß der Mord an Clodius völlig in seinem Sinne sei.[1392] Nicht nur der Senat, sondern auch das Volk habe das Ende des Clodius begrüßt.

M. Antonius machte Cicero später dessen Freude über den Tod des Clodius zum Vorwurf. Hier rechtfertigt sich Cicero unter anderem damit, daß sich über diesen Tod die gesamte Bürgerschaft gefreut habe. Deshalb könne von ihm nicht verlangt werden, als einziger traurig gewesen zu sein:

> „At laetatus sum. Quid ergo? In tanta laetitia cunctae civitatis me unum tristem esse oportebat?"[1393]

[1389] Cic. Mil. 88.
[1390] Cic. Mil. 30.
[1391] Cic. Mil. 98.
[1392] Cic. Mil. 12; 61; 102. Trotz dieser scheinbaren Einigkeit hinsichtlich der Billigung der Tat wurde Milo vor einem eigens dafür eingesetzten Gericht angeklagt (Cic. Phil. II 22) und verbannt.
[1393] Cic. Phil. II 21.

Wie in Ciceros lakonischem „*Quid ergo?*" als Antwort auf den Vorwurf des Antonius deutlich wird, beurteilt er diesen Vorwurf als geradezu lächerlich. Cicero sieht nichts unrechtes darin, über den Tod des Clodius Freude zu zeigen. Einem diesbezüglichen Tadel kann er deshalb nur mit Ironie begegnen.

b) Livius

Im 107. Buch des livianischen Geschichtswerkes wird berichtet, daß P. Clodius von Milo auf der Via Appia bei Bovillae erschlagen wurde. Zu dieser Begebenheit sind bei Livius keine Details erhalten. Es wird lediglich berichtet, daß Milo sich um das Konsulat beworben hatte und die Leiche des Clodius nach dem Mord in der Curia verbrannt wurde:

> „P. Clodi a T. Annio Milone candidato consulatus Appia via ad Bovillas occisi corpus plebs in curia cremavit."[1394]

Milo sei wegen des Todes des Clodius angeklagt, verurteilt und verbannt worden.[1395] Welche Motive Milo nach Livius bewogen haben, ist ebensowenig erhalten, wie eine Beurteilung der Vorgänge durch den Historiker. Allerdings kann die grundsätzliche Feindschaft, in der Clodius und Milo zueinander standen, auch durch die überlieferten Liviusstellen bestätigt werden. In Buch 103 berichtet Livius, daß Cicero auf Betreiben des Clodius verbannt wurde[1396], während er in Buch 104 durch die Initiative Milos wieder zurückgeholt wurde[1397]. Außerdem bestätigt Livius, daß Milo zur Durchsetzung seiner Ziele vor Gewaltanwendung nicht zurückschreckte: Milo habe, ebenso wie Hypsaeus und Scipio, versucht, seine Konsulatsbewerbung durch Waffengewalt durchzusetzen.[1398] Livius scheint also Ciceros Ansicht, Milo habe Gewalt immer nur allein zum Wohl des Staates eingesetzt, nicht zu teilen.

[1394] Liv. per. CVII 2.
[1395] Liv. per. CVII 4.
[1396] Liv. per. CIII 9.
[1397] Liv. per. CIV 3.
[1398] Liv. per. CVII 3.

c) Velleius Paterculus

Der Mord an P. Clodius wird von Velleius Paterculus in Buch II, Kapitel 47 kurz beschrieben. Der Historiker berichtet, daß Clodius von Milo während eines Streites bei Bovillae erschlagen wurde. Er legt sich nicht fest, wer wem aufgelauert haben könnte, sondern spricht einfach von einem Zusammentreffen der beiden. Allerdings stellt Velleius die Tat erzählerisch in den Zusammenhang der Konsulatswahlen, für die auch Milo kandidierte, und im Zuge derer es in Rom zu heftigen Unruhen gekommen war:

> „Tum in gladios caedesque civium furente ambitu, cuius neque finis reperiebatur nec modus, tertius consulatus soli Cn. Pompeio etiam adversantium antea dignitati eius iudicio delatus est [...]; eius consulatus omnem vim in coercitionem ambitus exercuit. Quo tempore P. Clodius a Milone candidato consulatus exemplo inutiliter, facto salutari rei publicae circa Bovillas contracta ex occursu rixa iugulatus est."[1399]

Durch die Anordnung dieser Erzählung scheint eher Milo derjenige gewesen zu sein, von dem die Initiative zu der gewalttätigen Auseinandersetzung bei Bovillae ausging. Velleius beurteilt die Tat von zwei Seiten. Zum einen ist er der Überzeugung, daß der Tod des Clodius dem Staat sehr zugute kam. Velleius beurteilt nämlich den Ermordeten sehr negativ. Er beschreibt ihn als einen Mann, der rücksichtslos seine finsteren Pläne verfolgt und zudem noch ein Religionsfrevler ist.[1400] Zudem bezeichnet er ihn als die größte damalige Gefahr für den Staat und als Feind aller Rechtschaffenen. Dies geschieht im Zusammenhang mit dem Bericht des Velleius über den Prozeß gegen Milo und dessen Verurteilung. Der Historiker erzählt, daß Milo vor Gericht gestellt und verurteilt wurde, da dies dem Wunsch des Pompeius entsprach. Der Mord selbst sei aber nicht mißbilligt worden.[1401] Demnach diente der Prozeß nur als Exempel, welches verdeutlichen sollte, daß im Herrschaftsbereich des Pompeius keine (auch noch so gerechtfertigte) private Gewalt geduldet wurde. Der Prozeß sollte die Autorität des Pompeius stützen.

[1399] Vell. Pat. II 47, 3f.
[1400] Vell. Pat. II 45, 1.
[1401] „Milonem reum non magis invidia facti quam Pompei damnavit voluntas" (Vell. Pat. II 47, 4).

Der Ausgang des Verfahrens stand Velleius zufolge jedoch keineswegs von Anfang an fest: Der Historiker vertritt die Ansicht, daß die Richter, die Milo schuldig sprachen, diesen ebenso wahrscheinlich hätten freisprechen können. Wenn nur Cato, der öffentlich für einen Freispruch gestimmt hatte, seine Stimme früher erhoben hätte, wären möglicherweise viele seinem Beispiel gefolgt und Milo wäre nicht verurteilt worden. Dann, so behauptet Velleius, hätten die Richter den Mord an Clodius gutgeheißen, wozu sie auch allen Grund gehabt hätten, da dieser eben, wie oben bereits erwähnt wurde, die größte Gefahr für das Gemeinwesen und der Feind der *boni* gewesen sei:

„Quem quidem M. Cato palam lata absoluit sententia; qui si maturius tulisset, non defuissent qui sequerentur exemplum probarentque eum civem occisum quo nemo perniciosior rei publicae neque bonis inimicior vixerat."[1402]

In seiner Beurteilung des Mordes an Clodius folgt Velleius Cicero also insoweit, als er bekundet, durch diese Tat sei dem Gemeinwesen ein großer Dienst erwiesen worden. Auf der anderen Seite bezeichnet er die Tat jedoch auch als schlechtes Beispiel. Dieses ambivalente Urteil bedeutet eine konsequente Fortführung des von Velleius bereits im Zusammenhang mit dem Mord an Ti. Gracchus geäußerten Grundsatzes, daß keine Tat allein von ihren kurzfristigen Folgen her beurteilt werden darf.[1403] Im Einzelfall mag der Mord nur positive Folgen gehabt haben; dennoch dient er als böses Beispiel für die Zukunft und wird somit weitere Morde, die ihrerseits zum Unheil gereichen werden, nach sich ziehen. Velleius Paterculus ist zwar der Ansicht, daß der Tod des Clodius für den Staat ein Segen war, da er jedoch den Mord zum Erreichen politischer Ziele grundsätzlich ablehnt, kann auch die Tat Milos nicht seine Billigung finden.

d) Asconius
Der Cicero-Kommentator Asconius beginnt seine Erklärung der Rede *Pro Milone* mit einer Schilderung der Umstände, die zum Entstehen dieser Re-

---

[1402] Vell. Pat. II 47, 5.
[1403] „Non enim ibi consistunt exempla unde coeperunt, sed quamlibet in tenuem recepta tramitem latissime evagandi sibi viam faciunt, et ubi semel recto deerratum est, in praeceps pervenitur, nec quisquam sibi putat turpe quod alii fuit fructuosum" (Vell. Pat. II 3, 4).

de führten. Wie Velleius Paterculus ordnet er die Unruhen zwischen Milo und Clodius in den Zusammenhang der Konsulatswahlen ein, bei denen Milo kandidierte. Dieser habe, wie auch seine Mitbewerber P. Plautius Hypsaeus und Q. Metellus Scipio zum Erreichen des Konsulats nicht nur seine Wähler bestochen, sondern auch bewaffnete Trupps um sich geschart, die seine Interessen gewaltsam durchsetzen sollten. Aufgehetzt wurden Hypsaeus und Metellus Scipio allerdings von Clodius, der gegen Milo aufgebracht war, weil dieser den von Clodius ins Exil geschickten Cicero wieder nach Rom zurückgeholt hatte. Zudem bekämpften sich Clodius und Milo gegenseitig auch direkt. Asconius bezeichnet das Verhältnis der beiden als ‚größte Feindschaft' (*summa inimicitia*) und betont, daß keiner dem anderen hinsichtlich seiner Vermessenheit nachstand. Keiner verhielt sich also besser als der andere, obwohl Asconius Milo immerhin zugesteht, für die bessere Partei zu kämpfen:

> „Miloni et Clodio summae erant inimicitiae, quod et Milo Ciceronis erat amicissimus in reducendoque eo enixe operam tr. pl. dederat, et P. Clodius restituto quoque Ciceroni erat infestissimus ideoque summe studebat Hypsaeo et Scipioni contra Milonem. Ac saepe inter se Milo et Clodius cum suis factionibus Romae depugnaverant: et erant uterque audacia pares, sed Milo pro melioribus partibus stabat."[1404]

Daß Asconius die Partei Milos als die bessere charakterisiert, läßt zumindest stark vermuten, daß seine Sympathien im Streit zwischen Milo und Clodius eher der Seite Milos gehören.

Asconius berichtet den Hergang des Mordes folgendermaßen: Am 18. Januar 52 v.Chr. trafen Clodius und Milo auf der Via Appia bei dem *Bona Dea*-Heiligtum bei Bovillae zufällig aufeinander. Milo war unterwegs nach Lanuvium, wo er ein priesterliches Amt wahrnehmen wollte, und Clodius kehrte aus Aricia nach Rom zurück. Beide befanden sich in Begleitung: Clodius hatte 30 bewaffnete Sklaven und drei römische Bürger bei sich, nämlich den Ritter C. Causinius Schola und die zwei Plebejer P. Pomponius und C. Clodius. Milo wurde von seiner Frau Fausta, seinem Freund M. Fuvius und seiner ebenfalls bewaffneten Sklavenschar begleitet, unter denen auch einige Gladiatoren waren.[1405] Der Streit, in dessen Verlauf Clodi-

---
[1404] Ascon. Mil. P. 26.
[1405] Ascon. Mil. P. 27.

us getötet wurde, sei von Milos Gladiatoren ausgegangen. Zwei Gladiatoren namens Eudamus und Birria provozierten die Sklaven des Clodius zu einer Auseinandersetzung. Als Clodius sich umsah, um zu erfahren, was vor sich ging, sei er von Birria an der Schulter verletzt worden. Dies sei der Auftakt zu einem heftigen Kampf gewesen. Mehrere Anhänger Milos seien herbeigeeilt, um ihren Anführer zu unterstützen. Die Clodianer brachten den verletzten Clodius in ein Bovillanisches Gasthaus, wo er sich verstecken und auskurieren sollte. Milo habe jedoch gefürchtet, daß Clodius, wenn er am Leben bliebe, ihm von nun an noch gefährlicher sein würde und ließ das Gasthaus, in dem sein Feind sich aufhielt, durch seinen Diener M. Saufeius stürmen. Asconius berichtet, daß Clodius, nachdem er herausgezerrt worden war, durch mehrere Verwundungen getötet wurde:

> „Milo ut cognovit vulneratum Clodium, cum sibi periculosius illud etiam vivo eo futurum intellegeret, occiso autem magnum solacium esset habiturus, etiamsi subeunda esset poena, exturbari taberna iussit. Fuit antesignanus servorum eius M. Saufeius. Atque ita Clodius latens extractus est multisque vulneribus confectus."[1406]

Offenbar schlugen oder stachen die Anhänger Milos mehrfach auf den verletzten Clodius ein. Nach dem Mord ließen sie die Leiche des Clodius auf der Straße liegen, die der Senator Sextus Teidius, der zufällig vorbei kam, fand und nach Rom bringen ließ. Zunächst habe sich die Leiche in Clodius' Haus befunden, doch seine Frau Fulvia, sowie seine Familie und Freunde, von denen Asconius T. Munatius Plancus und Q. Pompeius Rufus nennt, hätten dafür gesorgt, daß der tote Körper des Clodius aufs Forum gebracht wurde, wo das Volk seine Verwundungen begutachten konnte. Dort hetzten Plancus und Rufus das Volk auf, so daß der Pöbel den Leichnam in das Senatsgebäude trug und in seinem Eifer, ihn dort zu verbrennen, zugleich die Curia und die Porta Basilica in Brand setzte. Außerdem versuchten Anhänger des Clodius Häuser des Interrex[1407] M. Lepidus und des Clodius-Mörders Milo zu besetzen:

[1406] Ascon. Mil. P. 28.
[1407] M. Lepidus fungierte als Interrex, da durch die oben beschriebenen Unruhen, die durch Milo und Clodius verursacht worden waren, noch keine Konsuln für das bereits angebrochene Jahr 52 gewählt werden konnten.

„Populus duce Sex. Clodio scriba corpus P. Clodi in curiam intulit, cremavitque subselliis et tribunalibus et mensis et codicibus librariorum; quo igne et ipsa quoque curia flagravit, et item Porcia basilica, quae erat ei iuncta, ambusta est. Domus quoque M. Lepidi interregis (is enim magistratus curulis erat creatus) et absentis Milonis eadem illa Clodiana multitudo oppugnavit, sed inde sagittis repulsa est."[1408]

Aufgrund der Brandstiftung durch die Clodianer sei die Stimmung in Rom für Milo wieder günstiger geworden. Der Senat ereiferte sich nämlich Asconius zufolge mehr über das Feuer als über den Mord an Clodius. Milo habe diesen Stimmungswechsel genutzt und sei nach Rom zurückgekehrt. Der ihm ergebene Volkstribun M. Caelius habe außerdem eine Volksversammlung einberufen, die über die Gewalttat befinden sollte. Das Volk habe sein Votum dahingehend abgegeben, daß Clodius der Schuldige in dieser Angelegenheit sei, weil dieser einen Hinterhalt gegen Milo gelegt habe:

„Contionem ei post aliquot dies dedit M. Caelius tribunus plebis atque ipse etiam causam eius egit ad populum. Dicebant uterque Miloni a Clodio factas esse insidias."[1409]

Dieses Votum der von Caelius einberufenen Volksversammlung deckt sich mit der oben beschriebenen Argumentation Ciceros, wo der ermordete Clodius zum Täter und Milo zum Opfer wird. Dieser Auslegung zufolge handelte Milo in Notwehr und seine Gladiatoren unterstützten lediglich ihren bedrohten Herrn.

Die unruhige Situation, die allmählich zu eskalieren drohte, habe den Senat zum Handeln veranlaßt: Dem Interrex, den Volkstribunen und dem Prokonsul Cn. Pompeius wurde die Sorge für die Republik übertragen, d.h., der Staatsnotstand wurde erklärt und die genannten Personen wurden mit diktatorischen Vollmachten ausgestattet. Im Falle des Cn. Pompeius bezogen sich diese Vollmachten nicht allein auf die Stadt Rom, sondern auf ganz Italien. Am 26. Februar 52 v.Chr. wurde Pompeius durch den Interrex Servius Sulpicius zum Konsul ernannt. Pompeius brachte sogleich gegen den Widerstand des Volkstribuns M. Caelius zwei neue Gesetze durch, welche sich direkt auf die Ereignisse des Januars bezogen. Die *lex Pompeia de vi* behandelte den Mord auf der Via Appia und die Brandstiftungen auf dem Forum, die *lex Pompeia de ambitu* sah ein schnelleres Verfahren

---

[1408] Ascon. Mil. P. 29.
[1409] Ebd.

und härtere Strafen als gewöhnlich vor.[1410] Milo wurde unter dem Vorsitz des L. Domitius Ahenobarbus *de vi et de ambitu* angeklagt. Trotz der Einschüchterungsversuche seitens der Volkstribunen Q. Pompeius, C. Sallustius Crispus und T. Munatius Plancus übernahm Cicero die Verteidigung Milos, allerdings ohne Erfolg: Von den 51 Richtern sprachen 38 Milo schuldig, davon 12 Senatoren, 13 Ritter und 13 Aerartribunen[1411]. Die Richter befanden, daß Saufeius der ausführende Täter war, der Clodius auf Veranlassung Milos getötet habe:

> „Condemnaverunt senatores X, absolverunt VIII; condemnaverunt equites Romani VIIII, absolverunt VIII; sed ex tribunis aerariis X absolverunt, VI damnaverunt: manifestumque odium Clodi saluti Saufeio fuit, cum eius vel peior causa quam Milonis fuisset, quod aperte dux fuerat expugnandae tabernae."[1412]

Cicero selbst gab nach Asconius die Schuld am Scheitern seiner Verteidigung den Umständen, unter denen das Gericht tagen mußte. Pompeius hatte nämlich am letzten Prozeßtag, dem Tag, als Cicero sein Plädoyer hielt, die Zugänge zum Forum durch Militär besetzen lassen, damit die gewaltbereiten Anhänger des Clodius sich nicht zu Ausschreitungen hinreißen ließen. Am Tag zuvor habe nämlich der Clodianer T. Munatius Plancus das Volk dazu aufgerufen, in großer Zahl dem letzten und entscheidenden Prozeßtag beizuwohnen. In dieser angespannten Stimmung habe Cicero nicht die Rede halten können, die er eigentlich halten wollte. Er habe aus Furcht vor der Reaktion der bewaffneten Clodianer, die um das Gericht herumgestanden hätten, seine Verteidigungsrede nicht erfolgreich ausführen können. Asconius weist darauf hin, daß es sich bei der Rede, die als *Oratio pro Milone* überliefert ist, um die überarbeitete Version handelt, und nicht um das Plädoyer, welches Cicero tatsächlich gehalten hat.[1413]

[1410] Ascon. Mil. P. 31.
[1411] Seit der *lex Aurelia iudiciaria* 70 v.Chr. bildeten Aerartribunen zusätzlich zu Senatoren und Rittern die dritte Klasse der Richter in Strafprozessen.
[1412] Ascon. Mil. P. 48.
[1413] Ascon. Mil. P. 36.

e) Plinius d.Ä.

Der Mord an Clodius durch Milo wird auch von Plinius dem Älteren kurz erwähnt.[1414] Allerdings dient der Hinweis auf den Mord an dieser Stelle zunächst nur der näheren Beschreibung des Clodius, von dem Plinius berichtet, er habe in einem Haus gewohnt, welches er für 14.800.000 Sesterzen erworben hatte. Außerdem berichtet Plinius im Anschluß, daß auch Milo, der Mörder des Clodius, sich nicht in Bescheidenheit geübt, sondern 70.000.000 Sesterzen Schulden gehabt habe:

> „HS CXLVIII domo empta Clodius, quem Milo occidit, habitaverit. Quod equidem non secus ac regum insaniam miror; itaque et ipsum Milonem HS DCC aeris alieni debuisse inter prodigia animi humani duco."[1415]

Plinius nutzt also an dieser Stelle den Mord Milos an Clodius, um einen Gegensatz zwischen den beiden herzustellen, der dann durch den Hinweis, daß beide von derselben Unnatur des Geistes (*prodigia animi humani*) befallen waren, wieder aufgehoben wird. Der Wahnsinn der Verschwendungssucht, der sich durch alle Parteien der Gesellschaft zieht, wird auf diese Weise um so deutlicher.

f) Plutarch

Plutarch erwähnt den Mord an Clodius in seiner Cicero-Biographie. Nach einem ausführlichen Bericht darüber, wie sich die Feindschaft zwischen Clodius und Cicero entwickelt hatte,[1416] informiert er seine Leser in knappen Worten, daß Milo Clodius getötet hat und daß Cicero im darauffolgenden Mordprozeß die Verteidigung Milos übernahm:

> „Μετὰ ταῦτα Κλώδιον μὲν ἀποκτίννυσι Μίλων, καὶ διωκόμενος φόνου Κικέρωνα παρεστήσατο συνήγορον."[1417]

Er nennt weder einen Grund noch beschreibt er den Hergang der Tat. Den einzigen eventuellen Hinweis auf ein Mordmotiv gibt er einige Abschnitte zuvor, indem er erzählt, daß Milo als Volkstribun des Jahres 57 als einziger

---

[1414] Plin. n. h. XXXVI 103.
[1415] Plin. n. h. XXXVI 103f.
[1416] Plut. Cic. 28-34.
[1417] Plut. Cic. 35, 1.

gewagt habe, rechtlich gegen Clodius vorzugehen.[1418] Da Plutarch hier eine Biographie Ciceros und keine Lebenbeschreibung des Milo oder Clodius verfaßt hat, fehlen weitere Angaben zu der Tat. Für den Biographen ist hier nur das von Bedeutung, was mit Cicero, dem Protagonisten seines Werks, unmittelbar zusammenhängt, und für Cicero ist nur Tatsache, daß sein Intimfeind getötet wurde, und er die Verteidigung des Mörders übernahm, von Bedeutung. Plutarch berichtet weiter, daß der Senat aus Furcht vor den Anhängern Milos Pompeius den Vorsitz bei der Untersuchung gegen Milo gab und ihm außerdem die Sorge um die Sicherheit des Staates anvertraute. Um die Milonianer, nicht etwa die Clodianer von Ausschreitungen abzuhalten, habe Pompeius auf den Anhöhen, die um das Forum herum waren, Soldaten postiert:

„ἡ δὲ βουλὴ φοβηθεῖσα, μὴ κινδυνεύοντος ἀνδρὸς ἐνδόξου καὶ θυμοειδοῦς τοῦ Μίλωνος ταραχὴ γένηται περὶ τὴν δίκην, ἐπέτρεψε Πομπηίῳ ταύτην τε καὶ τὰς ἄλλας κρίσεις βραβεῦσαι, παρέχοντα τῇ πόλει καὶ τοῖς δικαστηρίοις ἀσφάλειαν. ἐκείνου δὲ τὴν ἀγορὰν ἔτι νυκτὸς ἀπὸ τῶν ἄκρων στρατιώταις ἐμπεριλαβόντος".[1419]

Die Schilderung Plutarchs zeigt hier einen beträchtlichen Unterschied zu der Darstellung des Asconius. Bei diesem diente das Militär zum Schutz vor den Clodianern, jener behauptet, die Soldaten hätten die Anhänger Milos in Schach halten sollen. Folgerichtig sieht Plutarch die unsichere Vortragsweise Ciceros und das Scheitern der Verteidigung Milos nicht in der Furcht vor den bewaffneten Clodianern begründet, die drohend um Cicero herumstanden, sondern in dessen Entsetzen angesichts der Tatsache, daß überhaupt bewaffnete Truppen in der Stadt waren, gleichgültig, ob von ihnen eine Bedrohung für den Redner ausging oder nicht. Plutarch erwähnt in diesem Zusammenhang, daß Cicero von Haus aus ein furchtsamer Mensch gewesen sei, der immer nervös war, wenn er die Rednertribüne betrat und außerdem beim bloßen Anblick von Waffen zu erschrecken pflegte:

[1418] Plut. Cic. 33, 4.
[1419] Plut. Cic. 35, 1f.

„ὁ δ' οὐ μόνον ἦν ὡς ἔοικεν ἐν ὅπλοις ἀθαρσής, ἀλλὰ καὶ τῷ λέγειν μετὰ φόβου προσῄει, καὶ μόλις ἂν ἐπαύσατο παλλόμενος καὶ τρέμων ἐπὶ πολλῶν ἀγώνων ἀκμὴν τοῦ λόγου καὶ κατάστασιν λαβόντος."[1420]

Allerdings schreibt Plutarch die Verurteilung Milos nicht allein Ciceros Versagen zu, sondern auch der Dreistigkeit und mangelnden Bußfertigkeit, mit der sich der Angeklagte bei Gericht präsentierte.[1421]
Weitergehende Beachtung schenkt Plutarch diesem Fall nicht. Es ist auffällig, daß der Prozeß gegen Milo in seiner Vita des Pompeius überhaupt nicht vorkommt, obwohl dieser den Prozeß überhaupt erst anstrengte und außerdem -wie wir durch Asconius wissen- die Gesetze durchgebracht hat, nach denen Milo angeklagt wurde. Offenbar schreibt Plutarch dem Fall keine besondere Bedeutung zu.

g) Appian
Appian erzählt von der Ermordung des P. Clodius Pulcher im Zusammenhang mit dem Weg des Pompeius zur Diktatur. Er berichtet, daß die politische Moral durch Korruption im Jahr 53 v.Chr. in einen erschreckend heruntergekommenen Zustand geraten war, so daß viele Bürger die Herrschaft eines einzelnen Mannes als einzigen Ausweg aus der Misere sahen. Dabei sei von Anfang an an Cn. Pompeius gedacht worden. Dieser habe zwar nach außen hin so getan, als wolle er das Amt des Diktators nicht haben, in Wahrheit habe er aber alles dafür getan, um es zu bekommen, indem er die Gesetzlosigkeiten immer weiter eskalieren ließ.[1422] In diesen Zeiten der drohenden Anarchie habe sich Milo um das Konsulat beworben, und gute Chancen gehabt, in dieses Amt gewählt zu werden. Pompeius habe dies aber verhindert, indem er immer wieder die Komitien verschieben ließ, so daß keine Wahl stattfinden konnte. Daraufhin habe Milo erkannt, daß Pompeius gegen ihn sei, und sich in seinen Geburtsort Lanuvium zurückgezogen:

„Μίλωνός τε τὰ ἐς Κλώδιον ὑπηρετήσαντος αὐτῷ καὶ ἀρεσκομένου τῷ δήμῳ διὰ τὴν Κικέρωνος κάθοδον, ὑπατείαν ὡς ἐν καιρῷ παρὰ τήνδε τὴν ἀναρχίαν μετιόντος ἀποδιέτριβε τὰς χειροτονίας,

---
[1420] Plut. Cic. 35, 3.
[1421] Plut. Cic. 35, 5.
[1422] App. civ. II 20.

μέχρι βαρυθυμῶν ὁ Μίλων, ὡς καὶ περὶ αὐτὸν ἀπίστου γιγνομένου τοῦ Πομπηίου, ἐς τὴν πατρίδα Λανούβιον ἐξῄει, ἣν Διομήδη φασὶν ἀλώμενον ἐξ Ἰλίου πρώτην ἐν τῇ Ἰταλίᾳ πόλιν οἰκίσαι, καὶ εἰσὶν ἀπὸ Ῥώμης ἐς αὐτὴν στάδιοι πεντήκοντα καὶ ἑκατόν."[1423]

Appian erwähnt mit keinem Wort die Möglichkeit, daß es Clodius gewesen sein könnte, der Milo in seinem Streben um das Konsulat behindert habe. Die Feindschaft zwischen den beiden läuft bei Appian ebenfalls allein über das Bindeglied Pompeius: Milo habe Pompeius in dessen Kampf gegen Clodius lediglich beigestanden.[1424]

Auf dem Weg nach Lanuvium sei Milo Clodius begegnet, der von seinem Landsitz zurückkam. Der Hergang der Tat, wie Appian ihn schildert, unterscheidet sich kaum von der Darstellung des Asconius. Der Bericht ist lediglich um einiges kürzer gehalten: Milo und Clodius griffen sich gegenseitig nicht an, einer von Milos Sklaven habe Clodius jedoch einen Dolch in den Rücken gerammt. Appian bleibt hier nicht bei der bloßen Schilderung der Tatsachen, sondern stellt die Vermutung an, daß Milo seinem Sklaven möglicherweise den Befehl gegeben hatte, Clodius anzugreifen. Er legt sich auf diese Variante jedoch nicht fest, sondern mißt der Möglichkeit, daß der Sklave aus eigenem Antrieb gehandelt hat, ebensoviel Wahrscheinlichkeit bei:

„θεράπων δὲ τοῦ Μίλωνος ἐπιδραμὼν τῷ Κλωδίῳ, εἴτε κεκελευσμένος εἴθ' ὡς ἐχθρὸν δεσπότου κτείνων"[1425]

Weiter berichtet Appian, daß der verwundete Clodius von seinen Anhängern in ein Gasthaus gebracht wurde, wo Milo und seine Sklaven ihn aufspürten und töteten. Appian nennt für diese Tat einen einfachen Grund: Milo wußte, daß er nach dem, was bereits geschehen war, sowieso angeklagt werden würde; also beschloß er, die Tat, für die er sich verantworten müsse, auch zu Ende zu führen.

Die erste Folge der Tat, von der Appian berichtet, ist die Reaktion der Bürger in Rom: Das Volk sei erschrocken über die Tat gewesen und die

---
[1423] App. civ. II 20.
[1424] In App. civ. II 16 berichtet Appian außerdem, daß Pompeius Milo gegen Clodius aufgebaut hat. Vorher und unabhängig von Pompeius ist von Milo keine Rede.
[1425] App. civ. II 21.

Freunde und Anhänger des Ermordeten hätten die Leiche des Clodius von den Rostra in die Curia gebracht, wo sie von der Menge verbrannt wurde. Die besonders eifrigen Anhänger des Clodius fachten das Feuer mit den Bänken und Stühlen des Senats an, wobei die Curia und einige angrenzende Gebäude ebenfalls in Flammen aufgingen. Zusätzlich zu dem, was bereits Asconius geschildert hatte, stellt Appian Überlegungen dahingehend an, aus welchem Grund die Clodianer ihren Anführer nicht auf dem Forum, sondern in der Curia verbrannt haben. Er nennt zwei mögliche Gründe: Clodius sollte als Senator geehrt werden oder seine Anhänger wollten durch diese Geste den Senat indirekt der Mittäterschaft an der Ermordung des Clodius anklagen:

„ἁρπάσαντες δ' αὐτὸ τῶν τε δημάρχων ἔνιοι καὶ οἱ φίλοι τοῦ Κλωδίου καὶ πλῆθος ἄλλο σὺν ἐκείνοις, ἐς τὸ βουλευτήριον ἐκόμισαν, εἴτε ἐπὶ τιμῇ, βουλευτικοῦ γένους ὄντα, εἴτε ἐς ὄνειδος τῆς βουλῆς τοιάδε περιορώσης."[1426]

Die Unruhen in Rom nach dem Tod des Clodius gingen Appian zufolge aber nicht nur von den Anhängern des Ermordeten, sondern auch von Milo aus, der die Ehre, die seinem Feind bei dessen Begräbnis zuteil geworden war, nicht hinnehmen wollte. Aus diesem Grund habe er den Volkstribun Caelius bestochen, eine *Contio* einzuberufen, auf der er vor ebenfalls gekauftem Volk erklärte, daß Clodius und nicht er selbst schuld an der Mordtat bei Bovillae gewesen sei. Nachdem der Teil des Volkes, der nicht von Milo bestochen worden war und auf Clodius' Seite stand, empört das Forum stürmte, sei es zu weiteren Krawallen in Rom gekommen, die mehrere Tage andauerten.[1427] Appian schildert, wie der Mord an Clodius weitere Mordtaten nach sich zog.[1428] Das Volk, das Appian zufolge Clodiusfreundlich gesinnt war[1429], habe viele der Freunde und der bestochenen Anhänger Milos ermordet. Römer wie Ausländer seien, wo sie angetroffen wurden, auf offener Straße umgebracht worden. Bald habe sich dieser Tumult zu einem Raubzug entwickelt, da die Anhänger des Clodius unter

---

[1426] App. civ. II 21.
[1427] App. civ. II 22.
[1428] Hierzu: Kapitel II (V).
[1429] Auffällig ist, daß Appian dem Teil der *plebs*, die Milo unterstützte, unterstellt, von diesem gekauft zu sein, während die Anhänger des Clodius alle aus eigenem Antrieb handelten.

dem Vorwand, nach dem Mörder Milo zu suchen, in jedes Haus eingebrochen seien, um es zu plündern und niederzubrennen:

„Καίλιος μὲν δὴ καὶ Μίλων δούλων ἐσθῆτας ὑποδύντες ἀπέδρασαν, πολὺς δὲ τῶν ἄλλων ἐγίγνετο φόνος, οὐ τοὺς Μίλωνος ἔτι φίλους ἐρευνώντων, ἀλλὰ τὸν ἐντυγχάνοντα ἀναιροῦντων, ἀστὸν ὁμοῦ καὶ ξένον καὶ μάλιστα ὅσοι ταῖς ἐσθῆσιν ἢ σφραγῖσιν ἀπὸ χρυσοῦ διέφερον. ὡς γὰρ ἐν ἀσυντάκτῳ πολιτείᾳ σὺν ὀργῇ καὶ προφάσει τοῦδε τοῦ θορύβου προσπεσόντος θεράποντές τε ὄντες οἳ πλείους καὶ ὡπλισμένοι κατὰ ἀνόπλων ἐς ἁρπαγὰς ἐτράποντο· ἔργον τε οὐδὲν αὐτοῖς ἀπῆν, ἀλλὰ καὶ ἐπ' οἰκίας ἐφέροντο καὶ περιιόντες ἠρεύνων ἔργῳ μὲν τὰ εὔληπτα σφίσιν ἅπαντα, λόγῳ δὲ τοὺς φίλους τοῦ Μίλωνος· πρόφασίς τε ἦν αὐτοῖς ἐπὶ πολλὰς ἡμέρας καὶ πυρὸς καὶ λίθων καὶ παντὸς ἔργου Μίλων."[1430]

Diese Unruhen waren es Appian zufolge schließlich, die dafür sorgten, daß Pompeius doch noch die Vollmachten eines Diktators erhielt, auch wenn sein Titel einem Vorschlag Catos gemäß nicht Diktator, sondern Konsul ohne Kollege war:

„Ἡ βουλὴ δὲ συνῄει μετὰ δέους καὶ ἐς τὸν Πομπήιον ἀφεώρων ὡς αὐτίκα σφῶν ἐσόμενον δικτάτορα· χρῄζειν γὰρ αὐτοῖς ἐφαίνετο τὰ παρόντα τοιᾶσδε θεραπείας. Κάτωνος δ' αὐτοὺς μεταδιδάξαντος ὕπατον εἵλοντο χωρὶς συνάρχου ὡς ἂν ἔχοι τὴν μὲν ἐξουσίαν δικτάτορος, ἄρχων μόνος, τὴν δ' εὔθυναν ὑπάτου."[1431]

Mit der Ernennung des Pompeius zum Konsul ohne Kollegen ist für Appian die Episode um die Ermordung des Clodius abgeschlossen. Sie hat in seiner Schilderung keine eigene Bedeutung, sondern bildet lediglich einen wichtigen Baustein in der Erlangung diktatorischer Vollmachten durch Pompeius. Der Prozeß, den Pompeius als Konsul gegen Milo anstrengte, wird in diesem Sinne nur knapp als einer von mehreren Prozessen, die im Jahr 52 aufgrund der juristischen Reformen des Pompeius stattfinden konnten, erwähnt.[1432]

h) Cassius Dio

Der Beginn des Jahres 52 v.Chr. war nach Cassius Dio gekennzeichnet von Anarchie und täglicher Gewalt. Er berichtet, daß im Vorjahr keine Wahlen hatten stattfinden können und daß nun niemand mit der Wahrung der öffentlichen Ordnung betraut gewesen sei, weshalb Morde an der Tagesord-

---

[1430] App. civ. II 22.
[1431] App. civ. II 23.
[1432] App. civ. II 24.

nung gewesen seien. Zudem seien die Kämpfe um die öffentlichen Ämter weitergegangen, die inzwischen mittels Mord und Bestechung ausgefochten worden seien.[1433] Der Mord an Clodius durch Milo fällt nach Cassius Dio in den Zusammenhang dieser Kämpfe. Milo habe nach dem Konsulat gestrebt. Als er Clodius bei der Begegnung auf der Via Appia verletzte, habe er die Rache seines Feindes gefürchtet und ihn getötet. Daraufhin habe er alle seine Sklaven freigelassen, welche die Tat mitbekommen hatten:

„ὁ γοῦν Μίλων ὑπατείαν αἰτῶν τὸν Κλώδιον ἐν τῇ Ἀππίᾳ ὁδῷ συντυχόντα οἱ τὸ μὲν πρῶτον ἁπλῶς πως ἔτρωσεν, ἔπειτα δὲ φοβηθεὶς μὴ ἐπεξέλθῃ τῷ γεγονότι κατέσφαξεν, ἐλπίσας, ἐπειδὴ πάντας τοὺς οἰκέτας τοὺς τοῦτο ποιήσαντας εὐθὺς ἠλευθέρωσε, ῥᾷον τοῦ φόνου τελευτήσαντος αὐτοῦ ἢ τοῦ τραύματος εἰ περιγίγνοιτο ἀφεθήσεσθαι."[1434]

Cassius Dio nennt als Motiv für den Mord Milos Furcht, vor Gericht wegen der Verwundung seines Gegners angeklagt zu werden. Lieber habe er Clodius gleich töten wollen, da er hoffte, eher aus einem Mordprozeß als aus einem Gewaltprozeß unbeschadet hervorgehen zu können.[1435] Milo sah seine Chancen auf das Konsulat durch die Gewalttat bedroht. Welches Motiv Milo allerdings dazu getrieben hat, Clodius überhaupt zu verwunden, verrät Dio nicht.

Die Unruhen, die dem Mord folgten, entstanden Cassius Dio zufolge nicht so sehr aufgrund der Empörung über die Ermordung des Clodius durch Milo. Vielmehr nutzten die Banden der beiden Kontrahenten die Tat, um ihre Feindseligkeiten noch offener und hemmungsloser auszutragen als bisher. Der Teil des Volkes, der sich keiner dieser Seiten zugehörig fühlte, habe außerdem eine natürliche Abscheu gegen eine derartige Mordtat empfun-

---

[1433] Cass. Dio XL 48, 1.
[1434] Cass. Dio XL 48, 2.
[1435] Dio erklärt nicht, wie Milo auf diesen Gedanken gekommen ist. Wahrscheinlich ist der Historiker der Ansicht, Milo habe seine Sklaven entlassen, damit diese nicht unter Folter gezwungen werden konnten, gegen ihn auszusagen. Somit hätte sein Prozeßgegner zumindest unter Milos Leuten keine Zeugen für den Mord, wohingegen bei einer bloßen Verwundung Clodius selbst gegen Milo hätte auftreten können. Allerdings erklärt Dio nicht, wie Milo sich vor den Zeugenaussagen der Anhänger des Clodius hätte schützen sollen. Zwar erwähnt der Geschichtsschreiber nicht, daß Clodius in Begleitung gewesen sei, dennoch kann davon ausgegangen werden, daß Dio durch seine Quellen wußte, daß Clodius 30 bewaffnete Sklaven und einige römische Bürger bei sich hatte. Zu den Quellen des Cassius Dio: MILLAR, Cassius Dio, 34-38.

den und zudem die Gelegenheit genutzt, zusätzlich zu dem verhaßten Clodius auch noch den ungeliebten Milo loszuwerden.[1436] So sei es zu der Eskalation der Gewalt beim Begräbnis des Clodius gekommen, die Dio in Übereinstimmung mit Asconius, Plutarch und Appian schildert. Milo habe sich, nachdem die Clodianer auf diese Weise das Mißfallen des Senats erregt hatten, in Rom wieder sicher geglaubt und weiter darum gekämpft, das Konsulat zu bekleiden.[1437]

In ähnlicher Weise wie Appian schenkt Dio den weiteren Ereignissen um Milo nur wenig Beachtung. Er berichtet, daß Pompeius zum *consul sine collega* gemacht wurde, und daß es durch seine Reformen und Gesetze, aber auch durch den Einsatz von bewaffneten Truppen im Falle des Milo-Prozesses[1438] wieder möglich wurde, Gericht zu halten. Milo wurde des Mordes angeklagt. Cassius Dio berichtet, daß Milo verurteilt wurde, obwohl Cicero ihn verteidigte:

„τά τε οὖν δικαστήρια ἡσύχως ἐκ τούτων συνήγετο, καὶ ἐδικαιώθησαν ἐπί τε ἑτέροις τισὶ πολλοὶ καὶ ἐπὶ τῷ τοῦ Κλωδίου φόνῳ ἄλλοι τε καὶ ὁ Μίλων, καίτοι τὸν Κικέρωνα συναγωνιστὴν ἔχων."[1439]

Diese Formulierung zeigt deutlich, daß Dio grundsätzlich von Cicero Redekünsten sehr überzeugt ist. In diesem Fall jedoch hat der Redner nach Ansicht des Historikers versagt. Dio betont, daß Cicero angesichts der Soldaten des Pompeius in Angst geriet und keine vernünftigen Ausführungen mehr zustande brachte.[1440]

In einer Anekdote, die Cassius Dio im Blick auf Ciceros Verteidigungsrede in diesem Prozeß wiedergibt, wird deutlich, daß Milo aufgrund seiner Verurteilung nach Massilia verbannt wurde. Dorthin habe nämlich Cicero die überarbeitete und bereits zur Zeit Cassius Dios allein erhaltene Version seiner Rede *Pro Milone* geschickt und von Milo ein Antwortschreiben er-

---

[1436] Cass. Dio XL 48, 3.
[1437] Cass. Dio XL 49, 1-5.
[1438] Cass. Dio XL 53, 2f. Dio berichtet, daß die von Pompeius eingesetzten Truppen sogar einige Bürger töteten, die beim Prozeß gegen Milo durch Pöbelei gegen Pompeius aufgefallen waren.
[1439] Cass. Dio XL 54, 1.
[1440] Cass. Dio XL 54, 2.

halten, in dem dieser seiner -dem Historiker zufolge ironisch gemeinten- Erleichterung darüber Ausdruck gab, daß Cicero die Rede nicht in dieser Form gehalten habe, da Milo sonst nicht in den Genuß des guten Massilianischen Fisches gekommen wäre. Cassius Dio berichtet auch, daß Milo mit seiner Verbannung ganz und gar nicht zufrieden gewesen sei und mehrmals versucht habe, nach Rom zurückkehren zu dürfen.[1441]

2. Zusammenfassung und Bewertung

Die Ermordung des P. Clodius Pulcher fällt in einen Zeitraum, in dem die stadtrömische Politik von Bandenkriegen und fast täglicher Gewalt bestimmt wurde.[1442] Von den Quellen erfahren wir, daß der Terror, der in der Stadt wütete, die Magistratswahlen für das Jahr 52 v.Chr. bislang verhindert hatte und deshalb zu Beginn des Jahres ein *Interrex* die Staatsgeschäfte lenkte. Bedenkt man, daß in den Jahren zuvor auch die Führungsschicht nicht selten zum Mittel der Gewalt und des Tötens gegriffen hatte, um ihre eigene Position zu verteidigen, und daß die politische Auseinandersetzung gerade der 50er Jahre von Gewalt und Straßenkämpfen geprägt war, hätte der Senat eigentlich folgerichtig den Mord an P. Clodius Pulcher, einem der einflußreichsten und aufrührerischsten Gegner der etablierten Führungsschicht, gutheißen und den Mörder unterstützen müssen. In seiner Rede *Pro Sestio* lobt Cicero deshalb die Gewalttätigkeit des Sestius, die seiner Ansicht zufolge wie die Gewalt Milos nur als Mittel zum Kampf für die Sache der *boni* eingesetzt wurde.[1443] Gewalt gegen einen Mann wie Clodius scheint hier aus der Sicht Cicero legitim. Es geht bei der Frage um Schuld oder Unschuld allein darum, welcher Schlägertrupp die gute politische Sache vertritt. Mit der gleichen Argumentation tritt Cicero, wie oben gezeigt wurde, für Milo ein. Auch Asconius gibt in seinem Kommentar zu verstehen, daß Milo auf der Seite der *boni* gegen Clodius kämpfte und Velleius Paterculus weist darauf hin, daß die römische Führungsschicht vom Ableben des Demagogen profitierte. Da sich die Agitation des Clodius in

---

[1441] Cass. Dio XL 54, 3f.
[1442] Zu der Bedeutung der Bandenkriege in den 50er Jahren v.Chr.: NOWAK, Garden, 102-158; außerdem: NIPPEL, Polizei, 114-144
[1443] Cic. Sest. 5.

erster Linie gegen die herrschende Senatsaristokratie wandte, hat eine Art Bündnis zwischen den *boni* und dem Clodius-Gegner Milo auch unabhängig von der Glaubwürdigkeit Ciceros sehr wahrscheinlich bestanden und es wäre unsinnig anzunehmen, der Senat habe die Nachricht von der Ermordung des Clodius nicht mit Erleichterung aufgenommen. Auch sahen die *boni* mit Sicherheit lieber Milo als einen der Konsuln des Jahres 52 als Hypsaeus und Scipio, die beide Clodianer waren. Trotzdem war nach dem Mord an Clodius die Unterstützung für Milo seitens des Senats sehr gering. Diese Haltung spiegelt sich auch in den Urteilen der meisten antiken Autoren. Sie betonen, daß der Tod des Clodius der *res publica* zugute kam; die Tat Milos wird dennoch mißbilligt. Der Grund für diese Differenzierung liegt aber -von Velleius Paterculus einmal abgesehen- nicht in einer peniblen Unterscheidung von Mittel und Zweck, sondern darin, daß kein Autor Milo zugesteht, den Mord als einen bewußten Dienst am Gemeinwesen begangen zu haben. Daß der Feind der öffentlichen Ordnung getötet wurde, sehen sie als positiv an; die Tat mißbilligen sie, weil sie aus Sicht des Täters Milos eigenen Zielen und nicht dem Staatswohl dienen sollte.

Die Gewalttätigkeiten, in deren Rahmen auch die Schlägerei auf der Via Appia stattfand, bei der Clodius zu Tode kam, hatten sich den Quellen zufolge an den Magistratswahlen entzündet. Cicero verschweigt dies zwar in seiner Verteidigungsrede für Milo, doch liegt der Grund dafür sicher darin, daß es kein gutes Licht auf Milo geworfen hätte, wenn der Verteidiger betont hätte, daß der Mord an Clodius den politischen Ambitionen des Mörders dienlich war. Dennoch wissen wir aus anderen Quellen[1444], daß der Wahlkampf des Jahres 53/52 v.Chr. nicht nur mit dem üblichen Mittel der Bestechung, sondern auch mit dem Mittel der Gewalt ausgetragen wurde. Clodius und Milos Rivalen um das Konsulat hatten bislang durch Bandenterror verhindern können, daß Milo, der seinerseits die Gegner durch Schlägertrupps bekämpfte, das Amt des Konsuls erlangte. Als Milo und Clodius auf der Via Appia -wahrscheinlich zufällig[1445]- aufeinander trafen

---

[1444] Vell. Pat. II 47, 3f.; Ascon Mil. P. 26f.
[1445] WILL, Mob, 98-100, weist überzeugend nach, daß Clodius nicht -wie Cicero behauptet- Milo in einen Hinterhalt gelockt haben kann. Sein Schluß, daß umgekehrt Milo dem Clodius aufgelauert habe, ist jedoch nicht zu beweisen und hat ihren Grund wohl in WILLS Vorge-

und sich ein Geplänkel zwischen ihren Gefolgsleuten entwickelte, nutzte Milo die Gelegenheit, den verhaßten Gegner loszuwerden. Die Motive Milos waren dabei wahrscheinlich nicht so sehr von dem Wunsch geprägt, die Senatsherrschaft zu befestigen, sondern von dem Verlangen nach Rache an dem politischen Gegner und nach Beseitigung des persönlichen Widersachers, der Milos politische Karriere behinderte. Daß es sich bei dem Mord auf keinen Fall um Notwehr handelte, wie Cicero suggeriert,[1446] wird schon dadurch offensichtlich, daß Milo dem verwundeten Clodius in das Gasthaus, in das die Anhänger des Clodius diesen gebracht hatten, folgte und den Schwerverletzten kaltblütig ermordete. Selbst wenn die Schlägerei nicht von Milos, sondern von Clodius' Leuten angezettelt wurde -was den bei Asconius festgehaltenen Zeugenaussagen widerspräche- könnte Milo spätestens zu diesem Zeitpunkt das Argument der Notwehr nicht mehr für sich anführen.

Daß Milo seine eigenen und nicht in erster Linie die Interessen des Senats verfolgt hat, war sicher der Hauptgrund dafür, daß er nach dem Mord an Clodius von den meisten seiner einstigen Verbündeten fallengelassen wurde. Milo war kein Scipio Nasica und sein Bündnis mit der römischen Senatsaristokratie war ein Zweckbündnis; er war der Sache der *boni* nicht ergeben, auch wenn er vielleicht mit ihnen sympathisierte. Umgekehrt war Milo für die *boni* nicht mehr als ein wirksames Mittel zur Bekämpfung des Clodius. Als Clodius tot war, wurde Milo mit seinen Gladiatoren für den Senat überflüssig, womöglich sogar gefährlich. Dasselbe Potential, das Clodius so bedrohlich für den Senat gemacht hatte, wurde auch in Milo gesehen; auch dieser verstand es, durch das Mittel der gewaltsamen Ein-

---

hensweise, Milo (und Cicero) grundsätzlich die boshaftesten aller irgend möglichen Motive zu unterstellen. Vielmehr betont der von WILL ansonsten als sehr zuverlässig bezeichnete Asconius, daß das Zusammentreffen von Milo und Clodius auf der Via Appia zufällig war: Ascon. Mil. P. 28; P. 36.

[1446] KEMPER, Cedant arma togae, 328-331, diskutiert in diesem Zusammenhang die Frage, ob das spätrepublikanische römische Strafrecht überhaupt Notwehr als Legitimation für eine Tötung anerkannte, weil dies nicht als positiv geschriebenes Recht bekannt ist. Das Recht auf Selbstverteidigung ist jedoch ein grundlegendes Recht schon der frühen römischen Zeit (vgl. FLACH, Gesetze, 174f.). Um das allen selbstverständliche alte Recht auf Selbstverteidigung aufzuheben, hätte es nach römischem Rechtsverständnis eines eigenen Gesetzes bedurft, nicht aber, um es bestehen zu lassen.

schüchterung und des Bandenterrors seine Ziele durchzusetzen. Wenn der Senat versuchen wollte, nach Clodius' Tod endlich wieder ein normales politisches Leben zu etablieren, konnte er deshalb auch Milo nicht weiter gewähren lassen. Pompeius, der sicher wie die anderen Senatoren Genugtuung über den Tod des Clodius empfand, setzte nun alles daran, Milo zu diskreditieren. Als *consul sine collega* schuf er sogar eigene Gesetze, nach denen Milo unter verschärften Bedingungen angeklagt werden sollte.[1447] Der Senat erklärte, daß die Ermordung des Clodius *contra rem publicam* gewesen sei und distanzierte sich somit von der Tat. Gleichzeitig wurde damit den Verteidigern Milos das Argument, der Mord an Clodius sei zum Wohle des Gemeinwesens gleichsam als Nothilfe geschehen, vergällt. Dies ist m.E. der Hauptgrund dafür, warum Cicero in seiner Verteidigung auf die eher unglückliche Strategie der Notwehrbehauptung zurückgreift. Vier Jahre zuvor hatte Cicero noch in der Verteidigungsrede für Sestius erfolgreich die Gewalt gegen Clodius als Verteidigung der *res publica* geschildert. Durch die Senatserklärung war ihm diese Verteidigungsstrategie im Falle Milos nicht gut möglich.[1448] Wenn Milo durch den Mord an Clodius aber nicht die *res publica* verteidigt hat, dann kann er -wenn er unschuldig sein soll- nur sich selbst verteidigt haben.

[1447] NIPPEL, Polizei, 138; SCHULLER, Mordprozeß, 118f.
[1448] LINTOTT, Cicero and Milo, 75, ist der Ansicht, die Strategien in *Pro Sestio* und *Pro Milone* seien gleich, da beide darauf zielten, den Klienten Ciceros als jemanden zu schildern, der nicht von sich aus aggressiv sei, sondern sich nur gegen die Angriffe des Clodius wehre. LINTOTT meint sogar, Milos Gewalt sei nach Ciceros Argumentation noch mehr gerechtfertigt als die des Sestius: „He had already used the argument from self-defence against a charge of vis in pro Sestio, when he had tried to show that Sestius' and Milo's violence in 57-6 B.C. was a natural reaction to the intolerable provocation of Clodius and his associates. It was even more appropriate when violence had been committed in an emergency response to a sudden attack." Es gibt zwischen den Verteidigungsstrategien dieser beiden Reden jedoch einen anderen entscheidenden Unterschied: In *Pro Sestio* schildert Cicero, daß Sestius um der *res publica* willen gewalttätig sei. Er wehre sich nicht gegen Angriffe auf sich selbst, sondern gegen Angriffe auf das Gemeinwesen. Die gleiche Behauptung findet sich zwar auch in *Pro Milone* in Bezug auf Milo; sie ist aber nicht das Argument der Verteidigung (anders: NIPPEL, Polizei, 142, der die Ansicht vertritt, Cicero plädiere auf „private Staatsnothilfe"). Die Gewalt, derer Milo konkret angeklagt wurde, war nach Cicero die Folge eines Angriffs auf Milo selbst. Sestius wird also mit dem Argument der Nothilfe, Milo mit dem Argument der Notwehr verteidigt: Sestius half der *res publica*, Milo half sich selbst, seine Handlungsweise war also der politischen Ideologie Ciceros gemäß eben nicht „more appropriate".

Daß Cicero mit seiner Verteidigung Milos scheiterte, ist bekannt. Dieser Mißerfolg hatte seinen Grund jedoch nicht allein in der aufkommenden Nervosität des Redners angesichts der unruhigen Volksmenge oder der Soldaten des Pompeius, sondern auch darin, daß Milo von dem *consul sine collega* und anderen einflußreichen Persönlichkeiten bereits vor dem Prozeß verurteilt worden war; die *plebs* sah in ihm ohnehin den Mörder ihres Hoffnungsträgers[1449] und drängte auf seine Verurteilung. Durch die von Pompeius initiierte Kampagne gegen Milo[1450] waren zum Zeitpunkt des Prozesses fast alle Bevölkerungsteile gegen den Mörder des Clodius eingestellt. Vor allem aber war Milo schlicht schuldig im Sinne der Anklage. Er hatte Clodius ermordet; und die Tat war nachweislich nicht in Notwehr begangen worden. Das Hauptargument der Verteidigung konnte widerlegt werden.[1451] SCHULLER formuliert demnach in seinem Aufsatz über den Mi-

---

[1449] Ob Clodius tatsächlich ein redlicher Vertreter der Volksinteressen war, ist äußerst fraglich. Die verarmten und verelendeten Schichten der römischen Gesellschaft hatten jedoch große Hoffnungen auf ihn gesetzt, da er offiziell und recht erfolgreich als ihr Fürsprecher aufgetreten war. Angesichts der großen Armut, in der weite Teile der *plebs* lebten und die von den meisten *nobiles* ignoriert bzw. als gegeben hingenommen wurde (vgl. hierzu die Darstellung von YAVETZ, Lebensbedingungen, 98-123; außerdem BRUHNS, Armut, 31-38), kann ihre Anhängerschaft an einen radikalen Reformer nicht überraschen. Daß sich dieselbe *plebs* nach dem Mord an Clodius von den Vertrauten des Getöteten mobilisieren ließ, dem Anwalt des Mörders seine Verteidigung zu erschweren, ist ebenfalls nicht verwunderlich. Zurecht stellt NIPPEL fest, daß die *plebs urbana*, die zwar niemals von sich aus tätig wurde, sondern immer einem aristokratischen Anführer folgte, sich nicht beliebig manipulieren ließ. Bei der *plebs* hatten „ nur die Gegner Milos eine Chance; ihr ging es um Rache für Clodius und die Bestrafung der Schuldigen. Die konstante Feindschaft gegen Milo war auch nicht durch die Unsummen von Bestechungsgeldern aufzuheben, die dieser aufwendete" (NIPPEL, Polizei, 135). Zur aktiven politischen Rolle der *plebs* im Zusammenhang mit dem Miloprozeß vgl. außerdem die Darstellungen von MORSTEIN-MARX, Mass Oratory, hier: 115, BRUNT, Mob, 271-310 und NIPPEL, Plebs urbana, 70-92.

[1450] Pompeius beschuldigte Milo mehrfach durch Dritte, ein Attentat auf ihn zu planen. Durch gezielte Aktionen und Verdächtigungen wurde Milo so in den Augen der meisten Römer zu einer Bedrohung für die ‚innere Sicherheit'. Diese vermeintliche Bedrohung war ein wesentlicher Grund dafür, daß Pompeius das quasi diktatorische Amt des *consul sine collega* antreten konnte. Hierzu ausführlich: MARSHALL, Assassination, 125-132.

[1451] Auch wenn es sich bei der uns vorliegenden Rede *Pro Milone* um eine überarbeitete Fassung handelt, können wir mit großer Sicherheit davon ausgehen, daß Ciceros Originalrede vielleicht nicht dieselbe Rhetorik, wohl aber den gleichen Argumentationsgang beinhaltete wie die spätere Version (hierzu: RIGGSBY, Crime and Community, 179-181). Dies wird durch ein Fragment der Rede, das bei Quintilian erhalten und wahrscheinlich aus einer Mitschrift der ‚echten' Prozeßrede entnommen ist (vgl. DYCK, The Other Pro Milone, 182-185), nahegelegt: „an huius ille legis, quam Clodius a se inventam gloriatur, mentionem facere ausus esset vivo Milone, non dicam consule?" (Quint. Inst. IX 2, 54). In diesem Fragment spricht Cicero -

loprozeß zurecht: „Wenn die Angabe des Asconius stimmt, daß Milo exakt wegen dieser Mordtat verurteilt wurde, dann ist dieses gerechte Urteil eben nicht nur wegen Ciceros schwacher persönlicher Leistung zustande gekommen, sondern weil Milo einfach nachgewiesenermaßen schuldig war."[1452]

Die Ermordung des P. Clodius Pulcher hatte schwere Unruhen in der Stadt zur Folge. Wir erfahren durch die Berichte der antiken Autoren, daß der Leichnam des Clodius von der aufgebrachten Volksmenge in der Curia verbrannt wurde und daß mehrere Tage lang Straßenschlachten in Rom tobten, denen -Asconius zufolge- mehrere *boni* zum Opfer fielen.[1453] Diese Krawalle veranlaßten den Senat schließlich zum Durchgreifen. Sie ließen dem Senat keine andere Wahl als sich mit dem gefürchteten mächtigen Pompeius zu versöhnen und ihm ein quasi diktatorisches Amt zu gewähren. Diese Maßnahme hatte insofern Erfolg, als es dem *consul sine collega* gelang, die verbliebenen Clodianer aus Rom zu vertreiben und somit die Ordnung oberflächlich wiederherzustellen. Jedoch wurde mit der Bevollmächtigung des Pompeius die Voraussetzung geschaffen, unter der es wenige Jahre später zum Bürgerkrieg gegen Caesar und zum endgültigen Zusammenbruch der republikanischen Ordnung kam.

---

wie in der uns erhaltenen Rede *Pro Milone*- davon, daß Clodius ein starkes Interesse an Milos Tod hatte. Sofern man von diesem einen Fragment auf den Inhalt der ganzen Rede schließen darf, scheint das Argument der Notwehr demnach von Cicero in der Originalrede vertreten worden zu sein. Auch deutet er hier -wie in der späteren Fassung- an, daß Clodius insgesamt schädlich für die *res publica* war. Vgl. auch MORSTEIN-MARX, Mass Oratory, 26.

[1452] SCHULLER, Mordprozeß, 123.
[1453] Hierzu vgl. Kapitel II (V).

V) Die Morde an den *boni* im Jahr 52 v.Chr.

1. Die Darstellung der Quellen
a) Asconius[1454]
Asconius berichtet in der Einleitung seines Kommentars zu Ciceros Rede *Pro Milone* von den Umständen des Prozesses gegen Milo.[1455] Nach der Ermordung des P. Clodius Pulcher habe dessen Witwe durch die offene Zurschaustellung ihrer Trauer die *plebs*[1456] so weit gegen die Führungsschicht der Stadt -die für den Tod des Clodius indirekt verantwortlich gemacht wurde- aufgehetzt, daß es zu gewaltsamen Ausschreitungen gegen die *boni* kam, denen mehrere angesehene Bürger zum Opfer fielen:

> „Augebat autem facti invidiam uxor Clodii Fulvia, quae cum effusa lamentatione vulnera eius ostendebat. Maior postera die luce prima multitudo eiusdem generis confluxit, compluresque noti homines elisi sunt, inter quos C. Vibienus senator."[1457]

Asconius nennt hier zwar nur den Senator C. Vibienus (irrtümlich[1458]) namentlich, betont aber auch, daß mehrere *homines noti* getötet worden seien. Anders als WILL es in seiner Monographie „Der römische Mob" suggeriert, weiß Asconius also sehr wohl von mehr Todesopfern des Januars 52 v.Chr. als nur von Clodius und Vibienus.[1459]
Eine Folge der Morde und der weiteren Ausschreitungen durch die Clodianer war nach Asconius Milos Rückkehr nach Rom, der sich nun, da sich die Anhänger des Clodius in Rom noch unbeliebter gemacht hatten als er, sicher genug fühlte, um sich in der Stadt wieder sehen zu lassen. Eine weitere Folge war die Erklärung des *senatus consultum ultimum* und die Ernennung des Pompeius zum *consul sine collega*. Diese politische Entwick-

---

[1454] Vgl. außerdem: Kapitel II (S).
[1455] Milo wurde wegen der Ermordung des P. Clodius Pulcher angeklagt. Vgl. hierzu Kapitel II (U).
[1456] Die Anhänger des Clodius werden hier als die breite Masse des niederen Volkes (und der Sklaven und Freigelassenen) charakterisiert: „Perlatum est corpus Clodi ante primam noctis horam, infimaeque plebis et servorum maxima multitudo magno luctu corpus in atrio domus positum circumstetit" (Ascon. Mil. P. 28).
[1457] Ascon. Mil. P. 28.
[1458] Vgl. Kapitel II (S)
[1459] „Asconius' zuverlässiger Bericht weiß davon nichts. Anfang Januar 52 verloren nur zwei Senatoren ihr Leben, Clodius am 18., Vibienus am 19. Januar" (WILL, Mob, 98).

lung war jedoch Asconius zufolge nicht allein durch die Morde an den *boni*, sondern durch das allgemeine Chaos, das nach dem Mord an Clodius in Rom herrschte, in Gang gebracht worden. Die hier betrachteten Morde hatten daran nur einen vergleichsweise geringen Anteil.

b) Appian
Appian berichtet von den Ausschreitungen der Clodianer gegen die angesehenen Bürger der Stadt im Zusammenhang mit der durch den Milonianer Caelius einberufenen *Contio*, auf der das -bestochene- Volk für Milos Unschuld votieren sollte. Die Anhänger des Clodius hätten diese Versammlung gewaltsam gesprengt[1460] und seien danach unter dem Vorwand, Anhänger Milos aufzuspüren und sich an diesen zu rächen, gegen jeden vorgegangen, dem man seinen Reichtum ansehen konnte. Viele Menschen, ob Bürger oder Fremde, seien wahllos getötet worden. Appian macht für diese Entwicklung nicht zuletzt das Fehlen einer funktionierenden Regierung verantwortlich:

„Καίλιος μὲν δὴ καὶ Μίλων δούλων ἐσθῆτας ὑποδύντες ἀπέδρασαν, πολὺς δὲ τῶν ἄλλων ἐγίγνετο φόνος, οὐ τοὺς Μίλωνος ἔτι φίλους ἐρευνώντων, ἀλλὰ τὸν ἐντυγχάνοντα ἀναιρούντων, ἀστὸν ὁμοῦ καὶ ξένον καὶ μάλιστα ὅσοι ταῖς ἐσθῆσιν ἢ σφραγῖσιν ἀπὸ χρυσοῦ διέφερον. ὡς γὰρ ἐν ἀσυντάκτῳ πολιτείᾳ σὺν ὀργῇ καὶ προφάσει τοῦδε τοῦ θορύβου προσπεσόντος θεράποντές τε ὄντες οἱ πλείους καὶ ὡπλισμένοι κατὰ ἀνόπλων ἐς ἁρπαγὰς ἐτράποντο· ἔργον τε οὐδὲν αὐτοῖς ἀπῆν, ἀλλὰ καὶ ἐπ᾽ οἰκίας ἐφέροντο καὶ περιιόντες ἠρεύνων ἔργῳ μὲν τὰ εὐληπτα σφίσιν ἅπαντα, λόγῳ δὲ τοὺς φίλους τοῦ Μίλωνος· πρόφασίς τε ἦν αὐτοῖς ἐπὶ πολλὰς ἡμέρας καὶ πυρὸς καὶ λίθων καὶ παντὸς ἔργου Μίλων."[1461]

Appian unterstellt der wütenden *plebs*, diesen Rachefeldzug zudem für Raub und Plünderungen genutzt zu haben. Milo und seine Genossen aufspüren zu wollen, sei über mehrere Tage hinweg nur ein Vorwand gewesen, um mordend und brennend durch die Stadt zu ziehen.

Wie Asconius schildert auch Appian die Quasi-Diktatur des Pompeius als eine Folge dieser Unruhen.[1462] Bei Appian liegt die Betonung zwar stärker auf den Morden an den reichen Bürgern (und Fremden) als auf den sonsti-

---

[1460] Vgl. Cic. Mil. 91.
[1461] App. civ. II 22.
[1462] App. civ. II 23.

gen Unruhen, doch auch er macht die Morde nicht allein für das neue Amt des Pompeius verantwortlich.

2. Zusammenfassung und Bewertung

Appian und Asconius berichten von den Ausschreitungen der *plebs* gegen die *boni* in unterschiedlichen Zusammenhängen. Bei Asconius finden sie am Tag nach der Ermordung des Clodius statt, als von Fulvia provozierte Reaktion des Volkes auf die Bluttat Milos. Auch in Appians Bericht richtet sich der Zorn der *plebs* gegen Milo; allerdings erst nach dessen Rückkehr nach Rom. Hier bildet die von Caelius einberufene Volksversammlung den Anlaß zu den Gewalttätigkeiten. Vor allem der Bericht des Asconius ist als glaubhaft einzustufen. Seine Schilderung basiert nicht nur auf sauberer Recherche; sie deckt sich auch im wesentlichen mit der Schilderung Ciceros, der von den Unruhen in Rom am Tag nach der Ermordung des Clodius berichtet.[1463] Cicero erwähnt zwar die an diesem Tag getöteten *boni* nicht explizit; das Szenario, welches er schildert und die von ihm genannten Schwerter, mit denen die Anhänger des Clodius auf dem Forum umhergelaufen seien, machen es jedoch sehr wahrscheinlich, daß es bei dieser Aktion -wie Asconius berichtet- auch Todesopfer gegeben hat.[1464] Daß Asconius bei der Nennung des Namens Vibienus wahrscheinlich einem Irrtum unterliegt,[1465] ist für das Ereignis selbst nur von untergeordneter Bedeutung. Da der Cicero-Kommentator den Tod mehrerer *homines noti* nennt, Vibienus also nur als *pars pro toto* genannt wird, hängt die Faktizität dieses Berichts nicht von dem Mord an Vibienus ab. Der Schilderung des Asconius zufolge wurden die erwähnten *boni* von der Menge der Clodius-

---

[1463] Cic. Mil. 90f.: „Templum sanctitatis amplitudinis mentis consilii publici, caput urbis, aram sociorum, portum omnium gentium, sedem ab universo populo concessam uni ordini inflammari excindi funestari [...]. Nisi vero sustinuistis eos qui cum facibus ad curiam cucurrerunt, cum falcibus ad Castoris, cum gladiis toto foro volitarunt."
[1464] Die spontane Verbrennung des Clodius durch das Volk erinnert in vielem an den Tumult, den es später im Jahr 44 v.Chr. bei dem Begräbnis Caesars gab. Auch da wurden Männer, die für die Ermordung Caesars verantwortlich gemacht wurden, rücksichtslos umgebracht.
[1465] Vgl. hierzu Kapitel II (S).

Sympathisanten absichtlich -nämlich nachdem die Clodianer durch Fulvia aufgehetzt worden waren- getötet.[1466]

Auch der Bericht Appians deckt sich mit der Schilderung Ciceros.[1467] Allerdings geht Appian noch weiter als Cicero, indem er erzählt, daß die Volksversammlung nicht nur gewaltsam gesprengt wurde, sondern auch mehrere Tage lang die (vermeintlichen) Sympathisanten Milos verfolgt und getötet wurden - ebenso wie reiche Bürger und Fremde, die zudem noch ausgeraubt wurden. Es ist gut möglich, daß es sich bei dieser extremen Schilderung, die an der Masse der *plebs* und ihren Motiven kein einziges gutes Haar mehr läßt, tatsächlich, wie WILL äußert, „zum großen Teil [um] Ausfluß optimatischer Propaganda"[1468] handelt. Da sich die Clodianer in den Tagen nach der Ermordung ihres Anführers tatsächlich sehr rücksichtslos aufgeführt hatten, wäre es nicht überraschend, wenn deren politische Gegner dieses Verhalten absichtlich noch übertrieben dargestellt hätten. Die Fakten jedoch, die sich mit der Schilderung Ciceros decken, sind schwerlich anzuzweifeln.[1469] Die von Caelius einberufene Volksversammlung wurde von einer bewaffneten Meute gesprengt. Daß es hierbei auch Todesopfer gegeben hat, ist nicht unwahrscheinlich; da jedoch Appian unser einziger Zeuge hierfür ist und wir nicht wissen, aus welcher Quelle er diese Information entnommen hat, bleiben die Morde, die er schildert, zweifelhaft. Dennoch erfahren wir aus den beiden uns vorliegenden Berichten, daß es nach dem Mord an Clodius offenbar zwei Wellen der Ge-

---

[1466] In seinem Bemühen, die Taten des Clodius und der Clodius-Anhänger möglichst positiv und vor allem gewaltfrei zu sehen, rückt WILL hier zu Unrecht von seinem sonstigen Grundsatz ab, dem Bericht des Asconius immer zu vertrauen. Den Tod des Vibienus (die anderen *homines noti* verschweigt er) gibt er mit den Worten: „Im Gedränge wurde der Senator C. Vibienus zu Tode getrampelt" (WILL, Mob, 96) wieder. Nach WILL handelte es sich demnach nicht um einen gezielten Mordanschlag, sondern um eine Art Kollateralschaden. Diese Version wird jedoch von keiner unserer Quellen bestätigt. Im Gegenteil: Sowohl Cicero als auch Asconius schildern glaubhaft die Ausschreitungen der Clodianer, die sich bewußt gegen diejenigen richteten, die man für den Mord an Clodius verantwortlich machte.

[1467] Cic. Mil. 91: „Caedi vidistis populum Romanum, contionem gladiis disturbari, cum audiretur silentio M. Caelius tribunus pl., vir et in re publica fortissimus, in suscepta causa firmissimus, et bonorum voluntati, auctoritati senatus deditus, et in hac Milonis sive invidia sive fortuna, singulari divina incredibili fide."

[1468] WILL, Mob, 98.

[1469] Die Glaubwürdigkeit der von Cicero erwähnten Fakten in Pro Milone wurde in Kapitel II (S) 2 diskutiert.

walt seitens der Clodianer gegeben hat. Die eine kam sogleich nach der Tat ins Rollen und hatte mehrere Todesopfer unter den Eliten der Stadt zur Folge; die zweite Welle entstand nach Milos Rückkehr durch seinen Versuch, sich aus der Verantwortung für den Mord zu ziehen. Bei den hier betrachteten Morden handelt es sich also nicht um eine simple Fortsetzung der Bandenkämpfe der 50er Jahre, sondern um die Reaktion der Anhängerschaft des Clodius, die zum größten Teil aus den verelendeten Bevölkerungsschichten bestand, auf die Ermordung ihres Anführers. An dieser Reaktion läßt sich ersehen, daß Clodius für die unteren Schichten tatsächlich ein Hoffnungsträger gewesen war. Seinen Tod empfanden diese nicht als Verbrechen gegen ein einzelnes Menschenleben, sondern als Schlag gegen ihre Interessen. Sie sahen nicht auf die politisch unredliche Vorgehensweise des Clodius, sondern auf die Ermordung eines erfolgversprechenden Vertreters ihrer Anliegen.[1470] Vor dem Hintergrund des Elends und der Hoffnungslosigkeit, die das Leben dieser unteren Schichten inzwischen bestimmte, ist die Wut, die sich gegen die *boni* richtete, begreiflich.[1471] Die *plebs* erreichte mit diesen Morden jedoch nichts. Offensichtlich gelang es ihr nicht einmal, tatsächlich diejenigen zu töten, gegen die sich ihre Rache richtete, nämlich die Befürworter Milos. Ein Mord an einem solchen Unterstützer des Clodius-Mörders wäre sicher von Cicero in seiner Verteidigungsrede für Milo argumentativ ausgeschlachtet worden.

Immerhin hatten die Unruhen die Quasi-Diktatur des Pompeius zur Folge, der als *consul sine collega* selbst einer Verurteilung Milos zuarbeitete. Somit erreichten die Clodianer indirekt, daß der Mörder ihres Idols nicht ungestraft davonkam.

[1470] Zurecht betont FLAIG, Politik, 141, daß hier die stadtrömische *plebs* offensichtlich aufhörte, „die Herrschaft des Senats zu akzeptieren." Er geht sogar so weit, diesem Ereignis epochenmachende Wirkung zuzuschreiben: „Die Plebs vollstreckte eine Rache im allerhärtesten Sinne: Sie rächte den Ermordeten, indem sie die Herrschaftsbefugnis des Senats widerrief" (142).
[1471] Vgl. hierzu Anm 89 im Kapitel II (U).

III. Schlußfolgerungen

A) Kategorisierung

Um ein möglichst vollständiges und differenziertes Bild vom Charakter und der Praxis des politischen Mordes in der späten Republik zu gewinnen, sollen die einzelnen Mordfälle in diesem Kapitel nach ihren Eigenschaften systematisiert werden. Daß eine Einteilung der Fälle in Kategorien als methodisch problematisch eingeschätzt werden kann, ist unbestritten. Dennoch ist eine gewisse Systematisierung notwendig, wenn man dem Phänomen des politischen Mordes in der späten römischen Republik auf den Grund gehen will. Die Problematik der Einteilung von politischen Morden in feste Kategorien wird besonders deutlich in dem Forschungsbericht von KELLERHOFFS Monographie „Attentäter: Mit einer Kugel die Welt verändern"[1472], in dem der Autor die verschiedenen in der Vergangenheit vorgenommenen Kategorisierungen kurz vorstellt und meist mit Recht als unzureichend kritisiert.[1473] Jedoch ist auch die von KELLERHOFF selbst vorge-

---

[1472] Erschienen Köln/ Weimar/ Wien 2003. Von Interesse sind hier besonders die Seiten 19-30.

[1473] Die für den politischen Mord auch im Altertum relevanten Werke, auf die Kellerhoff sich in diesem Zusammenhang bezieht, sind: F. L. FORD, Der politische Mord. Von der Antike bis zur Gegenwart, Hamburg 1992 (FORD übernimmt in seinem Werk die von J. W. CLARKE, American Assassins, erstellten vier Grundkategorien: Psychopathen, Nihilisten, Neurotiker und politische Fanatiker. Allerdings bezieht sich CLARKE bei dieser Kategorisierung eindeutig nur auf Fälle der US-amerikanischen Geschichte, und es ist aufgrund dieser Engführung mehr als fraglich, ob diese Einteilung für politische Morde in der Antike anwendbar ist) und G. FETHERLING, The Book of Assassins. A Biographical Dictionary from Ancient Times to the Present, New York 2001. FETHERLING unterscheidet m.E. sinnvoll die fünf Kategorien: Konkurrenzmörder, d.h. Täter, die das politische Amt ihrer Opfer übernehmen wollen, gedungene Mörder, ideologisch motivierte Mörder, Mörder, die nach öffentlicher Beachtung streben, und Rache bzw. Selbstjustiz übende Mörder. Zwar ist KELLERHOFFS Kritik zutreffend, daß „diese Unterscheidung [...] die unterschiedlichen Motive und die daraus folgenden Unterschiede in der Tatausführung nicht wirklich zu erfassen [vermag]" (KELLERHOFF, Attentäter, 24), doch liegt dies wohl nicht am Unvermögen FETHERLINGS, sondern viel eher an der Tatsache, daß es schlicht unmöglich ist, alle politischen Morde der abendländischen Geschichte, in einer sowohl überschaubaren als auch in allen Details hinreichenden Systematik zu erfassen. FETHERLINGS Kategorien sind also durchaus sinnvoll, genügen aber für die uns interessierenden Fälle nicht, da sie aufgrund ihrer Allgemeinheit dem Charakter des politischen Mordes in der späten römischen Republik keine Rechnung tragen können. Mit Recht stuft KELLERHOFF die Einteilung NOBELS in Tyrannenmorde, Königsmorde, Mord von oben, Morde, die von Frauen begangen wurden, politische Massenmorde, Attentate und parteipolitische Morde als „beliebig" ein (KELLERHOFF, Attentäter, 25; vgl. A. NOBEL, Mord in der Politik, Hamburg/

nommene Kategorisierung für die uns interessierende Epoche nicht geeignet. Seine Unterscheidung in geistig verwirrte Einzeltäter, idealistische Einzeltäter, religiöse Eiferer, gedungene Mörder, Vollstrecker von Verschwörungen und politische Terroristen, in die sich nach Ansicht des Autors „die meisten Attentäter der Weltgeschichte schlüssig einordnen [lassen]"[1474], erfaßt nicht die politischen Morde der späten römischen Republik. Fälle wir die sullanischen Proskriptionen oder die Ermordung des C. Memmius lassen sich in diese Kategorien kaum einordnen.[1475] Geeigneter sind die jüngst von SOMMER erstellten Kategorien: Morde aus rationeller Planhaftigkeit, Usurpationsmorde[1476], Morde aus affektuellen Motiven, z.B. Rache, und Morde als Fanal für die Öffentlichkeit.[1477] Tatsächlich lassen sich alle der zuvor untersuchten Fälle ohne Schwierigkeiten in eine dieser vier Kategorien einordnen. Dennoch ist diese an sich äußerst sinnvolle Unterscheidung für unsere Untersuchung wenig hilfreich, da sich ein

---

Berlin 1931). Die Einteilung NOBELS ist in sich nicht stimmig, da die von ihm gewählten Kategorien kein einheitliches Bezugssystem aufweisen. Zur Problematik einer Erstellung von Kategorien vgl. außerdem: HAVENS, Assassination, 16-20, der sich vor allem auf die Kategorisierungsversuche von JÁSZI/ LEWIS, Tyrant, Kapitel 14 und LANEY, Assassination, 17f. 279, bezieht.

[1474] KELLERHOFF, Attentäter, 23.

[1475] Allerdings behandelt KELLERHOFF nur Attentate im engeren Sinn, d.h. er vernachlässigt bewußt „alle jeweils formal dem geltenden Recht folgenden Hinrichtungen sowie Morde im Auftrag [...] einer [...] staatlichen Autorität", also Fälle wie den Mord an C. Gracchus, die Massaker an den Gegnern des Marius und des Cinna oder die Proskriptionen (KELLERHOFF, Attentäter, 19). Daß die hier genannten Fälle nicht in Kellerhoffs Kategorien passen, liegt also in der Absicht des Autors. Ähnlich verhält es sich mit den Morden an C. Memmius und A. Nunnius, die begangen wurden, um Konkurrenten im Wahlkampf auszuschalten. Für sie ist in KELLERHOFFS System möglicherweise deshalb keine Kategorie vorgesehen, da der Autor unter Attentaten solche Morde versteht, „bei denen [...] Täter aus ihrer Ansicht nach höheren Gründen zu Messer, Pistole oder Bombe griffen" (KELLERHOFF, Attentäter, 19). Die in den Augen der Täter höheren Gründe fehlen jedoch bei dem puren Machtkampf des Saturninus und des Glaucia. Allerdings muß KELLERHOFFS Definition des Begriffs „Attentäter" in Frage gestellt werden, da er den von LERNER zurecht konstatierten Zusammenhang zwischen „assassination" und „the struggle for political power" völlig vernachlässigt (LERNER, Assassination, 271). Da KELLERHOFF es versäumt, seine Definition zu begründen, erscheint sie -und damit die Herausnahme bestimmter politischer Mordarten- fast willkürlich.

[1476] Die Usurpationsmorde nach SOMMER sind hier nicht etwa Morde, die eine Usurpation ermöglichen sollten, sondern die nach einer gelungenen Usurpation die politischen Verlierer beseitigten. „Der Mord ist hier keine Fakten schaffende Handlung, [...] sondern lediglich Fakten sanktionierendes Nachspiel" (SOMMER, Politische Morde 18f.). Die Fakten schaffenden Morde fielen nach SOMMER unter die Kategorie der Morde aus rationeller Planhaftigkeit.

[1477] SOMMER, Politische Morde, 18f.

so starkes Übergewicht bei den Morden aus rationeller Planhaftigkeit und aus Rache ergäbe, daß eine weitere Unterscheidung nach Motiven und Tätergruppen nötig wäre, um aus der Kategorisierung Erkenntnisse über den politischen Mord in der späten römischen Republik zu gewinnen. Es zeigt sich also, daß bei jeder näheren Untersuchung von politischen Morden einer begrenzten Zeit und eines begrenzten Raumes eigene, speziell auf diese Zeit und diesen Raum zugeschnittene Kategorien erstellt werden müssen.[1478]

In unserem Fall ist dabei zunächst zu untersuchen, aus welchen politischen Gruppen sich die Täter und Opfer rekrutierten. Auf diese Weise kann ein erster Hinweis darauf gefunden werden, welche Gruppen das Mittel des politischen Mordes häufiger, welche es seltener anwendeten. Sodann werden die einzelnen Taten unter dem Gesichtspunkt der Motive systematisiert. So kann erkannt werden, was die häufigste Ursache für einen politischen Mord war und welche Ziele von den Tätern angestrebt wurden. Kombiniert man die beiden oben genannten Systematisierungen, ergibt sich bereits ein Bild davon, wie das Phänomen des politischen Mordes in der römischen Republik zu begreifen ist: Welche politische Gruppe tötete aus welchen Gründen? Zuletzt soll eine Betrachtung der Chronologie der politischen Morde einen Überblick darüber geben, auf welche Weise sich das Phänomen des politischen Mordes entwickelt hat und welche Fälle in engerem Zusammenhang miteinander stehen.

1. Opfer und Täter

In diesem Teilkapitel werden die einzelnen Mordfälle der späten römischen Republik nach Tätern bzw. Opfern geordnet. Zur Kategorisierung dient -da es sich um politisch motivierte Morde handelt- die politische Gesinnung der Opfer und Täter. Die politische Gesinnung der Protagonisten in der späten Republik spaltet sich in zwei Hauptlager: Diejenigen, die den

---

[1478] HAVENS, Assassination, 16-20 hat dies bereits 1970 erkannt und verzichtet deshalb zurecht auf die eigene Erstellung von universell gültigen Kategorien. Er konstatiert jedoch, daß, wenn konkrete politische Morde systematisiert werden sollen, eine getrennte Einteilung nach Motivgruppen und Opferprofilen sinnvoll ist (18). Diesem wohlüberlegten Vorschlag soll hier im wesentlichen gefolgt werden.

Staat so zu erhalten versuchten, wie er war -nämlich vor allem aristokratisch-, und diejenigen, die durch Reformen versuchten, den Staat in ihrem Sinne zu verbessern, und sich dazu besonders um die Unterstützung des einfachen Volkes bemühten - die beiden Gruppen, die im Allgemeinen als Optimaten und Popularen bezeichnet werden.[1479] Die politischen Kämpfe der Zeit, die in unserem Fokus liegt, fanden in erster Linie zwischen diesen beiden Richtungen statt. Hier soll nur danach gefragt werden, welcher politischen Richtung Opfer bzw. Täter zugerechnet werden können. Ob die Motive für die einzelne Tat in der politischen Gesinnung des Feindes selbst lagen oder in machtpolitischen oder anderen egoistischen Zielen, ist Gegenstand des dann folgenden Teilkapitels.

a) Morde an Reformern und Rebellen durch Konservative

Der erste politische Mord, den wir zur Betrachtung herangezogen haben, war der Mord an Ti. Gracchus im Jahr 133 v.Chr. Konservativ eingestellte Senatoren fanden kein Mittel gegen den reformfreudigen Volkstribun, der, um seine Ziele zu erreichen, nicht davor zurückschreckte, die gültigen Normen des öffentlichen Lebens zu mißachten. Um ihn aufzuhalten, rief schließlich der Pontifex Maximus Scipio Nasica den Senat zum Handeln auf. Viele folgten seinem Aufruf, und Ti. Gracchus wurde erschlagen. Der Mord an Ti. Gracchus wurde innerhalb des Senats schnell legitimiert. Damit war ein Präzedenzfall für das künftige Vorgehen gegen als gefährlich empfundene Agitatoren geschaffen. Das nächste Mordopfer unter den Reformern wurde C. Gracchus, der jüngere Bruder des 133 v.Chr. ermordeten Volkstribuns. Er hatte den Kurs seines Bruders wieder aufgenommen und fortgesetzt, was ihn zum Feind der Konservativen machte. C. Gracchus wurde 121 v.Chr., also 12 Jahre nach dem Mord an Ti.Gracchus zusammen mit vielen seiner Anhänger auf Veranlassung des strengen Konsuls Opimius getötet. Die nächste gewaltsame Tötung radikaler Reformer folgte im Jahr 100 v.Chr. Hier wurden der Volkstribun L. Appuleius Saturninus und

---

[1479] Zu den Gruppen der Optimaten und Popularen: BURCKHARDT, Strategien, 9-14; STRASBURGER, Optimates, 773-798, GELZER, Nobilität, 1-115; MARTIN, Popularen, 1-6. 210-226; MEIER, Res publica, 116-151; BRUNT, Social Conflicts, 93-97; LINTOTT, Crisis, 11-15.

sein Mitstreiter C. Servilius Glaucia von einer aufgebrachten Menge umgebracht. Gegen diese beiden war ein formales *senatus consultum ultimum* ergangen, ihre Ermordung fand jedoch erst statt, nachdem Saturninus und Glaucia vom Konsul Marius[1480] verhaftet und in der *curia* eingesperrt worden waren. Unter die Morde an reformerischen Agitatoren durch Konservative ist wohl auch der Mord an Publius Furius im Jahr 99 bzw. 98 v.Chr. zu rechnen. Zwar erfahren wir nur wenig über Furius, doch sein Widerstand gegen die Rückrufung des verbannten Metellus[1481] spricht dafür, daß Furius sich politisch mit den Zielen der Aristokratiekritiker identifizierte. Die Täter waren Appian zufolge Anhänger des Metellus, verhielten sich also bei der Ermordung des Furius als Sympathisanten der Konservativen. Erst zehn Jahre später verzeichnen wir den nächsten Mord an einem Reformer durch einen konservativ Eingestellten. Im Jahr 88 v.Chr. wurde der Volkstribun P. Sulpicius Rufus im Zug von Sullas erstem Marsch auf Rom getötet. Sulpicius hatte sich zuvor durch seine Unterstützung des Marius zum Feind Sullas gemacht. Sulla ließ ihn zum Staatsfeind erklären, und der Volkstribun wurde auf der Flucht aufgegriffen und getötet. Im Jahr 82 v.Chr. marschierte Sulla zum zweiten Mal auf Rom. Nach der Vertreibung der Marianer, die in ihrer Herrschaftszeit ebenfalls durch viele Mordtaten aufgefallen waren, kam es zu einem bis dahin einzigartigen und unvorstellbaren Massenmord. Den Sullanischen Proskriptionen und der Hinrichtung der ‚feindlichen' Legionen auf dem Marsfeld fielen mehrere Tausend römische Bürger zum Opfer, die bei Weitem nicht alle als reformerische Agitatoren bezeichnet werden können. Da die Proskriptionen jedoch Teil von Sullas konservativem Programm als *dictator legibus scribundis et rei publicae constituendae* waren, müssen sie unter die Morde Konservativer an Reformern gefaßt werden. Nach der großen ‚Säuberungsaktion' durch Sulla sind fast zwanzig Jahre lang keine politischen Morde mehr verzeichnet. Erst im Jahr 63 v.Chr. kommt es unter Ciceros Konsulat zu der formaljuristisch problematischen Hinrichtung der Anhänger des Aufrührers L.

[1480] Obwohl Marius in seiner eigenen politischen Ausrichtung den Popularen und nicht den Optimaten zuzurechnen ist, handelt er hier als Vertreter der optimatisch-aristokratisch gesinnten Seite.

[1481] App. civ. I 33.

Sergius Catilina. Im Jahr 52 v.Chr. folgt elf Jahre später der Mord an dem revolutionären Agitator P. Clodius Pulcher durch T. Annius Milo. Ob Milo tatsächlich als Konservativer bezeichnet werden kann, ist mehr als fraglich. Tatsache ist jedoch, daß er in seiner Fehde mit Clodius die Sache der *boni* vertrat. Die optimatisch gesinnten Senatoren setzten zu großen Teilen auf Milo, um den ungeliebten Clodius in Schach zu halten. In diesem Zusammenhang steht auch die Ermordung des Clodius durch Milo. Daß Milos Motive nicht mit denen seiner konservativen Verbündeten übereinstimmten, ändert nichts daran, daß der Täter hier als Vertreter der Konservativen handelte.[1482]

Insgesamt fallen in die Zeit von 133 v.Chr. bis 52 v.Chr. also acht politisch motivierte Mordtaten (Morde, bei denen mehr als nur eine Person getötet wurde, wie die Ermordung der Gracchen und ihrer Anhänger, die Morde an Saturninus und Glaucia oder die Proskriptionen werden hier als eine einzige Mordtat betrachtet). Über diesen langen Zeitraum hinweg erscheint diese Zahl zwar eher gering, jedoch darf nicht vernachlässigt werden, daß die meisten dieser Fälle mehr als nur ein Opfer forderten. Mit Ti. Gracchus kamen im Jahr 133 v.Chr. ca. 200 seiner Anhänger um, mit seinem Bruder 121 v.Chr. ca. 250; an die 3000 wurden später hingerichtet.[1483] Saturninus und Glaucia wurden gemeinsam mit einigen Mitstreitern getötet, die Zahl der Opfer der Sullanischen Proskriptionen liegt -mit der Tötung der Legionäre- bei über 8000. Bei den Anhängern Catilinas, die im Jahr 63 v.Chr. ungehört hingerichtet wurden, handelte es sich um fünf Personen.

b) Morde an Konservativen durch populare Agitatoren

Die Morde an politisch konservativen Bürgern durch Reformer beginnen möglicherweise im Jahr 129 v.Chr. mit der Ermordung des P. Cornelius Scipio Aemilianus durch C. Gracchus oder einen seiner Mitstreiter. Dieser Fall ist jedoch nur bedingt heranziehbar, da -wie gezeigt wurde- unklar ist, ob Scipio Aemilianus tatsächlich ermordet wurde oder ob er eines natürlichen Todes starb. Sicher ist hingegen der Mord an dem konservativen An-

---

[1482] Zu den Motiven Kapitel II (U) 2.
[1483] Vgl. GRUEN, Politics, 61f.

tyllius 121 v.Chr. durch die gewaltbereiten Anhänger des Reformers C. Gracchus im Zuge der Besetzung des Kapitols durch die Gracchaner. Im Jahr 101 v.Chr. ermordete der Demagoge L. Appuleius Saturninus - vermutlich mit Hilfe des Marius- seinen wahrscheinlich konservativen[1484] Rivalen um die Wahlen zum Volkstribunat, A. Nunnius. Im Zuge des Konkurrenzkampfes zwischen Marius und Sulla 88 v.Chr. tötete der mariusfreundliche Volkstribun P. Sulpicius Rufus den Schwiegersohn Sullas, Q. Pompeius Rufus. Ein Jahr später kehrte der unter Sulla verbannte Marius gemeinsam mit seinem Verbündeten Cinna gewaltsam nach Rom zurück. Die beiden besetzten die Stadt und richteten unter ihren bisherigen Feinden ein Massaker an, denen mindestens zwölf namentlich bekannte Bürger zum Opfer fielen. Diese wurden zum Teil auf sehr grausame Art und Weise umgebracht. Zu Beginn des Jahres 86 v.Chr. ließ dann Marius, der das Konsulat desselben Jahres bekleidete, den sullafreundlichen Volkstribun des Jahres 87 v.Chr., Sex. Lucilius, vom Tarpeischen Felsen stürzen. Als im Jahr 82 v.Chr. Sulla im Begriff war, nach Rom zurückzukehren, ließ schließlich der jüngere Marius -der Neffe des zuletzt genannten- vier konservative Senatoren in der *curia* ermorden. Nach den oben erwähnten Proskriptionen Sullas kamen auch Morde an Konservativen durch Reformer für längere Zeit nicht mehr vor. Erst mit dem Auftreten des Demagogen P. Clodius Pulcher flammte diese Form der Gewalt neu auf. Im Jahr 58 v.Chr. tötete der Volkstribun Clodius Ciceros Angaben zufolge den konservativen Senator C. Vibienus auf offener Straße. Der Ritter M. Papirius wurde im selben Jahr bei einer Auseinandersetzung mit den Schlägertrupps des Tribuns umgebracht. Nachdem im Jahr 52 v.Chr. Clodius selbst getötet worden war, wandte sich die Wut seiner Anhänger gegen die vermeintlich schuldigen konservativen Gruppen. Mehrere *boni* wurden im Tumult erschlagen.

Bezieht man den Tod des Scipio Aemilianus 129 v.Chr. mit ein, so sind zwischen 129 und 52 v.Chr. insgesamt zehn Mordtaten von Reformern an Konservativen zu zählen. Die äußerste Gewalttätigkeit der Gruppen gegen-

---

[1484] Eine konservative Grundhaltung des Nunnius legt zumindest Val. Max. IX 9, 3 nahe. Hierzu: Kapitel II (E).

einander scheint sich also ungefähr die Waage zu halten. Jedoch ist zu beobachten, daß sich die Morde, die von Reformern an Konservativen begangen wurden, vor allem auf bestimmte Zeiten und Personen konzentrieren. So sind allein fünf der zehn Fälle dem Kreis um Marius als Täter zuzurechnen. Von der Ermordung des Nunnius im Jahr 101 v.Chr. bis zur Tötung der konservativen Senatoren durch den jüngeren Marius im Jahr 82 v.Chr. waren in allen bekannten Fällen Personen, die zum Verbündetenkreis des Marius gehörten, die Täter. Die nächste Konzentration von Morden an Konservativen findet sich um die Person des P. Clodius Pulcher. Von den verbliebenen fünf Fällen sind drei ihm und seinen Anhängern zuzurechnen; die übrigen beiden Morde geschahen im Umfeld des C. Gracchus. Unter den sogenannten Popularen finden wir also nur drei Personenkreise, die sich auf diese Weise negativ hervorgetan haben. Andere Reformer und Kritiker der Senatsaristokratie sind den Quellen zufolge nicht als Mörder aufgetreten.

c) Morde innerhalb reformerischer bzw. konservativer Gruppen und nicht eindeutig zuzuordnende Morde

Das vorangegangene Hauptkapitel (II) hat gezeigt, daß die politischen Morde in der römischen Republik nicht immer Anschläge der einen Gruppe gegen die andere waren. Auch innerhalb der einzelnen politischen Richtungen gab es Konkurrenzkämpfe und ideologische Unterschiede, die zu Mordtaten führten. Der erste solche Fall, der in den Quellen verzeichnet ist, war die Ermordung des senatskritischen C. Memmius durch Saturninus und Glaucia. Memmius hatte sich -ebenso wie Glaucia- um das Konsulat des Jahres 99 v.Chr. beworben. Als seine Wahl festzustehen schien, töteten Saturninus und Glaucia ihn. Der Mord an M. Livius Drusus im Jahr 91 v.Chr. ist nicht eindeutig zuzuordnen. Drusus wurde getötet, als er eine Reform plante, die jeder Gruppe der römischen Gesellschaft sowohl Vor- als auch Nachteile verschafft hätte. Da der Täter nicht bekannt ist, kann dieser Fall keiner der beiden gegnerischen Hauptgruppen zugeordnet werden; er kann deshalb in unserer Betrachtung keine weitere Rolle spielen. Ein Ausnahmefall in der Geschichte des politischen Mordes der späten römischen

Republik ist die Tötung des Prätors Sempronius Asellio im Jahr 89 v.Chr. Asellio wurde von der Gruppe der Gläubiger erschlagen, weil er das Zinsnehmen verboten hatte. Asellio wurde wegen einer einzigen von ihm völlig legal erlassenen Verordnung getötet. Die Mörder handelten nicht als Verteidiger einer konservativen *res publica* oder als Vorkämpfer einer Reform, sondern als Hüter ihrer eigenen Geschäftsinteressen. Die Verordnung des Asellio kam -wie wir gesehen haben- nicht allein der Unterschicht, sondern auch und vor allem verschuldeten Großgrundbesitzern zugute. Aus diesem Grund kann der Mord an Asellio nicht in die Reihe der Ermordungen popularer Politiker gestellt werden. Ebenso kann die Ermordung des Konsuls Q. Pompeius Rufus im Jahr 88 v.Chr. nicht zugeordnet werden. In diesem Fall handelt es sich ebenfalls nicht um eine Folge der Streitigkeiten um innenpolitische Reformen, sondern -wenn der Mord von dem bisherigen Oberkommandanten über Picenum, Cn. Pompeius veranlaßt wurde- um das gewaltsame Ende eines Konkurrenzverhältnisses.

d) Fazit

Es zeigt sich also, daß das Phänomen des politischen Mordes in der späten römischen Republik nicht auf Übergriffe der politischen Gruppen gegeneinander beschränkt bleibt. Auch innerhalb dieser Gruppen kam derartiges vor. Mit dem Mord an Memmius kennen wir zumindest einen Fall innerhalb der senatskritischen Gruppe; der Mord an Q. Pompeius liegt dagegen innerhalb der konservativen Gruppe. Daß es bei den vier zuletzt genannten Fällen nicht um konkurrierende politisch-ideologische Programme ging, sondern um handfeste persönliche Interessen, ist offensichtlich. Zudem kann keinem der beiden Hauptlager ein wirklich größerer Anteil an den Mordtaten der späten Republik angelastet werden. Unterschiede ergeben sich nicht in der Häufigkeit, dafür aber hinsichtlich der Intensität der Mordtaten. Die Morde, die von Optimaten an popularen Politikern verübt wurden, forderten in der Regel mehr Todesopfer als die Fälle, in denen Populare optimatisch Gesinnte töteten. Umgekehrt konnten die Optimaten ihre Taten besser legitimieren und durch politisch nachvollziehbare Motive nachhaltig untermauern. Welche Motive im ganzen die politischen Morde der späten römischen Republik bestimmten, ist im folgenden Kapitel zu klären.

2. Tatmotive

Die Frage nach den Motiven für die einzelnen Morde zu stellen, ist heikel. Noch weitaus problematischer ist es, die einzelnen Fälle nach Motivgruppen zu ordnen, da wir niemals sicher sein können, daß die von uns vermutete Veranlassung der einzelnen Tat auch die wirkliche Veranlassung war. Wenn beispielsweise als Motiv für die Ermordung des Ti. Gracchus der Erhalt des *status quo* der *res publica* genannt wird, so kann der kritische Beobachter zurecht fragen, ob nicht vielmehr ganz und gar eigennützige Motive im Vordergrund gestanden haben, wie die Sorge um den eigenen Grundbesitz und die allgemeine Habgier. Mit Sicherheit ist es in jedem einzelnen Fall möglich, die Motive der Täter auf egoistische Interessen zu reduzieren. Dies kann jedoch nicht das Ziel dieser Untersuchung sein. In der Betrachtung der einzelnen Fälle wurde immer wieder deutlich, daß viele Morde von den Tätern und deren Anhängern durch höhere politische Ziele gerechtfertigt wurden. In den Fällen, in denen mögliche egoistische Motive mit solchen Zielen einhergehen, werden hier daher, sofern zwischen Tat und politischem Motiv eine Verhältnismäßigkeit besteht, die politischen Ziele der Tat als Hauptmotiv angesehen.

a) Die Erhaltung der *res publica*

Der Schutz der bestehenden politischen Ordnung ist eines der Lieblingsmotive für den politischen Mord an allzu reformfreudigen Politikern durch Konservative. Der erste politische Mord in der späten römischen Republik ist ein solcher Fall, nämlich die Ermordung des Volkstribuns Ti. Sempronius Gracchus. Gracchus hatte sich nicht nur durch sein umfassendes Reformprogramm, welches zu Lasten der besonders Reichen und Mächtigen in Rom ging, unbeliebt gemacht, sondern auch und vor allem durch seine Art, althergebrachte politische Selbstverständlichkeiten mit Füßen zu treten. Die Absetzung seines Tribunatskollegen Octavius sowie seine erneute Kandidatur für das Volkstribunat schürten im Senat die Angst, Gracchus wolle seine Reformen mit allen Mitteln durchsetzen und strebe möglicherweise nach der Alleinherrschaft. Der bei Valerius Maximus überlieferte Aufruf Scipio Nasicas nennt deutlich den Schutz der *res publica* als Motiv für den Mord: „*Qui rem publicam salvam esse volunt, me sequantur!*"[1485] Der nächste Fall, der in die Reihe der Morde zur Erhaltung der *res publica* gehört, ist die Ermordung des jüngeren Bruders des Ti. Gracchus, C. Gracchus. C. Gracchus, der den gescheiterten Reformkurs seines Bruders wieder aufgenommen hatte, verhielt sich dabei insgesamt radikaler als Tiberius. Als Gaius schließlich mit seinen Anhängern das Kapitol besetzte und ein Gesinnungsgenosse des konservativen Konsuls Opimius, Antyllius, von den Anhängern des Gracchus erschlagen worden war, beschloß der Senat unter der Leitung des Opimius gegen die Revolutionäre mit Gewalt vorzugehen. Die Mörder des Gracchus und seiner Mitstreiter sahen in ihren Gegnern eine handfeste Bedrohung. Zum Schutz der öffentlichen Ordnung wurden C. Gracchus, Fulvius Flaccus und ca. 200 ihrer Anhänger vom Kapitol gejagt und getötet.

Als Mord zum Erhalt der *res publica* können auch die Morde an Saturninus und Glaucia angesehen werden. Nachdem die beiden Aufrührer sich als äußerst gewalttätig erwiesen und den Konsulatskandidaten Memmius umgebracht hatten, erließ der Senat ein *senatus consultum ultimum* gegen sie. Ziel dieses Senatsbeschlusses war der Schutz des Staates vor dem radikalen und gewalttätigen Volkstribun Saturninus und seinem Freund und Mitstreiter Glaucia. Obwohl der Konsul Marius den beiden ein Sicherheitsversprechen für den Fall ihrer Kapitulation gegeben hatte, wurden Saturninus und Glaucia nach ihrer Verhaftung im Senatsgebäude umgebracht. Möglicherweise fürchteten die Täter, daß die Inhaftierten wieder frei kommen und nach einiger Zeit weiteren Schaden im Staat anrichten würden. Ihre Gefährlichkeit hatten die Aufrührer ja bereits unter Beweis gestellt. In diesem Fall wäre die Tat durch Sorge um die Zukunft der *res publica* motiviert, also ein Mord zum Erhalt der öffentlichen Ordnung. Es ist jedoch auch denkbar, daß die Täter befürchteten, daß Saturninus und Glaucia ungestraft davonkämen, und beschlossen, die Bestrafung der Täter -die vom

---

[1485] Val. Max. III 2, 17.

Konsul unverständlicherweise geschützt wurden- selbst in die Hand zu nehmen. In diesem Fall wäre das Motiv nicht die Sorge um das künftige Wohl der *res publica*, sondern der Wunsch nach gerechter Vergeltung für die Schäden, die dem Gemeinwesen in der Vergangenheit zugefügt wurden. Der Mord an Saturninus und Glaucia gehörte dann in Abschnitt (d) dieses Kapitels (Motiv: Vergeltung für politische Handlungen). Es handelt sich hierbei jedoch so oder so um einen Grenzfall, da der ursprüngliche Beschluß des Senats zur Tötung von Saturninus und Glaucia (das *senatus consultum ultimum*) noch gefaßt wurde, als die beiden das Kapitol besetzt hatten und in den Augen der Senatoren die Ordnung des Staates bedrohten. Dem Schutz der *res publica* sollte auch die Hinrichtung der Anhänger Catilinas im Jahr 63 v.Chr. dienen. Die Gefahr, welche von Catilina und seinen Anhängern ausging, wurde vom Senat als so groß eingeschätzt, daß er eine schnelle Hinrichtung der festgesetzten Verschwörer für unabdingbar hielt. Das Motiv, welches die *boni* um Cicero im Jahr 52 v.Chr. veranlaßte, mit Milo den Rivalen des Clodius zu unterstützen, war ebenfalls die Sorge um das Wohl der *res publica*. Clodius gab sich offen als Feind der Senatsaristokratie zu erkennen und bedrohte mit seinen Schlägertrupps massiv die öffentliche Ordnung. Die *boni* verbündeten sich deshalb mit Clodius' Rivalen Milo. Die Ermordung des Clodius durch Milo geschah mit dem Einverständnis der Konservativen; Milos eigene Motive waren jedoch nicht der Erhalt der *res publica*, sondern die Mehrung des eigenen Einflusses.[1486]

b) Durchsetzung politischer Vorhaben und Konzepte

Der Durchsetzung eines politischen Vorhabens diente 88 v.Chr. die Ermordung des Q. Pompeius Rufus d.J. durch den Volkstribun P. Sulpicius Rufus. Der Mörder wollte durch die Tat die Konsuln, die seine politischen Gegner waren, einschüchtern, so daß er unbehelligt eine Volksabstimmung über seine Gesetzesanträge durchführen lassen konnte. Die Konsuln hatten eine solche Abstimmung bis dahin durch die Einsetzung von Feiertagen immer wieder blockiert. Das Mordopfer war der Sohn des einen und der

---
[1486] Vgl. Unterabschnitt (c).

Schwiegersohn des anderen Konsuls; es ist demnach sehr wahrscheinlich, daß der Tribun sein Opfer bewußt auswählte, um seine politischen Vorhaben durchsetzen zu können.

Wenigstens zum Teil dienten die Morde an den Gegnern des Marius und des Cinna 87 v.Chr. der Durchsetzung eines politischen Konzepts. Die beiden fürchteten den Widerstand ihrer politischen Gegner und töteten diese vorsorglich. Jedoch sind einige der Einzelmorde wohl eher aus Rache verübt worden oder dienten dem Machterhalt der beiden und nicht in erster Linie einem politischen Programm.

Ähnlich, verhält es sich mit den Proskriptionen Sullas. Der Massenmord an dessen politischen Gegnern im Jahr 82 v.Chr. sollte die Machtstellung des Diktators sichern, diente zum Teil vermutlich auch der Rache an Widersachern der Vergangenheit.[1487] Er nutzte sein Amt als Diktator jedoch vor allem für umfassende und konstruktive Reformen des römischen Gemeinwesens und legte nach Beendigung dieser Reformen sein Amt nieder. Der Massenmord des Jahres 82 v.Chr. diente demnach in erster Line der Durchsetzung von Sullas politischem Reformvorhaben. Um Machtgewinn zum Selbstzweck ging es Sulla nicht.

Ebenfalls der Verwirklichung eines politischen Vorhabens diente die Ermordung des Senators C. Vibienus im Jahr 58 v.Chr. durch den Volkstribun P. Clodius Pulcher und seine Schlägertrupps. Vibienus sprach sich offen gegen die Verbannung Ciceros aus, die Clodius unbedingt durchsetzen wollte. Deshalb wurde der Senator auf offener Straße von Clodius und seinen Leuten umgebracht. Durch den Mord sollte nicht nur Vibienus beseitigt, es sollten auch mögliche weitere Unterstützer Ciceros eingeschüchtert und mundtot gemacht werden. Auch durch den Mord an dem Ritter M. Papirius wollten Clodius und seine Leute ein politisches Vorhaben, nämlich die Befreiung der bedeutenden armenischen Geisel Tigranes, durchsetzen. Papirius versuchte, die Geisel, die Clodius unrechtmäßig in seine Gewalt gebracht hatte, dem Tribun wieder zu entreißen. Bei diesem Versuch wurde der Ritter von den Gefolgsleuten des Clodius getötet.

[1487] Vgl. Unterabschnitt (d).

c) Machtgewinn und eigene Interessen

Der erste uns bekannte politisch motivierte Mord in der späten römischen Republik, dessen einziges Ziel der persönliche Machtgewinn des Täters war, ist die Ermordung des A. Nunnius durch L. Appuleius Saturninus. Nunnius war -soweit wir wissen- in keiner besonderen Weise gegen Saturninus politisch aktiv. Sein einziger Fehler war, daß er mit Saturninus um das Amt des Volkstribuns konkurrierte. Auch Marius, der in dieser Sache mit dem Mörder verbündet war, verfolgte kein höheres politisches Ziel. Zwar wollte er Saturninus wahrscheinlich vor allem deshalb zum Volkstribunat bringen, damit dieser ihn in seinen politischen Vorhaben unterstützte, jedoch war auch für ihn das erste Motiv für den Mord an Nunnius eben nicht die Durchsetzung der eigenen Vorhaben -etwa die Entlohnung seiner Veteranen-, sondern der Machtgewinn des Saturninus. Die Durchsetzbarkeit der Pläne des Marius sollte erst die Folge dieses Machtgewinns sein. Marius erwartete nämlich nicht, daß Nunnius sich auf jeden Fall *gegen* seine Politik wenden würde, sondern nur, daß Saturninus sich *dafür* einsetzen würde. Nunnius war demnach kein direkter Gegner des Marius; er stand bloß dem für Marius nützlichen Tribunat des Saturninus im Weg. Mehr noch als der Mord an Nunnius ist der Mord an C. Memmius eindeutig als Mord aus Machtinteressen zu klassifizieren. C. Memmius konkurrierte mit Glaucia, dem Mitstreiter des Saturninus, um das Konsulat des Jahres 99 v.Chr. Allein aus diesem Grund töteten Saturninus und Glaucia ihn, in diesem Fall ohne Unterstützung des Konsuls Marius.

Um die eigenen Interessen bzw. die Interessen der Gruppe, der die Täter angehörten, zu wahren, wurde wahrscheinlich auch M. Livius Drusus 91 v.Chr. umgebracht. Zwar ist nicht klar, aus welcher Gruppe die Täter stammten, doch daß Drusus getötet wurde, damit sein Reformprogramm scheiterte, ist äußerst wahrscheinlich. Dies gilt unabhängig von der Tatsache, daß die Gesetze des Drusus zum Zeitpunkt seiner Ermordung bereits kassiert worden waren. Der Tribun wollte die Aufhebung seiner Gesetze nämlich nicht ohne weiteres hinnehmen. Dem Ende der Reformen des Drusus sollte dessen Ermordung jedoch Nachdruck verleihen. Dabei ging es dem Täter nicht um die ideologisch begründete Wahrung eines politi-

schen Systems, sondern um die Erhaltung bzw. Mehrung des eigenen Nutzens.
Der Mord am Prätor Asellio 89 v.Chr. durch die Gläubiger, denen Asellio das Zinsnehmen untersagt hatte, diente wohl ebenfalls der Wahrung egoistischer Interessen. Die Gläubiger hofften vermutlich, daß die Verordnung des Prätors nach dessen Ermordung -und aus Furcht vor den gewaltbereiten Gläubigern- hinfällig werden würde. Denkbar ist jedoch auch, daß die Täter durch den Mord Rache an dem Prätor genommen haben, durch dessen Edikt sie sich ungerecht behandelt fühlten.
Der Erhaltung der eigenen Macht diente auch die Ermordung des Q. Pompeius Rufus d.Ä., der sich am Ende seines Konsulats nach Picenum begab, um als Prokonsul das Oberkommando über die Region zu führen. Der bisherige Kommandant Cn. Pompeius Strabo war jedoch nicht bereit, seine Machstellung in Italien aufzugeben. Pompeius Rufus wurde bei seiner Ankunft von gegen ihn meuternden Soldaten erschlagen. Es ist äußerst unwahrscheinlich, daß die Soldaten dies ohne Wissen und Zustimmung bzw. Anstiftung ihres bisherigen Kommandanten getan haben.
Zur Sicherung der eigenen neugewonnenen Macht ließen Marius und Cinna nach ihrer Rückkehr nach Rom im Jahr 87 v.Chr. viele ihrer politischen Gegner umbringen. Ein weiteres nicht zu vernachlässigendes Motiv für das Massaker von 87 v.Chr. war sicher auch der Wunsch nach Vergeltung dafür, daß sich die Opfer in der Vergangenheit politisch gegen Marius oder Cinna gestellt hatten. Auch die Ermordung des Clodius durch Milo im Jahr 52 v.Chr. hatte die Mehrung der Macht des Täters zum Ziel. Milo strebte innerhalb der Bandenkämpfe in Rom eine Vormachtstellung an, der er durch die Ermordung seines Rivalen näher kommen wollte. Vielleicht tötete Milo Clodius auch, um den *boni* einen Gefallen zu tun, und auf diese Weise deren Dankbarkeit und weitere Unterstützung zu gewinnen. Doch auch in diesem Fall wäre das Ziel, das Milo verfolgte, die Wahrung persönlicher Interessen. Daß Milo nicht, wie Ciceros Verteidigungsrede suggeriert, die Interessen der *res publica* vertrat, wurde im entsprechenden Kapitel dargelegt.

d) Vergeltung für politische Handlungen

Der Mord an Antyllius durch die Anhänger des C. Gracchus ist wohl am ehesten unter die Morde zur Vergeltung für politische Handlungen der Vergangenheit zu zählen. Dabei war Antyllius zwar nicht selbst besonders aktiv gegen die Gracchaner geworden; doch seine Parteinahme für Opimius und die Senatoren machten ihm zum Feind der Reformer. Die Anhänger des C. Gracchus töteten Antyllius aus Wut über dessen politische Haltung. Bereits in Abschnitt (a) dieses Kapitels wurde darauf hingewiesen, daß der Mord an Saturninus und Glaucia möglicherweise ebenfalls -zumindest am Rande- in die Reihe der Morde, die zur Vergeltung von politischen Handlungen begangen wurden, gehört. Der Mord an Publius Furius im Jahr 99/98 v.Chr. wurde allein aus Gründen der Vergeltung begangen. Er hatte als Volkstribun gegen die Rückrufung des verbannten Metellus interzediert und wurde deshalb nach Beendigung seines Tribunats von Anhängern des Metellus umgebracht. Die Tötung des Furius hatte dabei keinen konstruktiven politischen Sinn, da Furius das Tribunat ja nicht mehr inne hatte, also keinen Schaden mehr gegen Metellus anrichten konnte.

Auch der bereits im Unterabschnitt „Macht und eigene Interessen" genannte Mord an dem Prätor Asellio 89 v.Chr. war möglicherweise allein von Rachegelüsten der Täter motiviert. Ohne Zweifel dagegen geschah die Tötung des Volkstribuns P. Sulpicius Rufus durch den in Rom einmarschierten Sulla im Jahr 88 v.Chr. mit dem alleinigen Ziel der Vergeltung. Der Tribun hatte im selben Jahr den Schwiegersohn Sullas getötet und außerdem dafür gesorgt, daß Sulla das Oberkommando im Krieg gegen Mithradates entzogen bekam. Sulla, der diese Herabsetzung nicht hinnehmen wollte, marschierte mit den Legionen, die ihm nach der Entziehung des Kommandos eigentlich nicht mehr unterstanden, nach Rom, erklärte seine Gegner zu Staatsfeinden und ließ den Tribun Sulpicius Rufus auf der Flucht ergreifen und töten.

Ein Jahr später folgten die Morde des Marius und des Cinna an ihren politischen Gegnern. Nachdem Sulla Rom verlassen und den Krieg mit Mithradates aufgenommen hatte, fielen Marius und Cinna in der Stadt ein und töteten einen großen Teil derjenigen, die sich in der Vergangenheit gegen sie gewandt hatten. Möglicherweise fürchteten Marius und Cinna den politischen Widerstand von einigen ihrer Opfer, dennoch kann das Blutbad des Jahres 87 v.Chr. nicht allein als Mord zur Durchsetzung politischer Konzepte klassifiziert werden. Die Opfer standen ja nicht in erster Linie konkreten politischen Vorhaben im Weg, sondern sie hatten sich in der Vergangenheit als Gegner oder Rivalen eines der beiden Verbündeten verhalten.

Ebenso durch den Wunsch nach Vergeltung motiviert war die Ermordung des vormaligen Volkstribuns Sex. Lucilius durch Marius im Jahr 86 v.Chr. Lucilius hatte sich in seinem Tribunat des Jahres 87 v.Chr. gegen Cinna gestellt und sich somit ebenso wie die Opfer des Jahres 87 v.Chr. als Feind von Marius und Cinna verhalten. Der Mord an Lucilius geschah erst nach Beendigung von dessen Tribunat, also zu einem Zeitpunkt, als er politisch weniger gefürchtet werden mußte als noch zuvor. Somit ist es offenkundig, daß seine Ermordung nicht der Durchsetzung politischer Ziele, sondern allein der Vergeltung dienen sollte.

Die Tötung der vier Senatoren P. Antistius, C. Papirius Carbo, L. Domitius Ahenobarbus und Q. Mucius Scaevola durch den jüngeren C. Marius im Jahr 82 v.Chr. geschah ebenfalls zum Zwecke der Vergeltung. Wie im entsprechenden Kapitel dargelegt wurde, konnte Marius durch diese Tat politisch überhaupt nichts mehr gewinnen. Da seine Lage jedoch so brenzlig war, daß er auch nichts mehr zu verlieren hatte, ergriff er seine letzte Gelegenheit, sich an seinen politischen Gegnern der Vergangenheit zu rächen.

Auch die Morde an den Gegnern Sullas im Jahr 82 v.Chr. dienten zum Teil der Vergeltung. Bei der Massenhinrichtung der Legionäre, die im Bürgerkrieg gegen Sulla gekämpft und sich dann ergeben hatten, ist dies unzweifelhaft. Die Legionäre hatten sich schließlich Sulla unterworfen und zeigten keinerlei Bestreben, dem Diktator Schwierigkeiten zu machen. Bei den Opfern der Proskriptionen waren unterschiedliche Motive im Spiel. Viele wurden mit großer Wahrscheinlichkeit ebenfalls aus Rache getötet, viele jedoch auch, damit Sulla seine Neukonstituierung der *res publica* unbehelligt durchführen konnte.[1488]

[1488] Vgl. Unterabschnitt (b).

Ein weiterer Rachemord war die von Asconius erwähnte Tötung der *boni* im Jahr 52 v.Chr. Die Anhänger des Clodius machten die konservativ eingestellten Senatoren und Ritter für die Ermordung ihres Idols durch Milo verantwortlich. Sie machten ihrem Zorn Luft, indem sie auf dem Forum große Zerstörung anrichteten, unter anderem die *curia* in Brand setzten und mehrere *boni* ermordeten.

e) Fazit

Bei der Betrachtung der Motive wird deutlich, daß die Vergeltung für politische Handlungen der Vergangenheit das häufigste Motiv für die politischen Morde der späten römischen Republik war. Mindestens fünf Fälle, wahrscheinlich aber acht Fälle (wenn der Mord an Asellio, das Massaker an den Gegnern von Marius und Cinna und die Proskriptionen mitgerechnet werden) waren durch den Wunsch nach Vergeltung für Taten der Vergangenheit motiviert.[1489] Diesem Motiv folgt in seiner Häufigkeit die Wahrung bzw. Durchsetzung eigener Interessen. Mindestens vier Fälle waren eindeutig auf diese Weise motiviert. Werden der Mord an Asellio, das Massaker an den Gegnern von Marius und Cinna und die Ermordung des Clodius hier berücksichtigt, waren es sogar sieben Fälle. Dem Erhalt der *res publica* sollten ebenfalls mindestens vier Morde dienen, höchstens jedoch fünf, wenn die Ermordung des Clodius mitgezählt wird. Zur Durchsetzung von politischen Vorhaben wurden -die Morde an den Gegnern des Marius und Cinna und die Proskriptionen mitgerechnet- fünf Mordtaten ausgeführt. Es zeigt sich also, daß politisch ‚konstruktive' Morde in der späten römischen Republik bei weitem nicht so sehr dominieren, wie Vergeltungsmorde oder Morde aus rein egoistischen Motiven. Einen politischen Zweck, der über die Wahrung persönlicher Interessen hinausging, verfolgten nur höchstens neun von 22 Fällen. Dabei sind sogar die Morde an dem Senator Vibienus und dem Ritter Papirius mitberücksichtigt, die zwar einem politischen Ziel des Clodius dienen sollten, bei denen aber

---

[1489] Die Ermordung des Saturninus und des Glaucia wird hier bewußt nicht berücksichtigt, da diese m.E. in erster Linie durch die Sorge um den Erhalt der *res publica* motiviert war. Die Rache an Saturninus und Glaucia war –wenn überhaupt- ein sehr untergeordnetes Motiv.

mehr als fraglich ist, ob dieses Ziel nicht ebenfalls im persönlichen Machtgewinn des Demagogen bestand. Immerhin jedoch vertrat Clodius nach außen ein politisches Programm, welches er durch seine gewalttätigen Aktionen durchzusetzen versuchte. Deshalb sollen seine Morde *in dubio pro reo* als politisch konstruktiv gemeinte Taten gezählt werden.[1490]

3. Die Chronologie des politischen Mordes in der späten römischen Republik

Die Geschichte des politischen Mordes der späten römischen Republik beginnt mit dem Mord an Tiberius Gracchus und der Verfolgung seiner Anhänger im Jahr 133 v.Chr. Somit konstatiert LABRUNA zurecht, daß die ‚Optimaten' als erste zu dem Mittel des Mordes gegriffen haben und daher in gewisser Weise die Verantwortung für die weitere Entwicklung der Handhabe des Mordes als eines politischen Mittels tragen.[1491] Das entsprechende Kapitel dazu hat gezeigt, daß die antiken Autoren fast einmütig der Ansicht sind, durch dieses Ereignis sei das Zeitalter der Gewalt und das Ende der römischen Republik eingeläutet worden. Jedoch gab es im Anschluß an den Mord an Ti. Gracchus zunächst keine vergleichbaren Ereignisse, was wohl unter anderem auf die Strafverfolgung der Anhänger des Ti. Gracchus in den Folgejahren zurückzuführen ist. Die nächsten politischen Morde, die uns bekannt sind, fallen in die Ära des C. Gracchus. Erst im Jahr 121 v.Chr. -12 Jahre nach dem Mord an Ti. Gracchus- wissen wir sicher von weiteren politischen Morden, nämlich der Ermordung des Antyllius durch die Anhänger des C. Gracchus und der Tötung des C. Gracchus und vieler seiner Anhänger durch den Senat und weitere konservative Bürger. Nach der gewaltsamen Beendigung der gracchischen Unruhen ge-

---

[1490] Selbst Cicero gesteht Clodius in einem Brief an M. Marius aus dem Jahr 51 v.Chr. höhere Motive zu: Cic. fam. VII 2, 3.

[1491] „Par de meurtre, l'aristocratie accepta la responsabilité historique d'être la première à employer les armes ‚pour décider la discorde civile' elle transforma la politía en chirocratía sauvage, elle se réfugia dans une pratique politique atroce qui, annonçant les temps sombres des magistratures extraordinaires et des hommes forts, amena à l'autonomie de la République, en clouant les classes privilégiées (mais pas seulement celles-ci) à la solution inévitable, conservatrice et subversive, du principat" (LABRUNA, Violence, 125f.). Ähnlich : NICOLET, Crise agraire, 203f ; BRUNT, Fall, 78.

schah auf dem Feld des politischen Mordes in der römischen Republik zwanzig Jahre lang gar nichts mehr. Mit dem Krieg gegen Jugurtha und der Abwehr der Kimbern war Rom in dieser Zeit voll ausgelastet. Erst nach erfolgreicher Beendigung des Kimbernkrieges kam es wieder -und nun gehäuft- zu innenpolitisch motivierten Mordtaten.

Die nun folgenden Fälle ereigneten sich fast alle im Umfeld des Marius, der in den Kriegen der jüngsten Vergangenheit zu sehr viel Einfluß gekommen war. Im Jahr 101 v.Chr. wurde A. Nunnius als Konkurrent des Saturninus bei den Tribunatswahlen ermordet; ein Jahr später erlitt C. Memmius, der Rivale Glaucias um das Konsulat, das gleiche Schicksal. Ebenfalls im Jahr 100 v.Chr. wurden Saturninus und Glaucia getötet. Nur ein bis zwei Jahre später starb Publius Furius, ein zeitweiliger Verbündeter des Saturninus, durch den Anschlag einer wütenden Menge von Metellus-Freunden. Nach diesem Fall sind uns zwar bis zum Jahr 91 v.Chr. keine konkreten politisch motivierten Mordfälle mehr bekannt, doch darf Appians Behauptung, Fälle wie die des Publius Furius seien in der folgenden Zeit jedes Jahr immer wieder vorgekommen, nicht vergessen werden.[1492]
Obwohl wir also sieben bis acht Jahre lang keinen konkreten Mordfall mehr verzeichnet finden, dürfen wir daraus nicht ohne weiteres schließen, daß es sich bei dieser Zeit um eine Phase handelt, in der politische Morde nicht vorkamen. Es ist allerdings denkbar, daß Appian sich nicht auf Tötungen, sondern Fälle anderer politisch motivierter Gewalttätigkeiten bezieht, und daß zwischen 99/98 v.Chr. und 91 v.Chr. tatsächlich keine politischen Morde stattfanden.

Die beiden folgenden Mordfälle stehen relativ isoliert da. Im Jahr 91 v.Chr. wurde der Reformpolitiker M. Livius Drusus ermordet; im Jahr 89 v.Chr. der Prätor A. Sempronius Asellio. Beide hatten mit den Machtkämpfen einzelner Personen -wie Marius- nichts zu tun, sondern wurden aufgrund ihrer politischen Programme ermordet. Beide Morde fallen jedoch in eine zeitliche Phase, in der egoistisch-politisch motivierte Mordanschläge nicht selten vorkamen. Eine ohnehin aggressive Stimmung in der römischen Innenpolitik, wie von Appian beschrieben, spiegelt sich in den Mordfällen

---

[1492] App. civ. I 33.

der Zeit von 101-82 v.Chr. und leistete dem Zorn einer vermeintlich benachteiligten Gruppe gegen einen -aus Sicht dieser Gruppe- Schuldigen sicher Vorschub, so daß der Schritt zum politischen Mord näher lag als noch in den früheren Jahren.

In den 80er Jahren begann die Situation mit dem Machtkampf zwischen Marius und Sulla allmählich zu eskalieren. Das erste Opfer dieses Kampfes war im Jahr 88 der Schwiegersohn Sullas, Q. Pompeius Rufus d.J. Noch im selben Jahr rächte sich Sulla an dem Mörder P. Sulpicius Rufus, den er umbringen ließ. Auch der Vater des Q. Pompeius und Mitkonsul sowie Gesinnungsgenosse Sullas wurde 88 v.Chr. ermordet. Im Jahr darauf richteten Marius und Cinna bei ihrer Rückkehr nach Rom in der Stadt ein gewaltiges Blutbad unter ihren politischen Feinden an. Diese Morde dauerten bis ins Jahr 86 v.Chr., in dem Marius den ehemaligen Volkstribun Sex. Lucilius hinrichten ließ. Nachdem Cinna seine Herrschaft etabliert hatte, folgte eine kurze relativ ruhige Zeit, die von politischen Morden frei blieb. Im Jahr 82 v.Chr. jedoch, als Cinnas Hauptgegner Sulla von seinem Feldzug gegen Mithradates zurückkehrte, flammte die alte Gewalttätigkeit neu auf. Der jüngere Marius ließ vier Sulla-treue Senatoren hinrichten. Sullas Antwort auf die Aktionen seiner Gegner in den vergangenen Jahren war der bis dahin größte Massenmord der römischen Geschichte. Nach den Proskriptionen -ähnlich wie nach der gewaltsamen Niederschlagung der gracchischen Reformbewegung- kehrte eine ruhige Phase ein. Neunzehn Jahre lang kam es in der römischen Innenpolitik zu keinen politisch motivierten Morden mehr. Ein Grund dafür ist sicher, daß in dieser Zeit der Sertorius- sowie der Spartacus-Aufstand Rom stark beschäftigten. Vor allem aber hatten die überaus gewalttätigen 80er Jahre ihre Spuren hinterlassen. Die Eskalation der Gewalt, die schließlich zu den Proskriptionen führte, hatte die römische Gesellschaft nicht nur traumatisiert, sondern auch große personelle Lücken hinterlassen. Die großen Antagonisten der 80er Jahre lebten nicht mehr und die übrigen hatten wohl wenig Interesse daran, die Gewalt in ihrer äußersten Form wieder aufflammen zu lassen. Innenpolitische Auseinandersetzungen wurden zwar weiter vehement ausgetragen, jedoch ließen sich die einzelnen Parteien in dieser Zeit nicht hinreißen,

zum Mittel des politischen Mordes zu greifen und damit in die Fußstapfen von Marius, Cinna oder Sulla zu treten.
Erst im Jahr 63 v.Chr. kam es wieder zu politisch motivierten Tötungen in der römischen Innenpolitik. Dabei ging die Aggression jedoch eigentlich von den Opfern dieser Tötungen aus, nämlich von Catilina und seinen Mitverschwörern. Diese planten einen gewaltsamen Aufstand, bei dem sie unter anderem die einflußreichsten Magistrate und Bürger Roms töten wollten. Die Verschwörung wurde aufgedeckt, und die verhafteten Verschwörer wurden ohne ein Gerichtsverfahren hingerichtet. Mit der Catilinarischen Verschwörung und der Tötung der Verschwörer begann ein neuer Abschnitt der politisch motivierten Morde der späten römischen Republik. Ihr Protagonist war vor allem Clodius, der von Cicero oft als Erbe Catilinas bezeichnet wurde. Im Jahr 58 v.Chr. tötete Clodius mindestens zwei konservative Männer: den Senator C. Vibienus und den Ritter M. Papirius. Die Gewalttätigkeiten seitens des Clodius und seiner Helfer hörten auch in den folgenden Jahren nicht auf, bis er schließlich 52 v.Chr. selbst von einem Rivalen getötet wurde. Der Mord an Clodius hatte noch die Tötung mehrerer Konservativer zur Folge, die von den Anhängern des ermordeten Clodius für die Tat verantwortlich gemacht wurden. Nach der Ära des Clodius sind keine politischen Morde mehr verzeichnet, bis im Jahr 49 v.Chr. der zweite Bürgerkrieg ausbrach, der das Ende der römischen Republik besiegelte.
In der Chronologie des politischen Mordes der späten römischen Republik sind also drei Hauptphasen voneinander zu unterscheiden: Die erste Phase war die Ära der gracchischen Reformversuche von 133 v.Chr.-121 v.Chr. In diese erste Phase fallen mit drei Mordtaten (der Fall Scipio Aemilianus wird hier vernachlässigt) relativ wenige Fälle, denen jedoch insgesamt mindestens 450 Menschen, zählt man die Hinrichtungen nach der Niederschlagung mit, über 3000 Menschen zum Opfer fielen. Zwischen 101 v.Chr. und 81 v.Chr. folgte das Zeitalter des Machtkampfes zwischen Marius und Sulla, wobei Sulla erst ab 88 in Mordgeschehen involviert war, Marius aber bereits im Jahr 101 v.Chr. durch die Unterstützung des Saturninus bei der Ermordung des Nunnius aktiv war. In diese Zeit fallen min-

destens dreizehn Mordtaten, denen insgesamt über 8000 Menschen zum Opfer fielen. Die letzte Phase war die Ära des Clodius, die mit der Aufdeckung der Catilinarischen Verschwörung 63 v.Chr. begann und mit dem Mord an Clodius und den Reaktionen darauf 52 v.Chr. endete. In diese Phase fallen fünf Mordtaten mit vergleichsweise wenigen Opfern. Wir wissen von mindestens neun in dieser Phase ermordeten Leuten; eine Anzahl, die mit den oben aufgeführten Massen nicht vergleichbar ist.

B) Die Beurteilung der politischen Morde aus der Sicht der Zeitgenossen

1. Die politischen Morde im Zeitalter der Gracchen

Die erste Phase der politischen Morde in der späten römischen Republik war vor allem geprägt durch die Unruhen der Gracchen und die Reaktionen des konservativen Senats auf die Agitation der Brüder. In diese Phase fallen -wie gezeigt wurde- zwei Mordtaten von Konservativen an Reformern, die beide den Erhalt des *status quo* der *res publica* zum Ziel hatten, und mindestens ein Mord von Reformern an einem Konservativen, der durch den Wunsch nach Vergeltung für eine politische Haltung motiviert wurde. Den Morden an den Reformern fielen ca. 450[1493] Menschen zum Opfer, während wir nur von einem Mord an einem Konservativen, nämlich an Antyllius, wissen. Die meiste Aggression ging damals also offensichtlich nicht von popularen, sondern von politisch konservativen Gruppen aus. Es ist daher zu mutmaßen, daß die Morde an den Gracchen und ihren Anhängern die Stimmung in der Öffentlichkeit stärker beeinflußten als die Ermordung des Antyllius. Diese Annahme bestätigt sich in den antiken Quellen. Leider besitzen wir kaum zeitgenössische Aussagen zur Auswirkung der Morde auf die Öffentlichkeit. Von Cicero wissen wir, daß die Ermordung des Ti. Gracchus und später die des C. Gracchus die römische Gesellschaft polarisierte.[1494] Dieses Faktum wird auch durch andere Autoren bestätigt. Sallust gibt eine fingierte Rede des C. Memmius wieder, der ein Zeitgenosse der Gracchen war, und der in dieser Rede die Ansicht des Volkes zur Ermordung der Brüder zum Ausdruck bringt.[1495] Die Rede verdeutlicht, daß das Verhältnis zwischen Nobilität und Plebs seit den Maßnahmen gegen die Gracchen stark gestört war. Allerdings gibt Sallust hier nicht unbedingt die tatsächliche Ansicht des Memmius wieder, sondern in erster Linie seine eigene Meinung, die er sich nicht als Zeitgenosse bilden mußte, sondern die er aus der Rückschau heraus und in Hinblick auf die

---

[1493] Die spätere Verfolgung und massenhaften Hinrichtungen der Anhänger der Gracchen werden hier nicht berücksichtigt, da die Täter in diesen Fällen formal einem geltenden Recht folgten.
[1494] Cic. Mil. 13f.; r. p. I 31.
[1495] Sall. Iug. 41, 1-42, 4.

Erfahrungen seiner eigenen Zeit entwickeln konnte. Dennoch treffen die Äußerungen Ciceros und Sallusts über die Zeit um 133-120 v.Chr. wahrscheinlich zu. Sowohl Cicero als auch Sallust hatten die Möglichkeit, mit Zeitzeugen der Gracchen-Unruhen zu sprechen. Ihre Urteile über die Zeit der Gracchen resultiert also nicht allein aus ihren persönlichen politischen Erfahrungen, sondern auch aus dem Einfluß, den Zeitzeugen auf den Redner und auf den Historiker hatten. Bedenkt man außerdem, daß die Gracchen aus Gründen getötet wurden, die sich aus ihrer Parteinahme für das verarmte Volk ergaben, und daß die Ermordung eines Volkstribunen im Amt durch die Oberschicht ein Novum in der Geschichte der römischen Republik darstellte, war es fast unumgänglich, daß diese Morde der römischen *plebs* einen Schock versetzten und in ihr die Überzeugung auslösten, daß sie den einflußreichen Angehörigen der Oberschicht ausgeliefert war und daß diese Oberschicht die Interessen des Volkes in keiner Weise vertrat.[1496]

Es ist zudem recht deutlich, daß die Gracchen nach ihrer Ermordung vom einfachen Volk in besonderer Weise verehrt wurden. „Ti. Gracchus wurde zum Märtyrer. Man war voller Unruhe und Wut über den grausamen Verstoß gegen das Freiheitsrecht der Provocation und forderte Rache."[1497] Schon C. Gracchus konnte sich die Ermordung seines älteren Bruders propagandistisch zunutze machen. Die stets freundliche Erwähnung der beiden Gracchen-Brüder in solchen Reden Ciceros, die vor dem Volk gehalten wurden, spricht für sich, bedenkt man die eigentlich kritische Haltung des Redners zu den reformfreudigen Brüdern.[1498]

Die Wut des Volkes auf die Nobilität wird auch in einer von Plutarch erzählten Anekdote deutlich. Der Biograph berichtet hier, daß der konservative Feldherr Scipio Aemilianus Africanus Numantinus sich zustimmend zur Ermordung des Ti. Gracchus geäußert hatte und dafür den Zorn des Volkes auf sich zog.[1499] Diese Anekdote, durch die uns mit der Äußerung

---
[1496] Vgl. hierzu auch DÖBLER, Agitation, 281f.
[1497] MEIER, Res publica, 131.
[1498] Zu beachten ist außerdem, daß die Verehrung der Gracchen in der Propaganda des Saturninus eine nicht unwichtige Rolle spielte: UNGERN-STERNBERG, Populare Beispiele, 154f.
[1499] Plut. Ti. Gracch. 21, 4.

des Scipio Aemilianus eine der wenigen zeitgenössischen Aussagen überliefert ist, zeigt auf der anderen Seite jedoch auch, daß die Tötungen der reformfreudigen Gracchen in einflußreichen Teilen der konservativen Kreise nicht als Unrecht gesehen wurden. Dennoch gibt es einige Hinweise, die den Schluß nahelegen, daß auch die Konservativen von ihrem Handeln nicht vollkommen überzeugt waren. Zunächst ist die Tatsache zu konstatieren, daß der Konsul des Jahres 133 v.Chr. nicht bereit gewesen war, außerordentliche Maßnahmen gegen den Volkstribun Ti. Gracchus zu treffen. Auch die bei Cicero und Valerius Maximus erwähnte notwendige Versöhnung der Göttin Ceres zeigt, daß der Senat zumindest befürchtete, mit der Ermordung des Ti. Gracchus eine Schuld auf sich geladen zu haben.
Diese Unsicherheit blieb jedoch nicht bestehen. Die konservativen Gruppen innerhalb der römischen Republik wollten nämlich auf keinen Fall durch den Mord an Ti. Gracchus das geltende Recht verletzen, sondern vielmehr den Staat, den sie durch den Tribun in Gefahr wähnten, erhalten. Deshalb wurde der Mord nach der Tat durch symbolische Handlungen, die an eine Tyrannentötung erinnern sollten, und durch nachträgliche Sanktionierung des Konsuls gerechtfertigt. Die erste Ermordung eines Volkstribuns im Amt wurde im Nachhinein von den Tätern juristisch ummantelt. Diese Ummantelung funktionierte so gut, daß die Nobilitas im Fall des C. Gracchus weitaus entschlossener vorgehen konnte als bei der Ermordung des Ti. Gracchus.
Beim Vorgehen gegen C. Gracchus scheint es zumindest innerhalb der aristokratischen Oberschicht keine kontroverse Diskussion über die Rechtmäßigkeit des Mordes gegeben zu haben. Das liegt zum einen sicher daran, daß Gaius weit mehr als Tiberius seinen Gegnern Grund gegeben hatte, im Kampf gegen ihn zum Mittel der äußersten Gewalt zu greifen. Vor allem aber hatte der Senat aus den Vorfällen um Ti. Gracchus gelernt und inzwischen mit dem *senatus consultum ultimum* eine Möglichkeit geschaffen, zumindest formal rechtmäßig gegen Unruhestifter vorzugehen. In der Zeit zwischen den beiden Fällen hat die Nobilität demnach eine bemerkenswerte Entwicklung in Bezug auf die Handhabe äußerster politischer Gewalt durchgemacht. War die Ermordung des Tiberius Gracchus noch eine spon-

tane Handlung, die in erster Linie aus akuter Sorge um den Erhalt des *status quo* eher planlos erwuchs und auch in den Reihen der Oberschicht auf gemischte Gefühle stieß, so war das Mittel des Mordes für die konservative Nobilität des Jahres 121 v.Chr. eine anerkannte Möglichkeit zur Erreichung bzw. Verhinderung bestimmter Zustände. Die einhellige Zustimmung zum Mord an C. Gracchus schlägt sich deshalb auch in der Literatur der späteren Jahrhunderte weit deutlicher nieder als im Fall des Tiberius Gracchus.

Das verarmte Volk jedoch konnte an der Tötung des C. Gracchus genauso wenig Rechtmäßiges erkennen wie an dem Mord an dessen Bruder. Der Konsul Opimius, der die Verantwortung für das Vorgehen gegen C. Gracchus trug, wurde vom Volk gehaßt; die Errichtung eines Tempels der Concordia durch den Konsul betrachtete die *plebs* als Provokation.[1500] Die Errichtung des Concordia-Tempels zeigt zudem einmal mehr die veränderte Haltung der Oberschicht. Hatte man nach dem Mord an Ti. Gracchus noch die Göttin Ceres versöhnt, um möglicherweise begangenes Unrecht zu sühnen und vor allem der *plebs* gegenüber die Ehrfurcht vor der für das Volk so wichtigen Göttin zu demonstrieren, so bedeutete die Errichtung des Concordia-Tempels eine Zur-Schau-Stellung der Überzeugung, daß das eigene Handeln legitim war. Diese Überzeugung war so stark, daß den Aristokraten um den Konsul Opimius anscheinend gar nicht bewußt war, daß ihr Versuch, durch die Weihung des Tempels die verlorengegangene Einheit zwischen Volk und Senat zu propagieren, in diesem heiklen politischen Zusammenhang das Gegenteil bewirken mußte. „Die Anrufung der Concordia sollte [...] eine breite propagandistische Wirkung erzielen und dazu die optimatische Politik moralisch fundieren. Es ist aber wohl nicht

---

[1500] MORSTEIN-MARX formuliert treffend: „The irony of this project was clearly not lost on contemporaries, many of whom will have noted that the man whose name was now inscribed on the Temple of Concordia had grossly violated perhaps the most basic Roman civil right - protection against execution without popular authorization- newly reinforced by a law of the very man in whose destruction he now gloried" (MORSTEIN-MARX, Mass Oratory, 55). Vgl. auch BONNEFOND-COUDRY, Sénat, 98, die einen Teil der Schuld am Scheitern der erhofften Wirkung auch der popularen Seite gibt: „chaque parti entend refuser à l'autre l'initiative d'une geste qui engage la totalité de la communauté civique, dont il se présente comme le mandataire excusif."

zu bestreiten, daß der Concordia-Begriff sich in der Gracchenzeit durch parteiische Anwendung seitens der Optimaten aushöhlen und damit auch an politischer und moralischer Verbindlichkeit verlieren musste."[1501]

Zur weiteren Billigung des Mordes an C. Gracchus in der Oberschicht trug sicher auch die Tatsache bei, daß nach 121/120 v.Chr. die Zeit der inneren Unruhen vorbei zu sein schien. Die nächsten Umtriebe dieser Art setzten erst ca. 20 Jahre später wieder ein; der Senat konnte bis dahin also der Ansicht sein, er habe durch den Mord an C. Gracchus sein politisches Ziel erreicht.

Die Akzeptanz des Mordes in der Oberschicht war also im Fall des C. Gracchus viel größer als im Fall des Ti. Gracchus; die hilflos zornigen Reaktionen der *plebs* über die Taten unterschieden sich jedoch kaum voneinander. Der für die Republik verheerende Bruch zwischen Oberschicht und *plebs* verfestigte sich vor allem durch die Ermordung des C. Gracchus. Der Mord an Ti. Gracchus hatte zwar auch Gräben zwischen den sozialen Schichten der Republik aufgerissen, diese Gräben wurden jedoch durch die nicht ganz einmütige, bzw. nicht vollkommen selbstüberzeugte Haltung der Optimaten zum Teil überbrückt. Im Fall des C. Gracchus war dem nicht so. Nach dem Mord an dem jüngeren der beiden Gracchen bemühte sich die siegreiche Oberschicht in keiner Weise, das Vertrauen des Volkes zurückzugewinnen. Von nun an gelang es vor allem radikalen Demagogen, als Vorkämpfer des Volkes die Anerkennung der verarmten Bevölkerungsschichten zu gewinnen.

2. Die politischen Morde im Zeitalter des Marius

Die politischen Morde im Zeitalter des Marius müssen in zwei verschiedene Unterphasen unterteilt werden, nämlich in 1.) die Zeit der Unruhen um Saturninus und Glaucia und 2.) die Phase des Machtkampfes zwischen dem Kreis des Marius und L. Cornelius Sulla.

Für die erste Unterphase fehlen uns -wie für die Zeit der Gracchen- konkrete zeitgenössische Aussagen. Anders als zwischen 133 und 121 v.Chr. zeigten in der Zeit der Unruhen um Saturninus und Glaucia die Popularen

---

[1501] BURCKHARDT, Strategien, 85.

mindestens ebensoviel Gewaltbereitschaft wie die Optimaten. Besonders skrupellos zeigten sich die reformerischen Agitatoren dieser Zeit dadurch, daß sie zum Teil allein aus Gründen des Machterhalts mordeten. Saturninus und Glaucia gaben sich -soweit wir wissen- kaum Mühe, ihre Taten mit dem Mantel des Rechts zu umgeben oder anderweitig zu rechtfertigen. Die Darstellungen der antiken Quellen weisen für die Phase der Unruhen des Saturninus und Glaucia eine beinahe ungetrübte Einheit in der Beurteilung der politischen Morde auf. Sie verurteilen die Morde des Saturninus und Glaucia als bösartig und staatsfeindlich, die Ermordung der beiden Agitatoren durch die vereinte Oberschicht sehen sie als angemessen und gerecht an. Cicero berichtet in seiner Verteidigungsrede für Rabirius von der besonderen Einigkeit unter den Angehörigen der Oberschicht im Kampf gegen Saturninus und Glaucia.[1502]

Vor dem Hintergrund dieser Einigkeit mag die Lähmung des Senats, der nach der Ermordung des A. Nunnius überhaupt nichts gegen den Mörder unternommen hatte, zunächst überraschen. Sie erklärt sich jedoch aus der starken Position des Marius, der im Falle der Ermordung des Nunnius noch auf der Seite von Saturninus und Glaucia stand, nach dem Mord an Memmius und beim Vorgehen gegen die Demagogen jedoch gegen seine ehemaligen Verbündeten agierte. Wir müssen für diese Zeit also eine einigermaßen verzagte Oberschicht voraussetzen, die voll und ganz unter dem Einfluß des mächtigen Feldherrn und Konsuls Marius stand und dessen Macht fürchtete. Welches Ansehen, das manchmal geradezu in Ehrfurcht gipfelte, der Kimbernbezwinger genossen haben muß, läßt sich erahnen, wenn man einen Ausschnitt aus Ciceros Rede für Balbus betrachtet; eine Rede, die Cicero gehalten hat, lange nachdem sich Marius in den 80er Jahren als unbarmherziger Sieger zu erkennen gegeben und ein Blutbad unter den Bürgern Roms angerichtet hatte:

„Nihil habet similitudinis ista accusatio; sed tamen tanta auctoritas in C. Mario fuit ut non per L. Crassum adfinem suum, hominem incredibili eloquentia, sed paucis ipse verbis causam illam gravitate sua defenderit et probarit. Quis enim esset iudices qui imperatoribus nostris in bello, in acie, in exercitu delectum virtutis, qui sociis, qui foederatis in defendenda re publica nostra spem praemiorum eripi vellet? Quodsi vultus C. Mari, si vox,

---

[1502] Cic. Rab. perd. 21.

si ille imperatorius ardor oculorum, si recentes triumphi, si praesens valuit aspectus, valeat auctoritas, valeant res gestae, valeat memoria, valeat fortissimi et clarissimi viri nomen aeternum. Sit hoc discrimen inter gratiosos civis atque fortis, ut illi vivi fruantur opibus suis, horum etiam mortuorum, si quisquam huius imperii defensor mori potest, vivat auctoritas immortalis."[1503]

Als konservativer Politiker konnte sich Cicero mit den politischen Zielen Sullas weitaus mehr identifizieren als mit denen des Marius.[1504] Dennoch, und obwohl das Massaker, das Marius und Cinna begangen hatten, seinen eigenen Aussagen zufolge eine traumatische Erfahrung für den jungen Cicero gewesen ist,[1505] kann der Redner ein solches Lob auf Marius anstimmen. Das Ansehen, das Marius in Hinsicht auf seine Fähigkeiten als Feldherr genossen hatte, muß also -vor allem so kurz nach seinem Sieg über die Kimbern- enorm gewesen sein. Auch wenn weite Teile des Senats nicht mit Marius sympathisierten, so hatten sie aber offenbar eine nicht geringe (Ehr-)Furcht vor ihm. Sobald Marius sich gegen Saturninus und Glaucia wandte, konnte die Oberschicht gegen die Demagogen effizient vorgehen. Wir können also davon ausgehen, daß die öffentliche Stimmung hinsichtlich der politischen Morde dieser Zeit zunächst geprägt war von Furcht vor dem Feldherrn und Konsul Marius. In der Ablehnung der beiden Demagogen Saturninus und Glaucia und in der Mißbilligung von deren Machenschaften wie der Morde an Nunnius und Memmius scheint sich die Oberschicht weitgehend einig gewesen zu sein. Somit rief das gewaltsame Vorgehen gegen die Demagogen, das in ihrer Ermordung gipfelte, auch kein Unrechtsbewußtsein bei der Oberschicht hervor. Im Gegenteil: die glaubwürdige Schilderung Ciceros beschreibt, daß die Ermordung des Saturninus und des Glaucia von der gesamten Oberschicht als Wohltat und Dienst an der *res publica* angesehen wurde.[1506]

[1503] Cic. Balb. 49.

[1504] Trotz Ciceros zeitweiser Selbstidentifizierung mit Marius und den Sympathien, die er aufgrund seiner vergleichbaren Herkunft mit dem Kimbernsieger hegen mochte, stößt das innenpolitische Wirken des Marius kaum auf Ciceros Billigung. Das von Sulla verfolgte Programm der Stärkung des Senats und der Rückkehr zu altbewährten Strukturen korrespondiert weit deutlicher mit Ciceros eigener politischer Gesinnung. Vgl. z.B.: Cic. Phil. VIII 8.

[1505] Cic. Brut. 306f.

[1506] Die Einigkeit der ansonsten oft untereinander verfeindeten Nobilitätsfamilien ist immer dann spürbar, wenn es um den Widerstand gegen befürchtete politische Umwälzungen geht. Hierzu: MEIER, Res publica, 168f.

Wie schon bei der Ermordung des C. Gracchus bemühte man sich, innerhalb von juristischen Regelungen zu agieren. Was sich bereits bei C. Gracchus bewährt hatte und als angemessen angesehen worden war, wurde im Fall von Saturninus und Glaucia nochmals angewandt. Und wie bei C. Gracchus zweifelte die konservative Oberschicht nicht an der Legitimität und Legalität ihrer Handlung.

Bei aller Einigkeit der Oberschicht hinsichtlich der Verurteilung von Saturninus und Glaucia hat es jedoch auch Personen gegeben, die auf der Seite der Demagogen gestanden hatten. Cicero erwähnt, daß es -trotz Verbots- einige gab, die um Saturninus und Glaucia trauerten,[1507] und Plutarch berichtet uns, daß Marius als Folge seines Vorgehens gegen seine ehemaligen Verbündeten nicht nur -wie bisher- bei den Vornehmen unbeliebt war, sondern auch bei dem einfachen Volk.[1508] Die Ermordung von Saturninus und Glaucia stieß offensichtlich bei einigen -wenn auch eher bei wenigen- Teilen der römischen Bevölkerung auf Mißbilligung. Die rechtliche Ummantelung des Mordes konnte -wie schon bei den Gracchen- nicht alle überzeugen. Ob man den Mord an Saturninus und Glaucia als rechtmäßig ansah oder nicht, hing wohl am meisten -wie schon bei der Beurteilung der Morde an den Gracchen- davon ab, ob man ihr politisches Treiben mißbilligte oder unterstützte.

Für den Machtkampf zwischen Marius und Sulla besitzen wir mit den zahlreichen Äußerungen Ciceros zeitgenössische Zeugnisse. Cicero hat die 80er Jahre nicht nur bewußt miterlebt; sie haben ihn seiner eigenen Aussage gemäß auch in seinem Werdegang beeinflußt.[1509] Die Stimmung der 80er Jahre schildert er besonders deutlich in seiner Rede für Sex. Roscius aus Ameria, wo Cicero die Unbarmherzigkeit der letzten Zeit beklagt und als bedenkliche Entwicklung in der römischen Gesellschaft aufzeigt:

> „Hanc tollite ex civitate, iudices, hanc pati nolite diutius in hac re publica versari. Quae non modo id habet in se mali quod tot cives atrocissime sustulit, verum etiam hominibus lenissimis ademit misericordiam consuetudine incommodorum. Nam cum omnibus horis

---

[1507] Cic. Rab. perd. 24.
[1508] Plut. Mar. 30, 4.
[1509] Cic. Brut. 306f. 311.

aliquid atrociter fieri videmus aut audimus, etiam, qui natura mitissimi sumus, assiduitate molestiarum sensum omnem humanitatis ex animis amittimus."[1510]

In diesem Abschnitt schildert Cicero, wie in den letzten Jahren die römische Öffentlichkeit an Grausamkeit und Unbarmherzigkeit gewöhnt wurde, wie die Brutalität dabei sei, jegliches Empfinden für Menschlichkeit und Güte selbst in den eigentlich sanften Gemütern auszulöschen. Und tatsächlich kann der heutige Beobachter, der die politischen Morde in der römischen Republik der 80er Jahre v.Chr. betrachtet, sich dem Eindruck, daß Ciceros Analyse dieser Epoche zutreffend ist, kaum verschließen. Der Machtkampf zwischen Marius und Sulla forderte nicht nur unzählige Todesopfer, darunter auch viele, die anscheinend aus reiner Willkür getötet wurden, sondern die politischen Morde waren auch weit mehr als in den anderen Phasen motiviert durch Rachegelüste oder das Streben nach persönlichen Vorteilen.

Einen weiteren Einblick in das Denken der Zeitgenossen der 80er Jahre gibt uns Cicero in einem Brief an M. Caelius aus dem Jahr 49 v.Chr., in dem er -im Blick auf den bevorstehenden Bürgerkrieg- auf die Zeit der Auseinandersetzung zwischen Marius und Sulla zurückblickt und bemerkt:

„Recordor enim desperationes eorum, qui senes erant adulescente me."[1511]

Auf den ersten Blick scheint die erschreckende Entwicklung von dem Volkstribun Sulpicius Rufus angestoßen worden zu sein, der eine besondere Rücksichtslosigkeit an den Tag legte, als er, um seine politischen Ziele zu erreichen, zur Einschüchterung seiner Gegner den Sohn des einen Konsuls tötete. Dieser Mord war in der Tat der Beginn einer Art Kettenreaktion, die über die Ermordung des Volkstribuns selbst und das Massaker an den Gegnern von Marius und Cinna schließlich zu den sullanischen Proskriptionen führte. Bei genauerem Hinsehen bemerkt man jedoch, daß eine bisher unübliche Form von Brutalität gegenüber politischen Gegnern schon vorher in die römische Öffentlichkeit eingezogen war.

[1510] Cic. Rosc. Am. 154.
[1511] Cic. fam. II 16, 6.

Im Jahr 89 v.Chr. wurde der Prätor Asellio im Auftrag einer Gruppe Gläubiger ermordet, weil diese sich durch Maßnahmen des Prätors ungerecht behandelt fühlten. Auch die Ermordung des M. Livius Drusus zwei Jahre zuvor ging von bestimmten Gruppen innerhalb der römischen Gesellschaft aus, die Angst hatten, durch die Reformen des Tribuns Privilegien einzubüßen. Diese Fälle unterschieden sich insofern stark von den Morden an den Gracchen, als es hier keine begründete Sorge geben konnte, daß die späteren Mordopfer die Regeln der bestehenden *res publica* aushebeln wollten. Diese Morde wurden auch nicht durch den Senat abgesegnet oder in irgendeiner anderen Weise rechtlich verbrämt. Die Mörder waren sich bewußt, daß ihre Taten widerrechtlich waren, doch sie setzten ihre eigenen Interessen über das Recht und töteten keine gefährlichen, sondern allenfalls unliebsame Amtsträger.

Nach Appian hatte sich die Gewalttätigkeit bereits nach dem Mord an Saturninus und Glaucia etabliert. Die Ermordung des P. Furius im Jahr 99/98 v.Chr., die seiner Ansicht nach eine neue Epoche der Geschichte des politischen Mordes in der römischen Republik markierte, war als erster politischer Mord der Republik allein durch den Wunsch nach Vergeltung motiviert. Appian gibt an, seit dem Mord an Furius seien ähnliche Vorfälle jährlich vorgekommen.[1512] Somit hätte die Zeit der Unruhen um Saturninus und Glaucia die rücksichtslose Stimmung in Rom verursacht. Auch wenn Appian als einziger Zeuge für diese Entwicklung ein schwacher Gewährsmann ist, da er erst ca. 200 Jahre nach den Ereignissen schreibt, so zeigen die Morde aus den Jahren 91 v.Chr. und 89 v.Chr. dennoch, daß das politische Klima nicht erst mit dem Auftreten des Sulpicius Rufus brutaler wurde. Der Volkstribun schuf also nicht das Klima der Gewalt, sondern er trat in dieses Klima hinein und handelte entsprechend.

Dennoch war seine Tat verheerender als die Morde an Asellio oder Livius Drusus, da auf seinen erfolgreichen Mordanschlag gegen Q. Pompeius d.J. -im Gegensatz zu den anderen beiden Fällen- von seinen Gegnern reagiert wurde. Sulla reagierte, indem er Rom besetzte, Sulpicius tötete und Marius verbannte. Der wiederum reagierte gemeinsam mit Cinna, indem beide ih-

---
[1512] App. civ. I 33.

rerseits in Rom einmarschierten und ein Blutbad unter ihren politischen Feinden anrichteten. Als Sulla nach Italien zurückkehrte, nahm er seinerseits Rom ein und übertraf in puncto Grausamkeit gegen politische Gegner Marius und Cinna bei weitem.

Anders als in den Phasen zuvor waren die Urteile über die politischen Morde in den 80er Jahren nicht mehr abhängig von politischer Sympathie.[1513] Obgleich sowohl die beiden Marii und Cinna als auch Sulla selbst der Ansicht waren, daß ihre Taten gerecht waren -sie töteten aus ihrer Sicht schließlich nur diejenigen, die sich gegen das vermeintliche Recht gestellt hatten oder Feinde der *res publica* waren-, scheint es außerhalb der engsten Kreise um die Protagonisten niemanden gegeben zu haben, der die Brutalitäten als gerechtfertigt ansah. Die Entschuldigung Sullas durch Cicero in Pro Rosc. Am. 136 gibt nicht -wie in Kapitel II (Q) gezeigt wurde- Ciceros tatsächliche Ansicht wieder, sondern spiegelt die Unfreiheit der Rede und die allgemeine Furcht vor dem Diktator.

3. Die politischen Morde in der Zeit der Catilinarischen Verschwörung und der Demagogie des P. Clodius Pulcher

Wie in der Systematisierung der politischen Morde in der römischen Republik deutlich wurde, waren die 50er Jahre weitaus weniger blutig als die 80er Jahre, die von den Auseinandersetzungen zwischen Marius/Cinna und Sulla geprägt waren. Vor diesem Hintergrund ist zu erwarten, daß auch die Zeitgenossen -vor allem diejenigen, die auch die vorangegangene Phase von politischen Morden miterlebt hatten- die Unruhen um Catilina und später Clodius als weniger blutig einschätzten als die 80er Jahre v.Chr. Einen besonderen Eindruck von der Stimmung in der dritten Phase des politischen Mordes geben die Briefe, die Cicero während dieser Zeit geschrieben hat. Hier zeigt sich, daß Cicero, dessen Ton in seinen Briefen bis ca.

[1513] Unabhängig davon bestanden die Gräben zwischen Oberschicht und *plebs* jedoch weiterhin. Die Schrift *Rhetorica ad Herennium*, die um 86 v.Chr. entstanden ist, zeigt dies deutlich. Hier werden die ermordeten Volkstribunen Ti. und C. Gracchus, Saturninus, M. Livius Drusus (!) und Sulpicius Rufus als eine Einheit betrachtet, die gegen die (ungerechte) Senatsherrschaft kämpften und deshalb von der Oberschicht umgebracht wurden. Hierzu: UNGERN-STERNBERG, Populare Beispiele, 152-155.

61 v.Chr. noch recht optimistisch ist, seit ca. 60 v.Chr. immer öfter über die beunruhigende Entwicklung des öffentlichen Lebens klagt. Daß die Catilinarische Verschwörung seinen Optimismus zunächst nicht gedämpft hatte, liegt vor allem daran, daß Cicero glaubte, mit der Aufdeckung und Niederschlagung der Konspiration die Gefahr, die von Catilina und seinen Anhängern für die *res publica* ausgegangen war, vollständig abgewendet zu haben. Erst mit dem aktiven Eintreten des Clodius in die Politik beginnt Cicero sich wieder um die Zukunft des römischen Staates zu sorgen.[1514] Seit dieser Zeit erwähnt Cicero immer wieder den Niedergang der Politik,[1515] die gegenwärtigen von Clodius ausgehenden Gewalttätigkeiten[1516]

[1514] Januar 60 v.Chr: Cic. Att. I 18, 2, 4: „Nam ut ea breviter quae post tuum discessum acta sunt colligam, iam exclames necesse est res Romanas diutius stare non posse. Etenim post profectionem tuam primus, ut opinor, introitus fuit fabulae Clodianae, in qua ego nactus, ut mihi videbar, locum resecandae libidinis et coercendae iuventutis vehemens flavi et omnis profudi viris animi atque ingeni mei, non odio adductus alicuius sed spe non corrigendae sed sanandae civitatis. [...]Est autem C. Herennius quidam, tribunus pl. [...]. Is ad plebem P. Clodium traducit idemque fert ut universus populus in campo Martio suffragium de re Clodi ferat."
[1515] Juli 59 v.Chr: Cic. Att. II 19, 3: „Inimici erant [i.e. Caesar et Pompeius] equitibus, [...] hostes omnibus; Rosciae legi, etiam frumentariae minitabantur. Sane res erat perturbata. [...] Non ferunt homines quod videtur esse tamen ferendum. sed est iam una vox omnium, magis odio firmata quam praesidio"; April 55 v.Chr.: Cic. Att. IV, 10, 1: „[...] sed mehercule ut a ceteris oblectationibus deseror et voluptatum propter rem publicam, sic litteris sustentor et recreor maloque in illa tua sedecula quam habes sub imagine Aristotelis sedere quam in istorum sella curuli te cumque apud te ambulare quam cum eo quo cum video esse ambulandum"; 53 v.Chr: Cic. Fam. II 5, 2: „Tu tamen, sive habes aliquam spem de re publica sive desperas, ea para, meditare, cogita quae esse in eo civi ac viro debent qui sit rem publicam adflictam et oppressam miseris temporibus ac perditis moribus in veterem dignitatem et libertatem vindicaturus."
[1516] Januar 57 v.Chr.: Cic. fam. V 4, 2: „Si mihi neque magistratus neque senatum neque populum auxiliari propter eam vim quae me cum re publica vicit licuerit, vide ne, cum velis revocare tempus omnium servandorum, cum qui servetur non erit, non possis"; November 57 v.Chr.: Cic. Att. IV 3, 2: 2 „Armatis hominibus a. d. III Non. Nov. expulsi sunt fabri de area nostra, disturbata porticus Catuli, quae ex senatus consulto consulum locatione reficiebatur et ad tectum paene pervenerat, Quinti fratris domus primo fracta coniectu lapidum ex area nostra, deinde inflammata iussu Clodi inspectante urbe coniectis ignibus, magna querela et gemitu non dicam bonorum, qui nescio an nulli sint, sed plane hominum omnium. Ille vel ante demens ruere, post hunc vero furorem nihil nisi caedem inimicorum cogitare, vicatim ambire, servis aperte spem libertatis ostendere. Etenim antea, cum iudicium nolebat, habebat ille quidem difficilem manifestamque causam, sed tamen causam; poterat infitiari, poterat in alios derivare, poterat etiam aliquid iure factum defendere: post has ruinas, incendia, rapinas desertus a suis vix iam Decimum dissignatorem, vix Gellium retinet, servorum consiliis utitur; videt, si omnis quos vult palam occiderit, nihilo suam causam difficiliorem quam adhuc sit in iudicio futuram"; Dezember 57: Cic. Quint. II 1, 2: „Racilius surrexit et de iudiciis referre

und die Furcht vor den unlauteren Mächtigen, die begann, das öffentliche Leben zu bestimmen[1517]. Jedoch sind diese Äußerungen Ciceros vor allem auf die allgemeine innenpolitische Lage bezogen und nicht auf die politischen Morde dieser Zeit. Die Gewalttaten des Clodius tragen seiner Ansicht nach zwar zum Niedergang der Politik bei, sie stehen jedoch nicht im alleinigen Mittelpunkt der Betrachtung Ciceros. Die Lage des Staates beurteilt er zurecht als heikel; die Handhabe des politischen Mordes wird von ihm jedoch ebenso richtig niemals als genauso schlimm oder gar schlimmer bezeichnet als zu Sullas Zeiten. Seine Klagen über die Gewalttaten des Clodius stehen im Zusammenhang mit einer allgemeinen Beurteilung des Staates; zudem beziehen sich diese Klagen auf Unruhen aller Art, und nur unter anderem auf politische Morde.

Zwar sind die geschilderten Eindrücke Ciceros nur die eines einzelnen - wenn auch bedeutenden- Mannes, doch korrespondieren diese mit anderen bekannten zeitgenössischen Aussagen zur Entwicklung der römischen Politik. Sallust, dessen Analyse hier besonders von Bedeutung ist, da er die Lage ähnlich wie Cicero beurteilt, obwohl er nicht zu den Freunden des Redners gehörte, bemerkt in seiner *Catilinae coniuratio*:

„Sed ego adulescentulus initio, sicuti plerique, studio ad rem publicam latus sum, ibique mihi multa advorsa fuere. Nam pro pudore, pro abstinentia, pro virtute audacia largitio avaritia vigebant. Quae tametsi animus aspernabatur insolens malarum artium, tamen inter tanta vitia inbecilla aetas ambitione conrupta tenebatur; ac me, quom ab relicuorum

---

coepit; Marcellinum quidem primum rogavit. Is cum graviter de Clodianis incendiis, trucidationibus, lapidationibus questus esset, sententiam dixit ut ipse iudices [per] praetor urbanus sortiretur, iudicum sortitione facta comitia haberentur; qui iudicia impedisset, eum contra rem publicam esse facturum"; Januar 56 v.Chr: Cic. Fam. I 4, 3 „Ego neque de meo studio neque de non nullorum iniuria scribendum mihi esse arbitror"; Januar/ Februar 56 v.Chr.: Cic. Quint. II 3, 4: „Operas autem suas Clodius confirmat; manus ad Quirinalia paratur. In ea multo sumus superiores ipsius Milonis copiis, sed magna manus ex Piceno et Gallia exspectatur, ut etiam Catonis rogationibus de Milone et Lentulo resistamus".
[1517] Dezember 54 v.Chr.: Cic. Quint. III 7, 3: „De motu temporum venientis anni, nihil te intellegere volueram domestici timoris sed de communi rei publicae statu, in quo etiam si nihil procuro, tamen nihil curare vix possum. Quam autem te velim cautum esse in scribendo ex hoc conicito quod ego ad te ne haec quidem scribo quae palam in re publica turbantur, ne cuiusquam animum meae litterae interceptae offendant"; 53 v.Chr.: Cic. fam. II 4, 1: „An gravius aliquid scribam? Quid est quod possit graviter a Cicerone scribi ad Curionem nisi de re publica? Atqui in hoc genere haec mea causa est ut neque ea quae non sentio velim scribere."

malis moribus dissentirem, nihilo minus honoris cupido eadem quae ceteros fama atque invidia vexabat."[1518]

Auch er beurteilt die Politik der 50er Jahre als heruntergekommen und weit entfernt von den einstigen Tugenden der *res publica*. Dennoch ist der Höhepunkt der Gewalttätigkeiten auch aus seiner Sicht nicht in den 50er, sondern in den 80er Jahren erreicht worden. Sallust, der in seiner Schmähschrift gegen Cicero nicht Catilina und Clodius, sondern die Konservativen -allen voran Cicero- als hauptsächliche Gewalttäter der letzten Jahre ansieht, stellt Cicero in einem rhetorischen Vergleich auf eine Stufe mit Sulla, indem er ihm Proskriptionen -damit meint er die Verfolgung und Hinrichtung der Catilinarier- vorwirft.[1519] Sallust bedient sich also des Sinnbilds an Grausamkeit, das auch in den 50er Jahren noch Sulla war, um Cicero in ein schlechtes Licht zu rücken. Daß Sallust wirklich der Überzeugung war, Cicero sei wie Sulla, und die späten 60er Jahre seien deshalb ebenso von politischem Mord geprägt wie die 80er Jahre, ist kaum anzunehmen. Vielmehr hält sich Sallust an die Regeln einer Invektive, indem er sein ‚Opfer' nach allen Regeln der Kunst diffamiert. Dazu gehört auch die überzogene Schilderung der Grausamkeit Ciceros. Der Vergleich mit Sulla bedeutet deshalb nicht, daß Sallust gemeint habe, Cicero sei wie Sulla, sondern daß er Sulla als passenden Vergleichspunkt angesehen hat, um Cicero in übersteigerter Weise als grausam zu charakterisieren. Die Bürger und Politiker Roms in den 50er Jahren -sowohl die Konservativen als auch die Kritiker der Senatsaristokratie- empfanden das politische Leben zwar als heruntergekommen, doch nicht als grausam. Der Inbegriff der Unmenschlichkeit blieben für sie Sulla bzw. Marius und Cinna.

[1518] Sall. Cat. 3, 3-5.
[1519] Sall. invect. in Cic. 5-6: „Te consule fortunatam Cicero? Immo vero infelicem et miseram quae crudelissimam proscriptionem eam perpessa est cum tu perturbata re publica metu perculsos omnes bonos parere crudelitati tuae cogebas cum omnia iudicia omnes leges in tua libidine erant cum tu sublata lege Porcia erepta libertate omnium nostrum vitae necisque potestatem ad te unum revocaveras. Atque parum quod impune fecisti verum etiam commemorando exprobras neque licet oblivisci his servitutis suae. Egeris oro te Cicero profeceris quidlibet satis est perpessos esse etiam ne aures nostras odio tuo onerabis etiam ne molestissimis verbis insectabere? Cedant arma togae concedat laurea linguae quasi vero togatus et non armatus ea quae gloriaris confeceris atque inter te Sullamque dictatorem praeter nomen imperii quicquam interfuerit."

Dennoch ist zu beobachten, daß sich die Einstellung der Einzelnen zum Mord als einem Mittel der Politik wandelte. Auch diese Entwicklung läßt sich am Beispiel Ciceros zeigen. Hatte der Redner vor den Ereignissen um die Catilinarische Verschwörung noch den Mord als Mittel der Politik oder der Wahrung persönlicher Rechte grundsätzlich abgelehnt,[1520] so rief er im Jahr 56 v.Chr. beinahe offen zur Tötung seines persönlichen Feindes P. Clodius Pulcher auf.[1521] Cicero hat seine veränderte Sichtweise selbst erkannt. Seine eigene Wendung hin zu einem Kurs, der auch das Mittel des politischen Mordes in Betracht zieht, beschreibt er im Zusammenhang mit der Diskussion um die Hinrichtung der Catilinarier:

> „Me natura misericordem, patria severum, crudelem nec patria nec natura esse voluit; denique istam ipsam personam vehementem et acrem, quam mihi tum tempus et res publica imposuit, iam voluntas et natura ipsa detraxit. Illa enim ad breve tempus severitatem postulavit, haec in omni vita misericordiam lenitatemque desiderat."[1522]

Doch nicht in erster Linie in diesem Fall, sondern in seiner Auseinandersetzung mit dem Demagogen Clodius wich Cicero massiv von seinen früheren Grundsätzen ab. Diese Haltung Ciceros spiegelt jedoch nicht zwangsläufig den Standpunkt aller aristokratisch gesinnten Senatoren, sondern ist vor allem dadurch geprägt, daß Cicero und Clodius persönliche Feinde waren, und daß der Demagoge im Jahr 58 Ciceros Verbannung erwirkt hatte. Daß Cicero also in der Auseinandersetzung mit Clodius den Mord als Mittel der Politik in Betracht zog, bedeutet noch nicht, daß seine Zeit- und Gesinnungsgenossen dies ebenso taten. Die Verurteilung des Clodiusmörders Milo scheint im Gegenteil darauf hinzudeuten, daß die Tat Milos, die -so urteilt Cicero zurecht- den Interessen der Senatsaristokratie entgegen kam, bei den Einflußreichen auf Mißfallen stieß.

Es wurde jedoch im Kapitel II (U)2 gezeigt, daß die Verurteilung Milos nicht darauf zurückzuführen war, daß die *boni* den Mord an Clodius um seiner selbst willen verdammten, sondern darauf, daß sie nicht nur dem

---

[1520] Besonders augenfällig in: Cic. Caec. 33: „Convocari homines propter possessionis controversiam non oportet, armari multitudinem iuris retinendi causa non convenit; nec iuri quicquam tam inimicum quam vis nec aequitati quicquam tam infestum est quam convocati homines et armati."
[1521] Cic. harusp. 6.
[1522] Cic. Sull. 8.

Bandenterror des Clodius, sondern auch den eigenmächtigen Ambitionen Milos ein Ende machen wollten. Nicht die Abscheu vor dem politischen Mord an Clodius, sondern die Furcht vor einem mächtiger werdenden Milo führte zu dem Verbannungsurteil über den Mörder. Cicero argumentiert in seiner Verteidigungsrede, wenn Milo Clodius getötet habe, dann sei er für diese Tat zu loben und nicht zu bestrafen. Noch deutlicher vertrat er diese Ansicht zuvor in der Verteidigungsrede für Sestius. Cicero hätte dies wohl kaum in seiner Rede eingebaut, wenn er keinen Grund gehabt hätte, anzunehmen, daß dieses Urteil bei den *boni* auf Zustimmung stieß. Im Falle des Sestius immerhin war diese Strategie erfolgreich gewesen. Zudem darf nicht vergessen werden, daß Milo seine Truppen mit der Zustimmung -und Unterstützung- der Konservativen gegen Clodius aufgebaut hatte. Die Oberschicht, die bereits gegen andere Aufrührer zum Mittel des politischen Mordes gegriffen hatte, unterstützte nun Milo und seine Schlägerbande im Kampf gegen Clodius. Daß dies auch den Clodianern klar war, zeigt sich darin, daß die Anhänger des Clodius nach dessen Ermordung Gewalt gegen die *boni* übten und das Senatsgebäude in Brand steckten, weil sie die Senatsaristokratie als verantwortlich für den Mord ansahen.

Ein bedeutender Unterschied zu vergleichbaren Fällen zuvor besteht jedoch darin, daß hier niemand aus den Reihen der *boni* versuchte, das Vorgehen Milos rechtlich zu legitimieren. Anders als im Fall des C. Gracchus oder der beiden Agitatoren Saturninus und Glaucia befanden sich die *boni*, die Milo unterstützten, nun deutlich im Bereich der Illegalität. Ihre rechtliche Untadeligkeit retteten sie jetzt nicht mehr durch die Verabschiedung von Notstandsgesetzen, sondern dadurch, daß sie sich niemals offen zu Milo bekannten und ihn, nachdem er sie von der Plage des Clodius befreit hatte, fallen ließen.

Auch die Vorgehens- und Sichtweise der popularen Agitatoren dieser Phase unterscheidet sich von der Art und Weise, in der Saturninus und Glaucia bzw. die Anhänger des C. Gracchus den politischen Mord als Mittel ihrer Politik benutzten. Der Konservative Antyllius war im Jahr 121 v.Chr. von den wütenden Anhängern des C. Gracchus erschlagen worden, weil sie ihn als Repräsentanten einer Politik ansahen, die den Zielen des C. Gracchus auf unlautere Weise entgegenarbeitete. Auch Saturninus und Glaucia töteten zwar aus rein machtpolitischen Motiven, doch bewegten sie sich in gewisser Weise innerhalb des Systems der *res publica*. Sowohl Nunnius als auch Memmius mußten sterben, weil sie Konkurrenten eines der beiden im Wahlkampf waren. Saturninus und Glaucia töteten ihre Rivalen, damit sie sich dann ordnungsgemäß von der Volksversammlung wählen lassen konnten. Insofern nutzten sie die Gegebenheiten der *res publica* für sich; sie arbeiteten nicht gegen sie.

Auch die Morde der 80er Jahre -so brutal und willkürlich sie sein mögen- hatten immer das Durchsetzen bestimmter Interessen innerhalb des bestehenden Systems zum Ziel.[1523] Diese Morde sollten dazu beitragen, daß die Organe des Staats so funktionierten, wie der Täter es wollte; sie sollten jedoch nicht das Funktionieren des Staats selbst verhindern. Mit den Catilinariern und Clodius jedoch verhielt es sich anders. Catilina und seine Anhänger hatten vor, den politischen Mord zu nutzen, um den römischen Staat in seinen Grundfesten zu erschüttern. Ihr Plan war es, die Konsuln und andere bedeutende Männer zu ermorden, um dann im allgemeinen Chaos die Macht an sich reißen zu können. Dieses Vorhaben überschritt die Grenzen des bestehenden Systems noch weit mehr als die Aktionen des Marius und Cinna oder Sullas es getan hatten.

Auch die Maßnahmen des P. Clodius Pulcher waren eher darauf gerichtet, die Organe der *res publica* auszuheben als sie in seinem Sinne funktionieren zu lassen. Diese Analyse bezieht sich nicht so sehr auf das Tribunat des Clodius, währenddessen er Vibienus und den Ritter Papirius umbrachte, sondern darauf, daß Clodius auch lange nach Beendigung seines Tribunats nicht daran dachte, seinen Einfluß aufzugeben, und mit seinen Schlägertrupps weiterhin die römische Öffentlichkeit terrorisierte - auch durch Mordanschläge, wie durch den mißlungenen Anschlag gegen P. Sestius. Anders als z.B. die Demagogen Saturninus und Glaucia nutzte Clodius das

---

[1523] Marius und Cinna hatten immerhin eine offizielle Rückrufung aus der Verbannung erzwungen, bevor sie sich an ihren Feinden blutig rächten. Sulla hatte sich vor den Proskriptionen formell zum Diktator ernennen lassen, weshalb der Massenmord an seinen Gegnern ironischerweise der einzige politische Mord der späten römischen Republik ist, der –formaljuristisch betrachtet- voll und ganz auf dem Boden der Legalität stand.

Mittel des politischen Mordes nicht, um sich innerhalb des bestehenden Systems Macht und Einfluß zu verschaffen, sondern um das bestehende System aufzubrechen.

Einzig die Sichtweise des verarmten römischen Volks hinsichtlich des politischen Mordes änderte sich kaum. Es setzte seine Hoffnungen auf diejenigen, die ihm ein besseres Dasein in Aussicht stellten und reagierte entsprechend auf die Morde an ihren Hoffnungsträgern. Die Hinrichtung der Catilinarier verursachte deshalb einen weiteren Graben zwischen der wohlhabenden Führungsschicht und der verarmten *plebs*. Dies zeigt sich vor allem darin, daß Cicero nach Beendigung seines Konsulats gehindert wurde, die übliche Rede zur Rechtfertigung der Taten des Konsulats zu halten. Aber auch Sallusts Invektive gegen Cicero illustriert das Empfinden der Gegner des Konsuls von 63 v.Chr. hinsichtlich seiner Maßnahmen gegen die Verschwörer. Zwar übertreibt Sallust hier absichtlich, doch greift er zweifellos vorhandene Ressentiments gegen Cicero auf und baut diese - in überzogener Weise- in die Invektive ein. Offenbar fühlte sich die Unterschicht durch die Hinrichtung der Catilinarier ebenso wie bei den Morden an den Gracchen oder an Saturninus und Glaucia in ihren ureigensten Rechten verletzt. Die mögliche politische Billigkeit der Hinrichtungen spielt für sie in diesem Zusammenhang keine Rolle. Stärker als im Fall der Catilinarier ist die Wut des Pöbels auf die Oberschicht nach der Ermordung des P. Clodius Pulcher. Hier ließ sich die *plebs* von den Mitstreitern des Clodius leicht dazu anstiften, mit Aufruhr und Gewalt gegen die vermeintlichen Mörder vorzugehen.

4. Die juristischen Rechtfertigungen der Morde durch die Zeitgenossen
Die in dieser Arbeit analysierten Mordfälle lassen sich hinsichtlich der juristischen Einschätzungen durch die Zeitgenossen in zwei Gruppen teilen. Bei der einen Gruppe steht für alle Betrachter unabhängig von der politischen Wertung und der zuweilen vorhandenen Sympathie für Täter und Opfer fest, daß es sich um einen Mord (also um ein dem Rechtssystem entgegenstehendes Tötungsdelikt) handelt. Bei der zweiten Gruppe dagegen wird von den Tätern oder von deren Sympathisanten versucht, die Tat ju-

ristisch zu legitimieren. Die juristischen Rechtfertigungen bzw. Rechtfertigungsversuche weisen dabei jedoch keine besondere Entwicklung auf. Die Fälle, bei denen es keine juristischen Legitimationsversuche gegeben zu haben scheint, sind die Morde an Scipio Aemilianus, Quintus Antyllius, Aulus Nunnius, Gaius Memmius, Livius Drusus, Sempronius Asellio, Pompeius Rufus minor und Pompeius Rufus maior, sowie an den Gegnern des Marius und des Cinna, an Publius Antistius, Papirius Carbo, Domitius Ahenobarbus, Mucius Saevola, an Gaius Vibienus und den anderen *boni* durch die Anhänger des Clodius Pulcher. Auffällig ist, daß es sich bei den hier genannten Opfern fast ausnahmslos um Vertreter der sogenannten Optimaten handelte. Nunnius und Asellio lassen sich aufgrund mangelnder Quellenzeugnisse politisch kaum verorten; Drusus wird von den *boni* gern als einer der ihren bezeichnet, auch wenn seine Politik als Volkstribun deutliche populare Züge trug. Einzig C. Memmius ist uns als klarer Repräsentant der Popularen und als Kritiker der Senatsaristokratie bekannt. Seine Ermordung stand jedoch nicht mit seiner senatskritischen Haltung in Zusammenhang, sondern resultierte aus seiner Gegnerschaft zu Saturninus und Glaucia. Somit wurde auch Memmius nicht in seiner Eigenschaft als popularer Politiker, sondern als konservativer Gegenspieler zweier Demagogen getötet.

Offensichtlich versuchten die Mörder in diesen Fällen erst gar nicht, ihren Taten einen legalen Anstrich zu geben. Sollte es dennoch in einzelnen Fällen Rechtfertigungsversuche gegeben haben, waren diese wohl so wenig überzeugend, daß sie in den Quellen keinen Widerhall gefunden haben. Ein Beispiel einer solchen wenig einsichtigen Rechtfertigung, die dennoch in den Quellen erwähnt wird, liefert der Mord an dem Ritter Papirius. Cicero erwähnt, daß der Mörder P. Clodius Pulcher nicht belangt wurde, weil er Papirius auf der *via Claudia*, die von einem seiner Vorfahren erbaut worden war, erschlagen habe. Es sei argumentiert worden, daß ein Adeliger auf seinem eigenen Besitz einen Ritter töten dürfe.[1524]

Die Tötungen hingegen, bei denen eine Legitimierung versucht wurde, waren -bis auf die Morde an Lucilius, bei dem die ausführenden Volkstribu-

---

[1524] Cic. Mil. 18. Zu der Absurdität dieser Argumentation siehe Anm. 1362.

nen sich möglicherweise an eine archaische Tradition hielten, und an Papirius, dessen juristische Rechtfertigung jedoch als haarsträubend bezeichnet werden kann- allesamt gegen populare Politiker oder Feinde der Senatsherrschaft gerichtet. Bei den Opfern handelte es sich neben Lucilius und Papirius um Tiberius Gracchus, Gaius Gracchus, Appuleius Saturnius, Servilius Glaucia, Publius Furius, Sulpicius Rufus, die von Sulla Proskribierten, Sergius Catilina und seine Anhänger, sowie um Publius Clodius Pulcher.

Hier fällt auf, daß die Wertung der Morde durch die Zeitgenossen stark von der jeweiligen politischen Haltung gegenüber dem Opfer abhängt. Ob eine Tötung als legitim angesehen wird, ist also nicht in erster Linie die Folge juristischer, sondern politischer Erwägungen. Im Fall der Ermordung des Ti. Gracchus ist dies besonders deutlich, da es zu diesem Zeitpunkt noch keine formalrechtliche Handhabe gegen Reformpolitiker gab, welche die althergebrachten Traditionen politischen Handelns mißachteten. Daher ist die Legitimierung des Mordes vor allem moralisch-politisch. Diese Form der Legitimation wurde aber offenkundig schon in der damaligen Zeit als nicht ausreichend empfunden, weshalb der Senat die Notstandsgesetze schuf, die in den Aktionen gegen C. Gracchus, Saturninus und Glaucia, sowie die Catilinarier Anwendung fanden, auch wenn die jeweilige Durchführung Anlaß zu Diskussionen gab. Somit hatte sich -nach der problematischen, da juristisch nicht gedeckten Handlungsweise gegen Ti. Gracchus- der Senat selbst das Recht gegeben, künftig gegen seine als gefährlich empfundenen Gegner mit Gewalt vorzugehen. Das Recht folgte demnach der vermeintlichen politischen Notwendigkeit.

Ähnlich verhält es sich bei den Morden, deren Urheber Sulla war, da dieser darauf bedacht war, seine Handlungen formalrechtlich abzusichern. Aus diesem Grund erzwang er vor der Tötung des Sulpicius vom Senat eine *hostis*-Erklärung und ließ sich vor der Durchführung der Proskriptionen ebenfalls durch den Senat zum *dictator legibus scribundis et rei publicae constituendae* erklären und legitimierte auf diese Weise die massenhafte Tötung seiner politischen Gegner. Hierbei griff Sulla nicht auf die neuere Einrichtung der Notstandsgesetze zurück, sondern auf die traditionelle republikanische Institution der Diktatur.

Eine besondere Position nimmt der Mord an P. Clodius Pulcher ein, da es sich hier um den einzigen Fall in dieser Gruppe handelt, in dem der Mörder strafrechtlich verfolgt und verurteilt wurde. Anders als in den oben genannten Fällen, war die Aristokratie hier in der glücklichen Situation, nicht selbst handeln zu müssen. Clodius' Intimfeind Milo hatte die *boni* zwar von dem lästigen Demagogen befreit, er handelte jedoch nicht als Teil dieser Gruppe, weshalb ihm der Schutz der Aristokratie verwehrt blieb und Ciceros Legitimationsversuche ins Leere liefen.

C) Schluß

Bei der Untersuchung des politischen Mordes in der späten römischen Republik hat sich gezeigt, daß dieses Mittel von den beiden wichtigsten politischen Gruppen -Optimaten und Popularen- gleichermaßen angewendet wurde. Unterschiede hinsichtlich der Brutalität oder der Häufigkeit politischer Morde können nicht so sehr zwischen diesen Gruppen festgemacht werden, sondern eher an einer chronologischen Entwicklung. Diese Entwicklung wird von beiden Gruppen in ähnlicher Weise begleitet: in den 80er Jahren z.B. hat jede Seite ein grausames Massaker an politischen Gegnern aufzuweisen; in den 50er Jahren bediente sich jede Seite des Bandenkampfes, bei dem es auch Tote zu beklagen gab. Es ist demnach nicht angebracht, der optimatischen oder der popularen Seite einen Hauptanteil an den politischen Morden der späten Republik zu geben. Zweifellos wurde der erste politische Mord der späten Republik von aristokratischer Seite begangen, wodurch diese Seite eine gewisse Verantwortung für das Eindringen dieses Mittels in die Politik trägt. Dennoch standen die popularen Kräfte ihren optimatischen Kollegen in der Folgezeit nicht nach, wenn es um die Anwendung des Mordes aus politischen Gründen ging. Ein Unterschied zwischen den Gruppen liegt allenfalls darin, daß die aristokratisch gesinnten Täter ihre Morde in der Regel durch -ihrer Meinung nach- legale Maßnahmen, wie den Staatsnotstand, rechtfertigen konnten - eine Möglichkeit, die den Popularen gemeinhin nicht gegeben war. Aus diesem Grund bewegten sich populare Täter oft deutlicher im Rahmen der Illegalität.

Eine fundamentale Ablehnung des Mordes als Mittel der Politik ist bei keiner relevanten politischen Gruppe der späten Republik nachweisbar. Selbst Cicero, der in seinen frühen Reden die Gewalt in der Politik noch kategorisch ablehnt[1525], kommt in den 60er und 50er Jahren nicht umhin, die Gewalt und sogar den Mord als politisches Mittel anzuerkennen und zum Teil zu unterstützen. Damit befindet er sich in der guten Gesellschaft vieler Aristokraten, welche die Tötungen popularer Agitatoren oft als ganz legitime Verteidigung der Concordia und der „richtigen" Art und Weise,

---

[1525] Cic. Quinct. 51; Caec. 33.

Politik zu treiben, ansehen.[1526] Aus diesem Grund konnten Morde, die aus Sicht des Betrachters politisch ‚gut' waren, nicht nur entschuldigt, sondern sogar zu großen Taten stilisiert werden.[1527] Wir können für die späte römische Republik keine allgemeine Ablehnung des Mordes als Mittel der Politik ausmachen. Morde, die als politisch positiv angesehen wurden, wurden in der Regel auch gebilligt. Eine weiterführende Beurteilung der einzelnen Fälle, welche die grundsätzlichen Rechte potenzieller Opfer zur Grundlage hatte, ist offenbar nicht oder nur selten angestrengt worden. Ob ein Mord jedoch als positiv beurteilt wurde, hing -wie diese Untersuchung gezeigt hat- sehr oft vom politischen Standpunkt des Betrachters ab.

Dies gilt jedoch nicht für solche Fälle, in denen Morde allein aus Gründen des Machterhalts oder -gewinns begangen wurden, wie z.B. die Morde an Nunnius 101 v.Chr. und Memmius 100 v.Chr. Solche Morde wurden ohne Frage allgemein abgelehnt. Auch die Proskriptionen unter dem Diktator Sulla, in deren Verlauf auch viele Unbeteiligte getötet wurden, werden allgemein als grausam und maßlos kritisiert. Dagegen kennen wir keinen einzigen politischen Mord in der späten Republik, der von allen relevanten Gruppen gebilligt wurde. Es gibt also zwar keine fundamentale Ablehnung, aber erst recht keine grundsätzliche Billigung des politischen Mordes.

Des weiteren haben wir gesehen, daß die politischen Morde zwar oft Auskunft über den Zustand der *res publica* geben können, daß die Häufigkeit und Brutalität der Morde aber nicht parallel mit dem Untergang der Republik einhergeht. Dieser kann eher mit dem Anwachsen unkontrollierbarer Straßengewalt und außerordentlicher Machtbefugnisse in Zusammenhang gebracht werden. Der politische Mord ist in der Tat in erster Linie eines der Symptome der Krankheit der *res publica*, und nicht ihr Auslöser. Der nachlässige Umgang mit den Rechten der Bürger und die Respektosigkeit gegenüber der Autorität des Senats und der Magistrate, die in den politi-

---

[1526] Hierzu: BURCKHARDT, Strategien, 111-134.
[1527] z.B. Cic. Rab. perd. 4: „Agitur enim nihil aliud in hac causa, Quirites, nisi ut nullum sit posthac in re publica publicum consilium, nulla bonorum consensio contra improborum furorem et audaciam, nullum extremis rei publicae temporibus perfugium et praesidium salutis."

schen Morden zum Ausdruck kommen, sind eines von vielen Anzeichen dafür, wie die alte Republik und die hochgehaltenen römischen Tugenden im Verfall begriffen waren. Aus diesem Grund kann Cicero im Jahr 80 v.Chr. angesichts der Tragweite von Gewalt und politischem Mord für die *res publica* an seine Landsleute appellieren:

„Nam cum omnibus horis aliquid atrociter fieri videmus aut audimus, etiam, qui natura mitissimi sumus, adsiduitate molestiarum sensum omnem humanitatis ex animis amittimus.

Denn wenn wir zu jeder Stunde sehen und hören, daß etwas Grausiges geschieht, dann mögen wir die mildeste Sinnesart haben: unser Herz verliert, wenn die bedrückenden Ereignisse sich ständig wiederholen, jegliches Empfinden für die Menschlichkeit."[1528]

[1528] Cic. Rosc. Am. 154; deutsche Übersetzung: M. FUHRMANN 1970.

VI. Quellen und Literatur

A) Quellen
1. Textausgaben

L. Annaeus Florus, Epitomae, ed. O. Rossbach, Leipzig 1896

M. Annaeus Lucanus, De bello civili, ed. D. R. Shackleton Bailey, Stuttgart 1988

L. Annaeus Seneca (Rhetor), Oratorum et rhetorum sententiae, divisiones, colores, ed. L. Håkanson, Leipzig 1989
Controversiae, ed. M. Winterbottom, Cambridge 1974

L. Annaeus Seneca (Philosophus), Dialogi, ed. L. D. Reynolds, Oxford 1977, Nachdr. corr. 1988
Naturales quaestiones, ed. M. F. A. Brok, Darmstadt 1995

Appian, Bellum civile I-II, ed. J. Henderson, Roman History III, Cambridge - London 1913, Nachdr. 2002

Quintus Asconius Pedianus, Orationum Ciceronis enarratio, ed. T. Stangl, Ciceronis orationum scholiastae II, Wien 1912

Auctor ad Herennium, ed. F. Marx, Leipzig 1894

Cassius Dio, Historiae Romanae XII-XL, ed. J. Henderson, Dio Cassius II-III, Cambridge – London 1914, Nachdr. 2001

Codex Iustinianus, Iuris enucleati ex omni vetere iure collecti digestorum seu pandectarum, eds. Th. Mommsen/ P. Krueger, Dublin - Zürich [22] 1973

P. Cornelius Tacitus, Annales ab excessu divi Augusti, ed. H. Heubner, Stuttgart – Leipzig 1994
Dialogus de oratoribus, ed. H. Heubner, Stuttgart 1983

Diodorus Siculus, Bibliotheca historica XXXIII-XL, ed. J. Henderson, Diodorus of Sicily XII, Cambridge - London 1967, Nachdr. 2001

Dionysios v. Halikarnassos, Antiquitates Romanae, ed. K. Jacoby, Leipzig 1904-1929, Nachdr. 1985

Marcus Fabius Quintilianus, De institutione oratoria, ed. H. Rahn, 2 Bde., Darmstadt [3] 1995

A. Gellius, Noctes Atticae, ed. P. K. Marshall, Oxford 1968

Homer, Odyssee, ed. J. Griffin, Cambridge 1987
Incerti auctoris De viris illustribus urbis Romae, ed. F. Pichlmayr, Leipzig 1911
C. Iulius Caesar, Commentarii belli civilis, ed. A. Klotz, Leipzig 1950
D. Iunius Iuvenalis, Saturae sedecim, ed. J. Willis, Stuttgart - Leipzig 1997
T. Livius, Ab urbe condita, Libri I-X, XXXI-XLV, eds. W. Weissenborn/ M. Müller/ W. Heraeus, Leipzig 1887-1908
    Libri XXI-XXV, ed. T. A. Dorey, Leipzig 1917, Nachdr.1976
    Liviani operis periochae, ed. O. Rossbach, Leipzig 1910
Julius Obsequens, Liber prodigiorum, ed. O. Rossbach, Stuttgart 1966
Paulus Orosius, Historiarum adversum paganos libri VII, ed. C. Zangemeister, Leipzig 1898
P. Ovidius Naso, Fastorum Libri VI, eds. R. Ehwald/ F. W. Levy, Leipzig 1924
Julius Paulus, Sententiae, ed. P. Krueger, Berlin 1878
    C. Plinius Secundus, Naturalis historia, ed. K. Mayhoff, Stuttgart 1967-1970
Plutarch, Poplicola, ed. P. G. Goold, Plutarch's Lives I, Cambridge - London 1914, Nachdr. 1982
    Romulus, ebd.
    Sulla, ed. J. Henderson, Plutarch's Lives IV, Cambridge - London 1916, Nachdr. 2000
    Coriolanus, ebd.
    Pompeius, ed. E. H. Warmington, Plutarch's Lives V, Cambridge - London 1917, Nachdr.1968
    Cicero, ed. P. G. Goold, Plutarch's Lives VII, Cambridge - London 1919, Nachdr.1980
    Caesar, ebd.
    Cato Minor, ed. E. H. Warmington, Plutarch's Lives VIII, Cambridge - London 1919, Nachdr.1969
    Sertorius ebd.

Marius, ed. G. P. Goold, Plutarch's Lives IX, Cambridge - London 1920, Nachdr.1996

Agis/ Cleomenes - T. Gracchus/ C. Gracchus, ed. J. Henderson, Plutarch's Lives X, Cambridge - London 1921, Nachdr.2000

De tranquillitate animae, ed. E. H. Warmington, Plutarch's Moralia VI, Cambridge - London 1939, Nachdr.1970

Sex. Pompeius Festus, De verborum significatu, ed. W. M. Lindsay, Leipzig 1908

M. Porcius Cato, De agricultura, ed. A. Mazzarino, Leipzig ^{2} 1982

C. Sallustius Crispus, Bellum Catilinae, ed. A. Kurfess, Stuttgart 1957

Bellum Iugurthinum, ebd.

In M. Tullium Ciceronem invectiva, ed. K. Vretska, Heidelberg 1961

Epistulae ad Caesarem, ebd.

Historiarum excerpta: Orationes et Epistulae, eds. W. Eisenhut/ J. Lindauer, in: Sallust. Werke, München - Zürich ^{2} 1994, 280-316

M. Terentius Varro, De lingua Latina, eds. G. Goetz/ F. Schoell, Leipzig 1910

M. Tullius Cicero, Epistulae ad familiares, ed. L. C. Purser, Oxford 1901, Nachdr. 1957

Epistulae ad Atticum, ed. L. C. Purser, 2 Bde., Oxford 1903, Nachdr. 1955-1956

Epistulae ad Quintum fratrem, ed. L. C. Purser, Oxford 1902, Nachdr. 1955

Orationes, ed. A. C. Clark/ W. Peterson, 6 Bde. Oxford 1901-1911; Nachdr. 1956-1958

Brutus, ed. A. S. Wilkins, in: Rhetorica II, Oxford 1903, Nachdr. 1957

Orator, ebd.

De officiis, ed. M. Winterbottom, Oxford 1994

De re publica, ed. K. Ziegler, München – Leipzig 2001

De finibus bonorum et malorum, ed. Th. Schiche/ M. Pohlenz, Leipzig 1919

Tusculanae disputationes, ed. M. Pohlenz/ O. Heine, Stuttgart 1957

De divinatione; de fato; de natura deorum, ed. O. Plasberg, Leipzig 1908

Laelius de amicitia, ed. K. Simbeck, Leipzig 1997

Scholia Bernensia, M. Annaei Lucani Commenta, ed. H. Usener, Leipzig 1869, Nachdr. 1967

Scholia Bobiensia, Scholia in Ciceronis orationes, ed. P. v. Hildebrandt, München 1907, Nachdr. 1971

Strabo, Geographika, ed. G.P. Goold, 1917-1932 (8 Bde.), Nachdr.1982-1989

M. Valerius Martialis, Epigrammata, ed. W. M. Lindsay, Oxford ^{2} 1929, Nachdr. 1977

Valerius Maximus, Facta et dicta memorabilia, ed. J. Briscoe, Stuttgart – Leipzig 1998

Velleius Paterculus, Historia Romana, ed. Marion Giebel, Stuttgart 1989

P. Vergilius Maro, Aeneis, ed. R. G. Austin, Oxford 1955; Nachdr. corr. 1963

Johannes Zonaras, Epitome historiarum, ed. L. Dindorf, Leipzig 1870

2. Kommentare und ausgewählte Übersetzungen

J. **Adamietz**, Marcus Tullius Cicero. Pro Murena, Darmstadt 1989

D. H. **Berry**, Cicero: pro P. Sulla oratio. Edited with Introduction and Commentary, Cambridge 1996

W. **Eisenhut**/ J. **Lindauer**, Sallust. Werke, München - Zürich ^{2} 1994

Marianne **Elster**, Die Gesetze der mittleren römischen Republik. Text und Kommentar, Darmstadt 2003

D. **Flach**, Die Gesetze der frühen römischen Republik. Text und Kommentar, Darmstadt 1994

M. **Fuhrmann**, M. Tullius Cicero: Sämtliche Reden, 7 Bde., Düsseldorf - Zürich ^{2}1985, Nachdr. 2000

E. **Gabba**, Appiani Bellorum Civilium Liber Primus, Florenz 1958

O. **Gigon**/ Laila **Straume-Zimmermann**, Marcus Tullius Cicero. Vom Wesen der Götter. Herausgegeben, übersetzt und kommentiert, Zürich - Düsseldorf 1996

Claudia **Klodt**, Ciceros Rede pro Rabirio Postumo. Einleitung und Kommentar, Stuttgart 1992

P. **MacKendrick**, The Speeches of Cicero. Kontext, Law, Rhetoric, London 1995

J. T. **Ramsey**, Sallust's Bellum Catilinae. Edited with Introduction and Commentary, Atlanta 1984

W. B. **Tyrrell**, A Legal and Historical Commentary to Cicero's oratio pro C. Rabirio perduellionis reo, Amsterdam 1978

K. **Vretska**, C. Sallustius Crispus: Invektive und Episteln. Übers. und kommentiert (2 Bde.), Heidelberg 1961

D. **Wardle**, Valerius Maximus. Memorable Deeds and Sayings. Translated with Introduction and Commentary, Oxford 1998

B. Sekundärliteratur

H. **Aigner**, Die Soldaten als Machtfaktor in der ausgehenden römischen Republik, Innsbruck 1974

A. E. **Astin**, Scipio Aemilianus, Oxford 1967

E. **Badian**, Foreign Clientelae (264-70 B.C.), Oxford 1958

Ders., Waiting for Sulla, JRS 52 (1962), 47-61

Ders., Quaestiones Variae, Historia 18 (1969), 447-491

Ders., Lucius Sulla. The Deadly Reformer, Sydney 1970

Ders., Three Fragments, in: D. M. Kriel (Hrsg.), Pro Munere Grates. Studies presented to H. L. Gonin, Pretoria 1971, 1-6

Ders., Tiberius Gracchus and the Beginning of the Roman Revolution, in: Hildegard Temporini (Hrsg.), Aufstieg und Niedergang der römischen Welt, Bd. I: Von den Anfängen Roms bis zum Ausgang der Republik, Erster Teil, Berlin - New York 1972, 668-731

Ders., The Death of Saturninus, Chiron 14 (1984), 101-147

J. P. V. D. **Balsdon**, Fabula Clodiana, Historia 15 (1966), 65-73

Melissa **Barden Dowling**, The Clemency of Sulla, Historia 49 (2000), 303-340

R. A. **Bauman**, Human Rights in Ancient Rome, London - New York 2000

H. **Behr**, Die Selbstdarstellung Sullas. Ein aristokratischer Politiker zwischen persönlichem Führungsanspruch und Standessolidarität, Frankfurt a.M. - Berlin - New York - Paris - Wien 1993

H. **Benner**, Die Politik des P. Clodius Pulcher. Untersuchungen zur Denaturierung des Clientelwesens in der ausgehenden römischen Republik, Stuttgart 1987

H. **Bennet**, Cinna and his Times, Menasha 1923

J. **Béranger**, Tyrannus. Notes sur la notion de tyrannie chez les Romains, particulièrement à l'époque de César et de Cicéron, REL (1935), 85-94

Ders., Les jugements de Cicéron sur les Gracques, in: Hildegard Temporini (Hrsg.), Aufstieg und Niedergang der römischen Welt, Bd. I: Von den Anfängen Roms bis zum Ausgang der Republik, Erster Teil, Berlin - New York 1972, 732-763

A. **Berger**, RE IV A/2 (1932), 1900-1949, s.v. Tabulae duodecim

Monika **Bernett**, Causarum cognitio. Ciceros Analysen zur politischen Krise der späten römischen Republik, Stuttgart 1995

A. H. **Bernstein**, Tiberius Sempronius Gracchus. Tradition and Apostasy, Ithaca - London 1978

D. H. **Berry**, The Publication of Cicero's Pro Roscio Amerino, Mnemosyne 57 (2004), 80-87

K. **Bilz**, Die Politik des P. Cornelius Scipio Aemilianus, Stuttgart 1935

Marianne **Bonnefond-Coudry**, Le Sénat de la République Romaine de la guerre d'Hannibal à Auguste. Pratiques délibératives et prise de décision, Rom 1989

M. **Braun**, Stabilisierung und Destabilisierung sozialer Werte in Ciceros Reden, in: A. Haltenhoff/ A. Heil/ F.-H. Mutschler, O tempora, o mores! Römische Werte und römische Literatur in den letzten Jahrzehnten der Republik, München - Leipzig 2003, 71-91

T. C. **Brennan**, The Praetorship in the Roman Republic (2 Bde.), Oxford 2000

K. **Bringmann**, Die Agrarreform des Tiberius Gracchus. Legende und Wirklichkeit, in: P. Wende (Hrsg.), Große Revolutionen der Geschichte. Von der Frühzeit bis zur Gegenwart, München 2000, 35-48

T. R. S. **Broughton**, The Magistrates of the Roman Republic (Bd. I: 509 B.C.-100 B.C.; Bd. II: 99 B.C.-31 B.C.; Bd. III: Supplement), New York 1951-1986 (Nachdr. Chico 1984-1986)

Ph. **Bruggisser**, Audacia in Sallusts Verschwörung des Catilina, Hermes 120 (2002), 265-287

H. **Bruhns**, Armut und Gesellschaft in Rom, in: H. Mommsen/ W. Schulze (Hrsgg.), Vom Elend der Handarbeit. Probleme historischer Unterschichtenforschung, Stuttgart 1981, 27-49

P. A. **Brunt**, The Army and the Land in the Roman Revolution, JRS 52 (1962), 69-86

Ders., Der römische Mob, in: H. Schneider (Hrsg.), Zur Sozial- und Wirtschaftsgeschichte der späten römischen Republik, Darmstadt 1976, 271-310

Ders., Social Conflicts in the Roman Republic, London 1986

Ders., The Fall of the Roman Republic and Related Essays, Oxford 1988

V. **Buchheit**, Ciceros Kritik an Sulla in der Rede für Roscius aus Ameria, Historia 24 (1975), 570-591

Ders., Chrysogonus als Tyrann in Ciceros Rede für Roscius aus Ameria, Chiron 5 (1975), 193-211

K. **Büchner**, Römische Literaturgeschichte. Ihre Grundzüge in interpretierender Darstellung, Stuttgart ³ 1962

Chr. M. **Bulst**, Cinnanum Tempus. A Reassessment of the Dominatio Cinnae, Historia 13 (1964), 307-337

L. A. **Burckhardt**, Politische Strategien der Optimaten in der späten Römischen Republik, Stuttgart 1988

P. F. **Caignart**, The Life and Career of Lucius Cornelius Sulla through his Consulship in 88 B.C. A Study in Character and Politics, Austin 1985

Ders., L. Cornelius Sulla in the Nineties. A Reassessment, Latomus 50 (1991), 285-303

Eva **Cantarella**, Les peines de mort en Grèce et à Rome. Origines et fonctions des supplices capitaux dans l'Antiquité classique, Paris 2000 (Original italienisch: I supplizi capitali in Grecia e a Roma, Mailand ² 1996)

R. W. **Cape** Jr., Cicero's Consular Speeches, in: J. M. May (Hrsg.), Brill's Companion to Cicero, Leiden - Boston - Köln 2002, 113-158

J. **Carcopino**, Sylla ou la monarchie manquée, Paris 1931

Ders., Autour des Gracques, Paris 1967

T. F. **Carney**, Cicero's Picture of Marius, Wiener Studien 73 (1960), 90-122

Ders., A Biography of C. Marius, Chicago ² 1970

Francesca **Cavaggioni**, L. Apuleio Saturnino: Tribunus plebis seditiosus, Venedig 1998

Sylvie **Charrier**, Les années 98-80 dans le Brutus de Cicéron (§§ 304-312). La formation d'un orateur au temps des guerres civiles, REL 81 (2003), 79-96

K. **Christ**, Caesar. Annäherungen an einen Diktator, München 1994

Ders., Krise und Untergang der römischen Republik, Darmstadt ⁴ 2000

Ders., Sulla. Eine römische Karriere, München 2002

J. W. **Clarke**, American Assassins. An Alternative Typology, British Journal of Political Science 11 (1981), 81-104

J. D. **Cloud**, How Did Sulla Style His Law de Sicariis?, CR 18 (1968), 140-143

Ders., The Primary Purpose of the lex Cornelia de Sicariis, ZSS 86 (1969), 258-286

Ders., The Constitution and Public Criminal Law, in: J.A. Crook/ A. Lintott/ E. Rawson (Hrsgg.), The Cambridge Ancient History, Second Edition, Bd. IX: The Last Age of the Roman Republic, 146-43 B.C., Cambridge 1994, 491-530

G. **Crifò**, La legge delle XII tavole. Osservazioni e problemi, in: Hildegard Temporini (Hrsg.), Aufstieg und Niedergang der römischen Welt, Bd. I: Von den Anfängen Roms bis zum Ausgang der Republik, 2. Teil, Berlin – New York 1972, 115-133

J. A. **Crook**, The Development of Roman Private Law, in: J.A. Crook/ A. Lintott/ E. Rawson (Hrsgg.), The Cambridge Ancient History, Second Edition, Bd. IX: The Last Age of the Roman Republic, 146-43 B.C., Cambridge, 1994, 531-563

W. **Dahlheim**, Gewalt und Herrschaft. Das provinziale Herrschaftssystem der römischen Republik, Berlin - New York 1977

Ders., Die Not des Staates und das Recht des Bürgers. Die Verschwörung des Catilina (63/ 62 v.Chr.), in: A. Demandt (Hrsg.), Macht und Recht. Große Prozesse in der Geschichte, München ^{2} 1991, 27-37

G. **D'Anna**, L'utopia politica del Bellum Iugurthinum di Sallustio, in: E. Benedini (Hrsg.), La repubblica romana: da Mario e Silla a Cesare e Cicerone, Mantua 1990, 65-89

Loretana **de Libero**, Obstruktion. Politische Praktiken im Senat und in der Volksversammlung der ausgehenden römischen Republik (70-49 v.Chr.), Stuttgart 1992

Christiane **Delplace**, La romanisation du Picenum. L'exemple d'urbs Salvia, Rom 1993

E. **Diehl**, RE X/1 (1918), 428-431, s.v. C. Iulius (Nr. 135)

H. **Diehl**, Sulla und seine Zeit im Urteil Ciceros, Hildesheim - New York - Zürich 1988

H. **Dieter**, ‚Soziale Konflikte' in der späten römischen Republik, Klio 62 (1980), 229-233

Christine **Döbler**, Politische Agitation und Öffentlichkeit in der späten Republik, Frankfurt a.M. 1999

G. **Doblhofer**, Die Popularen der Jahre 111-99 vor Christus. Eine Studie zur Geschichte der späten römischen Republik, Wien - Köln 1990

H. **Drexler**, Zur Frage der Schuld des Tiberius Gracchus, Emerita 19 (1951), 51-10

W. **Drumann**, Geschichte Roms in seinem Übergange von der republikanischen zur monarchischen Verfassung, oder: Pompeius, Caesar, Cicero und ihre Zeitgenossen nach Geschlechtern und mit genealogischen Tabellen (Band IV: Junii-Pompeii), in der zweiten Auflage hrsg. und kommentiert von P. Groebe, Leipzig 1908

A. **Drummond**, Law, Politics and Power. Sallust and the Execution of the Catilinarian Conspirators, Stuttgart 1995

T. **Duff**, Plutarchs's Lives. Exploring Virtue and Vice, Oxford 1999

A. R. **Dyck**, The ‚Other' *Pro Milone* Reconsidered, Philologus 146 (2002), 182-185

D. C. **Earl**, Tiberius Gracchus. A Study in Politics, Brüssel 1963

D. F. **Epstein**, Inimicitia between M. Octavius and Ti. Gracchus, Tribuni Plebis, 133 B.C., Hermes 111 (1983), 298-300

J. **Ermann**, Strafprozess, öffentliches Interesse und private Strafverfolgung. Untersuchungen zum Strafrecht der römischen Republik, Köln - Weimar - Wien 2000

R. J. **Evans**, Gaius Marius. A Political Biography, Pretoria 1994

A. **Everitt**, Cicero. Ein turbulentes Leben, Köln 2003

D. **Fechner**, Untersuchungen zu Cassius Dios Sicht der römischen Republik, Hildesheim - New York - Zürich 1986

A. **Felmy**, Die römische Republik im Geschichtsbild der Spätantike. Zum Umgang lateinischer Autoren des 4. und 5. Jahrhunderts mit den exempla maiorum, Berlin 2001

J.-L. **Ferrary**, Optimates et populares. Le problème du rôle de l'idéologie dans la politique, in: H. Bruhns/ J.-M. David/ W. Nippel, Die späte römische Republik. La fin de la République Romaine. Un débat Franco-Allemand d'histoire et d'historiographie, Rom 1997, 221-231

G. **Fetherling**, The Book of Assassins. A Biographical Dictionary from Ancient Times to the Present, New York 2001

E. **Flaig**, Ritualisierte Politik. Zeichen, Gesten und Herrschaft im Alten Rom, Göttingen 2003

F. L. **Ford**, Der politische Mord. Von der Antike bis zur Gegenwart, Hamburg 1992

T. **Frank,** On some Financial Legislation of the Sullan Period, AJPh 54 (1933), 54-58

E. **Gabba**, Mario e Silla, in: Hildegard Temporini (Hrsg.), Aufstieg und Niedergang der römischen Welt, Bd. I: Von den Anfängen Roms bis zum Ausgang der Republik, Erster Teil, Berlin - New York 1972, 764-805

Ders., Rome and Italy. The Social War, in: J.A. Crook/ A. Lintott/ E. Rawson (Hrsgg.), The Cambridge Ancient History, Second Edition, Bd. IX: The Last Age of the Roman Republic, 146-43 B.C., Cambridge, 1994, 104-128

J. **Gaillard**, Que représentent les Gracques pour Cicéron?, BAGB (1975), 499-529

M. **Gelzer**, Die Nobilität der römischen Republik, Leipzig 1912

Ders., Caesar. Der Politiker und Staatsmann, Wiesbaden ^{6}1960

Ders., Die angebliche politische Tendenz in der dem C. Herennius gewidmeten Rhetorik, in: H. Strasburger/ Chr. Meier (Hrsgg.), Kleine Schriften I, Wiesbaden 1962, 211-221

Ders., Rezension zu: J. Carcopino, Sylla ou la monarchie manquée, Paris 1931, in: H. Strasburger/ Chr. Meier (Hrsgg.), Kleine Schriften II, Wiesbaden 1963, 103-105

Ders., Cn. Pompeius Strabo und der Aufstieg seines Sohnes Magnus, in: H. Strasburger/ Chr. Meier (Hrsgg.), Kleine Schriften II, Wiesbaden 1963, 106-138

Ders., Cicero. Ein biographischer Versuch, Wiesbaden 1969

R. **Gnauk**, Die Bedeutung des Marius und des Cato Maior für Cicero, Leipzig 1935

P. **Grimal,** Le rôle de Ciceron dans l'évolution politique de la République Romaine de Sulla a César, in: E. Benedini (Hrsg.), La repubblica romana: da Mario e Silla a Cesare e Cicerone, Mantua 1990, 11-28

E. S. **Gruen,** The Lex Varia, JRS 55 (1965), 59-73

Ders., Political Prosecutions in the 90's BC, Historia 15 (1966), 32-64

Ders., Roman Politics and Criminal Courts 149-78 B.C., Cambridge 1968

Ders., The Last Generation of the Roman Republic, Berkeley - Los Angeles 1974 (Nachdr. Paperback 1995)

Chr. **Habicht**, Cicero der Politiker, München 1990

Ursula **Hackl**, Senat und Magistratur in Rom von der Mitte des 2. Jahrhunderts v. Chr. bis zur Diktatur Sullas, Kallmünz 1982

Dies., Die Bedeutung der popularen Methode von den Gracchen bis Sulla im Spiegel der Gesetzgebung des jüngeren Livius Drusus, Volkstribun 91 v.Chr., Gymnasium 94 (1984), 109-127

I. **Hahn**, Appian und seine Quellen, in: G. Wirth (Hrsg.), Romanitas – Christianitas. Untersuchungen zur Geschichte und Literatur der römischen Kaiserzeit (FS J. Straub), Berlin - New York 1982, 251-276

R. **Hanslik**, Nonius, klP 4, München 1979, 150-153

Theodora **Hantos**, Res publica constituta. Die Verfassung des Diktators Sulla, Stuttgart 1988

L. **Havas**, L'arrière-plan religieux de la conjuration de Catilina, Oikumene 2 (1978), 191-199

M. C. **Havens**, The Politics of Assassination, Englewood Cliffs 1970

H. **Hausmaninger** / W. **Selb**, Römisches Privatrecht, Wien - Köln - Weimar, ^{8}1997

K. **Heikkilä**, Lex non iure rogata, Senate and the Annulment of Laws in the Late Republic, in: U. Paananen/ J. Vaahtera (Hrsgg.), Senatus populusque Romanus, Helsinki 1993, 117-142

R. **Heinze**, Ciceros politische Anfänge, in: Ders. (Hrsg.), Vom Geist des Römertums, Darmstadt ^{3} 1960, 87-140

H. **Heubner**, Das Ende der Gracchen im Urteil Sallusts, RhM 105 (1962), 276-281

F. **Hinard**, La male mort. Exécutions et statut du corps au moment de la première proscription, in: École Française de Rome (Hrsg.), Du châtiment dans la cité. Supplices corporels et peine de mort dans le monde antique, Rom 1984, 295-311

Ders., La naissance du mythe de Sylla, REL 62 (1984), 81-97

Ders., Les proscriptions de la Rome républicaine, Rom 1985

K.-J. **Hölkeskamp**, Lucius Cornelius Sulla. Revolutionär und restaurativer Reformer, in: Ders./ Elke Stein-Hölkeskamp (Hrsgg.), Von Romulus zu Augustus, München 2000, 199-218

Ders., Under Roman Roofs. Family, House and Household, in: Harriet I. Flower (Hrsg.), The Cambridge Companion to the Roman Republic, Cambridge 2004, 113-138

Ders., *Exempla* und *mos maiorum*: Überlegungen zum kollektiven Gedächtnis der Nobilität, in: Ders. Senatus Populusque Romanus. Die politische Kultur der Republik - Dimensionen und Deutungen, Stuttgart 2004, 169-198

M. **Hose**, Erneuerung der Vergangenheit. Die Historiker im Imperium Romanum von Florus bis Cassius Dio, Stuttgart - Leipzig 1994

J. N. **Hough**, The Lex Lutatia and the Lex Plautia de vi, AJP 51 (1930), 135-147

F. **Hurlet**, La dictature de Sylla. Monarchie ou magistrature républicaine? Essai d'histoire constitutionnelle, Brüssel - Rom 1993

H. G. **Ingenkamp**, Plutarchs ‚Leben der Gracchen'. Eine Analyse, in: W. Haase/ Hildegard Temporini (Hrsgg.), Aufstieg und Niedergang der römischen Welt, Band II 33, 6: Sprache und Literatur. Allgemeines zur Literatur des 2. Jahrhunderts und einzelne Autoren der trajanischen und frühhadrianischen Zeit, Berlin - New York 1992, 4298-4346

O. **Jászi**/ J. D. **Lewis**, Against the Tyrant. The Tradition and Theory of Tyrannicide, Glencoe 1957

H. **Jonas**, Die Lehre vom Tyrannenmord in der Antike, Köln 1947

C. P. **Jones**, Plutarch and Rome, Oxford 1971

A. **Keaveney**, Sulla. The Last Republican, London 1982

Ders., What happened in 88 B.C.?, Eirene 20 (1983), 53-86

Ders., The Tragedy of Caius Gracchus: Ancient Melodrama or Modern Farce?, Klio 85 (2003), 322-332

J. A. R. **Kemper**, Cedant arma togae? Rhetoriek en Strafrecht bij Cicero, Lampas 26 (1993), 314-331

S. F. **Kellerhoff**, Attentäter: Mit einer Kugel die Welt verändern, Köln - Weimar - Wien 2003 (Nachdr. Erftstadt 2005, unter dem Titel: Attentäter: Wahnsinnige, Verführte, Kriminelle)

G. **Kennedy**, The Art of Rhetoric in the Roman World, Princeton 1972

E. **Klebs**, RE I/2 (1894), 2547, s.v. P. Antistius (Nr. 18)

Ders., RE I/2 (1894), 2590-2594, s.v. M. Antonius (Nr. 28)

Ders., RE II/2 (1896), 2098, s.v. C. Atilius Seranus (Nr. 64)

Ders., RE II/2 (1896), 2730, s.v. M. Baebius (Nr. 17)

B. **Koch**, RE VIII A2 (1958), 1717-1776, s.v. Vesta

E. **Kornemann**, Zur Geschichte der Gracchenzeit, Leipzig 1903

J. **Kromayer**/ G. **Veith**, Heerwesen und Kriegführung der Griechen und Römer, München 1928

B. **Kübler**, RE XVI/1 (1933), 437-446, s.v. Q. Mucius Scaevola (Nr. 22)

W. **Kunkel**, Untersuchungen zur Entwicklung des römischen Kriminalverfahrens in vorsullanischer Zeit, München 1962

Ders., Magistratische Gewalt und Senatsherrschaft, in: Hildegard Temporini (Hrsg.), Aufstieg und Niedergang der römischen Welt, Bd. I: Von den Anfängen Roms bis zum Ausgang der Republik, 2. Teil, Berlin – New York 1972, 3-22

Ders., Quaestio, in: Ders., Kleine Schriften zum römischen Strafverfahren und zur römischen Verfassungsgeschichte, Weimar 1974, 33-110

Claudia **Kuntze**, Zur Darstellung des Kaisers Tiberius und seiner Zeit bei Velleius Paterculus, Frankfurt - Bern - New York 1985

E. **Laboulaye**, Essai sur les lois criminelles des Romains, Leipzig 1845 (Nachdr. Aalen 1973)

L. **Labruna**, La violence, instrument de la lutte politique à la fin de la République, DHA 17 (1991), 119-137

Ders., Ennemis et non plus citoyens. Réfléxions sur la ‚Révolution romaine', et les rapports gouvernants/ gouvernés dans la crise de la République, in: Marie-Madeleine Mactoux/ Evelyne Geny (Hrsgg.), Mélanges Pierre Lévêque, Bd. 7: Anthropologie et société, Paris 1993, 161-168

R. B. **Laney**, Political Assassination. The History of an Idea, Ann Arbor 1966

L. **Lange**, Römische Alterthümer (3 Bde.), Berlin 1876-1879

A. **Lanzani**, La rivoluzione sillana, Hist. 5 (1931), 353-382

H. **Last**, On the Sallustian suasoriae, ClQ 17 (1923), 87-100; 151-162

J. **Lengle**, RE IV A/2 (1937), 2452-2490, s. v. Tribunus plebis (Nr. 13)

M. **Lerner**, Assassination, in: E. Seligman/ A. Johnson (Hrsgg.), Encyclopedia of the Social Sciences, Bd. II, New York 1930, 271-275

W. **Letzner**, Lucius Cornelius Sulla. Versuch einer Biographie, Münster 2000

B. **Levy**, Die römische Kapitalstrafe (Sb. d. Heidelb. Akad. d. Wiss. phil.-hist. Klass. 1/5), Heidelberg 1930/31

B. **Liebs**, Römisches Recht, Göttingen ⁴1993

J. **Linderski**, A Witticism of Appuleius Saturninus, RFIC 111 (1983), 452-459

Ders., The Augural Law, in: Hildegard Temporini/ W. Haase (Hrsgg.), Aufstieg und Niedergang der römischen Welt, Bd. II: Principat, Teil 16, 3: Religion, Berlin – New York 1986, 2146-2312

Ders., The Pontiff and the Tribune. The Death of Tiberius Gracchus, Athenaeum 90 (2002), 339-366

B. **Linke**, Die römische Republik von den Gracchen bis Sulla, Darmstadt 2005

A. W. **Lintott**, Violence in Republican Rome, Oxford 1968

Ders., Cicero and Milo, JRS 64 (1974), 62-78

Ders., The Crisis of the Republic. Sources and Source-Problems, in: J.A. Crook/ A. Lintott/ E. Rawson (Hrsgg.), The Cambridge Ancient History, Second Edition, Bd. IX: The Last Age of the Roman Republic, 146-43 B.C., Cambridge, 1994, 1-15

Ders., Political History, 146-95 B.C., in: J.A. Crook/ A. Lintott/ E. Rawson (Hrsgg.), The Cambridge Ancient History, Second Edition, Bd. IX: The Last Age of the Roman Republic, 146-43 B.C., Cambridge, 1994, 40-103

Ders., The Constitution of the Roman Republic, Oxford 1999

Kathryn **Lomas**, Italy during the Roman Republic, in: Harriet I. Flower (Hrsg.), The Cambridge Companion to the Roman Republic, Cambridge 2004, 199-224

P. **López Barja de Quiroga**, Formaciones sociales de clase en la república tardía, Athenaeum 92 (2004), 509-518

M. **Lovano**, The Age of Cinna. Crucible of Late Republican Rome, Stuttgart 2002

U. **von Lübtow**, Das römische Volk. Sein Staat und sein Recht, Frankfurt a.M. 1955

Ders., Beiträge zur Geschichte des römischen Rechts (4 Bde.), Berlin ² 1996

B. A. **Marshall**, Pompeius' Fear of Assassination, Chiron 17 (1987), 119-133

J. **Martin**, Die Popularen in der Geschichte der späten Republik, Freiburg 1965

Chr. **Meier**, Res publica amissa. Eine Studie zu Verfassung und Geschichte der späten römischen Republik, Frankfurt a.M. ³ 1997

F. **Meijer**, Kaiser sterben nicht in Bett. Die etwas andere Geschichte der römischen Kaiserzeit von Caesar bis Romulus Augustulus (44 v.Chr.-476 n.Chr.), Darmstadt 2003

R. **Mellor**, The Roman Historians, London - New York 1999

H. **Menge**, Lateinische Synonymik, Heidelberg ⁷ 1988

Ed. **Meyer**, Untersuchungen zur Geschichte der Gracchen, in: Ders., Kleine Schriften zur Geschichtstheorie und zur wirtschaftlichen und politischen Geschichte des Altertums, Halle a.S. 1910, 381-439

Ders., Caesars Monarchie und das Principat des Pompeius. Innere Geschichte Roms von 66 bis 44 v.Chr., Stuttgart - Berlin ³ 1922

E. **Meyer**, Römischer Staat und Staatsgedanke, Zürich ³ 1964

F. **Millar**, A Study of Cassius Dio, Oxford 1964 (Nachdr. 1999)

Ders., The Crowd in the Roman Republic, Ann Arbor ² 1998

Th. **Mommsen**, Römische Geschichte, Leipzig 1854-1856

Ders., Römisches Strafrecht, Leipzig 1899

R. **Morstein-Marx**, Mass Oratory and Political Power in the Late Roman Republic, Cambridge 2004

F. **Münzer**, RE IV/1 (1900), 1375, s.v. P. Cornelius Lentulus (203)

Ders., RE IV/1 (1900), 1407-1408, s.v. L. Cornelius Merula (Nr. 272)

Ders., RE V/1 (1903),1333-1334, s.v. L. Domitius Ahenobarbus (Nr. 26)

Ders., RE VII/1 (1910), 317, s.v. Furius (Nr. 22)

Ders., RE X/1 (1918), 465-468, s.v. L. Iulius Caesar (Nr. 142)

Ders., Römische Adelsparteien und Adelsfamilien, Stuttgart 1920

Ders., RE II A2 (1923), 1786-1787, s.v. Q. Servilius Caepio (Nr. 50)
Ders., RE XIII/1 (1926), 287-290, s.v. P. Licinius Crassus (Nr. 61)
Ders., RE XII/ 2 (1927), 1639 s.v. Sex. Lucilius (Nr. 15)
Ders., RE XIII/2 (1927), 2072-2082, s.v. Q. Lutatius Catulus (Nr. 7)
Ders., RE XIV/1 (1928), 239-244, s.v. Sp. Maelius (Nr. 2)
Ders., RE XV/1 (1931), 604-608, s.v. C. Memmius (Nr. 4)
Ders., RE XVII/1 (1936), 863-864. 900-901, s.v. Nonius (Nr. 1-3. 5. 52-53)
Ders., RE XVII/2 (1937), 1473-1474, s.v. Nunnius (Nr. 1)
Ders., RE XVII/2 (1937), 1814-1818, s.v. Cn. Octavius (Nr. 20)
Ders., RE XVIII/3 (1949),1031-1034, s.v. M. Papirius Carbo (Nr. 40)
R. J. **Murray**, Cicero and the Gracchi, TAPhA 97 (1966), 291-298
C. **Neumann**, Geschichte Roms während des Verfalles der Republik, Bd. 1: Vom Zeitalter des Scipio Aemilianus bis zu Sulla's Tode, Breslau 1881
B. **Nicolet**, Les Gracques ou Crise agraire et Révolution à Rome, Paris 1967
W. **Nippel**, Aufruhr und ‚Polizei' in der römischen Republik, Stuttgart 1988
Ders., Die *plebs urbana* und die Rolle der Gewalt in der späten römischen Republik, in: H. Mommsen/ W. Schulze (Hrsgg.), Vom Elend der Handarbeit. Probleme historischer Unterschichtenforschung, Stuttgart 1981, 70-92
A. **Nobel**, Mord in der Politik, Hamburg - Berlin 1931
K.-J. **Nowak**, Der Einsatz privater Garden in der späten römischen Republik, München 1973
E. M. **Orlin**, Temples, Religion and Politics in the Roman Republic, Leiden - New York - Köln 1997
F. **Pina Polo**, Ideología y práctica política en la Roma tardorrepublicana, Gerion 12 (1994), 69-94
C. B. R. **Pelling**, Truth and Fiction in Plutarch's Lifes, in: D. A. Russel (Hrsg.), Antonine Literature, Oxford 1990, 19-52
Ders., Plutarch and Catiline, Hermes 113 (1985), 311-329

L. **Perelli**, I Gracchi, Rom 1993

K. E. **Petzold**, Römische Revolution oder Krise der Römischen Republik?, RSA 2 (1972), 229-243

D. **Potter**, The Roman Army and Navy, in: Harriet I. Flower (Hrsg.), The Cambridge Companion to the Roman Republic, Cambridge 2004, 66-88

N. **Purcell**, The City of Rome and the *Plebs Urbana* in the Late Republic, in: J.A. Crook/ A. Lintott/ E. Rawson (Hrsgg.), The Cambridge Ancient History, Second Edition, Bd. IX: The Last Age of the Roman Republic, 146-43 B.C., Cambridge, 1994, 644-688

J. S. **Richardson**, The Ownership of Roman Land. Tiberius Gracchus and the Italians, JRS 70 (1980), 1-11

R. T. **Ridley**, Cicero and Sulla, Wiener Studien 88 (1975), 83-108

Ders., The Dictator's Mistake. Caesar's Escape from Sulla, Historia 49 (2000), 211-229

H. **Rieger**, Das Nachleben des Tiberius Gracchus in der lateinischen Literatur, Bonn 1991

W. **Rieß**, Die historische Entwicklung der römischen Folter- und Hinrichtungspraxis in kulturvergleichender Perspektive, Historia 51 (2002), 206-226

A. M. **Riggsby**, Crime and Community in Ciceronian Rome, Austin 1999

F. W. **Robinson**, Marius, Saturninus und Glaucia. Beiträge zur Geschichte der Jahre 106-100 v.Chr., Bonn 1912

Olivia F. **Robinson**, The Criminal Law of Ancient Rome, Baltimore 1995

Dies., The Sources of Roman Law. Problems and Methods for Ancient Historians, London - New York 1997

G. **Rotondi**, Leges publicae populi romani. Elenco cronologico con una introduzione sull' attività legislativa dei comizi romani, Mailand 1912 (Nachdr. Hildesheim 1966)

J. **Rüpke**, You Shall not Kill. Hierarchies of Norms in Ancient Rome, Numen 39 (1992), 58-79

Barbara **Scardigli**, Die Römerbiographien Plutarchs, München 1979

M. **Schanz**/ C. **Hosius**, Geschichte der römischen Literatur bis zum Gesetzgebungswerk des Kaisers Justinian. Erster Teil: Die römische Literatur in der Zeit der Republik, München ⁴1966

Ch. A. **Schaffer**, Catiline and Clodius. A Social Scientific Approach to Two Practitioners of Civil Violence, Minneapolis 1973

S. **Schiatti**, Mario e Silla nella „Storia delle guerre civili" di Appiano, in: E. Benedini (Hrsg.), La repubblica romana: da Mario e Silla a Cesare e Cicerone, Mantua 1990, 237-265

J. H. H. **Schmidt**, Handbuch der lateinischen und griechischen Synonymik, Leipzig 1889 (Nachdr. Amsterdam 1968)

U. **Schmitzer**, Velleius Paterculus und das Interesse an der Geschichte im Zeitalter des Tiberius, Heidelberg 2000

W. **Schuller**, Der Mordprozeß gegen Titus Annius Milo im Jahre 52 v.Chr., oder: Gewalt von oben, in: U. Manthe/ J. v. Ungern-Sternberg (Hrsgg.), Große Prozesse der römischen Antike, München 1997, 115-127. 207-209

W. **Schur**, Das Zeitalter des Marius und Sulla, Leipzig 1942 (Nachdr. Aalen 1968)

R. **Seager**, Sulla, in: J.A. Crook/ A. Lintott/ E. Rawson (Hrsgg.), The Cambridge Ancient History, Second Edition, Bd. IX: The Last Age of the Roman Republic, 146-43 B.C., Cambridge, 1994, 165-207

O. **Seel**, Cicero: Wort, Staat, Welt, Stuttgart 1961

A. N. **Sherwin-White**, Violence in Roman Politics, JRS 46 (1959), 1-9

Ders., The Roman Citizenship, A Survey of its Development into a World Franchise, in: Hildegard Temporini (Hrsg.), Aufstieg und Niedergang der römischen Welt, Bd. I: Von den Anfängen Roms bis zum Ausgang der Republik, 2. Teil, Berlin - New York 1972, 23-58

D. **Shotter**, The Fall of the Roman Republic, London - New York 1994

E. G. **Sihler**, Cicero of Arpinum. A Political and Literary Biography, New York 1969

Erika **Simon**, Die Götter der Römer, München 1990

R. E. **Smith**, Cicero – The Statesman, Cambridge 1966

Ders., The Use of Force in Passing Legislation in the Late Republic, Athenaeum 55 (1977), 150-174

M. **Sommer** (Hrsg.), Politische Morde. Vom Altertum bis zur Gegenwart, Darmstadt 2005

M. **Sordi**, La sacrosanctitas tribunizia e la sovranità popolare in un discorso di Tiberio Gracco, CISA 7 (1981), 124-130

K. **Sprey**, De revolutie van Tiberius Gracchus, TG (1936), 138-151

Barbette **Stanley Spaeth,** The Goddess Ceres and the Death of Tiberius Gracchus, Historia 39 (1990), 182-195

Dies., The Roman Goddess Ceres, Austin 1996

A. **Stein**, RE XVII/2 (1937), 1474, s.v. Cn. Nunnius Martialis (Nr. 2)

S. **Stockton**, The Gracchi, Oxford 1979

H. **Strasburger**, RE XVII/1 (1936), 785-791, s.v. Nobilitas

Ders., RE XVIII/1 (1939), 773-798, s.v. Optimates

R. **Syme**, The Roman Revolution, Oxford - New York 1939

Ders., Sallust, Darmstadt 1975

L. **Thommen**, Das Volkstribunat in der späten römischen Republik, Stuttgart 1989

R. **Till**, Ciceros Bewerbung um das Konsulat, Historia 21 (1962), 315-338

J. **von Ungern-Sternberg**, Untersuchungen zum spätrepublikanischen Notstandsrecht. Senatus consultum ultimum und hostis-Erklärung, München 1970

Ders., Die popularen Beispiele in der Schrift des Auctors ad Herennium, Chiron 3 (1973), 143-162

Ders., Das Verfahren gegen die Catilinarier, oder: Der vermiedene Prozeß, in: U. Manthe/ J. v. Ungern-Sternberg (Hrsgg.), Große Prozesse der römischen Antike, München 1997, 85-99. 204-206

Ders., Die Legitimitätskrise der römischen Republik, HZ 266 (1998), 607-62

Ders., The Crisis of the Republic, in: Harriet I. Flower (Hrsg.), The Cambridge Companion to the Roman Republic, Cambridge 2004, 89-109

Ann **Vasaly**, Cicero's Early Speeches, in: J. M. May (Hrsg.), Brill's Companion to Cicero. Oratory and Rhetoric, Leiden - Boston - Köln 2002, S. 71-111

J.-P. **Vernant**, La belle mort et le cadavre outragé, in: G. Gnoli/ J.-P. Vernant (Hrsgg.), La mort, les morts dans les sociétés anciennes, Cambridge 1982, 191-199

H. S. **Versnel**, The Festival for Bona Dea and the Thesmophoria, G&R 39 (1992), 31-55

H. **Volkmann**, Sullas Marsch auf Rom, München 1958

A. **Weileder**, Valerius Maximus. Spiegel kaiserzeitlicher Selbstdarstellung, München 1998

V. **Werner**, Quantum bello optimus, tantum pace pessimus. Studien zum Mariusbild in der antiken Geschichtsschreibung, Bonn 1995

Elsa **Wiehn**, Die illegalen Heereskommanden in Rom bis auf Caesar, Marburg 1926

Ann Thomas **Wilkins**, Villain or Hero. Sallust's Portrayal of Catiline, New York 1994

W. **Will**, Der römische Mob. Soziale Konflikte in der späten Republik, Darmstadt 1991

Ders., Julius Caesar. Eine Bilanz, Stuttgart 1992

P. **Willems**, Le Sénat de la République romaine (2 Bde.), Löwen 1883-1885

T. P. **Wiseman**, Historiography and Imagination, Exeter 1994

Ders., Caesar, Pompey and Rome, 59-50 B.C., in: J.A. Crook/ A. Lintott/ E. Rawson (Hrsgg.), The Cambridge Ancient History, Second Edition, Bd. IX: The Last Age of the Roman Republic, 146-43 B.C., Cambridge, 1994, 368-490

N. **Wood**, Cicero's Social and Political Thought, Berkeley - Los Angeles - London 1988

I. **Worthington**, The Death of Scipio Aemilianus, Hermes 117 (1989), 253-256

Z. **Yavetz**, Die Lebensbedingungen der plebs urbana im republikanischen Rom, in: H. Schneider (Hrsg.), Zur Sozial- und Wirtschaftsgeschichte der späten römischen Republik, Darmstadt 1976, 98-123

Aus unserem Verlagsprogramm:

Barbara Wallner
Die Perioiken im Staat Lakedaimon
Hamburg 2008 / 406 Seiten / ISBN 978-3-8300-4016-3

Florian Meister
Der Krieg des Sertorius und seine spanischen Wurzeln
Untersuchungen zu Krieg und Akkulturation auf der Iberischen Halbinsel im 2. und 1. Jh. v. Chr.
Hamburg 2007 / 532 Seiten / ISBN 978-3-8300-3046-1

Klaus-Peter Johne
Kaiser, Konsuln und Kolonen
Studien zu Kaiserzeit und Spätantike
Herausgegeben von Udo Hartmann
Hamburg 2007 / 276 Seiten / ISBN 978-3-8300-2707-2

Claudia Büllesbach
Maria Magdalena in der frühchristlichen Überlieferung
Historie und Deutung
Hamburg 2006 / 398 Seiten / ISBN 978-3-8300-2240-4

Andreas Krieckhaus
Senatorische Familien und ihre *patriae* (1./2. Jahrhundert n. Chr.)
Hamburg 2006 / 262 Seiten / ISBN 978-3-8300-1836-0

Peter Emberger
Catilina und Caesar
Ein historisch-philologischer Kommentar zu Florus (epit. 2,12-13)
Hamburg 2005 / 674 Seiten / ISBN 978-3-8300-1981-7

Petra Strobl
Die Macht des Schlafes in der griechisch-römischen Welt
Eine Untersuchung der mythologischen und physiologischen Aspekte der antiken Standpunkte
Hamburg 2002 / 266 Seiten / ISBN 978-3-8300-0558-2

Peter Thrams
Hellenistische Philosophen in politischer Funktion
Hamburg 2001 / 518 Seiten / ISBN 978-3-8300-0476-9

Ulrike Riemer
Das Caesarbild Ciceros
Hamburg 2001 / 126 Seiten / ISBN 978-3-8300-0337-3

VERLAG DR. KOVAČ
FACHVERLAG FÜR WISSENSCHAFTLICHE LITERATUR

Postfach 57 01 42 · 22770 Hamburg · www.verlagdrkovac.de · info@verlagdrkovac.de